通往真相的进阶之路

证据为王

Evidence Comes First

“阶层式”刑事证明思维的应用

杜逸 / 著

中国法制出版社
CHINA LEGAL PUBLISHING HOUSE

序　言

犯罪论和证明论并称现代刑事诉讼的两大理论体系。近年来，我国刑法学界形成了具有代表性的“双层次”“三阶层”“四要件”犯罪论，各有一套泾渭分明、逻辑自洽的专属话语体系，在司法实践中呈现“百花齐放、百家争鸣”的状态。与之相对，证明论具有零乱、繁杂的特点，既有来自苏联的证据种类，来自大陆法系的证据能力、证明力、主观证明责任与客观证明责任、内心确信等，也有来自英美法系的相关性、可采性、证据分量、举证责任与说服责任、排除合理怀疑等，还有本土自创的定案根据、印证等。[①] 这种理论框架尚未系统搭建、基础要素交错杂糅甚至彼此冲突的现状，容易使司法人员无所适从，难以形成一种成熟定型的思维方式。案件办理过程中，司法人员能够运用犯罪论阐明法律适用问题，对于前置的事实认定问题反而“难以言说”“无法描述”，两者之间形成了强烈反差。

犯罪论作为一种基于法律规定而在理论上创设的概念模型或分析工具，为文本规范中规定的各种各样散乱而碎片化的有关成立犯罪所必须具备的条件，描绘出了一种相对清晰的类型轮廓，为裁判过程中规范与实施的对接、匹配提供一个直观的“导引图像”。[②] 无论是“双层次”“三阶层”还是“四要件”，均要求司法人员按照阶层判断的逻辑顺序逐步展开。其中，“双层次”理论要

① 吴洪淇：《证据法体系化的法理阐释》，载《法学研究》2019年第5期。

② 张心向：《刑事裁判思维中的犯罪构成论——一种方法论意义上的思考》，载《东方法学》2014年第6期。

先进行犯罪本体要件（行为和心态）的判断，然后进行责任充足要件的判断。“三阶层”理论要求每一起案件都遵循“先客观不法，后主观有责”的顺序，首先判断案件事实是否符合刑法规定的犯罪手段、对象、结果等成立条件，进而判断是否存在违法阻却事由，最终判断行为人是否具备主观罪过、刑事责任能力和期待可能性等。“四要件”理论长期被视为平面型的耦合结构，但在实际运用过程中，同样要按照“犯罪客观方面→犯罪主体→犯罪主观方面→犯罪客体（法益）”的顺序，对各个犯罪构成要件是否充足进行前后相继的判断。由此引发一种设想，能否在刑事证明活动中引入“阶层式”思维？该种设想与我国刑事证据法的规定不谋而合。2010 年最高人民法院、最高人民检察院、公安部、国家安全部、司法部《关于办理死刑案件审查判断证据若干问题的规定》采取收集、审查、核实和认定证据的“四分法”。2016 年最高人民法院、最高人民检察院、公安部、国家安全部、司法部《关于推进以审判为中心的刑事诉讼制度改革的意见》采取收集、固定、审查、运用和认定证据的“五分法”。2016 年最高人民法院、最高人民检察院、公安部《关于办理刑事案件收集提取和审查判断电子数据若干问题的规定》采取收集提取和审查判断证据的“两分法”。2018 年《监察法》采取收集、固定、审查、运用证据的“四分法”。2019 年最高人民法院、最高人民检察院、公安部、国家安全部、司法部《关于适用认罪认罚从宽制度的指导意见》采取收集、固定、审查和认定证据的“四分法”。上述分类并无本质区别，均要求刑事证明按照阶层判断的逻辑顺序进行。

司法人员在面对具体案件时，能否应用一套完整的阶层判断思维，既掌握事实认定的整体架构，又明确不同环节的具体要求，做到“条分缕析、以理服人”，是专业能力的重要体现。放眼世界，西方国家特别是英美法系国家的证据法理论发展较早，但这些国家一直强调自由心证，在不涉及证据能力规则的情况下，对于事实认定问题通常是以不给分析和论证的判断来解决的，难以为我国提供更多的资源供给。[①] 刑事证明作为一种“来自实践、服务实践”的认识活动，既要吸收域外的有益成果，又要立足本土法治资源，不断填充和丰富思维内核，在实践中焕发出强大生机活力。

其一，传承优秀传统法律文化。中国传统法律文化是以刑事法为主体的法律文化样式，有着悠久的历史和广泛的影响，传统法律体系虽然已经解体，但不应因此全盘否定优秀传统法律文化的价值。数百年前，宋慈的《洗冤集录》就曾指出刑事证明的重要性，“每念狱情之失，多起于发端之差；定验之误，皆原于历试之浅”。古代刑事诉讼将证据分为“供”“证”“赃”“状”等类型，虽然存在过分倚重口供、允许刑讯等弊端，缺乏证据裁判、无罪假定、个人权利保障等现代法治原则，但对于如何“据供”“依证”“获赃”“检状”有着独特认识，体现了刑事证明活动的一般规律。对于口供要采取“五听”“情理推断”“对比验证”等审查方法，“以五声听狱讼，求民情”，“诸应讯囚者，必先以情审查辞理，反复参验”，“必备两造之辞，必合众人之听，必核其实，必审其疑”。[②] 对于一些缺乏口供的案件，可以按照“三人以上明证其事，始合定罪”“若赃状露验，理不可疑，虽不承引，即据状断之”等规则定案。案件办结后，要形成包括“据报”（发案经过）、“勘验”（客观性证据）、“叙供”（言词证据）、“审勘”（审查意见）等内容的“审查报告”，以成“信谳”而释众疑，在思维方式上呈现一定的层次性。[③] 中国现行的刑事司法制度，尽管与古代司法制度不可同日而语，但也在很多方面继承了这种通过发现真相来进行司法裁判的传统。[④]

其二，应对刑事犯罪结构的明显变化。改革开放以来，我国的经济社会发

① ［美］理查德·波斯纳：《波斯纳法官司法反思录》，苏力译，北京大学出版社2014年版，代译序，第12页。

② （明）丘濬：《大学衍义补·谨详谳之议》。转引自祖伟：《中国古代证据法文化透视——以语词“供”“证”为中心》，载《辽宁大学学报（哲学社会科学版）》2012年第4期。

③ 陆永棣：《落日残照——晚清杨乃武冤案昭雪》，北京大学出版社2018年版，第120页。

④ 陈瑞华：《中国刑事司法制度的三个传统》，载《东方法学》2008年第1期。

展极为迅速，仅用短短几十年时间就走完了西方国家上百年走完的道路，刑事犯罪的结构与态势随之发生重大变化，疑难、复杂、新型的犯罪案件增多，客观上倒逼刑事证明思维的自我进化。在2020年最高人民检察院工作报告中，首次集中分析了20年来刑事犯罪案件的变化情况，数据显示，1999年至2019年，我国刑事犯罪结构发生了“一降一升”的明显变化，严重暴力犯罪及重刑率大幅下降，新型危害经济社会管理秩序犯罪大幅上升，如扰乱市场秩序犯罪增长19.4倍，生产、销售伪劣商品犯罪增长34.6倍，侵犯知识产权犯罪增长56.6倍等。[①] 在此背景下，最高人民法院、最高人民检察院发布一系列指导性案例，既包括故意杀人、强奸等自然犯，也包括互联网、金融、知识产权等领域的法定犯，要求司法人员采用精细化的思维方式分析证据、认定事实。[②] 特别是最高人民检察院对新近发布的指导性案例进行“改版”，不仅有案情、要旨、诉讼过程、裁判结果和典型意义，还在体例内容上增加了“指控与证明犯罪”，再现检察机关组织、运用证据指控与证明犯罪的过程，公开庭审争议焦点，体现了刑事证明的逻辑脉络。[③]

其三，回应人民群众的司法新需求。新时代社会主要矛盾的变化，意味着人民群众对司法公正的需求更加迫切和强烈，对刑事证明提出了更高要求，即“正义不仅应得到实现，而且要以人们看得见的方式加以实现”。以审判为中心的刑事诉讼制度改革意味着“以证据为核心”，无论是侦查、审查起诉还是审

① 唐姗姗：《20年来刑事犯罪变化背后的法治考量》，载《检察日报》2020年5月27日，第4版。

② 相关指导性案例主要包括：最高人民检察院发布的忻某绑架案（检例第2号），于某某申诉案（检例第25号），陈某申诉案（检例第26号），王某雷不批准逮捕案（检例第27号），齐某强奸、猥亵儿童案（检例第42号），某公司等生产、销售伪劣农药案（检例第62号），王某等人利用未公开信息交易案（检例第65号），张某闵等52人电信网络诈骗案（检例第67号），叶某星、张某秋提供侵入计算机信息系统程序、谭某妹非法获取计算机信息系统数据案（检例第68号），姚某杰等11人破坏计算机信息系统案（检例第69号），罪犯王某某暂予监外执行监督案（检例第72号），邓某城、某食品公司等销售假冒注册商标的商品案（检例第98号），陈某等8人侵犯著作权案（检例第100号），姚某龙等5人假冒注册商标案（检例第101号），金某盈侵犯商业秘密案（检例第102号），以及最高人民法院发布的郭甲、郭乙、孙丙假冒注册商标案（指导案例87号）等。

③ 闫晶晶：《案卷即答卷，卷卷见担当》，载《检察日报》2021年1月8日，第1版。

判阶段，均应按照刑事裁判的标准认定案件事实，既要对个体证据的合法性、关联性、真实性进行必要分析，说明采信和不采信的理由，又要说明所认定的案件事实及其根据和理由，展示案件事实认定的客观性、公正性和准确性。① 在中央政法机关推进的司法责任制改革中，进一步明确了“谁办案谁负责、谁决定谁负责”原则，对案件基本事实的判断存在争议或者疑问时，检察官、法官能否“根据证据规则予以合理说明”，将会成为承担司法责任的重要判断标准。② “阶层式”刑事证明思维有助于实现形式正义和实质正义相统一，达到树立司法权威、提升司法公信的目的。

杜 邈

二〇二二年五月

---

① 相关规定主要包括：(1) 2017年《最高人民检察院关于加强检察法律文书说理工作的意见》第7条规定，要准确说明人民检察院认定的案件事实及相关证据，对证据的客观性、合法性和关联性进行必要分析，说明采信和不采信的理由。(2) 2018年《人民检察院公诉人出庭举证质证工作指引》第40条规定，公诉人质证应当根据辩护方所出示证据的内容以及对公诉方证据提出的质疑，围绕案件事实、证据和适用法律进行。质证应当一证一质一辩。质证阶段的辩论，一般应当围绕证据本身的真实性、关联性、合法性，针对证据能力有无以及证明力大小进行。对于证据与证据之间的关联性、证据的综合证明作用问题，一般在法庭辩论阶段予以答辩。(3) 2018年《最高人民法院关于加强和规范裁判文书释法说理的指导意见》第2条规定，裁判文书释法说理，要阐明事理，说明裁判所认定的案件事实及其根据和理由，展示案件事实认定的客观性、公正性和准确性。(4) 2020年最高人民检察院、公安部《关于加强和规范补充侦查工作的指导意见》第3条规定，补充侦查提纲应当写明补充侦查的理由、案件定性的考虑、补充侦查的方向、每一项补证的目的和意义，对复杂问题、争议问题作适当阐明。(5) 2020年最高人民法院、最高人民检察院、公安部、国家安全部、司法部《关于规范量刑程序若干问题的意见》第25条规定，人民法院应当在刑事裁判文书中说明量刑理由。量刑说理主要包括：(一) 已经查明的量刑事实及其对量刑的影响……

② 相关规定主要包括：(1) 2015年《最高人民法院关于完善人民法院司法责任制的若干意见》第28条规定，因下列情形之一，导致案件按照审判监督程序提起再审后被改判的，不得作为错案进行责任追究……对案件基本事实的判断存在争议或者疑问，根据证据规则能够予以合理说明的……(2) 2020年《人民检察院司法责任追究条例》第7条规定，检察人员在行使检察权过程中，故意实施下列行为之一的，应当承担司法责任：(一) 隐瞒、歪曲事实，违规采信关键证据，错误适用法律的……

目 录

CONTENTS

第一章　证据收集

第二章 证据审查

第三章 证据运用

第四章 证据判断

导 论

事实认定和法律（实体法）适用是刑事诉讼的两项核心任务，前者是从证据材料到案件事实的形成过程，后者是从案件事实到裁判结果的形成过程。通常认为，根据三段论式的逻辑推理，将作为小前提的案件事实涵摄于作为大前提的实体法规范之下，即可得出如何追究被告人刑事责任的结论。然而，事实认定是司法实务中由来已久和最难解决的问题，[①]“如果有一千个事实问题，那么真正的法律问题还不到事实问题的千分之一”[②]。案件事实不会自动呈现“黑白分明”的样态，而是以材料的初始状态出现，甚至存在残缺不全、真伪并存、前后不一、彼此矛盾等情况，“走在这条路上有时像是在行军：刚开始还看得到田间道路，两条轮胎痕，踏过的草地，再来只剩几根树枝，一片灌木丛——然后，你会发现，你已身处荒烟蔓草之中，不知身在何处”[③]。司法人员的首要任务不是如何对案件事实进行法律评价，而是如何在理性思维的指引下，根据证据材料，得出案件事实能否成立的结论。

一、“阶层式”刑事证明思维的构造

现代刑事诉讼主要包括当事人主义和职权主义诉讼模式，诉讼模式不同，

① ［美］罗斯科·庞德：《通过法律的社会控制》，沈宗灵译，商务印书馆1984年版，第29页。
② ［德］伯恩·魏德士：《法理学》，丁晓春、吴越译，法律出版社2013年版，第288页。
③ ［德］托马斯·达恩史戴特：《失灵的司法——德国冤错案启示录》，郑惠芬译，法律出版社2017年版，第70页。

刑事证明的概念亦存在重大差别。在当事人主义诉讼模式中，刑事证明是指控辩双方依照法律规定的程序和要求向法庭提出证据，运用证据阐明系争事实、论证诉讼主张的活动。由于当事人主义将刑事诉讼的主导权完全赋予双方当事人，故刑事证明只能存在于审判阶段，控辩双方在法庭审理前的所有取证活动只是为刑事证明创造条件，法官在审判过程中属于消极、被动的裁判者，一般不会依职权主动收集证据、查明事实真相。国际范围内，英美法系国家的学者较早对刑事证明思维进行研究，最为典型的就是“威格莫尔分析法”（Wigmorean Analysis），借助图表方法呈现主张、否定、辩解、抗辩、补强等几种不同性质的证明行为，以及证据性事实、中间事实、次终待证事实和最终待证事实等不同层次的命题之间的相互关系。[①] 然而，该种思维建立于当事人主义诉讼模式的基础之上，且存在符号、公式过于繁杂等局限性，并不必然符合我国司法实践。

我国刑事诉讼建立于公、检、法三机关“分工负责、相互配合、相互制约”的基础之上，虽然融入了当事人主义的合理因素，但本质上呈现浓厚的职权主义色彩。公诉案件中，刑事证明由国家司法机关主导和控制，体现为司法人员根据证据来查明认定案件事实的认识活动和诉讼行为，贯穿侦查、审查起诉和审判各个诉讼阶段，对案件事实真相的执着追求贯穿着刑事诉讼的始终。[②] 刑事诉讼一旦启动，无论是说服自己的“自向”证明，还是说服他人的“他向”证明，司法人员均需要得出案件事实能否成立的结论，进而引发诉讼程序的推进、终止或者回转。当然，即使确定相关事件的真相确系国家发动刑事诉讼的目的之一，也并不意味着每一个程序主体都有义务积极地参与追求真实的

---

① 封利强：《我国刑事证据推理模式的转型：从日常思维到精密论证》，载《中国法学》2016 年第 6 期。

② 魏晓娜：《冲突与融合：认罪认罚从宽制度的本土化》，载《中外法学》2020 年第 5 期。

活动。[①] 尽管辩护律师有权根据证据提出自己的事实主张，并对司法机关认定案件事实的过程和结论进行评判，但其并非以代表公共利益的立场介入刑事诉讼，在证据收集的时机、手段、对象等方面受到一定的限制，更多是以“犯罪嫌疑人、被告人权益维护者”而非“事实真相查明者”的身份出现，无须受到“阶层式”思维的约束。

从侦查、检察、审判人员的“最大公约数”来看，完整的刑事证明思维可以划分为前后相继的不同认识环节，经过“材料→证据→定案根据→证据体系→案件事实”的四次转变，呈现“若无前者必无后者”的位阶关系。证据收集主要解决何种材料能够成为证据的问题；证据审查主要解决个体证据能否成为定案根据的问题；证据运用主要解决定案根据能否组建证据体系的问题；证据判断主要解决证据体系能否认定案件事实的问题。当证明同一事实的材料尚未充分收集时，不应进入证据审查环节；当个体证据未经查证属实时，不应进入证据运用环节；当相互印证的证据体系尚未建立时，不应进入证据判断环节；当辩护证据足以引发对证据体系的合理怀疑时，不能认定案件事实（定罪和从重量刑事实）成立。在“阶层式”思维的指引下，每个认识环节都有其特定任务，前一环节的任务没有完成，便不能推进到下一环节，从不同层面、角度实现对案件事实的精准认定。

（一）证据收集：从材料到证据

证据收集是指为了证明特定案件事实，从日常事实材料中甄别、选择证据的认识活动。对于任何一个案件来说，证明对象（待证事实）是刑事证明首先要解决的问题，只有明确了证明对象，才能进一步明确由谁负责证明（证明责任），证明到何种程度为止（证明标准）以及如何进行证明（证明程序），后续

---

① ［德］托马斯·魏根特：《德国刑事程序法原理》，江溯等译，中国法制出版社2021年版，第270页。

一系列的证明活动才能开展，刑事诉讼才能够顺利地进行下去。[①] 2021 年《最高人民法院关于适用〈中华人民共和国刑事诉讼法〉的解释》第 72 条规定，“应当运用证据证明”的案件事实包括两类：一类是实体性事实，是指对刑事案件的实体处理具有法律意义的事实，如“被告人、被害人的身份”“被指控的犯罪是否存在”“被指控的犯罪是否为被告人所实施”“被告人有无刑事责任能力，有无罪过，实施犯罪的动机、目的”“实施犯罪的时间、地点、手段、后果以及案件起因”等。另一类是程序性事实，是指对诉讼程序的启动、推进、终止具有法律意义的事实，如“有关管辖、回避、延期审理等”。其中，实体性事实包括定罪事实和量刑事实，直接决定着被告人是否构成犯罪、构成何种犯罪以及处以何种刑罚，这是刑事诉讼中基本的、主要的证明对象。司法人员首先要在证明对象的指引下，从纷繁复杂的日常事实材料中，挑选出具有法律意义的事实材料，确保刑事证明沿着正确的方向进行，如果证明基本事实的证据不存在或者没有进一步收集的空间，刑事证明就不应继续进行下去。

我国刑事诉讼中，证据与材料分属不同的法律概念，只要是能够证明特定事实的现实存在都可称为“材料”，但并非所有材料都具备进入刑事诉讼程序的资格。1996 年《刑事诉讼法》第 42 条规定，“证明案件真实情况的一切事实，都是证据”，2012 年《刑事诉讼法》修订后，将证据重新定义为“可以用于证明案件事实的材料”，进一步明确了两者的种属关系。材料对于案件事实的证明价值具有或然性而非必然性，侦查初期的案情尚不明朗，各类材料的出现具有随机性，这些特点决定了证据收集的范围可以适度扩大，某一材料在形式上与案件相关就可以获得证据资格，不应有所遗漏，如询问所有经过犯罪现场的路人，提取犯罪现场的全部血迹、体液、毛发、指纹等生物样本、痕迹，扣押犯罪嫌疑人持有的全部物品、文件等，防止因时过境迁造成证据灭失。进入

① 何家弘主编：《新编证据法学》，法律出版社 2000 年版，第 282 页。

审查起诉和审判阶段之后，案件事实逐渐较为清晰地展现出来，司法人员发现先前收集的证据与待证事实无关联性的，应依法处理或及时返还权利人。对于那些与待证事实明显无关、证明作用高度重复的材料，自始不应使其进入刑事诉讼“门槛”，防止因取证“泛化”而损害公民人身、财产权利，或是给证据审查增加不必要的负担和累赘。

（二）证据审查：从证据到定案根据

证据审查是指对已收集的证据进行查证，确定其能否作为定案根据的认识活动。我国刑事证据法通过“材料—证据—定案根据”这三个基本范畴确立起证据准入的两道审查门槛：第一道门槛是从“材料”到“证据”；第二道门槛是从“证据”到“定案根据”。[①] 2018 年修订的《刑事诉讼法》第 50 条规定，证据必须经过查证属实，才能作为定案的根据。2016 年最高人民法院、最高人民检察院、公安部《关于办理刑事案件收集提取和审查判断电子数据若干问题的规定》、2021 年《最高人民法院关于适用〈中华人民共和国刑事诉讼法〉的解释》等司法解释和规范性文件极为注重个体证据的审查认定，按照书证、物证、被告人供述和辩解、电子数据等不同证据类型，通过“才能作为定案的根据”“可以作为定案的根据”“不得作为定案的根据”“应当作为定案的根据”等条款，确立了一系列证据审查认定规则。司法人员对案件事实的认识通常是从个体证据开始的，但这些证据并不必然符合法定取证要求，或是与待证事实缺乏实质关联性，或是包含虚假信息，必须逐一查证属实，才能考虑下一步如何运用证据的问题。特别是口供等言词证据的生成要经过自然人的感知、记忆和表述，可能因各种因素的影响而出现失真，犯罪分子指示他人“顶罪”，当事人伪造书证、物证、电子数据等情况亦不鲜见，不能人为地降低证据审查要求，更不能因犯罪嫌疑人、被告人认罪而轻视甚至忽略证据审查。

---

① 吴洪淇：《刑事证据审查的基本制度结构》，载《中国法学》2017 年第 6 期。

关于如何对个体证据查证属实，证据法理论存在“三性”（真实性、关联性、合法性）和“两力”（证据能力和证明力）的不同标准，两者实际上并不矛盾，证据“三性”等要素属性是证据评价的基本元素，证据能力和证明力等结构属性体现事实认定的程序结构进程。[①] 在证据“三性”中，合法性与证据的证据能力相关，系证据的形式资格要件，属于证据程序方面的问题；而真实性和关联性，则与证据的证明力相关，系证据的实质价值，属于证据的内容和实体方面的问题。[②] 与“平面型”的“三性”标准相比，“两力”标准具有分层递进的特点，更加符合事物认识规律。首先，要进行证据能力审查，即证据是否具有作为定案根据的法律资格，包括来源合法、过程合法、结果合法三要素。[③] 我国刑事证据法既借鉴吸收了国际通行的非法证据排除规则、传闻证据规则、意见证据规则、最佳证据规则、实物证据鉴真规则，又创设了极具本土特色的行政证据、监察证据转化规则等。其次，要进行证明力审查，即证据对待证事实有无证明作用及作用大小。我国刑事证据法设置了证据关联性规则，同时，要求证据之间具有内在联系，共同指向同一待证事实，不存在无法排除的矛盾和无法解释的疑问的，才能作为定案的根据。比如，在经济往来事项的证明过程中，仅凭利害关系人的单方证言尚不足以判断内容真伪，应当调取相应的合同文件、银行转账凭证进行对比验证。“先证据能力，后证明力”实际上设置了防范冤错案件的两道防线，司法人员依次审查不同层面的问题，两个环节相互独立、步步深入，由前一环节问题的解决带动后一环节问题的解决，避免干扰正常的认知和判断。疑难复杂案件中，即使无法确证某一证据是否违法收集，也可以因其与其他证据相互矛盾且不能做出合理解释，通过证明力审查予以排除，通过层层筛选和逐步缩小，形成一个有效的证据“过滤”机制，

---

① 郑飞：《证据属性层次论——基于证据规则结构体系的理论反思》，载《法学研究》2021年第2期。

② 万毅：《证据“三性”质证宜采分层递进调查模式》，载《检察日报》2017年11月19日，第3版。

③ 李勇：《证据能力三要件》，载《检察日报》2017年5月26日，第3版。

最大限度防止冤错案件的出现。[①]

（三）证据运用：从定案根据到证据体系

证据运用是指对已查证属实的个体证据进行组合，使其形成证据体系，共同指向待证事实的认识活动。证据体系也被称为“证据链条”，是由相互作用、相互依赖的若干个证据所构成的具有证明案情功能的有机整体。刑事诉讼中，证据体系的组建是一个由点到面、由部分到整体的思维过程，要求证据数量的充分性、证据内容的一致性和内部结构的有序性。2018 年修订的《刑事诉讼法》第 55 条规定，“……只有被告人供述，没有其他证据的，不能认定被告人有罪和处以刑罚；没有被告人供述，证据确实、充分的，可以认定被告人有罪和处以刑罚”，上述规定虽然没有明确提及“印证”一词，但所要求的“既要有被告人供述，也要有其他证据”“证据确实、充分”，其实暗含了建立相互印证的证据体系。[②] 2018 年《监察法》第 40 条更是明确指出，监察机关对职务违法和职务犯罪案件进行调查，查明违法犯罪事实的前提就是“形成相互印证、完整稳定的证据链”。在通过直接证据定案的情况下，由于直接证据能够单独指向案件基本事实，这里的印证可以是具体内容的印证；在通过间接证据定案的情况下，任一间接证据都不能独立指向案件基本事实，这里的印证只能是证明方向的印证，可以称之“以印证为基础的证据推理模式”。[③]

按照“孤证不能定案”的要求，案件事实应根据相应的证据体系进行认定，不能出现“无证据体系有案件事实”“有证据体系无案件事实”或“此证据体系彼案件事实”的情形。在证据法理论中，案件事实认定存在“原子主

---

① 我国刑事证据法同时出现了证据“三性”和“证明力”的概念。2013 年《最高人民检察院关于切实履行检察职能防止和纠正冤假错案的若干意见》、2018 年《人民检察院公诉人出庭举证质证工作指引》使用了证据真实性、关联性、合法性的概念。2021 年修订的《最高人民法院关于适用〈中华人民共和国刑事诉讼法〉的解释》第 139 条使用了证据真实性、证明力的概念。

② 吴洪淇：《印证的功能扩张与理论解析》，载《当代法学》2018 年第 3 期。

③ 纵博：《论认罪案件的证明模式》，载《四川师范大学学报（社会科学版）》2013 年第 5 期。

义”和“整体主义”的争议，前者将事实认定看作对单个证据进行“拼接”的工作，后者要求将大量证据看作一个整体进行描述。事实上，两者并非“非此即彼”的矛盾冲突关系，完全可以在“原子主义”（个体证据审查）的基础上坚持“整体主义”（证据体系组建），使两者优势互补，即“证明力取决于个别存在的单个证据、离散的系统推论；最终事实认定，则由这些彼此分离的证明力以某种叠加方式聚合而成”①。证明力在英文中有 Probative Force 和 Weight of Evidence 两种表述，前者主要是指单个证据的证明力，后者是指与对方的证据进行比较后，己方证据在总体上具有的证明力。② 证据体系不是物证、书证、证人证言等证据种类的简单“堆砌”，而是将相互印证的证据按照特定逻辑进行排列组合，使之发挥出超越个体证据的整体证明力。③ 实践中，有时会出现不注意证据间的联系与协调，试图通过个体证据或“碎片化”证据认定案件事实的情况，有必要通过证据运用这一独立环节，增强司法人员的整体证明力观念。

（四）证据判断：从证据体系到案件事实

证据判断是指在证据体系已经建立的基础上，综合先后出现的辩护证据，判断案件事实能否成立的认识活动。证据可以分为控诉证据和辩护证据，前者是用来证明犯罪嫌疑人、被告人有罪或者罪重的证据，后者是用来证明犯罪嫌疑人、被告人无罪、罪轻的证据，即使证据体系已经建立，仍然需要具体考察控诉证据是否能对各项要件事实予以融贯性证成，即犯罪的每一项要件事实都

---

① ［美］米尔吉安·R. 达马斯卡：《比较法视野中的证据制度》，吴宏耀、魏晓娜译，中国人民公安大学出版社 2006 年版，第 68~69 页。

② 王进喜：《美国〈联邦证据规则〉（2011 年重塑版）条解》，中国法制出版社 2012 年版，第 26 页。

③ 最高人民检察院制定的多个规范性文件中使用了“证据体系”概念，包括：（1）2017 年《人民检察院刑事抗诉工作指引》第 17 条规定，证据摘录一般按照先客观性证据后主观性证据的顺序进行列举，以客观性证据为基础构建证据体系……（2）2018 年《人民检察院公诉人出庭举证质证工作指引》第 23 条规定，对于被告人不认罪案件，应当立足于证明公诉主张，通过合理举证构建证据体系，反驳被告人的辩解，从正反两个方面予以证明。（3）2020 年最高人民检察院、公安部《关于加强和规范补充侦查工作的指导意见》第 5 条规定，人民检察院对于因证据不足作出不批准逮捕决定，需要补充侦查的，应当制作补充侦查提纲，列明证据体系存在的问题、补充侦查方向、取证要求等事项并说明理由。

能形成完整的证据推论链条，而辩护证据或主张不足以对任何一项推论链条的中间环节造成实质性中断。[①] 从我国刑事诉讼法的规定来看，公安机关移送审查起诉、人民检察院提起公诉、人民法院作出有罪判决均应遵循“证据确实、充分”的证明标准。[②] 证据确实、充分包括“定罪量刑的事实都有证据证明”“据以定案的证据均经法定程序查证属实”“综合全案证据，对所认定事实已排除合理怀疑”三大条件，不仅对证据数量、质量提出了要求，还要进行融贯性证成与整体论证强度的判断，确认案件事实（定罪事实和从重量刑事实）能否达到“排除合理怀疑”的程度。

“全案证据”是一个动态、开放的概念，在侦查、审查起诉的终结节点只会形成阶段性的“全案证据”，由于审判阶段会经过当庭讯问被告人、证人，鉴定人出庭，辩护人申请调取书证、物证，申请重新鉴定、勘验等多项程序，严格意义的“全案证据”在判决作出之前才能最终形成。在疑难复杂案件中，新的证据会随着时间的推移而不断出现，导致全案证据形成“部分印证、部分矛盾”的复杂局面：一种情况是，在支撑证据体系的关键证据发生实质性变化，最为典型的就是犯罪嫌疑人、被告人翻供或证人翻证，导致证据体系出现重大矛盾。另一种情况是，在原有证据体系之外出现新的反证，甚至涉及犯罪嫌疑人不在犯罪现场、未达到刑事责任年龄、属于依法不负刑事责任的精神病人等内容。无论这些反证出现于刑事诉讼的哪个时间节点，是由司法机关自行收集还是辩方提供，是否曾被前一诉讼阶段的司法人员排除，都要将与定罪量刑有关的全部证据进行考量，比较、鉴别各种证据的证明力大小，最终判断案件事实能否成立。证据判断位于“阶层式”思维的末端，是对先前所有认识环节的

---

① 熊晓彪：《刑事证据标准与证明标准之异同》，载《法学研究》2019年第4期。

② 2018年修订的《刑事诉讼法》第162条规定，公安机关侦查终结的案件，应当做到犯罪事实清楚，证据确实、充分。第176条规定，人民检察院认为犯罪嫌疑人的犯罪事实已经查清，证据确实、充分，依法应当追究刑事责任的，应当作出起诉决定。第200条规定，案件事实清楚，证据确实、充分，依据法律认定被告人有罪的，应当作出有罪判决。

检验和最终评判，将会形成三种结论：一是辩护证据被证明为虚假，证据体系仍然保持稳定，能够形成案件事实成立的内心确信；二是辩护证据被证明为真实，从而击破原有的证据体系，导致案件事实完全不能成立；三是辩护证据既不能证实也不能证伪，但足以引发对所认定事实产生合理怀疑的，应当作出有利于犯罪嫌疑人、被告人的结论。

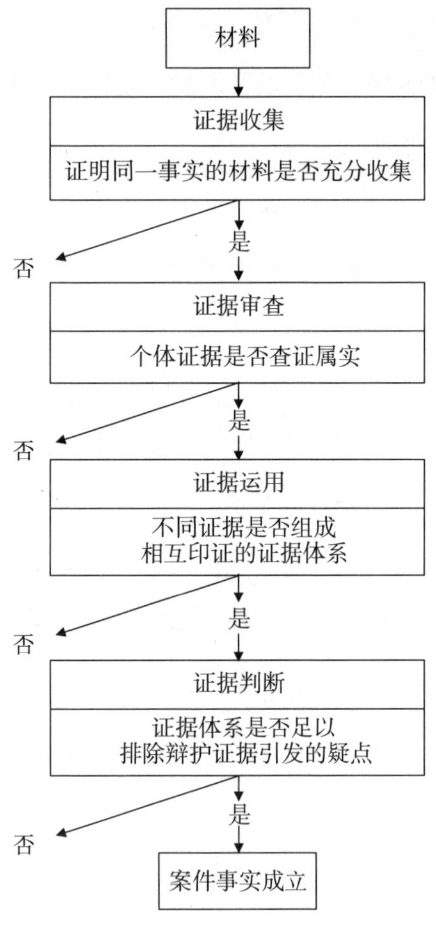

图 1　“阶层式”刑事证明思维的构造

二、“阶层式”刑事证明思维的特征

“阶层式”刑事证明思维以诉讼职责为基础，以证据法规范为准据，以日常经验法则为依托，为司法人员采信证据、认定事实提供了一种精细化的分析论证工具，呈现出鲜明的本土化特征。

（一）职责性

“阶层式”思维体现司法人员共同遵循的认识规律和原理，但是，刑事诉讼各阶段的目的、任务不同，决定了侦查、检察、审判人员的具体思维方式各有侧重。（1）侦查人员侧重于证据收集思维。侦查人员处于刑事诉讼的“起始”阶段，以查明案情、查获犯罪嫌疑人和收集证据为主要任务，通过制作集证据材料、诉讼文书于一体的侦查卷宗，形成案件事实的“大致轮廓”。进入审查起诉和审判阶段后，由于时过境迁等客观原因，很多材料会在诉讼过程中逐渐灭失，故检察人员、审判人员不以直接收集证据为主要任务，如自行补充侦查、庭外调查核实仅限于“事实不清、证据不足”“证据存疑”等情形。无论是检察机关的审查批准逮捕、审查起诉还是法院审判，主要是围绕侦查人员收集的证据进行的。（2）检察人员侧重于证据审查和运用思维。在我国刑事诉讼中，人民检察院是公诉案件中承担被告人有罪证明责任的唯一主体。侦查人员、审判人员同样负有证据审查和运用的职责，但这属于使自己明白的“自向”证明，并不承担举证并说服他人确信的法定责任。检察人员处于刑事诉讼的“中间”阶段，既要向前审查侦查人员随案移送的证据，也要审查犯罪嫌疑人、被告人及其辩护人提交的证据。同时，公诉人在庭审中不是随意、杂乱地出示证据，而是要按照特定逻辑顺序对证据进行排列组合，通过举证质证说服法庭认可指控的犯罪事实。从这个意义上看，检察人员在刑事诉讼中既需要进行“自向”证明，也需要进行“他向”证明，承担着指控证明犯罪的主导责任。(3) 审判人员侧重于证据判断思维。审判人员处于刑事诉讼的“末端”,通过庭审全面听取公诉人、被告人及其辩护人、被害人及其诉讼代理人的意见,对控辩双方提交的证据进行综合评判,最终得出能否认定案件事实的结论,并且将心证过程展现于裁判文书中。此外,国家监察体制改革之后,监察调查与刑事司法呈现“程序二元、证据一体”的特点,监察机关在收集、固定、审查、运用证据时,应当与刑事审判关于证据的要求和标准相一致。[①] 2021 年《最高人民法院关于适用〈中华人民共和国刑事诉讼法〉的解释》增加对监察调查相关事项进行审查的要求,明确监察讯问录音录像的审查规则、监察调查人员出庭等有关问题,这意味着监察调查人员实际上也要受到“阶层式”思维的指引。

(二) 法律性

“阶层式”思维以刑事证据法规范为准据,是一种依循法律逻辑(包括法律的规范、原则和精神)去思考、处理问题的法律思维。国际范围内,大陆法系国家证据法的重点在于审前程序的证据收集行为,实际就是将侦查人员的侦查行为作为规范重点;英美国家证据法的重点在于审判程序的证据审查与判断行为,实际就是将法官与陪审团的证据采信行为作为规范重点。[②] 上述两者的共同特征就是奉行绝对自由心证主义,即证据法侧重于规范证据能力,对于证据证明力的审查通常不做过多限制,主要由法官(陪审团)依据良知、经验法则和逻辑,进行自由评价和判断。但是,自由心证只是相对于法定证据制度所做的预先限制而言,绝非一般意义上的随心所欲或主观臆断,至于自由的程度如何、采取何种约束方法,则需要根据各国的具体情况来确定。即便在一些采取绝对自由心证主义的国家和地区,法官认定案件事实也要受到诸多因素的约

① 李勇:《〈监察法〉与〈刑事诉讼法〉衔接问题研究——“程序二元、证据一体”理论模型之提出》,载《证据科学》2018 年第 5 期。

② 何家弘主编:《外国证据法》,法律出版社 2003 年版,第 55~56 页。

束，包括以证据资格作为自由心证之适用前提，以论理法则与经验法则作为自由心证之内在拘束，以法律明定之评价法则作为自由心证之外在限制。①

我国实行单一制的国家结构形式，各地司法资源配置发展不平衡，司法人员的能力、经验亦存在较大差异，需要对司法裁量权进行必要的规范。从形式上看，我国至今未制定专门的刑事证据规则，相关规范散见于《刑事诉讼法》以及《最高人民法院关于适用〈中华人民共和国刑事诉讼法〉的解释》《人民检察院刑事诉讼规则》等司法解释和规范性文件中。② 从内容上看，刑事证据制度总体上属于自由心证模式，同时吸收了法定证据制度的因素，不仅对单个证据的证明力大小、强弱确立了一些限制性规则，而且对认定案件事实确立了一些客观化的证明标准。③ 如 2021 年《最高人民法院关于适用〈中华人民共和国刑事诉讼法〉的解释》第 143 条对特殊证人证言的采信作出了规定，对于“与被告人有亲属关系或者其他密切关系的证人所作的有利于被告人的证言，或者与被告人有利害冲突的证人所作的不利于被告人的证言”应当慎重使用，有其他证据印证的，可以采信。再如，第 141 条规定了隐蔽性证据定案规则，根据被告人的供述、指认提取到了隐蔽性很强的物证、书证，且被告人的供述与其他证明犯罪事实发生的证据相互印证，并排除串供、逼供、诱供可能性的，可以认定被告人有罪。一般认为，中国传统的注释律学重归纳而轻演绎、重实用而轻理论，未能建立一个逻辑化、系统化的理论体系，其重要原因在于情理的过度运用，由于缺乏清晰明确的规则，容易导致裁判的不可预知和个性化。④ 为了克服上述思维局限，司法人员在刑事证明活动中，首先要在证据法规范中

---

① 陈健民：《刑事诉讼法要论》，中国人民公安大学出版社 2009 年版，第 37 页。

② 刑事、民事、行政“三大”诉讼中，刑事证据法散见于《刑事诉讼法》、司法解释和规范性文件之中，缺乏系统性规定。最高人民法院先后制定《关于民事诉讼证据的若干规定》《关于行政诉讼证据若干问题的规定》，对于民事、行政诉讼的证据采信、事实认定作出系统规定。

③ 陈瑞华：《以限制证据证明力为核心的新法定证据主义》，载《法学研究》2012 年第 6 期。

④ 康建胜：《新旧之间——〈樊山政书〉中的清末变法与省级司法》，中华书局 2020 年版，第 262 页。

寻找适用于相关问题的“准据法”，严格依法收集、审查、运用和判断证据，不能超越法律文义的最大边界，不能脱离法律而凭空行事。

表 1　与刑事证明相关的部分规定

时间	名称
1999 年	《最高人民检察院关于 CPS 多道心理测试鉴定结论能否作为诉讼证据使用问题的批复》
2000 年	《最高人民检察院关于“骨龄鉴定”能否作为确定刑事责任年龄证据使用的批复》
2005 年	《全国人民代表大会常务委员会关于司法鉴定管理问题的决定》（2015 年修订）
2006 年	《最高人民检察院关于在审查逮捕和审查起诉工作中加强证据审查的若干意见》
2007 年	最高人民法院、最高人民检察院、公安部、司法部《关于进一步严格依法办案确保办理死刑案件质量的意见》
2010 年	最高人民法院、最高人民检察院、公安部、国家安全部、司法部《关于办理死刑案件审查判断证据若干问题的规定》 最高人民法院、最高人民检察院、公安部、国家安全部、司法部《关于办理刑事案件排除非法证据若干问题的规定》 《最高人民检察院关于适用〈关于办理死刑案件审查判断证据若干问题的规定〉和〈关于办理刑事案件排除非法证据若干问题的规定〉的指导意见》
2012 年	《公安部关于对吸毒人员动态管控系统信息能否作为认定吸毒史证据问题的批复》
2013 年	最高人民法院《关于建立健全防范刑事冤假错案工作机制的意见》 《最高人民检察院关于切实履行检察职能防止和纠正冤假错案的若干意见》
2014 年	最高人民法院、最高人民检察院、公安部《关于办理网络犯罪案件适用刑事诉讼程序若干问题的意见》
2016 年	最高人民法院、最高人民检察院、公安部、国家安全部、司法部《关于推进以审判为中心的刑事诉讼制度改革的意见》 最高人民法院、最高人民检察院、公安部《关于办理刑事案件收集提取和审查判断电子数据若干问题的规定》 最高人民法院、最高人民检察院、公安部《办理毒品犯罪案件毒品提取、扣押、称量、取样和送检程序若干问题的规定》
2017 年	《人民法院办理刑事案件庭前会议规程（试行）》 《人民法院办理刑事案件排除非法证据规程（试行）》 《人民法院办理刑事案件第一审普通程序法庭调查规程（试行）》 最高人民法院、最高人民检察院、公安部、国家安全部、司法部《关于办理刑事案件严格排除非法证据若干问题的规定》 《最高人民法院关于全面推进以审判为中心的刑事诉讼制度改革的实施意见》

续表

时间	名称
2018 年	《刑事诉讼法》 《监察法》 《人民检察院公诉人出庭举证质证工作指引》 《人民检察院刑事抗诉工作指引》 《最高人民检察院关于指派、聘请有专门知识的人参与办案若干问题的规定（试行）》
2019 年	《公安机关办理刑事案件电子数据取证规则》 《人民检察院刑事诉讼规则》
2020 年	《公安机关办理刑事案件程序规定》
2021 年	《人民检察院办理认罪认罚案件听取意见同步录音录像规定》 《人民检察院办理网络犯罪案件规定》 《最高人民法院关于适用〈中华人民共和国刑事诉讼法〉的解释》

（三）日常经验性

“阶层式”思维既立足法律规定，也考虑主观能动性的充分发挥，是一种运用日常经验法则的“智力加工”活动。实践中，有的司法人员陷入过分依赖证据法规范的思维误区，希望在其中找到“包罗万象”的定案依据，一旦缺乏具体规定即无所适从。刑事证明是一种从材料到案件事实的回溯性认识，具体个案的证据情况复杂多样，犯罪嫌疑人、被告人翻供，证人翻证，证据之间矛盾冲突的情况屡见不鲜，对于如何建立证据与待证事实的关联性、如何甄别证据包含的虚假内容、如何分析证据之间的关系等问题，法律无法预先做出各种具体设定，只能由司法人员根据自身的知识、生活体验或被公众所普遍认知与接受的经验进行判断。为此，我国刑事证据法多处使用“根据一般生活经验判断”“为一般人共同知晓的常识性事实”“自然规律或者定律”“符合常理”“合理解释”等概念，这些均属于日常经验法则的范畴。所谓日常经验法则，是指日常生活中所形成的反映事物之间内在必然联系的事理：其一，所依据的生活经验必须是日常生活中反复发生的常态现象；其二，这种生活经验必须为社会中普通常人所能体察和感受；其三，这种经验法则所依据的生活经验可随时以特定的具体方式还原为一般常人的亲身感受。日常经验法则具有不成文的特点，既不易定量，也无规范可遵循，这意味着司法人员需要具备丰富的社会阅历和生活经验，也就是“人情练达，世事洞明”，才能准确提炼、选择和运用日常经验法则，作出最为符合事实真相的判断。例如，在合同诈骗犯罪案件中，犯罪嫌疑人否认其具有非法占有目的，作出将钱款用于经营活动的辩解，但无法说出具体的办公场所、员工信息、经营项目、盈亏情况等，难以认定该辩解具有真实性。在案发时间久远的盗窃犯罪案件中，犯罪嫌疑人在没有参照其他证据的情况下，能够精确记忆多次作案的具体地点、金额、包装物等细节，显然不符合自然人的认知规律。近年来，司法办案的智能化趋势明显，依托互联网、大数据、云计算等技术，将统一适用的证据标准、证据规则指引，嵌入公检法司机关刑事办案系统中，对证据进行校验、把关、提示、监督。刑事证明思维具有较强的经验性，涵盖经济、文化、社会、科技等诸多领域，这决定了智能辅助办案系统只能作为证据事实认定的参考，无法替代司法人员进行心证判断。

三、“阶层式”刑事证明思维的要求

我国刑事诉讼制度已从“以侦查为中心”转变为“以审判为中心”，这要求从侦查阶段开始就严格按照庭审裁判的要求和标准，全面客观地收集、审查、运用、判断证据。“阶层式”思维像一条红线贯穿刑事诉讼的各个阶段，当案件事实、证据存在争议时，为司法人员提供可论证、可反驳、可检验的交流平台，确保案件事实认定的准确性。

（一）“规范出发型”的证据收集思维

司法过程中的事实认定可以区分为事实发现与事实论证，事实发现的过程是推论性和判断性的，它帮助司法人员初步获得事实认定结果；而事实论证的脉络则是回溯性的，它要求用一种审视的眼光回看事实发现的过程，对所认定的证据事实与裁判事实进行检验并形成内心确信。[①] 随着经济社会的快速发展，我国正在进入“法定犯时代”，突出地表现为法定犯种类大量增多，新的行为方式不断涌现，由传统的自然犯占绝对优势演变为法定犯占绝对比重。[②] 我国刑法的法定犯大部分聚集在市场经济秩序、社会管理领域，如金融犯罪、危害食品药品安全犯罪、涉税犯罪、环境污染犯罪等，除了罪刑规范较为复杂之外，很多犯罪以违反一定的行政管理法律法规为前提，当前置性行政法发生变动或调整时，犯罪构成随之发生重大变化，对证据收集提出了新的更高要求。

民事诉讼存在“规范出发型”和“事实出发型”两种思维，前者是指在案件发生后，以抽象的法律规范为前提来考虑诉讼；后者则不预设一定的前提，它的诉讼过程是以案件事实本身为出发点，旨在发现案件事实中所蕴藏的法规范。[③] 传统的刑事证明思维属于“事实出发型”，对于侵害或者威胁法益的同时明显违反伦理道德的自然犯，如故意杀人罪、强奸罪、放火罪等，司法人员依靠日常经验即可确定证据收集的范围，不需要对罪刑规范进行过多解读。在法定犯大量增多的时代背景下，传统的实体与程序二分只是一种理想状态，两者通常以一种相互交织的方式出现在司法人员的思维活动中。对于因行政需要而设置、通常不违反公序良俗的法定犯，司法人员要在实体法规范的指导下发现案件事实，进而根据证据查明认定案件事实，如果没有确立清晰的“指导形象”，容易使证据收集的方向出现偏差。例如，虚开增值税专用发票罪的罪状近年来发生了改变，不仅要查明行为人是否实施“为他人虚开、为自己虚开、让他人为自己虚开、介绍他人虚开”的行为，还要查明是否存在“骗取国家税款的目的”“客观上造成国家税款损失”等事实。再如，在生产、销售不符合安全标准的食品犯罪案件中，不仅要查明行为人生产、销售的食品是否不符合安

---

① 武飞：《论司法过程中的案件事实论证》，载《法学家》2019年第6期。

② 陈银珠：《法定犯时代传统罪过理论的突破》，载《中外法学》2017年第4期。

③ 李龙、闫宾：《解读“规范出发型”诉讼理念——以具体个案为基点》，载《西南政法大学学报》2005年第4期。

全标准，还要查明生产、销售的具体金额，以此作为对犯罪人判处罚金刑的事实根据。有的疑难案件中，犯罪嫌疑人实施的行为涉嫌触犯多个罪名，包括销售假冒注册商标的商品罪，生产、销售不符合安全标准的食品罪和生产、销售伪劣产品罪等，如果只注重其中一种取证方向，忽视从其他方向收集证据，一旦因时过境迁而丧失取证条件，将会导致事实认定不准确、不完整。为此，有必要引入“规范出发型”思维，在罪刑规范的指导下识别案件事实，使证据收集始终围绕着犯罪构成和量刑情节进行，确保刑事法律体系的逻辑一致性和融贯性。

（二）“情理推断”和“对比验证”交织融合的证据审查思维

“情理推断”和“对比验证”是证据审查的两种基本方法，前者是从社会普遍接受的常识、常理、常情出发，对个体证据作出有针对性的判断；后者是将证明同一事实的两个以上的证据进行比较和对照，查看其所证明的内容是否一致，包括同一证据类型的纵向比对和不同证据类型的横向比对。“情理推断”虽以司法人员的阅历和经验为基础，但离不开“对比验证”的外在制约和保障，即使个体证据看似具有较强的合理性，仍要将其与证明同一事实的其他证据进行比对，甚至将其放在全案证据之中才能得出结论。“对比验证”具有较强的形式判断色彩，如果存在刑讯逼供、指供、诱供、替人顶罪等情形，或者诉讼当事人伪造书证、物证等，将会出现“虚假印证”的情况，需要依靠“情理推断”弥补漏洞，共同发挥准确认定案件事实的作用。实践中，既要反对“唯情理论”，对于证据数量和内容不做要求，仅仅凭借孤证或主观猜测定案；又要反对“唯对比论”，片面追求不同证据之间的形式一致，对证据本身是否符合社会常理不加鉴别。

证据审查过程中，“情理推断”和“对比验证”犹如车之两轮，不可偏废，“凡推事有两，一察情，一据证，审其曲直，以定是非”[①]，这里的“情”是指

---

① （唐）魏徵等：《隋书》（卷六六），中华书局1973年版，第1549~1550页。

情理和事理，“证”是指各种证据。一方面，证据能力审查要综合运用两种方法。有的案件中，犯罪嫌疑人在被羁押若干天之后才开始做有罪供述，但卷内没有一份在此期间的讯问笔录，侦查机关没有作出解释，也未移送相应的同步录音录像，显然不合常理。有的案件中，犯罪嫌疑人供述与证人证言同步发生变化，且内容高度一致，存在“随证而供”“供随证变”等情形，说明讯问过程存在指供甚至刑讯逼供的较大可能性。另一方面，证明力审查要综合运用两种方法。有的案件中，犯罪嫌疑人虽然承认犯罪事实，但又对犯罪地点、犯罪手段、被害人衣着等事实细节供述不清或反复不定，需要对其真实性进行慎重判断。有的案件中，犯罪嫌疑人供述与鉴定意见、现场勘验笔录存在矛盾且未得到排除，说明口供不能得到其他证据的补强，无法作为定案的根据。实践中，司法个案的情况差异较大，证据的分析判断过程错综复杂，需要将“情理推断”和“对比验证”作为一个整体来考量，使两者以交织融合的方式出现在司法人员的心证过程中，以此作为证据运用的前提和基础。

（三）与案件繁简分流相适应的证据运用思维

2018 年修订的《刑事诉讼法》引入认罪认罚从宽制度之后，整个诉讼程序的设计围绕犯罪嫌疑人、被告人是否“自愿认罪，同意量刑建议和程序适用”展开，意味着认罪案件和不认罪案件成为最重要的案件分类方式。证据运用并非只有一种固定思维形态，而要根据案件的证据情况有所调整，特别是在认罪案件与不认罪案件中有所区分，使耗费司法资源较少的认罪案件进入快速办理通道，对不认罪案件投入更多的司法资源进行证明，以适应“简案快办、繁案精办”诉讼程序的需要。

第一种形态是认罪案件的证据运用思维。随着法治的进步和社会的发展，犯罪嫌疑人、被告人供述已经走下“证据之王”的神坛，但对于还原案件事实、联结客观性证据仍发挥着重要作用。犯罪嫌疑人供述能够单独展现案件基本事实，可以通过其他证据验证其真实性，使整个证据体系呈现以口供为核心的样态。在认罪认罚案件中，尽管犯罪嫌疑人供述得到本人签署具结书、律师在场等方式的固定，使口供的证明力得到极大提升，仍需要一个以上其他证据的相互印证，才能符合定案的基本要求。这里的其他证据不能与核心证据信息来源同一，犯罪嫌疑人供述与同步录音录像、自书材料、他人转述相互印证的，仍然属于“孤证”的范畴。但是，在犯罪嫌疑人自愿认罪的情况下，由于口供能够包含定罪量刑所需的全部内容，对口供真实性进行检验后，整个案件事实即得到证成。例如，对于公安执法人员现场查获、犯罪嫌疑人认罪的危险驾驶犯罪案件，证据审查、运用和判断这三个环节可以同时、一次性完成，论证过程相对简单直接，较容易形成内心确信，属于证明难度较低的案件类型。

第二种形态是不认罪案件的证据运用思维。不认罪案件包括“零口供”和“翻供”两种类型，因口供这一核心证据缺失或发生实质性变化，不仅需要建立逻辑严密的证据体系，并且要应对犯罪嫌疑人、被告人提出的无罪辩解，属于证明难度较高的案件类型。(1) 当案件存在被害人陈述、证人证言等直接证据时，即使犯罪嫌疑人拒不做出有罪供述，也可以通过其他证据组成直接证据体系。如最高人民检察院在指导性案例齐某强奸、猥亵儿童案（检例第42号）中指出，在性侵未成年人犯罪案件中，被害人陈述稳定自然，对于细节的描述符合正常记忆认知、表达能力，被告人辩解没有证据支持，结合生活经验对全案证据进行审查，能够形成完整证明体系的，可以认定案件事实。但是，由于该类案件存在“一对一”证据矛盾，对其他证据的数量和质量提出了更高要求。(2) 当案件没有任何直接证据时，通过间接证据仍然可以建立完整的证据体系。为了实现证明目标，需要对案件中所有的间接证据进行逻辑推理，通过间接证据之间的相互印证形成完整的证据体系，排除证据与证据之间、证据与案件事实之间的矛盾，达到证明标准。① 由于间接证据体系的组建过程较为复

① 褚福民：《刑事证明的两种模式》，载《政法论坛》2015年第2期。

杂，司法解释和规范性文件针对“主观明知”“非法占有目的”等难以证明的主客观事实，设置了一系列刑事推定规则，使司法人员能够围绕较为容易证明的基础事实组织证据，同时允许犯罪嫌疑人、被告人提出反驳，降低了建立证据体系的难度。

（四）客观公正的证据判断思维

“阶层式”思维要求首先将所有相关甚至错误的材料“碎片”聚拢在一起，形成一个有基本轮廓的图案，随着认识活动的逐步深入，把所有的材料去伪存真、去粗取精、查漏补缺，排除证明过程发现的各种疑点，最终形成一张清晰、完整的事实图案。在我国刑事诉讼中，侦查人员、检察人员和审判人员均负有查明事实真相的义务，这种义务贯穿于刑事诉讼各个阶段，其结论可能不利于犯罪嫌疑人、被告人，也可能有利于犯罪嫌疑人、被告人。2018 年修订的《刑事诉讼法》第 52 条规定，审判人员、检察人员、侦查人员必须依照法定程序，收集能够证实犯罪嫌疑人、被告人有罪或者无罪、犯罪情节轻重的各种证据。第 53 条规定，公安机关提请批准逮捕书、人民检察院起诉书、人民法院判决书，必须忠实于事实真象。故意隐瞒事实真象的，应当追究责任。司法实践中应当反对“结论主导型”思维，即先行凭借经验和直觉对案件事实做出结论，甚至形成了内心确信之后，再回头寻找支持自己结论的证据，赋予支持其结论的证据以证据能力和证明力，排除与其结论相反的证据，随后每一步的论证都旨在验证其最初结论正确，这种思维方式与“阶层式”思维的逻辑顺序完全相反，容易引发案件事实认定的偏差。一种表现是“重打击、轻保护”。受到职业偏见等因素的影响，偏离查明真相、实现司法公正立场，片面追求对被告人定罪或从重处罚的情况并不鲜见。如忽视相对于国家机关处于弱势地位的犯罪嫌疑人、被告人的合法权益，对于无罪证据在调查获取时片面忽略、证据移送时刻意隐瞒、申请调取时消极对待、事实认定时避而不谈。[1] 另一种表现是“消极司法”。只要案件存在证据缺失或证据矛盾，无论是否存在证据完善的余地，均不再开展补证工作，一概按照“存疑有利于被告人”处理。刑事证明具有较强的时限性或时效性，其过程和结果均要受侦查、起诉、审判等时间条件的限制，即刑事证明的思维活动必须在法定诉讼期限内完成，才具有法律效力。[2] 在法定的诉讼期限内，如果存在证据收集的可能性，仍然可以继续调取证据，进一步查明新的案件事实或改变先前认定的案件事实。按照“阶层式”思维的要求，司法人员根据初步了解的案情，可能会形成一个并不确定的预设结论，然后尝试去发现能够导出该结论的事实前提，但是，在证据判断过程中，既要注意符合原先设想的证据，也要注意不符合甚至推翻原先设想的反证，不断调整和修正以直觉和经验预设的结论，不偏不倚地做出判断。

从“证据论”转向“证明论”是人们对刑事诉讼规律认识深化的必然结果。尽管我国证据法理论已经形成了以证明对象、证据能力和证明力、印证模式、证明标准为核心要素的理论体系，但各项要素呈现“草蛇灰线，伏脉千里”的样态，只能反映刑事证明的某个环节片段，缺乏一条清晰的思维脉络作为指引。如果将刑事证明分割为彼此相互独立、互不附属的各项要素，容易使完整的证明过程被割裂成不同部分，失去事实认定的体系性和逻辑一致性，出现“一有俱有，一无俱无”的认识偏差。“阶层式”思维将各项理论要素整合成相互联系的基本范畴，并确立逻辑顺序、分层构建体系，有助于司法人员合乎理性地推导出结论，实现“事实认定符合客观真相，办案结果符合实体公正，办案过程符合程序公正”的目标。

---

① 朱梦妮：《刑事错案中的无罪证据问题——从丁某某案谈起》，载《法律适用》2017年第20期。

② 何家弘：《论司法证明的基本范畴》，载《北方法学》2007年第1期。

第一章
证 据 收 集

问题一 如何证明定罪事实

定罪事实又称犯罪构成事实、犯罪构成要件事实，是指认定行为人构成犯罪所需要具备的各种主客观情况的总称。2018 年修订的《刑事诉讼法》第 55 条规定，证据确实、充分，应当符合“定罪量刑的事实都有证据证明”等条件。第 198 条规定，法庭审理过程中，对与定罪、量刑有关的事实、证据都应当进行调查、辩论。“两高”司法解释和规范性文件也出现了“查明定罪事实”“定罪事实清楚”“对定罪事实进行调查”等表述。[①] 广义的定罪事实既包括需要证明的待证事实，还包括已经被证明的具体事实或者本来就不需要证明的免证事实。狭义的定罪事实只能是待证事实，按照证据裁判原则的要求，查明真伪不明且能够产生法律效果的事实必须建立在证据的基础之上，没有证据存在也就没有事

① 相关规定主要包括：(1) 2017 年《最高人民法院关于全面推进以审判为中心的刑事诉讼制度改革的实施意见》第 30 条规定，人民法院作出有罪判决，对于定罪事实应当综合全案证据排除合理怀疑。(2) 2017 年《人民检察院刑事抗诉工作指引》第 10 条规定，下列案件一般不提出抗诉……3. 案件定罪事实清楚，因有关量刑情节难以查清，人民法院在法定刑幅度内从轻处罚的。(3) 2017 年《人民法院办理刑事案件第一审普通程序法庭调查规程（试行）》第 44 条规定，被告人当庭不认罪或者辩护人作无罪辩护的，法庭对定罪事实进行调查后，可以对与量刑有关的事实、证据进行调查。(4) 2019 年《人民检察院刑事诉讼规则》第 368 条规定，犯罪构成要件事实缺乏必要的证据予以证明，不能确定犯罪嫌疑人构成犯罪和需要追究刑事责任的，属于证据不足，不符合起诉条件。(5) 2021 年《最高人民法院关于适用〈中华人民共和国刑事诉讼法〉的解释》第 278 条规定，对被告人不认罪或者辩护人作无罪辩护的案件，法庭调查应当在查明定罪事实的基础上，查明有关量刑事实。

实认定。[①] 考虑到司法实践的复杂性，我国刑事证据法并未具体阐明证明对象的核心问题，使定罪事实成为一个高度抽象且难以把握的概念。为此，应当对定罪事实的含义进行解读，从源头上确保案件办理的质量和效果。

一、定罪事实以犯罪构成为依托

犯罪构成是指依照刑法规定，决定某一具体行为的社会危害性及其程度，为该行为构成犯罪所必需的一切客观和主观要件。定罪不仅要确定行为人的行为是否构成犯罪，还要确定构成此罪还是彼罪、一罪还是数罪，这就要求发挥犯罪构成的指引取证功能。从词源追溯的角度来看，犯罪构成来自中世纪意大利的纠问程序中所使用的 Constare de delicti（犯罪的确证）一词，后逐渐演变为 Corpus delicti（犯罪事实）一词，表示按照刑事诉讼程序被证明的犯罪事实，强调的是对犯罪事实的客观存在进行确证，进而引发对犯罪嫌疑人的纠问程序。[②] 后费尔巴哈将上述概念引入刑事实体法，认为特定行为特征的整体，或者包含在特定种类的违法行为的法定概念中的事实，叫作犯罪的构成要件，使其成为联结实体法和程序法的桥梁纽带。[③] 古代刑事诉讼中，司法人员意识到犯罪类型不同，讯取口供要点亦不相同，如果是同一类型案件，讯问内容则相对固定，于是，同类案件讯问便逐渐形成了一个相对稳定之样板，如再遇到同类案件，则依样板所记载内容展开讯问即可。古代杀人罪包括谋杀、劫杀、故

① 免证事实虽然也构成定罪裁判的事实基础，但是由于其特殊情况而使真实性得到了确认，不需要运用证据进行证明。2019 年《人民检察院刑事诉讼规则》第 401 条规定，在法庭审理中，不必提出证据进行证明的事实包括“为一般人共同知晓的常识性事实”“人民法院生效裁判所确认并且未依审判监督程序重新审理的事实”“法律、法规的内容以及适用等属于审判人员履行职务所应当知晓的事实”“在法庭审理中不存在异议的程序事实”“法律规定的推定事实”“自然规律或者定律”。

② 李山河：《犯罪构成的性质：事实认识方法抑或规范解释模型》，载《政法论坛》2020 年第 2 期。

③ ［德］安塞尔姆·里特尔·冯·费尔巴哈：《德国刑法教科书》，徐久生译，中国方正出版社 2010 年版，第 83 页。

杀、斗杀、误杀、戏杀、过失杀七种，如讯问的是斗殴案件，则讯问口供之内容应有斗殴起因、是否死亡及死亡时间、是否为故意、有无同伙及证人等。问供状式为："据供，偶尔口角，互相争斗，用某物于某人某处一下打重，当时殒命，并无同谋及下手之人，此系斗殴杀。"如讯问的是谋杀案件，则讯取内容应有谋杀缘由、杀人地点、有无帮手、尸体处理状况、是否得财等。谋杀案问供状式为："据供，与某人素有仇隙，因与某人商谋，伺至僻静去处，用某物于某人某处一下，当时殒命，此系谋杀。"① 上述问供状式类似于现代的"讯问笔录模板"，体现出犯罪构成对定罪证明的指引作用。

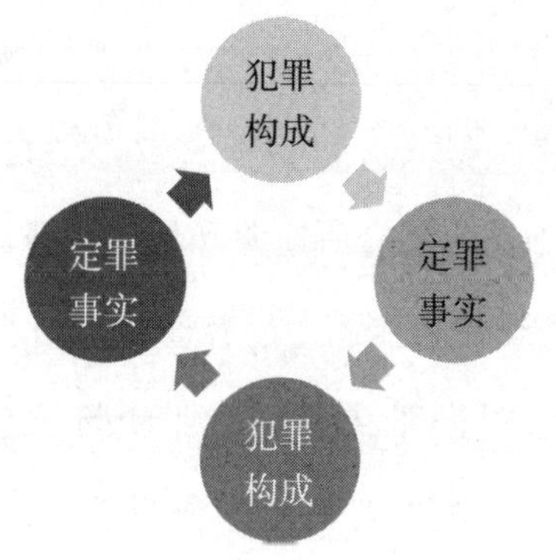

图 2　定罪证明的双向循环思维

司法实践中，不应采取"事实状态→法律标准"的单向思维，即首先凭借感觉、经验去查明定罪事实，再去对比是否符合刑法规定的犯罪构成要件，这种思维方式只能应对犯罪构成较为简单的案件。在法定犯数量和类型大幅度增加、犯罪构成日趋复杂的背景下，有必要强化"法律标准→事实状态→法律标准"的双向循环思维，也就是"将目光不断往返于实体法规范与事实之间"，为证据收集的方向提供明确指引。司法人员对案件材料进行审查，大致了解案情后，根据刑法规定的犯罪构成初步判断是否存在犯罪、可能构成何种犯罪，

① 杨晓秋：《明清刑事证据制度研究》，中国政法大学出版社 2017 年版，第 92~93 页、第 125 页。

确定基本的取证方向。随着刑事诉讼的向前推进，新的有罪、无罪证据相继出现，要根据证据变化对先前认定的事实进行检验、修正，使案情不断得以明朗。在此基础上，将已查明的具体事实与刑法预先设定的犯罪构成进行比对，通过“三段论”的推理过程，得出犯罪嫌疑人、被告人是否构成犯罪的结论。当将某一具体条文规定的构成要件作为大前提不能处理定罪事实时，还需要将其他可能适用的条文规定的构成要件作为大前提，而且不断地对这些构成要件进行解释，不断地按照其他条文规定的构成要件对定罪事实进行归纳，判断二者能否对应。[①] 主要包括以下要求：

（一）全面识别法

犯罪构成要根据刑法分则规定的罪状类型，结合刑法总则以及相关法律规定之间的关系进行识别，不能有所遗漏和偏差。我国刑法的罪状是指刑法分则条文对犯罪具体情况的规定和描述，内容通常为对犯罪构成特征的说明，包括叙明罪状、简单罪状、引证罪状和空白罪状等类型。包括以下识别方法：(1)“直观识别法”。该种方法主要适用于叙明罪状，如《刑法》第 217 条规定，以营利为目的，制作、出售假冒他人署名的美术作品，违法所得数额较大或者有其他严重情节的，构成侵犯著作权罪。叙明罪状分别从犯罪目的、犯罪手段、犯罪对象、犯罪数额或情节等方面描述了犯罪构成，能够被司法人员较为直观地把握。(2)“法理识别法”。该种方法主要适用于犯罪构成特征描述较为概括的简单罪状，需要根据法律原则、法律精神作适当解释。刑法理论中，犯罪构成要件要素有成文的构成要件要素与不成文的构成要件要素之分，前者是指刑法明文规定的构成要件；后者是指刑法表面上（文字上）没有明文规定，但根据刑法条文之间的相互关系、刑法条文对相关要素的描述所缺的，成

---

① 葛磊：《论犯罪构成要件事实认定的基本方法——以法律思维方式为视角》，载《北京航空航天大学学报（社会科学版）》2012 年第 3 期。

立犯罪所必须具备的要素。[①] 例如，对于如何理解刑法意义上的诈骗罪，仅仅依靠《刑法》第266条规定的“诈骗公私财物”难以得出结论，只有将犯罪构成解释为“行为人基于非法占有目的→实施虚构事实、隐瞒真相的行为→导致他人产生错误认识→他人因错误认识而处分财物→行为人或第三人取得财物→造成他人财产损失”，才能与其他犯罪和民事欺诈进行区分。诈骗犯罪案件的办理过程中，不仅要收集证明行为人实施欺诈行为的证据，还要收集证明行为人具备非法占有目的、被害人基于错误认识实施处分行为以及财产损失情况等证据。2018年《检察机关办理电信网络诈骗案件指引》界定了“电信网络诈骗”的概念，是指以非法占有为目的，利用电话、短信、互联网等电信网络技术手段，虚构事实，设置骗局，实施远程、非接触式诈骗，骗取公私财物的犯罪行为，除了收集认定普通诈骗犯罪的证据之外，还需要查明行为人是否“线上线下并行同时进行接触式和非接触式诈骗”，以及被害人是否“基于接触被骗”等事实。(3)“参照识别法”。该种方法主要适用于引证罪状和空白罪状，前者追溯至被援引的刑法条文，即可确定犯罪构成的内容；后者涉及“非法”“违反国家规定”“违反国家有关规定”“违反规定”等条款，需要借助其他法律法规进行前置性判断。例如，非法吸收公众存款罪的犯罪构成包括“非法性”“利诱性”“公开性”“社会性”等内容，其中“非法性”即“违反国家金融管理法律规定”往往是判断的难点。2019年最高人民法院、最高人民检察院、公安部《关于办理非法集资刑事案件若干问题的意见》第1条规定，人民法院、人民检察院、公安机关认定非法集资的“非法性”，应当以国家金融管理法律法规作为依据。对于国家金融管理法律法规仅作原则性规定的，可以根据法律规定的精神并参考中国人民银行、中国银行保险监督管理委员会、中国证券监督管理委员会等行政主管部门依照国家金融管理法律法规制定的部门规章或者

---

① 张明楷：《犯罪构成体系与构成要件要素》，北京大学出版社2010年版，第120~121页。

国家有关金融管理的规定、办法、实施细则等规范性文件的规定予以认定。非法集资犯罪案件办理过程中，首先要根据网络借贷信息中介机构、私募基金管理人等不同业务类型，在国家金融管理法律法规中找到相应的禁止性规定，如“不得为自身或变相为自身融资”“不得直接或间接接受、归集出借人的资金”“不得向合格投资者之外的单位和个人募集资金”等，进而查明相关事实是否存在。

（二）具体识别法

刑法规定的犯罪构成由一系列主客观要件所组成，各个要件之中又包含若干要素，犯罪构成要件则是以行为的若干方面为视角，由构成要件要素集合而成的、居于犯罪构成要件要素上一层次的单元或集合体；犯罪构成要件要素是指作为犯罪构成要件内部组成因素的、组成犯罪构成这一主客观要件有机整体的最基本单位。① 犯罪构成识别过程中，不能仅仅解读到犯罪构成要件这一层级，而要具体把握每个犯罪构成要件要素的含义，无论是记述的构成要件要素还是规范的构成要件要素，均可以成为证明对象。一类是记述的构成要件要素。司法人员根据日常经验法则即可明确待证事实的范围，如故意杀人罪中的“杀人”属于记述的构成要素，根据尸体鉴定意见、现场勘验笔录、作案工具等证据，即可查明是否存在“剥夺他人生命的行为”。另一类是规范的构成要件要素。有的属于社会价值的评价要素，如“淫秽物品”等；有的属于专业规则的评价要素，如“假药”“劣药”“不符合卫生标准的食品”等。

案件办理过程中，有些规范的构成要件要素相对概括抽象，在划定与之对应的要件要素事实时，需要在解释过程中添入必要的价值判断。由于观念上、认识上的差异，这种解释难免带有一定的主观性，不同的解释结论会影响待证事实的边界，进而影响证明的范围。② 可以采取以下证明方式：一是产品质量

① 肖中华：《犯罪构成中的要件要素及犯罪形态》，载《法学》2005年第2期。
② 董坤：《构成要件与诉讼证明关系论纲》，载《法律科学》2020年第1期。

鉴定报告。例如，2001 年《最高人民法院关于审理生产、销售伪劣商品刑事案件有关鉴定问题的通知》规定，对于提起公诉的生产、销售伪劣产品、假冒商标、非法经营等严重破坏社会主义市场经济秩序的犯罪案件，所涉生产、销售的产品是否属于“以假充真”“以次充好”“以不合格产品冒充合格产品”难以确定的，应当根据 2001 年《最高人民法院、最高人民检察院关于办理生产、销售伪劣商品刑事案件具体应用法律若干问题的解释》第 1 条第 5 款的规定，由检察机关委托法律、行政法规规定的产品质量检验机构进行鉴定。人民法院受理的生产、销售假药犯罪案件和生产、销售不符合卫生标准的食品犯罪案件，均需有“省级以上药品监督管理部门设置或者确定的药品检验机构”和“省级以上卫生行政部门确定的机构”出具的鉴定结论。二是审读意见。例如，2018 年《最高人民法院、最高人民检察院、公安部、司法部关于办理恐怖活动和极端主义犯罪案件适用法律若干问题的意见》第 2 条第 3 项规定，公安机关应当对涉案物品全面审查并逐一标注或者摘录，提出审读意见，与扣押、移交物品清单及涉案物品原件一并移送人民检察院审查。三是交通事故认定书。例如，2021 年《道路交通安全法》第 73 条规定，公安机关交通管理部门应当根据交通事故现场勘验、检查、调查情况和有关的检验、鉴定结论，及时制作交通事故认定书，作为处理交通事故的证据。交通事故认定书应当载明交通事故的基本事实、成因和当事人的责任，并送达当事人。此外，对于涉及国家安全的构成要件要素，司法人员如果缺乏足够的专业判断能力，法律规定可以根据行政认定意见进行证明。

（三）动态识别法

刑事案件需要经过一定的诉讼周期，而犯罪构成特别是法定犯的内容并非固定不变，其随着经济社会的发展和前置行政法的调整而变化。无论在侦查、审查起诉还是审判阶段，如果犯罪构成发生了变化，应当及时调整证据收集的方向或者终止诉讼程序。（1）犯罪构成要件要素的减少。1997 年《刑法》规定的重大环境污染事故罪中，需要证明“造成重大环境污染事故，致使公私财产遭受重大损失或者人身伤亡”的严重后果，由于实践中出现办理环境污染刑事案件取证难、鉴定难、认定难等问题，2011年《刑法修正案（八）》将“重大环境污染事故罪”修改为“污染环境罪”，删去了危害结果这一构成要件要素，将该罪从结果犯修改为行为犯，降低了入罪门槛。根据2016年《最高人民法院、最高人民检察院关于办理环境污染刑事案件适用法律若干问题的解释》第1条规定，符合“在饮用水水源一级保护区、自然保护区核心区排放、倾倒、处置有放射性的废物、含传染病病原体的废物、有毒物质”“非法排放、倾倒、处置危险废物三吨以上”等情形即可定罪，不需要证明发生特定危害结果，进一步加大了对环境犯罪的打击力度。（2）犯罪构成要件要素的增加。实践中，对于虚开增值税专用发票罪的犯罪构成要件长期存在争议。最高人民法院于2018年12月4日发布了《人民法院充分发挥审判职能作用保护产权和企业家合法权益典型案例（第二批）》，其中“张某强虚开增值税专用发票案”要求虚开增值税专用发票罪应具备“骗取国家税款的目的”“客观上造成国家税款损失”的条件。对于虚开增值税专用发票罪的认定，不仅要从形式上把握是否存在虚假开具增值税专用发票的行为，还要从实质上把握虚开增值税专用发票的主观心态以及危害后果，对上述主客观事实要素进行证明，否则属于“事实不清、证据不足”。（3）犯罪构成要件要素的扩张解释。我国《刑法》第385条规定，国家工作人员利用职务上的便利，非法收受他人财物的，只有同时具备“为他人谋取利益”的要件，才能构成受贿罪。关于“为他人谋取利益”在受贿罪犯罪构成中的地位，历来存在“客观要件说”和“主观要件说”之争，前者认为“为他人谋取利益”属于客观要件，后者认为“为他人谋取利益”属于主观要件，即只是受贿人的一种心理态度或者说是主观上的一种意图。近年来，司法解释逐渐肯定了“为他人谋取利益”的主观要件地位，2016年《最高人民法院、最高人民检察院关于办理贪污贿赂刑事案件适用法律若干问题的解释》第13条将“为他人谋取利益”细化为“实际或者承诺为他人谋取利益”“明知他人有具体请托事项”“履职时未被请托，但事后基于该履职事由收受他人财物”“国家工作人员索取、收受具有上下级关系的下属或者具有行政管理关系的被管理人员的财物价值三万元以上，可能影响职权行使”4种情形。如果按照“客观要件说”，必须证明受贿人实施了具体的谋利行为，如果按照“主观要件说”，证明受贿人“明知”他人有请托事项即可，甚至可以通过受贿人和行贿人的上下级隶属关系或行政管理关系进行认定，扩大了受贿罪的处罚范围。（4）犯罪构成要件要素的限缩解释。我国《刑法》第141条规定了生产、销售假药罪，该罪的犯罪构成中，假药是指依照《药品管理法》的规定属于假药和按假药处理的药品、非药品。原有的《药品管理法》规定，依照该法必须批准而未经批准生产、进口，或者依照该法必须检验而未经检验即销售的药品，按假药论处。2019年修订的《药品管理法》第98条将未经批准、检验的情形排除于假药范围之外，限缩了生产、销售假药罪的犯罪对象，对于“假药”这一构成要件要素的证明，不能仅仅依靠“药品未经批准、检验”进行认定，而应根据药品成分、治疗范围等进行实质认定，提升了刑事证明的难度。

案例1

诈骗罪的犯罪构成识别

——赵某某诈骗案[①]

【基本案情】

1992年初，原审被告人赵某某担任厂长并承包经营的A工厂与B公司建立了持续的钢材购销关系。1992年至1993年，赵某某从B公司多次购买冷轧板。赵某某提货后，通过转账等方式，向B公司支付了大部分货款。实际交易中，

---

① 2021年5月最高人民法院发布的《人民法院充分发挥审判职能作用保护产权和企业家合法权益典型案例（第三批）》。

提货与付款不是一次一付、一一对应的关系。其中，1992 年 4 月 29 日、5 月 4 日、5 月 7 日、5 月 8 日，赵某某在向 B 公司财会部预交了支票的情况下，从 B 公司购买冷轧板 46.77 吨（价值人民币 134189.5 元）。提货后，赵某某未将 B 公司开具的发货通知单结算联交回 B 公司财会部。1992 年 5 月 4 日及 29 日、1993 年 3 月 30 日，赵某某支付的货款 220535 元、124384 元、2 万元分别转至 B 公司账户。后双方在赵某某是否付清货款问题上发生争议，产生纠纷。1994 年 8 月 11 日，B 公司以赵某某诈骗该公司冷轧板为由，向公安机关报案。

1998 年 12 月 24 日，辽宁省鞍山市千山区人民法院判决认定，鞍山市千山区人民检察院指控赵某某犯诈骗罪，证据不足，宣告赵某某无罪。宣判后，鞍山市千山区人民检察院提起抗诉。鞍山市中级人民法院于 1999 年 6 月 3 日以（1999）鞍刑终字第 24 号刑事附带民事判决，撤销鞍山市千山区人民法院（1998）千刑初字第 211 号刑事附带民事判决；认定赵某某犯诈骗罪，判处有期徒刑五年，并处罚金人民币 20 万元。判决发生法律效力后，原审被告人赵某某先后向鞍山市中级人民法院、辽宁省高级人民法院提出申诉，均被驳回。2016 年 8 月 29 日，申诉人马某杰向最高人民法院提出申诉。最高人民法院经审查后于 2018 年 7 月 27 日作出（2017）最高法刑申 92 号再审决定，提审该案。审理期间，最高人民法院审查了该案原审卷宗、鞍山市中级人民法院和辽宁省高级人民法院申诉复查卷宗；约谈了申诉人及其代理人，听取意见，依法保障其诉讼权利；听取了最高人民检察院意见。2019 年 1 月 3 日，最高人民法院判决撤销辽宁省鞍山市中级人民法院的刑事附带民事判决，原审被告人赵某某无罪，原二审判决已执行的罚金，依法予以返还。

【证据分析】

该案的证明难点在于如何识别诈骗罪的犯罪构成。诈骗罪采取简单罪状的立法表述方式，除了欺诈取财手段和损失金额之外，还要从行为人的经济状况、经营模式、事后表现等方面收集证据，查明行为人是否具备非法占有目的。该案的相关证据包括：（1）证明赵某某采取欺诈手段的证据。虽然证人刘某1、李某、马某等的证言及检察技术鉴定意见、搜查笔录等证实，A工厂在与B公司的交易过程中，存在4次“提货未结算”的情况，但不能把此种情况简单地等同于诈骗手段。该案中，赵某某4次提货未结算，属于符合双方交易惯例且被对方认可的履约行为。4次提货前，赵某某均已向B公司财会部预交了支票，履行了正常的提货手续。B公司负责开具发货通知单的员工刘某1证实，其在开具发货通知单之前，已向财会部确认了赵某某预交支票的情况，并经财会部同意后才给赵某某开具发货通知单。根据交易流程，B公司提货所用发货通知单有三联，其中一联留存于销售部、一联留存于成品库、一联（结算联）交回财会部。赵某某4次提货后，虽然未将发货通知单结算联交回财会部履行结算手续，但另两联仍在销售部和成品库存留，B公司完全可以通过对账发现以上未结算情况。事实上，B公司亦正是通过存留的发货通知单发现赵某某4次未结算的相关情况。因此，赵某某4次未结算的行为不是虚构事实、隐瞒真相的行为，B公司相关人员亦未陷入错误认识，更没有基于错误认识向赵某某交付冷轧板。（2）证明赵某某具备非法占有目的的证据。证人刘某1、李某、马某等的证言、发货通知单及银行进账单、明细账、A工厂付货款统计表等证实，1992年至1993年，赵某某承包经营的集体所有制企业A工厂，与全民所有制企业B公司建立了持续的冷轧板购销业务往来，赵某某多次从B公司购买数量不等的冷轧板，并通过转账等方式多次向B公司支付货款。实际交易中，提货与付款不是一次一付、一一对应的关系，即提货与付款未一一对应符合双方的交易惯例，双方亦是按照该交易惯例持续进行交易。1992年4月29日、5月4日、5月7日、5月8日，赵某某提货后虽未结算，即未将B公司开具的发货通知单结算联交回该公司财会部履行结算手续，但在上述期间的5月4日及之后的5月29日、1993年3月30日，赵某某支付的货款220535元、124384元、2万元仍分别转至B公司账户。上述情况充分表明，赵某某在被指控的4次提货行为发生期间及发生后，仍持续进行转账支付货款，并具有积极履行支付货款义务的意思表示。事实上，赵某某也积极履行了大部分支付货款的义务，从未否认提货事实的发生，更未实施逃匿行为。虽然在是否已经付清货款问题上，赵某某与B公司发生了争议，但这是双方对全部交易未经最终对账结算而产生的履约争议，故亦不能认定赵某某存在无正当理由拒不支付货款的行为。因此，赵某某是按照双方认可的交易惯例和方式进行正常的交易，不能认定其对被指控的4次提货未结算的行为主观上具有非法占有的目的。

案例2

非法经营罪的犯罪构成识别

——王某某非法经营案[①]

【基本案情】

内蒙古自治区巴彦淖尔市临河区人民法院经审理认为，2014年11月至2015年1月，被告人王某某未办理粮食收购许可证，未经工商行政管理机关核准登记并颁发营业执照，擅自在某镇附近村组无证照违法收购玉米，将所收购的玉米卖给粮油公司分库，非法经营数额218288.6元，非法获利6000元。案发后，被告人王某某主动退缴非法获利6000元。2015年3月27日，被告人王某某主动到公安机关投案。

原审法院认为，被告人王某某违反国家法律和行政法规规定，未经粮食主管部门许可及工商行政管理机关核准登记并颁发营业执照，非法收购玉米，非法经营数额218288.6元，数额较大，其行为构成非法经营罪。鉴于被告人王某某案发后主动到公安机关投案，主动退缴非法获利，有悔罪表现，对其适用缓刑确实不致再危害社会，决定对被告人王某某依法从轻处罚并适用缓刑。内蒙

① 最高人民法院第十九批指导性案例，王某某非法经营再审改判无罪案（指导案例97号）。

古自治区巴彦淖尔市临河区人民法院于2016年4月15日作出（2016）内0802刑初54号刑事判决，认定被告人王某某犯非法经营罪，判处有期徒刑一年，缓刑二年，并处罚金人民币二万元；被告人王某某退缴的非法获利款人民币6000元，由侦查机关上缴国库。宣判后，王某某未上诉，检察机关未抗诉，判决发生法律效力。最高人民法院于2016年12月16日作出（2016）最高法刑监6号再审决定，指令内蒙古自治区巴彦淖尔市中级人民法院对该案进行再审。再审过程中，原审被告人王某某及检辩双方对原审判决认定的事实无异议，再审查明的事实与原审判决认定的事实一致。内蒙古自治区巴彦淖尔市人民检察院提出了原审被告人王某某的行为虽具有行政违法性，但不具有与《刑法》第225条规定的非法经营行为相当的社会危害性和刑事处罚必要性，不构成非法经营罪，建议再审依法改判。原审被告人王某某在庭审中对原审认定的事实及证据无异议，但认为其行为不构成非法经营罪。辩护人提出了原审被告人王某某无证收购玉米的行为，不具有社会危害性、刑事违法性和应受惩罚性，不符合刑法规定的非法经营罪的构成要件，也不符合刑法谦抑性原则，应宣告原审被告人王某某无罪。内蒙古自治区巴彦淖尔市中级人民法院于2017年2月14日作出（2017）内08刑再1号刑事判决：一、撤销内蒙古自治区巴彦淖尔市临河区人民法院（2016）内0802刑初54号刑事判决；二、原审被告人王某某无罪。

【证据分析】

该案的证明难点在于如何识别非法经营罪的犯罪构成。非法经营罪属于典型的法定犯，除了查清行为人是否“违反国家规定”之外，还需要从经营领域、方式、对象、数额和危害后果等方面收集证据，查清非法经营行为是否“扰乱市场秩序”。被告人王某某的供述、视听资料，能够证实其未办理粮食收购许可证及营业执照收购玉米的数量、金额及其主动到公安机关投案的事实。相关证据包括：（1）证明王某某收购、销售玉米的证据。证人折某、高某、刘某1、冉某、乔某、申某、王某、贺某、刘某2证言，证实2014年11月13日至2015年1月20日，被告人王某某先后以每斤0.92元至1元的价格向其收购玉米，同时证实收购的数量、金额。调取证据清单，证实案发后公安机关从粮油公司分库调取被告人王某某玉米收购结算单、记账单，粮油公司分库玉米收购结算单、记账单，被告人王某某账户明细表，证实王某某从2015年1月21日至3月10日向粮油公司分库销售玉米的数量、金额。（2）证明王某某未办理粮食收购许可证的证据。粮食局证明、工商行政管理局证明，分别证实被告人王某某未在粮食局办理粮食收购许可证，未在工商行政管理局办理营业执照。（3）证明王某某身份和到案情况的证据。户籍证明，证实被告人王某某的出生日期。工商行政管理局涉嫌犯罪案件移送书、受案登记表，证实2015年2月13日，工商行政管理局将王某某非法经营案移送公安机关及公安机关立案受理情况。证人杨某某的证言，证实2015年3月27日其带被告人王某某到经侦大队投案自首。归案情况说明，证实被告人王某某主动到公安机关投案的事实。（4）其他证据。非税收一般缴款书，证实2015年3月30日被告人王某某向公安机关上缴非法获利6000元。违法犯罪查询记录，证实被告人王某某无违法犯罪记录。综上，在案证据能够证明王某某没有办理粮食收购许可证及工商营业执照买卖玉米的事实，违反了当时的国家粮食流通管理有关规定，但证明该行为扰乱市场秩序的证据不足，在关键的定罪事实要素上存在缺失。

案例3

组织、领导传销活动罪的犯罪构成识别

——叶某某等人组织、领导传销活动案[1]

【基本案情】

2011年6月，被告人叶某某等人成立宝某公司，先后开发"经销商管理系

---

[1] 最高人民检察院第十批指导性案例，叶某某等组织、领导传销活动案（检例第41号）。

统网站”“金某网商城网站”（以下简称金某网）。以网络为平台，或通过招商会、论坛等形式，宣传、推广金某网的经营模式。金某网的经营模式是：(1) 经上线经销商会员推荐并缴纳保证金成为经销商会员，无需购买商品，只需发展下线经销商，根据直接或者间接发展下线经销商人数获得推荐奖金，晋升级别成为股权会员，享受股权分红。(2) 经销商会员或消费者在金某网经销商会员处购物消费满120元，向宝某公司支付消费金额10%的现金，即可注册成为返利会员参与消费额双倍返利，可获一倍现金返利和一倍的金乔币（虚拟电子货币）返利。(3) 金某网在全国各地设立省、地区、县（市、区）三级区域运营中心，各运营中心设区域代理，由经销商会员负责本区域会员的发展和管理，享受区域范围内不同种类业绩一定比例的提成奖励。

2011年11月，被告人叶某1经他人推荐加入金某网，缴纳三份保证金并注册了三个经销商会员号。因发展会员积极，经金某网审批成为省级区域总代理，负责金某网在某省的推广和发展。截至案发，金某网注册会员3万余人，其中注册经销商会员1.8万余人。在全国各地发展省、地区、县（市、区）三级区域代理300余家，涉案金额1.5亿余元。其中，叶某1直接或间接发展下线经销商会员1886人，收取区域会员保证金、参与返利的消费额10%现金、区域代理费等共计3000余万元，通过银行转汇给叶某某。叶某1通过抽取保证金推荐奖金、股权分红、消费返利等提成的方式非法获利70余万元。

【证据分析】

该案的证明难点在于如何识别组织、领导传销活动罪的犯罪构成。随着互联网技术的广泛应用，语音视频聊天室等社交平台作为新的营销方式被广泛运用，传销组织在手段上借助互联网不断翻新，打着“金融创新”的旗号，以“资本运作”“消费投资”“网络理财”“众筹”“慈善互助”等为名从事传销活动。公诉人向法庭出示了四组证据证明犯罪事实：(1) 证明宝某公司资金投入的证据。宝某公司的工商登记、资金投入、人员组成、公司财务资料、网站功能等书证，证明宝某公司实际投入仅300万元，没有资金实力建立与其宣传匹配的电子商务系统。(2) 证明宝某公司人员组成的证据。宝某公司内部人员证言及被告人的供述等证据，证明公司缺乏售后服务人员、系统维护人员、市场推广及监管人员，员工主要从事虚假宣传，收取保证金及消费款，推荐佣金，发放返利。(3) 证明宝某公司资金来源去向的证据。宝某公司银行明细、公司财务资料、款项开支情况等证据，证明公司收入来源于会员缴纳的保证金、消费款。技术人员的证言等证据，证明网站功能简单，不具备第三方支付功能，不能适应电子商务的需求。(4) 证明金某网网站功能特别是收取入门费、设层级、拉人头等情况的证据。金某网网站系统的电子数据及鉴定意见，并由鉴定人出庭作证，鉴定人揭示网络数据库显示了金某网会员加入时间、缴纳费用数额、会员之间的推荐（发展）关系、获利数额等信息。鉴定人当庭通过对上述信息的分析，指出数据库表格中的会员账号均列明了推荐人，按照推荐人关系排列，会员层级呈金字塔状，共有68层。每个结点有左右两个分支，左右分支均有新增单数，则可获得推荐奖金，奖金实行无限代计酬，证明金某网会员层级呈现金字塔状，上线会员可通过下线、下下线会员发展会员获得收益。该案的指导意义是，办理组织、领导传销活动犯罪案件，要紧扣传销活动骗取财物的本质特征和构成要件，收集、审查、运用证据。特别要注意针对传销网站的经营特征与其他合法经营网站的区别，重点收集涉及入门费、设层级、拉人头等传销基本特征的证据及企业资金投入、人员组成、资金来源去向、网站功能等方面的证据，揭示传销犯罪没有创造价值，经营模式难以持续，用后加入者的财物支付给先加入者，通过发展下线牟利骗取财物的本质特征。

案例 4

非法吸收公众存款罪的犯罪构成识别

——杨某某等人非法吸收公众存款案[1]

【基本案情】

望某集团于2013年2月28日成立，被告人杨某某为法定代表人、董事长。自2013年9月起，望某集团开始在线下进行非法吸收公众存款活动。2014年，杨某某利用其实际控制的公司又先后成立望某财富公司、望某普惠公司，通过线下和线上两个渠道开展非法吸收公众存款活动。其中，望某普惠公司主要负责发展信贷客户（借款人），望某财富公司负责发展不特定社会公众成为理财客户（出借人），根据理财产品的不同期限约定7%~15%的年化利率募集资金。在线下渠道，望某集团在全国多个省、市开设门店，采用发放宣传单、举办年会、发布广告等方式进行宣传，理财客户或者通过与杨某某签订债权转让协议，或者通过匹配望某集团虚构的信贷客户借款需求进行投资，将投资款转至杨某某个人名下42个银行账户，被望某集团用于还本付息、生产经营等活动。在线上渠道，望某集团及其关联公司以网络借贷信息中介活动的名义进行宣传，理财客户根据望某集团的要求在第三方支付平台上开设虚拟账户并绑定银行账户。理财客户选定投资项目后将投资款从银行账户转入第三方支付平台的虚拟账户进行投资活动，望某集团、杨某某及望某集团实际控制的担保公司为理财客户的债权提供担保。望某集团对理财客户虚拟账户内的资金进行调配，划拨出借资金和还本付息资金到相应理财客户和信贷客户账户，并将剩余资金直接转至杨某某在第三方支付平台上开设的托管账户，再转至杨某某开设的个人银行账户，与线下资金混同，由望某集团支配使用。

因资金链断裂，望某集团无法按期兑付本息。截至2016年4月20日，望

---

① 最高人民检察院第十七批指导性案例，杨某某等人非法吸收公众存款案（检例第64号）。

某集团通过线上、线下两个渠道非法吸收公众存款共计64亿余元，未兑付资金共计26亿余元，涉及集资参与人13400余人。其中，通过线上渠道吸收公众存款11亿余元。

【证据分析】

该案的证明难点在于如何识别非法吸收公众存款罪的犯罪构成。公诉人出示了两组证据：第一，通过出示书证、审计报告、电子数据、证人证言、被告人供述和辩解等证据，证实望某集团的线上业务归集客户资金设立资金池并进行控制、支配、使用，不是网络借贷信息中介业务。(1) 第三方支付平台赋予望某集团对所有理财客户虚拟账户内的资金进行冻结、划拨、查询的权限。线上理财客户在合同中也明确授权望某集团对其虚拟账户内的资金进行冻结、划拨、查询，且虚拟账户销户需要望某集团许可。(2) 理财客户将资金转入第三方平台的虚拟账户后，望某集团每日根据理财客户出借资金和信贷客户的借款需求，以多对多的方式进行人工匹配。当理财客户资金总额大于信贷客户借款需求时，剩余资金划入杨某某在第三方支付平台开设的托管账户。望某集团预留第二天需要支付的到期本息后，将剩余资金提现至杨某某的银行账户，用于线下非法吸收公众存款活动或其他经营活动。(3) 信贷客户的借款期限与理财客户的出借期限不匹配，存在期限错配等问题。(4) 杨某某及其控制的公司承诺为信贷客户提供担保，当信贷客户不能按时还本付息时，杨某某保证在债权期限届满之日起3个工作日内代为偿还本金和利息。实际操作中，归还出借人的资金来自线上的托管账户或者杨某某用于线下经营的银行账户。(5) 望某集团通过多种途径向不特定公众进行宣传，发展理财客户，并通过明示年化收益率、提供担保等方式承诺向理财客户还本付息。第二，通过出示理财、信贷余额列表，扣押清单，银行卡照片，银行卡交易明细，审计报告，证人证言，被告人供述和辩解等证据，证实望某集团资金池内的资金去向：(1) 望某集团吸收的资金除用于还本付息外，主要用于扩大望某集团下属公司的经营业务。

(2) 望某集团线上资金与线下资金混同使用，互相弥补资金不足，望某集团从第三方支付平台提现到杨某某银行账户资金为2.7亿余元，杨某某个人银行账户转入第三方支付平台资金为2亿余元。(3) 望某集团将吸收的资金用于公司自身的投资项目，并有少部分用于个人支出，案发时线下、线上的理财客户均遭遇资金兑付困难。该案的指导意义是，涉网络借贷平台的非法集资犯罪案件具有一定的特殊性，需要依照刑法和金融管理法律法规识别犯罪构成。通过对网络借贷平台的股权结构、实际控制关系、资金来源、资金流向、中间环节和最终投向的分析，综合全流程信息，分析判断是规范的信息中介，还是假借信息中介名义从事信用中介活动，是否存在违法设立资金池、自融、变相自融等违法归集、控制、支配、使用资金的行为，准确认定行为性质。

二、对定罪事实进行适当分解

定罪事实由一系列相互关联的主客观事实要素组成，通常情况下，模糊不清或存在争议的只是部分事实要素。将整体事实进行拆分，能够使证明对象小型化、精细化，有助于确定证据收集的重点，待逐一查明争议事实要素之后，再组合为完整的定罪事实。古代刑事诉讼中，司法人员认识到要对事主的诉状进行分解，如“凡告人命者，人众须分何人下手，何人主谋，比两手相殴者不同。又要指定何人用何凶具打伤何处，何人为证，原打何时，今死何日，方为的确。”① 当前的侦查实践中，定罪事实通常被分解为“七何”要素，即何事、何人、何物、何时、何地、何情、何故七个方面的内容，该种拆分方式类似于“5W2H”分析法，即When、Where、What、Why、Who、How、How much。

① 觉非山人：《珥笔肯綮》，载杨一凡主编：《历代珍稀司法文献》(第11册)，社会科学文献出版社2012年版，第6页。

2021年《最高人民法院关于适用〈中华人民共和国刑事诉讼法〉的解释》第72条规定了应当运用证据证明的案件事实，其中“被告人、被害人的身份”“被指控的犯罪是否存在”“被指控的犯罪是否为被告人所实施”“被告人有无刑事责任能力，有无罪过，实施犯罪的动机、目的”“实施犯罪的时间、地点、手段、后果以及案件起因”均与定罪密切相关，基本对应“七何”要素。具体案件的发破案情况各不相同，有的系侦查机关自行发现，有的系被害人、证人控告、举报，有的系犯罪嫌疑人自动投案。对于发现无名尸体的故意杀人案件，首先通过现场勘验笔录、鉴定意见确认杀人行为，然后通过收集的痕迹物证确定侦查方向，继而排查线索锁定犯罪嫌疑人。但是，对于技术侦查手段破获的毒品犯罪案件，可能先行摸清犯罪嫌疑人身份，随后才能查明犯罪手段、犯罪故意并起获涉案毒品。无论各项事实要素的查明顺序如何，只要能够形成符合犯罪构成的叙事脉络，均不会影响证明对象的完整性。

（一）客观要素

包括“犯罪是否存在”“实施犯罪的时间、地点、手段、后果以及案件起因”“被害人的身份”等。（1）犯罪是否存在。在有的案件中，相关人员捏造并不存在的犯罪事实向司法机关举报，如自杀伪装成他杀、自伤伪装成他伤，意图使他人受到刑事追究；有的案件属于民事经济纠纷，因为民事途径难以解决而选择刑事控告路径，对于这些情况均需要准确甄别。（2）犯罪时间。犯罪时间包括“时间点”和“时间段”，“时间点”是指一个确切的时间，如行为人进入现场、被害人死亡、被告人离开现场等。犯罪存在持续或连续状态的，还需要查明从一个“时间点”到另一个“时间点”之间的“时间段”。通常情况下，犯罪时间并不属于犯罪构成要件要素，但在刑法规定行为只有发生在一定的时间才能构成犯罪的场合，就成为应当证明的内容，如“战时自伤身体”“在禁渔期捕捞水产品”等。此外，犯罪时间可能影响数额犯的认定，如以房产交易的方式收受贿赂的，对受贿数额的认定应以房产交易时当地市场价格与实际支付价格之间的差额进行计算，如果商品房交付定金、签订预售合同和签订正式的商品房买卖合同存在价格差异，应当查清具体的“时间点”，准确计算犯罪数额。(3) 犯罪地点。任何犯罪都是在一定的地点和空间内发生的，包括犯罪行为预备地、实施地、结果发生地等，甚至从现实社会延伸至网络空间，可以反映行为人的方位及与其他事物之间的相互关系。有的案件中，犯罪地点既包括地形、地貌等自然特征，又包括人员密集程度等社会特征，蕴含着与定罪相关的丰富信息。如驾车撞击他人的，犯罪地点系私人场所还是公共开放区域，直接决定应以故意杀人罪还是以危险方法危害公共安全罪追究刑事责任。(4) 案件起因。可能构成正当防卫、紧急避险的案件中，案件起因属于必须查明的定罪事实，确认是否存在“正在进行的不法侵害”或“正在发生的危险”。2020 年最高人民法院、最高人民检察院、公安部《关于依法适用正当防卫制度的指导意见》第 19 条规定，公安机关在办理涉正当防卫案件时，对证明案件事实有价值的各类证据都应当依法及时收集，特别是涉及判断是否属于防卫行为、是正当防卫还是防卫过当以及有关案件前因后果等的证据。(5) 犯罪手段。每一起案件都有不完全等同于其他案件的特点，如诈骗犯罪可以采取以“民间借贷”“商品交易”“花钱办事”为名等多种手段，故意杀人犯罪可以采取投毒、勒颈、枪杀、刀刺等多种手段。随着经济社会迅速发展，侵犯财产犯罪的手段日趋多样化、复杂化，盗窃罪、侵占罪、诈骗罪、职务侵占罪等犯罪常有交织，需要一并查明刑民关系等事实情节，才能准确判明案件的性质。(6) 犯罪对象。犯罪对象是指犯罪行为所作用的客观存在的人或者物。被害人的年龄、身份对定罪会产生关键影响，如被害人是否属于国家工作人员影响妨害公务罪的认定，被害人是否属于幼女影响强奸罪的认定。犯罪日的物的权属、性质、价值或状态同样影响犯罪的认定，如行为人以电缆作为盗窃对象的，如果该电缆处于仓库储存的状态，可能构成盗窃罪；如果该电缆属于正在使用中的通信线路，可能构成破坏公用电信设施罪。(7) 犯罪后果。犯罪后果是指犯罪行为对法益的损害和造成损害的危险，包括可以量化的结果和难以量化的结果，前者如造成人员伤亡、公私财产重大损失（犯罪数额）、广播电视设施无法使用、大型客运交通工具停止正常运行等，可以通过价格鉴定报告、死亡证明、尸体鉴定意见等证据进行证明；后者如造成恶劣社会影响、公共场所秩序严重混乱等，需要综合全案证据进行整体判断。（8）因果关系。因果关系是指犯罪手段与犯罪结果之间引起与被引起的关系，过程中如果介入第三人的行为或自然事件，既可能属于“多因一果”的情形，也可能导致因果关系的中断，需要查明介入因素的类型、性质、导致结果发生的概率大小等。

（二）主体要素

包括“被指控的犯罪是否为行为人所实施”“行为人有无刑事责任能力”“行为人的身份”等方面。（1）被指控的犯罪是否为行为人所实施。2019 年《人民检察院刑事诉讼规则》第 424 条规定，在人民法院宣告判决前，人民检察院发现犯罪事实并非被告人所为的，可以撤回起诉。单独犯罪的情况下，犯罪嫌疑人、被告人可以自行实施犯罪，也可以利用无刑事责任能力或犯罪故意的人实施犯罪；在共同犯罪的情况下，犯罪嫌疑人、被告人可以与他人共同实行犯罪，也可以教唆、帮助、组织他人实行犯罪。即使被指控的犯罪确实存在，犯罪时间、地点、手段、结果等事实要素均已查清，如果不能确认被告人与犯罪行为的关联性，也不应认定被告人有罪。近年来纠正的冤错案件表明，如果将取证重点放在犯罪手段、危害结果等方面，对“被指控的犯罪是否为被告人所实施”这一事实要素未给予足够重视，容易导致无辜者被追究刑事责任，教训极为深刻。（2）行为人有无刑事责任能力。行为人是否达到刑事责任年龄、具备刑事责任能力是任何案件均需查明的事实要素。1989 年《公安部、最高人民法院、最高人民检察院、司法部关于办理流窜犯罪案件中一些问题的意见》第 3 条规定，涉及刑事责任年龄界限的案件，必须查清核实被告人的出生年月日。经调查，确实无法查清的，可先按被告人交代的年龄收审、批捕，但是需要定罪量刑的，必须查证清楚。2006 年《最高人民法院关于审理未成年人刑事案件具体应用法律若干问题的解释》第 3 条规定，审理未成年人刑事案件，应当查明被告人实施被指控的犯罪时的年龄，具体至被告人出生的年、月、日。通过户籍证明、出生证明文件、学籍卡、人口普查登记、无利害关系人的证言等，可以认定行为人的年龄；根据医院诊断档案、精神病鉴定意见等，可以认定行为人的精神状态。（3）行为人的身份。对于单位主体，可以调取工商登记资料、营业执照、组织机构代码证等，判断涉案单位属于公司、企业、事业单位、机关、社会团体等何种类型。对于自然人主体，通过职务任免决定、干部履历表、党政会议决定等，判断是否担任特定社会职务，如被告人是否具备国家工作人员身份，影响受贿罪、贪污罪、挪用公款罪等职务犯罪的认定，属于必须查明的事实要素。

（三）主观要素

包括“行为人有无罪过”“实施犯罪的动机、目的”等方面。主客观相统一是我国刑事司法的基本原则，不仅要证明行为人客观上实施危害行为，而且要证明行为人主观上具备相应的罪过，不同心态体现的主观恶性和社会危害性不同，对于定罪具有关键意义。主要包括：（1）犯罪故意和犯罪过失。犯罪故意是指明知自己的行为会发生危害社会的结果，并且希望或者放任这种结果发生的心理态度。犯罪过失是指应当预见自己的行为可能发生危害社会的结果，因为疏忽大意而没有预见，或者已经预见但轻信能够避免的心理态度。如基于故意毁坏他人财物，可能构成故意毁坏他人财物罪；过失毁坏他人财物，且财物又不具备特定法律意义的，仅会引发民事赔偿责任。（2）犯罪目的。犯罪目的是指行为人所追求的犯罪结果，在目的犯中属于必须证明的定罪事实。如盗窃、诈骗、抢夺过程中，行为人使用暴力或者以暴力相威胁的，需要根据行为人与被害人关系、具体时空环境等，查明行为人实施暴力、威胁行为的具体目的，是否属于“为窝藏赃物、抗拒抓捕或者毁灭罪证”。（3）犯罪动机。犯罪动机是指促使行为人实施犯罪的内心冲动和内心起因，通常情况下仅仅影响量刑，但在特定犯罪中属于应当查明的定罪事实。如2013年《最高人民法院、最高人民检察院关于办理寻衅滋事刑事案件适用法律若干问题的解释》第1条根据实践中寻衅滋事犯罪的不同情况，将寻衅动机分为无事生非和借故生非两种类型。[①] 除了殴打、追逐、拦截、辱骂等客观行为之外，还要查明行为人是否具备寻求刺激、发泄情绪、逞强耍横等动机。

（四）情节要素

2021年《最高人民法院关于适用〈中华人民共和国刑事诉讼法〉的解释》第72条为证明对象设置了兜底条款，即“与定罪量刑有关的其他事实”。我国对犯罪采取“定性加定量”的追诉模式，不少罪名以“情节严重”“情节恶劣”作为犯罪构成要件，这意味着情节要素在刑事证明过程中具有独立性。通常认为，能够作为定罪情节的只能是犯罪实施过程中的事实情况，如犯罪手段、犯罪结果、犯罪动机等，不包括被告人的一贯表现以及实施犯罪后的态度等内容。然而，有的定罪情节已经超出了犯罪事实的范围，延伸至前科情况、罪后表现等传统意义上的量刑事实。例如，2013年《最高人民法院、最高人民检察院关于办理盗窃刑事案件适用法律若干问题的解释》第2条、第7条既将行为人“曾因盗窃受过刑事处罚”“一年内曾因盗窃受过行政处罚”等前科事实规定为入罪情节，又将“认罪、悔罪，退赃、退赔”，且“没有参与分赃或者获赃较少且不是主犯”“被害人谅解”等罪后表现规定为出罪情节。再如，2016年《最高人民法院、最高人民检察院关于办理贪污贿赂刑事案件适用法律若干问题的解释》第1条设置了“数额加情节”的入罪标准，将行为人“曾因贪污、受贿、挪用公款受过党纪、行政处分”“曾因故意犯罪受过刑事追究”作为定罪情节，上述情节均属于应当运用证据加以证明的定罪事实。

---

① 陈国庆、韩耀元、侯庆奇：《〈关于办理寻衅滋事刑事案件适用法律若干问题的解释〉理解与适用》，载《人民检察》2013年第20期。

案例5

因果关系的证明
——韩某某等人故意伤害案[①]

【基本案情】

韩某某为车站库房员工，被害人为长期在车站流浪的中年男子，姓名身份不详。2013年1月5日中午，车站临时保安员黄某无故踢踹被害人腰腹部一脚，致被害人倒地，后被害人在车站附近喝酒并在路边睡觉。2013年1月5日22时许，韩某某因怀疑被害人盗窃库房的手推车，遂伙同王某1、王某2踢踹被害人腹部数脚，被害人自行离开现场。2013年1月7日15时许，有人在车站附近发现该男子死亡，遂报警。经鉴定，该男子符合被钝性外力作用于腹部，造成小肠穿孔致急性弥漫性腹膜炎死亡。2013年1月8日，韩某某等人被公安机关查获归案。

【证据分析】

该案的证明难点在于能否认定韩某某等人殴打被害人致其死亡的事实。该案中，韩某某等人殴打被害人和被害人因伤死亡的证据确实、充分。但是，现有证据不能证明殴打行为与死亡结果之间存在因果关系：（1）现场勘验笔录证实，死者被殴打地点与死亡地点相距很近，存在危害结果发生的空间条件。但是，被害人的生活状况具备特殊性，多名证人证实，被害人是长期在车站周边靠偷东西为生的流浪人员，其生活、居住均在车站附近，活动空间极为有限。从死亡现场来看，被害人身旁有蓝色被子、白色板子等物品，可见死亡地点就是其居住地点，不属于被害人在其他地方生活，因在车站附近被殴打，无力走动而死于车站附近的情况。因此，被害人被殴打地点和死亡地点的距离，仅能

① 本书中部分案例经作者改编，仅为说明具体问题，供读者研究和参考，不特指某个真实案例。

证明被害人在车站附近生活居住，并不能由此推断出殴打行为与死亡结果之间具有因果关系。(2) 尸体检验报告证实死者系被钝性外力作用于腹部，造成小肠穿孔致急性弥漫性腹膜炎死亡，与犯罪嫌疑人韩某某供述的“踢踹行为”能够吻合。该案中，韩某某、王某1、王某2踢踹被害人腹部致被害人倒地之前，车站临时保安员黄某曾踢踹被害人腰腹部一脚，同样致被害人倒地，两次踢踹的方式、部位、力度具有较高的相似程度。根据法医证言，被害人小肠部位有一穿孔，小肠穿孔可由一次力度较大的踹击形成，穿孔后即使再次踹击相同部位也不易造成第二个穿孔。据此，尽管被害人在被黄某踢踹后还实施喝酒、走动、盗窃等行为，但不能排除在韩某某等人殴打被害人时，黄某的踢踹行为已造成被害人小肠穿孔的情况。(3) 法医专家证实死者小肠穿孔系外力造成，死者在此次穿孔之前未有肠道疾病，且小肠穿孔后不会马上死亡，需经过两天左右时间，如得不到治疗将会感染死亡，该点与韩某某等人殴打流浪汉的时间及死者死亡时间十分吻合。然而，保安员黄某首先于2013年1月5日12时许踢踹被害人腰腹部，韩某某、王某1、王某2于同日22时许再次踢踹被害人腹部，后被害人于2013年1月7日15时许死亡。由于被害人在一天之内受到不同人员的两次殴打，且两次殴打时间与死亡时间均相距两天左右，因而无法认定韩某某等人殴打被害人致其死亡的唯一性。(4) 多名证人证言证实，韩某某等人殴打被害人后让其将三轮车推走，当时并无异常情况，公安机关通过对现场周边商贩、群众进行走访，均未发现反映该男子2013年1月6日的活动轨迹，且在死亡地点未发现被害人原本持有的财物。综上，该案不能排除被害人死亡系先前殴打行为造成的可能性，也不能排除事后再次受到他人侵害的可能性，难以得出确定、唯一的结论。

案例 6

同一性事实的证明

——刘某非法占用农用地案[1]

【基本案情】

2016 年 3 月，刘某经人介绍以人民币 1000 万元的价格与 A 种植专业合作社（以下简称合作社）的法定代表人池某商定，受让合作社蔬菜大棚 377 亩集体土地使用权。同年 4 月 15 日，刘某指使其司机刘某 1 与池某签订转让意向书，约定将合作社土地使用权及地上物转让给刘某 1。同年 10 月 21 日，合作社的法定代表人变更为刘某 1。其间，刘某未经国土资源部门批准，以合作社的名义组织人员对蔬菜大棚园区进行非农建设改造，并将园区命名为“紫某庄园”。截至 2016 年 9 月 28 日，刘某先后组织人员在园区内建设鱼池、假山、规划外道路等设施，同时将原有蔬菜大棚加高、改装钢架，并将其一分为二，在其中各建房间，每个大棚门口铺设透水砖路面，外垒花墙。截至案发，刘某组织人员共建设“大棚房”260 余套（每套面积 350 平方米至 550 平方米不等，内部置橱柜、沙发、藤椅、马桶等各类生活起居设施），并对外出租。经国土资源部门组织测绘鉴定，该项目占用耕地 28.75 亩，其中含永久基本农田 22.84 亩，造成耕地种植条件被破坏。截至 2017 年 4 月，市规划和国土资源管理委员会、某镇人民政府先后对该项目下达《行政处罚决定书》《责令停止建设通知书》《限期拆除决定书》，均未得到执行。2017 年 5 月，某镇人民政府组织有关部门将上述违法建设强制拆除。

2018 年 5 月 23 日，北京市延庆区人民检察院以刘某犯非法占用农用地罪向北京市延庆区人民法院提起公诉。2018 年 10 月 16 日，北京市延庆区人民法院作出一审判决，以非法占用农用地罪判处被告人刘某有期徒刑一年六个月，并

① 最高人民检察院第十六批指导性案例，刘某非法占用农用地案（检例第 60 号）。

处罚金人民币5万元。一审宣判后，被告人刘某未上诉，判决已生效。

【证据分析】

该案的证明难点在于能否认定刘某系“紫某庄园”实际建设者、经营者的事实。审查起诉阶段，刘某辩称：(1) 自己从未参与“紫某庄园”项目建设，没有实施非法占地的行为。(2)“紫某庄园”项目的实际建设者、经营者是刘某1。(3) 自己与“紫某庄园”无资金往来。经补充侦查，公安机关收集到证人李某某的证言，证实了合作社是刘某出资从池某手中购买，李某某受刘某邀请负责核算合作社的收入和支出。会计师事务所出具的司法鉴定意见书，证实了资金往来去向。在补充侦查过程中，侦查机关调取了“紫某庄园”临时工作人员胡某等人的证言，证实刘某1是刘某的司机；刘某1受刘某指使在转让意向书中签字，并担任合作社法定代表人，但其并未与刘某共谋参与非农建设改造事宜。

针对指控的犯罪事实，公诉人向法庭出示了四组证据予以证明：(1) 证明客观事实的证据。现场勘测笔录、《测量技术报告书》、《非法占用耕地破坏程度鉴定意见》、现场照片78张等，证明“紫某庄园”园区内存在非法占地行为，改变被占土地用途且数量较大，造成耕地大量毁坏的客观事实。(2) 证明主观事实的证据。合作社土地租用合同，设立、变更登记材料，转让意向书，合作社大棚改造工程相关资料，镇政府、国土资源管理部门提供的相关书证等证据，证明合作社土地使用权受让相关事宜，以及未经国土资源管理部门批准，刘某擅自对园区土地进行非农建设改造，并拒不执行行政处罚。(3) 证明主体事实的证据。被告人的户籍材料、司法鉴定意见书、案件相关银行账户的交易流水及凭证、合作社转让改造项目的参与人证言及被告人的供述与辩解等证据材料，证明刘某是“紫某庄园”非农建设改造的实际建设者、经营者及合作社改造项目资金来源、获利情况等。(4) 证明情节事实的证据。“紫某庄园”宣传材料、租赁合同、大棚房租户、池某、李某某证人证言等，证明刘某修建大棚共196个，其中东院136个，西院60个，每个大棚都配有耳房，面积10平方米至20平方米；刘某将大棚改造后，命名为“紫某庄园”对外宣传，“大棚房”内有休闲、娱乐、居住等生活设施，对外出租，造成不良社会影响。其中，关于刘某系“紫某庄园”非农建设改造的实际建设者、经营者的事实，有多名证人证言和资金往来凭证予以证实，上述证据相互印证，足以认定。

案例7

主观明知的证明

——赵某某、朱某某非法买卖枪支案

【基本案情】

赵某某与朱某某系夫妻关系。2012年，赵某某夫妇前往某批发市场，以20余元每支的价格购进40余支枪状物，后在其家附近的一集贸市场摆放在摊位上和其他玩具一起当作玩具出售，每支价格50元。2012年5月16日9时许，赵某某、朱某某在集贸市场内销售玩具时，民警发现其作为玩具枪准备销售的枪状物可能是仿真枪。经鉴定，从赵某某夫妇处起获的43支枪状物，发射方式均为以弹簧为动力转化为压缩气体，其中有18支的枪口比动能在1.8焦耳每平方厘米以上，被认定为枪支，有25支枪状物不能认定为枪支。后赵某某、朱某某被公安机关查获归案。

【证据分析】

该案的证明难点在于能否认定赵某某、朱某某明知是枪支而买卖的事实。在案证据足以证明赵某某夫妇在集贸市场销售枪状物，但是，难以证明两人明知这些枪状物是刑法意义上的枪支。(1) 赵某某、朱某某供述证实，两人长期在集贸市场经营玩具生意，以20余元的价格购进枪状物，以50余元的价格售出，如赵某某供述“2003年至今我一直做小买卖，一般都是在集贸市场销售儿童玩具。2012年5月16日7时，我和妻子朱某某开着小货车拉着儿童玩具和我

最近购进的仿真枪到集贸市场摆摊销售，正在等候顾客买东西时，民警发现在摊位上摆的仿真枪。那些仿真枪是从批发市场购进的货，具体日期记不清了，为了销售后挣点钱，没有购买发票”“我那次一共买了有40多支，具体数量我不记得了。买这些仿真枪大概一共花了有1000元，从几元到80元价钱不等。再往外卖时每把枪能挣10多元的利润，我从买来后卖出去有四五支短的手枪，每支50元，卖给了不认识的人”。(2) 民警执法记录仪摄录的录像证实，赵某某夫妇并未通过隐蔽的方式进行交易，除了摊位上摆放的以外，摊位后边的一辆小货车上的纸箱里也放有枪状物，纸箱上印着“玩具”字样，每个枪状物都由长方形白色塑料泡沫盒包装，上面是彩色的纸质盒盖，与一般的儿童玩具包装没有区别。(3) 鉴定意见、物证照片等显示，起获的枪状物大多数为塑料质地，有个别枪配有金属成分，枪都是能打出实心塑料圆球。大多数枪状物低于认定枪支的1.8焦耳每平方厘米，被认定为枪支的18支枪状物中，有16支枪口比动能都在1.8~2焦耳每平方厘米之间，有2支分别为4.06焦耳每平方厘米和6.41焦耳每平方厘米。另外的25支都是在1.8焦耳每平方厘米以下，大多数都在零点几焦耳每平方厘米。综上，从赵某某夫妇购买、销售枪状物的场所、方式、售价，以及枪状物的外观和性能来看，不排除两人自认为销售玩具枪的合理怀疑。

案例8

犯罪目的的证明

——汪某某抢劫案[①]

【基本案情】

① 朱敏明、王婷婷：《［第817号］汪某某抢劫案——被告人不如实供述的，如何根据在案证据认定其犯罪动机》，载最高人民法院刑事审判第一、二、三、四、五庭主办：《中国刑事审判指导案例7（刑事诉讼法）》，法律出版社2017年版，第119~122页。

汪某某于2010年向其表弟被害人侯某胜借款1万余元，在某地区经营早餐店。至2011年1月，汪某某仍欠侯某胜部分钱款无法归还。被害人侯某胜、侯某军夫妇已在某地经营早餐店约两年时间，平时生意较好，收入丰厚。汪某某获悉侯某胜夫妇即将赶回老家过年，遂于2011年1月19日凌晨2时许来到侯某胜夫妇经营的早餐店。当日4时许，汪某某趁侯某胜、侯某军不备，持铁锤猛击侯某胜、侯某军头部数下致二被害人因颅脑损伤死亡。汪某某关住早餐店的卷闸门，在二被害人卧室及身上翻找财物，劫得现金若干、手机1部、夹克衫1件、运动鞋1双（价值209元）、汽车票6张（票价计750元）等财物后，逃离现场。

法院一审以被告人汪某某犯抢劫罪，判处死刑，剥夺政治权利终身，并处没收个人全部财产。一审宣判后，汪某某提出上诉。浙江省高级人民法院经审理，裁定驳回上诉，维持原判，并依法报请最高人民法院核准。最高人民法院裁定核准浙江省高级人民法院维持第一审以抢劫罪判处被告人汪某某死刑，剥夺政治权利终身，并处没收个人全部财产的刑事裁定。

【证据分析】

该案的证明难点在于能否认定汪某某具有非法占有目的的事实。汪某某到案后，对其杀死被害人侯某胜、侯某军的犯罪事实供认不讳，但始终否认有劫取他人财物的目的。经审查，汪某某的上述供述与在案其他证据存在矛盾，或者与常理不符。具体体现在以下四个方面：（1）汪某某供述，侯某军很强势，经常欺负侯某胜，因此其产生教训侯某军的念头。而在案的多名证人证言证实，被害人夫妇关系较好，并不存在经常吵架的情况。房东沈某某等人的证言还证实，二被害人的工作时间存在分工，凌晨2点至4点正是侯某军休息、侯某胜做早点的时间。因此，汪某某所供二被害人经常吵架及案发当日侯某胜多次叫侯某军起床做早点的情节不属实。（2）汪某某供述，案发当日其到二被害人店里，是因为已购买了当日回老家的车票。当日凌晨2时许，侯某胜打电话让其从侯某胜住处出发。根据一审庭审后调取的侯某胜的手机通话记录，案发当日侯某胜与汪某某并无通话，且经搜查汪某某的人身及住处，也没有发现汪某某所称的回老家的车票。(3) 汪某某供述，其持铁锤打击侯某军后，侯某胜表示自己也不想活了，因此其又持铁锤将侯某胜打死。但根据在案证人证言及汪某某的其他供述，侯某胜曾借钱给汪某某开店，至案发时，汪某某尚欠侯某胜4000元未还，且侯某胜平日对汪某某十分照顾，汪某某与侯某胜夫妇并无大的矛盾；另外，从尸检鉴定意见分析，二被害人系金属钝器多次猛击致颅脑损伤死亡。(4) 汪某某在一审庭审中供述，作案时其身上有3万余元现金，没有抢劫的故意；其想把钱带回老家拿给妻子看后再还4000元债务。但根据搜查笔录，从汪某某的身上及住处均未发现所谓的3万余元现金。另外，汪某某在侦查阶段供述不知道为什么要拿被害人财物，而其在庭审时又辩称是不经意拿了被害人的衣物、钱财等，目的是将衣物拿给其小姨（侯某胜的母亲）看一下。该供述明显不符合常理，故不可采信。

在被告人汪某某不如实供述的情况下，可以依据在案其他证据，认定被告人的犯罪目的。(1) 从汪某某与侯某胜夫妇的经济状况分析，汪某某的最初供述和在案多名证人的证言均可证实汪某某案发前经济拮据并欠多人债务，而侯某胜夫妇经济状况较好。因此，汪某某应当是有目的地选择经济状况较好，且正准备回家过年的两位被害人作为作案对象，其杀人劫财的动机非常明显。(2) 从作案时间分析，汪某某在2011年1月19日凌晨作案，当天是雪天，其于当天凌晨2时许骑自行车跨两个城区赶到二被害人经营的早餐店。另外，相关证言证实，汪某某平时从未到过被害人店里帮忙，其行为十分反常。汪某某所供因接到侯某胜的手机通话才去被害人的店里，但被害人的通话记录证实汪某某与被害人并无通话，此客观证据足以否定其供述。由此，可以认定汪某某是刻意选择二被害人准备回老家过年之际作案。(3) 从证人陶某某的证言分析，2011年1月19日4时十几分，其送面到侯某胜店内时，看到一男子戴着一只白色手套站在营业间，其对这一细节印象深刻。汪某某的体貌特征与陶某某描述的男子的体貌特征十分相符。结合相关证人证言、通话记录及汪某某的供述，二被害人死亡的时间是在4时16分到30分之间，汪某某戴手套帮助侯某胜做早点的可能性与其日常行为不符，故证人陶某某在当日4时许所见汪某某戴手套的行为，表明汪某某当时已准备杀死二被害人。(4) 从现场勘查的情况分析，现场有明显翻动痕迹，衣柜开启，侯某军裤子口袋外翻且沾有血迹，二被害人的衣服、鞋子、车票、烟、现金等有价值的财物均被拿走，由此足以说明汪某某并非不经意拿走被害人的财物。(5) 从尸检鉴定分析，二被害人的头面部均有10处左右创口，多处粉碎性、凹陷性骨折，系被金属钝器反复打击致颅脑损伤死亡，这些情况足以反映汪某某杀人的意志坚决，一定要置被害人于死地。结合汪某某作案后清扫现场血迹，将二被害人房门锁住，向被害人的亲友谎称被害人吵架外出等表现，足以说明其是有预谋的犯罪，并非临时起意的行为。综上，结合在案的通话记录、证人证言、现场勘查笔录、尸体鉴定意见等其他证据，通过严密的逻辑分析，足以认定汪某某具有抢劫的犯罪目的。

三、定罪事实的底线是“基本事实”

“基本事实”是指对于定罪发挥关键、直接和决定作用的事实，这是最低限度的刑事证明对象。古代刑事诉讼存在“存疑就低认定”的办案规则，对于有同案犯在逃的共同犯罪案件，如果无法确定被捕获者是主犯，可以就低认定其在共同犯罪中的作用，待在逃者被捕捉归案后，如果查明先前罪犯供述为虚假，再审理更正，以此防止案件的久拖不决。《唐律·名例律》规定，“诸共犯罪而有逃亡，见获者称亡者为首，更无证徒，则决其从罪；后获亡者，称前人为首，鞫问是实，还依首论，通计前罪，以充后数”。[1] 现代刑事诉讼中，“两个基本”作为指导司法实践的政策性表述，长期以来对司法实践具有重要的指导作用，尤其是在查办重大疑难案件中发挥了积极作用。[2] 1981 年 5 月，彭真同志在五大城市治安座谈会上指出：“现在有的案件因为证据不很完全，就判不下去。其实，一个案件，只要有确实的基本的证据，基本的情节清楚，就可以判，一个案件几桩罪行，只要主要罪行证据确凿就可以判，要求把每个犯人犯罪的全部细节都搞清楚，每个证据都拿到手，这是极难做到的，一些细微末节对判刑也没有用处。”后来，有关部门就把彭真同志的这一讲话精神概括为“基本事实清楚，基本证据确实、充分”。[3] 司法人员应当根据案件的具体情况，合理划定证明对象的范围，使证据收集始终围绕重点事项、关键环节进行，既要防止过分追求查清全部犯罪事实，纠缠不影响定罪量刑的细枝末节，也要防止放松取证要求，在未查清“基本事实”的情况下仓促定案。因此应当把握以下方面：

（一）“基本事实”与“全部事实”

“全部事实”是指犯罪过程中出现的所有事实情节。2001 年最高人民检察院、公安部《关于依法适用逮捕措施有关问题的规定》第 1 条规定，“有证据证明有犯罪事实”，并不要求查清全部犯罪事实。2021 年最高人民法院、最高人民检察院《关于常见犯罪的量刑指导意见（试行）》第 3 条规定，量刑时应当充分考虑各种法定和酌定量刑情节，根据案件的全部犯罪事实以及量刑情节的不同情形，依法确定量刑情节的适用及其调节比例；第 2 条规定，根据基本犯罪构成事实在相应的法定刑幅度内确定量刑起点。上述规定反映了“基本事

---

① 钱大群：《唐律研究》，法律出版社 2000 年版，第 253 页。

② 陈国庆、王佳：《“两个基本”与我国刑事诉讼的证明标准》，载《法制日报》2014 年 4 月 9 日，第 9 版。

③ 朱孝清：《“两个基本”要坚持，但要防止误读和滥用》，载《检察日报》2014 年 5 月 14 日，第 3 版。

实”与“全部事实”的包含关系。在有条件的情况下，司法人员应当在法律框架内穷尽一切手段查清全部犯罪事实。其一，案件的事实细节越多、犯罪过程“重建”越具体，越有助于形成内心确信。从叙述的角度看，定罪事实应当是一个完整的、没有漏洞的故事，故事框架总是通过若干细节填充、联结而成，如果每个细节都能够与其他部分协调一致，就会使司法人员产生通顺、流畅的理解。特别是一些事实细节属于非作案人不能知悉的亲历性信息，如犯罪现场的物品摆设情况、作案工具的埋藏地点、独特的作案手段等，对于形成内心确信的影响力极大。其二，我国刑事诉讼以查明事实真相为目标，在某一犯罪的“非基本事实”中，可能隐藏着追诉漏罪、漏犯的重要线索。例如，在一起集资诈骗犯罪案件中，犯罪嫌疑人为了逃避法律追究，先是从涉案公司账户提取大量现金，然后转存至第三人开设的多个账户，上述事实不影响认定集资诈骗罪，但涉及第三人是否构成洗钱罪、追赃挽损等问题。考虑到案件证据情况的复杂性，加之受诉讼期限、司法资源、侦查能力等因素影响，即使穷尽了所有取证手段，仍然可能无法查清全部案件事实。

“基本事实”划定了定罪证明的底线。在穷尽手段仍然缺乏取证空间的情况下，不需要查清犯罪过程中曾经出现的全部事实细节，查清“基本事实”就可以完成定罪的任务，以相对最小的司法成本做出最优选择。应当注意以下情形：（1）其他罪行、罪名的事实。2019 年《人民检察院刑事诉讼规则》第 355 条规定，属于单一罪行的案件，查清的事实足以定罪量刑的；属于数个罪行的案件，部分罪行已经查清并符合起诉条件，其他罪行无法查清的，可以认为犯罪事实已经查清。属于同种性质数个罪行的案件，主要罪行已经查清，其他罪行无法查清的，以主要的罪行批捕、起诉、审判，查不清的次要犯罪事实可以不作为证明对象。属于不同性质的数个罪名的案件，部分罪名已经查清，其他罪名无法查清的，以主要罪名批捕、起诉、审判，查不清的次要罪名事实可以不作为证明对象。（2）同案犯的犯罪事实。1989 年《公安部、最高人民法院、最高人民检察院、司法部关于办理流窜犯罪案件中一些问题的意见》第3条“关于流窜犯罪案件的定案处理”规定，对流窜犯罪事实和证据材料，公安机关要认真调查核实，对其主要犯罪事实应做到证据充分，确凿。在人民检察院批捕、起诉，人民法院审判以及律师辩护过程中，均应考虑到流窜犯罪分子易地作案，查证十分困难的实际情况，只要基本事实清楚和基本证据确凿，应及时批捕、起诉、审判。对抓获的案犯，如有个别犯罪事实一时难以查清的，可暂不认定，就已经查证核实的事实，依法及时作出处理。对于共同犯罪案件，原则上应一案处理。如果有的同案犯在短期内不能追捕归案的，可对已抓获的案犯就已查清的犯罪事实依法处理，不能久拖不决。对于部分犯罪嫌疑人在案、部分犯罪嫌疑人在逃的共同犯罪案件，同案犯的具体犯罪事实可以不作为刑事证明对象，只要现有证据足以认定在案犯罪嫌疑人的“基本事实”，就应对其先行起诉、审判。（3）不影响定罪的量刑事实。2019年《人民检察院刑事诉讼规则》第355条规定，单一罪行的案件，与定罪量刑有关的事实已经查清，不影响定罪量刑的事实无法查清的；无法查清作案工具、赃物去向，但有其他证据足以对被告人定罪量刑的，可以认为犯罪事实已经查清。第358条规定，被告人真实姓名、住址无法查清的，可以按其绰号或者自报的姓名、住址制作起诉书，并在起诉书中注明。对于单一罪行的犯罪嫌疑人或被告人，定罪量刑的基本事实已经查清，不影响定罪量刑的事实情节无法查清的，可以不作为刑事证明对象。①

需要注意的是，同一罪名框架下，并非所有案件需要用证据证明的基本事实都是一致的，而是千差万别、因案而异的。② 对于众目睽睽之下发生的命案，即使被害人身份、犯罪动机、犯罪工具去向无法查清，也不影响定案。但是，

---

① 柴春元、徐建波：《“两个基本”与刑事证明标准——第三届检察理论年会热点综述》，载《人民检察》2002年第3期。

② 顾永忠：《“排除合理怀疑”仅是定罪证明标准内容之一》，载《检察日报》2013年11月8日，第3版。

在发现无名尸的案件中，需要从被害人的身份和社会关系出发，通过查找与其有矛盾的人逐一排查，此时被害人身份、犯罪动机对于锁定行为人具有决定性作用，属于必须查清的基本事实。为此，2013 年最高人民法院《关于建立健全防范刑事冤假错案工作机制的意见》第 9 条专门规定，对于命案，应当审查是否通过被害人近亲属辨认、指纹鉴定、DNA 鉴定等方式确定被害人身份。

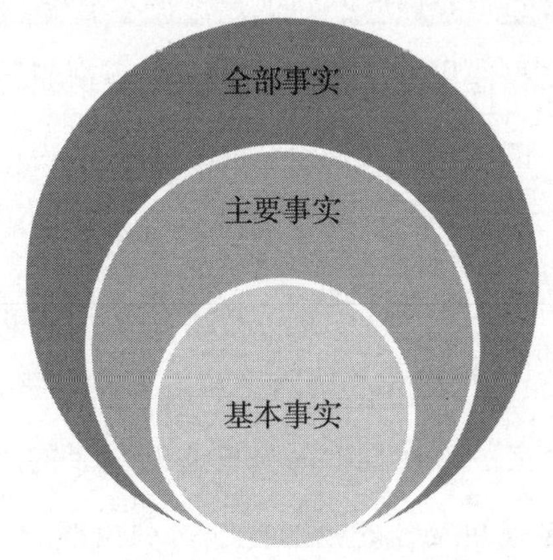

图 3　“基本事实”与“全部事实”“主要事实”的关系

（二）“基本事实”与“主要事实”

“主要事实”是指对定罪量刑产生重大影响的犯罪事实情节。1998 年《最高人民法院关于处理自首和立功具体应用法律若干问题的解释》第 1 条规定，如实供述自己的罪行，是指犯罪嫌疑人自动投案后，如实交代自己的主要犯罪事实。2019 年《人民检察院刑事诉讼规则》第 431 条规定，“具有下列情形之一的，人民检察院不得建议人民法院适用简易程序……（五）辩护人作无罪辩护或者对主要犯罪事实有异议的……”。通常认为，“主要事实”分为两类：一是对犯罪嫌疑人、被告人行为的性质认定有决定意义的事实、情节，即定罪事实。二是对犯罪嫌疑人、被告人的量刑有重大影响的事实、情节，即重大量刑事实。而所谓对犯罪嫌疑人的量刑有重大影响的事实、情节，则是指决定着对犯罪嫌疑人应适用的法定刑档次是否升格的情节，以及在总体危害程度上比其他部分事实、情节更大的事实、情节。[①]

“主要事实”的范围大于“基本事实”，除了定罪所必须具备的事实之外，还包括对量刑产生重大影响的犯罪事实。主要包括：（1）修正的犯罪构成事实。是指以基本的犯罪构成为前提，适应犯罪行为的不同形态，对基本的犯罪构成加以某些修改变更的犯罪构成，如预备犯、未遂犯、中止犯等未完成形态，以及共同犯罪中的地位和作用等。例如，在一起盗窃犯罪案件中，犯罪嫌疑人窃取他人随身携带的手机，在离开的过程中被抓获，窃取行为、手机价值等属于“基本事实”，而“被害人何时发觉手机被盗”“被害人是否追赶、如何追赶”“犯罪嫌疑人于何时、何地被抓获”属于修正的犯罪构成事实，影响到犯罪既未遂的认定。（2）派生的犯罪构成事实。是指以普通的犯罪构成为基础，因为具有较轻或较重社会危害性程度而从普通的犯罪构成中衍生出来的犯罪构成，包括加重的犯罪构成和减轻的犯罪构成两种情况。[②] 其中，关于加重犯属于定罪事实还是从重量刑事实，刑法理论尚存一定争议。加重犯是指实施某一犯罪行为，因其具备特定情形，刑法在原有的法定量刑区间上，另外增加一个较重的区间。加重犯包括结果加重犯和情节加重犯，前者是指犯罪行为出现了特定危害结果就要加重处罚，如抢劫罪致人重伤、死亡的；后者是指犯罪行为在特定场所、采取特定手段或针对特定对象实施而对其加重处罚，如二人以上轮奸等。有观点提出“改变犯罪构成要件的情节属于定罪范畴，没有改变的则属于量刑范畴”，刑法分则条文单纯以情节（特别）严重（恶劣）、数额（特别）巨大、首要分子、多次、违法所得数额巨大、犯罪行为孳生之物数量（数额）巨大作为法定刑升格条件时，只能视为量刑规则；刑法分则条文因为行为、对象等构成要件要素的特殊性使行为类型发生变化，进而导致违法性增加，并

---

① 周加海：《自首认定中“主要犯罪事实”的把握》，载《人民法院报》2003年12月29日。

② 王志祥：《从既遂标准的层次性理论看加重犯的既遂问题》，载《法律科学》2011年第5期。

加重法定刑时，才属于加重的犯罪构成。[①] 从刑事证明的角度来看，无论加重犯属于定罪事实还是从重量刑事实，均应归于“主要事实”的范畴。例如，在一起抢劫犯罪案件中，犯罪嫌疑人使用尖刀威胁被害人劫取财物属于“基本事实”，而“被害人所居住的房屋与外界相对隔离”“犯罪实施时供被害人生活”等，属于认定入户抢劫的加重事实。（3）剩余的犯罪构成事实。刑法规定的有些犯罪构成具有若干选择要件，有些构成要件则包含若干选择要素，只要具备其中任何一个选项便可满足定罪的法律要求，于是这类犯罪构成所涵盖的主客观事实情况便多于定罪的需要。[②] 例如，在一起寻衅滋事犯罪案件中，犯罪嫌疑人同时实施随意殴打他人和强拿硬要财物等行为，如果“随意殴打他人”足以定罪，那么“强拿硬要财物”属于主要事实。按照“两个基本”的要求，即使修正的、派生的和剩余的犯罪构成事实无法查清，亦不影响定罪。

案例 9

犯罪动机无法查清影响定罪

——于某某故意杀人案[③]

【基本案情】

1996 年 12 月 1 日，于某某一家三口在逛商场时，韩某将 2800 元现金交给于某某让其存入银行，但却不愿告诉其这笔钱的来源，引起于某某的不满。12 月 2 日 7 时 20 分，于某某送其子去上学，回家后再次追问韩某 2800 元现金是哪里来的。因韩某坚持不愿说明来源，二人发生争吵厮打。厮打过程中，于某某见韩某声音越来越大，即恼羞成怒将其推倒在床上，然后从厨房拿了一根塑

① 张明楷：《加重构成与量刑规则的区分》，载《清华法学》2011 年第 1 期。

② 赵廷光：《论定罪剩余的犯罪构成事实转化为量刑情节》，载《湖北警官学院学报》2005 年第 1 期。

③ 最高人民检察院第七批指导性案例，于某某申诉案（检例第 25 号）；何家弘：《缺失的指纹》，载《人民法治》2016 年第 9 期。

料绳，将韩某的双手拧到背后捆上。接着又用棉被盖住韩某头面部并隔着棉被用双手紧捂其口鼻，将其捂昏迷后匆忙离开现场到单位上班。约9时50分，于某某从单位返回家中，发现韩某已经死亡，便先解开捆绑韩某的塑料绳，用菜刀对韩某的颈部割了数刀，然后将其内衣向上推至胸部、将其外面穿的毛线衣拉平，并将尸体翻成俯卧状。接着又将屋内家具的柜门、抽屉拉开，将物品翻乱，造成家中被抢劫、韩某被奸杀的假象。临走时，于某某又将液化气打开并点燃一根蜡烛放在床头柜上的烟灰缸里，企图使液化气排放到一定程度，烛火引燃液化气，达到烧毁现场的目的。后因被及时发现而未引燃。经法医鉴定：死者韩某口、鼻腔受暴力作用，致机械性窒息死亡。

1998年4月7日，蚌埠市中级人民法院以故意杀人罪判处于某某死刑，缓期二年执行。于某某不服，向安徽省高级人民法院提出上诉。1998年9月14日，安徽省高级人民法院以原审判决认定于某某故意杀人的部分事实不清，证据不足为由，裁定撤销原判，发回重审。被害人韩某的父母提起附带民事诉讼。1999年9月16日，蚌埠市中级人民法院以故意杀人罪判处于某某死刑，缓期二年执行。于某某不服，再次向安徽省高级人民法院提出上诉。2000年5月15日，安徽省高级人民法院以原审判决事实不清，证据不足为由，裁定撤销原判，发回重审。2000年10月25日，蚌埠市中级人民法院以故意杀人罪判处于某某无期徒刑。于某某不服，向安徽省高级人民法院提出上诉。2002年7月1日，安徽省高级人民法院裁定驳回上诉，维持原判。2002年12月8日，于某某向安徽省高级人民法院提出申诉。2004年8月9日，安徽省高级人民法院驳回于某某的申诉。后于某某向安徽省人民检察院提出申诉。安徽省人民检察院经复查，提请最高人民检察院按照审判监督程序提出抗诉。最高人民检察院经审查，于2013年5月24日向最高人民法院提出再审检察建议。2013年8月13日，安徽省蚌埠市中级人民法院再审宣告于某某无罪。2013年11月27日，蚌埠市警方查获该案真凶。

【证据分析】

该案的证明难点在于能否认定于某某故意杀人的事实。侦查人员经走访调查，发现于某某平时社会关系简单，但于某某夫妻之间关系不睦，据此将于某某列为犯罪嫌疑人。于某某到案后，曾供述因为2800元现金来源的事情和妻子发生争执并杀害妻子，但该犯罪动机明显不合常理，与其他证据存在矛盾。(1) 从于某某家庭环境来看，“2800元不明来源的金钱”可能会引发夫妻之间的争吵，但是不足以让犯罪嫌疑人杀害其妻子，即该案认定的于某某的作案动机不符合社会常理。(2) 于某某在侦查阶段虽曾作有罪供述，但其有罪供述不稳定，时供时翻，供述前后矛盾。且其有罪供述与现场勘查笔录、尸检报告等证据亦存在诸多不一致的地方，如于某某曾作有罪供述中有关菜刀放置的位置、拽断电话线、用于点燃蜡烛的火柴梗丢弃在现场以及与被害人发生性行为等情节与现场勘查笔录、尸检报告等证据均存在矛盾。(3) 现场勘查中提取到被害人内裤和体内的精子，通过比对不是于某某所留；在该案现场勘查中提取到十几个指纹，大部分为于某某、韩某及其孩子所留，但是在抽屉上留有外来指纹，因此存在其他人作案的可能。综上，在案证据不足以认定于某某有杀害妻子的犯罪动机，形成完整的证据链条，指向于某某系作案人员的唯一结论。

案例10

被害人身份无法查清影响定罪

——袁某抢劫、破坏电力设备案①

【基本案情】

检察机关以袁某犯抢劫罪、破坏电力设施罪提起指控：

---

① 胡晓明、李静然：《[第1010号] 袁某抢劫、破坏电力设备案——如何把握刑事诉讼证明标准的主客观相统一性》，载最高人民法院刑事审判第一、二、三、四、五庭主办：《刑事审判参考（总第99集）》，法律出版社2015年版，第59~67页。

1. 2006年6月29日20时许，袁某伙同刘某（被判处无期徒刑）、另一同案犯（另案处理），在某市一路口持刀对摩托车司机被害人黄某某实施抢劫。袁某、刘某各持水果刀朝黄某某的胸背部等处乱刺，致黄某某死亡。袁某从黄某某身上劫得现金人民币（以下币种同）70余元，刘某欲抢走黄某某价值1450元的摩托车，但未能启动。

2. 2006年9月20日晨，袁某见其房东被害人陈某某身上有钱，遂生盗窃之念。当日23时许，袁某用小刀撬开陈某某住处的房门，进屋翻找财物。陈某某被吵醒，袁某遂持房内的砖头砸陈某某头部，又用床上的枕头捂压陈某某的口鼻，并用身体压住陈某某的胸部，致陈某某死亡。其间，陈某某反抗，用手抓伤袁某的颈部。袁某将陈某某的尸体搬到屋内的水缸中藏匿，搜走陈某某的800余元现金后逃离现场。

3. 2007年5月，袁某伙同马某、蔡某某（均另案处理）先后3次盗剪某电力公司正常供电的电线共计470米，造成部分工业用户和住宅用户停电。

一审法院经审理认为：被告人袁某伙同他人采用暴力手段劫取财物，致1人死亡；又在入户盗窃被发现时当场使用暴力劫取财物，致1人死亡；还伙同他人破坏电力设备，危害公共安全，其行为分别构成抢劫罪、破坏电力设备罪，依法应当数罪并罚。以被告人袁某犯抢劫罪为由判处死刑，剥夺政治权利终身，并处没收个人全部财产；犯破坏电力设备罪，判处有期徒刑三年；决定执行死刑，剥夺政治权利终身，并处没收个人全部财产。

一审宣判后，被告人袁某未提起上诉。某市中级人民法院将判处袁某死刑的判决报送广东省高级人民法院复核。广东省高级人民法院经复核认为，原判认定被告人袁某抢劫致死黄某某事实中的关键证据刀具上的血迹DNA鉴定结论，以及袁某抢劫致死陈某某事实中相关的DNA鉴定结论均未列为证据使用，可能影响事实认定和案件的公正审判，遂裁定撤销原判，发回重新审判。某市中级人民法院另行组成合议庭，经重新公开审理后作出相同判决。宣判后，被告人袁某向广东省高级人民法院提起上诉。

广东省高级人民法院经公开审理认为，原审判决认定袁某抢劫杀害黄某某的犯罪事实，以及袁某破坏电力设备的犯罪事实清楚，证据确实、充分，定罪准确，量刑适当，审判程序合法。但原审判决认定袁某抢劫致死陈某某的事实不清，证据不足，不予认定。对袁某及其辩护人提出袁某抢劫陈某某事实不清的意见，予以采纳，其他意见经查不能成立，不予采纳。裁定驳回上诉，维持原判。最高人民法院予以核准。

【证据分析】

该案的证明难点在于能否认定袁某抢劫杀人的事实。关于被告人袁某抢劫致死被害人陈某某的事实，主要有以下证据证实：(1) 侦破经过自然。(2) 相关人员证实袁某涉案。(3) 袁某有作案动机和条件。(4) 袁某案发后形迹异常。(5) 袁某不仅在侦查阶段多次供认犯罪，且在中级人民法院两次一审、高级人民法院复核审、二审庭审期间均供认不讳，直至二审庭审后才翻供称未抢劫杀害陈某某，但在最高人民法院复核提讯时又作有罪供述。且其有罪供述较为详细、具体，其中一些作案细节与其他证据吻合，而且个别证据的提取具有先供后证的特点。(6) 死者系陈某某的可能性很大。上述证据表明，被告人袁某在被害人陈某某失踪时租住在现场旁的出租屋，有便利的作案条件；无经济来源且目睹被害人炫耀财物，有抢劫作案动机；脖颈处有抓伤，有作案嫌疑；且到案后较为稳定地供认犯罪，其有罪供述在一些细节上与在案的其他证据吻合，个别证据具有先供后证的特点。因此，根据经验法则，并结合一定的逻辑分析，从内心确信的角度来看，本起犯罪系袁某所为的可能性很大。但是，证实该起犯罪系袁某所为的证据存在较为明显的缺陷，尚不能达到法定的证明标准。主要理由如下：

一是现有证据不能有力证明案件主要事实。(1) 公安机关勘查发现的现场门闩上的痕迹、阁楼竹筐中的书籍残片及提取的小刀等，虽系先供后证，但与犯罪事实的关联性不强，均不能直接证实该案系被告人袁某作为。(2) 尸体并非根据袁某的供述发现，尸检在袁某供述前进行，尸体藏匿地点、藏匿方式、现场血迹、屋内物品及陈某某向袁某展示财物等情节，有的在第一次、第二次勘查现场时已记录在卷，有的在调查走访时已经掌握，时间均在袁某供认犯罪之前，属于先证后供，证明力不强。(3) 袁某破坏电力设备的同案人员蔡某某，同监人员张某某、曹某均系在押人员，其证言证明力受到一定影响，并在后期遭到袁某的否认。且张某某、曹某证实，袁某在房东房内盗窃时发现水缸内有死人，此内容反而能够印证袁某否认犯罪后的辩解。(4) 袁某颈部的伤痕，也不能排除其他原因造成的可能性，不足以证明袁某实施了抢劫犯罪。

二是未能提取到部分重要物证和证人证言。(1) 由于第一次勘查现场不细致，袁某归案后因时隔太久丧失取证条件，袁某供述的用于砸房东头部的砖块、用于擦拭血迹的旧衣服等，均未能提取。(2) 袁某供述，作案时被借住其出租屋的朋友“邹某”看见，作案后曾告诉其女友“陈某”。但“邹某”“陈某”的身份情况不明，公安机关未能找到二人，无法进一步印证袁某的供述。

三是作案手段、死因无法得出确切结论。(1) 关于致死被害人的手段，袁某在侦查阶段供述用枕头捂压陈某某的口鼻，并用身体压住陈某某的胸口，但在审查起诉及庭审阶段又否认使用过枕头，称用手掐扼陈某某颈部致其死亡，由此被害人肋骨骨折的情况得不到合理解释。(2) 关于被害人的死因，由于尸体部分白骨化，尸检只能给出“符合窒息死亡特征”的鉴定意见，但死者系何种原因导致的窒息死亡，尸检报告无法给出确切意见。(3) 关于被害人是否及如何受伤流血的问题，尸检鉴定根据“现场木板床南侧端的木板上及草席上有血迹”的情况，给出“不能排除其头面部白骨化部分及口、鼻腔损伤致流血的可能”的意见，无法得出被害人究竟是什么部位流血、因何流血的确切结论。因此，受尸体部分白骨化、鉴定条件不充分的客观条件制约，尸检鉴定意见不具有唯一性、排他性。

四是无法准确认定被害人尸骨何时被藏于水缸之内。

五是死者身份无法得到准确确认。被害人尸体被发现时已高度腐败，需要进行 DNA 检验鉴定才能准确认定尸体身份。然而，经两次 DNA 鉴定，尸体肋软骨未检见有效基因分型。现场床铺草席上的血迹虽在第一次鉴定时检出基因分型，但无法认定是陈某某的血，再次检验时，草席上的血迹甚至没有再检出基因分型。经咨询法医，尸体肋软骨已经腐败，无法再进行检验；草席上的血迹没有保留，且原鉴定意见中草席上血迹的基因分型不能在重新鉴定时直接使用；如要重新鉴定，需提取到被害人的牙齿或长骨，但因陈某某没有父母、子女，缺乏直接的亲缘关系认定对象，根据目前的鉴定技术，鉴定后仍不能确认死者为陈某某。

综上，尽管袁某对于本起事实的供述较为稳定且有罪供述的细节化特征较为明显，认定本起事实的证据缺陷是除口供外其他证据的缺失和不足，在案证据达不到“事实清楚，证据确实、充分”这一法定证明标准，不予认定。

案例 11

犯罪起始地无法查清不影响定罪

——刘某某运输毒品案

【基本案情】

刘某某系无业人员。刘某某在互联网上看到“高价运物”广告后与他人联系，于 2017 年 1 月 17 日从家中前往 B 省，采取人体吞食的方式，吞服下包装成淡黄色胶囊状的海洛因 62 粒。后刘某某按照他人指示并接受钱款转账，于 2017 年 1 月 22 日从 B 省出发途经 C 省、D 市前往 A 市。2017 年 1 月 23 日，刘某某在入住的宾馆内被民警查获归案，在其所住房间卫生间内发现排出的淡黄色可疑物 2 粒。后民警将其带至医院，刘某某分 4 次共排出淡黄色可疑物 60 粒。经现场称量，上述 62 粒可疑物去包装后净重 315. 24 克。经鉴定，在上述

62粒可疑物中检出海洛因。

【证据分析】

该案的证明难点在于能否认定刘某某运输毒品入境的事实。刘某某到案后即供认运输毒品的犯罪事实，但多次声称自己从境外出发，如“出租车把我们拉到一个地方，有人接电话说怎么上缅甸来了，我才知道到缅甸了”。其他证据包括：(1) 接受毒品的过程。有刘某某供述和航班记录、航空行李逾重票、手机通话流水单相互印证，能够证明刘某某为了获取高额报酬从家中前往B省。(2) 运输毒品的过程。有刘某某供述、证人证言、航班记录、快车记录、通话、短信记录、微信转账记录等相互印证，能够证明刘某某从B省出发途经C省、D市前往A市的过程。(3) 起获毒品的过程。有刘某某供述、证人证言，以及住宿登记、抓获、起获录像、物证照片、搜查笔录等证据，能够证明从刘某某体内和宾馆房间内起获淡黄色可疑物62粒。(4) 鉴定毒品的过程。称重笔录、鉴定意见、毒品取样、称重录像等证据，能够证明对刘某某所住房间内起获的2粒淡黄色胶囊状可疑物进行称量，净重11.27克；经对刘某某在医院排出的60粒淡黄色胶囊状可疑物进行称量，去包装后60粒淡黄色胶囊状可疑物共计303.97克（净重）。从上述物品中均检测出海洛因，含量为60.1%、61.2%、61.3%不等。综上，关于刘某某运输毒品的始发地仅有犯罪嫌疑人供述，缺乏证人证言、通信记录等证据的相互印证，不能确认刘某某在缅甸吞服毒品，亦不能排除刘某某对所处地点存在认识错误的可能性。但是，刘某某供述与证人证言、辨认笔录、鉴定意见、现场勘查笔录、物证等证据相互印证，尽管无法查明运输毒品的起点，亦不影响对刘某某以运输毒品罪定罪处罚。

案例 12

同案犯无法查清不影响定罪

——李某某运输毒品案

【基本案情】

李某某与石某系朋友关系，两人均吸食毒品。2014 年 9 月 16 日 14 时许，李某某与石某联系后，遂携带一小包冰毒、冰壶、现金等物，于同日 14 时 45 分乘坐石某驾驶的出租汽车由 A 市前往 B 省。后李某某自行下车与一男子见面，以人民币 7 万元的价格购买冰毒一包，李某某将该包冰毒放置于随身携带的蓝色手提袋内，于同日 16 时 54 分许与石某共同返回 A 市。同日 18 时 35 分，当汽车行驶到高速收费站时被民警查获，从该车驾驶室座位下查获一大包塑料袋包装的白色可疑晶体，当场称重 500.09 克，经鉴定检验出甲基苯丙胺，含量为 76%。查获李某某随身携带的一小包塑料袋包装的白色可疑晶体，经鉴定称重 5.92 克，检验出甲基苯丙胺。

【证据分析】

该案的证明难点在于能否认定李某某伙同他人运输毒品的事实。李某某到案后，多次供述其与陌生男子电话联系后，前往 B 省与该男子见面并购买冰毒 500 克左右，后乘坐石某驾驶的汽车从 B 省返回 A 市，随身携带一大包和一小包冰毒被民警现场查获。上述供述与在案其他证据相互印证：（1）石某证言证实，李某某乘坐其驾驶的出租车前往 B 省与陌生男子见面，回来时拿着一手提袋，随后返回 A 市。其中，石某证言与李某某供述关于李某某使用黄色手机通话、陌生男子体貌特征、大包冰毒包装纸袋的颜色及图案等细节一致。（2）汽车行驶轨迹、李某某和石某的手机通话流水单、从李某某处扣押的 3 部手机及鉴定意见证实，李某某与石某在前往 B 省之前多次通话，李某某在其前往 B 省过程中与陌生号码多次通话。（3）抓捕民警证言、搜查笔录、录像、毒品鉴定意见证明，从李某某乘坐汽车驾驶座下和李某某随身挎包内各起获毒品一包，共计甲基苯丙胺506.01克。

该案中，石某承认其驾车运送李某某前往B省，但始终否认对运输毒品知情。石某证言与李某某供述存在一定的矛盾：（1）李某某、石某两人是否共同购买毒品。李某某最初供述其自行出资7万元购买毒品，后指认石某明知其前往B省购买毒品，两人各出资3.5万元并均分；石某则一直声称对此不知情。（2）是李某某还是石某在车上藏匿大包冰毒。李某某最初供述大包冰毒由其趁石某离开车辆时放在驾驶座下，后指认系石某自行放置；石某最初证实临近检查时看到李某某拿出冰毒藏匿在驾驶座下，后称自己不知情。（3）李某某是否向石某贩卖毒品。李某某拒不承认曾经贩卖毒品，而石某声称其多次从李某某处购买毒品。综合全案证据，石某某的职业系出租车司机，载人从A市前往B省的解释具有一定合理性，由于毒品“上家”尚未查获，因此证明石某伙同李某某运输毒品的证据无法达到确实、充分的标准。但是，即使石某的行为性质无法查清，亦不影响认定李某某运输毒品的犯罪事实。

案例13

非致命伤成因无法查清不影响定罪
——赵某等人故意伤害案

【基本案情】

2014年3月6日中午，赵甲与被害人厉某某在某小区门前发生纠纷后，遂电话纠集赵某、陈某、付某、肖某，四人驾驶3辆汽车前往该小区，下车后即对厉某某妻子拳打脚踢。被害人厉某某在楼上看到该情况后，双手分别持家中的尖刀下楼冲向赵某等人，在场其他人员即上前拦阻，赵某等四人分别从车中拿取高尔夫球杆、木棍、消防斧等工具返回现场。打斗过程中，赵某捡拾厉某某手中掉落的尖刀扎刺厉某某左腋后一刀，陈某持高尔夫球杆击打厉某某左肘等处，将厉某某打倒在地。经鉴定，厉某某系被他人用锐器（刺器类）刺伤左胸部，造成左肺破裂，致失血性休克死亡。案发现场提取作案工具三棱刀、尖刀各一把，高尔夫球杆、木棍、消防斧均未起获。2014 年 3 月 7 日，赵某等人被公安机关查获归案。

【证据分析】

该案的证明难点在于能否认定被害人非致命伤系赵某造成的事实。尸体检验鉴定书显示，厉某某身上有两处不同类型的刀伤，一处为致命伤，左腋后线第六肋间处可见条形创口 1 处，长度为 4 厘米，创壁光滑，创缘整齐，创腔内无组织间桥，左肺下叶可见贯通创，此损伤符合锐器伤的形态特征，金属类锐器刺切可以形成；另一处为非致命伤，厉某某第五胸椎处可见三角形创口 1 处，创缘整齐，创壁光滑，创腔内无组织间桥，创道向下深达椎体，此损伤符合三棱刀损伤的形态特征。同时，侦查人员在犯罪现场起获一把黄色塑料把单刃刀、一把三棱刀，分别与被害人所受的两处损伤相符合，单刃尖刀可以形成其左腋后创口（致命伤），三棱刀可以形成其胸椎处创口（非致命伤），从而引发厉某某两处创伤系何人造成的问题。

该案中，证明赵某持单刃尖刀扎刺厉某某左腋后一刀的事实清楚，证据确实、充分。赵某到案后，多次供认其持捡拾厉某某掉落的尖刀扎刺被害人，与现场勘验检查笔录、尸体检验报告、物证鉴定意见、目击证人证言相互印证。但是，在案证据难以证明赵某持三棱刀扎刺被害人胸椎一刀，相关证据包括：(1) 厉某某妻子等人证明，厉某某在与赵某等人发生打斗前，身上并无刀伤，也未流下血迹，可见非致命伤系与赵某等人打斗过程中形成。(2) 赵某等四人均否认曾持三棱刀扎刺被害人。在场目击证人无人指认赵某持三棱刀扎刺被害人，一名目击证人虽然指出赵某到达现场即手持刀具下车，但无法辨认出该刀具系三棱刀。(3) 在场人员均无法说明三棱刀的来源，从三棱刀和刀套上亦未提取到赵某等人的生物痕迹。(4) 从物业公司调取的两组监控录像不能显示中心现场，仅证明厉某某和赵某等人进入现场，以及打斗过程中2名男子从车辆后备厢中拿取棍棒，携带棍棒返回现场等情况。综上，尽管厉某某非致命伤的成因无法查明，仍然可以认定赵某等人故意伤害致死的犯罪事实。

案例14

赃款用途无法查清不影响定罪

——薛某某贪污案

【基本案情】

薛某某系某研究所原所长。2006年4月至5月，薛某某指示下属违反单位借款、报销程序，在没有发生实际业务，未签订合同的情况下，以虚假合同款的形式骗取该研究所公款人民币400万元，将上述款项通过A公司转入B广告传媒公司账户，后指示下属将上述400万元在研究所报销平账，A公司从中扣除66万元费用。2006年5月，A公司分两笔给B广告传媒公司转账334万元。

【证据分析】

该案的证明难点在于能否认定薛某某实际使用赃款的事实。薛某某到案后辩称，其应他人的要求，将涉案钱款转入该人指定的B广告传媒公司账户内，并非用于本人事务。但是，B广告传媒公司法定代表人黄某某的证言证明，该笔钱款系满足薛某某个人需求，实际用于举办相关赛事的劳务费、制作费、宣传费、差旅费等，上述证据呈现“一对一”局面。该案中，证明薛某某利用职务便利侵吞公款的事实清楚，证据确实、充分：（1）记账凭证、电汇凭证、借款单据、发票、费用报销封面单等证实，2006年4月18日，研究所下属的C办向研究所借款200万元，并于次日电汇给A公司，后上述200万元经薛某某审批签字进行了报销。2006年5月，研究所下属的D部向研究所借款200万元，并于5月11日电汇给A公司，后上述200万元进行了报销。（2）C办证人证言、书证等证实，C办并无外协、外包合同签订及报账职责和任务，薛某某让其办理一笔款项的支出手续，并告知对方公司的名称和账号及汇款金额，其当时就问薛某某借款事由，薛某某让其写合同款，后将该款项以购买项目设备的名义进行报销，费用报销单上有薛某某的签字。（3）D部证人证言和文件证明，研究所未与A公司签订外包课题合同，薛某某让D部办理这200万元的支出和报销手续，告知收款公司的名称和开户行、账号，后以购买项目设备的名义予以报销，费用报销单上有薛某某的签字。（4）A公司相关人员证实，A公司不具备相关资质，与研究所没有真实的业务往来，没有签订合同。2006年，薛某某提出需要通过A公司转账400万元，之后不久，薛某某就将研究所的400万元分两次转入A公司，并给予B广告传媒公司的账号，后A公司向研究所开具了6张发票。综上，尽管何人实际使用涉案钱款无法查清，在案证据足以认定薛某某利用职务便利非法占有公款，且占有行为已经完成，不影响贪污罪的认定。

案例15

犯罪动机、同案犯无法查清不影响定罪

——徐某某绑架案[①]

【基本案情】

2009年11月5日下午，徐某某携带事先准备的折叠刀、手机等作案工具来到山上潜伏。次日凌晨4时30分许，杨某某在晨练经过上山台阶与公墓的岔路口时，徐某某突然蹿出，从背后手掐杨某某颈部，将杨某某拖至公墓南侧山边的旱沟里。徐某某发现杨某某仍有呼吸，即用石块击打杨某某后脑部，再用折叠刀切割杨某某前颈部，致杨某某右颈总动静脉断裂、失血性休克死亡。徐某

① 聂昭伟：《缺乏直接客观性证据案件的死刑适用》，载《人民司法》2014年第10期。

某随后逃离现场。

浙江省金华市中级人民法院经审理认为，被告人徐某某为勒索钱财绑架他人，杀死被绑架人，其行为已构成绑架罪。犯罪手段残忍，情节、后果严重，社会危害极大，罪行极其严重，应依法惩处。被告人徐某某因故意犯罪两次被判刑，系累犯，依法应从重处罚。金华市中级人民法院判决被告人徐某某犯绑架罪，判处死刑，剥夺政治权利终身，并处没收全部财产。一审宣判后，被告人徐某某不服，提出上诉。浙江省高级人民法院经二审审理认为，上诉人徐某某为勒索钱财绑架他人，杀死被绑架人，其行为已构成绑架罪。犯罪手段残忍，情节、后果严重，社会危害极大，罪行极其严重，应依法惩处。被告人徐某某因故意犯罪两次被判刑，系累犯，依法应从重处罚。原判认定事实清楚，证据确实、充分，定罪正确，量刑适当。审判程序合法。浙江省高级人民法院裁定驳回上诉，维持原判，并依法报请最高人民法院核准。最高人民法院经复核认为，该案虽有认定徐某某犯绑架罪的证据，但缺乏对定案有较大价值、关联性较强的客观性证据。根据最高人民法院、最高人民检察院、公安部、国家安全部、司法部《关于办理死刑案件审查判断证据若干问题的规定》第5条的规定，在案证据尚未达到死刑案件证明标准。为此，裁定不核准被告人徐某某死刑，发回浙江省高级人民法院重新审理。浙江省高级人民法院经重审后，裁定以绑架罪改判被告人徐某某死刑，缓期二年执行，剥夺政治权利终身，并处没收个人全部财产，并对被告人徐某某限制减刑。

【证据分析】

该案的证明难点在于能否认定徐某某绑架杀害被害人以及存在同案犯的事实。徐某某归案后虽在前三次供述中拒不交代，但从第四次审讯开始即作了有罪供述，此后供述一直稳定，无论是在一审、二审开庭还是最高人民法院复核过程中，未曾有翻供现象，亦未辩解过公安机关对其有刑讯逼供、诱供行为。综合全案证据来看，徐某某供述的主要犯罪事实能够得到其他证据的印证，能够认定系其作案。(1) 徐某某供称案发之前，因母亲生病、女儿上学，自己又找不到工作，而产生绑架勒索念头；因为之前在东阳认识了一个网友，来东阳和网友一起到案发现场即某山上玩过，发现很早就有人去晨练，且山下都是有钱人住的地方，就决定选择来这里作案。为此，其曾多次坐车从金华来某山上寻找作案目标，每次都是下午来，晚上在山上瞎逛，早上回金华。后来发现被害人平时都是早上4点15分左右上山，5点15分左右下山，之前几次都想动手，但是机会不好，总是有其他人在附近，直到11月5日才找到机会动手。上述供述内容能够得到相关证人证言、手机通话清单以及监控录像的印证。手机通话清单，证实10月24日20时46分、10月27日18时59分及11月2日21时许，徐某某的手机信号出现在案发地某山上。监控录像显示，2009年11月6日5时31分许，徐某某从案发地即某山下来，沿路再搭乘出租车，再换乘大巴返回金华。(2) 徐某某供述的作案经过与现场勘查笔录、尸体检验报告中的相关情况能够相吻合；此外，其还供称案发当晚有月光，比较亮，在杀死被害人后，在其大腿内侧发现好几个拔过火罐的圆形痕迹，能够得到法医鉴定、尸体照片、证人证言、气象证明等证据的印证。尤其是被告人供述出被害人身上有拔火罐痕迹，这是一个很有价值的细节。经反复查看徐某某初次交代的审讯录像，没有发现存在诱供、提示的痕迹，证实系徐某某主动交代这一细节。后在中级人民法院一审、高级人民法院二审开庭及最高人民法院复核过程中，徐某某亦均称审讯人员没有对其刑讯逼供、诱供。法医鉴定、尸体照片，证实在杨某某双大腿前分别有三处紫色圆形吸罐痕迹。(3) 徐某某供述，那天其带去两部手机，一部是其平时自己用的；另一部是专门带去为绑架作案用的，手机号码不清楚，作案后被其扔在汽车南站附近的一条人行道上。公安机关根据其供述，通过技侦手段找到该手机的现持有人商某。商某证明，其于2009年12月10日左右，在某街的东侧一人行道上，捡到一个诺基亚直板手机。该手机的捡拾时间、地点与徐某某供述的丢弃手机的时间、地点相一致。(4) 徐某某对作案现场进行了指认，并在10张不同照片中辨认出被害人杨某某。(5) DNA鉴定结论。证实所送检的被害人指甲内斑迹2Y染色体STR基因座检出一混合分型，该分型不排除由其他两名男子与来自徐某某同一父系个体的男子Y染色体STR基因座分型混合而成。故一审、二审法院均认定系徐某某作案，最高人民法院在复核过程中亦认为，该案有证据证明徐某某实施了绑架犯罪。

但是，该案在犯罪动机和是否存在同案犯等方面存在一定疑点，主要包括：(1) 作案工具尖刀、被告人作案时所穿衣物均没有提取到，在作案现场及被害人身上未能提取到徐某某作案后留下的相关物证、痕迹，在徐某某身上亦未能提取到被害人的物品、痕迹，将被告人与案件直接联系起来的客观性证据付之阙如，无法直接锁定系徐某某作案。(2) 虽然徐某某的供述与现场勘查笔录、尸体检验报告能够相吻合，尤其是供述出在被害人腿上有拔火罐的印痕，然而，由于上述供述内容在之前已经被公安机关所掌握，并非隐蔽性情节，证明价值有限。(3) 虽然徐某某为实施绑架勒索购买的一部手机被公安机关提取到，系公安机关事先未掌握的隐蔽性证据，但由于该手机在作案过程中从未被使用过，未发过勒索短信，与案件的关联性不强，无法证明案件的主要事实，证明价值有限。(4) DNA鉴定意见证明，从被害人杨某某指甲内斑迹检出3名男子的Y-STR基因座分型，分别为男子1、男子2及男子1与来自徐某某同一父系个体的染色体STR基因座分型混合形成，该结论不具有排他性。(5) 从破案过程来看，公安机关在排查过程中，曾将另一人吴某某确定为犯罪嫌疑人，公安机关经反复多次讯问后，吴某某承认所谓将被害人杨某某杀死并强奸的“事实”。综上，在犯罪动机和是否存在同案犯方面，徐某某的供述不足以对定案具有较大价值的客观性证据予以补强；虽然提取到个别不为人知的隐蔽性证据，但却与案件事实的关联性不强，未达到死刑案件的定案标准。

问题二　如何证明量刑事实

量刑事实是指需要用证据加以证明的，能够体现犯罪行为社会危害程度和被告人的人身危险性大小，据以决定对被告人是否处刑以及处刑轻重所考虑的各种主客观情况。2018 年修订的《刑事诉讼法》第 198 条规定，法庭审理过程中，对与定罪、量刑有关的事实、证据都应当进行调查、辩论。2021 年《最高人民法院关于适用〈中华人民共和国刑事诉讼法〉的解释》第 276 条规定，法庭审理过程中，对与量刑有关的事实、证据，应当进行调查。2020 年最高人民法院、最高人民检察院、公安部、国家安全部、司法部《关于规范量刑程序若干问题的意见》第 2 条规定，侦查机关、人民检察院应当依照法定程序，全面收集、审查、移送证明犯罪嫌疑人、被告人犯罪事实、量刑情节的证据。刑事诉讼中，量刑以定罪为基础，又是刑罚执行的先决条件，发挥着“承前启后”的重要作用，司法人员应当全面查清反映社会危害性和人身危险性的量刑事实，使犯罪者受到与其罪责相适应的惩罚，实现刑罚的一般预防和特殊预防功能。

一、明确量刑事实的相对独立性

量刑事实既可以与定罪事实相互交织、重合，也可以呈现相对独立的样态。

2021年《最高人民法院关于适用〈中华人民共和国刑事诉讼法〉的解释》第72条规定的案件事实中，“被告人、被害人的身份”“实施犯罪的动机、目的”“实施犯罪的时间、地点、手段、后果以及案件起因等”既可能影响定罪也可能影响量刑；“被告人在犯罪中的地位、作用”“被告人有无从重、从轻、减轻、免除处罚情节”只能影响量刑。量刑事实包括两类，第一类是定罪量刑混合事实，是指对定罪和量刑同时产生影响的犯罪事实，如被告人年龄属于典型的定罪量刑混合事实，既能从犯罪主体方面发挥定罪的作用，也能因年满75周岁或未满18周岁对量刑产生影响。第二类是纯粹的量刑事实，是指只能对量刑活动产生影响的事实情节，包括被告人的前科劣迹、累犯事实、未成年人个人成长经历及一贯表现的事实以及犯罪后自首、立功、坦白、自愿认罪、退赃退赔及取得被害人或其家属谅解等。[①] 现代刑罚哲学要求惩罚应当与罪犯的个体特征相契合，既要通过惩罚遏制犯罪，还要给予可改造的被告人再社会化的机会，在考虑犯罪社会危害的基础上，通过前科情况、罪后表现等评估其可能对社会构成的危险。主要包括以下要求：

（一）量刑证明的对象

我国长期采取定罪量刑一体化的庭审模式，法庭调查主要围绕定罪事实进行，对于定罪完成之后的量刑证明难以提供独立的实体指引和程序支持。为此，中央政法机关开始启动以促进量刑公正为目标的量刑规范化改革，着力解决“量刑依附于定罪”的问题。2009年6月1日，最高人民法院决定在全国法院开展量刑规范化试点工作，对《人民法院量刑指导意见（试行）》（现已废止）和《人民法院量刑程序指导意见（试行）》进行试点。2013年12月23日最高人民法院发布《关于实施量刑规范化工作的通知》（现已废止），决定自2014年1月1日起在全国法院正式实施量刑规范化工作。

① 闵春雷.《论量刑证明》，载《吉林大学社会科学学报》2011年第1期。

实体方面，最高人民法院先后通过修订的《关于常见犯罪的量刑指导意见》（2017 年 4 月 1 日起实施，现已废止）、《关于常见犯罪的量刑指导意见（二）（试行）》（2017 年 5 月 1 日起试行），前者涉及交通肇事罪，故意伤害罪，强奸罪，非法拘禁罪，抢劫罪，盗窃罪，诈骗罪，抢夺罪，职务侵占罪，敲诈勒索罪，妨害公务罪，聚众斗殴罪，寻衅滋事罪，掩饰、隐瞒犯罪所得、犯罪所得收益罪，走私、贩卖、运输、制造毒品罪 15 种犯罪的量刑，后者涉及危险驾驶罪，非法吸收公众存款罪，集资诈骗罪，信用卡诈骗罪，合同诈骗罪，非法持有毒品罪，容留他人吸毒罪，引诱、容留、介绍卖淫罪 8 种犯罪的量刑，列举了一系列常见量刑情节，指明了量刑证据的收集方向。在上述规定的基础上，最高人民法院、最高人民检察院《关于常见犯罪的量刑指导意见（试行）》于 2021 年 7 月 1 日开始实施，该意见第 1 条规定，量刑应当以事实为根据，以法律为准绳，根据犯罪的事实、性质、情节和对于社会的危害程度，决定判处的刑罚。对于符合规范范围的 23 种常见犯罪的量刑，都应当按照该意见提出量刑建议、规范量刑。

程序方面，历次修订的《刑事诉讼法》和司法解释、规范性文件对量刑程序作出了更加明确、细致的规定。对被告人认罪但对量刑提出异议的案件，在确认被告人了解起诉书指控的犯罪事实和罪名，自愿认罪且知悉认罪的法律后果后，法庭调查可以主要围绕量刑和其他有争议的问题进行。控辩双方在庭审过程中针对量刑事实进行重点举证质证，围绕量刑问题展开辩论，发表各自对量刑的意见，使诉讼当事人充分了解量刑的依据和理由。对被告人不认罪或者辩护人作无罪辩护的案件，法庭调查应当在查明定罪事实的基础上，再行查明有关量刑事实，防止裁判者对被告人是否有罪产生“先入为主”的预断。在相对独立的量刑程序之下，既可以保障被告人有获得公正量刑的权利，又可以扩大当事人享有的诉讼权利，使司法过程更为人性化，让那些利益或权利可能受到裁判或诉讼结局直接影响的人应当有充分的机会富有意义地参与诉讼过程，并对裁判结果的形成发挥其有效的影响和作用。[①]

我国刑法中多数罪名的法定刑幅度较宽，传统的量刑方法可以说是“经验量刑法”或“综合估量法”，由法官根据基本犯罪事实和各种量刑情节进行综合分析，一次性估量出宣告刑。这种定性分析的量刑方法有其合理性，能够使法官在法定刑幅度内充分发挥审判经验，但其弊端也显而易见，就是缺少一个理性分析的量刑过程，主要依靠法官个人的法律修养和办案经验“估堆”判断，其结果容易出现因人而异的情况，导致同一时期、同一地域的类似案件判罚尺度不一。将量刑事实作为单独的证明对象，查明自首、立功等法定量刑事实，以及行为人的一贯表现、被害人遭受损害的情况、犯罪造成的社会影响、退赃退赔情况等酌定量刑事实，能够增强量刑活动的确定性和规范性，减少因司法人员个人能力、经验、性格和对法律理解的差异所引发的量刑失衡，避免畸轻畸重，实现罪责刑相适应。

（二）量刑证明的时机

根据我国刑事诉讼法规定，公安机关侦查终结、人民检察院提起公诉和法院作出有罪判决的证明标准存在细微差异，前两者要达到“犯罪事实清楚”，后者要达到“案件事实清楚”。据此，司法实践中应当反对“量刑事实滞后主义”的思维定式，即审前阶段仅仅查明定罪事实，对纯粹的量刑事实缺乏足够重视，习惯于等到审判阶段再行解决，这种传统证明方式已经不能适应实践需要。随着以审判为中心的刑事诉讼制度改革的推进和认罪认罚从宽制度的确立，侦查人员、检察人员要提前查明量刑事实的时机，如果在取证“黄金时期”不注意收集量刑证据，在定罪与量刑证明方向不一致的情况下，很可能因时过境迁导致量刑证据灭失。从侦查阶段开始，就应当注意收集各类量刑证据，在提请批准逮捕、移送审查起诉时随案移送，为案件的处理提供更为全面的事实

① 陈瑞华：《刑事审判原理论》，北京大学出版社1997年版，第61页。

依据。

1. 侦查阶段。检察机关审查批准逮捕的一个重要标准就是犯罪嫌疑人、被告人具备“社会危险性”，社会危险性不能仅仅凭借主观推测，而是要建立在相关事实和证据的基础之上，如犯罪嫌疑人“长期从事违法犯罪活动”“有吸毒、赌博等恶习”“曾经自杀、自残或者逃跑”“曾经威胁、辱骂证人、被害人、举报人、控告人”“案发后伪造、毁灭证据或抗拒抓捕”等。2015 年《最高人民检察院、公安部关于逮捕社会危险性条件若干问题的规定（试行）》第 2 条、第 3 条规定，公安机关侦查刑事案件，应当收集、固定犯罪嫌疑人是否具有社会危险性的证据。在侦查阶段，证明犯罪事实的证据能够证明犯罪嫌疑人具有社会危险性的，应当在提请批准逮捕书中专门予以说明；证明犯罪事实的证据不能证明犯罪嫌疑人具有社会危险性的，应当单独收集社会危险性证据，并在提请逮捕时随案移送。2018 年修订的《刑事诉讼法》第 81 条规定，对有证据证明有犯罪事实，可能判处徒刑以上刑罚的犯罪嫌疑人、被告人，采取取保候审尚不足以防止发生下列社会危险性的，应当予以逮捕：（1）可能实施新的犯罪的；（2）有危害国家安全、公共安全或者社会秩序的现实危险的；（3）可能毁灭、伪造证据，干扰证人作证或者串供的；（4）可能对被害人、举报人、控告人实施打击报复的；（5）企图自杀或者逃跑的。案件进入审判阶段后，上述社会危险性证据就会转化为量刑证据，成为评估被告人人身危险性的基础。

2. 审查起诉阶段。2018 年修订的《刑事诉讼法》第 176 条第 2 款规定，犯罪嫌疑人认罪认罚的，人民检察院应当就主刑、附加刑、是否适用缓刑等提出量刑建议，并随案移送认罪认罚具结书等材料。第 201 条规定，对于认罪认罚案件，人民法院依法作出判决时，一般应当采纳人民检察院指控的罪名和量刑建议。2019 年《人民检察院刑事诉讼规则》第 275 条规定，犯罪嫌疑人认罪认罚的，人民检察院应当就主刑、附加刑、是否适用缓刑等提出量刑建议。量刑建议一般应当为确定刑。对新类型、不常见犯罪案件，量刑情节复杂的重罪案件等，也可以提出幅度刑量刑建议。2020 年最高人民法院、最高人民检察院、公安部、国家安全部、司法部《关于规范量刑程序若干问题的意见》第 5 条规定，符合下列条件的案件，人民检察院提起诉讼时可以提出量刑建议；被告人认罪认罚的，人民检察院应当提出量刑建议：（1）犯罪事实清楚，证据确实、充分；（2）提出量刑建议所依据的法定从重、从轻、减轻或者免除处罚等量刑情节已查清；（3）提出量刑建议所依据的酌定从重、从轻处罚等量刑情节已查清。审查起诉阶段是认罪认罚从宽制度的关键实施阶段，犯罪嫌疑人自愿认罪的，检察机关原则上要提出确定量刑建议，犯罪嫌疑人同意量刑建议的，才能在辩护人或者值班律师在场的情况下签署认罪认罚具结书，对量刑证明提出了新的更高要求。对此应把握以下方面：

其一，全面查明社会危害性事实和人身危险性事实。认罪认罚从宽制度全面实施后，检察人员要在审查起诉阶段收集证明犯罪社会危害性和犯罪嫌疑人人身危险性的各种材料，确保量刑事实基本清楚，在此基础上进行量刑协商，最终形成相对确定的量刑建议。法院对认罪认罚案件作出判决时，是否应当采纳检察机关提出的量刑建议，关键在于检察人员在审查起诉阶段能否准确认定量刑事实。

其二，尽力促成从宽量刑事实的发生。认罪认罚从宽制度的目的之一是尽快化解社会矛盾，不能拖延至审判阶段再行解决，这要求检察人员发挥司法能动性，除了查清自首等“静态”量刑事实之外，还要积极促使认罪悔罪、退赃退赔、立功等“动态”量刑事实的发生，使足以影响量刑的事实情节在审查起诉阶段基本固定，除特殊情况外，进入审判阶段一般不再发生变动。

其三，量刑协商不能以“剪裁事实”为代价。尽管认罪认罚从宽案件的量刑建议被解释为控辩协商合意的结果，考虑到我国检察人员负有客观公正义务，决定了量刑协商建立在查明量刑事实的基础上，围绕“可以型”从宽量刑情节能否发挥作用以及从宽的幅度大小进行协商，防止犯罪嫌疑人将认罪认罚作为讨价还价的“筹码”，换取检察人员在有条件的情况下不予查明从重量刑事实。

案例 1

生产、销售金额的证明

——李某某生产、销售不符合安全标准的食品案

【基本案情】

李某某与其丈夫共同经营某烧饼店，李某某负责烧饼的制作和销售。2019年4月23日，食品药品监督管理所联合派出所向李某某明确告知了全市餐饮业发酵面制品（如包子、馒头、花卷等）禁止使用含有硫酸铝钾和硫酸铝铵的食品添加剂（俗称“泡打粉”）的规定。2019年4月29日，市场监督管理部门联合派出所对李某某烧饼店的烧饼进行抽检，经鉴定烧饼内铝的残留量为539 mg/kg，为不合格食品。2019年6月3日，民警再次提取了李某某经营烧饼店的面团，经鉴定铝的残留量为369 mg/kg，为不合格食品。李某某于2019年6月3日被公安机关查获归案，到案后如实供述自己的罪行，认罪认罚并自愿适用刑事速裁程序。

法院一审判决李某某犯生产、销售不符合安全标准的食品罪，判处拘役二个月，缓刑四个月，并处罚金人民币2000元。检察机关提出抗诉。二审法院改判李某某犯生产、销售不符合安全标准的食品罪，判处拘役二个月，缓刑四个月，并处罚金人民币7000元，禁止李某某在缓刑考验期限内从事食品生产、销售及相关活动。

【证据分析】

该案的证明难点在于如何认定李某某的生产、销售金额。李某某到案后即供认其在生产、销售的烧饼中添加含铝泡打粉，有证人证言、视听资料、鉴定

意见等证据相互印证，足以认定生产、销售不符合安全标准的食品这一定罪事实。但是，生产、销售不符合安全标准的食品罪的量刑事实既包括足以影响主刑的量刑事实，也包括足以影响附加刑的量刑事实。根据2013年《最高人民法院、最高人民检察院关于办理危害食品安全刑事案件适用法律若干问题的解释》第17条规定，犯生产、销售不符合安全标准的食品罪，生产、销售有毒、有害食品罪，一般应当依法判处生产、销售金额二倍以上的罚金。如果仅仅认定李某某犯罪起止时间为"2019年4月至6月间"，不予查明生产、销售金额，将会导致适用罚金刑错误。经审查，证明李某某生产、销售金额的证据包括：(1)李某某供述与其丈夫杨某某证言一致，证实烧饼店每天营业额500余元。(2)视听资料、书证、鉴定意见等证实，食品药品监督管理所工作人员于2019年4月23日向李某某告知相关规定，李某某在告知书上确认签字。(3)李某某在侦查阶段多次供述，其购买的"泡打粉"系一斤装，自市场监督管理部门向其告知到抽检之前每天使用，共使用一周左右。上述供述与市场监管部门两次抽检出铝残留物的鉴定意见相互印证。综上，可以认定李某某生产、销售"含铝烧饼"的金额为人民币3500元以上，应在此基础上判处罚金。

案例2

被告人年龄的证明

——刘某、杜某某绑架案

【基本案情】

刘某、杜某某起意绑架他人勒索财物，并预谋以杀人方式掩盖罪行。2014年6月3日22时许，刘某、杜某某经事先观察被害人刘某1行踪、准备尖刀等作案工具后，蹲守在刘某1居住的住宅楼梯间，使用持刀威胁、捂嘴的方式将刘某1劫持，乘坐电梯上至该单元顶层的小房间内，途中劫取刘某1随身携带内有笔记本电脑、手机、银行卡等物品的挎包，并逼迫刘某1说出银行卡密码，杜某某于6月3日22时至4日零时许，先后2次持卡到ATM机取出现金共计2.2万元。后刘某、杜某某将刘某1转移到地下室房间内，由刘某看守被害人，杜某某外出于6月4日凌晨1时许使用刘某1的手机给其丈夫打电话，以绑架为名勒索赎金人民币50万元。6月4日9时许，刘某按照事先预谋，对刘某1采取闷堵口鼻的方式，致其机械性窒息死亡。后刘某给杜某某打电话，将刘某1已被其杀害的情况告诉杜某某，由杜某某继续与被害人家属联系，索要赎金。2014年6月5日，杜某某和刘某先后被公安机关查获归案，同时起获并扣押人民币7000余元，刘某1的手机、笔记本电脑和手镯、银行卡等物。

法院判决刘某犯绑架罪，判处死刑立即执行；杜某某犯绑架罪，判处有期徒刑十五年。

【证据分析】

该案的证明难点在于能否认定杜某某作案时年满18周岁的事实。杜某某到案后供认其伙同刘某绑架杀害被害人，与同案犯供述、证人证言、物证、鉴定意见等证据相互印证。但是，杜某某辩称其为了外出打工，在学校办理身份证时年龄多报了一岁。该案中，同时存在有利于和不利于杜某某的证据。第一类，证明杜某某作案时已满18周岁的证据。包括：杜某某的户籍信息证实，其出生日期为1996年1月24日。杜某某户籍所在地人民政府出具的《人口基本信息查询信息》证明，根据村信息程序及手工台账登记和与公安部门户籍信息核查后修正的杜某某出生日期为1996年1月24日。经与当地公安机关沟通，其身份证登记日期为2012年7月29日，为2005年补录，出生日期为现掌握的1996年1月24日，对于杜某某所说的更改出生日期的说法，无法予以证实。第二类，证明杜某某作案时不满18周岁的证据。包括：（1）杜某某的父母证言，证实杜某某系1997年出生，当时村干部将杜某某出生年月日登记错了。（2）杜某某同村邻居证人赵某甲、赵某乙证言，证实杜某某跟各自子女系同一年出生，即1997年正月。（3）杜某某所在村的书记证实，农村户籍在管理上难免会出现漏报错报的情况，出生日期都是他们父母说的。(4) 学校证明、学校教师证言证实，杜某某在校期间没有派出所来校办理身份证，当时下乡的派出所民警会提前让学校老师通知学生带户口本，集中几天办理。未查到杜某某的学籍档案。(5) 医生证言证实，杜某某出生时没有开具出生证明，出生证明是2007年之后才开始开具的，2012年以前不输入电脑，都是手写。在卫生院亦未查到杜某某的出生档案材料。综上，尽管杜某某供述关于虚增年龄的时间与其父母的证言不一致，但综合全案证据，应当认定杜某某在作案时不满18周岁，在量刑时从宽处罚。

案例3

被告人年龄的证明

——郭某某绑架案[①]

【基本案情】

2006年8月15日，郭某某、王某合谋绑架本村村民李某某，因条件不成熟而绑架未得逞。同月17日下午，二人在与郭某峰闲谈中，郭某峰告诉他们本村汾江水泥厂老板王某生最有钱，如果能绑架王某生的大孙子王某号，要人民币5000万元都给。郭某某、王某遂决定绑架王某号。同月18日，郭某某、王某带着绳子等作案工具在村内等候王某号伺机作案时碰到郭某峰。郭某某告诉郭某峰他们准备绑架王某号，并告知事成之后不会亏待郭某峰。同月19日中午，郭某某告知其父被告人郭某付，准备当晚绑架个人，勒索现金500万元，让郭某付负责接应。当日晚上，郭某某、王某在多方打听王某号的基本情况时，再次碰到郭某峰。郭某某提出让郭某峰去村里找王某号，郭某峰答应后即离开

① 许建华、牛克乾：《[第684号] 郭某某等绑架案——户籍登记与其他证据之间存在矛盾，如何准确认定被告人的年龄》，载最高人民法院刑事审判第一、二、三、四、五庭主办：《中国刑事审判指导案例7（刑事诉讼法）》，法律出版社2017年版，第76~82页。

(实际上未去找)。后郭某某通过他人得到了王某号的手机号，并与王某号取得了联系。同日22时许，郭某某、王某以购买蒸馏水，需要回家拿水壶为由，将在汾江水泥厂上班的王某号骗至本村东北地，持刀对其进行威逼，用郭某某事先准备好的绳子将王某号捆到附近玉米地里的电线杆上，并用棉花堵住其嘴。随后，郭某某用王某号的手机向其家人勒索现金500万元。此后，郭某某又回家拿来一根檩条，和王某一起用檩条等物对王某号进行殴打，后由郭某某用绳子勒住王某号的脖子，王某捂住其口鼻，致王某号当场死亡。20日凌晨，郭某某、王某与开车接应的郭某付会合，郭某某用郭某付的手机（SIM卡为王某号的）多次和王某号的家人联络，继续勒索钱财。6时许，郭某付开车与郭某某、王某到其家里，拿出身份证，预备到银行开账户，以转移赎金。后郭某某继续与王某号家人联络，索要赎金。12时许，郭某某等人被抓获。

河南省安阳市人民检察院以被告人郭某某等犯绑架罪，向河南省安阳市中级人民法院提起公诉。法院经审理判决郭某某犯绑架罪，判处死刑，剥夺政治权利终身，并处没收个人全部财产。一审宣判后，郭某某提出上诉。河南省高级人民法院审理后，驳回上诉，维持原判，并依法报请最高人民法院核准。最高人民法院经复核认为，一审判决、二审裁定认定郭某某犯罪时已满18周岁的证据不足，发回河南省安阳市中级人民法院重新审判。河南省安阳市中级人民法院重新审理认为，检察机关指控郭某某犯罪时已满18周岁的证据不足，应推定其犯罪时年龄不满18周岁，并依法从轻或减轻处罚，判决郭某某犯绑架罪，判处无期徒刑，剥夺政治权利终身。

【证据分析】

该案的证明难点在于能否认定郭某某作案时年满18周岁的事实。郭某某对检察机关指控的基本犯罪事实和罪名无异议，但是辩称其在作案时年龄未满18周岁。第一类是证明郭某某犯罪时已经成年的证据。包括：户籍证明、常住人口登记表及户口簿复印件均证明郭某某出生日期为1988年7月27日。第二类是证明郭某某作案时尚未成年的证据。包括：（1）郭某某的母亲、伯母、邻居、大姨、女友等多人证言证实，郭某某出生日期为1988年农历七月二十七。部分证人证言证明郭某某出生日期为1988年农历七月二十七，且证人在作证时较为自然，很多系和郭某某亲近的人比较或者因为特殊事情而知道郭某某的出生日期。例如，郭某某的二伯母在侦查人员向其核实郭某某案发当天的行踪情况时，主动证称农历七月二十七（公历2006年8月20日）是郭某某定亲的日子，也是郭某某的生日。郭某某的同村村民郭某涛之母称，郭某涛于1988年农历七月二十八出生，为了让孩子早点成家，给他上早了户口……郭某涛出生时，同村的郭某兴农历七月二十六出生，郭某某农历七月二十七出生。郭某某的大姨称其大女儿（农历七月十七出生）比郭某某大十天。郭某某的女友称，曾经约定在七月二十七郭某某生日时双方父母见面。(2）部分证人证言证明户口申报时不排除按照农历申报出生日期的情况。郭某某所在村户籍干部证言称，报户口时，不排除有村民按农历申报的情况。郭某某的同村村民证言称，有的村民按农历申报，有的村民按公历申报出生日期，还有的随意报。(3）同案人供述了郭某某农历七月二十七订婚的事情，与郭某某自己供述以及郭某某女友的证言相互印证。(4）郭某某的“常住人口登记表”（登记日期为“1997年3月31日”）上“申报人签章”栏后的“郭某付”签名并非郭某付本人书写。经综合分析，本案书证自身存在瑕疵，可能存在错误登记，且书证所证明的内容与其他证据不能印证，不能认定郭某某在作案时已满18周岁的事实。

案例 4

犯罪预谋的证明
——朱某某故意杀人案[①]

【基本案情】

2015 年 12 月 31 日，朱某某与被害人杨某某（女，殁年 28 岁）登记结婚。案发前，二人因故产生矛盾。朱某某先后购买了《死亡解剖台》等书籍和冰柜，并从工作单位离职。其间，杨某某亦以陪同朱某某赴香港地区培训为由提出辞职，并于 2016 年 10 月 14 日正式离职。同月 17 日上午，朱某某在家与杨某某发生争执，用手扼掐杨某某的颈部，致其机械性窒息死亡。后朱某某将杨某某的尸体用被套包裹，藏于家中阳台冰柜内。当日上午，朱某某将杨某某支付宝账户中的 4.5 万元转至自己账户，并在之后数月内大肆挥霍其与杨某某的钱财用于旅游、消费。2017 年 2 月 1 日，朱某某将其杀害杨某某一事告知父母，并在父母陪同下投案。上海市第二中级人民法院判决被告人朱某某犯故意杀人罪，判处死刑，剥夺政治权利终身。一审宣判后，被告人朱某某以量刑过重为由提出上诉。上海市高级人民法院经二审审理，所查明的事实、证据与一审相同，但在争议焦点评判和裁判理由部分增加认定被告人朱某某系预谋杀人，依法裁定驳回上诉，维持原判，并依法报请最高人民法院核准。最高人民法院裁定核准上海市高级人民法院维持第一审以故意杀人罪判处被告人朱某某死刑，剥夺政治权利终身的刑事裁定。

【证据分析】

该案的证明难点在于能否认定朱某某预谋杀害被害人的事实。在案有多项

---

① 方文军、刘岩岩：《[第 1367 号] 朱某某故意杀人案——对有证据指向是预谋杀人但被告人否认的，如何审查判断证据》，载最高人民法院刑事审判第一、二、三、四、五庭主办：《刑事审判参考（总第 124 集）》，法律出版社 2020 年版，第 26~33 页。

证据显示朱某某是预谋杀人，但朱某某始终予以否认，其辩护人也辩称是激情杀人，检察机关、一审法院认为不排除朱某某预谋杀人的可能，但认定其预谋的证据尚不充分，故未予认定；二审法院明确认定朱某某系预谋杀人，并在裁判文书中用相当篇幅阐述了朱某某系预谋杀人的理由。最高人民法院经复核审查，认为本案共有五方面的证据指向朱某某系预谋杀人。具体分析如下：

一是朱某某具有预谋杀人的动机。朱某某数次婚内出轨被妻子杨某某发现进而导致二人发生矛盾，是本案最重要的案发起因。朱某某本人供述、朱某某朋友的证言和朱某某亲笔书写的保证书等证据证实，由于朱某某婚前婚后私生活混乱，其与杨某某婚后矛盾突出。而朱某某供称，其提出离婚时杨某某称如离婚就自杀，致二人离婚不成。据此分析，由于朱某某无法通过离婚来摆脱束缚，可能产生通过杀妻以求摆脱、回归自由放荡生活的作案动机。朱某某供述的案发起因和作案动机是：妻子杨某某因对案发前两天二人去某地旅游期间预订酒店、车票等问题不满而多次抱怨并与其争吵，案发当日早晨杨某某再次为此事与其争吵，其为阻止杨某某继续说下去，用双手掐扼杨某某颈部致其死亡。在案其他证据可证实朱某某夫妇案发前两天往返某地，但无法证实二人是否发生争吵。朱某某的辩护人提出，因杨某某声称如离婚就自杀，朱某某反而没有杀人的必要，朱某某如想让杨某某死亡，通过离婚即可达到目的。但这一逻辑难以成立。杨某某在发现朱某某婚内出轨后并未决定放弃婚姻，否则没必要要求朱某某写保证书等，更不会因即将陪朱某某赴香港地区培训而愉快辞职。

二是案发前购书情节。朱某某于2016年8月28日（案发前一个多月）凌晨2时许购买包括《死亡哲学》《死亡解剖台》在内的5本书，其中《死亡解剖台》一书的相关内容与朱某某的杀人手段特别是藏尸方式（书中第一篇案例）高度相似。其购书行为有如下反常之处：第一，朱某某购书的时间是在其供称与杨某某离婚未果（因杨某某称如离婚就自杀）2天后的凌晨，使离婚未果与买书之间建立一定关联，且朱某某自称平时从不看书，其下单买书更显异常。朱某某辩称该批订单的书籍均系杨某某想买，让其帮忙下订单，但从杨某某卧室内其他书籍看，反映不出杨某某爱看《死亡解剖台》这类书，杨某某的好友亦证实该书不属于杨某某爱看的类型。第二，朱某某下单时将收货人信息填写为其父姓名、电话、地址，让其父代为收货，此举也让人生疑，可能是不希望杨某某知道其购买该书。第三，朱某某上述订单中购买的书籍，唯有《死亡解剖台》一书去向不明，其他4本均在现场找到，朱某某无法解释该书去向。同时，与《死亡解剖台》有相通之处的《死亡哲学》一书未开封，并被放在家中相对隐蔽、一般不放书的厨房橱柜里，而其他书籍均放在卧室衣柜或杨某某一侧床头柜上且已拆封，说明本次所购书中有部分书籍系杨某某想买想看，而朱某某可能刻意隐瞒了其一并购买《死亡解剖台》《死亡哲学》这两本书的事。结合朱某某下单购书时间是凌晨2时许，杨某某可能根本不知道这两本书的存在。

三是夫妻二人双双辞职情节。杨某某于案发前一个月以丈夫朱某某升职要去香港地区培训，其需陪同赴港为由向任职的学校提出辞职，朱某某陪同其去与校长谈辞职的事，后于被害前3天正式离职。但朱某某同事的证言及朱某某的供述证实，朱某某不但没有升职去香港地区培训，反而在妻子递交辞职信6天后亦从公司辞职，后一直处于待业状态。显然，系朱某某向杨某某虚构了其因升职要赴香港地区培训一事，而杨某某信以为真，并辞职准备陪同朱某某一起赴港。对此，朱某某辩称，杨某某因厌烦教师工作想辞职，其便与杨某某编造了其要赴港培训的辞职理由。该辩解与杨某某同事证言、朱某某母亲证言、杨某某辞职信、出入境管理局的记录、微信朋友圈等证据相互矛盾。再反观朱某某的表现，其在妻子辞职一事中起主导作用，且在妻子提出辞职6天后亦向公司提出辞职，并对妻子隐瞒其辞职一事，这极为反常。不排除朱某某骗杨某某辞职共同赴港是让杨某某淡出亲友视线，以致杨某某被害失联后无人关注。并且，朱某某夫妇本来经济条件一般，朱某某平时开销又比较大，其在明知妻子提出辞职的情况下自己也提出辞职，完全不顾二人的经济来源，且在作案前带妻子去某地旅游，不排除其已决意犯罪、不再顾虑日后的生活开支等问题。而杨某某在正式离职3天后即遇害，在时间上也高度巧合。

四是案发前购买冰柜情节。朱某某在案发前20多天（其辞职2天后）购买一台冰柜，即后来藏尸所用冰柜。朱某某对此辩称，其饲养冷血动物常需冷冻存放喂宠物的食物，家中原有冰箱用来放宠物的食物，购买冰柜用来存放其夫妇二人的食物。该情节有如下反常之处：第一，朱某某购买冰柜是在其购买《死亡解剖台》一书3周后、杨某某提出辞职8天后、其本人辞职2天后，时间的“巧合性”异常。第二，朱某某夫妇的住处为一居室（无厅），面积不大，且只有其二人居住生活，即便朱某某需为宠物冷冻部分食物，也没必要在已有冰箱的情况下购买同款冰柜中容积最大的。事实证明，该冰柜购买后并未储存过多食物。因此从购买时间和实际需求来看，朱某某购买冰柜可能系作案后用于藏尸。

五是朱某某作案后的行为表现也不支持其系激情杀人。朱某某掐死妻子杨某某后，不是立即自行施救或者拨打120或亲友电话求救，反而很快修改杨某某的支付宝账户密码并将杨某某的4.5万元转至自己账户，随后预订韩国首尔的酒店和往返机票，并在下午联系朋友邀约当晚聚会，后清洗现场床单、出门扔弃床垫，当晚与朋友喝酒玩乐至次日凌晨。这一系列行为，与社会生活中冲动下失手杀人后的通常反应存在巨大差异，看不到朱某某的惊愕、恐慌，也看不到懊悔、愧疚和积极补救。

综上，案发前朱某某先购买写有杀人手段、冰冻尸体内容的《死亡解剖台》一书，之后虚构其因升职将去香港地区培训的理由让被害人杨某某申请辞职，其本人亦离职并购买冰柜，夫妻二人一起申办港澳通行证，在杨某某正式离职（10月14日）3天后将杨某某杀死。这一系列行为看似“孤立”“巧合”，但在时间轴上先后发生、紧密衔接，与外围证据也能印证，而朱某某对上述事件不能作出合理解释，故恰恰成为认定朱某某系预谋杀妻的证据链条和事实基础。

案例 5

自动投案的证明

——王某某贪污、受贿案[①]

【基本案情】

王某某被捕前系某煤集团公司副总经理。

1. 关于贪污罪的事实：(1) 2000 年 2 月，被告人王某某利用其担任某煤集团甲煤矿矿长职务之便，从该矿拨付给运销科 1999 年销售承包费中取走人民币（以下币种均为人民币）10 万元，非法占为己有。(2) 2000 年 4 月至 2001 年 11 月，被告人王某某利用其担任某煤集团甲煤矿矿长职务之便，从该矿运销科 12 次共取走现金 48 万元，非法占为己有。(3) 2001 年夏天，被告人王某某利用其担任某煤集团甲煤矿矿长职务之便，将该矿一辆桑塔纳轿车以 5 万元的价格卖给他人，将卖车款非法占为己有。

2. 关于受贿罪的事实：(1) 1996 年到 1999 年，被告人王某某利用其担任某矿务局乙煤矿矿长职务之便，分四次收受为继续履行承包合同的乙煤矿井下采面承包人李某亭所送现金 30 万元。(2) 1997 年上半年，被告人王某某利用其担任某矿务局乙煤矿矿长职务之便，在推荐乙煤矿副矿长候选人时，收受时任乙煤矿调度室主任李某方现金 2 万元。

2006 年 12 月初，王某某被河南省纪委立案调查。调查期间，王某某供述了其贪污 63 万元的犯罪事实，并揭发了某市委原正县级调研员刘某法向其索要 40 万元购车款的受贿事实。2006 年 12 月 19 日，河南省纪委将王某某涉嫌贪污一案移交检察机关，在检察机关侦查期间，王某某又主动供述了受贿 30 万元的犯罪事实。

2007 年 8 月 7 日，平顶山市中级人民法院以受贿罪判处刘某某有期徒刑十

---

① 蔡智玉：《［第 695 号］王某某贪污、受贿案——余罪自首的证据要求与证据审查》，载最高人民法院刑事审判第一、二、三、四、五庭主办：《中国刑事审判指导案例 1（刑法总则）》，法律出版社 2017 年版，第 355~358 页。

年，刘某某上诉后，河南省高级人民法院二审维持原判。平顶山市中级人民法院认为，被告人王某某身为国家工作人员，无视国法，利用职务上的便利及利用职权，侵吞公款63万元，非法收受他人贿赂32万元，为他人谋取利益，其行为已构成贪污罪和受贿罪，并应数罪并罚。鉴于其有自首情节，揭发他人犯罪行为并经查证属实，有立功表现，认罪、悔罪态度较好，积极退回全部赃款，依法可对其减轻处罚。据此判决如下：被告人王某某犯贪污罪，判处有期徒刑七年，并处没收个人财产5.5万元；犯受贿罪，判处其有期徒刑七年，两罪并罚，决定执行有期徒刑十三年，并处没收个人财产5.5万元。被告人王某某上诉称：（1）其检举揭发刘某某受贿40万元经查证属实，系可能判处无期徒刑的犯罪行为，应认定为重大立功；（2）其有自首及重大立功情节，对其应减轻或免除处罚，原判对其量刑过重。

河南省高级人民法院二审经审理查明：河南省纪委对被告人王某某立案调查前，已经掌握其贪污58万元的犯罪事实，王某某在纪委调查期间，又供述了纪检监察机关未掌握的贪污5万元的犯罪事实。河南省高级人民法院审理后认为，原判认定上诉人王某某在担任国有企业领导人期间贪污公款63万元及受贿32万元的事实清楚，上诉人王某某所揭发刘某某受贿的事实，已经平顶山市中级人民法院一审判处有期徒刑十年，并经二审维持原判，故其揭发行为只能认定为一般立功。上诉人王某某在纪检监察机关已掌握其主要贪污事实的情况下作出供述，又无主动投案行为，原判认定贪污罪构成自首不当。上诉人王某某贪污公款63万元，依法应判处十年以上有期徒刑，但考虑到其有立功情节，并能如实供述调查机关尚未掌握的其他贪污事实，且赃款全部退回，依法仍可对其减轻处罚。原审判决认定事实清楚，定罪准确，量刑适当，审判程序合法，故依法裁定驳回上诉，维持原判。

【证据分析】

该案的证明难点在于能否认定王某某自动投案的事实。一审认定王某某的贪污犯罪和受贿犯罪均构成自首，主要依据是侦查机关出具的“情况说明”，该材料表明在调查期间，王某某主动如实供述了涉嫌贪污人民币63万元的犯罪事实，移交平顶山市检察院办理后，王某某又主动如实供述了涉嫌受贿30万元的事实，属于自首行为。一审法院在审理时，依据侦查机关出具的证明材料，对两罪均认定为自首。二审法院没有受限于一审法院的认定，针对王某某的自首问题，重新审查了相关证据材料。该案中，关于王某某贪污犯罪事实发现经过的主要证据材料有：（1）证人李某某（时任运销科出纳）、崔某某（时任甲煤矿运销科长）、陈某某（时任甲煤矿经营副矿长）等人的“纪委谈话记录复印件”，反映在省纪委对本案的调查过程中，上述三人于2006年11月23日至30日，向省纪委证明了王某某按30%的比例多次提取运销科业务费约60万元及后来指使其三人将运销科账目销毁的事实。（2）纪检监察机关立案调查表等材料，证明12月5日省纪委决定初步核实此事，对王某某进行谈话。（3）纪检监察机关的谈话记录证明，12月7日王某某在谈话中承认从运销科提取了业务费，12月9日具体交代了分13次提取业务费共58万元的事实经过。根据上述证据材料，能够证明两个问题：一是王某某系被动接受纪检监察机关的立案调查，没有主动投案行为；二是纪检监察机关在对王某某进行调查谈话时，已经掌握其贪污公款的主要事实，这一点在纪检监察机关向检察机关出具的情况说明中也得到了印证。因此，王某某对其贪污58万元事实的交代不能认定为自首。

案例6

自动投案的证明

——罗某某故意杀人案

【基本案情】

罗某某系某村村民，被害人盛某某系该村村支书。2016年4月，罗某某家中翻盖房屋，违章将院墙扩建到公共用地，经村委会多次催促后，仍不拆除。

2016年6月23日，罗某某与村委会达成协议，同意由村委会拆除该院墙。2016年6月25日8时许，盛某某带领村干部、工人去罗某某家拆除院墙。罗某某虽未反对，但心中产生不满，觉得盛某某处事不公，起意进行报复。盛某某和村干部等人离开后，罗某某准备作案凶器铁锤，骑自行车到村委会报复盛某某。罗某某在与盛某某的谈话过程中，趁盛某某不备，用铁锤打击盛某某头部左侧一下，盛某某倒地后，罗某某继续打击盛某某头部数下，后盛某某经抢救无效死亡。经鉴定，盛某某系被他人用质地较硬且具有一定质量的钝器多次击打头部，致颅脑损伤死亡。2016年6月25日，罗某某被公安机关查获归案。

法院经审理认为，罗某某遇事不能冷静处理，蓄意报复，趁被害人不备持铁锤多次打击被害人头部，致人死亡，其行为已构成故意杀人罪，且所犯罪行特别严重，依法应予惩处。鉴于罗某某在亲属报警的情况下等待警察到来并主动表明身份，到案后对主要犯罪事实供述稳定，可以自首论等情节，对罗某某依法判处死刑，缓期二年执行。

【证据分析】

该案的证明难点在于能否认定罗某某自动投案的事实。相关证据包括：(1) 犯罪嫌疑人罗某某供述，其作案后返回家中，让儿媳拨打报警电话后在家中等待。如“回到家就叫儿媳打110报警，我就在家等着警察来，后警察就来了。我之所以让儿媳报警，是因为我没有手机，我也不会用手机，我觉得让儿媳帮我报警和我自己报警一样”。(2) 罗某某儿媳证实其主动报警的过程，如“后来我公公回来了，他说把书记打死了。我一听急了就赶紧打110报警了。没有人叫我报警，我当时是听公公一说把书记打死了就急忙报警了。当时还有村委会的人在边上”。(3) 多名证人证言证实，案发后有村民打电话报警，罗某某骑着自行车回家，村主任要求多人前往罗某某家将其控制，看到罗某某在家里给儿媳妇交代存折等事宜，罗某某表示“你放心、我不跑”，后警察到场将罗某某带走。(4) 受案登记表、110接警单、接报案记录等材料证实，民警接报后迅速赶往现场，当驾驶警车行驶至罗某某家前时被村干部拦下，后村干部向民警指认罗某某是犯罪嫌疑人，罗某某走到民警面前，民警向其亮明身份后，将罗某某传唤至派出所接受讯问。到案时，罗某某无拒捕、反抗、逃跑等行为。综上，尽管罗某某自称委托儿媳代为报警与证人证言相矛盾，且案发后确有多人前往罗某某的家中进行控制，使其人身自由在客观上受到了一定限制，但罗某某在有逃匿机会的情况下自行返回家中，在亲属报警后等待警察到来，可以视为自动投案。

案例 7

自动投案的证明

——秦某故意杀人案

【基本案情】

秦某与被害人王某均系饭店员工，两人素无积怨。2014 年 7 月 10 日晚，两人酒后因琐事发生口角并被同事劝开。当日 23 时许，秦某与王某先后回到员工宿舍内继续发生口角，秦某手持一把刀（黄色刀把）与王某对骂，同事怕事态扩大将刀拿走扔到院子三轮车篷子上。后秦某又手持一把刀（黑色刀把）与王某对骂，两人遂发生互殴。打斗过程中，秦某右手持刀扎刺王某胸部（左乳头、左腋下、左肋部、剑突等处）9 刀，其中 5 处深入胸腔，1 处深入腹腔，3 处深达肌层，同时造成王某左手虎口创口 1 处，深达肌层。经鉴定，王某系被单刃锐器多次刺击胸、腹部，造成心脏破裂、肺破裂、胃破裂致急性失血性休克死亡。2014 年 7 月 11 日，秦某被公安机关查获归案。

检察机关指控秦某犯故意杀人罪，于 2014 年 12 月 23 日提起公诉。法院认为，秦某故意非法剥夺他人生命，致人死亡，其行为已构成故意杀人罪，依法应当予以惩处。案发后，秦某主动拨打电话投案并在原地等候公安机关抓捕，其行为符合主动投案的条件，归案后，能够如实供述所犯罪行，故其具有自首情节。判决被告人秦某犯故意杀人罪，判处死刑，缓期二年执行，剥夺政治权利终身。

【证据分析】

该案的证明难点在于能否认定秦某自动投案的事实。相关证据包括：(1) 秦某供述，案发后乘坐出租车逃离现场，酒醒后考虑再三要自首，并给110打了电话，说明自己喝酒后用刀伤人的情况，之后在原地等待。(2) 公安机关出具工作说明证实，王某被杀一案，经工作，侦查员确定秦某有重大作案嫌疑。在技术侦查部门配合下，于2014年7月11日12时40分许，在某高校附近将犯罪嫌疑人秦某抓获。(3)“110”电话记录等证实，“2014年7月11日12时26分38秒，报警电话15××××××660，内容为：昨天晚上11点左右，我捅伤了一个人，我认识他，是同事关系，我想自首。我现在某高校门口对面马路边上。派出所两名民警到达现场，未发现该人，经与指挥中心联系，该人已被刑警带走”。综上，可以认定秦某先用手机拨打110，向公安机关表明犯罪嫌疑人身份和所处方位，按照110指示在原地等待，尽管刑警随后通过技术手段将秦某抓获，亦不影响自动投案的认定。

案例8

协助抓获同案犯的证明

——张某某非法经营案

【基本案情】

2010年11月至2011年4月，张某某伙同董某某以A公司的名义在银行申领两台POS机，通过使用持卡人的信用卡在POS机上进行虚假交易的手段，先后为他人套取现金人民币共计707万余元，并从中获利约8万元。

法院一审判决张某某犯非法经营罪，情节特别严重，判处有期徒刑六年，罚金人民币10万元。张某某以“判决书所述与事实不符，量刑过重”为由提出上诉。法院二审认定张某某具备立功情节，改判张某某有期徒刑五年九个月，并处罚金10万元。

【证据分析】

该案的证明难点在于能否认定张某某协助公安机关抓捕同案犯的事实。二审期间，张某某声称“其在被公安机关抓获时，曾按照侦查人员的安排，打电话与同案犯董某某联系，得知董某某在其单位后，带着侦查人员到了董某某单位，并对董某某进行指认，侦查人员将董某某带走”。为此，需要查明董某某到案情况这一量刑事实。(1) 公安机关的工作说明证实，张某某到案后供述其公司老板为许某某、董某某夫妇二人，许某某当时在境外，董某某在某会计师事务所工作，在犯罪活动中负责管理账目和钱款，与公安机关掌握情况一致。侦查人员决定驱车押解张某某赶往会计师事务所办公地抓捕董某某，后侦查员在押解董某某至写字楼1层时，另一组在车中看押张某某的侦查员摇下车窗迅速让张某某指认当时抓捕的确为公司老板董某某，后将二人押解回公安机关接受审查。(2) 户籍查询记录证实，侦查人员曾按照张某某供述，通过户籍管理系统查询董某某的个人情况。(3) 同案犯董某某供述，其在办公地被侦查人员抓获的情况，与张某某供述、公安机关出具的到案经过相互印证。通过上述证据，可以认定张某某不仅提供了同案犯的基本信息，而且在侦查人员安排下当场指认同案犯。

二、量刑事实跨越罪前、罪中和罪后阶段

量刑事实和定罪事实共同构成刑事证明对象中的实体法事实，但二者在内涵外延、证明方法、证明标准等方面存在较大差异。定罪事实体现了刑事诉讼法维护社会秩序的价值，着眼于还原过去发生的犯罪情况，从社会公众中甄别

出犯罪分子，所遵循的最重要理念是“无罪假定”。量刑事实包括社会危害性和人身危险性两方面的内容，前者是指反映犯罪的客观危害和被告人的主观恶性的情况，通常形成于犯罪过程中；后者是指反映被告人再次犯罪可能性的情况，既可以形成于犯罪过程中，也可能形成于犯罪前后。案件进入审判阶段之后，人身危险性事实仍然存在发生变化的可能性，如被告人当庭认罪悔罪、检举揭发、庭后退赃退赔等。为了对社会危害性和人身危险性进行全面评估，不能因为某项事实与犯罪行为无关，就忽视、放弃收集相关证据。常见的情形包括：

（一）罪前事实

刑法总则规定的累犯、毒品再犯等属于法定罪前事实。2021 年《最高人民法院关于适用〈中华人民共和国刑事诉讼法〉的解释》第 145 条规定，证明被告人具有累犯、毒品再犯情节等的证据材料，应当包括前罪的裁判文书、释放证明等材料；材料不全的，应当通知人民检察院提供。

我国司法解释和规范性文件规定了“案件起因”“被害人有无过错及过错程度，是否对矛盾激化负有责任及责任大小”“平时表现”等酌定罪前事实。主要包括：（1）行为人平时表现。2006 年《最高人民法院关于审理未成年人刑事案件具体应用法律若干问题的解释》第 11 条规定，“对未成年罪犯量刑应当依照刑法第六十一条的规定，并充分考虑未成年人实施犯罪行为的动机和目的、犯罪时的年龄、是否初次犯罪、犯罪后的悔罪表现、个人成长经历和一贯表现等因素……”。2018 年修订的《刑事诉讼法》第 279 条规定，公安机关、人民检察院、人民法院办理未成年人刑事案件，根据情况可以对未成年犯罪嫌疑人、被告人的成长经历、犯罪原因、监护教育等情况进行调查。2019 年《人民检察院刑事诉讼规则》第 461 条规定，人民检察院根据情况可以对未成年犯罪嫌疑人的成长经历、犯罪原因、监护教育等情况进行调查，并制作社会调查报告，作为办案和教育的参考。人民检察院应当对公安机关移送的社会调查报告进行审查。必要时，可以进行补充调查。人民检察院制作的社会调查报告应当随案移送人民法院。行为人平时表现良好，属于初犯、偶犯的，可以成为人身危险性较低的判断因素，特别是在未成年人犯罪案件中，可以收集社会调查报告等品格证据，在摆脱各种形式规则的束缚之后，对行为人的个性化特征进行认定。(2) 行为人前科。2021 年最高人民法院、最高人民检察院《关于常见犯罪的量刑指导意见（试行）》第 3 条规定，对于有前科的，综合考虑前科的性质、时间间隔长短、次数、处罚轻重等情况，可以增加基准刑的 10%以下。前科犯罪为过失犯罪和未成年人犯罪的除外。行为人曾因违法犯罪被行政处罚或判处刑罚，即使不属于刑法意义上的累犯或毒品再犯，亦能够体现其较强的人身危险性。(3) 被害人过错。2013 年《最高人民法院、最高人民检察院关于办理敲诈勒索刑事案件适用法律若干问题的解释》第 6 条规定，被害人对敲诈勒索的发生存在过错的，根据被害人过错程度和案件其他情况，可以对行为人酌情从宽处理。2015 年最高人民法院、最高人民检察院、公安部、司法部《关于依法办理家庭暴力犯罪案件的意见》第 20 条规定，对于长期遭受家庭暴力后，在激愤、恐惧状态下为了防止再次遭受家庭暴力，或者为了摆脱家庭暴力而故意杀害、伤害施暴人，被告人的行为具有防卫因素，施暴人在案件起因上具有明显过错或者直接责任的，可以酌情从宽处罚。被害人过错是指被害人出于故意或者过失，侵害他人合法权益，诱发他人的犯罪意识，激化被告人的犯罪程度，因而直接影响被告人刑事责任的行为。[①] 如果被害人对激化双方矛盾、诱发行为人实施犯罪负有主要责任，可以成为酌定的从宽处罚情节。(4) 行为人与被害人的关系。2013 年《最高人民法院、最高人民检察院关于办理敲诈勒索刑事案件适用法律若干问题的解释》第 6 条规定，敲诈勒索近亲属的财物，获得谅解的，一般不认为是犯罪；认定为犯罪的，应当酌情从宽处理。2013 年《最高人民法院、最高人民检察院关于办理盗窃刑事案件适用法律若干问题的解释》

---

① 阴建峰：《故意杀人罪死刑司法控制论纲》，载《政治与法律》2008 年第 11 期。

第8条规定，偷拿家庭成员或者近亲属的财物，获得谅解的，一般可不认为是犯罪；追究刑事责任的，应当酌情从宽。上述规定体现了近亲属间实施侵犯财产犯罪从宽的精神，这是中国法律文化传统的传承，以更好地维护社会公认的亲情伦理和家庭关系。

（二）罪中事实

刑法总则规定的未成年人犯罪，限制行为能力的精神病人犯罪，盲聋哑人犯罪，防卫过当，避险过当，犯罪的预备、未遂、中止，共同犯罪中的首要分子、主犯、从犯、胁从犯、教唆犯，刑法分则规定的违法发放贷款罪的“向关系人发放贷款”，非法拘禁罪的“殴打、侮辱”，受贿罪的“索贿”等属于法定罪中事实。

我国司法解释和规范性文件规定了“犯罪对象为未成年人、老年人、残疾人、孕妇等弱势人员”“在重大自然灾害，预防、控制突发传染病疫情等灾害期间故意犯罪”等酌定罪中事实。主要包括：（1）行为人身份。2000年《最高人民法院关于审理黑社会性质组织犯罪的案件具体应用法律若干问题的解释》第4条规定，国家机关工作人员组织、领导、参加黑社会性质组织的，从重处罚。行为人在实施犯罪时具备特定身份而“明知故犯”的，体现了较强的主观恶性，可以成为从重处罚的事实情节。（2）犯罪手段。2021年最高人民法院、最高人民检察院《关于常见犯罪的量刑指导意见（试行）》第4条规定，对于故意伤害罪，在量刑起点的基础上，根据伤害后果、伤残等级、手段残忍程度等其他影响犯罪构成的犯罪事实增加刑罚量，确定基准刑。行为人采取残忍的犯罪手段，不仅侵犯了被害人的人身、财产权利，使被害人身体和精神上遭受剧烈的痛苦，而且会引起社会恐惧感，体现出严重的主观恶性与人身危险性。（3）犯罪对象。2021年最高人民法院、最高人民检察院《关于常见犯罪的量刑指导意见（试行）》第4条规定，对于强奸罪，在量刑起点的基础上，根据强奸妇女、奸淫幼女情节恶劣程度、强奸人数、致人伤害后果等其他影响犯罪构成的犯罪事实增加刑罚量，确定基准刑。2016 年最高人民法院《关于审理抢劫刑事案件适用法律若干问题的指导意见》第 1 条规定，对于多次结伙抢劫，针对农村留守妇女、儿童及老人等弱势群体实施抢劫，在抢劫中实施强奸等暴力犯罪的，要在法律规定的量刑幅度内从重判处。2019 年最高人民法院、最高人民检察院、公安部、司法部《关于办理“套路贷”刑事案件若干问题的意见》第 8 条规定，以老年人、未成年人、在校学生、丧失劳动能力的人为对象实施“套路贷”，除刑法、司法解释另有规定的外，应当酌情从重处罚。司法实践中主要考察犯罪对象的数量和身份，以及是否属于弱势群体。弱势群体分为生理性弱势群体和社会性弱势群体。生理性弱势群体主要涵盖残疾人、未成年人、老年人、精神病人、怀孕妇女等；社会性弱势群体则具有较强的相对性，其弱势往往是通过在某一具体环境中与其他人群的比较加以体现。对于侵害弱势群体的案件，通常采取从严惩处的态度。（4）危害结果。2016 年《最高人民法院、最高人民检察院、公安部关于办理电信网络诈骗等刑事案件适用法律若干问题的意见》第 2 条规定，实施电信网络诈骗犯罪，达到相应数额标准，造成被害人或其近亲属自杀、死亡或者精神失常等严重后果的，酌情从重处罚。2019 年最高人民法院、最高人民检察院、公安部、司法部《关于办理“套路贷”刑事案件若干问题的意见》第 8 条规定，因实施“套路贷”造成被害人或其特定关系人自杀、死亡、精神失常、为偿还“债务”而实施犯罪活动的，除刑法、司法解释另有规定的外，应当酌情从重处罚。从以上文件精神可以看出，危害结果不仅包括直接造成的人身伤亡、财产损失、社会秩序混乱，还包括间接造成的被害人或其近亲属的人身伤亡等。（5）犯罪时间。2003 年《最高人民法院、最高人民检察院关于办理妨害预防、控制突发传染病疫情等灾害的刑事案件具体应用法律若干问题的解释》第 7 条规定，在预防、控制突发传染病疫情等灾害期间，假借研制、生产或者销售用于预防、控制突发传染病疫情等灾害用品的名义，诈骗公私财物数额较大的，依照刑法有关诈骗罪的规定定罪，依法从重处罚。在重大自然灾害，预防、控制突发传染病疫情等灾害期间故意实施犯罪，体现了更强的主观恶性和社会危害性，极易引发严重的次生性危害后果，成为从严处罚的考量因素。(6）犯罪动机。2010年最高人民法院《关于贯彻宽严相济刑事政策的若干意见》第22条规定，对于因劳动纠纷、管理失当等原因引发、犯罪动机不属恶劣的犯罪，因被害方过错或者基于义愤引发的或者具有防卫因素的突发性犯罪，应酌情从宽处罚。如果案件属于道德层面可谴责性较大的情形，则从侵犯公序良俗的角度促使法院从重处罚；如果存在见义勇为、生活所迫等因素，则可成为从宽处罚的因素。（7）违法所得数额或生产、销售金额。2021年《最高人民法院、最高人民检察院关于办理危害食品安全刑事案件适用法律若干问题的解释》第21条规定，犯生产、销售不符合安全标准的食品罪，生产、销售有毒、有害食品罪，一般应当依法判处生产、销售金额二倍以上的罚金。共同犯罪的，对各共同犯罪人合计判处的罚金一般应当在生产、销售金额的二倍以上。量刑事实不仅包括主刑的量刑事实，还包括附加刑的量刑事实。在高利转贷罪、内幕交易罪、侵犯著作权罪等犯罪中，违法所得是对犯罪分子判处主刑的重要事实根据，对于犯罪直接或者间接产生、获得的财产数额，应予以查清。在生产、销售不符合安全标准的食品罪等犯罪中，对于和罚金刑“挂钩”的生产、销售金额，亦应予以查清。

（三）罪后事实

刑法规定的自首、立功和坦白等属于法定罪后事实。2021年《最高人民法院关于适用〈中华人民共和国刑事诉讼法〉的解释》第144条规定，证明被告人自首、坦白、立功的证据材料，没有加盖接受被告人投案、坦白、检举揭发等的单位的印章，或者接受人员没有签名的，不得作为定案的根据。对被告人及其辩护人提出有自首、坦白、立功的事实和理由，有关机关未予认定，或者有关机关提出被告人有自首、坦白、立功表现，但证据材料不全的，人民法院应当要求有关机关提供证明材料，或者要求相关人员作证，并结合其他证据作出认定。刑法分则规定了一些具体的罪后事实，如受贿罪的“在提起公诉前如实供述自己罪行、真诚悔罪、积极退赃，避免、减少损害结果的发生”等。

我国司法解释和规范性文件规定了“当庭自愿认罪”“被告人的近亲属是否协助抓获被告人”“有无悔罪态度”“退赃、退赔及赔偿情况”“是否取得被害人或者其近亲属谅解”“达成刑事和解协议”等酌定罪后事实。主要包括：(1) 认罪、悔罪。2021年最高人民法院、最高人民检察院《关于常见犯罪的量刑指导意见（试行）》第3条规定，对于当庭自愿认罪的，根据犯罪的性质、罪行的轻重、认罪程度以及悔罪表现等情况，可以减少基准刑的10%以下。依法认定自首、坦白的除外。行为人实施犯罪行为后，继续实施销毁罪证、订立“攻守同盟”、妨害作证等反侦查行为，体现了较强的人身危险性。相反，行为人真诚悔罪的，可以成为从宽处罚的事实依据。(2) 退赃、退赔。2021年最高人民法院、最高人民检察院《关于常见犯罪的量刑指导意见（试行）》第3条规定，对于退赃、退赔的，综合考虑犯罪性质，退赃、退赔行为对损害结果所能弥补的程度，退赃、退赔的数额及主动程度等情况，可以减少基准刑的30%以下；对抢劫等严重危害社会治安犯罪的，应当从严掌握。2013年《最高人民法院、最高人民检察院关于办理盗窃刑事案件适用法律若干问题的解释》第7条规定，盗窃公私财物数额较大，行为人认罪、悔罪，退赃、退赔，且没有参与分赃或者获赃较少且不是主犯，情节轻微的，可以不起诉或者免予刑事处罚；必要时，由有关部门予以行政处罚。此外，2011年最高人民法院、最高人民检察院《关于办理诈骗刑事案件具体应用法律若干问题的解释》、2013年《最高人民法院、最高人民检察院关于办理敲诈勒索刑事案件适用法律若干问题的解释》、2013年《最高人民法院、最高人民检察院关于办理抢夺刑事案件适用法律若干问题的解释》均存在类似规定。侵犯财产权利的犯罪案件中，被告人或其近亲属在案发后退赃、退赔，弥补被害人遭受的财产损失的，体现出人身危险性的显著降低。(3) 获得被害人谅解。2021年最高人民法院、最高人民检察院《关于常见犯罪的量刑指导意见（试行）》第3条规定，对于积极赔偿被害人经济损失并取得谅解的，综合考虑犯罪性质、赔偿数额、赔偿能力以及认罪、悔罪程度等情况，可以减少基准刑的40%以下；积极赔偿但没有取得谅解的，可以减少基准刑的30%以下；尽管没有赔偿，但取得谅解的，可以减少基准刑的20%以下。对抢劫、强奸等严重危害社会治安犯罪的，应当从严掌握。侵犯人身权利的犯罪案件中，如果行为人与被害人一方达成民事赔偿协议，取得谅解，在一定程度上修复了已被破坏的社会关系，可以成为酌情从轻处罚的理由。如果行为人采取欺诈、胁迫等方式获取谅解协议书，实际上未体现人身危险性降低的，不应对其从宽处罚。（4）行为人接受处罚的能力。2000年《最高人民法院关于适用财产刑若干问题的规定》第2条规定，判处罚金刑时，除了考虑违法所得数额、造成损失的大小等犯罪情节外，还要综合考虑犯罪分子缴纳罚金的能力。2017年《人民检察院刑事抗诉工作指引》第10条规定，被告人系患有严重疾病、生活不能自理的人，怀孕或者正在哺乳自己婴儿的妇女，生活不能自理的人的唯一扶养人，量刑偏轻的，一般不提出抗诉。量刑不仅包括自由刑等主刑的适用，而且包括罚金、没收财产等附加刑的适用，需要对行为人接受刑罚的能力进行核实，如果其人身、财产等方面具备特殊情形，如身患重病、无可执行财产等，在量刑时可酌情予以考虑。

案例9

罪前事实的证明

——王某盗窃案[①]

【基本案情】

2011年4月23日晚，被告人王某（女）和其老板（被害人）郭某某到某

① 最高人民法院通报14起未成年人审判典型案例12，王某盗窃案。

宾馆住宿。次日凌晨2时许，王某趁郭某某熟睡之际，将郭某某的笔记本电脑一台、黄金戒指一枚、黄金吊牌一块、现金人民币800元及银行卡盗走。经鉴定，上述被盗物品价值人民币20060元，案破后均已追回并退还失主。

法院一审认定王某犯盗窃罪，判处有期徒刑二年，并处罚金人民币2万元。王某上诉。洛阳市中级人民法院作出二审判决，维持一审判决中对上诉人王某的定罪部分；撤销对王某的量刑部分，判处王某有期徒刑二年，缓刑二年，并处罚金人民币2万元。

【证据分析】

该案的证明难点在于能否认定王某具有从宽量刑的事实情节。由于王某系未成年人，法院在庭审前对王某的情况进行了社会调查，查明王某自幼随父母在农村生活，8岁时父亲因病去世，由其母亲将姐妹二人抚养长大，家境困难。其母忙于生计，又要照顾更小的妹妹，疏于对王某的管教，王某休学在外打工。王某的犯罪行为针对的是特定人，即与其同居的老板郭某某。郭某某与不满18岁的未成年女子同居也有其不道德之处，并且郭某某对王某表示谅解，希望法院从轻处罚。二审法院根据王某的主观恶性、悔罪表现，以及被害人郭某某的意思表示，综合全案予以改判。

案例10

罪前事实的证明

——李某某故意伤害案

【基本案情】

李某某与被害人李某1系父子关系，两人分别居住在不同小区。从2015年6月开始，李某某与李某1因家庭问题产生矛盾并多次争吵。2015年7月11日凌晨1时许，李某1进入李某某单独居住的房间内，持擀面杖殴打李某某头部、肩部、腿部等处，致其轻微伤，将李某某打晕，后李某1出门打电话。李某某醒来后，持家中的镐把冲出门外，击打李某1的头面部、颈胸部、项部及四肢等处，致李某1死亡。经鉴定，李某1被他人用钝器多次击打头部、项部、左上肢及双下肢致颅脑损伤死亡。李某某于2015年7月11日被公安机关查获归案。

法院经审理认为，被告人李某某故意伤害他人身体，致一人死亡，其行为已构成故意伤害罪，依法应予惩处。鉴于本案因家庭矛盾引发，被害人在案件发生上具有一定过错，且李某某作案后明知他人报案而在现场等待，抓捕时无拒捕行为，并能如实供述犯罪事实，系自首，另犯罪时已年满75周岁，依法对其减轻处罚。判决被告人李某某犯故意伤害罪，判处有期徒刑八年，剥夺政治权利一年。

【证据分析】

该案的证明难点在于能否认定被害人李某1存在过错的事实。相关证据包括：(1) 李某某多次供述，称其在睡觉时遭到李某1入室殴打，后趁李某1不备进行反击。现场执法录像显示，当民警进入案发现场后，李某某情绪激动向民警讲述“他把我揍晕了，最后他打电话，我拿棍子揍他”。多名证人亦能证实，李某某案发后向多人声称首先遭到李某1殴打。(2) 人体损伤鉴定书、现场勘验笔录等证实，李某某的头部、肩背部、大腿、小腿处有多处皮下出血，构成轻微伤。民警在李某某所居住的房屋地面上起获擀面杖一根。(3) 公安机关出具的“110”接警记录显示，2015年7月11日凌晨1时许，一男子报警称“现在要把父亲打残，派出所知道是什么事，我不跟你说了，我去做了”。报警电话的号码与被害人李某1号码一致。民警接报后立即赶往现场工作，因报警人未说明具体地址，民警在小区内进行查找，后在五层楼道内找到李某1，当时其受伤躺在楼道内，民警当场对现场进行勘验照相，并对李某某进行控制。综上，物证、视听资料与犯罪嫌疑人供述、证人证言等证据相互印证，可以认定李某1深夜进入其父居住的房间，并持棍棒殴打其父致轻微伤，进而引发犯罪的事实。

案例11

罪前、罪后事实的证明
——张某故意杀人案

【基本案情】

张某系某学校教师，与被害人王某某系夫妻关系，二人育有一子。结婚二十余年来，王某某无端怀疑张某与他人有不正当关系，长期对张某进行打骂和侮辱。2010年1月3日中午，王某某在家中以张某“在外有男人”等用语进行辱骂。当日19时许，王某某再次以张某和他人有不正当关系为由对张某进行辱骂并骑在身下进行殴打，扬言“今天不是你死就是我活”，张某在情急之中使用随手摸到的铁锤击打王某某头部，致王某某倒地。王某某从地上爬起后，张某继续使用铁锤猛击打被害人头部十余次。后张某与闻讯赶来亲属将王某某送至医院进行抢救，在王某某死亡后向公安机关投案。经鉴定，王某某系被他人用钝器（圆锤类）多次打击头部，致重度颅脑损伤死亡。

【证据分析】

该案的证明难点在于能否认定张某具有从宽量刑的事实情节。张某到案后，稳定供述其持铁锤多次击打被害人头部，有现场勘查笔录、尸检报告、物证、证人证言等证据相互印证，足以认定故意杀人的犯罪事实。该案中，张某某具备以下量刑事实情节：(1) 一贯表现良好。张某任职的学校出具证明，张某连续多年担任不同年级班主任，在参加上级各项教育教学活动中多次获得奖励，历年考核中多次被考核为优秀，多次被评为先进教师。案发后，张某的学校同事、村民、教过的学生及张某的同学数百人联名求情，希望司法机关对张某从轻处罚。(2) 长期遭受被害人的家庭暴力。多名证人证实，张某长期遭遇家庭暴力，曾经被王某某殴打致伤。王某某长期酗酒且脾气较差，甚至“习惯于辱骂张某时将儿子、儿媳叫到面前，每次殴打张某时习惯将张某的娘家人叫到家中”“王某某经常打得张某往外跑，前年还说要挖坑埋他媳妇，真的在院里挖坑，一喝酒就拿张某出气”。法医学人体损伤程度鉴定书证明，张某案发前遭到他人殴打，身体所受损伤程度属轻微伤。(3) 案发后救治被害人。张某供述、证人证言和医院救治记录等能够证明，张某案发后和亲属一起将被害人送往医院救治。(4) 自动投案并如实供述。张某供述和接受刑事案件登记表、“110”接处警记录、到案经过等证据证明，张某于2010年1月3日22时许，报警称将丈夫王某某打伤，后在医院急诊室门口等待民警。综上，该案不仅存在被告人一贯表现良好、被害人过错等罪前事实，还存在自首、事后救治被害人等罪后事实。

三、死刑案件应拓展量刑事实的范围

这里的死刑案件是指判处被告人死刑立即执行的案件。我国《刑法》第48条规定，死刑只适用于罪行极其严重的犯罪分子。对于应当判处死刑的犯罪分子，如果不是必须立即执行的，可以判处死刑同时宣告缓期二年执行。“罪行极其严重”是指死刑适用的对象不应仅仅被理解为犯有极其严重的犯罪的人，而应是犯有极其严重的犯罪且具有该种犯罪最严重情节的人。总体上，触犯了死刑条款都是极其严重的犯罪行为，但是并非触犯了死刑条款的行为都必须判处死刑；即使是极其严重的犯罪，如果不具有最严重情节，也不应判处死刑或者死缓。①

近年来，理论界关于死刑案件的证明标准存在争议：一种观点认为，死刑

① 肖中华、周军：《如何理解“罪行极其严重”》，载《人民司法》1999年第11期。

案件涉及剥夺公民的生命权利，因而死刑案件应当确立比普通刑事案件更为严格的证明标准。[①] 另一种观点认为，司法实践中对死刑案件的证明标准加以强调是必要的，但没有必要规定高于其他案件的证明标准。[②] 笔者认为，与其他案件相比，死刑案件的特殊性在于证明对象而非证明标准，司法人员应最大限度查明关涉社会危害性和人身危险性的各种事实情节，因为这将最终影响犯罪分子的生或死。在国际范围内，日本最高法院通过判例则确定了死刑适用的"永山基准"，"在保留死刑的现行法制下，必须同时考量犯罪行为的性质、动机、状态，以及杀害行为的执拗性、残虐性、结果的严重性，以及被杀害的被害者的人数、被害人遗族的被害感情、社会的影响、犯人的年龄、前科、犯罪后的情节等各种情状"。[③] 在我国，2010 年最高人民法院、最高人民检察院、公安部、国家安全部、司法部《关于办理死刑案件审查判断证据若干问题的规定》第 5 条规定，办理死刑案件，对于以下事实的证明必须达到证据确实、充分：(1) 被指控的犯罪事实的发生；(2) 被告人实施了犯罪行为与被告人实施犯罪行为的时间、地点、手段、后果以及其他情节；(3) 影响被告人定罪的身份情况；(4) 被告人有刑事责任能力；(5) 被告人的罪过；(6) 是否共同犯罪及被告人在共同犯罪中的地位、作用； (7) 对被告人从重处罚的事实。根据《刑事诉讼法》和 2021 年《最高人民法院关于适用〈中华人民共和国刑事诉讼法〉的解释》规定，死刑案件与其他类型案件的证明标准完全一致，既然对被告人从重处罚适用"证据确实、充分"的证明标准，那么死刑属于对被告人从

---

① 何家弘：《刑事证据的采纳标准和采信标准》，载《人民检察》2001 年第 10 期。

② 秦宗文：《死刑案件证明标准的困局与破解》，载《中国刑事法杂志》2009 年第 2 期。

③ 单子洪：《论量刑事实的证明》，中国社会科学出版社 2020 年版，第 111 页。

重处罚的终极形态，亦应适用相同的证明标准。[①] 然而，死刑作为最为严厉的刑罚种类，一经适用没有补救的余地，故死刑案件的证明对象比其他案件更为广泛，司法人员应当穷尽取证手段，查明足以影响死刑适用的从重和从宽事实，在此基础上做出判断。

（一）从重量刑事实

从重量刑事实是指犯罪构成之外的能够体现犯罪的社会危害性和人身危险性增加，进而增加刑事责任的各种主客观情况。从重量刑事实既可以由刑法明文规定，也可以在司法实践中酌情掌握，在法定处罚种类和幅度内对行为人适用较重种类或者较高幅度。主要包括：（1）雇凶犯罪。在“雇凶型”故意杀人、故意伤害犯罪案件中，雇凶者作为犯罪的“造意者”，其对案件的发生负有直接和更主要的责任，只要依法严惩雇凶者，才能有效遏制犯罪。我国存在“诸共犯罪者，以造意为首”的立法和司法传统，对于雇凶型的共同犯罪案件，需要从何人是犯意提起者的角度，进行罪责轻重的区分。（2）预谋犯罪。司法实践中，对于故意杀人、故意伤害致人死亡的被告人决定是否适用死刑立即执行时，要将预谋犯罪与激情犯罪进行区分。2016 年最高人民法院《关于审理抢劫刑事案件适用法律若干问题的指导意见》第 4 条规定，为劫取财物而预谋故意杀人，或者在劫取财物过程中为制服被害人反抗、抗拒抓捕而杀害被害人，且被告人无法定从宽处罚情节的，可依法判处死刑立即执行。预谋犯罪是与激情犯罪相对应的概念，行为人通过预谋或精心策划实施犯罪，反映了较强的人身危险性和再犯可能性，增大了破获案件、收集证据的难度，成为从严处罚的

---

① 例如，江苏省高级人民法院《关于刑事审判证据和定案的若干意见（试行）》区分了普通刑事案件与死刑案件的证明标准，对普通案件证明标准的表述是，“审判人员根据已有证据，对被告人是否实施犯罪达到内心确认的程度，可以定案”。对死刑案件证明标准的表述是，“对死刑案件应做到案件事实清楚、证据确实、充分，排除一切合理怀疑，否则不能判处死刑立即执行”，在“排除合理怀疑”的基础上，突出了“排除一切合理怀疑”的要求。岳臣忠：《论死刑案件的证明标准》，载《西南石油大学学报（社会科学版）》2013 年第 2 期。

考量因素。相反，激情犯罪是被告人受某种事情的刺激，使情绪产生剧烈波动，难以控制而实施犯罪行为，其认识能力、理智感和自我控制能力相对减弱，事后往往伴随后悔、懊恼情绪，成为从宽处罚的考量因素。（3）共同犯罪中罪责最为严重。2015 年《全国法院毒品犯罪审判工作座谈会纪要》第 2 条规定，具有毒品犯罪集团首要分子等严重情节的，可以判处被告人死刑。对于故意杀人、故意伤害共同犯罪案件的死刑适用，要充分考虑各被告人在共同犯罪中的地位和作用、犯罪后果、被告人的主观恶性和人身危险性等情况，正确认定各被告人的罪责并适用刑罚。一案中有多名主犯的，要在主犯中区分出罪责最为严重者和较为严重者。2016 年最高人民法院《关于审理抢劫刑事案件适用法律若干问题的指导意见》第 5 条规定，对于共同抢劫致一人死亡的案件，依法应当判处死刑的，除犯罪手段特别残忍、情节及后果特别严重、社会影响特别恶劣、严重危害社会治安的外，一般只对共同抢劫犯罪中作用最突出、罪行最严重的那名主犯判处死刑立即执行。死刑案件中，如果存在主从犯的区分，或是数个主犯并存的情况，需要对被告人的具体行为进行认定，甄别出罪责最为严重者。（4）涉案违禁品数量或犯罪数额特别巨大。2008 年《全国部分法院审理毒品犯罪案件工作座谈会纪要》第 2 条规定，毒品数量达到实际掌握的死刑数量标准，并具有“毒品再犯、累犯”“利用、教唆未成年人走私、贩卖、运输、制造毒品”“多次走私、贩卖、运输、制造毒品”等从重处罚情节，或者毒品数量超过实际掌握的死刑数量标准，且没有法定、酌定从轻处罚情节的，可以判处被告人死刑。2016 年《最高人民法院、最高人民检察院关于办理贪污贿赂刑事案件适用法律若干问题的解释》第 4 条规定，贪污、受贿数额特别巨大，犯罪情节特别严重、社会影响特别恶劣、给国家和人民利益造成特别重大损失的，可以判处死刑。在毒品犯罪、贪污贿赂犯罪中，毒品数量或钱款数额是犯罪社会危害性的外在体现，成为死刑适用的重要事实根据。

（二）从宽量刑事实

从宽量刑事实是指犯罪构成之外的能够体现犯罪的社会危害性和人身危险性降低，进而减少刑事责任的各种主客观情况。从宽事实包括从轻处罚事实、减轻处罚事实和免除处罚事实。从轻处罚是指在法定处罚种类和幅度内对行为人适用较轻种类或者较小幅度的处罚；减轻处罚是指在法定的最轻处罚种类和最小处罚幅度以下给予处罚；免除处罚是指对犯罪分子作有罪宣告，但免除其刑罚处罚。主要包括：（1）自首、立功等法定从宽情节。1999 年《全国法院维护农村稳定刑事审判工作座谈会纪要》在“关于故意杀人罪、故意伤害罪案件”部分明确指出：“对于被害人一方有明显过错或对矛盾激化负有直接责任，或者被告人有法定从轻处罚情节的，一般不应判处死刑立即执行。”2010 年最高人民法院刑三庭《在审理故意杀人、伤害及黑社会性质组织犯罪案件中切实贯彻宽严相济刑事政策》第 2 条规定，对于自首的故意杀人、故意伤害致人死亡的被告人，除犯罪情节特别恶劣，犯罪后果特别严重的，一般不应考虑判处死刑立即执行。对具有立功表现的故意杀人、故意伤害致死的被告人，一般也应当体现从宽，可考虑不判处死刑立即执行。（2）民间矛盾激化引发。1999 年《全国法院维护农村稳定刑事审判工作座谈会纪要》规定，对于因婚姻家庭、邻里纠纷等民间矛盾激化引发的故意杀人犯罪，适用死刑一定要十分慎重，应当与发生在社会上的严重危害社会治安的其他故意杀人犯罪案件有所区别。在民间矛盾激化引发的犯罪中，被告人与被害人往往有着比较亲近或者熟悉的关系，或者事出有因，虽然可能造成严重的伤亡后果，但被告人的主观恶性和人身危险性一般并不是极其严重，可以考虑从宽处罚。需要指出的是，“邻里纠纷”不是一个纯粹物理性、空间性的地域概念，只有那些直接发生在行为人与被害人之间的纠纷激化而引发的杀人案件，才可以适用“邻里纠纷”。① （3）诱

① 车浩：《从李某奎案看“邻里纠纷”与“手段残忍”的涵义》，载《法学》2011 年第 8 期。

惑侦查。2008 年《全国部分法院审理毒品犯罪案件工作座谈会纪要》第 6 条规定，行为人本来只有实施数量较小的毒品犯罪的故意，在特情引诱下实施了数量较大甚至达到实际掌握的死刑数量标准的毒品犯罪的，属于“数量引诱”。对因“数量引诱”实施毒品犯罪的被告人，应当依法从轻处罚，即使毒品数量超过实际掌握的死刑数量标准，一般也不判处死刑立即执行。诱惑侦查是指侦查机关设置圈套，以实施某种行为有利可图为诱饵，暗示或诱使侦查对象暴露其犯罪意图并实施犯罪行为，待犯罪行为实施时或结果发生后，拘捕被诱惑者的特殊侦查方法。作为一种特殊侦查手段，诱惑侦查在毒品犯罪等隐蔽性较强的案件中得到大量应用，包括“机会引诱”和“数量引诱”两种情形，如果存在侦查人员“数量引诱”的情形，应当作为从宽处罚的考量因素。（4）受人指使、雇用参与运输毒品。2015 年《全国法院毒品犯罪审判工作座谈会纪要》第 2 条规定，对于受人指使、雇用参与运输毒品的被告人，应当综合考虑毒品数量、犯罪次数、犯罪的主动性和独立性、在共同犯罪中的地位作用、获利程度和方式及其主观恶性、人身危险性等因素，予以区别对待，慎重适用死刑。对于有证据证明确属受人指使、雇用运输毒品，又系初犯、偶犯的被告人，即使毒品数量超过实际掌握的死刑数量标准，也可以不判处死刑；尤其对于其中被动参与犯罪，从属性、辅助性较强，获利程度较低的被告人，一般不应当判处死刑。毒品犯罪案件中，有的犯罪分子受雇用或指使仅仅实施了运输毒品行为的情形，大多是因经济困难或受人利诱而参与犯罪以赚取少量运费，不是毒品的所有者、买家或者卖家，与后者相比，主观恶性和人身危险性相对较小。① （5）毒品含量极低。2007 年最高人民法院、最高人民检察院、公安部《办理毒品犯罪案件适用法律若干问题的意见》第 4 条规定，可能判处死刑的毒品犯罪案件，毒品鉴定结论中应有含量鉴定的结论。2008 年《全国部分法院审理毒品

---

① 韩玉胜、章政：《论毒品犯罪死刑适用的量刑情节》，载《中国人民公安大学学报（社会科学版）》2011 年第 1 期。

犯罪案件工作座谈会纪要》第2条规定，毒品数量达到实际掌握的死刑数量标准，经鉴定毒品含量极低，掺假之后的数量才达到实际掌握的死刑数量标准的，或者有证据表明可能大量掺假但因故不能鉴定的，可以不判处被告人死刑立即执行。毒品犯罪案件中，毒品数量是判断社会危害性的重要根据，但不同毒品的纯度并不相同，即使毒品犯罪的数量不按纯度折算，但同样数量的毒品，纯度不同，社会危害程度显然不同。

死刑案件的办理过程中，可能同时查清两个以上的量刑事实情节，出现量刑事实情节竞合的情况。一种是同向竞合，是指同时查清两个以上的从宽事实情节或从严情节，如“多个从重并存”“多个从轻并存”“多个减轻并存”“多个免除并存”“从轻与减轻并存”“从轻与免除并存”“减轻与免除并存”“从轻、减轻与免除并存”等。另一种是逆向竞合，是指同时查清两个以上的量刑情节中，既有从宽情节，又有从严情节，如“从重与从轻并存”“从重与减轻并存”“从重与免除并存”“从重与从轻、减轻并存”“从重与从轻、免除并存”“从重与减轻、免除并存”等。2010年最高人民法院、最高人民检察院、公安部、国家安全部、司法部《关于办理死刑案件审查判断证据若干问题的规定》第36条规定，既有从轻、减轻处罚等情节，又有从重处罚等情节的，应当依法综合相关情节予以考虑。不能排除被告人具有从轻、减轻处罚等量刑情节的，判处死刑应当特别慎重。由于各项事实情节对量刑的影响程度不可能完全相等，应当在查清各类事实情节的基础上，对矛盾双方影响处罚轻重的分量和作用进行评估，使相当的部分相互抵消，对社会危害性和人身危险性要素进行综合评价，最终得出一个整体的倾向性结论。尽管法定事实情节在大多数场合比酌定事实情节所起的作用要大，但在特定情况下，酌定事实情节对量刑的影响力并不亚于法定事实情节，甚至可能阻却死刑的适用。“罪行极其严重”涉及司法人员的价值判断，无论是在理论研究还是在司法实践中，对关于死刑裁量的从重或从宽情节因素的认定，以及死刑立即执行与缓期执行的实质标准，很难得出一个“放之四海而皆准”的明确结论。可以说，“生与死”这一世界上最遥远的距离及其界限往往是模糊的。①

案例 12

死刑案件的量刑事实

——唐某某运输毒品案②

【基本案情】

1998 年 2 月初，唐某某与毒贩“杜某某”预谋为杜某某携带毒品回 A 市。2 月 6 日上午，唐某某从 A 市乘飞机抵达 B 市与另一毒贩“卢老板”接头，并于当晚从 B 市火车站乘开往 C 市方向的 80 次旅客列车。2 月 8 日下午，当 80 次列车开出后，值乘民警进入列车 7 号车厢 1 号包房，从被告人唐某某携带的一只装有水果的红色塑料袋中查获一包白色块状及粉末状物品，经鉴定系毒品海洛因，重量 420 克。

上海铁路运输中级人民法院认为，被告人唐某某明知是毒品，仍非法使用交通工具运往异地，其行为已经构成运输毒品罪，且运输毒品海洛因数量达 420 克，应依法严惩。检察机关指控的事实清楚，证据确凿，定性准确，判决被告人唐某某犯运输毒品罪，判处死刑，剥夺政治权利终身，并处没收财产人民币 2 万元。一审宣判后，被告人唐某某以量刑过重为由提出上诉。上海市高级人民法院认为原判决定罪准确，量刑适当，审判程序合法，唐某某没有法定从轻情节，其要求从轻处罚的上诉理由，不予准许。上海市高级人民法院复核认为，因为被告人唐某某运输毒品海洛因的行为已经构成运输毒品罪，一审判决、二审裁定认定的事实清楚，证据确实、充分，定罪准确。审判程序合法。

---

① 叶良芳:《死缓适用之实质标准新探》，载《法商研究》2012 年第 5 期。

② 闫燕:《[第 12 号] 唐某某运输毒品案——毒品犯罪数量不是决定判处死刑的唯一标准》，载最高人民法院刑事审判第一、二、三、四、五庭主办:《中国刑事审判指导案例 5（妨害社会管理秩序罪）》，法律出版社 2017 年版，第 316~318 页。

唐某某运输毒品数量大，应依法严惩，对唐某某应当判处死刑，但是根据本案具体情节，对其判处死刑不是必须立即执行。

【证据分析】

该案的证明难点在于能否认定唐某某具备适用死刑的事实情节。唐某某为非法牟利运输海洛因的行为，已经构成运输毒品罪，且数量大，论罪应当判处死刑，但其也有一些酌定从轻的事实情节。（1）唐某某运输毒品系初犯。唐某某的一贯表现，例如初犯、偶犯、累犯、惯犯，对于量刑有重要参考作用。根据二审对本案侦查机关的走访，侦查人员均反映从唐某某看到同一列车上被抓获二名毒品犯罪嫌疑人后即神色慌张、侦查人员与其一接触即说出携带毒品和毒品放于茶几上的水果袋中等情节，可以看出，唐某某缺乏惯犯应有的自我保护能力，符合初犯的特征。（2）唐某某认罪态度好。犯罪分子认罪态度的好坏反映出犯罪分子人身危害性的大小及改造的难易程度，是量刑的一个酌定情节。唐某某在列车上公安人员与其初次接触、摸情况时，即说出毒品是他人带上车，并在A市车站有人接应等情况。到案后直至二审，唐某某对自己运输毒品的犯罪事实始终供认不讳。综观本案证据情况，唐某某的坦白供述是本案十分重要的证据。如唐某某否认对毒品的明知，仅以查获的毒品难以认定唐某某明知毒品而运输。（3）唐某某主观恶性小。唐某某供述称，杜某某让其携带毒品回A市，回来后给唐某某1000元。本案件不能排除唐某某为他人运输毒品的可能性，即为赚取1000元报酬被他人利用、为他人运输毒品，其与为贩卖牟利而运输毒品的毒贩主观恶性程度上有着明显不同。同时，唐某某虽然明知自己携带的是毒品，但是不明知毒品的确切数量，实际上，唐某某所运输的毒品数量完全由他人，而非唐某某决定。虽然本案的运输毒品数量高达420克，但是并不能反映唐某某的主观恶性大。（4）运输毒品没有扩散到社会。对社会的危害程度，于定罪和处刑的轻重都具有重要意义。唐某某所携带的毒品被当场查获，毒品没有扩散，未流向社会，其社会危害程度相对较小。综上，涉案毒品数量是对于毒品犯罪量刑、判处死刑时需要考虑的一个重要因素，但并非唯一标准。确定任何犯罪的刑罚，都应当综合全案的量刑情节，包括犯罪事实、犯罪情节、犯罪手段、对社会的危害程度、犯罪起因等。不能仅仅依据毒品犯罪的数量就判处死刑。本案中，唐某某运输毒品数量虽然很大，但是其有诸多从轻处罚的量刑情节，故不宜对其判处死刑立即执行。

案例 13

死刑案件的量刑事实

——卞某某抢劫案[①]

【基本案情】

2007 年 3 月 31 日晚，卞某某为归还赌债而起意抢劫，并事先乘车选择了某农场附近为抢劫地点。同年 4 月 2 日 20 时许，卞某某携带匕首拦乘了被害人顾某驾驶的黑色无牌照轿车到达上述地点后，趁顾某不备，对顾某实施扼压颈部、刺戳胸腹部等行为，致顾某因被扼颈及刺破左肺和胸主动脉而机械性窒息合并失血性休克死亡。卞某某驾驶劫得的轿车逃离现场，欲向刘某出售该车，后被公安人员抓获。公安人员从卞某某随身处查获顾某的一部紫红色移动电话、驾驶证和一张银行卡以及卞某某作案时使用的匕首。经鉴定，上述移动电话和轿车的价值分别为人民币 250 元和 74575 元，合计人民币 74825 元。

上海市第一中级人民法院判决被告人卞某某犯抢劫罪，判处死刑，剥夺政治权利终身，并处没收个人全部财产。一审宣判后，被告人卞某某提出上诉。上海市高级人民法院经二审审理裁定驳回上诉，维持原判，并依法报请最高人民法院核准。最高人民法院经复核，核准上海市高级人民法院（2008）沪高刑

---

① 方文军：《［第 498 号］卞某某抢劫案——对推卸责任型翻供如何进行审查判断》，载最高人民法院刑事审判第一、二、三、四、五庭主办：《中国刑事审判指导案例 7（刑事诉讼法）》，法律出版社 2017 年版，第 35~39 页。

终字第27号维持第一审以抢劫罪判处被告人卞某某死刑，剥夺政治权利终身，并处没收个人全部财产的刑事裁定。

【证据分析】

该案的证明难点在于能否认定卞某某具备适用死刑的事实情节。卞某某在到案后的前5次供述中，均称系其一人起意、选定作案地点、实施抢劫杀人，并写了亲笔供词。但从到案后所作的第6次供述开始至一审期间，翻供称：刘某以前曾让他抢劫“黑车”，二审期间，卞某某又部分改变了前述翻供内容，供称：他没有预谋抢劫，当晚在案发现场系刘某因车费问题与被害人顾某发生争执，其上去劝架并持刀捅刺了顾某，之后刘某与其一起将被害人的尸体抬至路边水沟内，再驾车离开现场。经审查，该案现有证据足以认定系被告人卞某某一人实施抢劫并杀害了被害人顾某。主要证据包括：(1) 公安人员抓获卞某某时，从其身上起获了沾有被害人血迹的匕首、被害人顾某的驾驶证、银行卡和手机，属于“人赃并获”。(2) 公安人员找到了卞某某抢劫得来并欲向证人刘某出售的轿车，车上检出被害人的血迹和被告人卞某某的指纹，卞某某辨认后确认该车系其所抢。(3) 卞某某于作案当晚被抓获，第二天上午即指引公安人员到达作案现场，找到了被害人顾某的尸体。因作案地点较为偏僻，卞某某的指认表明其熟悉现场位置。(4) 卞某某作案后在驾驶被害人汽车逃跑过程中，沿途抛弃了车内存放的被害人所织毛裤、塑料袋和手拎包，卞某某到案后带领公安人员辨认了抛弃这些物品的地点。(5) 卞某某的女友证实卞某某经济拮据，案发当晚出门后未再回来；证人（“黑车”司机）董某某及其所记便条证实卞某某作案前曾租乘她的汽车到达作案现场；证人刘某证实卞某某拟以1.5万元价格向其出售所抢汽车。这三份证言分别证明被告人卞某某有作案时间、动机，曾外出踩点和试图销赃的情况，对于形成完整的案件事实、排除合理怀疑十分重要。(6) 被告人卞某某到案后的前5次供述详细、自然，对作案时间、地点、手段和销赃的供述很稳定，与证人证言、现场勘查、鉴定意见等其他证据相互印证。被告人从第6次供述开始翻供，但仍然承认实施抢劫和杀人行为。同时，极为重要的一点，作案现场没有发现他人参与作案的证据，特别是没有发现刘某参与作案的证据，如足迹、指纹、毛发、血迹等。

被告人卞某某翻供的内容本身前后矛盾，也与其他证据存在矛盾，且不合常理。具体体现在：(1) 卞某某翻供的内容本身前后变化不一，自相矛盾。其翻供内容本身不稳定，表明其出于减轻自己罪责的动机杜撰事实，如果刘某确实参与了作案，卞某某到案后就完全可如实供述，不至于这样前后变化不一。(2) 卞某某的翻供内容与其他证据存在矛盾。例如，卞某某翻供后称他与刘某在案发前的较短时间内进行了频繁的电话联系，至少5次，但公安机关调取的刘某和卞某某的手机通话记录均证明刘某与卞某某在其所说的时段内并没有电话联系，卞某某的通话记录反而证明在作案当天20：15-23：03之间，卞某某的手机多次与被害人顾某的手机及卞某某自己另一个“159”开头的手机号联系。这就与卞某某前5次的有罪供述完全吻合，特别是印证了卞某某以往所供为迷惑被害人而在乘车途中拨打自己另一个手机号假装与人约定见面地点的细节。(3) 卞某某翻供称刘某参与作案，不合常理。刘某与卞某某虽然相识，但二人之间的关系并不密切。此点二人供证一致，均说双方不熟。既然如此，刘某就不太可能指使一个不熟悉的人去抢劫杀人，况且这样做对刘某并没有好处，不合情理。综上，该案现有证据足以证明系被告人卞某某一人抢劫杀害了顾某，其到案后期的翻供不能成立。

案例 14

死刑案件的量刑事实

——林某某强奸案[①]

【基本案情】

林某某，1993 年 1 月 17 日因犯盗窃罪被判处有期徒刑六年；2001 年 3 月 20 日因犯盗窃罪被判处有期徒刑二年二个月，2002 年 10 月 18 日刑满释放；2006 年 1 月 6 日因盗窃受到刑事处罚；2008 年 8 月 12 日因犯盗窃罪被判处有期徒刑一年，并处罚金人民币 2000 元，2009 年 3 月 21 日刑满释放；2009 年 4 月 3 日因涉嫌犯强奸罪被逮捕。

2002 年 10 月 25 日 0 时许，林某某尾随被害人刘某（女，殁年 16 岁）至某小区二楼至三楼楼梯转弯的平台时，欲与刘某发生性关系，遭拒绝，即采用手臂勒颈等手段，致刘某昏迷。在刘某昏迷期间，林某某对其实施了奸淫，且窃取刘某手机一部（价值人民币 765 元，以下币种均为人民币）和现金 300 元后逃离现场。案发后，经鉴定，刘某因钝性外力作用致机械性窒息死亡。温州市中级人民法院判决被告人林某某犯强奸罪，判处死刑，剥夺政治权利终身。一审宣判后，被告人林某某提出上诉。浙江省高级人民法院经审理，裁定驳回上诉，维持原判，并依法报请最高人民法院复核。最高人民法院经复核，依法核准浙江省高级人民法院维持第一审以强奸罪判处被告人林某某死刑，剥夺政治权利终身的刑事裁定。

【证据分析】

该案的证明难点在于能否认定林某某具备适用死刑的事实情节。林某某的

① 夏建勇：《［第 636 号］林某某强奸案——在死刑案件中，被告人家属积极赔偿，取得被害方谅解，能否作为应当型从轻处罚情节》，载最高人民法院刑事审判第一、二、三、四、五庭主办：《中国刑事审判指导案例 1（刑法总则）》，法律出版社 2017 年版，第 265~267 页。

量刑情节包括：(1) 林某某深夜尾随被害人刘某到其住处，将被害人刘某强奸致死，在当地造成了恶劣的社会影响。(2) 被害人刘某死亡时仅16岁，系未成年人。(3) 林某某多次犯罪，且系累犯。林某某不满18岁就因犯盗窃罪被判刑六年，释放不久又因犯盗窃罪被判刑二年二个月，直到2002年10月18日才刑满释放。出狱后只有7天就犯下本案，构成累犯。此后，林某某仍不思悔改，又继续作案。2006年因盗窃受到刑事处罚，2008年再次因犯盗窃罪被判刑一年。林某某先后受到刑事处罚，每次都是时隔不久又犯案。(4) 林某某的家属私下找到被害人家属进行协商，达成书面谅解协议。根据协议，林某某家属赔偿45万元，被害人家属对林某某的行为表示谅解，并请求对其从轻处罚。从协议内容看，协议赔偿数额超出法院判决赔偿数额（判决赔偿20余万元）一倍多，而且大部分赔偿款（35万元）以不判处林某某死刑立即执行为前提。综上，林某某具备多个从重处罚的事实情节，尽管同时具备被告人家属积极赔偿、被害方谅解的事实情节，但仍不足以对其从宽处罚。

案例15

死刑案件的量刑事实

——户某抢劫案[①]

【基本案情】

2008年2月7日，户某（自报名户甲）、臧某某、段某某预谋抢劫，并购买了匕首、手套等作案工具。当晚，在某县城东关红绿灯附近，户某指使段某某以去某镇为由租乘被害人曹某某驾驶的个体营运三轮车（价值2900元）。三被告人乘车行至某村时，户某借故让曹某某停车并强行将其拉下车，推至路东

① 崔慧：《[第1064号] 户某抢劫案——如何正确理解和适用按被告人自报身份审判的条件》，载最高人民法院刑事审判第一、二、三、四、五庭主办：《刑事审判参考（总第102集）》，法律出版社2016年版，第61~66页。

沟内，持砖击打曹某某头部。而后，三人用事先准备好的布条将曹某某捆绑，使用砖砸、匕首捅刺等方式将曹杀害。三人驾乘曹某某的三轮车离开现场，后将车抛弃。

2007 年 3 月 11 日 22 时许，被告人户某伙同王某某、姬某某、王甲（三人已判刑），李乙、李丙、“小孩”（三人均在逃）经预谋后手持钢管在某县草坪处，采用威胁手段劫取张某某现金 40 余元。当天 23 时许，七人在上述地点又采取威胁手段抢劫马某某现金 10 余元及直板手机 1 部。2007 年 3 月 12 日晚，被告人户某伙同王某某、姬某某、王甲、李乙、李丙、“小孩”经预谋后，手持钢管等工具，在某县进修学校附近，采用暴力手段劫取刘某某、任某某、齐某某、郭甲、郭乙、赵某某现金 600 余元及手机 2 部。郭甲受伤，经鉴定为轻微伤。

一审法院判决被告人户某犯抢劫罪，判处死刑，剥夺政治权利终身，并处没收个人全部财产。一审宣判后，被告人户某上诉。二审法院裁定驳回上诉，维持原判，并报请最高人民法院核准。最高人民法院经复核发现，本案被告人在被指控的四起抢劫案作案时使用了不同称谓，同案被告人对其称呼亦不相同，但在卷宗中对此问题无详细查证的材料。复核期间，针对被告人身份进行重点核查，并实地讯问，开展相关补查工作，发现证实被告人身份的证据间相互矛盾，认定被告人的身份存疑。裁定不核准二审法院维持第一审对被告人户某以抢劫罪判处死刑，剥夺政治权利终身，并处没收个人全部财产的刑事附带民事裁定；撤销二审法院维持第一审对被告人户某以抢劫罪判处死刑，剥夺政治权利终身，并处没收个人全部财产的刑事附带民事裁定；发回二审法院重新审判。

【证据分析】

该案的证明难点在于能否认定户某具备适用死刑的事实情节。该案中，认定户某抢劫的事实均已有确实、充分的证据予以证实，无继续侦查的必要。但是，被告人身份事项的查明手段尚未穷尽，得出无法查实的结论。一是证明被告人身份的在案证据相互矛盾，本案中，公安机关并未展开全面调查，未调取“户某”“户甲”的详细原始户籍材料比对以及询问“户某”“户甲”住所地的基层组织、亲属、村民、同学等。二是本案在死刑复核阶段，发现了被告人身份事实的许多疑点。最高人民法院通过严格审查，对被告人身份信息的所有相关证据进行比较、核实，同时利用复核提讯的机会，有针对性地设计讯问方式和提纲，运用技巧进行提讯后，被告人承认自己是“户甲”，且该供述得到其亲属证言印证。经进一步审查发现：被告人真实姓名系“户甲”，冒用其兄“户某”之名办理的身份证；被告人参与四起抢劫，同案犯并不知道其真实姓名，在供述中对其称呼均不一致；被告人在侦查阶段、起诉阶段及一审、二审阶段均称自己叫户某，侦查机关仅泛泛记录，未做深入调查、核实。因此，一审、二审认定被告人的自报身份存在疑点，需要进一步查清。

案例 16

死刑案件的量刑事实

——刘某某故意杀人案

【基本案情】

刘某某因在原籍地户籍丢失无法办理身份证，一直在外打工，与被害人李某某（男，殁年 59 岁）、隋某某（男，殁年 47 岁）系工友关系。2016 年 11 月 28 日，刘某某与李某某、隋某某等人喝酒，酒醒后发现自己刚发的工钱丢失，怀疑是被一起喝酒的几人偷走。11 月 29 日中午，上述人员又在李某某租住地喝酒，其间刘某某提到自己丢钱的事情，李某某等人否认拿走他的钱，为此刘某某与上述人员发生口角。刘某某到附近卖肉摊拿了一把剔肉刀返回，此时隋某某等人均已离开，刘某某持刀进入室内向李某某胸部猛刺 2 刀，其中一刀刺中右腋部，房东发现李某某被害报警。刘某某离开李某某住处后，来到附近的澡堂寻找其他人意图报复，在锅炉房内找到隋某某，刘某某叫烧锅炉的工人离开后，持刀向隋某某颈部、胸部等处猛扎数刀，有人看到隋某某被害后再次报警。经鉴定，李某某被他人用锐器（片刀类）刺击左胸、右腋，伤及腋动脉，致失血性休克死亡。隋某某被他人用锐器（片刀类）刺击胸部、颈部等处，伤及心脏、双侧肺脏，致失血性休克死亡。刘某某于2016年11月29日被公安机关查获归案。

法院一审判决刘某某犯故意杀人罪，判处死刑，剥夺政治权利终身。在法定期限内没有上诉、抗诉，高级人民法院经依法复核，裁定同意原判，并报请最高人民法院核准。最高人民法院核准高级人民法院以故意杀人罪判处刘某某死刑，剥夺政治权利终身的刑事裁定。

【证据分析】

该案的证明难点在于能否认定刘某某具备适用死刑的事实情节。刘某某到案后，如实供认杀人经过，实施犯罪的地点、手段、现场情况均与现场勘查笔录、尸体检验报告、辨认笔录、监控录像相互印证，认定刘某某持刀连续杀害李某某、隋某某的事实清楚、证据确实、充分。然而，刘某某和被害人的身份不明，在人口系统按照刘某某自报姓名等条件查询，未查找到符合条件人员；两名被害人或是缺少相应的户籍材料，或是未能找到亲属对被害人身份进行核实。由于该案可能对刘某某判处死刑立即执行，需要查清刘某某和被害人的身份。为此，审判机关调取了以下证据：一是证实被告人刘某某身份的证据。(1) 刘某某前妻、刘某某大女儿、刘某某二女儿、刘某某同村村民、刘某某姐姐、刘某某外甥、刘某某外甥女、刘某某堂兄、刘某某前妻之弟、刘某某的前姐夫均能证明刘某某的身份，指出刘某某在结婚时就没有户口。部分证人还对刘某某进行了混杂辨认。(2) 公安司法鉴定中心出具的法医物证鉴定书证明，在排除同卵双（多）胞胎和近亲的前提下，刘某某是其大女儿、二女儿的生物学父亲。(3) 刘某某的户籍地派出所提供的“农村户口登记表”证明刘某某身份。(4) 公安机关出具的工作记录证明，在刘某某户籍地派出所查底档，只找到一份刘某某的户籍材料及一份关于刘某某的“农村户口登记表”，该表上的刘某某姓名中一字有改动。经询问当地派出所民警，称系写错字所致，按照刘某某姓名改动后的条件查找，该派出所管辖内没有相应的居民。二是证明被害人李某某、隋某某身份情况的证据。(1) 被害人李某某的妹妹证明，其哥哥是李某某，已经去殡葬中心看过了，停放的是李某某的尸体。(2) 公安司法鉴定中心出具的法医物证补充鉴定书证明，不排除李某某是李某1（李某某之女）的生物学父亲。(3) 隋某某哥哥证明，隋某某是其亲弟弟，看过尸体是隋某某，带来了隋某某的户口本，将复印件提供给了警察。(4) 公民户籍信息证明、死亡证明书、被害人遗体火化通知书证明，被害人李某某、隋某某的身份及死亡情况。综上，该案两名被害人均系外地务工人员，与刘某某素无其他矛盾，排除刘某某因其他犯罪动机而杀死两名被害人的可能性。

第二章
证据审查

问题三 如何优先审查客观性证据

客观性证据和主观性证据并非法定证据形式之一，而是理论上按照不同类别证据的特点及其运行规律而进行不同的划分。[①] 客观性证据是以人以外之物为取证对象的证据，包括物证、书证、视听资料、电子数据等实物证据，以及基于客观之物形成的现场勘验笔录、鉴定意见、辨认笔录等言词证据，这些证据虽然会受到自然因素的影响，但是在没有人为因素介入的情况下，其外部特征、性状及内容等保持基本稳定，所包含的内容受人的主观意志的影响较小。主观性证据是以人为取证对象的证据，需要通过对人的调查来获取其所掌握的证据信息，由于人的认知会随着外部环境和内在动机的变化而发生改变，因此主观性证据的特点表现为变动有余而稳定不足。[②] 近年来，中央政法机关制定的一系列规范性文件中，明确要求对客观性证据进行优先审查，降低“口供优

---

① 与该种分类相似，日本学者根据证据方法的性质不同，将证据分为“人的证据”和“物的证据”，若是通过证据方法反映现实的人的情况的，即是“人的证据”；若证据方法是反映人之外的物的情况的，即是“物的证据”。[日] 土本武司：《日本刑事诉讼法要义》，董璠舆、宋英辉等译，五南图书出版股份有限公司1997年版，第295~296页。

② 樊崇义、赵培显：《论客观性证据审查模式》，载《中国刑事法杂志》2014年第1期。

先”证据审查模式可能带来的风险。[①] 随着以审判为中心刑事诉讼制度改革的深入推进，法庭对口供等主观性证据的采信标准日趋严格，倒逼证据审查的重点转向客观性证据，将其作为建立证据体系的基础。

一、确认客观性证据的证据能力

物证、书证等客观性证据可能随着时间推移或自然因素介入而发生变化，或是受到人为污染或篡改，必须对证据能力进行审查，确保其具备成为定案根据的法律资格。在古代刑事诉讼中，司法人员对赃物采取“混杂辨认”“照赃起获”等方法，如“赃物可凭，但患失主记忆不清，或错认耳。更恐捕役勒令失主妄认，以冀速了案耳。须将似是而非之物参错其间，令失主辨认。若能认，方是真赃，否则恐有别故，难为凭也”[②]“故问官既审出真盗，供有真赃为失主报单所有之物，便宜即时起获其赃，须讯明本盗在于何处。若在其家，即从其家照赃起获；若寄顿人家或质之典铺，即从所供人家典铺照赃起获”。[③] 对于尸体这一重要的客观性证据，宋代曾创制了包含初验和复验在内的“检验格目”，主要记载检验的程序性问题，如什么时间、谁报检；什么时间到什么地点检验；

① 相关规定主要包括：(1) 2013 年《最高人民检察院关于切实履行检察职能防止和纠正冤假错案的若干意见》第 10 条规定，对于命案等重大案件，应当强化对实物证据和刑事科学技术鉴定的审查。(2) 2013 年最高人民法院《关于建立健全防范刑事冤假错案工作机制的意见》第 7 条指出，要“重证据，重调查研究，切实改变‘口供至上’的观念和做法，注重实物证据的审查和运用”。(3) 2016 年最高人民检察院《“十三五”时期检察工作发展规划纲要》明确指出，要推行以客观性证据为主导的证据审查模式。(4) 2017 年《人民检察院刑事抗诉工作指引》第 17 条规定，证据摘录一般按照先客观性证据后主观性证据的顺序进行列举，以客观性证据为基础构建证据体系，对客观性证据优先审查、充分挖掘、科学解释、全面验证；同时，要防止唯客观性证据论的倾向，防止忽视口供，对口供在做到依法审查、客观验证基础上充分合理使用。(5) 2018 年《人民检察院公诉人出庭举证质证工作指引》第 24 条规定，“零口供”案件的举证，可以采用关键证据优先法。公诉人根据案件证据情况，优先出示定案的关键证据，重点出示物证、书证、现场勘查笔录等客观性证据，直接将被告人与案件建立客观联系，在此基础上构建全案证据体系。

② 郭成伟主编：《官箴书点评与官箴文化研究》，中国法制出版社 2000 年版，第 275~276 页。

③ （清）黄六鸿：《福惠全书（卷十八）》，清康熙三十八年金陵濂溪书屋刊本，第 6~7 页。转引自杨晓秋：《明清刑事证据制度研究》，中国政法大学出版社 2017 年版，第 92 页。

是否已查明致命要害伤痕；检验格目发送情况；参加检验人员画押。凡检覆必给三本：一申所属，一申本司，一给被害之家。[①] 当前，我国刑事证据法通过“不得作为定案的根据”“可以作为定案的根据”等条款，为客观性证据设置了一系列证据能力规则。主要包括以下几个方面：

（一）非法证据排除规则

英美法系国家的刑事证据法中，对于实物证据适用“毒树之果”（Fruit of The Poisonous Tree）规则，是指由非法搜查或非法讯问所直接取得的证据以及派生证据，由于最初的污染不得用作不利于被告人的证据，为兼顾惩罚犯罪的需要，例外情形包括污染中断、污染得到稀释、独立来源和必然发现等。[②] 我国刑事证据法并未全盘移植“毒树之果”规则，而是对非法实物证据实行“先补后排”。2018 年修订的《刑事诉讼法》第 56 条规定，收集物证、书证不符合法定程序，可能严重影响司法公正的，应当予以补正或者作出合理解释；不能补正或者作出合理解释的，对该证据应当予以排除。2021 年《最高人民法院关于适用〈中华人民共和国刑事诉讼法〉的解释》第 86 条规定，物证、书证的来源、收集程序有疑问，不能作出合理解释的，不得作为定案的根据。第 109 条、第 114 条规定，视听资料、电子数据制作、取得的方式等有疑问，不能提供必要证明或者作出合理解释的，不得作为定案的根据。[③] 可见，对于违法收集的实物证据并非一概排除，只有违法取证达到了严重程度且不能补正时，才

---

① 《宋史刑法志》，载高潮、马建石主编：《中国历代刑法志注译》，吉林人民出版社 1994 年版，第 455 页。

② 张智辉：《刑事非法证据排除规则研究》，北京大学出版社 2006 年版，第 12 页。

③ 2016 年最高人民法院、最高人民检察院、公安部《关于办理刑事案件收集提取和审查判断电子数据若干问题的规定》第 24 条规定，对收集、提取电子数据是否合法，应当着重审查以下内容：（1）收集、提取电子数据是否由二名以上侦查人员进行，取证方法是否符合相关技术标准；（2）收集、提取电子数据，是否附有笔录、清单，并经侦查人员、电子数据持有人（提供人）、见证人签名或者盖章；没有持有人（提供人）签名或者盖章的，是否注明原因；对电子数据的类别、文件格式等是否注明清楚；（3）是否依照有关规定由符合条件的人员担任见证人，是否对相关活动进行录像；（4）电子数据检查是否将电子数据存储介质通过写保护设备接入到检查设备；有条件的，是否制作电子数据备份，并对备份进行检查；无法制作备份且无法使用写保护设备的，是否附有录像。

应予以排除。对于“可能严重影响司法公正”，应当综合考虑收集物证、书证违反法定程序以及所造成后果的严重程度情况进行认定。

客观性证据除了实物证据之外，还包括鉴定意见、勘验、检查、辨认笔录等言词类证据。2021 年《最高人民法院关于适用〈中华人民共和国刑事诉讼法〉的解释》第 98 条规定，鉴定意见具有下列情形之一的，不得作为定案的根据：（1）鉴定机构不具备法定资质，或者鉴定事项超出该鉴定机构业务范围、技术条件的；（2）鉴定人不具备法定资质，不具有相关专业技术或者职称，或者违反回避规定的……（5）鉴定程序违反规定的；（6）鉴定过程和方法不符合相关专业的规范要求的；（7）鉴定文书缺少签名、盖章的；（8）鉴定意见与案件待证事实没有关联的；（9）违反有关规定的其他情形。第 103 条规定，勘验、检查笔录存在明显不符合法律、有关规定的情形，不能作出合理解释或者说明的，不得作为定案的根据。第 105 条规定，辨认笔录具有下列情形之一的，不得作为定案的根据：（1）辨认不是在调查人员、侦查人员主持下进行的；（2）辨认前使辨认人见到辨认对象的；（3）辨认活动没有个别进行的；（4）辨认对象没有混杂在具有类似特征的其他对象中，或者供辨认的对象数量不符合规定的；（5）辨认中给辨认人明显暗示或者明显有指认嫌疑的；（6）违反有关规定、不能确定辨认笔录真实性的其他情形。除此之外，上述证据本质上是证人、被害人、鉴定人对客观事物的描述或评判，介入了自然人的认知因素，应当适用非法言词证据排除规则。对于采取暴力、威胁等非法方法收集的鉴定意见和证人、被害人辨认笔录，以及采取刑讯逼供等非法方法收集的犯罪嫌疑人辨认笔录，一概予以排除。

（二）实物证据鉴真规则

实物证据鉴真（Authentication）规则最初来源于英美法系国家的证据法，是指提出证据的一方主体，对其所出示的证据与其所主张的证据之间的同一性进行证明，若不能证明二者具备同一性，则该证据会因不具备证据能力而被排除在正式的庭审程序之外。鉴真有两个相对独立的含义：一是证明法庭上出示、宣读的某一实物证据，与举证方“所声称的那份实物证据”是一致的；二是证明法庭上所出示、播放的实物证据的内容，如实记录了实物证据的本来面目，反映了实物证据的真实情况。[①] 根据我国刑事证据法规定，应从以下方面进行审查：

一是证据来源是否明晰。实物证据的来源具有多样性，有的系在勘验、检查过程中提取；有的系被害人、证人主动提交；有的系侦查人员向有关单位调取，上述情况均应明确记载，如果客观性证据的“来龙去脉”存疑，不能作为定案的根据。2021 年《最高人民法院关于适用〈中华人民共和国刑事诉讼法〉的解释》第 86 条规定，在勘验、检查、搜查过程中提取、扣押的物证、书证，未附笔录或者清单，不能证明物证、书证来源的，不得作为定案的根据。第 98 条规定，鉴定意见的送检材料、样本来源不明的；不得作为定案的根据。第 109 条、第 114 条规定，视听资料、电子数据制作、取得的时间、地点等有疑问，不能提供必要证明或者作出合理解释的，不得作为定案的根据。实践中，不能孤立地看待鉴定意见本身，应当对鉴定所依据的检材来源进行“穿透式”审查，如果检材来源不明，据此作出的鉴定意见也不能成为定案根据。例如，在一起故意杀人案中，现场勘验笔录和扣押物品清单中没有记载“枕头”等物品，只记载“床单、被褥、枕巾”，也未附有相关照片，但鉴定意见却显示从送检的“枕头”上提取到可疑血迹，即使能够证明血迹系犯罪嫌疑人所遗留，但血迹的来源无法查明，便使鉴定意见失去了证据能力。

二是证据保管链条是否严密。证据保管链条是指实物证据从收集提取到法庭出示的整个过程中，各个环节和涉及的经手人员都有完整记录。2021 年《最高人民法院关于适用〈中华人民共和国刑事诉讼法〉的解释》第 98 条规定，

---

① 陈瑞华：《实物证据的鉴真问题》，载《法学研究》2011 年第 5 期。

“鉴定意见具有下列情形之一的，不得作为定案的根据……（三）送检材料、样本来源不明，或者因污染不具备鉴定条件的；（四）鉴定对象与送检材料、样本不一致的……”。2016年最高人民法院、最高人民检察院、公安部《关于办理刑事案件收集提取和审查判断电子数据若干问题的规定》第27条规定，电子数据的收集、提取程序有下列瑕疵，经补正或者作出合理解释的，可以采用；不能补正或者作出合理解释的，不得作为定案的根据：（1）未以封存状态移送的；（2）笔录或者清单上没有侦查人员、电子数据持有人（提供人）、见证人签名或者盖章的；（3）对电子数据的名称、类别、格式等注明不清的；（4）有其他瑕疵的。司法人员应当按照检材提取、储存、送检的时空顺序，确保证据收集链条具有完整性，防止证据蕴含的信息发生遗失、增加、改变或混淆。例如，2013年最高人民法院、最高人民检察院、公安部《关于办理醉酒驾驶机动车刑事案件适用法律若干问题的意见》第5条明确要求，公安机关在查处醉酒驾驶机动车的犯罪嫌疑人时，对查获经过、呼气酒精含量检验和抽取血样过程应当制作记录；有条件的，应当拍照、录音或者录像；有证人的，应当收集证人证言。危险驾驶犯罪案件抽取犯罪嫌疑人血样时，如果采用含乙醇类药品对皮肤进行消毒，可能会污染抽取的血液检材，影响血液乙醇含量鉴定结果的真实性，且难以事后补正。

（三）最佳证据规则

最佳证据规则（又称原始证据优先规则）是英美证据法中一项重要的规则，适用于文书内容的证明，即文书的内容成为证明犯罪的关键时，应当直接提出文书为证，例外规定是在有合理理由无法提供原件时，可以采用第二手资料。[①] 我国刑事证据法同样确立了最佳证据规则，除了传统的物证、书证之外，还特别强调了电子数据原始存储介质这一证据类型。2016年最高人民法院、最

---

① 刘善春、郑旭、毕玉谦：《诉讼证据规则研究》，中国法制出版社2000年版，第158~159页。

高人民检察院、公安部《关于办理刑事案件收集提取和审查判断电子数据若干问题的规定》第8条规定，收集、提取电子数据，能够扣押电子数据原始存储介质的，应当扣押、封存原始存储介质，并制作笔录，记录原始存储介质的封存状态。2021年《最高人民法院关于适用〈中华人民共和国刑事诉讼法〉的解释》第83条规定，物证的照片、录像、复制品，不能反映原物的外形和特征的，不得作为定案的根据。第84条规定，对书证的更改或者更改迹象不能作出合理解释，或者书证的副本、复制件不能反映原件及其内容的，不得作为定案的根据。理想状况下，物证、书证应当为原物、原件，但由于各种因素的限制，一概要求提交原物、原件，将可能面临举证困难或者举证不能的局面。为此，当原件、原物不便搬运、不易保存或者依法应当由有关部门保管、处理或者依法应当返还时，可以拍摄或者制作足以反映原物、原件外形或者内容的照片、录像或者复制品。[①] 司法人员首先要审查物证、书证属于原始样态还是复制样态，如果采取复印、拍照、刻录等复制方式，要审查复制件与原始样态是否保持一致，以及不能调取原物、原件的理由是否合理，避免因不当复制而导致证据内容发生改变。

（四）行政证据、监察证据转化规则

行政机关依法收集的客观性证据遵循“区别对待”原则。一方面，物证、书证、视听资料、电子数据、鉴定意见、勘验、检查笔录可以直接转化为刑事证据。2018年修订的《刑事诉讼法》第54条规定，“行政机关在行政执法和查办案件过程中收集的物证、书证、视听资料、电子数据等证据材料，在刑事诉讼中可以作为证据使用”。此外，最高人民法院、最高人民检察院在司法解释中作出了更为详细的规定。2019年《人民检察院刑事诉讼规则》第64条规定，行政机关在行政执法和查办案件过程中收集的物证、书证、视听资料、电子数据

① 罗智勇、冯黔刚：《刑事审判中实物证据的审查判断及排除》，载《证据科学》2012年第2期。

据等证据材料，经人民检察院审查符合法定要求的，可以作为证据使用。行政机关在行政执法和查办案件过程中收集的鉴定意见、勘验、检查笔录，经人民检察院审查符合法定要求的，可以作为证据使用。2021 年《最高人民法院关于适用〈中华人民共和国刑事诉讼法〉的解释》第 75 条规定，行政机关在行政执法和查办案件过程中收集的物证、书证、视听资料、电子数据等证据材料，经法庭查证属实，且收集程序符合有关法律、行政法规规定的，可以作为定案的根据。根据法律、行政法规规定行使国家行政管理职权的组织，在行政执法和查办案件过程中收集的证据材料，视为行政机关收集的证据材料。另一方面，辨认笔录应当依法重新制作。行政执法案件中存在辨认笔录这一证据种类，2020 年《公安机关办理行政案件程序规定》第 101 条规定，为了查明案情，办案人民警察可以让违法嫌疑人、被侵害人或者其他证人对与违法行为有关的物品、场所或者违法嫌疑人进行辨认。然而，行政不法事实与犯罪事实视为处于两个不同位阶的法律事实，两者无论是在证明对象、调查取证的方式、对非法取证的救济上还是在事实认定标准上，都存在实质性的差异。[①] 根据 2020 年《公安机关办理刑事案件程序规定》第 258 条至第 262 条规定，刑事辨认本质上属于被害人、证人或者犯罪嫌疑人提供的言词证据，需要遵循“二人主持”“个别进行”“混杂辨认”等规定，对辨认对象有着特定的数量要求。考虑到同一自然人在不同的程序中享有不同的权利，承担不同的义务，对于提供证据的认识可能也会有所不同，从而影响其具体的作证行为。因此，对于行政机关在行政执法和查办案件过程中收集的言词证据，应当依照刑事诉讼法规定的程序和方法重新收集，让证人在更为严格的刑事诉讼权利义务要求及责任背景下提供其所见所闻，陈述事实，才能够保证其证言具有较强的可信性。[②]

---

① 陈瑞华：《行政不法事实与犯罪事实的层次性理论——兼论行政不法行为向犯罪转化的事实认定问题》，载《中外法学》2019 年第 1 期。

② 黄宁：《行政执法之言词证据须经转化成为刑事证据》，载《检察日报》2017 年 6 月 14 日，第 3 版。

监察机关依法收集的客观性证据遵循“全部转化”原则。2018 年《监察法》第 33 条规定，监察机关依照本法规定收集的物证、书证、证人证言、被调查人供述和辩解、视听资料、电子数据等证据材料，在刑事诉讼中可以作为证据使用。2019 年《人民检察院刑事诉讼规则》第 65 条规定，监察机关依照法律规定收集的物证、书证、证人证言、被调查人供述和辩解、视听资料、电子数据等证据材料，在刑事诉讼中可以作为证据使用。由于监察调查与刑事审判关于证据的要求和标准相一致，并不需要对言词证据与实物证据进行区分，也可以使用依法通过技术调查措施获取的材料。国家监察体制改革之前，刑事诉讼中存在初查证据的概念，该类材料是否可以作为刑事证据使用引发了一定的争议，根本原因是对初查制度与其所依附的立案程序之间的关系认识不同。修订前的《人民检察院刑事诉讼规则（试行）》第 173 条明确了“初查”方式，禁止对初查对象采取强制措施、查封、扣押、冻结初查对象的财产和采取技术侦查措施，从而将初查限定于询问、查询、勘验、检查、鉴定、调取证据材料等不限制初查对象人身、财产权利的措施，通过上述方式获取的材料可以作为刑事证据使用。国家监察体制改革之后，对于贪污贿赂等职务犯罪案件的立案侦查职能，由人民检察院的反贪部门转移到监察委员会，由监察委员会统一行使监察调查权。实践中，有些地区对初核期间取得的证据是否需要转化存在不同认识，初核是监察机关处置问题线索的法定方式之一，《监察法》并未区分监察机关证据调取的阶段，只要是依照《监察法》收集的证据，无论是在初核阶段还是立案调查阶段，均应当具有同等法律效力，可以作为刑事诉讼证据使用。[①] 当然，监察证据转化为刑事证据涉及证据能力问题，至于能否作为定案的根据，还需要对其证明力进行实质审查。

---

① 苗生明、张翠松：《职务犯罪案件监检衔接问题研究》，载《国家检察官学院学报》2019 年第 3 期。

案例 1

物证的证据能力审查

——吴某某故意杀人案①

【基本案情】

检察机关指控：1998 年 7 月 23 日凌晨，吴某某从某市打工回来，到本村被害人孙某某（女，殁年 32 岁）家，进屋后与孙某某发生争吵。吴某某对孙某某实施殴打，并将孙某某掐死。孙某某 2 岁的儿子吴甲醒后喊妈，吴某某怕被人发现，即殴打吴甲，并将其掐死。经法医鉴定，被害人孙某某、吴甲系被他人扼颈后形成机械性窒息死亡。

2004 年 11 月 24 日 18 时许，吴某某手持矿灯到本村被害人蒋某某家中，进入堂屋东间，蒋某某进屋时，吴某某用矿灯朝其头部连砸两下后逃走。经法医鉴定，蒋某某的伤情属轻伤。检察机关认为吴某某的行为已构成故意杀人罪、故意伤害罪，提请法院依法惩处。

法院一审判决被告人吴某某犯故意杀人罪，判处死刑，剥夺政治权利终身；犯故意伤害罪判处有期徒刑三年；决定执行死刑，剥夺政治权利终身。一审宣判后，被告人吴某某以“没有杀人”提出上诉。高级人民法院经审理，裁定驳回上诉，维持原判，并依法报请最高人民法院核准。最高人民法院经复核认为，一审、二审认定被告人故意杀人的主要证据是经鉴定为被告人所留的“血掌印”和被告人在侦查阶段的有罪供述。但现场勘验、检查笔录不能清楚地反映该掌印的来源，也无提取笔录；该掌印是不是“血掌印”也无证据证实，在案证据不能形成完整的证据链。一审判决和二审裁定认定被告人故意杀人犯罪事实不清，证据不足。依照《刑事诉讼法》和《最高人民法院关于复核死刑案件

① 李智明：《［第 579 号］吴某某故意杀人案——物证提取不全或来源不清案件的证据审查》，载最高人民法院刑事审判第一、二、三、四、五庭主办：《中国刑事审判指导案例 7（刑事诉讼法）》，法律出版社 2017 年版，第 49~50 页。

若干问题的规定》之规定，裁定不核准高级人民法院维持第一审以故意杀人罪判处被告人吴某某死刑，剥夺政治权利终身，以故意伤害罪判处其有期徒刑三年，决定执行死刑，剥夺政治权利终身的刑事裁定，撤销原判，发回重审。

【证据分析】

该案的证明难点在于能否认定吴某某故意杀人、故意伤害的事实。吴某某对故意杀人及故意伤害的犯罪事实当庭拒不供认，辩称杀人案发生时其在某市打工，无作案时间。该案中，一审、二审法院认定被告人故意杀人的主要证据有证明吴某某在某市打工期间曾离开某市数日的证人证言，证明被害人孙某某、吴甲系被他人扼颈后形成机械性窒息死亡的尸体检验报告，证明案发现场床帮上提取的手印是吴某某左手掌所留的手印痕迹鉴定书，吴某某在侦查阶段的认罪供述等。经审查，该案在侦查阶段对痕迹物证的收集、固定、鉴定等方面存在重大瑕疵，具体表现如下：

一是部分物证的提取不全或丢失。(1) 被告人曾供述案发当晚与被害人发生性关系，但侦查阶段未对死者阴道分泌物进行检查提取，侦办此案的技术人员均不能说明缘由。(2) 现场勘查笔录记载，尸体左腋下有一沾有血迹的黄色手电筒。侦查阶段，公安人员曾向被害人孙某某之子（案发当晚不在家）出示“现场提取的黄色塑料小手电筒”，其子称家中无该手电筒。其后该手电筒下落不明。(3) 现场勘查笔录记载，“在东院墙顶部最北端第一、五、六共三片瓦片上留有血迹和掌印”，但警方没有提取和鉴定瓦片上的掌印和血迹。该案中，上述这些重要的痕迹物证在侦查阶段能够提取而未提取，或提取后灭失，是导致审判阶段定案依据薄弱的重要原因。

二是作为一审、二审定案依据的关键证据“血掌印”来源不清。(1) 提取“血掌印”的程序不合法。根据《刑事诉讼法》的规定，现场勘查笔录必须由见证人签名或者盖章。该案中，虽然现场勘验笔录记载提取了该掌纹和另外两枚指纹，但没有见证人证明，“血掌印”也没有单独制作提取笔录，现场照片也不能确切证明血掌印是从哪里提取的。(2) 提取“血掌印”的部位不明确。从本案的破案经过看，“血掌印”是从现场床帮上提取的，但卷内只有一块有掌印的木块的照片，看不出该木块来自哪个部位。现场勘查照片不能反映现场重点区域的概貌、局部以及痕迹物证具体特征的细节。

三是结合“血掌印”的鉴定经过，该“血掌印”的鉴定意见不能作为证据采信。(1) 在死刑复核阶段补充调查核实时，据侦查人员讲，1998 年就将吴某某的手纹与现场床帮上的掌印进行过比对，当时把吴某某排除了。但 2004 年抓获被告人时，市公安局将本案中的掌印与吴某某的手掌样本进行比对，找出了 16 个相同点，公安部鉴定时找出了 19 个，而之前县公安局却未能对此作出同一鉴定，不合常理。对于这种直观比对鉴定，即使鉴定或比对人在级别、技术和设备上存在一定差异，可能产生一定误差，但当年公安人员为什么会对存在如此多相同点的掌纹作出否定的判断，是检材有问题还是主观判断有问题，缺乏合理解释。对于这种相隔时间较长，结论又完全相反的比对鉴定，在作为定案证据使用时应特别慎重。(2) 现场勘查笔录记载，案发现场的床上既有血掌印，又有两枚带血指印。公安机关称“现场提取的 3 枚手印，除血掌印外均是被害人的邻居、亲属所留”，据此，单纯认定留下血掌印的人作案，而不认定留下血指印的人具有作案可能理由并不充分。但卷内无具体鉴定意见或详细说明，不能完全排除作案者系被害人的邻居、亲属的合理怀疑。

综合全案证据，部分物证提取不全或丢失，导致其他证据证明力减弱；关键物证“血掌印”的来源不清，虽然鉴定意见能够证明在案的掌印系被告人所留，但不能证明该检材就是现场床帮上的“血掌印”；现场勘查中记载的其他“血指印”未通过鉴定等形式予以固定，不能完全排除其他人作案的可能；在案的证人证言亦不能证明被告人作案。尽管被告人吴某某有罪供述的主要内容（如现场房间的结构、尸体的位置和朝向、从现场逃跑的路线等）与现场情况基本吻合，但被告人对被害人家比较熟悉，且在案发多年后才归案，作了有罪供述后又翻供，其口供的可信度较低。综上，本案的有罪证据不能形成完整的证据链，达到确实、充分的程度，故最高人民法院依法作出不核准被告人吴某某死刑，发回重审的裁定。

案例 2

物证的证据能力审查

——王某某强奸案①

【基本案情】

检察机关指控：2007年9月27日13时许，王某某窜至某小学，见该校女生孙某（11周岁）上厕所，遂用绳子勒住孙某的脖子，强行将其抱至厕所旁的石榴林内，孙某大声呼救，王某某又用手掐住其脖子，并言语威胁，而后脱掉其裙子，强行与其发生性关系。

2010年5月11日20时许，王某某在其暂住房内将过来玩耍的隔壁女孩吴某（6周岁）按倒在床上，用手掐住吴某颈部，脱下其裤子，强行与其发生性关系，并导致其当场窒息死亡。之后，王某某又拿来菜刀，朝吴某的尸体阴部砍了数刀。经法医鉴定，吴某系因机械性窒息死亡。

宁波市中级人民法院认为，检察机关指控王某某强奸孙某的事实不清，证据不足，以被告人王某某犯强奸罪，判处死刑，剥夺政治权利终身；犯侮辱尸体罪，判处有期徒刑一年；决定执行死刑，剥夺政治权利终身。一审宣判后，被告人王某某提出上诉。浙江省高级人民法院经二审后裁定驳回上诉，维持原判，并报请最高人民法院核准。最高人民法院经复核核准了宁波市中级人民法院关于对被告人王某某判处死刑的判决。

---

① 聂昭伟：《［第763号］王某某强奸案——关于瑕疵证据的采信与排除》，载最高人民法院刑事审判第一、二、三、四、五庭主办：《中国刑事审判指导案例7（刑事诉讼法）》，法律出版社2017年版，第99~102页。

【证据分析】

该案的证明难点在于能否认定王某某强奸孙某的事实。王某某辩称，起诉书指控其在某小学强奸孙某不是事实，其根本没有实施该行为。该起指控犯罪事实中，由于孙某的陈述，证人冯某、杨某、孙某甲、周某的证言均未提及孙某遭到了强奸，而且孙某甲的证言直接否定孙某遭到强奸，故仅凭生物物证检验报告反映的孙某内裤上有精斑这一客观情况不能推断出孙某遭到强奸的必然结论。虽然生物物证检验报告和物证鉴定中心出具的DNA检验报告证实，案发当时被害人孙某所穿的内裤上检见的精斑为被告人王某某所留，被害人孙某与证人冯某均提到案犯脸上长有黑痣的特征与王某某两眉之间所长的黑痣相吻合，但除此之外，没有其他证据证明挟持孙某的男子是王某某。

该案中，孙某的内裤是生物物证检验报告和DNA检验报告的重要检材，但该关键物证既未严格按照物证收集程序收集，也未制作照片并妥善保存。一是侦查人员在提取内裤时没有制作提取笔录，或者通过扣押物品清单客观记录提取情况，导致有关内裤来源的证据不充分。二是起诉书的证据目录虽然记载提取了被害人孙某的内裤，但未将该内裤随案移送。考虑到该物证的特殊性且所附生物检材易污染需要特殊条件保存，可采用照片形式对该内裤予以复制移送，但相关机关均未做此项工作。三是法律规定对证据的原物、原件要妥善保管，不得损毁、丢失或者擅自处理。由于该起犯罪久未侦破，其间办案人员更换，加之移交、登记、保管等环节存在疏漏，被害人孙某的内裤已遗失，导致出现疑问后相关复核工作无法进行。一审期间，公安机关曾就被害人孙某内裤的收集、复制、保管工作出具了说明材料：“案发后，某县公安局将孙某的内裤进行了提取，后一直放在刑警支队保管。2008年5月30日，民警将孙某的内裤送到省公安厅刑警总队进行DNA鉴定。现此内裤已作技术处理。”该说明材料没有对未制作提取笔录或扣押物品清单、未拍摄照片复制以及为何将内裤处理等情况进行合理的解释。因此，除非通过重新开展相关工作进行补正，否则本案被害人孙某的内裤不能作为定案根据。然而，因孙某的内裤已遗失，即使通过询问被害人、被害人亲属，重现提取过程，也无法通过辨认、质证等方式确认被害人、被害人亲属所述的内裤与侦查机关曾经提取的内裤的关联关系，被害人孙某的内裤来源存疑问题无法解决，不能作为定案的根据。

案例3

技术侦查证据的证据能力审查

——吴某某运输毒品、非法持有枪支案

【基本案情】

2016年1月19日，吴某某在A市机场与魏某某会合，后乘坐一辆黑色轿车前往魏某某家中。当日1时30分，吴某某、魏某某驾驶一辆绿色轿车前往某立交桥东北角与运输毒品、枪支进入A市的孙某某碰面，三人共同前往某住宅小区。2时30分许，魏某某将车停靠在该小区南门，与吴某某下车进入小区，孙某某在车内等待。后民警在小区楼门口将魏某某、吴某某抓获，当场从吴某某随身携带的黄红色纸袋内查获白色晶体2包、棕色固体一份、黑色枪状物1把、弹状物11发，将停靠在小区南门处轿车内的孙某某抓获。经鉴定，送检的白色晶体净重分别为856.27克、598.14克，共计1454.41克，均检出甲基苯丙胺，含量分别为70.8%、74.3%。棕色固体净重为3.72克，检出甲基苯丙胺。起获的黑色枪状物为枪支，送检的弹状物为自制7.62mm口径手枪弹。

【证据分析】

该案的证明难点在于能否认定吴某某明知毒品和枪支而运输的事实。尽管在案证据能够证实吴某某随身携带毒品和枪支，以及曾经接受他人银行转账，但吴某某否认其明知袋子里有毒品和枪支。因此，应当对技术侦查证据的证据能力进行严格审查。(1)技术侦查的启动时间。吴某某的辩护人提出，该案立

案时间为2016年1月19日，即犯罪嫌疑人吴某某被抓获当天，技术侦查的内容系发生于立案之前，不符合《刑事诉讼法》的规定。经审查，该案的线索来源系围绕以贩毒人员魏某某为首的涉枪贩毒团伙展开，从而获得魏某某的关系人吴某某贩卖、运输毒品的关键线索，对其二人开展技术侦查工作。公安机关出具了魏某某的立案决定书，立案日期为2016年1月1日，解决了技术侦查时间的合法性问题。（2）技术侦查的批准手续。该案系通过技术侦查破获的案件，公安机关发现魏某某拟运输毒品、枪支进入A市，魏某某、吴某某二人还对毒品的种类和价格进行磋商，遂对相关人员进行控制。公安机关出具了《采取技术侦查措施决定书》，证明对吴某某、魏某某采取技术侦查措施的日期为2016年1月10日，审批机关、审批程序和期限均符合法律规定。在此基础上，为了防止吴某某辩解技术侦查证据的声音不是其本人声音，通过声纹鉴定，确认技术侦查过程中提取的语音文件与吴某某讯问音视频资料为同一人声，最终认定吴某某贩卖毒品、非法持有枪支的犯罪事实。

案例4

鉴定意见的证据能力审查

——廖某某故意杀人案[①]

【基本案情】

1999年1月17日，某村两名年仅9岁的女童失踪，随后两名女童尸体在一处废井内被发现。公安机关立案侦查后，廖某某及其父母被警方抓捕。2003年7月，廖某某以故意杀人罪被判处无期徒刑，其父母廖甲、黄某某犯包庇罪分别被判处有期徒刑5年。2009年，最高人民法院受理了黄某某的申诉，并且调取了廖某某故意杀人案的全部卷宗材料。2009年8月13日，最高人民法院下达

① 欧阳铭琪：《19年前唐山命案重审宣判》，载《人民法院报》2018年8月10日，第3版。

《指令再审决定书》，指令河北省高级人民法院再审廖某某故意杀人案。2009年11月25日，河北省高级人民法院作出裁定，撤销了唐山市中级人民法院的判决，同时将廖某某故意杀人案发回到唐山市中级人民法院重新审理。2018年8月9日，唐山市中级人民法院对原审被告人廖某某故意杀人，廖甲、黄某某包庇再审发回重审一案再次开庭审理，认为原审被告人廖某某犯故意杀人罪，原审被告人廖甲、黄某某犯包庇罪事实不清、证据不足，检察机关指控的罪名不能成立，当庭宣判廖某某无罪，廖甲、黄某某无罪。

【证据分析】

该案的证明难点在于能否认定廖某某故意杀人的事实。该案认定廖某某实施犯罪的关键证据是两份鉴定意见，均存在检材来源不明或结论不明确的问题。(1) 血迹鉴定意见。案发后，侦查人员在廖某某家的东屋床边墙壁上发现有血迹，同时在西屋门边的木板上、墙皮上也发现了少量血迹，因此怀疑这里是杀人的第一现场。1999年2月12日，公安机关出具了《鉴定报告》：廖某某家床边及木板上的血迹不是被害人所留。1999年8月27日，公安机关再次出具了《物证鉴定书》：廖某某家西屋提取的血痕的基因与被害人的基因不同，而与廖某某母亲黄某某基因相同。木板上、墙皮上的血痕基因相同，与被害人的不同，但与廖某某父亲廖甲的基因相同。两次的鉴定报告均明确表述：当地侦查机关认定的杀人现场没有被害人的血迹。2000年12月29日，公安机关再度出具了《DNA检验报告》：送检样本显示较强的等位基因与黄某某的等位基因相同，其中显示较弱的等位基因与被害人的等位基因相同，不能排除该血迹中混有被害人的血液。事实上，最新一份鉴定意见的内容并不明确，并不能得出相关血迹系被害人所留的唯一结论。再审判决认定廖某某不构成故意杀人罪的重要原因，就是廖家东屋门下缘提取的血迹鉴定结论不具有唯一性，认定是被害人血迹的依据不足。(2) 毛发鉴定意见。侦查人员称从捆绑尸体所用的绳索上找到两根毛发并送检，2000年1月26日，公安机关出具了《刑事技术鉴定书》，结论是送检的毛发为廖某某的父亲廖甲所留。对于该鉴定意见，再审判决认定最大的问题是检材来源不明，难以建立检材与案件事实的关联性。综上，现有证据之间的矛盾无法得到合理排除或解决，本案缺乏能够锁定廖某某作案的客观性证据，无法形成证明廖某某有罪的完整证据体系。

案例5

视听资料的证据能力审查

——杨某某等人故意伤害案

【基本案情】

杨某某系某村经济合作社董事会成员，被害人李某某系该村村民。杨某某与李某某因发放房屋拆迁款等问题发生纠纷，李某某经常告状。杨某某遂伙同王某以人民币12万元的价格雇用邵某、侯某殴打李某某，并事先支付邵某现金人民币5万元。其间，王某负责踩点，且和邵某分别购买新的手机和手机号码用于联系。2014年10月7日，侯某等人持羽毛球拍套（内有铁棍）将骑自行车回家的李某某打伤，后被害人经抢救无效死亡。经鉴定，李某某头部受钝性外力作用，导致颅脑损伤死亡。事后，杨某某、王某支付给邵某人民币7万元，邵某分给侯某人民币3.3万元。2014年10月11日，杨某某等人被公安机关查获归案。

【证据分析】

该案的证明难点在于能否认定杨某某雇用他人作案的事实。邵某、侯某到案后，稳定供述承认受杨某某、王某指使对被害人李某某进行报复，但杨某某到案后拒不承认自己实施雇佣、指使行为，形成了证据之间的矛盾。该案中，关键的客观性证据是邵某提供的一支录音笔，其中记录了杨某某等人与其的通话情况，需要对录音资料进行严格审查，准确认定案件事实。（1）录音笔的来源和保管情况。公安机关出具的工作说明、扣押决定书等证据证实，公安机关将邵某抓获后，从邵某处扣押涉案录音笔，邵某供述该录音笔记录了自己与杨某某、王某的对话。经审查，该录音证据的取证主体、取证过程均符合法定程序。(2) 录音笔的鉴定情况。为确认录音的具体内容，公安机关将录音笔移送司法鉴定中心进行鉴定，鉴定中心出具了电子物证检验报告，从中检出录音资料。该录音资料形成于李某某被殴打之后，内容为两名男子与邵某的对话，包括三人对被害人的伤情进行讨论、邵某向两名男子汇报了其他作案人员的去向，其中一名男子说“以后永远不提这事”以及给付钱款情况等。根据录音内容，公安机关又分别提取了杨某某、王某的语音样本，移送物证鉴定中心就录音与两人的语音样本比对，通过声纹鉴定，证明杨某某、王某分别为该录音证据中的说话人；通过与邵某的语言样本进行比对，证明该录音证据中的另一说话人系邵某。上述电子物证检验报告及物证鉴定书均由具有法定资质的鉴定机构和鉴定人员作出，鉴定程序合法，相关鉴定意见应予采信。(3) 录音资料的完整性。该录音资料以数码文件的形式出现，能够显示文件创建的时间，其中部分文件创建和修改时间为 2014 年 7 月 2 日，早于被害人李某某被殴打的时间，从而引发录音资料是否遭到修改的质疑。为此，鉴定机构对录音笔再次进行了勘验，说明录音笔的设置时间与标准时间不符，并不存在剪辑、增加、删改等情况。鉴定人员出具说明，录音资料只能显示录音笔本身的设置时间，并不能说明是实际录制时间，因录音笔关闭、电池取出等原因都可能影响文件生成的时间，只有录音人在录音前准确调校时间，才会使文件的创建时间与实际录音的时间保持一致，故不影响录音资料的完整性。

案例 6

辨认笔录的证据能力审查

——王某、董某某诈骗案

【基本案情】

2015 年 8 月 10 日至 12 日，王某在董某某无法偿还其巨额借款的情况下，通过中间人仲某联系被害人隋某某，以董某某开立股票账户需要短期资金周转为由，安排董某某以借为名骗取隋某某钱款，以实现王某对董某某的债权。2015 年 8 月 11 日，王某以董某某债权人的身份，提前通知法院执行人员，对董某某账户内的钱款进行扣划；同年 8 月 12 日，董某某与隋某某签订《借款合同》，隋某某将人民币 500 万元转入董某某银行账户，董某某随即将该 500 万元转入其在证券公司开立的股票账户；同年 8 月 13 日，法院执行人员根据王某的申请，对董某某股票账户中的 500 万元进行了扣划。2017 年 3 月 3 日，被告人董某某被公安机关查获归案；同年 5 月 1 日，王某被公安机关查获归案。董某某在案发前后共计退还被害人隋某某 13.6 万元。

【证据分析】

该案的证明难点在于能否认定王某诈骗他人钱款的事实。王某到案后，否认其与被害人隋某某进行联系，辩称对董某某诈骗他人钱款并不知情。但是，同案犯董某某供述与多名证人证言相互印证，足以证实王某在董某某无力偿还对其的债务，导致王某亦无力偿还对他人的债务的情况下，以董某某妹妹的名义通过中间人仲某与被害人隋某某取得联系，设计了董某某开立“新三板”股票账户需要短期巨额借款的骗局，并安排董某某来具体实施该骗局。(1) 证人仲某证实，2015 年 8 月 10 日，自称董某某妹妹的董姓女子与其联系，称董某某已到，让仲某尽快安排办理借款。当日，王某、董某某及其妻子宋某乘坐同一车辆到达约定地点，入住某酒店同一套房，董某某、宋某具备听到王某打电话的条件，且二人均指证王某使用董某某的手机，以董某某妹妹的身份联系借款。(2) 同案犯董某某供述及多名证人证言证实，王某要求董某某去签字，在董某某签字借款前就对二人称董某某钱款已到，提前通知法院执行人员对董某某账户内的钱款进行扣划。(3) 同案犯董某某供述及多名证人证言证实，王某在证券公司附近的酒店办理入住。董某某到证券公司办理开户和借款手续时，王某安排他人跟随其到了证券公司楼下。综上，证明王某负责联系借款，并安排董某某办理借款手续各个环节的言词证据，能够相互印证或与在案其他证据印证，且环环相扣，能够排除对董某某诬陷王某的合理怀疑。

该案中，中间人仲某对王某先后做出两份辨认笔录：第一份是2017年6月14日仲某辨认笔录，载明侦查人员向仲某播放了王某讯问同步录音，仲某听后表示王某的声音即与其联系借款开立“新三板”股票账户的董姓女子的声音。第二份是2017年11月28日仲某辨认笔录，侦查人员再次向仲某播放了12名女性的语音资料，仲某从中辨认出王某的声音即其证言中提到的董姓女子的声音。对上述证据存在两种意见：第一种意见认为，仲某在2017年6月14日的辨认笔录不符合辨认规则，应予以排除；2017年11月28日的辨认笔录符合辨认规则，应予采信。第二种意见认为，侦查人员在2017年6月14日向仲某播放了王某讯问同步录音，强化了仲某对王某声音的印象，该份辨认笔录虽被排除，但直接影响仲某2017年11月28日对王某声音辨认的效力，故仲某2017年11月28日的辨认笔录也不应被采纳。经审查，2017年6月14日，侦查人员向仲某播放了王某的讯问同步录音，录音中仅有侦查人员和王某的对话。侦查人员要求仲某从中辨认是否有董姓女子的声音，仲某表示被讯问人王某的声音即董姓女子的声音，该份辨认笔录没有将辨认对象“混杂在具有类似特征的其他对象中”，辨认方法不当，辨认结果真实性存疑，依法不应被采纳。经过此次辨认，仲某对王某声音特征的记忆，具有了形成于辨认前和辨认中的两个可能来源。2017年11月28日，侦查人员要求仲某对王某的声音进行混杂辨认，仲某虽辨认出王某的声音即董姓女子的声音，但不能排除该辨认结果是基于仲某在2017年6月14日对王某声音特征的记忆。同时，辨认材料系12名女性读同一段录音，但因王某系在讯问室内录音，背景安静、声音较低，所读与“新三板”相关的内容较为流畅，与其他11名被辨认人的录音环境、流畅度存在明显差异，该份辨认笔录同样存在诱导嫌疑，亦不应被采纳。

二、判断客观性证据的证明力

在2018年修订的《刑事诉讼法》第50条规定的八大证据种类中，客观性证据已经突破了书证、物证、视听资料、电子数据等实物证据的限制，拓展至鉴定意见、勘验、检查、辨认、侦查实验笔录等言词证据，从强调证据的形式外观到强调实质内容，一经查证属实即可发挥较强的证明力。古代刑事诉讼中，司法人员注意到客观性证据具有优势证明力，这对于传统的“口供中心”证据观念是一个重大突破。南宋郑克在所著的《折狱龟鉴》一书中，就提出“物证”在一定程度上比“人证”的证明力更强，即“按证以人，或容伪焉，故前后令莫能决；证以物，必得实焉，故盗者，始服其罪”①“凡据证折狱者，不唯责问知见情款，又当检勘其事，推验其物，以为证也”，即“法官应结合痕迹、物证（求迹）和推究情理（察情）探明案情真相”。② 当然，客观性证据具备证据能力，并不意味着必然与待证事实相关，也不意味着绝对真实可靠，必须对其证明力进行实质判断。

（一）关联性

古代刑事诉讼制度重视对犯罪现场、尸体和人身的勘验检查，提取与案件

① 王云海：《宋代司法制度》，河南大学出版社1992年版，第220页。

② 闫召华：《口供何以中心——“罪从供定”传统及其文化解读》，载《法制与社会发展》2011年第5期。

事实相关的信息。早在《礼记·月令》中就有关于西周时勘验制度的记载，到了秦代，勘验制度已经普遍实行，初步建立了一套刑事检验制度，“贼死”“经死”“穴盗”“出子”等记载是我国迄今为止发现的最早的刑事勘查记录，内容十分丰富。[①] 司法人员会详细记录现场勘验的人员、现场情况和受害者伤情鉴定，将“赃”“状”的提取过程以“爰书”的形式记录在案，“赃”就是盗窃所得的赃物和贪污受贿等财利，“状”包括加害人所使用的作案工具、被害人死伤的情形等。[②]“叙勘情形，各省不一。或有叙入详内而不绘图者，或叙详而又绘图者，总要分析清楚，令阅者如同目睹。遇盗窃、强奸、杀奸、自刎等案，处处形迹尤须验得确切，叙得明白。”[③] 进入现代社会以来，社会管理的精细化水平明显提高，犯罪分子往往遗留下物证、书证等客观性证据，为司法人员查明认定案件事实提供了便利。与主观性证据相比，客观性证据与待证事实的关联性更为稳定，一旦形成关联，通常不需要担心在诉讼过程中发生变化，只需确认证据的真实性即可。主要体现在两个方面：一是可以排除人为因素的干扰。口供等主观性证据与案件事实的关联较为明显，但其受到自然人的个体认识和表达能力影响较大，一旦出现虚假供述或翻供、翻证等情况，就会影响到案件的最终走向。客观性证据包括绝对客观性证据和相对客观性证据，前者是指证据本身以客观实物为载体，提取、固定后不会因人为因素发生变化，如物证、书证、视听资料、电子数据等实物证据。后者是指证据本身虽然以言词形式呈现，但以可供检验的实物作为评价对象，并且遵循特定的提取程序，如刑事辨认需要遵循禁止暗示、混杂辨认等程序，一般要求见证人在场，被害人、证人事后即使否认先前所作的证言，也难以推翻本人的辨认结论。二是信息来源具有可验证性。主观性证据通过对人的调查来获取其所掌握的证据信息，其内容

---

① 姜登峰：《中国古代证据制度的思想基础及特点分析》，载《证据科学》2013 年第 4 期。

② 祖伟：《中国古代证据制度及其理据研究》，法律出版社 2013 年版，第 57~65 页。

③ 郭成伟主编：《官箴书点评与官箴文化研究》，中国法制出版社 2000 年版，第 159~160 页。

来源于过去发生的案件事实，人的认知会随着外部环境和内在动机的变化而发生改变，即使其中包含虚假成分，也难以进行直接验证。客观性证据是客观事物本身或对其进行分析描述，一旦对案件事实形成证明之后，不容易被推翻或者发生改变，与反映在人脑中的“无形”感知、记忆及表达存在明显差别。如鉴定意见是鉴定人根据专业知识对客观之物作出的认知，判断的来源是客观物体的性状与特征，在鉴定条件、样本相同的情况下，同一鉴定人很难改变自己曾经作出的鉴定意见。

刑事案件发生后，客观性证据受自然条件、设备存储空间、存储周期等客观因素影响较大，极为容易灭失，如果仅仅以锁定、抓获犯罪嫌疑人为重点，忽视对客观性证据的收集审查，将会因没有及时调取而导致证据灭失。对于客观性证据数量繁多、类型复杂的案件，应当在及时提取、固定证据的基础上，借助专业软件、设备等科技手段辅助审查，过滤与待证事实无关的冗余信息，检索与待证事实相关的关键信息。重点审查以下证据类型：

第一，现场监控视频。2021 年《最高人民法院关于适用〈中华人民共和国刑事诉讼法〉的解释》第 108 条规定，对视听资料应当着重审查以下内容……内容与案件事实有无关联。当前，视频监控技术广泛应用于社会生活的各个领域，能够实时、形象、动态地反映客观情况，并通过储存介质记录下来，成为一种证明案件事实的“科技证据”。例如，案发现场的监控录像将犯罪的原始状况客观、准确、充分地记录下来，特别是高清摄像头（采取人脸识别技术）拍摄的视听资料，能够展现与案件有关的人像、声音、行踪甚至案件发生的全部过程，成为定案的关键证据。

第二，网络通信记录。2016 年最高人民法院、最高人民检察院、公安部《关于办理刑事案件收集提取和审查判断电子数据若干问题的规定》第 2 条规定，人民检察院、人民法院应当围绕真实性、合法性、关联性审查判断电子数据。信息技术时代，犯罪分子的作案手段逐渐从“线下”转变为“线上”“线下”并重，利用互联网实施的非法集资犯罪、侵犯公民个人信息犯罪、电信诈骗犯罪日趋增多。有别于传统犯罪案件的“一元性”特征（即着手实施犯罪、完成犯罪过程、犯罪结果发生均在现实物理空间），网络犯罪在空间上则呈现“二元性”特征——犯罪实施者处于现实物理空间，而犯罪行为是通过虚拟空间来实现。[①] 很多案件中，从犯罪嫌疑人的手机、电脑或云盘等处提取到的通信记录等大量电子数据，是以数字化形态存在的“虚拟证据”，能够借助一定的储存介质，通过不同编码的数字信号借助终端反映出来，对于证明犯罪嫌疑人的主观明知、非法占有目的具有重要作用。

第三，血迹、体液、毛发、指纹等生物样本。2021 年《最高人民法院关于适用〈中华人民共和国刑事诉讼法〉的解释》第 82 条规定，对物证、书证应当着重审查以下内容……对现场遗留与犯罪有关的具备鉴定条件的血迹、体液、毛发、指纹等生物样本、痕迹、物品，是否已作 DNA 鉴定、指纹鉴定等，并与被告人或者被害人的相应生物特征、物品等比对。第 97 条规定，对鉴定意见应当着重审查以下内容……鉴定意见与案件事实有无关联。2013 年最高人民法院《关于建立健全防范刑事冤假错案工作机制的意见》第 9 条规定，现场遗留的可能与犯罪有关的指纹、血迹、精斑、毛发等证据，未通过指纹鉴定、DNA 鉴定等方式与被告人、被害人的相应样本作同一认定的，不得作为定案的根据。生物样本的关联性主要体现在同一认定方面，即检材与涉案人员、物品、痕迹是否具备同一性，如法医物证鉴定的指纹是否从作案凶器上提取，血迹是否从犯罪现场提取等。

第四，合同文件。2021 年《最高人民法院关于适用〈中华人民共和国刑事诉讼法〉的解释》第 82 条规定，对物证、书证应当着重审查以下内容……与案件事实有无关联……经济犯罪案件中，犯罪嫌疑人以公司化形式实施犯罪的占

① 王志刚：《论补强证据规则在网络犯罪证明体系中的构建——以被追诉人身份认定为中心》，载《河北法学》2015 年第 11 期。

据相当比例，涉案公司通常设立办公室、财务部、销售部、项目部等职能部门，甚至在各地设立不同层级的下属单位（分公司、子公司），形成任命通知、规章制度、财务资料、会议记录、审批表、宣传资料、投资合同、项目合作协议等海量公司文件。需要审查从涉案公司、犯罪嫌疑人居住地起获的合同文件，重点发现能够体现人身关联性的信息，包括犯罪嫌疑人的签名、印章、指印等，如犯罪嫌疑人签名的任职承诺书、刷卡购物小票等，可以证明“主观明知”“非法占有目的”等主观事实要素；入职合同、任职文件、离职证明、工资发放和提成记录等，可以认定相关人员的任职时间、具体作用和违法所得数额等。

（二）真实性和完整性

封建社会，券证等文书在诉讼过程中发挥着重要的证明作用，“争田之讼，税籍可以为证；分财之讼，丁籍可以为证”。[①] 与此同时，司法人员认识到券证等文书“真伪并存”的可能性，“证佐可凭也，而多贿托；契约可凭也，而多伪赝；官册可凭也，而多偷丈；族谱可凭也，而多裁估”。[②] 有的业主变造书契，“或浓淡其墨迹，或异同其笔画，或隐匿其产数，或变易其土名，或漏落差舛其步亩四至。凡此等类，未易殚述”。[③] 司法人员会从不同角度对书证进行分析，除了书证的内容之外，通过仔细查看田契上的印章和字迹，发现“墨浮朱上”，从而断定“必先盗用印而后书之”；或是根据年代久远的纸张虽然发黄变色，但内里依然是白色这一基本事理，断定相关契约系伪造。[④] 现代刑事诉讼中，客观性证据对于事实认定的影响日趋增大，对证据真实性的审查要求随之提高。客观性证据的真实性包括形式真实和内容真实两个方面，前者是指证据本身不是伪造的，后者是指证据所表达的内容符合真实情况。2021 年《最高人

① 栾时春：《宋代证据制度研究》，法律出版社 2017 年版，第 47 页。

② （清）徐栋：《牧令书》，清道光二十八年刊本，转引自官箴书集成编纂委员会编：《官箴书集成（第 7 册）》，黄山书社 1997 年版，第 382 页。

③ 中国社会科学院历史研究所：《名公书判清明集》，中华书局 1987 年版，第 152 页。

④ 胡平仁：《中国传统诉讼艺术》，北京大学出版社 2017 年版，第 194 页。

民法院关于适用〈中华人民共和国刑事诉讼法〉的解释》的相关规定包括：(1) 鉴定意见。第97条规定，对鉴定意见应当着重审查鉴定意见与勘验、检查笔录及相关照片等其他证据是否矛盾；存在矛盾的，能否得到合理解释。(2) 勘验、检查笔录。第102条规定，对勘验、检查笔录应当着重审查现场、物品、痕迹等是否伪造、有无破坏；人身特征、伤害情况、生理状态有无伪装或者变化等。补充进行勘验、检查的，是否说明了再次勘验、检查的原由，前后勘验、检查的情况是否矛盾。(3) 辨认笔录。第105条规定，辨认笔录违反有关规定、不能确定辨认笔录真实性的其他情形，不得作为定案的根据。(4) 侦查实验笔录。第107条规定，侦查实验的条件与事件发生时的条件有明显差异，或者存在影响实验结论科学性的其他情形的，侦查实验笔录不得作为定案的根据。(5) 视听资料、电子数据。第109条、第114条规定，对视听资料应当着重审查内容和制作过程是否真实。对电子数据应当着重审查电子数据内容是否真实。视听资料、电子数据经审查无法确定真伪的，不得作为定案的根据。[①] 为此，不仅要确认客观性证据的形式真实，更要对其内容真实进行实质审查。重点审查以下证据类型：

第一，价格认定报告。2013年《最高人民法院、最高人民检察院关于办理盗窃刑事案件适用法律若干问题的解释》第4条规定，被盗财物有有效价格证明的，根据有效价格证明认定；无有效价格证明，或者根据价格证明认定盗窃数额明显不合理的，应当按照有关规定委托估价机构估价。涉案财物已经被犯罪嫌疑人变卖、损毁或灭失，相关价格凭证（例如购买发票、入账记录等）亦无法起获，需要委托相应的机构进行价格认定，对于数额犯的定罪量刑具有关

① 2016年最高人民法院、最高人民检察院、公安部《关于办理刑事案件收集提取和审查判断电子数据若干问题的规定》第22条规定，对电子数据是否真实，应当着重审查以下内容：(1) 是否移送原始存储介质；在原始存储介质无法封存、不便移动时，有无说明原因，并注明收集、提取过程及原始存储介质的存放地点或者电子数据的来源等情况；(2) 电子数据是否具有数字签名、数字证书等特殊标识；(3) 电子数据的收集、提取过程是否可以重现；(4) 电子数据如有增加、删除、修改等情形的，是否附有说明；(5) 电子数据的完整性是否可以保证。

键意义。对于价格认定报告的证据种类存在争议：一种观点认为，价格认定报告在证据形式上属于鉴定意见或检验报告；另一种观点认为，价格认定报告在证据形式上属于公文书证。[①] 笔者认为，价格认定是指经有关国家机关提出，价格认定机构对纪检监察、司法、行政工作中所涉及的，价格不明或者价格有争议的，实行市场调节价的有形产品、无形资产和各类有偿服务进行价格确认，可以纳入公文书证的范畴。[②] 实践中，价格认定报告同样存在错误的可能性，如未对标的物进行全面查验、核实，仅依据提出机关的委托认定意见即出具报告；对认定过程和方法概括表述、格式化表述甚至不予表述，直接得出不合常理的结论；认定结论与在案其他证据存在矛盾且未得到合理解释等。对价格认定报告的内容存在疑问的，应通过查阅书证、询问价格认定人员、被害人等方法，核实涉案财物作价的时间基准点、认定方法和标准是否合理，价格的采样是否充分、是否进行折旧等，最终确定能否作为定案的根据。

第二，户籍证明。户籍证明属于公安机关出具的公文书证，即有权机关依据法律授权，按照法定程序或方式制作出具的书面证明材料。刑事诉讼遵循严格证明标准，由于公文书证的层级各异、类型多样，是否具有内容真实性不能一概而论。根据2019年《人民检察院刑事诉讼规则》第401条规定，除了“人民法院生效裁判所确认并且未依审判监督程序重新审理的事实”之外，公文书证的内容并不属于免证事实。实践中，有相当一部分户籍证明存在异议情形，使案件中的年龄认定问题出现分歧甚至陷入困局，包括人为错报出生日期，户

① 李引泉：《价格认定结论书属于书证》，载《检察日报》2017年3月27日，第3版。

② 2015年国家发展改革委《价格认定规定》第3条规定，对下列情形中涉及的作为定案依据或者关键证据的有形产品、无形资产和各类有偿服务价格不明或者价格有争议的，经有关国家机关提出后，价格认定机构应当进行价格认定：（一）涉嫌违纪案件；（二）涉嫌刑事案件……第24条规定，价格认定机构办理价格认定事项不得收取任何费用。第25条规定，价格认定工作所需经费纳入同级财政预算管理。第18条规定，价格认定机构作出的价格认定结论，经提出机关确认后，作为纪检监察、司法和行政工作的依据。第19条规定，价格认定提出机关对价格认定结论有异议的，可在收到价格认定结论之日起60日内，向上一级价格认定机构提出复核。

籍证明原始信息采集、传递、录入错误，同一人有多户籍等。[①] 2010 年最高人民法院、最高人民检察院、公安部、国家安全部、司法部《关于办理死刑案件审查判断证据若干问题的规定》第 40 条规定，审查被告人实施犯罪时是否已满十八周岁，一般应当以户籍证明为依据；对户籍证明有异议，并有经查证属实的出生证明文件、无利害关系人的证言等证据证明被告人不满十八周岁的，应认定被告人不满十八周岁；没有户籍证明以及出生证明文件的，应当根据人口普查登记、无利害关系人的证言等证据综合进行判断，必要时，可以进行骨龄鉴定，并将结果作为判断被告人年龄的参考。2021 年《最高人民法院关于适用〈中华人民共和国刑事诉讼法〉的解释》第 146 条规定，审查被告人实施被指控的犯罪时或者审判时是否达到相应法定责任年龄，应当根据户籍证明、出生证明文件、学籍卡、人口普查登记、无利害关系人的证言等证据综合判断。犯罪嫌疑人或被害人的年龄认定应当首先以户籍证明为准，考虑到户籍证明有可能在其原始生成阶段因为种种原因而造成错误，不能认为具备绝对真实性，要借助其他证据多方核实，准确认定相关人员的年龄。

第三，交通事故认定书。在交通肇事罪这一常见犯罪中，交通事故认定书作为公安机关依法制作的行政判断性法律文书，同样存在出现“轻责重定”“重责轻定”的可能性，在刑事诉讼中并不具备绝对的证明力。行为人违反交通运输管理法规发生重大交通事故后，司法人员要在交通事故认定书的基础上，综合全案证据分清事故责任，确定行为人负事故同等责任、主要责任还是全部责任。既要看肇事双方有哪些违章行为，又要分析其与事故的发生之间的因果关系；既要综合赔偿的因素，又要对主次责任进行客观的评判，要尊重交警部门的意见，但又不能盲从。[②]

第四，公司文件、合同、借条、收条等。上述证据属于私人书证，即具有

① 郑玉：《户籍证明异议：少年司法中的“幽灵抗辩”》，载《青少年犯罪问题》2016 年第 1 期。

② 许祥刚、柯卫东：《审查〈交通事故责任认定书〉重在“四看”》，载《检察日报》2011 年 1 月 4 日，第 3 版。

民事行为能力和民事责任能力的自然人制作的有关文书，对于上述证据不应径行采信，应当综合全案证据对其记载的内容进行实质审查。意思表示作为民事法律行为的核心要素，包括意思表示真实和意思表示不真实两种情形，意思表示不真实又可以分为真意保留、虚假行为和隐藏行为等，能够产生不同的民事法律后果，对于刑事判断亦具有重要意义。① 由于私人书证在形式上没有特殊要求，制作的程序相对简单，在制作主体与案件处理结果存在利害关系，所受教育程度差异、疏忽大意、主观恶意、诱惑和胁迫等情况下，容易出现内容不完整、意思表示不明确、内容虚假等情形。例如，被害公司会出具加盖公司印章的情况说明、会议纪要等，该份证据从形式上属于书证，但从证明力上等同于被害人陈述。再如，对于缺乏银行转账记录支持的欠条、收条，并不能因其属于书证而直接认可记载的内容。

第五，审计报告。审计报告是指在诉讼活动中，为了查明案情，指派或聘请具有财务会计专门知识的人员，对案件中需要解决的财务会计问题进行鉴别判断的一项审计活动。审计的问题虽然与案件事实密切相关，但不具备天然的证明力。近年来，经济金融犯罪案件呈现多发高发态势，犯罪手段日益隐蔽复杂，涉案合同文件、银行账目、电子数据等证据趋于海量化，审计的难度不断增加。由于司法人员财务会计业务知识的匮乏，在诉讼的各个环节普遍存在过于依赖审计报告，疏于对其他证据审查判断的情况，一旦审计报告的内容存在疏漏，极有可能造成事实认定错误。② 审计报告实质上是从审计资料中提取相关信息、还原事实真相的过程，这些审计资料可能是大量银行转账记录或合同，也可能是根据电子数据鉴定意见作出的“二重审计”，要对原始资料的真实性、完整性进行审查，必要时引导审计人员补充和完善相应审计事项。以非法集资犯罪案件为例，集资参与人数和集资数额属于待证的关键事实，在审查审计报

① 杜邈：《刑民交叉型诈骗犯罪的司法认定》，载《中国刑事法杂志》2020 年第 3 期。

② 李为民：《单一司法会计鉴定不能形成定罪证据链》，载《中国商报》2017 年 8 月 24 日，第 8 版。

告时，首先要确定犯罪嫌疑人非法吸收公众资金的收付款账户，即所谓的“资金池”，进而全面、完整调取银行转账记录等财务资料。“资金池”是指将不同来源与流向的资金归集在一处，保持“池”中资金量基本稳定的资金集中管理方式。[①] 主要有两种方式确定“资金池”：一是通过犯罪嫌疑人供述、证人证言，如犯罪嫌疑人的近亲属、公司财务人员、核心管理人员等言词性证据确定；二是根据投资人的银行转账记录等客观性证据来确定，如果案件情况复杂，需要将二者结合起来予以认定。有的案件中，犯罪嫌疑人除了使用本人或涉案公司账户之外，还会使用其他人员账户或关联公司账户用于吸收资金或返利，这些账户可能表面上与本人、涉案公司并无关联性，如果未将相关账户全部计入，对涉案资金往来的审计报告必然存在偏差。

第六，电子数据鉴定意见。电子数据的真实性包含三个不同的层面：电子证据载体的真实性、电子数据的真实性和电子证据内容的真实性。[②] 2016 年最高人民法院、最高人民检察院、公安部《关于办理刑事案件收集提取和审查判断电子数据若干问题的规定》第 28 条规定，电子数据具有下列情形之一的，不得作为定案的根据：（1）电子数据系篡改、伪造或者无法确定真伪的；（2）电子数据有增加、删除、修改等情形，影响电子数据真实性的；（3）其他无法保证电子数据真实性的情形。2021 年《最高人民法院关于适用〈中华人民共和国刑事诉讼法〉的解释》第 109 条、第 114 条规定，视听资料、电子数据经审查无法确定真伪的，不得作为定案的根据。作为一种特殊的证据种类，电子数据具有易于篡改、毁损等特点，如果在生成、处理、储存、复制的过程中发生改变，仅通过形式外观难以察觉，需要对其内容真实性进行重点审查。实践中，要对电子数据的原始样态进行审查，防止出现两种情形：一是“篡改”或“伪造”，即电子数据的内容原本是不存在的，完全背离了真实状况；二是“增加、

① 刘宪权：《互联网金融平台的刑事风险及责任边界》，载《环球法律评论》2016 年第 5 期。

② 储福民：《电子证据真实性的三个层面——以刑事诉讼为例的分析》，载《法学研究》2018 年第 4 期。

删除、修改”，在已有的电子数据上添加、改动、删除部分数据，使其所反映事实的完整性产生改变。电子数据真实性的审查方法既包括查验原始存储介质、提取录像等传统方法，也包括哈希值（Hash）校验等技术性方法。哈希值是通过对电子数据内容进行加密运算得到的一组二进制值，具有定长、不可逆的特点，主要是用于文件校验或签名，不同的电子数据（哪怕细微的差异）得到的哈希值均不相同，如果哈希值不变，就能够说明电子数据的完整性。

案例 7

现场血迹的关联性审查

——邱某故意伤害案

【基本案情】

邱某与被害人崔某（男，殁年29岁）系男女朋友关系，后因感情纠纷产生矛盾。2014年2月4日晚，邱某与崔某共同用餐后来到邱某住所。2月5日凌晨4时许，邱某与崔某再次发生争执，崔某欲行离开，邱某遂到厨房取出一把尖刀并进行阻拦，过程中，邱某持尖刀在其卧室内扎刺崔某左侧胸部一刀，后邱某立即拨打急救中心电话，医务人员到达现场后，检查发现崔某已死亡，遂报警。经鉴定，崔某系被他人用单刃锐器刺伤心脏致急性失血性休克死亡。邱某在得知医务人员已报警的情况下，在案发现场等候，后被到达现场的民警查获归案。

【证据分析】

该案的证明难点在于能否认定邱某故意伤害的事实。邱某供述与现场勘验笔录、鉴定意见、书证、物证等客观性证据相互印证。主要包括：(1) 邱某到案后稳定供述其持尖刀扎刺被害人胸部一刀，鉴定意见表明，作案凶器单刃刀刀尖上血迹为被害人所留，刀柄拭子检测脱落细胞为两人的DNA混合。(2) 邱某供述其在居住的卧室内作案，与现场勘验笔录显示的尸体方位、血迹形态一致。(3) 邱某供述被害人于案发当日零时许进食，于4时左右死亡，与法医说明的被害人死亡时间相互一致。(4) 在邱某所住房间内提取尖刀一把，与鉴定意见显示的被害人创口相互吻合。但是，在案证据存在两处矛盾：一是邱某曾经供述其"握着刀的右手从上至下对着被害人的身体抡了一下"，但尸体鉴定意见显示，被害人致命伤的刀口形状为斜横向，邱某后解释其当时慌张，记不清具体的发力方向。二是根据邱某供述，其在被害人背对房门时扎刺被害人，但现场勘验笔录和证人证言证明，被害人被发现时面对房门，对此邱某解释为被害人被扎刺后自行转身。据此，被害人近亲属和诉讼代理人提出邱某预谋杀害崔某的意见，即邱某趁崔某躺在床上休息之际，从上往下持刀扎刺崔某致其死亡，后实施移动尸体、伪造现场等行为。

案件办理过程中，应当对现场血迹的形态、方位进行重点审查，通过其中蕴含的信息还原犯罪行为。(1) 被害人身体及其附近的血迹。现场勘验笔录和现场照片证实，"死者左腋下地面上有片状红色斑迹，对其中一点状滴落斑迹(1cm×1cm) 进行提取，死者裤子上裆部及大腿位置均有红色斑迹……其中右脚穿一蓝色塑料拖鞋，拖鞋上有点状 (1cm×1cm) 滴落红色斑迹……死者左脚北侧15cm处地面上有一男式蓝色塑料拖鞋，鞋背上有红色斑迹 (1cm×3cm)，对上述红色斑迹进行提取"。崔某血迹主要分布在现场地面和裤子、鞋背等处，且均为滴落状血迹，在床上等处并无喷溅状血迹，可见崔某被扎刺时处于站立状态，与邱某供述的犯罪情节一致，不能认定是被害人躺在床上时遭到侵害。同时，上述血迹分布自然，并无清扫、伪造痕迹。(2) 作案工具上的血迹。现场勘验笔录记载，"东侧窗台下灶台台面上摆放一刀具架，刀架上刀具有缺失""勘查过程中在杂物箱内发现一把单刃刀，刀全长28cm，刀刃长13cm，刀把长15cm，刀把白色，刀尖有红色斑迹并粘有白色羽毛，对该刀进行提取"。由于作案工具摆放于离邱某和被害人发生争执不远的厨房，且邱某案发后将工具丢弃于现场，即呼叫现场附近人员、拨打"120"，符合情急下顺手拿刀的特征，不能认定其具有预谋作案的情节。（3）衣柜上的血迹。现场勘验笔录记载“靠东墙由南向北依次摆放书柜、鱼缸及四个衣柜，其中由北侧第二个衣柜北侧门上有一2cm×1cm红色斑迹……对该红色斑迹进行提取”。上述衣柜位于卧室房门附近，其上有崔某的擦蹭状血迹，可以推断出崔某受伤后仍用手支撑衣柜进行活动，支持邱某提出的合理解释。综上，通过客观性证据能够验证邱某供述的真实性，最终得出其构成故意伤害罪的结论。

案例8

电子数据的关联性审查

——李某利用未公开信息交易案

【基本案情】

2012年7月至2016年3月，李某在A资产公司先后担任股票投资部投资经理、权益投资部副总经理、总经理，其间负责管理操作相关证券账户项下的多个投资组合，因所任职务而掌握该资产公司利用上述组合账户进行股票交易的投资股票的名称、数量、交易价格以及买卖时点等方面的信息。李某违反规定，利用其所掌握的上述未公开信息，使用其实际控制的“李某1”“李某2”“李某3”三个证券账户，先于或同期于其管理操作的某资产公司相关证券账户买卖相同股票，共计趋同交易股票245只，趋同成交金额人民币18亿余元，从中获利2000余万元。2018年2月11日，李某向公安机关自动投案。

【证据分析】

该案的证明难点在于能否认定李某操作涉案股票账户进行交易的事实。在案证据主要包括：（1）证监会出具的认定函等材料证明，李某管理操作的相关证券账户进行股票交易的信息包括投资股票的名称、数量、交易价格及买卖时点等信息属于未公开信息。（2）上海证券交易所和深圳证券交易所出具的李某实际控制涉案证券账户的趋同交易数据统计证明，“李某1”“李某2”“李某3”三个证券账户的趋同交易情况。(3) 某证券股份有限公司出具“李某1”“李某2”“李某3”名下证券账户资料及交易明细证明上述涉案账户的开户情况及2012年至2016年涉案证券账户主要通过手机下单交易，其中显示使用的手机号为：139××××××13、182××××××23、186××××××47。(4) 李某1等证人证言显示，“李某1”“李某2”“李某3”三个证券账户均系李某借用或应其要求开设，但不清楚股票交易的具体情况。

根据三个涉案股票账户的历史委托明细，2012年至2016年，三个账户共下单9869笔，“李某1”账户主要使用手机下单的委托方式，使用了139××××××13、182××××××23两个手机号码下单，约占总下单笔数的93.84%，“李某2”“李某3”两个账户均使用了186××××××47的手机号码下单，约占总下单笔数0.11%，其余少量采用电脑或柜台下单方式。李某到案后，仅供认139××××××13手机号码为其使用，不清楚另两个手机号码的使用情况。由于另两个号码均为非实名号码，需要通过客观性证据建立李某与涉案手机号码的关联性。(1) 李某与手机号码139××××××13的关联性。李某供认该手机号码一直是由其使用。通过移动公司查询，该号码户主为李某的父亲，李某父亲证实该号码一直由李某使用，李某的母亲、小舅、表妹、同事均证实该号码为李某使用。李某在两家银行开户资料所留的电话号码为该号码；李某任职单位通讯录中记载的电话号码亦是该号码。(2) 李某与手机号码182××××××23的关联性。李某在侦查阶段曾供认这个手机号码是自己购买，用于汽车摇号，后推翻先前供述。但是，对李某所使用手机进行电子取证时，在手机通讯录中输入该号码，显示为“我”；由于该号码目前已停机，手机名址和短信查询均无结果，通过公安网查询发现，该号码在李某的汽车摇号信息中出现，从而建立起人身关联性。(3) 李某与手机号码186××××××47的关联性。李某供称对这个手机号码没有什么印象，通过联通公司查询该号码户主为郑某，通过公安网查询，发现该号码在李某车牌摇号信息中亦有体现。根据一般社会常识，如果李某与这些号码没有关系，不会用其注册、绑定汽车摇号信息，更不会在自己的手机通讯录中标注为“我”，据此可以认定李某使用上述手机号码下单操作股票。

案例 9

书证的关联性审查

——林某国有公司人员滥用职权案

【基本案情】

林某系 A 公司（国有公司）部门经理。2015 年 4 月，A 公司与他人签订商品购销合同，由林某所在的部门负责商品购销和仓储保管业务。2015 年下半年至 2016 年 7 月，林某伙同他人，在对方当事人拖欠巨额货款的情况下，仍然违反公司规定开展商品购销、仓储管理等工作，给 A 公司造成巨额经济损失。2016 年 7 月 14 日，林某被公安机关查获归案。

【证据分析】

该案的证明难点在于能否认定林某明知公司规定的事实。林某到案后供述存在反复，提出其不明知公司规定等辩解。A 公司出具书面材料，说明按照公司的日常经营管理制度，相关规定会在会议中向部门经理传达，再由部门经理向部门内部进行宣贯，林某理应知晓其岗位职责。但是，该书证系涉案单位一方出具，并不具备绝对的证明力，需要综合客观性证据进行分析。（1）公司组织结构图、部门职责及各岗位职责，业务采购、付款及入库流程、销售及出库流程和工作说明等，证明林某应严格按照业务流程开展工作，确保安全、合法经营，并且保障仓储的账、物相符合。上述文件制定的日期为案发之前，部分文件有林某本人签字，不仅建立了林某与公司规定之间的关联，而且排除了公司在案发后完善制度的可能性。（2）调取的多份货物出库单、验收单上有林某的签字，上述证据均为货物交易过程中形成，证明林某等人明知并长期执行公司确保安全经营以及业务流程的有关规定。(3) 经理办公会纪要、专题会议纪要等材料，证明林某曾经参加上述会议，研究制定公司的相关规章制度，如“为避免提货风险，制定完善的管控措施和业务流程，以确保货物安全和资金安全”。(4) 公司财务和包括林某在内的部门经理设立了工作通信群组，经调取聊天截图，证实公司财务人员曾在通信群组中专门发出通知，要求所有商品应当进行定期盘点，出库单据应当全部录入系统，确保数据的准确性。通过对上述证据的分析，即使林某拒不供认，亦能认定其明知公司相关规定。

案例 10

书证的关联性审查

——何某某非法吸收公众存款案

【基本案情】

2015 年 9 月至 2016 年 1 月，何某某伙同高某某（另案处理）等人，以个人资金出借到期高价回收为卖点，以 A 金融服务外包公司（以下简称 A 公司）和 B 投资基金管理公司（以下简称 B 公司）的名义，先后与 50 余名集资参与人签订《个人出借咨询与服务协议》等用以吸收公众资金。截至案发，共吸收资金人民币 654 万余元，造成集资参与人经济损失人民币 608 万余元。2016 年 1 月 22 日，何某某被公安机关查获归案。

【证据分析】

该案的证明难点在于能否认定何某某系涉案公司实际控制人的事实。何某某辩称高某某系涉案公司的实际控制人，其本人不参与经营管理，仅是向高某某介绍投资项目。与此同时，高某某指认何某某系涉案公司的实际控制人，由于其他同案犯尚未到案，导致形成了“一对一”证据。但是，综合书证等客观性证据，能够认定何某某与涉案公司存在密切关联，系涉案公司的实际控制人。（1）A公司办公场所起获的宣传资料显示，何某某被标注为某中小企业综合服务平台的董事长，该平台包括涉案的A公司、B公司，以及何某某名下的C化工公司、D资产管理公司等。多张照片显示，何某某曾参加A公司举办的融资项目启动仪式，且在主席台就座。（2）工商登记资料、投资理财合同、担保协议等显示，A公司系何某某从他人处收购，而A公司与集资参与人签订投资理财合同的担保公司，亦与何某某本人或其近亲属密切相关。此外，何某某名下另有C化工公司、D资产管理公司，多名业务经理于2015年10月成为上述公司的股东，足以证明何某某与非法集资团队存在紧密联系。（3）欠条、鉴定意见显示，涉案公司在后期资金链断裂时，何某某出面向集资参与人承诺还钱，并在欠条上签字。（4）司法审计报告、银行转账记录证实，涉案公司账户直接转出给何某某或其名下公司账户钱款共计人民币120余万元。综上，从该案书证中可以挖掘出大量信息，与同案犯供述相互印证，足以证明何某某系涉案公司的实际控制人。

案例11

户籍证明的真实性审查

——黄某某绑架案[①]

【基本案情】

黄某某1990年9月23日出生。2008年8月，黄某某提议绑架前女友许某某以勒索财物，伍某某表示同意。两人为此进行多次商议，决定杀死许某某再勒索财物。同年9月13日晚，黄某某、伍某某从A镇一起来到B镇。当天20时许，黄某某将许某某骗至伍某某选定的B镇某变电房内，与伍某某一起掐昏

① 聂昭伟：《多种证据材料互相矛盾时的被告人年龄认定》，载《人民司法·案例》2010年第14期。

许某某，从许某某身上搜得60余元现金及一部手机。随后两人将许某某捆绑后扔入附近的河中，致被害人许某某溺水死亡。14日10时许，黄某某打电话给许某某的外婆索要人民币5万元。14日下午，黄某某去约定地点取赎金时被抓获。当天晚上，在黄某某的协助下，公安机关在某网吧抓获伍某某。

浙江省温州市中级人民法院经审理认为，被告人伍某某、黄某某以勒索财物为目的绑架他人，并杀害人质，其行为已构成绑架罪。其中，被告人黄某某犯绑架罪，判处无期徒刑，剥夺政治权利终身，并处没收个人全部财产。一审判决后，被告人伍某某不服，提出上诉。浙江省高级人民法院裁定驳回被告人伍某某的上诉，维持原判。

【证据分析】

该案的证明难点在于能否认定黄某某作案时年满18周岁。证明黄某某年龄的证据主要有：（1）户籍证明反映黄某某出生于1990年8月11日；（2）《某卫生院妇产科分娩登记表》复印件证明，黄某某出生于1990年9月23日；（3）《黄氏宗谱》反映，黄某某出生于共和庚午年八月初五，即1990年9月23日；（4）温州市人民检察院文件检验报告证明，送检的《黄氏宗谱》不是近年制作。关于被告人黄某某的出生年月，尽管户籍证明显示其出生于1990年8月11日，但该户籍证明系2003年补申报，而作为申报依据的《出生医学证明》是2003年出具，在客观真实性上明显不足。相反，证明黄某某出生于1990年9月23日的《某卫生院妇产科分娩登记表》系出生当时所填写，《黄氏宗谱》经鉴定亦是早年形成，二者最能反映黄某某出生时的真实情况。在这种情况下，应当排除户籍证明这一公文书证，以其他证据认定被告人黄某某出生于1990年9月23日，作案时未满18周岁。

案例 12

价格认定报告的真实性审查

——张某某等人盗窃案[①]

【基本案情】

2015 年 8 月至 9 月，张某某、易某、乐某伙同丁某某（另案处理）预谋至某市某画廊盗窃字画。2015 年 10 月 9 日 22 时，易某、乐某驾驶由张某某提供的车辆到达某市，10 月 10 日 2 时许，易某、乐某至该画廊，并攀爬至画廊二楼平台，采用“窗口钓鱼”的手段，窃得被害人姚某某所有的书法作品 3 幅，经鉴定，所窃财物价值人民币 223000 元。作案后，3 幅书法作品藏匿于张某某位于某大厦的公司内。案发后，被盗 3 幅书法作品全部由公安机关追缴并发还被害人。

一审宣判后，被告人张某某及其辩护人提出，公安机关在委托评估时对涉案书法作品的真假没有认定，博物馆专家不具备鉴定涉案书法作品真伪的资质，市价格认证中心没有鉴定书法作品真假的能力和资质，其作出的价格鉴定意见不能作为定罪量刑的依据。在没有确定涉案书法作品真伪的情况下认定盗窃价值是错误的，请求重新鉴定真伪及价格。张某某有立功表现，系从犯，归案后如实交代，有坦白情节，且被窃物品均被追回，社会危害不大，请求从轻处罚。湖州市人民检察院认为，本案事实清楚，证据确实、充分，一审定罪正确；上诉人张某某的行为不构成立功表现，但可酌情从轻处罚；上诉人张某某不是从犯；本案被窃书法作品价值人民币 12200 元，属数额较大，一审判决量刑畸重，建议二审法院依法改判。湖州市中级人民法院经审理查明上诉人张某某及原审被告人易某、乐某盗窃的事实与一审相同。另查明，上诉人及原审被告人盗窃

---

① 陈克娥、沈怡侃：《［第 1215 号］张某某等人盗窃案——盗窃案中书法作品价格鉴定意见的审查》，载最高人民法院刑事审判第一、二、三、四、五庭主办：《刑事审判参考（总第 111 集）》，法律出版社 2018 年版，第 77~84 页。

的 3 幅书法作品，其中两幅经鉴定，价值人民币 12200 元。判决如下：一、维持原判对上诉人张某某、原审被告人易某、乐某的定罪部分，撤销量刑部分。二、上诉人张某某犯盗窃罪，判处有期徒刑一年三个月，并处罚金人民币 5000 元。三、原审被告人易某犯盗窃罪，判处有期徒刑一年四个月，并处罚金人民币 5000 元。四、原审被告人乐某犯盗窃罪，判处有期徒刑一年，并处罚金人民币 5000 元。

【证据分析】

该案的证明难点在于如何认定张某某等人的盗窃犯罪数额。涉案的 3 幅书法作品经同一价格认证机构鉴定出两种不同的价格，且相差较大。一审期间公安机关将书法作品送交市价格认证中心进行价格鉴定，市价格认证中心另聘请市博物馆两位资深馆员对 3 幅书法作品进行实物勘查，确定一幅为明代杨继盛草书立轴，价值 16.5 万元；一幅为近代民国蔡元培行书立轴，价值 5 万元；一幅为现代曾密行书，价值 0.8 万元，3 幅被盗书法作品共计价值 22.3 万元。二审期间，二审法院将被盗书法作品委托省文物鉴定审核办公室检验，认定其中两幅为赝品，然后委托市价格认证中心进行鉴定，最终确定杨继盛书法作品价值 1.2 万元，蔡元培书法作品价值 200 元，另有一幅曾密书法作品，因书法作品鉴定专家对真伪提出了不同的意见，故价格认证中心对该书法作品未提出具体的评估价格，被盗书法作品共计价值 1.22 万元。二审法院在进一步查清案件事实的基础上采信第二份价格认定意见是妥当的。具体理由如下。

一是第一份价格鉴定意见存在无法排除的合理怀疑。一审法院采信的价格鉴定意见有以下疑问：(1) 失主陈述购买杨继盛书法作品价格为 16.5 万元，价格鉴定意见书也认定价值为 16.5 万元，而失主后又改口称购买价为 1.38 万元；失主陈述购买蔡元培书法作品价格为 8 万元，价格鉴定意见书认定价值为 5 万元，后失主又改口称购买价为 1.68 万元。失主到底以何种价格购得该书法作品不清。(2) 失主陈述杨继盛、蔡元培书法作品为拍卖所得，但没有相应的书面证据予以印证；失主原陈述曾密书法作品系曾密所送，后又改口称是朋友赠送。该书法作品的来源不清。（3）被窃的3幅书法作品，均悬挂于画廊二楼窗边，一般来说，贵重书法作品悬挂于墙上不利于书法作品的保存，失主的保存方式不符合书法作品的身价。

二是送交价格鉴定前应查清被窃物品的基本事实及确定真伪。在二审期间，公安机关对失主又进行了询问，并到北京的拍卖机构调取相应的拍卖凭证，通过一系列的调查和核实查明：杨继盛草书系失主儿子姚甲于2014年11月8日在甲拍卖公司以总成交价19040元买受，2016年4月15日，姚甲委托乙拍卖公司拍卖该作品，保留价为3000元，因无人举牌，遂以失主姚某某的另一个儿子沈某名义在拍卖会上以3450元的价格拍得；蔡元培行书五言联则是失主姚某某于2010年3月24日在丙拍卖公司以总成交价16800元买受。二审法院将被盗书法作品委托省文物鉴定审核办公室鉴定，被窃的3幅书法作品中，有两幅明确为赝品，另有一幅曾密书法作品，因侦查机关无法提供真假的相关证明，而3名书法作品鉴定专家也对真伪提出了不同的意见，故无法认定真伪。

三是不能简单以市场法对被窃书法作品进行估价。本案第一次委托鉴定时，价格认证中心采用市场法，根据委托单位提供的有关资料，确定鉴定物品的品名、规格型号、数量。通过市场调查和咨询结合鉴定基准日该地区市场价格水平，确定鉴定物品的价格。而在第二次委托认定时，因考虑到书法作品价值的特殊性，特别是在本案存在赝品的情况下，为准确确定价值，价格认证中心还委托3名书法作品鉴定专家分别验画，分别提出书法作品的价格，作为鉴定的参考，最终确定杨继盛书法作品价值1.2万元，蔡元培书法作品价值200元。另有一幅曾密书法作品，因无法辨别真伪，价格认证中心对该书法作品未提出具体的评估价格，本着有利于被告人的原则，该幅曾密书法作品未计入被告人的盗窃数额。

四是再次委托市价格认证中心进行鉴定符合相关规定。市价格认证中具有涉案物品价格鉴定资质，二审法院根据本案的证据，在对原鉴定意见存疑的情况下，委托市价格认证中心进行再次鉴定，也符合相关规定。

案例 13

审计报告的完整性审查

——钟某某合同诈骗案

【基本案情】

2014 年 10 月至 2016 年 12 月，钟某某通过伪造某实业投资股份有限公司授权委托书等手段，与其朋友曹某某、王某等人签订投资理财合同，承诺保本付息，以高额回报为诱饵骗取曹某某钱款共计人民币 70 余万元，骗取王某等人钱款共计人民币 1500 余万元，钟某某将骗取钱款用于归还个人债务、消费挥霍等。2017 年 10 月 18 日，钟某某被公安机关查获归案。

【证据分析】

该案的证明难点在于如何认定钟某某的犯罪数额。在长达两年的时间内，钟某某与多名被害人的银行账户资金往来极为频繁，需要委托专项审计，才能准确认定钟某某与被害人之间的收付款差额。其中，无论是钟某某的供述还是曹某某的陈述，均只能概括指出投资数额和返利情况，两人并未精确计算实际损失的具体数额，故委托审计机构对两人的收付款差额进行审计。根据调取的钟某某银行账户流水以及理财合同，审计报告显示，曹某某自 2014 年 10 月至 2016 年 6 月，累计向钟某某账户转款 1161.5 万元，收到返款 1187 万元，收付款差额为 25.5 万元，故曹某某不能被认定为被害人。但是，曹某某坚持声称自己遭受了财产损失，并提供了自己账户的银行转账记录，经比对审计报告所依据的资料，发现有一笔 100 万元资金转入对手信息不完整（遗漏部分数字），故审计人员没有将其计入，但曹某某银行账户交易记录能够显示该笔款项系曹某某转入，两人的实际收付款差额为74.5万元。据此，应当对审计报告的原始资料进行审查，确认其具备真实性和完整性，否则不能作为定案根据。

三、提升客观性证据的证明价值

客观性证据蕴含着与待证事实相关的大量信息，但绝大多数证据本身不会“说话”，无法直接反映案件事实，这种证明力需要人去获取。[①] 我国刑事证据法采取“分类认定”的方式，按照物证、书证等证据种类分别设置了审查认定规则，但客观性证据在实践中并不是孤立的个体，通常作为一个证据“群组”出现，如鉴定意见与检材（书证、物证、视听资料、电子数据）和提取经过（勘验、检查、搜查笔录）共同指向同一待证事实。引入客观性证据这一整体概念，有助于系统分析证据的外部特征和内部信息，集中发挥其证明价值。主要包括以下方法：

（一）多向分析法

传统的物证以“静态”形式出现，通过客观存在的实物形状、性能或者其记载、反映的内容来反映案件事实，无须运用技术手段进行分析。随着科学技术的发展，可以聘请具有专门知识的人员通过科学技术手段或者专门知识对专门性问题进行鉴别和判断，使“静态证据”呈现出更多的信息，故鉴定意见被形象地称为“动态证据”。[②] 2000年《司法鉴定执业分类规定（试行）》第4条至第16条将司法鉴定分为法医病理鉴定、法医临床鉴定、法医精神病鉴定、法医物证鉴定、法医毒物鉴定、司法会计鉴定、文书司法鉴定、痕迹司法鉴定、微量物证鉴定、计算机司法鉴定、建筑工程司法鉴定、声像资料司法鉴定、知

① 陈兴良：《错案何以形成》，载《公安学刊·浙江公安高等专科学校学报》2005年第5期。

② 李富成：《刑事证据分类新探——兼论静态证据与动态证据》，载《中国刑事法杂志》2013年第3期。

识产权司法鉴定共13种。2005年通过，2015年修正的《全国人民代表大会常务委员会关于司法鉴定管理问题的决定》第2条规定，国家对从事法医类鉴定、物证类鉴定、声像资料鉴定，以及其他特定鉴定事项的鉴定人和鉴定机构实行登记管理制度。对于书证、物证、视听资料、电子数据等实物证据，除了外部形态特征之外，还可以引入专业技术知识，从多个角度对其进行分析，使内部承载的大量信息显露于外部，做到“一物多证”“同痕多检”。应注意以下情形：(1) 书证。在市场经济条件下，对于从犯罪嫌疑人住所、涉案公司等处起获的合同文件，除了审查合同文件的内容、签订或制发日期之外，还要审查该份合同文件是否加盖印章、印章是否存在数字编码，是否留有犯罪嫌疑人签名、手机号或指印、犯罪嫌疑人签批的位置等信息，充分发挥对于案件事实的证明作用。(2) 工具痕迹。工具痕迹是指工具在外力的作用下，使被破坏客体发生塑性变形或断离而形成的痕迹，从犯罪现场提取的工具痕迹中，可以从痕迹形状、大小、规格等方面确定工具种类；对痕迹附着的微量物质进行分析，确认其与犯罪嫌疑人、被害人的关联性；通过与可疑工具的痕迹样本比对，可以确认现场痕迹是否为该可疑工具所留；根据痕迹位置的高低、受力方向、大小和角度，可以判断犯罪嫌疑人的身高、体力、职业和动作习惯；根据痕迹部位、使用工具手法等，可以推断犯罪嫌疑人职业特点，如对于破坏物体是否熟悉，作案工具是否具有特殊的职业标志等。(3) 电子数据。电子数据的审查过程中，应当注意其具有“三位一体”的特点，既可以通过其内容证明待证事实，也包含着数据产生、存储、传递、修改、增删而形成的时间、制作者、格式、修订次数的附属信息，以及反映用户网络身份的信息，包括注册用户ID、IP地址、MAC地址（也称网卡物理地址，是由厂商写在网卡BIOS里的一段特征信息）等。有的司法人员相对重视电子数据的内容信息（比如用以反映案件事实的电子邮件、聊天记录、电子账单等），而对于记录电子数据的形成、处理、存储、传输等信息的附属信息重视不够。[①] 例如，在一起互联网金融犯罪案件中，如果侦查取证的重点放在如何破解、提取涉案公司的财务数据库，对于数据库的表格含义、是否存在嵌套表格等没有询问知情人员，也没有进行细致的分析，面对涉案数据的相互矛盾将会无所适从。

（二）细节挖掘法

故意杀人、故意伤害致死等命案中，应对现场血迹、被害人伤情进行精细化审查，发掘其内在的证明价值及与犯罪之间的联系。古代刑事诉讼中，司法人员对伤情的检验已经达到较为精细的程度，也就是所谓的“见微知著”。宋慈在《洗冤集录》中指出，凡检验文字，不得作“皮破血出”，大凡皮破即血出。当云：“皮微损，有血出。”凡定致命痕，虽小，当微广其分寸。定致命痕，内骨折，即声说；骨不折，不须言，骨不折却重害也。或行凶器杖未到，不可分毫增减，恐他日索到异同。[②] “见微知著”发于“微”但不必有“疑”，且从“微”到“著”既可能有一个求证过程，也可能有一个直接的内在“悟知”的过程，而无需（或没有）外在的求证环节。[③]

现场血迹包含的信息极为丰富，除了DNA鉴定之外，还反映范围、形态、种类、数量、方向，以及血迹与血迹、血迹与其他痕迹物证、血迹与尸体、血迹与承受客体之间的关系等。主要包括：第一类是整体形态。现场血迹分布集中且形态单一，可以说明被害人对危险没有防范而遭到突然袭击或者无力反抗。现场血迹分布范围广且形态多样不规则，说明犯罪时有过激烈搏斗或者挣扎逃避。如果行为人和被害人都在现场留下血迹，则血迹分布的具体位置也可以帮

---

① 王志刚：《论补强证据规则在网络犯罪证明体系中的构建——以被追诉人身份认定为中心》，载《河北法学》2015年第11期。

② 宋慈：《洗冤集录·检复总说（下）》，转引自张松、张群、段向坤：《洗冤录汇校》，杨一凡主编：《历代珍稀司法文献》（第9册），社会科学文献出版社2012年版，第6页。

③ 胡平仁：《中国传统诉讼艺术》，北京大学出版社2017年版，第192页。

助分析犯罪时行为人和被害人所处的方位关系。[①] 第二类是具体形态。(1) 滴落状血迹。是指血液受重力作用从一定高度呈自由落体滴落于载体上形成的血迹，其动力是血液自身重力，其形态受载体平面角度影响而呈圆形或椭圆形。(2) 喷溅状血迹。是指有血液之处受碰撞、打击向四周溅散所形成的点状血迹，形态特点为一定密度分布、大小相仿、呈放射状的点状血迹。(3) 抛甩状血迹。是指沾血的物体运动时在载体上留下的血迹，其最常见的运动方式呈弧形。(4) 擦拭状血迹。是指沾血的物体以碰撞、触摸、擦蹭等运动方式直接与载体接触所成的血迹。(5) 转移状血迹。是指沾血物体的特殊形态以直接接触的方式在载体上所留下的血迹。(6) 浸染状血迹。是指血液在衣物、纸张等有吸附性的物体上所形成的血迹。通过对血迹形态与分布机理的分析，可为推断犯罪嫌疑人作案过程的先后次序以及受害人当时所处位置、状态等提供可参考的依据，同时对分析作案时间、作案人数、使用凶器、逃离路线和刻画作案人特征等也具有重要的意义。血滴滴落产生的距离和角度，可以判断出人体的出血位置；血液的喷溅形状可以判断出犯罪现场和作案手法；通过凶器挥动而形成的血液痕迹可以推断出打击次数；血液的流动状态可以判断出被害人的死亡时间；血液的擦抹痕迹可以推断出犯罪分子的行为方向；血迹的陈旧度能够判断出作案时间。例如，在一起命案现场，犯罪嫌疑人杀害被害人后，有血滴落在卧室的地毯上，犯罪嫌疑人用水将地毯刷洗，由于地毯较大，为了不引起侦查人员的怀疑，犯罪嫌疑人仅仅将地毯表面的血迹清洗掉，但是血迹透过地毯渗透在地面上仍留有痕迹，从而成为指控证明犯罪的有力证据。[②]

伤情分析能够证明被害人身体组织结构的破坏、功能障碍和损害程度。有的案件中，伤情鉴定意见多关注被鉴定人是否构成损伤以及损伤程度级别，而

---

① 应建廷、翁寒屏、吕峰：《血迹在命案中的审查运用》，载陈国庆主编：《刑事司法指南（第2集）》，法律出版社2015年版，第137页。

② 陈亚军：《犯罪重建步骤的初步构建》，载《法制博览》2014年第3期。

缺少对损伤机理、损伤发生发展过程、因果关系等的分析，导致说服力不足。对于被害人伤情的分析，应当关注鉴定依据的材料、鉴定人根据鉴定材料所观察到的事实以及鉴定人如何进行判断的过程，充分挖掘“隐藏信息”。常见的伤情包括：（1）自损伤。互殴案件中，如果一方发生了损害结果，在缺少法医学专业知识介入的情况下，双方很难辨别损伤的形成机理，甚至犯罪嫌疑人都会认为被害人的“损伤”系自己殴打行为造成。事实上，很多情况下所谓的“损伤”并不一定系犯罪嫌疑人造成，如先天畸形、陈旧性骨折以及被害人猛击对方造成的“拳击手骨折”等，如果没有对伤情鉴定意见进行认真分析，就会错误认定案件事实。（2）救治伤。被害人案发后经常会被医护人员进行急救，并在急救过程中在体表产生抢救伤口，这就需要对救治伤和被害伤口进行区分。例如，在一起故意伤害犯罪案件中，行为人持刀扎刺被害人的致命伤的长度仅有 1.5 厘米，由于医院采取了扩创的救治方式，导致伤口长度近 20 厘米，不能一概将之归因于犯罪嫌疑人。（3）威逼伤。在抢劫、强奸等犯罪案件中，犯罪分子为了加大对受害人的威慑力度，往往使用暴力直接作用于被害人的身体，如使用尖刀进行刺、切、扎等，形成了被害人身体上的威逼伤，能够反映行为人特定的动机、心理。（4）抵抗伤。在一些暴力犯罪案件中，被害人身体会存在抵抗加害留下的伤痕，可分为主动性抵抗伤和被动性抵抗伤，主动性抵抗伤多见于手掌内侧，被动性抵抗伤多位于上肢外侧、手背等处。（5）约束伤。犯罪分子为了形成对被害人的人身强制，会在被害人颈部、臂部等处留下勒痕、捆绑痕等，通过对人身损伤的形态特征、数量、分布情况及严重程度的观察和分析，能够推断致伤工具的种类和作用方式，重建加害过程、明确案件性质。

（三）原理阐释法

客观性证据审查可以运用物质交换原理进行分析，通过物证和勘验、检查、搜查笔录的相互衔接，强化犯罪嫌疑人与待证事实之间的联系。物质交换原理最初由法国著名法庭科学家艾德蒙·洛卡德提出，是指甲、乙两个客体之间在外力的作用下，直接接触、相互作用，甲客体在乙客体上留下某些物质，也会带走某些物质。因此，甲、乙两个客体之间存在一种相互交换的关系。[①] 犯罪分子的犯罪活动总会引起客观事物原有状态的改变，在犯罪主体和接触对象（被侵害客体和相关物质环境）的相互作用下发生物质交换现象。包括两种类型：（1）痕迹交换。痕迹物证（Trace Evidence）是指能够以其外表结构，物体增减、位置变动以及状态证明案件真实情况的各种客观存在痕迹，这里的物证痕迹主要是指人体物质痕迹，如笔迹、手足印以及头发、血液、脱落细胞等。[②] 犯罪分子一旦实施了某种犯罪行为，必然使外部环境的物质形态发生变化，在特定场所、对象、物品上留下反映其自身形象的物质痕迹，包括指纹、手印、足迹、工具痕迹、枪弹痕迹、车辆痕迹、血液、精斑、笔迹、声纹、印章等，这是最普遍的一种物质交换类型。一些痕迹物证用肉眼能观察到，如血手印、足迹、工具痕迹、创痕、大片血迹、毛发、呕吐物等，一些痕迹物证则需要通过科学技术手段才能提取到，如无色汗液手印、细微的毛发、脱落细胞等。要注意发现不同物质痕迹的相互重叠，特别是血迹承载足迹、指纹等情形，通过证据种类、来源、形态等说明物质交换过程。例如，在一起故意杀人犯罪案件中，被害人因被他人扼颈致机械性窒息死亡，从犯罪现场地面提取到犯罪嫌疑人的足迹，从被害人颈部等部位提取到犯罪嫌疑人的脱落细胞，从而成为认定犯罪的关键证据。（2）物品交换。从涉案人员、地点起获物品的，首先要甄别该物品属于特定物还是种类物，进而查明是犯罪嫌疑人将物品转移至他处，还是将原本归属于他人的物品转为自己占有。例如，在一起诈骗犯罪案件中，犯罪嫌疑人承认伪造工程承揽合同，但拒不承认曾经向被害人出示，但被害人提

---

① 任克勤：《试论刑事侦察学的物质交换原理》，载《中国人民公安大学学报》1990年第5期。

② 通过痕迹物证产生痕体的不同，又可以分为人体痕迹物证和器械痕迹物证，前者包括笔迹、手足印以及头发、血液、脱落细胞等，后者包括车辆痕迹、工具痕迹等。

交了一份虚假的工程承揽合同，上面有犯罪嫌疑人本人签字，直接指向犯罪嫌疑人实施欺诈行为。

此外，同一认定原理是指具有专门知识的人或熟悉客体某些特征的人，通过自身能力或借助科学技术手段，在研究和比较先后出现的两个反映形象或者客体自身部分的特征基础上，对其是否出自同一客体或是否原属于同一整体所做出的判断。[①] 根据同一认定的对象不同，可分为两类：（1）人身同一认定。是指依据同人身不可分割的特征判断人身是否同一的认识活动，包括人体组成部分的形象反映如相貌、声音、指纹、DNA 等，以及人的动作习惯如行走习惯，书写习惯等，可将特定的人与某一事实联系起来。例如，指纹是人类手指末端指腹上由凹凸的皮肤所形成的纹路，在胎儿时期逐渐形成，具有“人各不同，终生基本不变，触物留痕，认定人身”的特点，随着指纹学研究的进展，指纹被广泛应用于刑事证明过程中，对于认定或否定犯罪嫌疑人和被害人的身份，证明案件真实情况发挥着重要的作用。再如，对被害人右臂上的咬痕（检材）与犯罪嫌疑人牙齿制成的咬痕样本进行鉴定，两者在牙列曲线形态、对应牙齿痕迹宽度、牙齿缺损的位置、宽度、镶牙桩等痕迹形态及与缺牙的相互关系等方面特征均相吻合，为其他人所不能重复，可以构成同一认定的客观依据。[②]（2）物品同一认定。是指根据物品的独有特征，判断先后出现的物品是否同一的认识活动，包括工具、枪支、鞋袜、电子数据等，随着新型分析仪器的推广应用，同一认定的对象甚至拓展至微量物质。例如，在一起非法持有枪支犯罪案件中，有证人曾经看到犯罪嫌疑人从裤子右口袋拿出枪支，侦查人员在犯罪嫌疑人家中一房间（无人居住）查获自制手枪一把，但犯罪嫌疑人翻供称枪支并非其所有，经微量物质鉴定，犯罪嫌疑人“裤子右口袋的提取物”与

---

① 贾治辉主编：《司法鉴定学》，中国检察出版社 2010 年版，第 28 页。

② 张治国、侯钦、陈启明：《尸体上牙齿咬痕的检验和思考》，载《中国司法鉴定》2016 年第 4 期。

“自制手枪上的提取物”成分完全相同，能够建立犯罪嫌疑人与涉案枪支的关联性。

（四）碰撞比对法

信息技术时代的犯罪涉及地域广泛，犯罪嫌疑人与犯罪对象通常不正面接触，难以逐一收集审查证人证言、被害人陈述，但是会形成电子数据、银行账目、书证文件等证据。司法人员应当加强与专业技术人员的合作，通过客观性证据的碰撞与比对，提炼犯罪分子的作案规律，发现被他人刻意隐瞒或歪曲的关键信息。应注意将以下证据“群组”进行碰撞比对。

一是通信轨迹类证据，包括行程记录、手机通信记录、网络通信浏览记录等。在“海量”电子数据面前，有观点提出了“大数据证据”的概念，通过“海量”数据凝练的规律性认识发挥证明作用，主要以分析结果或报告的形式呈现。每一份具体的传统证据反映的是案件中具体的人、事、物、时、空等信息；与之不同的是，大数据反映的是案件整体或作为其很大一部分的人、事、物、时、空等信息。[①] 主要包括：（1）行程记录。包括公共交通记录（火车票、船票、机票）、行车记录、交通缴费记录、住宿登记记录、出入境记录等。（2）手机通信记录。手机等通信设备在彼此联络中会留下相应的通话记录，通话清单以时间为序，将话机号码的通信情况予以完整详列，内容包括对方号码、通话时间、通信时长、号码所在地归属、主叫被叫等。[②]（3）网络通信浏览记录。包括网络浏览痕迹、网络聊天记录以及用于联络的电子邮件等。通过人物、时间、地点和事件的关联，可以提炼出犯罪嫌疑人的社会关系、行动轨迹等相关信息。例如，在一起毒品犯罪案件中，犯罪嫌疑人与购毒人通过网络通信工具联系并完成支付，到案后拒不承认自己向他人贩卖毒品，通过对其行车轨迹、通信记录、网络支付等数据的比对，能够清晰地反映犯罪嫌疑人与“下家”的

---

① 刘品新：《论大数据证据》，载《环球法律评论》2019年第1期。

② 陈厚楠：《通信记录证据审查要点及运用方法》，载《检察日报》2018年11月25日，第3版。

联络情况。

二是资金流向类证据，包括银行转账凭证、公司账目、第三方支付交易记录等。以非法集资犯罪案件为例，该类案件具有涉案人员众多、资金往来密集等特点，无论是犯罪嫌疑人供述还是证人证言，均难以精确反映集资参与人数、集资数额、资金去向等事实，必须通过银行转账凭证、公司账目、第三方支付交易记录等证据综合认定。[①] 应当发挥审计报告的作用，聘请有专业知识的人对“海量”转账凭证进行碰撞比对，充分挖掘其中蕴含的有效信息。（1）犯罪嫌疑人吸收资金情况。非法集资的资金往来的时机、次数、数额具有特定的规律性，经过集资返利账户的比对，如果犯罪嫌疑人与部分集资参与人存在其他经济往来，与投资规律明显不符的，应当查明相关资金的性质，不能一概视为非法集资数额。（2）犯罪嫌疑人的大额支出情况。对于涉案钱款在不同人员或单位账户之间流转的，要对银行账目进行“穿透式”追踪查找，查明钱款的来源和去向。有的大额资金经过多次中转，表面上看似投资生产经营，实际上转入个人账户并用于消费挥霍或提现隐匿。（3）犯罪嫌疑人的获利情况。有的犯罪嫌疑人辩称将集资款用于投资项目，案发期间确有大额资金进入涉案账户，表面上看似该辩解具有合理性。但是，经过对比银行账户发现，该笔钱款系其他公司转入的“过桥资金”，不属于犯罪嫌疑人的经营获利。

疑难复杂案件中，涉案人物层级和关系、时间地点、股权结构、经济往来或资金流向极为复杂，要善于运用思维导图的证据分析方法，也就是所谓的“诉讼可视化”。思维导图是指以电子化构图或技术操作为理念，将法律、事实问题清晰化呈现的一种表达方法，通过图表的形式梳理案件事实，厘清法律关系，清晰表达案件主体、法律关系、时间顺序等要素，从而将案件的各种要素

---

① 杜邈、于慧媛：《非法集资犯罪案件如何适用认罪认罚从宽》，载《检察日报》2019年12月26日，第3版。

清晰地呈现给案件各方主体。[①] 以银行转账数据为例，通常包括交易卡号、交易账号、交易户名、交易证件号码、交易时间、交易金额、交易余额、交易对手账卡号、交易对手户名、交易对手身份证号、开户行、交易场所等信息。可视化分析技术可以将数据集生成资金数据图像，将数据的各个属性值以多维数据的视觉形式表示，并提供交互能力，这有助于分析人员从不同的维度发现、挖掘涉案资金数据背后的规律。[②] 思维导图不是简单地制作图表、动画、视频等，而是在对大量客观性证据进行分析的基础上，将零散的证据按照特定的逻辑顺序进行分类、组装、合并，使其与待证事实之间呈现更为紧密的联系。

案例 14

通过“多向分析法”审查客观性证据

——李某利用未公开信息交易案

【基本案情】

李某系A基金公司基金经理。2009年10月至2012年2月，被告人李某利用担任基金经理，负责管理该公司基金账户而掌握有关投资决策、交易等方面信息的职务便利，违反规定，使用其实际控制的“左某”证券账户，先于或同期于基金账户买入或卖出相同股票103只，买入金额共计8000万余元，卖出金额共计3841万余元，获利金额共计18万余元。在此期间，李某使用“谢某”证券账户，先于或同期于基金账户买入或卖出相同股票102只，买入金额共计1.8亿余元，卖出金额共计9700余万元；使用“邱某”证券账户，先于或同期于基金账户买入或卖出相同股票24只，买入金额共计2300余万元，卖出金额共计900余万元。2014年11月14日，李某被公安机关查获归案。

① 赵青航、徐晓阳：《诉讼可视化的适用》，载《中国律师》2020年第12期。
② 程科：《资金数据可视化分析的应用探索》，载《江西警察学院学报》2020年第3期。

【证据分析】

该案的证明难点在于能否认定李某操作涉案股票账户进行交易的事实。李某具有丰富的专业知识和较强的反侦查意识，为躲避侦查大都利用出差的时间在外地远程委托下单。随着刑事诉讼阶段的推进，李某的供述前后发生较大变化，其在侦查阶段曾经供认操作“左某”“谢某”“邱某”账户的犯罪事实，如“操作证券账户使用自己的笔记本电脑，一共用过两个笔记本电脑下过单，一个是IBM的，一个是联想的”。在审查起诉阶段，李某全面翻供，完全否认自己操作过“左某”等人的证券账户，并称下单电脑丢失。为此，需要从多个角度对证券交易记录进行审查：（1）“左某”证券账户委托流水数据、李某的考勤记录、差旅费报销单、李某的出行记录等证据，证明“左某”证券账户下单的IP地址跟李某出差时间、地点的IP地址高度吻合，如李某于2010年2月23日16：30至19：40从A市飞B市出差，于2010年2月27日14：00至15：05从B市返回A市，在此期间，“左某”的证券账户也恰好在B市进行了多笔交易，与此相同的还有李某在多地出差时，均存在证券交易IP地址的匹配情况。（2）证券监督管理部门提供的涉案证券账户交易流水记录了交易时的MAC地址和硬盘序列号。由于MAC地址作为网络设备的唯一标识，相当于笔记本电脑的“身份证”，这些MAC地址或与李某使用的基金管理公司配发的电脑MAC地址一致，或同时记录的硬盘序列号与上述电脑MAC地址在交易流水中同时记录的硬盘序列号一致。综合全案证据，足以证明李某是“左某”等人证券账户的实际控制人，最终认定李某实施了利用未公开信息交易的犯罪行为。

案例 15

通过"细节挖掘法"审查客观性证据

——张某某故意伤害案

【基本案情】

2016 年 9 月 30 日 15 时许，张某某驾驶一辆电动三轮平板车进入某花卉市场北侧的拆迁工地，用撬棍将工地废墟内的报废护栏拆卸并装车。同日 17 时许，工地安全员发现张某某并通知保安队长，随后保安队长带领保安人员马某某等人来到现场，双方发生肢体冲突，张某某随即拨打 110 报警。经鉴定，马某某身体损伤程度为轻伤二级，其伤情符合钝性物体直接作用所致。张某某全身软组织损伤、脑外伤后神经反应，经鉴定损伤程度不构成轻微伤。

【证据分析】

该案的证明难点在于能否认定张某某殴打被害人致其轻伤的事实。在案证据存在诸多矛盾：(1) 言词证据内容不一致。保安人员马某某称张某某持一把斧子状铁锤砸向其头部，其用右手一挡，铁锤击打在其右手外侧，造成其右手第五掌骨骨折，现场无人殴打张某某。其他四名保安人员与马某某陈述内容基本一致，均称系张某某殴打马某某，现场无人殴打张某某。相反，张某某多次稳定供述，均称自己仅用木板击打过保安队长的腿部，未用铁锤击打马某某，对方五人对其拳打脚踢，并怀疑是马某某用手殴打自己时造成的右手骨折。(2) 作案工具存疑。马某某与一名证人称是"一把斧子状的铁锤"，另两名证人在公安机关称是"一根铁棍状的东西"。本案案发时为 9 月的 17 时许，天色尚早，假设马某某和四名证人陈述真实，现场无人殴打张某某而仅有其一人持作案工具击打被害人头部，那么众人关于作案工具特征的描述应当是一致的，上述陈述与常理不符。(3) 关于被害人伤情成因不清。鉴定意见证实，马某某右手第五掌骨骨折符合钝性物体直接作用所致，同时鉴定人称"符合钝性物体直接作用所致"可能为钝性物体击打马某某右手所致，也可能为马某某挥手至钝性物体所致，若挥手打至对方头盖骨、后脑勺等较硬的部位亦可能造成上述伤情。基于上述证据存在的矛盾，需要引入专家证人，对被害人所受伤情进行深入分析。经补充鉴定，结论为马某某第五掌骨骨折符合轴向受力形成，如果案发时系张某某用铁锤击打被害人右手致被害人右手第五掌骨骨折，不应该是X光片所呈现的轴向受力，资料中显示“断端有嵌插”是判断被害人伤情成因的最重要依据。因此，该伤情的形成不可能是被害人伤处直接受外力所致，而是由远端受力传导形成，形成原理为“拳击手骨折”。

案例16

通过“细节挖掘法”审查客观性证据

——崔某故意伤害案①

【基本案情】

2013年10月8日，崔某认为林某家的鸡栏阻挡了通行的道路，便辱骂林某，并用锄头将林某家的下水管道挖断。两人发生抓扯，致林某受伤入院，经县某医院诊断，林某左侧3、4、5肋骨骨折。2013年11月10日，县公安局对林某的伤情鉴定为轻伤。

【证据分析】

该案的证明难点在于能否认定崔某殴打被害人致其轻伤的事实。原鉴定机构根据林某被打入院，致使左胸前压痛，医院胸部X片诊断为“左侧3、4、5肋骨骨折”等，认定为轻伤。检察机关法医进行审查时，仅有林某X片报告，没有X底片，X片报告中影像表现描述为“左侧胸廓稍塌陷、双肺纹理增粗、双肺上叶见少量纤维条索影、左侧3、4、5肋骨外侧缘相互融合、骨皮质似不

---

① 杨文周、刘芳芳：《法医技术性证据审查纠正一例无罪案件》，载《2015年法医临床学专业理论与实践——中国法医学会·全国第十八届法医临床学学术研讨会论文集》，第335~336页。

连续、左侧胸膜增厚”，报告诊断为“左侧3、4、5肋骨骨折”。法医对此产生疑问，随即翻阅审讯笔录，发现崔某和林某在描述抓扯过程中，只互相地推拉了对方几下，且病历中未见对胸部体表损伤的描述。为确定诊断，检察法医遂到林某受伤后就治医院调取X底片，并让林某重新进行了复查X光片，复查结果显示：复查的X片与林某受伤当时的X片一样。经请放射科专家会诊后，提出林某2013年10月9日的X片报告诊断错误，林某左侧3、4、5肋骨不是骨折，属畸形发育。据此，林某2013年10月9日的X片报告诊断错误，林某肋骨并未骨折，林某胸部未见其他损伤，林某的胸部损伤不构成轻伤，不应采信原损伤程度鉴定意见，需要对林某的损伤进行重新鉴定。后将损伤程度鉴定书及相关资料委托技术部门进行技术性证据审查，经审查认为林某的损伤不构成轻伤。

案例17

通过“细节挖掘法”审查客观性证据

——杨某某故意杀人案

【基本案情】

杨某某与被害人于某某系夫妻关系。杨某某于2009年3月19日晚，在二人暂住地附近的空地内，持砖头、树枝等多次反复击打于某某的头面部、躯体部，并且蒙堵于某某的口鼻，致其死亡。经鉴定，于某某系被他人用钝性物体多次击打头面部、躯体部，致创伤性休克合并颅脑损伤死亡。2009年3月20日，杨某某被公安机关查获归案。

【证据分析】

该案的证明难点在于能否认定杨某某故意杀人的事实。杨某某到案后拒不认罪，而是提出了第三人作案的“幽灵抗辩”，声称“那天晚上9点多钟，我和我媳妇晚饭后出来在附近遛弯……这时我媳妇继续向前走，在距我10多米的地方，从一条小马路上开过来一辆小面包车，车上下来四个人，似乎和我媳妇在说什么，我也听不清。这时其中的三个人一起打我媳妇，另一个人冲我来了……几分钟过后，这四个人就上车跑了。我媳妇被打倒在地浑身是血，因为天晚光线暗的原因，我没有看清四个打人的人的脸长什么样，也没看清是用什么打的，没看清车号”。案件发生后，侦查人员勘查了两处地点：一处是作案现场，在两人暂住地附近的一片拆迁瓦砾上发现了大面积血迹，并提取到了三块带血砖头；另一处是杨某某的租住地，提取到杨某某在案发时穿的一件带血羽绒服。杨某某对上述物证痕迹作出解释，坚持声称砖块系自己抹血所用，羽绒服上的血迹系擦蹭被害人所致。

杨某某的无罪辩解看似和现场情况相互印证，对于客观性证据亦做出了自己的解释。尽管该案系“一对一”作案，现场没有任何目击证人，通过对血迹形态等客观性证据进行分析，对杨某某所穿血衣、砖块血迹的血迹形成机制进行论证，仍然可以认定杨某某的辩解不能成立。(1) 羽绒服上的血迹形态。经专家分析，羽绒服前侧衣襟及衣袖的点状血迹属溅落状血迹类型，具有明显的由下向上锐角入射的方向性。符合手部及人体前侧接近于血源点（出血部位），受外力多次作用使血滴向周围飞溅黏附所形成。背部少量散在点状血迹也属溅落状血迹类型，具有明显的由上向下锐角入射的方向性，符合人体在前倾的状态下，少量溅起的血滴抛物下落黏附所形成。送检的羽绒服血迹形态，符合在打击带血物体（如人体）的过程中，血液溅落、接触、擦拭时所形成。(2) 砖块上的血迹形态。经专家分析，在现场提取的一块砖头较大面积接触状血迹上黏附有毛发，点状血迹直径多在1mm左右，符合钝性外力作用于血源点（出血部位），使细小血滴向周围飞溅黏附所形成……但部分血迹仍表现出以较大面积接触状血迹为中心呈放射状分布的特征。较大面积的接触状血迹符合砖头作用于血源点（出血部位）使血液转移黏附于接触面所形成。在两块砖面上有孤立片状血迹附着，浓度较淡，并伴有擦拭，其形态符合沾有血迹的手指抓握砖头所遗留。送检三块砖头上黏附的血迹形态，符合砖头反复作用于带血物体（如人体）的过程中，血迹接触、溅落所形成。根据上述分析，可以认定带有血迹的砖块是作案凶器、血衣所有人杨某某是作案者。

案例 18

通过“原理阐释法”审查客观性证据

——靳某某盗窃案

【基本案情】

2016 年 4 月 20 日 3 时许，靳某某前往某高档住宅小区，用改锥撬开窗户后进入他人居住的房间内，撬开保险柜并盗窃柜内的人民币 320 万元。公安机关随后对现场进行勘验，从保险柜上提取痕迹物证，经比对与靳某某 DNA 一致。2016 年 10 月 23 日，靳某某被公安机关查获归案。

【证据分析】

该案的证明难点在于能否认定靳某某存在同案犯的事实。靳某某到案后供称其独自实施犯罪，“我钻窗进入屋内，当时用手电照，看见了好像是客厅，就把沙发挪到了屋子的大门处，把大门顶上，然后开始翻屋子内的抽屉和柜子，……把保险柜挪到了离这有 4 米左右远的洗浴的屋子……从侧面铁板焊点的位置用改锥撬开了一个缝隙，后来又用压力钳夹住撬开的铁皮往外边拽边撬，最后撕开了一个宽有 10 多公分的大口子，我用手电照射看见保险柜里是用塑料布包着的整捆红色人民币。我就整捆地往外拿钱，一共拿了 30 多捆”。上述供述与现场勘验笔录、现场照片、鉴定意见相互印证，特别是从被害人房间内手表盒、保险柜顶均提取到靳某某所留的痕迹，具有较强的人身指向性。同时，靳某某供述其将赃款用于购买高档轿车、数码录像机、投资项目等，与汽车销售人员证言和辨认笔录、发票、银行卡信息、汽车等相互印证。然而，该案中被盗现金高达人民币300余万元，引发靳某某是否有能力独自将重物运至小区门外的合理怀疑。

案发后，侦查人员从现场附近提取到两组监控录像，成为证明犯罪事实的关键证据，由于录像图像质量模糊，只能显示人物的动作特征，无法通过技术手段与靳某某面部作出同一认定。但是，通过靳某某供述的独特犯罪手段，仍然可以将视频中人员与靳某某进行比对，确认靳某某系唯一作案人员。靳某某供称："然后我就去房间找装钱用的包，找到了3个包，印象中有个旅行包。这些钱我正好装了3个包，然后分两次把3个装钱的包运到出屋的门内侧，又分两次把这3个装钱的包运到了第一层护栏墙处……我把这3个装钱的包从第一层护栏墙扔到外面地上，又分两次从第二道铁栅栏的门运到了外面的路上。"上述监控录像显示，有一名体型和靳某某相似的男子于2016年4月19日19时51分进入小区，于次日凌晨1时59分至2时两次把三个包运到小区门口。由于监控录像和犯罪嫌疑人供述的案发时间、行为特征等信息一致，可以认定靳某某系单独作案。

案例19

通过“原理阐释法”审查客观性证据

——赵某某故意伤害案

【基本案情】

2013年7月2日晚，王某某等人于饭后前往某KTV唱歌，后邀请其朋友赵某某加入。在KTV内，王某某等人与数名男子发生纠纷，并在KTV外发生打斗，致王某某右额头皮裂伤（伤口长约2cm）。后王某某起意报复，持刀在歌厅门口叫骂，赵某某、杨某等人在旁边等候。2013年7月3日凌晨3时许，王某某将从KTV歌厅门前经过的被害人张某某（男，殁年22岁）和另一名男子误认为是先前与其发生纠纷的人，遂伙同赵某某等人对二人进行拦截、殴打，王某某首先持随身携带的尖刀扎刺被害人一刀，被害人张某某和另一名男子为逃避侵害而逃走。王某某等人继续沿非机动车道从东向西追逐被害人，后张某某在非机动车道上奔跑时倒地，王某某等人赶上对张某某进行围殴，王某某持刀刺击被害人腹部，赵某某等人用脚猛踹张某某肩部等处，张某某被送往医院救治无效后死亡。经法医鉴定，张某某被刺击颈部、腹部及左锁骨下静脉和肝脏致急性失血性休克死亡。王某某、赵某某等人分别逃离现场，后被公安机关查获归案。

【证据分析】

该案的证明难点在于能否认定赵某某故意伤害的事实。王某某持刀扎刺被害人张某某的犯罪事实清楚，证据确实、充分，但赵某某系后续抓获的同案犯，王某某未明确指认赵某某，仅有一名目击证人指认赵某某殴打被害人。赵某某到案后，仅供述过一次曾经踢踹被害人，后全面翻供，拒不承认曾经殴打被害人。同时，赵某某始终声称不明知王某某持刀扎刺被害人，如“我自始至终都没看见有人拿刀，也没看见有人拿其他东西打架，我什么也没拿……我们就围住倒地的人用脚踹，我也没看清是否有人拿东西打。当时围着的人都踹了那个倒地的人几脚，具体怎么踹的没看清，反正都踹他身上。当时人多，我感觉没踹到对方”。案发后，公安机关调取了关键客观性证据——KTV门前的两组监控录像，可以还原赵某某的行为，完整再现案发过程。尽管监控录像能够反映中心现场，但现场人数众多且极为混乱，加之摄像头距离现场较远、清晰度不高，难以精确识别犯罪嫌疑人的面部特征，需要综合其他证据进行认定。(1) 同案犯和多名证人能够证实赵某某身处犯罪中心现场，并对赵某某进行了混杂辨认。(2) 赵某某稳定供述其于案发当日身穿黑色T恤衫，蓝色七分裤，有多名证人也描述了赵某某案发时的衣着特征，通过与监控录像的比对，可以看出打人一方穿黑色T恤只有两人，一为赵某某，一为杨某，由于杨某持啤酒瓶沿机动车道从东向西追逐逃走的另一名男子，剩下的一名身穿黑色T恤者必然为赵某某，据此对监控录像中的黑色T恤男子与赵某某进行同一认定。(3) 监控录像显示，现场在路灯照耀下光线充足，赵某某身处中心现场，与持刀者王某某、被害人张某某相距均不足2米，应当看到王某某实施持刀扎刺的行为，仍然伙同他人积极追逐、踢踹被害人，足以认定赵某某的犯罪行为。

案例20

通过“碰撞比对法”审查客观性证据

——何某、朱某某集资诈骗案

【基本案情】

2014年11月至2017年10月，何某伙同朱某某等人成立A公司，并成为该公司的实际控制人，后收购B公司和C公司。何某先后伙同朱某某等人，以A公司名义，未经有关部门依法批准，采用虚假宣传、承诺保本付息等手段，以高额回报为诱饵，通过发展A公司VIP会员或销售未上市的A公司、B公司、C公司股权的模式，对不特定社会公众募集资金达1.6亿余元，并将所募集的资金绝大部分用于还本付息、抽逃、转移资金及肆意挥霍等，造成1300余名集资参与人实际损失共计人民币1.32亿余元。何某、朱某某先后被公安机关查获归案。

【证据分析】

该案的证明难点在于能否认定何某、朱某某系涉案公司实际控制人的事实。何某与朱某某系亲属关系，到案后订立“攻守同盟”，提出涉案公司已经转让给法人王某某，两人对集资款不具有非法占有目的等辩解。该案属于以公司化模式实施的非法集资犯罪，需要对“海量”书证、电子数据等客观性证据进行综合审查，进而认定相应的案件事实。(1)何某、朱某某控制涉案公司的财务收支。A公司财务人员谢某定期向何某、朱某某发送电子邮件，汇报涉案公司对外吸收资金的具体数额、公司人员工资、提成发放情况等。尽管何某、朱某某辩称没有阅读相关邮件，但相关邮箱内有两人其他电子邮件且包含个人信息

(如申办信用卡预留的个人身份资料)，可以认定其辩解不能成立。同时，A公司财务人员遵照何某、朱某某指令多次转出大额钱款，并在银行转账记录中备注为“何总安排”或“朱总安排”，足以认定何某、朱某某系A公司实际控制人的身份。(2) 何某、朱某某投入生产经营的资金与集资款数额严重不成比例。银行转账记录、合同协议等证实，涉案公司运营的全部资金均来源于投资人，在承诺高息的基础上，并无任何盈利项目或收入，资金的主要流向系借新还旧，除以不到400余万元的对价收购B公司51%股权（该公司利润较低）和以5万元的对价收购C公司（空壳公司）外，无任何投入实体项目的行为。(3) 何某、朱某某抽逃、转移资金、隐匿财产。涉案公司银行账户、何某、朱某某个人银行账户等证实，何某、朱某某指示财务人员将集资款转至王某某银行账户，在转款当日两人即大额取现，到案后拒不说明钱款去向。如2015年11月11日，A公司账户支出200万元，进入王某某账户后取现，当日何某银行账户存入同等金额的钱款；2016年3月7日，A公司账户支出200万元，转入王某某账户后取现，两天后何某银行账户存入同等金额的钱款。(4) 何某、朱某某前往澳门消费挥霍。银行转账记录、刷卡地点说明、出境、住宿记录等证实，何某、朱某某与王某某多次共同前往澳门，如2016年9月22日A公司账户转入王某某银行账户550万元，两天内POS机分84笔刷空；2016年10月14日转入王某某银行账户520万元，当天POS机消费刷空，经过比对三人的出入境记录，能够显示刷卡消费期间，三人均在境外，银行流水也显示有境外查询收费。综上，全案证据共同指向何某、朱某某系涉案公司实际控制人。

案例 21

通过“碰撞比对法”审查客观性证据

——贾某、文某、何某贩卖毒品案[①]

【基本案情】

2018 年 1 月 25 日，贾某在 A 市某大厦附近通过何某的介绍向董某、杨某贩卖甲基苯丙胺（俗称冰毒）146.83 克。董某向何某分别通过 QQ 转款人民币 13500 元、微信转款人民币 1800 元，随后何某通过支付宝向贾某转款人民币 13400 元、微信转款人民币 1800 元。之后何某让文某开车将董某、杨某送至 B 市某公司附近。

【证据分析】

该案的证明难点在于能否认定贾某、文某、何某贩卖毒品的事实。由于董某、杨某购买的甲基苯丙胺超过 50 克，如果贾某、文某、何某被法院认定有贩卖毒品或运输毒品的行为，法定刑为 15 年有期徒刑、无期徒刑或者死刑，并处没收财产。所以被告人贾某、文某寄希望于通过“认轻罪不认重罪”的方式逃避法律的严惩，被告人何某寄希望于通过未从中牟利的辩解为自己开脱。针对本案有着大量的网络聊天记录、网络转账记录等电子数据的特点，检察人员决定通过多媒体举证的方式出示证据，并针对贾某向董某贩卖毒品的犯罪事实，制作了诉讼可视化思维导图，以便协助合议庭在庭审中更快地梳理出本案中涉案人员之间的关联性。在该思维导图中，不仅形象地展示出董某、何某和贾某之间的交易方式、交易时间和交易金额，还直观地展示出何某在毒品交易过程中所起到的居间介绍作用。

---

① 陈鉴、龚宇：《重大毒品犯罪诉讼可视化思维探索——公诉人诉讼可视化庭审实践》，载《中国检察官（经典案例）（下）》2020 年第 5 期。

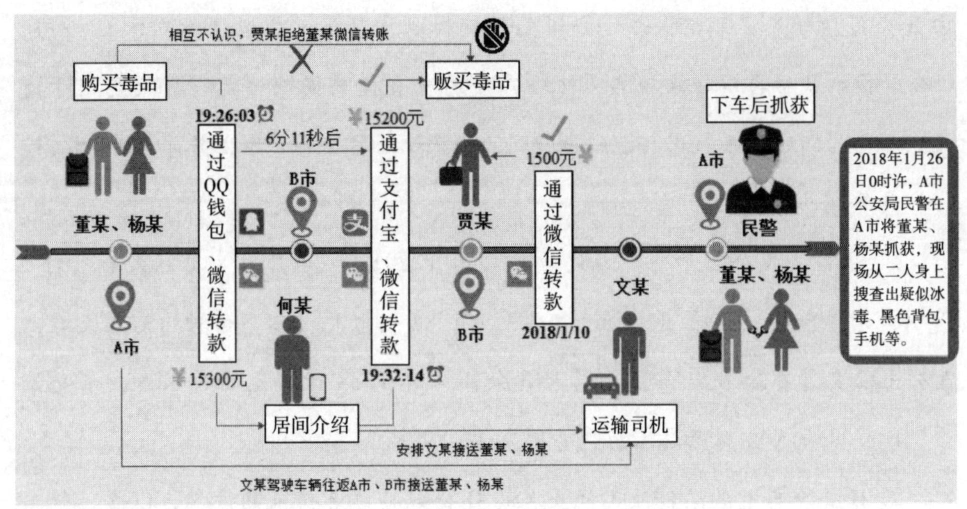

图4 贾某、文某、何某贩卖毒品案思维导图

案例22

通过“碰撞比对法”审查客观性证据

——D公司、E公司、刘某某非法出售增值税专用发票案①

【基本案情】

2007年1月，A公司成立，赵某任A公司经理期间，负责自找业务、自我管理、自负盈亏。

2010年8月，A公司与某集团签订合作开发协议，合作开发房地产项目。约定各自承担50%的开发成本及费用，各自分得两个楼座；后又签订施工协议等，由A公司负责建设该房地产项目。

为解决该房地产项目的建设资金问题，赵某与B公司的李某1、刘某，商议决定由B公司通过贸易方式为A公司融资。方式为：A公司向B公司购买钢材并以货款名义开具商业承兑汇票，利用B公司在银行的信用将汇票贴现，再

① 王秀同、沈杉杉：《融资托盘背景下“虚开”行为的司法认定》，载《中国检察官（经典案例）（下）》2021年第10期。

由B公司向赵某实际控制的C公司购买钢材以货款名义将贴现款转给C公司，C公司收到款后再以往来款名义转给A公司或直接购买钢材交给A公司用于建设。汇票到期后由A公司将应到期归还的钱款还给B公司，B公司再归还给银行。

具体交易过程为：

1. 赵某以A公司等公司名义与B公司于2012年4月至8月，先后签订5份钢材销售合同，合同涉及金额为人民币1.88亿余元（以下币种均为人民币），A公司以支付货款名义给B公司开具金额合计1.88亿余元的5张商业承兑汇票，B公司给A公司开具增值税普通发票。

2. B公司与刘某某任法定代表人的D公司签订1份采购协议，以支付货款名义给D公司开具1500万元商业承兑汇票，D公司给B公司开具增值税专用（进项）发票。D公司贴现后将其中1400万元以支付货款名义转给C公司，C公司给D公司开具增值税专用（进项）发票。

B公司与A公司、C公司签订8份三方采购协议，以支付货款名义将A公司承兑汇票贴息款转给C公司。此外，2012年9月，B公司与C公司签订采购合同，以支付货款名义给C公司开具6张商业承兑汇票。C公司因此于2012年6月至2014年1月给B公司开具增值税专用（进项）发票1298份，涉及发票金额共计1.2亿余元。

3. C公司将上述直接从B公司或经D公司取得的款项部分转给A公司，并将收到的B公司开具的6张商业承兑汇票直接背书给A公司，用于项目建设。

在上述贸易融资过程中，C公司因给B公司开具了1.2亿余元的增值税专用（进项）发票，C公司因此留下了相应金额的增值税专用（销项）发票，需要缴纳相应的增值税。为此，C公司找到刘某某任法定代表人的D公司和E公司，由D公司于2012年8月至2013年3月，给C公司开具增值税专用（进项）发票103份，税额合计16150052.28元，价税合计111150360.6元；E公司于2012年11月，给C公司开具增值税专用（进项）发票52份，税额合计

661797.47元，价税合计4554724.1元。C公司将上述D公司和E公司开具的进项发票全部认证抵扣。在此过程中，C公司以支付货款名义转给D公司90241794.78元，经E公司后转回C公司85491794.78元；2012年12月25日，C公司支付E公司4554724.1元，当日全部转回C公司。D公司、E公司在给C公司虚开增值税专用（进项）发票交易过程中，获取非法利益共计475万元。

【证据分析】

该案的证明难点在于D公司、E公司、刘某某是否非法出售增值税专用进项发票。该案存在大量的银行交易记录、发票和商业承兑汇票等书证，主要包括：（1）记账凭证、账本、银行账户明细等证明B公司、C公司、D公司、E公司之间资金往来及账目情况。（2）税务局稽查局出具的税务行政处罚决定书、调查报告等证明：2012年11月，E公司给C公司虚开增值税专用进项发票52份，税额合计661797.47元，价税合计4554724.1元。2012年8月至2013年3月，D公司给C公司虚开发票合计103份，税额合计16150052.28元，价税合计111150360.6元。（3）国家税务总局稽查局出具的已证实虚开通知单及明细表等书证证明：2012年6月至2014年1月，C公司给B公司虚开增值税专用进项发票1200余份，涉案发票金额1.2亿余元。2012年7月，C公司给D公司虚开增值税专用进项发票121份，涉案发票金额1000余万元。（4）审计报告证明：2012年4月24日D公司支付C公司1400万元，现金支付4.14元，资金来源于2012年4月23日收到的14450208.33元。C公司支付D公司90241794.78元，经由E公司后转回C公司85491794.78元。2012年12月25日，C公司支付E公司货款4554724.1元，当日全部转回C公司。通过对客观性证据的碰撞比对，可以制作包括涉案5家公司、资金和发票流向的思维导图，清晰地展现全案脉络，反映出基于虚开增值税发票的资金回流和交易差额。在整个交易过程中，D公司、E公司一不要提供资金，二不用联系客户，三无需进行购货、运输、交货等任何经营行为，其所谓交易成本只有虚开的增值税专用进项发票，因此，不论以何名义、采取何种形式，D公司、E公司在此过程中获取的“利润”本质上就是通过虚开增值税专用进项发票所得的好处，就是变相出售增值税专用进项发票的违法所得。而C公司在此过程中，除了从D公司、E公司处得到了虚开的增值税专用进项发票外，一无所获，其所支出的费用本质上就是变相购买增值税专用进项发票所花费的对价。

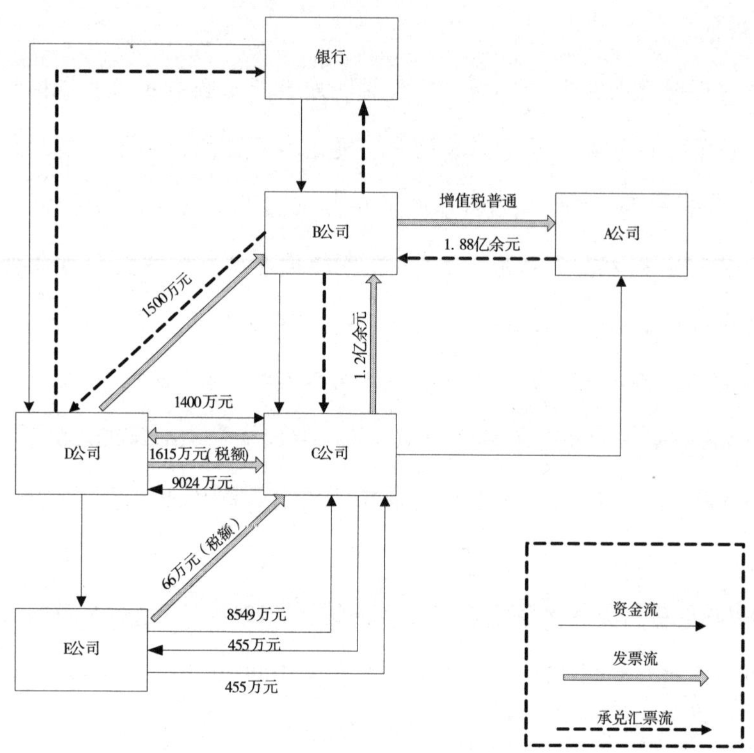

图5 D公司、E公司、刘某某非法出售增值税专用发票案思维导图

问题四 如何应对犯罪嫌疑人、被告人翻供

翻供（Withdraw a Confession）是指犯罪嫌疑人、被告人推翻先前所作有罪供述（原供），提出无罪辩解（翻供），不包括在如实供认犯罪事实的前提下，对行为性质提出辩解的情形。口供属于一种典型的言词证据，具有“真伪混杂”“反复易变”等特征，如果犯罪嫌疑人、被告人有罪供述发生实质性变化，往往成为证据审查的重点和难点。对此，我国刑事证据法除了设置非法证据排除规则之外，还针对翻供案件的口供审查作出了特殊规定。2010 年最高人民法院、最高人民检察院、公安部、国家安全部、司法部《关于办理死刑案件审查判断证据若干问题的规定》第 22 条首次确立了被告人翻供的口供采信规则①，这一规则先后被 2012 年《最高人民法院关于适用〈中华人民共和国刑事诉讼

① 2010 年最高人民法院、最高人民检察院、公安部、国家安全部、司法部《关于办理死刑案件审查判断证据若干问题的规定》第 22 条规定，对被告人供述和辩解的审查，应当结合控辩双方提供的所有证据以及被告人本人的全部供述和辩解进行。被告人庭前供述一致，庭审中翻供，但被告人不能合理说明翻供理由或者其辩解与全案证据相矛盾，而庭前供述与其他证据能够相互印证的，可以采信被告人庭前供述。被告人庭前供述和辩解出现反复，但庭审中供认的，且庭审中的供述与其他证据能够印证的，可以采信庭审中的供述；被告人庭前供述和辩解出现反复，庭审中不供认，且无其他证据与庭前供述印证的，不能采信庭前供述。

法〉的解释》第83条[①]、2017年《人民法院办理刑事案件第一审普通程序法庭调查规程（试行）》第53条[②]、2021年《最高人民法院关于适用〈中华人民共和国刑事诉讼法〉的解释》第96条所承继，包括被告人“不能合理说明翻供原因或者其辩解与全案证据矛盾”“庭前供述与其他证据相互印证”等内容。翻供案件中，被告人的有罪供述与无罪辩解不存在天然的证明力差别，如果先前的供述具备证据能力，供述内容合理并得到其他证据的印证，仍可以作为定案根据。

一、发现并排除非法证据

古代刑事诉讼中，口供在所有证据种类中具有“证据之王”的地位，尽管存在“据众证定罪”和“赃状露验”的例外规定，实际上无论是法律条文还是司法实践仍然以重口供为特征，所谓“断罪必取输服供词”。清律有专条规定：“各有司谳狱时，令招房书吏照供录写，当堂读与两造共听，果与所供无异，方令该犯画供。”[③] 认罪画押后，犯人翻供会引发司法机关的高度重视，如宋代为防止冤假错案设置了“翻异别勘”制度，犯人如果在录问或行刑时提出申诉，案件必须重新审理，人犯否认口供称“翻异”，事关重大案情的，由其他司法人员或其他司法机关重审，称“别勘”，包括“移司别勘”和“差官别推”两

① 2012年《最高人民法院关于适用〈中华人民共和国刑事诉讼法〉的解释》第83条规定，被告人庭审中翻供，但不能合理说明翻供原因或者其辩解与全案证据矛盾，而其庭前供述与其他证据相互印证的，可以采信其庭前供述。被告人庭前供述和辩解存在反复，但庭审中供认，且与其他证据相互印证的，可以采信其庭审供述；被告人庭前供述和辩解存在反复，庭审中不供认，且无其他证据与庭前供述印证的，不得采信其庭前供述。

② 2017年《人民法院办理刑事案件第一审普通程序法庭调查规程（试行）》第53条规定，被告人的当庭供述与庭前供述、自书材料存在矛盾，被告人能够作出合理解释，并与相关证据印证的，应当采信其当庭供述；不能作出合理解释，而其庭前供述、自书材料与相关证据印证的，可以采信其庭前供述、自书材料。

③ 《大清律例·刑律·断狱》，田涛、郑秦点校，法律出版社1999年版，第602页。

种形式。[①] 但是，封建司法制度允许司法人员在一定条件下进行刑讯，以折磨拷问犯罪嫌疑人的方式，制造肉体或精神的极度痛苦而逼迫出口供，其真实性显然值得怀疑，“至今法审犯，必取其口供为凭，致问官动用非刑逼供，痛昏之下，何求不得？若确已知情，又焉用招？”[②] 随着司法文明程度和刑侦技术水平不断提高，刑事诉讼对于口供的依赖性随之下降，但在隐蔽性较强的贿赂犯罪案件、毒品犯罪案件中，口供仍然是据以定案的关键证据。实践中，犯罪嫌疑人、被告人以刑讯逼供为由翻供是最为常见的情形，需要对原供的证据能力进行重点审查。

（一）非法证据发现方法

犯罪嫌疑人、被告人供述主要表现为讯问笔录的形式，同时会留下同步录音录像、提讯凭证等材料，应当对上述材料进行综合审查。

1. 讯问笔录的审查

2021 年《最高人民法院关于适用〈中华人民共和国刑事诉讼法〉的解释》第 93 条规定，对被告人供述和辩解着重审查以下内容：（1）讯问的时间、地点，讯问人的身份、人数以及讯问方式等是否符合法律、有关规定；（2）讯问笔录的制作、修改是否符合法律、有关规定，是否注明讯问的具体起止时间和地点，首次讯问时是否告知被告人有关权利和法律规定，被告人是否核对确认；（3）讯问未成年被告人时，是否通知其法定代理人或者合适成年人到场，有关人员是否到场；（4）讯问女性未成年被告人时，是否有女性工作人员在场；（5）有无以刑讯逼供等非法方法收集被告人供述的情形……应审查以下方面：一是首次供述的时间节点。犯罪嫌疑人到案后，一开始拒不供认犯罪事实，后在某个时间节点突然作出供述，应查明有罪供述的原因、地点、环境，防止出

---

① “移司别勘”是指由原审机关将案子交给另一个同级的司法机关复审；“差官别推”是指原审机关将案子申报到上级机关，由上级机关指派其他的司法人员重新审理。

② （清）郑观应：《盛世危言》，内蒙古人民出版社 1996 年版，第 319 页。

现刑讯逼供等情况。二是有罪供述是否高度雷同。犯罪嫌疑人、被告人作出多次有罪供述的，应将笔录的具体内容进行比对，自然人在不同时间对于同一事实的表达总会存在差异，如果讯问笔录在遣词造句、用语顺序甚至错别字等方面高度一致的，应查明是否存在复制、粘贴笔录的情况。三是有罪供述的变化原因。犯罪嫌疑人、被告人作出有罪供述后，如果对事实情节的表述前后发生了较大变化，应审查证人证言、被害人陈述等证据出现的时间节点和内容，判断是否存在“随证而供”“供随证变”等情形。

2. 同步录音录像的审查

西方国家的刑事诉讼中，主要通过律师在场制度确保讯问的合法性。美国联邦最高法院在1966年“米兰达案”的判决书中写道：受到讯问的个人必须被明确告知其有权咨询律师并且在讯问时有律师在场……这种警告是进行讯问的先决条件……当然，律师在场权也要受到一定的限制，如有迫切需要来防止对于某人生命、自由或者身体完整性的严重不利后果；有必要采取立即行动以防止对于刑事程序的实质性危险等。[①] 我国刑事诉讼除了讯问未成年犯罪嫌疑人要求有合适成年人在场之外，并未引入律师讯问“全程在场”制度，而是创设了具有本土特色的同步录音录像制度，运用摄录设备对刑事侦查过程进行全程、同步摄录，客观真实地记录刑事侦查过程。[②] 2017年《人民法院办理刑事案件排除非法证据规程（试行）》第26条规定，“经法庭审理，具有下列情形之一的，对有关证据应当予以排除……（二）应当对讯问过程录音录像的案件没有提供讯问录音录像，或者讯问录音录像存在选择性录制、剪接、删改等情形，现有证据不能排除以非法方法收集证据情形的……”。2019年《人民检察院刑事诉讼规则》第75条规定，对于公安机关立案侦查的案件，存在特定情形之一

① 邵聪：《讯问时律师在场制度的域外考察与中国构想》，载《学术交流》2017年第10期。

② 我国监察调查程序同样设立了同步录音录像制度，如2018年《监察法》第41条规定，调查人员进行讯问以及搜查、查封、扣押等重要取证工作，应当对全过程进行录音录像，留存备查。

的，人民检察院在审查逮捕、审查起诉和审判阶段，可以调取公安机关讯问犯罪嫌疑人的录音、录像，对证据收集的合法性以及犯罪嫌疑人、被告人供述的真实性进行审查。2021年《最高人民法院关于适用〈中华人民共和国刑事诉讼法〉的解释》第93条规定，必要时，可以结合现场执法音视频记录、讯问录音录像、被告人进出看守所的健康检查记录、笔录等，对被告人的供述和辩解进行审查。应审查以下方面：

一是是否存在"应录未录"的情形。2018年修订的《刑事诉讼法》第123条规定，侦查人员在讯问犯罪嫌疑人的时候，可以对讯问过程进行录音或者录像；对于可能判处无期徒刑、死刑的案件或者其他重大犯罪案件，应当对讯问过程进行录音或者录像。2020年《公安机关办理刑事案件程序规定》第208条规定，"可能判处无期徒刑、死刑的案件"，是指应当适用的法定刑或者量刑档次包含无期徒刑、死刑的案件。"其他重大犯罪案件"，是指致人重伤、死亡的严重危害公共安全犯罪、严重侵犯公民人身权利犯罪，以及黑社会性质组织犯罪、严重毒品犯罪等重大故意犯罪案件。2019年《人民检察院刑事诉讼规则》第190条规定，人民检察院办理直接受理侦查的案件，应当在每次讯问犯罪嫌疑人时，对讯问过程实行全程录音、录像，并在讯问笔录中注明。在应当同步录音录像的犯罪案件中，如果侦查人员对犯罪嫌疑人进行多次讯问，仅就其中的一次或数次讯问过程进行录音录像，其他讯问没有录音录像且未作出合理解释的，同样不符合法律规定。

二是录音录像是否全程进行且保持完整。2018年修订的《刑事诉讼法》第123条规定，录音或者录像应当全程进行，保持完整性。审查要点包括录音录像能否反映讯问场所的全貌，画面、声音是否清晰，讯问笔录记载的起止时间与录音录像是否一致，是否反映自讯问开始时至犯罪嫌疑人核对讯问笔录、签字确认的整个过程；是否存在选择性录制、剪接、删改等。例如，在一起毒品犯罪案件中，犯罪嫌疑人共有三次有罪供述，但是其中一次没有同步录音录像支持，一次同步录音录像关键事实部分缺失，一次同步录音录像及讯问笔录显示犯罪嫌疑人拒绝签字，后犯罪嫌疑人推翻自己的有罪供述，并作出了一定解释，虽然结合其他证据最终定案，但给口供合法性的判断带来了较大困难。[①]

三是讯问内容与笔录是否一致。2017 年《人民法院办理刑事案件排除非法证据规程（试行）》第 22 条第 4 项规定，法庭对证据收集的合法性进行调查的，应当重视对讯问录音录像的审查，重点审查讯问录音录像与讯问笔录的内容是否存在差异。对与定罪量刑有关的内容，要审查讯问笔录记载的内容与讯问录音录像是否存在实质性差异，存在实质性差异的，以讯问录音录像为准。包括被讯问人是否为本案犯罪嫌疑人；犯罪嫌疑人供述的内容是否存在增减、修改的情形；犯罪嫌疑人是否曾经提出无罪辩解而未记录等。

四是讯问程序是否合法。要审查侦查人员是否采取刑讯逼供方法获取供述；讯问的时间、地点、人员是否符合法律规定；是否存在未依法告知犯罪嫌疑人诉讼权利的情况；讯问未成年犯罪嫌疑人、使用少数民族语言文字或者不通晓当地语言文字的犯罪嫌疑人、聋哑人时，法定的在场人员是否到场等。

3. 提讯凭证的审查

讯问羁押于看守所的犯罪嫌疑人，侦查人员应当出示加盖看守所公章并注明法定羁押期限的提讯凭证和有效工作证件，讯问结束后，提讯凭证应当记载讯问时间、人员、次数等信息。2013 年《最高人民检察院关于切实履行检察职能防止和纠正冤假错案的若干意见》第 11 条规定，对被羁押的犯罪嫌疑人要结合提讯凭证的记载，核查提讯时间、讯问人与讯问笔录的对应关系。2017 年最高人民法院、最高人民检察院、公安部、国家安全部、司法部《关于办理刑事案件严格排除非法证据若干问题的规定》第 13 条规定，看守所应当对提讯进行登记，写明提讯单位、人员、事由、起止时间以及犯罪嫌疑人姓名等情况。应

---

① 杜邈、庞占平：《公诉环节审查讯问同步录音录像研究——以命案、毒品犯罪案件等重大犯罪案件为视角》，载陈国庆主编：《刑事司法指南（总第 63 集）》，法律出版社 2015 年版，第 110~113 页。

审查以下方面：一是提讯凭证记载的讯问时间与笔录是否一致。如果提讯凭证记载的起止时间较短，而讯问笔录的内容繁多，应核实笔录是否事先制作、是否经过犯罪嫌疑人阅签。如果提讯凭证记载的起止时间较长，而讯问笔录极为简略的，应核实讯问是否涉及与犯罪无关的内容，是否存在刑讯逼供等非法取证情况。二是提讯凭证记载的讯问人员与笔录是否一致。如果两者不一致，需要核实讯问人员的身份，是否存在违反回避、管辖规定的情形。三是提讯凭证记载的讯问次数与笔录是否一致。如果提讯凭证未记载某次讯问，但存在相应的讯问笔录，应核实该次讯问是否发生于看守所内。如果提讯凭证记载某次讯问，但缺乏相应的讯问笔录，应核实全部讯问笔录是否随案移送。

（二）非法证据排除规则

我国刑事证据法对口供主要适用非法证据排除规则，对于采用刑讯逼供等非法方法收集的犯罪嫌疑人、被告人供述，应当予以排除。关于如何理解“刑讯逼供等非法方法”的含义，2017 年最高人民法院、最高人民检察院、公安部、国家安全部、司法部《关于办理刑事案件严格排除非法证据若干问题的规定》第 2 条至第 4 条、2017 年《人民法院办理刑事案件排除非法证据规程（试行）》第 1 条、2019 年《人民检察院刑事诉讼规则》第 67 条、2021 年《最高人民法院关于适用〈中华人民共和国刑事诉讼法〉的解释》第 123 条作出了类似表述：“采用下列非法方法收集的被告人供述，应当予以排除：（一）采用殴打、违法使用戒具等暴力方法或者变相肉刑的恶劣手段，使被告人遭受难以忍受的痛苦而违背意愿作出的供述；（二）采用以暴力或者严重损害本人及其近亲属合法权益等相威胁的方法，使被告人遭受难以忍受的痛苦而违背意愿作出的供述；（三）采用非法拘禁等非法限制人身自由的方法收集的被告人供述。”在直接实施物理强制力或精神强制力的情况下，既要审查取证手段的违法严重程度，如“殴打、违法使用戒具等暴力方法或者变相肉刑的恶劣手段”“以暴力或者严重损害本人及其近亲属合法权益等相威胁的方法”，又要审查犯罪嫌疑人、被告人是否是遭受难以忍受的痛苦而违背意愿作出供述。对于“采用非法拘禁等非法限制人身自由的方法”收集的被告人口供一概予以排除。翻供案件中，即使确认或者不能排除某一次供述系非法证据，并不意味着排除犯罪嫌疑人、被告人所作的全部有罪供述。应注意以下特殊情形：

1. 刑讯逼供后续收集的重复性供述

通过刑讯逼供获取供述后，是否排除后续获取的重复性供述不能一概而论。美国通过判例确立了“出袋之猫（Cat Out of The Bag）”理论，如果被告人第一次已经作出供述，无论是基于什么动机，都会在心理和实践中受到该次供述的负面影响，通常应当予以排除。[①] 我国刑事诉讼对重复性供述以排除为一般性原则，同时以例外方式进行特殊规定。2017 年《人民法院办理刑事案件排除非法证据规程（试行）》第 1 条、2019 年《人民检察院刑事诉讼规则》第 68 条、2021 年《最高人民法院关于适用〈中华人民共和国刑事诉讼法〉的解释》第 124 条作出了类似规定：采用刑讯逼供方法使被告人（犯罪嫌疑人）作出供述，之后被告人（犯罪嫌疑人）受该刑讯逼供行为影响而作出的与该供述相同的重复性供述，应当一并排除，但下列情形除外：（1）调查、侦查期间，监察机关、侦查机关根据控告、举报或者自己发现等，确认或者不能排除以非法方法收集证据而更换侦查人员、调查人员，其他侦查人员、调查人员再次讯问时告知有关权利和认罪的法律后果，被告人（犯罪嫌疑人）自愿供述的；（2）审查逮捕、审查起诉和审判期间，检察人员、审判人员讯问时告知诉讼权利和认罪的法律后果，被告人（犯罪嫌疑人）自愿供述的。翻供案件中，即使排除通过刑讯逼供收集的一次或数次供述，也要从讯问人员是否同一、权利告知是否明确、后续供述是否自愿等方面，判断刑讯逼供与后续供述之间是否存在持续影响力，如果能够确认“影响力中断”的，对重复性供述不应予以排除。根据

---

① 戴长林、罗国良、刘静坤：《中国非法证据排除制度》，法律出版社 2016 年版，第 100 页。

上述规定，即使犯罪嫌疑人曾经作出有罪供述，在审查逮捕、审查起诉期间也不能降低讯问要求，在依法告知诉讼权利和认罪法律后果的基础上，围绕“七何”要素进行全面、具体的讯问。

2. 采取威胁、引诱、欺骗方法收集的供述

在国际范围内，口供的证据能力审查主要适用非法证据排除规则和自白任意性规则。非法证据排除规则通常认为起源于美国，是指违反法律规定手段获得的证据不具有证据可采性，排除证据的范围包括非法取得的言词证据、实物证据，违反正常程序取得的非法证据，违反其他法律规定取得的非法证据等，后衍生出“毒树之果”规则，即非法自白或非法搜查、扣押后取得的衍生证据均应排除。[①] 自白任意性规则（非任意自白排除规则）最早起源于英国，是指只有基于被追诉人自由意志而作出的有罪供述，才具有可采性；违背当事人意愿而强制作出的供述不是自白，而是应当排除的供述。自白任意性规则除了追求实体公正这一价值外，还有诸如维护被告人权及尊严，保障法院的正直，威慑警察的违法行为等与查明事实真相无关的政策性价值。[②] 非法证据排除规则与自白任意性规则呈现交叉关系：一些通过刑讯逼供、威胁、引诱手段获得的自白，既可以通过自白任意性规则予以排除，也可以通过非法证据排除规则予以排除。有些自白取得手段虽然不违反法律规定，但违反了自白的任意性，也可能导致自白的排除，而有些可通过非法证据排除规则排除的实物证据，往往很难通过自白任意性规则加以排除。[③]

我国《刑事诉讼法》虽然存在“不得强迫自证其罪”的原则性规定，明确禁止采取威胁、引诱、欺骗等取证方法，但刻意模糊了对威胁、引诱和欺骗取

---

① 郭志媛：《刑事证据可采性研究》，中国人民公安大学出版社2004年版，第305页。

② 康怀宇、康玉：《刑事程序法事实的证明方法——自由证明及其具体运用的比较法研究》，载《社会科学研究》2009年第3期。

③ 樊崇义主编：《刑事证据规则研究》，中国人民公安大学出版社2014年版，第296页。

得自白的排除态度，没有将任意性作为采纳自白的标准。[①] 2017 年最高人民法院、最高人民检察院、公安部、国家安全部、司法部《关于办理刑事案件严格排除非法证据若干问题的规定》考虑到“指供”“诱供”等方法与侦讯策略难以区分，“催眠”“施用药物”等逼供方法在实践中问题不突出，未作列举规定。[②] 侦查实践中，一般的呵斥、引诱、欺骗与合法侦查策略的边界较为模糊，要综合考虑取证的环境、手段的违法性，判断是否达到了“违背本人意愿”和“可能影响真实性”的二元标准，确认是否予以排除。如果采取上述方法严重违反法律规定，迫使犯罪嫌疑人作出供述，并且有可能影响到口供的客观真实性的，就应当予以排除。[③] 值得注意的是，对于采取威胁、引诱、欺骗方法收集的非任意自白，并不适用非法证据排除规则，由于供述的真实性缺乏保障，如不能查证属实，可从证明力评估的角度决定不予采信。[④]

在认罪认罚从宽案件中，犯罪嫌疑人、被告人在签署认罪认罚具结书后仍然保有反悔的权利，应当区分认罪认罚具结书的任意性和有罪供述的任意性。2018 年修订的《刑事诉讼法》第 190 条第 2 款规定，被告人认罪认罚的，审判长应当告知被告人享有的诉讼权利和认罪认罚的法律规定，审查认罪认罚的自愿性和认罪认罚具结书内容的真实性、合法性。2019 年《人民检察院刑事诉讼规则》第 271 条规定，审查起诉阶段，对于在侦查阶段认罪认罚的案件，人民检察院应当重点审查以下内容：（1）犯罪嫌疑人是否自愿认罪认罚，有无因受到暴力、威胁、引诱而违背意愿认罪认罚；（2）犯罪嫌疑人认罪认罚时的认知能力和精神状态是否正常；（3）犯罪嫌疑人是否理解认罪认罚的性质和可能导致的法律后果；（4）公安机关是否告知犯罪嫌疑人享有的诉讼权利，如实供述

---

① 张建伟：《自白任意性规则的法律价值》，载《法学研究》2012 年第 6 期。

② 万春、高翼永：《刑事案件非法证据排除规则的发展——〈关于办理刑事案件严格排除非法证据若干问题的规定〉新亮点》，载《中国刑事法杂志》2017 年第 4 期。

③ 张军主编：《刑事证据规则的理解与适用》，法律出版社 2010 年版，第 285 页。

④ 戴长林、罗国良、刘静坤：《中国非法证据排除制度》，法律出版社 2016 年版，第 258 页。

自己罪行可以从宽处理和认罪认罚的法律规定，并听取意见；（5）起诉意见书中是否写明犯罪嫌疑人认罪认罚情况；（6）犯罪嫌疑人是否真诚悔罪，是否向被害人赔礼道歉。认罪认罚从宽制度适用于刑事诉讼各个阶段，侦查人员在侦查阶段同步开展认罪教育工作，检察人员在审查起诉阶段与犯罪嫌疑人进行量刑协商，甚至以从宽处罚作为激励犯罪嫌疑人认罪的条件，应当对认罪认罚具结书的任意性进行审查。如果犯罪嫌疑人因受到暴力、威胁、引诱而违背意愿签署认罪认罚具结书的，应当否认该份具结书的法律效力，将案件转为普通程序审理，不能将其等同于口供合法性的审查，将犯罪嫌疑人在侦查阶段的供述一概予以排除。

3. 违反法定程序收集的供述

违反法定程序包括严重违法和轻微违法两种情形，分别适用不同的证据排除规则。一方面，严重违反法定程序收集的供述适用“先排后补”规则。2013年最高人民法院《关于建立健全防范刑事冤假错案工作机制的意见》第8条规定，除情况紧急必须现场讯问以外，在规定的办案场所外讯问取得的供述，未依法对讯问进行全程录音录像取得的供述，以及不能排除以非法方法取得的供述，应当排除。如果存在讯问人员人数、讯问地点不符合法律规定，讯问未成年犯罪嫌疑人未通知合适成年人在场等违法情形，因其严重违背国家人权保障价值理念，助长侦查机关违法取证行为，容易导致冤假错案，无论其内容是否真实都必须绝对排除，一律不得作为证据使用。另一方面，轻微违反法定程序收集的供述适用“先补后排”规则。瑕疵证据是指办案人员收集证据的程序、方法不符合法律规定，但尚未损害到公民实体性权利，因其欠缺证据合法性要件，证据能力处于待定状态，应当给予补正的机会。2021年《最高人民法院关于适用〈中华人民共和国刑事诉讼法〉的解释》第95条规定，讯问笔录有下列瑕疵，经补正或者作出合理解释的，可以采用；不能补正或者作出合理解释的，不得作为定案的根据：（1）讯问笔录填写的讯问时间、讯问人、记录人、法定代理人等有误或者存在矛盾的；（2）讯问人没有签名的；（3）首次讯问笔录没有记录告知被讯问人相关权利和法律规定的。如经调取其他证据、合理解释等补救措施，能够修复取证程序上的瑕疵，就可转化为合法证据，只有在补正不能的情况下，才予以排除。例如，在一起诈骗犯罪案件中，犯罪嫌疑人送至看守所羁押后，多份讯问笔录仍然显示讯问地点为派出所，后查明该情况为书写错误，实际讯问地点为看守所办案中心，不影响供述的合法性。

案例 1

原供的证据能力审查

——王某某抢劫案[①]

【基本案情】

江苏省盐城市人民检察院以王某某犯抢劫罪、强奸罪和盗窃罪，向盐城市中级人民法院提起公诉。其中，起诉书指控抢劫罪的事实为：2000 年 1 月 3 日凌晨 4 时许，王某某伙同张某某骑摩托车到某县境内窃得被害人蒋某某、孟某某家共 50 余只鸡后，张某某在偷自行车时被人追赶落塘逃跑，王某某在大塘边等张某某时，用随身携带刀具对追赶其的人刺戳一刀，致被害人蒋某某因胸部外伤致失血性休克抢救无效死亡。王某某、张某某二人在村外会合时，王某某将以刀戳人之事告诉张某某，并将刀上血迹洗掉。

江苏省盐城市中级人民法院经审理认为，被告人王某某构成强奸罪、盗窃罪。对于检察机关就被告人王某某犯抢劫罪的指控，因未能出示证明被告人王某某实施抢劫作案的直接证据，且被告人王某某又矢口否认，故认定其犯抢劫罪并致人死亡的证据不足，对检察机关就被告人王某某犯抢劫罪的指控不予支

---

① 高军：《［第 324 号］王某某抢劫、强奸、盗窃案——如何审查判断被告人的翻供理由》，载最高人民法院刑事审判第一、二、三、四、五庭主办：《中国刑事审判指导案例 7（刑事诉讼法）》，法律出版社 2017 年版，第 23~26 页。

持。宣判后，盐城市人民检察院以原判未认定被告人王某某犯抢劫罪不当为由，向江苏省高级人民法院提出抗诉。江苏省人民检察院经审查，决定支持抗诉。原审被告人王某某在二审期间，对于原判认定其犯强奸罪、盗窃罪的事实、定罪处刑情况未提出异议，对抗诉机关指控其构成抢劫罪，提出了与一审相同的辩解。江苏省高级人民法院经审理认为，原判认定被告人王某某犯强奸罪、盗窃罪的事实清楚，证据确实、充分，定罪量刑正确，于2004年7月9日裁定驳回抗诉，维持原判。

【证据分析】

该案的证明难点在于能否采纳王某某的有罪供述。王某某在侦查阶段多次供认实施抢劫犯罪，后在审查起诉阶段全面翻供，辩称其未去过本案抢劫犯罪的现场，先前的有罪供述系刑讯逼供、诱供所致。该案中，存在王某某构成抢劫罪的证据，包括：(1) 王某某在侦查期间先后13次对抢劫罪作了有罪供述，包含抢劫犯罪的许多细节，如听到有人喊“逮贼”后转身刺来人一刀、被害人倒地的方位、被害人的被刺部位及刀数、作案刀具系单刃、尺把长等事实、特征。(2) 同案犯张某某供述和所画刀具图形与王某某供述相印证，在案有多份证据指向张某某，足以证明张某某到过案发现场，且案发时村民追赶的小偷之一就是张某某。(3) 证人张某某证实，其曾听王某某说，王某某有抢劫杀人行为。同监犯吴某某、周某某的证言证实，王某某入所后曾告诉他们，其在盗窃过程中戳人一刀。王某某在看守所分别与管教干部和侦查人员的谈话、审讯笔录中，均承认其犯有抢劫罪。(4) 看守所管教干部、看守所医生证言，看守所健康检查表证实，王某某入所时身体状况正常，其以侦查期间受到刑讯逼供、诱供为翻供理由不能成立。

该案中，尽管王某某的有罪供述与其他证据在“表面”上形成印证，但经审查发现，王某某关于抢劫罪的供述合法性存疑，从而丧失了形成印证的前提条件。(1) 不能排除王某某在侦查期间被刑讯逼供、诱供的可能性。在本案抢劫致人死亡事实发生后，侦查人员即对案发现场进行勘查、拍摄，对被害者尸体进行法医鉴定，对相关证人提取证言，且经张某某检举的情况下，抓获并审讯王某某，已经掌握了案件的诸多细节。同时，看守所健康检查表、证人王甲、李乙的证言，仅能证明王某某换押看守所时做过体检，而在王某某的13次有罪供述均在换押至看守所以后作出，且其中的11次是在看守所外形成的，上述证据不能证明侦查人员是否曾对王某某刑讯逼供。（2）王某某供认的作案凶器与同案犯张某某供述相互矛盾。案发后侦查机关并未提取到本案的作案凶器，侦查机关出具的被害人蒋某某死亡鉴定书中，并未对死者致伤锐器单、双刃的特征作出推断。王某某辩解，其在侦查阶段所画的刀具形状系应侦查人员要求，其并没有该形状的刀具；二审期间，法庭向张某某调查核实证据时，张某某翻证称，其是应侦查机关的要求，按侦查人员的提示画出了单刃刀具图形，事实上作案中使用的凶器是双刃匕首，并当场画出了双刃刀具图形。（3）证人张某某、吴某某、周某某证言均来源于王某某，属于事后的传来证据，证言的真实性依附于王某某供述的真实性。证人吴某某、周某某在二审庭审出庭作证时证实，控方在庭审中宣读的侦查机关询问其两证人的笔录内容不完整，王某某从刑警大队还押回看守所后曾说，公安人员要王某某承认其有抢劫杀人行为，而王某某喊冤；王某某还押回看守所后，两眼黑肿，双脚双手腕有伤，行走不便。

综上，由于王某某对其抢劫犯罪事实翻供，先前有罪供述的合法性未能得到有效证明，与其他证据在关键情节上存在无法排除的矛盾，认定王某某到过抢劫杀人现场的证据，仅有证人张某某一人的证言，尚不足以证明王某某实施了抢劫犯罪。

案例 2

原供的证据能力审查

——刘某某、罗某某贩卖毒品案①

【基本案情】

2012 年 9 月中旬，刘某某、罗某某电话联系他人购买麻古，拟出售给熊某等人牟利。9 月 20 日上午，刘某某、罗某某先后驾驶轿车赶到某村气矿增压站附近，交付毒资 89800 元后收到 5000 粒麻古。罗某某携带麻古离开时被公安人员抓获，刘某某等人见状逃离。公安人员在罗某某驾驶的轿车内查获麻古 5000 粒净重 464.84 克。公安人员又在现场查获一包麻古净重 1114.46 克（约 12000 粒）、现金 89800 元以及刘某某遗弃的 iPhone 手机一部、深棕色男式单肩挎包一个。从该挎包内查获麻古净重 4.51 克、冰毒净重 0.37 克、现金 3400 元、车辆证件、刘某某的驾驶证等物。经鉴定，查获的 1114.46 克麻古、464.84 克麻古、4.51 克麻古中均检出甲基苯丙胺和咖啡因成分；查获的 0.37 克冰毒中检出甲基苯丙胺成分。10 月 25 日，公安人员将刘某某查获归案。

法院判决认定被告人刘某某犯贩卖毒品罪，判处无期徒刑，剥夺政治权利终身，并处没收个人全部财产；被告人罗某某犯贩卖毒品罪，判处有期徒刑十五年，剥夺政治权利五年，并处没收个人财产 6 万元；宣判后，二被告人未提出上诉，检察机关亦未提出抗诉，现该判决已发生法律效力。

【证据分析】

该案的证明难点在于能否采纳刘某某的有罪供述。刘某某在庭审中提出，其归案后被公安人员连续讯问五天五夜，直至昏睡，公安人员将其拍醒后在讯

---

① 杨继伟、段凰：《［第 869 号］刘某某、罗某某贩卖毒品案——如何把握非法言词证据的认定标准与排除程序》，载最高人民法院刑事审判第一、二、三、四、五庭主办：《中国刑事审判指导案例 7（刑事诉讼法）》，法律出版社 2017 年版，第 126~130 页。

问笔录上签字，其在侦查阶段的唯一有罪供述内容不真实。为此，需要对该次有罪供述的合法性进行审查：(1) 法庭首先审查了刘某某在侦查阶段的全部供述。经查，刘某某归案后在侦查阶段共有六次供述，第一次、第二次未供认贩卖毒品的行为，第三次供述最详细。刘某某在第四次、第五次、第六次供述时推翻原有供述，辩称未参与贩卖毒品。开庭审理中，刘某某供认参与本案毒品交易，辩解系罗某某出资购买毒品出售，自己代为介绍、验货，受罗某某指使交给上家毒资279000元。(2) 法庭重点审查了刘某某第三次供述的背景情况。该份供述时间起于2012年10月28日21时7分，止于同日23时26分；讯问地点在某看守所三楼。经实地察看，该讯问地点并非正式讯问室，中间没有隔离设施。同时，刘某某的提讯证记载，刘某某于2012年10月26日17时被押解出看守所，于同月29日3时还押，持续时间为两天三夜58小时（中途没有送回看守所关押监室)，而刘某某第三份供述正是形成于这段时间。(3) 法庭审查了刘某某第三份供述的同步录音录像。经查，该份供述中注明了对该次讯问进行同步录音录像，但笔录记载讯问时长2小时19分，而同步录音录像资料仅持续12分10秒。法庭播放了该录音录像，发现录音录像的内容仅为侦查人员向刘某某宣读讯问笔录，不能反映讯问过程。并且，录像中反映刘某某有一定疲倦表情。该录音录像并不能印证刘某某有罪供述收集的合法性。(4) 法庭审查了检察机关提交的证明取证合法性的材料。侦查机关作出书面说明，称讯问期间给刘某某留有足够休息时间，没有刑讯逼供等非法行为。因录音录像设备只能录制十多分钟，因此未能全程录音录像。除此之外，检察机关未再提请法庭通知相关侦查人员出庭作证，也未提交其他证明材料。法庭经过全面、综合审查，认为本案中证明刘某某在侦查阶段有罪供述系合法收集的证据并未达到“确实、充分”的证明标准，依法将之认定为“不能排除存在以非法方法收集证据情形”，从而将刘某某在侦查阶段的第三份供述认定为非法证据，并依法予以排除。法庭依法排除刘某某在侦查阶段的有罪供述后，根据庭审质证确认的其他在案证据，包括查获的毒品、毒资，毒品上、下家的供述，刘某某之妻李某的证言，同案罗某某的供述以及刘某某在庭审中的供述，认定刘某某贩卖毒品的事实清楚，证据确实、充分，且刘某某在共同犯罪中系主犯。

案例3

原供的证据能力审查

——郑某某贪污、受贿案①

【基本案情】

郑某某，原系某海关副关长、党组成员兼调查局局长。检察机关以被告人郑某某犯贪污罪、受贿罪和滥用职权罪提起公诉。其中，对受贿罪部分的犯罪事实指控如下（其他指控内容略）：1998年8月，被告人郑某某（时任某海关副关长兼调查局局长）接到李某辉（时任该某海关调查局综合处处长）的报告称，某海关在处理“青油8”走私棕榈油、大豆油一案过程中，发现涉案油料被盗。郑某某指示李某辉调查后发现涉案走私油系被原货主某公司的法定代表人李某平盗走，郑某某随即指示李某辉安排李某平参加原定涉案走私油的公开拍卖以及确保他竞投成功后缴款，并指使某拍卖行总经理翁某某配合空拍，企图以此掩盖其海关相关人员监管涉案走私油失职等。1998年9月5日，拍卖行对涉案走私油依原定程序公开拍卖，李某平以某公司的名义竞投成功，成交价为每吨人民币（以下币种同）8060元，总价24106557.28元。1998年9月5日拍卖成交当晚，李某平约郑某某在路旁的绿化带见面，向其贿送40万元，对郑某某在处理该批食用油过程中提供的帮助表示感谢，并请求降低拍卖成交价。郑某某收受该款后，用于个人支配。

---

① 黄建屏、林恒春：《[第1140号]郑某某贪污、受贿、滥用职权案——如何处理以威胁方法收集的被告人供述及司法实践中对“重复供述”如何采信》，载最高人民法院刑事审判第一、二、三、四、五庭主办：《刑事审判参考（总第106集）》，法律出版社2017年版，第26~32页。

广州市中级人民法院经公开审理查明后认为，李某平交代的行贿细节与被告人郑某某的供述存在不吻合之处，且郑某某当庭否认受贿，提出侦查办案人员以取保候审相利诱和以抓捕其子女相威胁获取其有罪供述，检察机关未能提出有罪供述系合法取得的相关证据，故相关有罪供述依法应当排除。综合全案，在无其他证据佐证的情况下，检察机关指控郑某某犯受贿罪的证据不足，故有关郑某某犯受贿罪的指控不能成立。一审宣判后，广州市人民检察院提出抗诉，广东省人民检察院支持抗诉。广东省高级人民法院经审理依法裁定驳回抗诉，维持原判。

【证据分析】

该案的证明难点在于能否采纳郑某某的有罪供述。郑某某在侦查阶段的16次讯问中，后期7次供述承认收受李某平贿赂款。其中，2011年8月19日的第7次讯问中首次承认收受李某平贿赂款20万元，在之后有6次供述，均供认收受李某平贿赂款40万元。但是，从相关证据来看，难以认定郑某某的有罪供述具备合法性。(1) 郑某某称侦查人员威胁他不承认受贿就查处其女婿公司，抓捕其女儿、女婿，在“不认则抓人（女儿、女婿），认了就放人”的强烈心理恐惧下作出有罪供述。上述威胁内容、时间、地点和实施人员均具体、明确，并得到相关书证、证人证言的证实，故应当对其相应供述予以排除。(2) 郑某某于2011年8月19日的第1次有罪供述是在被威胁的情况下作出的供认，在侦查阶段取证主体没有改变的情况下，不能排除这种胁迫后产生的心理恐惧始终存在，在身处同一侦查主体讯问期间不敢改变原来供认的可能，即在取证主体没有变更的情况下，郑某某所受的精神胁迫制约仍然存在的条件下，前后供述的关联度高，对其侦查阶段的其他“重复自白”应予以排除。(3) 如果排除非法证据之后，更换了讯问人员并向郑某某告知了自愿认罪的法律后果，其仍然作出有罪供述，与其他证据能够相互印证的，可以将变更讯问人员后的讯问笔录作为定案根据。

案例 4

原供的证据能力审查

——王某某故意杀人案[①]

【基本案情】

2014 年 2 月 18 日 22 时许，公安机关接到某村村民王某某报案，王某某称：当日 22 时许，其在回家的路上发现一名男子躺在地上，旁边有血迹。次日，公安机关对此案立案侦查。经排查，公安机关认为报案人王某某有重大嫌疑，于 2014 年 3 月 8 日对王某某以涉嫌故意杀人罪刑事拘留。同年 3 月 15 日，提请检察机关批准逮捕。2014 年 3 月 22 日，检察机关对王某某作出不批准逮捕的决定。同时继续进行对该案件的侦查工作，最终将该案真凶王甲抓获。2014 年 7 月 14 日，检察机关依法对犯罪嫌疑人王甲作出批准逮捕决定。经检察机关公诉，2015 年 1 月 17 日，法院以被告人王甲犯故意杀人罪，判处死刑，缓期二年执行，剥夺政治权利终身。

【证据分析】

该案的证明难点在于能否采纳王某某的有罪供述。王某某在检察人员提讯时，推翻了在公安机关所作的全部有罪供述，称有罪供述系被侦查人员对其采取非法取证手段后作出。同时，该案件的证据存在诸多疑点：（1）王某某先后 9 次接受侦查人员询问、讯问，前 5 次为无罪供述，后 4 次为有罪供述。在有罪供述中，对作案工具有斧子、锤子、刨锛三种不同说法，且去向均未查明；作案工具与尸体照片显示的创口形状不能同一认定；现场提取物证未作出 DNA 鉴定。(2) 检察人员在提审过程中，王某某坚持承认是自己杀害被害人，但被问到作案工具和衣服去向时，仍然存在前后不一致的情况。检察人员发现王某某

① 最高人民检察院第七批指导性案例，王某某不批准逮捕案（检例第 27 号）。徐盈雁：《纠正王某某冤错案：排除非法证据引导抓获真凶》，载《检察日报》2015 年 2 月 13 日，第 2 版。

的精神状态不好、心理紧张，右臂打着石膏缠着绷带，在询问王某某伤情形成原因时，其极力回避，对于自己怎么受伤一再表示记不清了。同时，顺平县人民检察院驻所检察室也发现王某某胳膊缠了绷带，并进行了询问，王某某自述是骨折旧伤复发。(3) 侦查人员对王某某的多次讯问未移送相应的同步录音录像。综上，除王某某的有罪供述外，无其他证据证明其实施犯罪行为，且王某某的供述有非法证据的嫌疑，应当予以排除，认定王某某涉嫌故意杀人罪事实不清，证据不足。

二、衡量原供和翻供的合理性

翻供案件的本质是犯罪嫌疑人供述和辩解这一证据种类出现了前后矛盾，需要通过对比衡量的方法进行判断。古代刑事诉讼中，刑侦技术条件的限制使得司法人员不得不依据口供定案，对于口供合理性的审查不仅是法律的明确要求，而且积累了丰富的司法经验。《唐律·断狱》规定“诸应讯囚者，必先以情审查辞理，反复参验”。审案过程中，如果口供内容符合情理，可以认为具备较强的真实性，“供不可偏。顺乎情理则信，不顺乎情理则不信也”[①]“口供真，则理顺成章，自然可听，口供假，则左遮右掩，必多支离缺漏，总在情理二字……倘人犯口供，全不在情理之内，即为不确”。[②] 根据我国刑事证据法规定，司法人员既要审查犯罪嫌疑人、被告人供述的合法性，也要审查其内容是否符合情理，两者分属不同的证据审查要求。2019 年《人民检察院刑事诉讼规则》第 368 条规定：“具有下列情形之一，不能确定犯罪嫌疑人构成犯罪和需要追究刑事责任的，属于证据不足，不符合起诉条件……（五）根据证据认定案

① （清）王又槐：《办案要略》，华东政法学院语文教研室注译，群众出版社 1987 年版，第 96 页。

② （清）王又槐：《刑钱必览（卷一）》，载杨一凡主编：《历代珍稀司法文献》（第 3 册），社会科学文献出版社 2012 年版，第 1213～1214 页。

件事实不符合逻辑和经验法则，得出的结论明显不符合常理的。”理论上，翻供案件较不认罪案件的证明难度低，原因就在于犯罪嫌疑人、被告人曾经作出有罪供述，通过原供与翻供的比对，可以发现何者更为合理。司法人员要从一般人情、事理入手，探究原供和翻供中明显不合常理的情节，揭示其中的深层原因。

（一）原供的合理性

言词证据的合理性审查不仅存在于刑事诉讼领域，也存在于民事诉讼领域。我国民事诉讼法规定了自认制度，是指一方当事人认可对自己不利的事实，在“自认”情况下可以认定案件事实，原则上不需要过多的实质审查。2020 年《最高人民法院关于适用〈中华人民共和国民事诉讼法〉的解释》第 92 条规定，一方当事人在法庭审理中，或者在起诉状、答辩状、代理词等书面材料中，对于己不利的事实明确表示承认的，另一方当事人无需举证证明。2019 年《关于民事诉讼证据的若干规定》第 3 条规定，在诉讼过程中，一方当事人陈述的于己不利的事实，或者对于己不利的事实明确表示承认的，另一方当事人无需举证证明。在证据交换、询问、调查过程中，或者在起诉状、答辩状、代理词等书面材料中，当事人明确承认于己不利的事实的，适用前款规定。民事自认的功能在于通过一方当事人对于己不利事实的承认，免除了对方当事人对主张事实的证明责任，原本必须进行的当事人举证、法院调查证据、质证、认证等环节被简化，有利于提高诉讼效率。近年来，随着虚假诉讼多发，民事诉讼领域开始强调对一方当事人“自认”的合理性审查，如 2021 年《最高人民法院、最高人民检察院、公安部、司法部关于进一步加强虚假诉讼犯罪惩治工作的意见》第 6 条规定，“民事诉讼当事人有下列情形之一的，人民法院、人民检察院在履行职责过程中应当依法严格审查，及时甄别和发现虚假诉讼犯罪……（五）一方当事人对于另一方当事人提出的对其不利的事实明确表示承认，且不符合常理的……”。

刑事诉讼中，犯罪嫌疑人到案后，办案人员通常进行多次讯问、形成多份笔录，也就是“反复诘问”，应将所有供述和辩解视为一个“小型证据体系”，审查讯问笔录是否均已随案移送，防止出现有选择性地移送口供的情况。2019年《人民检察院刑事诉讼规则》第73条规定，被排除的非法证据应当随案移送，并写明为依法排除的非法证据。2020年《公安机关办理刑事案件程序规定》第209条规定，对犯罪嫌疑人供述的犯罪事实、无罪或者罪轻的事实、申辩和反证，以及犯罪嫌疑人提供的证明自己无罪、罪轻的证据，公安机关应当认真核查；对有关证据，无论是否采信，都应当如实记录、妥善保管，并连同核查情况附卷。2021年《最高人民法院关于适用〈中华人民共和国刑事诉讼法〉的解释》第93条规定，“对被告人供述和辩解应当着重审查以下内容……（六）被告人的供述是否前后一致，有无反复以及出现反复的原因；（七）被告人的供述和辩解是否全部随案移送……”。第96条规定，审查被告人供述和辩解，应当结合控辩双方提供的所有证据以及被告人的全部供述和辩解进行。在我国现行的卷宗移送制度下，应对全部讯问笔录进行核查，辨别相互间的差异及其原因，即使其中的一次或数次被依法排除，对相关笔录也应随案移送，对犯罪嫌疑人、被告人在各种讯问环境下的表现进行比对。重点审查以下方面：

一是供述的背景。2021年《最高人民法院关于适用〈中华人民共和国刑事诉讼法〉的解释》第142条规定，对到案经过、抓获经过或者确定被告人有重大嫌疑的根据有疑问的，应当通知人民检察院补充说明。破案报告、到案经过等证据能够证明案件的来源、犯罪嫌疑人到案详细经过，如是否自动到案，到案过程中是否予以配合，有没有抗拒、阻碍、逃跑等行为。[①] 上述证据不仅可以认定犯罪嫌疑人的人身危险性，而且可以查明犯罪嫌疑人到案过程是否符合侦查规律，进而判断原供是否具有真实性，防止出现“因人取证”的情况。例

① 白利平、熊正：《不应忽视对到案经过的审查监督》，载《检察日报》2010年11月10日，第3版。

如，在一起故意伤害犯罪案件中，侦查人员经调查走访得知，犯罪嫌疑人上穿深色衣服，背一个挎包。经调取周边录像得知，与犯罪嫌疑人体貌特征相符的男子案发后经步行来到某网吧，通过调取网吧登记从而确定犯罪嫌疑人身份，在抓获后的第一时间制作讯问笔录，作出的有罪供述较为真实可信。

二是供述的原因。“趋利避害”是自然人的本能，这意味着犯罪分子通常具有逃避法律追究的心态，如案发后伪造、隐匿证据或者到案后提出无罪、罪轻辩解等。当侦查人员尚未掌握有力犯罪证据，犯罪嫌疑人亦未受到巨大外部压力时，主动承认自己有罪甚至提供关键证据的，应当对供述的真实性进行审慎判断。有的犯罪嫌疑人为逃避强制戒毒，主动供述自己所谓的毒品“犯罪事实”；有的犯罪嫌疑人无法偿还高息民间借贷，为了逃避债主追索，主动供述自己诈骗他人钱款；有的犯罪嫌疑人为了帮助亲朋好友“顶罪”，主动供述自己实施危险驾驶等轻微犯罪，对于上述情况均需要加以鉴别，不能因犯罪嫌疑人认罪态度较好，就放松对首次供述原因的审查。

三是供述的内容。犯罪嫌疑人供述的犯罪时间、地点、目的、原因、动机、手段、后果等，除了较为罕见的特殊情况外，应当符合客观事物的发展规律。一方面，审查犯罪能力和犯罪手段是否相称。如犯罪嫌疑人供述在极短时间内步行数十公里、携带远超正常人负荷的重物等，一般难以认定具备合理性。例如，在一起故意伤害犯罪案件中，被害人与邻居发生殴斗，被人持木棒追赶并打击头部而死亡。后邻居的小儿子向派出所投案自首，所供述的打斗过程及手段与尸体检验吻合。但是，被害人是一名身高 1.74 米的成年人，提取的凶器是一根 2 米多长的粗树干，而投案自首的嫌疑人却是一个特别瘦弱，且身高不足 1.65 米的 15 岁少年，因此怀疑他是否能够高举着这样一根树干在追赶中殴打被害人。后查明他的哥哥才是真正的凶手。[①] 再如，受贿罪的成立需要以权钱

① 西娜、张钦：《刑事侦查中证据间矛盾的鉴别和排除》，载《河北公安警察职业学院学报》2014 年第 1 期。

交易的客观可能性与必要性事实进行验证，包括行贿人是否存在请托事项需求的对价性验证、行贿主体是否具有行贿能力的能力验证、受贿主体是否具有谋利能力的能力验证等。[①] 另一方面，审查犯罪动机和犯罪手段是否相称。故意犯罪中，犯罪动机是指刺激、促使犯罪人实施犯罪行为的内心起因或思想活动，对于判断供述的真实性具有重要意义。犯罪嫌疑人虽然作出有罪供述，但犯罪动机较为微弱，不足以引发和推动实施严重犯罪的，应当对口供真实性进行审慎判断。例如，在一起故意杀人犯罪案件中，犯罪嫌疑人先是供称因生活琐事杀害其妻子，但尸体检验报告显示，其妻子身负多处抵抗伤，被扼压颈部窒息死亡，犯罪手段极为残忍，与其供述的犯罪动机明显不符，后查明另有真凶作案。

四是供述的方式。犯罪嫌疑人供述是其对过去已发生事实的回忆，应当符合本人的认知能力和记忆特点。应注意两种情形：第一种情形是，犯罪嫌疑人对于案发时间久远的连续犯罪，能够清晰地记忆每个事实细节。通常情况下，自然人在没有参考其他证据的情况下，难以对事实细节进行精确记忆，如人物衣着、现金面值、包装物颜色等。但是，随着侦查活动的开展，通过辨认书证、物证等，其逐渐回忆起事实细节的，可以认为符合记忆规律。第二种情形是，犯罪嫌疑人对于案发时间较近的犯罪记忆出现重大偏差。自然人对于新近事件的记忆应当相对清晰、稳定，当然，因为记忆偏差或紧张等原因，对于案件事实的描述也可能前后矛盾，但主要情节应保持一致。如果犯罪嫌疑人对于犯罪时间、地点、工具、数额等关键事实的供述前后不一，甚至多次改变或存在实质性差异，应当认真进行审查。例如，在一起故意杀人犯罪案件中，犯罪嫌疑人到案后即供认犯罪，但其供述在与被害人是否发生性关系、击打部位、击打次数、左手还是右手、手上血迹的处理情况、是否掐被害人脖子等方面均前后不一，后被查明系虚假认罪。

---

① 龙宗智：《论贿赂犯罪证据的客观化审查机制》，载《政法论坛》2017年第3期。

（二）翻供的合理性

翻供产生的原因是多方面的，犯罪嫌疑人、被告人可能基于侥幸、抵赖而翻供，也可能确实存在非法取证、原供不真实等情况，能否采信原供不能一概而论。即使在认罪认罚案件中，不能因为犯罪嫌疑人、被告人前期认罪甚至签订认罪认罚具结书，就对其后期的翻供置之不理。从美国的辩诉交易制度来看，协商性司法模式可能存在无辜者认罪的问题，具有不同于传统冤假错案的特点：一方面，无辜者诉诸辩诉交易来换取轻的刑罚；另一方面，被告人一边宣称自己无罪，一边却向法庭认罪来换取轻的刑罚，此种类型的答辩被称为阿尔佛德答辩（Alford Plea），应当引起司法人员的高度重视。①

一是翻供的时机。翻供作为一种刑事诉讼中较为普遍的现象，可能出现在各个诉讼阶段。自案件侦查终结之后，犯罪嫌疑人受到的约束相对缓和、与外部的联系机会增多，而犯罪嫌疑人在侦查羁押阶段受到的人身约束较为严格，如果当时就提出无罪辩解或“时供时翻”的，与其在审查起诉、审判甚至二审、再审阶段翻供应有所区别。例如，在一起故意杀人、放火犯罪案件中，犯罪嫌疑人在侦查阶段的供述就曾经历了从认罪到不认罪的多次反复，不同的认罪供述内容存在较大差异，如有的供述在客厅实施杀人行为，有的供述为卧室；有的供述使用自己买的小砍刀杀害他人，有的供述为使用铁柄的菜刀、木柄的菜刀；有的供述从现场拿到了2000多元和四五条金项链和一块女士手表，有的供述拿了2000多元，有的供述为500多元、600多元甚至什么都没有拿。在审查起诉阶段和审判阶段，犯罪嫌疑人全面推翻原有的有罪供述，否认自己实施犯罪。该案中，除了犯罪嫌疑人的有罪供述之外，并没有有力的证据指向犯罪嫌疑人实施犯罪，最终被法院认定“原判决事实不清，证据不足，指控犯罪不

---

① 王迎龙：《协商性刑事司法错误：问题、经验与应对》，载《政法论坛》2020年第5期。

能成立”。[①]

二是翻供的原因。2013年《最高人民检察院关于切实履行检察职能防止和纠正冤假错案的若干意见》第11条规定，办理审查逮捕、审查起诉案件，应当依法讯问犯罪嫌疑人，认真听取犯罪嫌疑人供述和辩解，对无罪和罪轻的辩解应当认真调查核实，对前后供述出现反复的原因必须审查，必要时应当调取审查讯问犯罪嫌疑人的录音、录像。犯罪嫌疑人到案后“供少翻多”或“时供时翻”，在认罪和不认罪之间游移不定、反复摇摆的，体现了矛盾、犹豫的心理，应核实每次讯问的人员、环境和证据变化情况，查明认罪态度发生变化的原因。例如，在一起毒品犯罪案件中，犯罪嫌疑人一共有五次供述，只有第二次讯问笔录属于有罪供述，其他四次均作了无罪辩解，通过进一步审查发现，第二次讯问当天，侦查人员将犯罪嫌疑人提解出看守所近5个半小时，回所后开始对其立即进行审讯。侦查机关单方说明将犯罪嫌疑人提解出所系带至医院检查身体，未能提供相关证据。后犯罪嫌疑人坚持无罪辩解，否认其到医院检查身体，并提出有罪供述系受到侦查人员逼供、诱供后作出，后检察机关认定该次有罪供述属于非法证据，依法对犯罪嫌疑人作出存疑不起诉决定。[②]

三是翻供的内容。2021年《最高人民法院关于适用〈中华人民共和国刑事诉讼法〉的解释》第93条规定，“对被告人供述和辩解应当着重审查以下内容……（八）被告人的辩解内容是否符合案情和常理，有无矛盾……”犯罪嫌疑人在翻供中提出了实质性辩解理由，甚至包括具体人员、联系方式等取证线索，具有一定的可信性。犯罪嫌疑人推翻先前供述，但明显不符合常理常情的，显然值得怀疑，要注意以下情况：其一，犯罪嫌疑人、被告人提出辩解事由，但不能说明相关时间、人员、地点等细节。例如，在一起集资诈骗犯罪案件中，

---

① 徐盈雁、阮家骅：《最高检抗诉后陈某案再审改判无罪》，载《检察日报》2016年2月2日，第2版。

② 范宗凡、张萍：《五次讯问只有一次作有罪供述》，载《检察日报》2018年5月17日，第4版。

犯罪嫌疑人翻供称将大量钱款投入借贷活动，自己不具备非法占有目的，但无法指出一年之前借款的具体人员、账户、联系方式等线索，难以认定符合常理。其二，犯罪嫌疑人、被告人先后提出多个翻供理由，对相关事实的表述差异极大，对原供亦无法作出合理解释。例如，在一起故意伤害犯罪案件中，犯罪嫌疑人在侦查后期推翻先前所作的有罪供述，辩解其持刀与被害人互殴过程中，被害人向前跌倒被手中尖刀所伤。审查起诉和庭审阶段，又辩解被害人首先持刀向其扎刺，在夺刀过程中致被害人受伤。犯罪嫌疑人对案发起因、斗殴过程的供述稳定，对于同一时间段发生的何人持刀、被害人受伤原因等事实存在重大矛盾，可信度显然较低。

案例 5

原供和翻供的合理性审查

——张某某故意杀人案[①]

【基本案情】

2012 年 10 月 16 日晚，张某某在某足疗店内，与被害人孟某某发生纠纷。张某某掐扼孟某某颈部，又用手机充电器 USB 电线及床单缠勒孟某某颈部，致其死亡。后经法医鉴定，孟某某系被他人扼、勒颈部致机械性窒息死亡。2015 年 1 月 10 日，公安机关在某洗浴中心将张某某抓获。

天津市第二中级人民法院经审理认为，被告人张某某故意非法剥夺他人生命，其行为已构成故意杀人罪，张某某应依法承担刑事责任。判决被告人张某某犯故意杀人罪，判处死刑，缓期二年执行，剥夺政治权利终身。张某某不服一审判决，以一审判决与事实不符、其未杀害孟某某，不应承担责任为由提出上诉。其辩护人提出张某某系被刑讯逼供，其有罪供述不应作为证据被采信，建议二审

① 钱岩：《张某某故意杀人案——上诉人翻供案件的事实认定》，载《人民法院报》2017 年 6 月 8 日，第 6 版。

法院撤销原判、发回重审。天津市高级人民法院审理后认为，一审法院根据张某某犯罪的事实、性质、情节和对社会危害的程度所作出的判决认定事实清楚，定罪及适用法律正确，量刑适当，审判程序合法。裁定驳回上诉，维持原判。

【证据分析】

该案的证明难点在于能否采信张某某的有罪供述。该案中，张某某在侦查阶段的历次有罪供述是唯一直接证据，但其在审理期间屡次翻供，否认杀害孟某某，称其来某市寻妻，与孟某某并不相识，只是去足疗店刮痧。张某某与其辩护人均提及刑讯逼供，认为有罪供述系公安机关刑讯逼供取得，不应作为证据采信。同时，在案客观证据可作其他解读，且不排除他人作案。但是，综合全案证据来看，张某某的有罪供述具有证据能力，与其他证据相互印证，应当予以采信。

一是关于刑讯逼供。首先，张某某离开某区看守所后即被关押于市第二看守所，此时业已脱离公安局办案人员的控制。但张某某在第二看守所亦作了多份有罪供述，皆翔实叙述其杀害孟某某经过。其中，按、压、掐、勒等细节稳定，且有客观证据印证。其次，第二看守所出具的入所健康检查表证实，2015 年 2 月 6 日，张某某进入该所时身体健康。此时距张某某 2015 年 1 月 14 日被押解回该市尚未足月，若真遭受刑讯，不可能毫无反应。最后，张某某及其辩护人无法提供涉嫌非法取证的具体人员、时间、地点、方式、内容等初步线索。

二是关于张某某翻供。首先，张某某否认犯罪的供述有多处与常理相悖，且无法自圆其说。(1) 依张某某所供，案发当日其寻妻路线为：孟某某的足疗店→其以前工作过的地方→孟某某的足疗店，并自述其与孟某某不相识，第二次进入该店已是晚八九点钟。但对于为何于夜晚跨区奔走、不辞辛劳地再次来到一个陌生的足疗店，张某某无法作出解释。(2) 张某某说自己与孟某某不相识，又说当天向孟某某讲了很多家事。自古家丑不可外扬，为何张某某愿将这些隐私告知孟某某？(3) 据张某某交代，其当晚在孟某某足疗店为手机充电。USB 电线是自己的，充电器插头是孟的，其充完电刮过痧就离开了。由此，张某某离开足疗店应是从容不迫，但为何会将自己的电源线落在足疗店，又为何事后不去寻找。既然能长途跋涉，从远处再次赶回足疗店，为何不就近取回遗忘物。显然不合情理。(4) 张某某居无定所、食不果腹，当晚却要去做一个20多元的刮痧而不选择吃顿饱饭，对此张某某亦无法解释。其次，张某某的有罪供述与现场勘查笔录、尸体检验鉴定相互吻合、对应。并且张某某身体健康、行为正常，完全具备认知与控制能力，其口供表述清晰、条理分明。

三是关于张某某犯罪。(1) 补充法庭科学DNA鉴定书证实，孟某某颈部拭子、颈部床单吸取滤膜、颈部缠绕USB电线拭子检出孟某某与张某某混合DNA分型；孟某某右手指甲拭子上检出张某某的DNA。(2) 张某某供述细节与现场勘查笔录、法医学尸体检验鉴定书、补充法庭DNA鉴定书能够相互对应。如：张某某供述对方挠了他脖子，与孟某某指甲中检出张某某的DNA相对应；张某某供用床单、USB电线缠勒对方，与床单、USB电线拭子上检出张某某的DNA相对应；张某某供述其左手掐脖子，将人按在沙发上，后将USB电线、床单先后缠在脖子上，与法医学尸体检验鉴定书尸斑位于背腰部、右侧胸部锁骨有表皮剥脱、左右乳房均见表皮出血相对应。(3) 张某某作过多次有罪供述。的确，张某某供述的具体程度，与侦查深入推进成正比同向，张某某亦始终未供述公安掌握之外的其他细节。但孟某某系被人扼颈导致机械性窒息死亡，而在孟某某颈部这一关键部位就检出了张某某的DNA。且此DNA是公安机关于张某某归案三年前即已提取，不存在事后做伪证可能。

四是关于排除案外人犯罪。在案证据排除李某1作案可能。(1) 据胃内容物，法医鉴定孟某某死亡时间是案发当日23点钟，而证人李某2证实此时李某1正在其家饮酒，该人无作案时间。(2) 孟某某胃内容及心室血中均未检出酒精，案发现场亦未发现与酒相关的痕迹物证。而证人余某等证实当晚李某1喝酒了，该人无作案空间。(3) 除右乳头检出李某1的DNA外，孟某某身体其他部位均无李某1痕迹，而李某1对其与孟某某有性关系的说明，能够解释疑问。

床单、电源线上未检出李某1的DNA，该人无相应作案手段。（4）李某1案发时正在假释，随时有被收监执行、数罪并罚可能；而在案证据并未显示其与孟某某间有何矛盾，该人无作案动机。

综上，尽管该案犯罪现场是不特定人出入的开放空间，且有第三人行为反常，辩护人要求排除非法证据，仍然可以综合全案证据，通过衡量原供和翻供的合理性认定案件事实。

案例6

原供和翻供的合理性审查

——谢某某等人贩卖、运输毒品案[①]

【基本案情】

谢甲系谢某某的堂弟、田乙的表弟。谢某某与他人共谋到A省购买海洛因回B市贩卖后，于2008年2月10日在谢甲家中与谢甲、田乙商定，由二人以正常货运为掩护，帮谢某某从A省运输毒品到B市，谢某某向其二人支付报酬。同月20日16时许，谢甲、田乙与周某某（受雇驾驶员）驾驶田乙的货车到达A省。谢某某通知他人将一个装有海洛因的机油壶交给田乙，田乙、谢甲将该机油壶藏匿于货车车厢与驾驶室之间的排放架上。同月24日21时许，田乙、谢甲驾驶该车途经A省某市西收费站时被截获，公安人员从货车排放架上查获该机油壶，内有海洛因3724.2克。

当日23时许，公安人员在谢某某租住处将其抓获，从该租住处查获海洛因336克、仿制式手枪一支及制式手枪弹9发。同年3月21日，谢某某带领公安人员从某宾馆102房间查获其藏匿的另一支仿制式手枪。

① 方文军：《［第605号］谢某某等人贩卖、运输毒品案——毒品共同犯罪案件中被告人先后翻供的，如何认定案件事实》，载最高人民法院刑事审判第一、二、三、四、五庭主办：《中国刑事审判指导案例5（刑事诉讼法）》，法律出版社2017年版，第452~456页。

重庆市第一中级人民法院判决被告人谢某某犯贩卖、运输毒品罪，判处死刑，剥夺政治权利终身，并处没收个人全部财产；犯非法持有枪支、弹药罪，判处有期徒刑三年六个月，决定执行死刑，剥夺政治权利终身，并处没收个人全部财产。被告人田乙犯运输毒品罪，判处死刑，缓期二年执行，剥夺政治权利终身，并处没收个人全部财产。被告人谢甲犯运输毒品罪，判处无期徒刑，剥夺政治权利终身，并处没收个人全部财产。一审宣判后，谢某某、田乙、谢甲均向重庆市高级人民法院提出上诉。重庆市高级人民法院经二审审理，裁定驳回上诉，维持原判。宣判后，重庆市高级人民法院依法将本案报送最高人民法院核准。最高人民法院经复核，核准重庆市高级人民法院（2008）渝高法刑终字第252号维持第一审对被告人谢某某以贩卖、运输毒品罪判处死刑，剥夺政治权利终身，并处没收个人全部财产；以非法持有枪支、弹药罪判处有期徒刑三年六个月，决定执行死刑，剥夺政治权利终身，并处没收个人全部财产的刑事裁定。

【证据分析】

该案的证明难点在于能否采信谢某某的有罪供述。谢某某从侦查阶段后期开始翻供，仅承认公安人员从其暂住处查获336克海洛因、一支手枪、9发子弹和从某宾馆查获另一支手枪是事实，不承认此前所供雇用田乙、谢甲从A省运输毒品到B市的事实。根据现有证据，可认定公安机关查获的3724.2克海洛因系谢某某雇用田乙、谢甲所运输的毒品，而谢某某、谢甲的翻供均不成立。具体分析如下。

一是公安人员从田乙、谢甲驾驶的货车上当场查获了用机油壶装着的海洛因3724.2克。这是本案最重要的客观性证据，确认此点是认定田乙、谢甲二人运输毒品的基础。但田乙、谢甲在一审、二审期间均提出被抓获时未查出毒品，系人、车分离后的次日上午才查获毒品的，以此否认毒品来自他们车上。对此，公安机关出具书面说明称，公安人员在某拦截田乙、谢甲驾驶的货车并抓获二人时，天色已晚，不利于收集证据，故未对该货车作详细检查；次日上午，公安人员当着谢甲、田乙的面对该货车展开详细检查，从车上查获了装有海洛因的机油壶。公安机关的这种说明具有合理性，且得到同车驾驶员周某某证言的印证。

二是谢某某和谢甲在侦查期间均供认系谢某某雇用田乙、谢甲以正常货运为掩护从A省运输毒品到B市，二人所供内容详细、自然，能相互印证，并与其他证据吻合，高度可信。同时，谢甲的供述披露了一些重要细节，如在B市联系货源时摔伤了，谢某某改让田乙联系去A省的货源；从A省动身返回B市时他与田乙均给谢某某打电话，但谢某某关机，遂打电话给谢某某的堂弟张某，由张某转告。特别是，谢甲在被抓获的次日上午即主动供述了2007年9月、10月和2008年1月还曾与田乙三次为谢某某从A省运输毒品回B市的情况。虽然这三起犯罪因证据不足，检察机关未予指控，但这是谢甲先于谢某某供述出来的，公安机关事先并不掌握。此点高度表明谢甲在侦查阶段的供述真实可信。而谢某某供述的有些内容系在谢甲供述之后，但也供述了谢甲、田乙未供的一些情况。如，田乙到A省后买了一张A省手机卡，并用该号码拨打谢某某“158”开头的手机，此情节与通话清单显示的2008年2月20日傍晚该两个手机号码之间有3次通话记录的情况相符。

三是谢某某的翻供内容有明显矛盾之处，且在一些关键问题上不能作出合理解释，不足以推翻前供。(1) 不能合理解释田乙、谢甲到A省之后与谢某某之间有频繁电话联系的问题。谢某某在二审期间称“过年通话十分正常”，复核提讯时称打电话是让谢甲、田乙从A省带红牛饮料，给他们汇钱。但这种辩解并不能合理解释在谢甲、田乙已经远在A省的情况下还有如此频繁的电话联系，特别是24日凌晨4时许谢某某的手机与谢甲、田乙的手机之间各有一次通话记录，极为反常，不合常理。相反，按照谢某某、谢甲的有罪供述，不仅能合理解释他们三人之间频繁通电话的必要性，也与所供内容完全印证。(2) 不能合理解释谢某某所汇6000元的性质。对此，谢某某与谢甲翻供后亦称是借款。本来，谢某某与田乙熟识，偶尔借款给田乙作运费亦合理。但证人周某某证实，其此前同谢甲、田乙前往A省跑货运时，谢某某也曾汇钱给谢甲、田乙。该证言增加了“借款”辩解的可疑性。田乙、谢甲系长期从事长途货运之人，不应多次出现所备运费不足而需向谢某某借款的现象。相反，从本案其他证据看，谢某某、谢甲作有罪供述时称该款系谢某某汇给谢甲、田乙二人作为运输毒品费用的说法更为合理。(3) 谢某某对从其住处查获的336克海洛因来源的说明前后矛盾。谢某某在到案后的第一次供述中称是以前从一个朋友手中买的，在第四次供述称是2007年9月伙同“梁某某”购买并由田乙、谢甲运回B市的1400克海洛因中未卖出的剩余部分，第十次供述称是赌博时捡的，一审、二审庭审和复核提讯时则均称是开茶馆时捡的。这表明，谢某某的此节供述极不稳定，且前后矛盾，“捡到”一说难以令人信服，而所供系以往卖剩下的，既与其他证据相印证，也较合理。(4) 谢某某与其妻子均无业，没有稳定收入来源，而谢某某有一辆小轿车，还要负担妻子、孩子和张某的生活费用，收入来源可疑。谢某某在第二次预审供述时供称靠赌博赢钱来维持生活，显不合常理，翻供后称靠做小生意、开茶馆来赚钱，虽然合理，但表明其没有如实供述。

综上，虽然谢某某在侦查阶段后期翻供，但没有证据证实以前所作有罪供述违背其自愿性，翻供内容的合理性不足，不足以推翻有罪供述。

案例7

原供和翻供的合理性审查

——王某某强奸案①

【基本案情】

2013年7月8日15时许，王乙带着孙女王甲（2001年12月出生，因智力

① 余穗军：《［第984号］王某某强奸案——对既无被害人陈述也未提取到直接指向被告人强奸的物证，且被告人翻供的性侵智障幼女案件，如何审查判断证据》，载最高人民法院刑事审判第一、二、三、四、五庭主办：《刑事审判参考（总第98集）》，法律出版社2014年版，第37~41页。

障碍多年不说话）到同村王某某家。王某某趁王乙到菜园摘菜时，将留在其家中的王甲奸淫。王某某正穿裤子时，被返回的王乙推窗发现并责骂。2日后，王甲的父亲得知此事并报案，王某某被抓获。

法院一审认为，被告人王某某奸淫不满12周岁的智障幼女，其行为已构成强奸罪，且应当从重处罚。王某某系65周岁以上、不满75周岁的老年犯，可以酌情从轻处罚。以被告人王某某犯强奸罪，判处有期徒刑五年九个月。一审宣判后，王某某提起上诉。法院二审经审理认为，被告人王某某在侦查阶段多次供认了奸淫幼女的犯罪事实，证人王乙目睹了王某某在作案现场穿裤子的情节并当场责骂，证人余某某路过现场听说后也当面责骂王某某。本案案发自然，证供相互衔接印证，能够形成完整的证据链。原审判决认定的犯罪事实清楚，证据确实、充分，量刑适当，程序合法。据此，裁定驳回上诉，维持原判。

【证据分析】

该案的证明难点在于能否采信王某某的有罪供述。王某某在侦查阶段先是作出有罪供述，后否认强奸王甲，辩称其生殖器仅与被害人大腿摩擦。该案属于典型的证据“先天不足”的性侵案件，通过重点审查被告人在侦查阶段供述的真实性、合法性，与其他证据的印证性，及其翻供的理由，并对间接证据进行推理判断，能够弥补证据的缺憾，准确认定案件事实。

一是案发过程自然，指向明确。发案和破案经过虽不能作为认定被告人有罪的证据，但在性侵未成年人案件缺乏客观物证的情况下，发案和破案经过自然、正常而且及时，有助于办案人员形成内心确信。该案中，王乙到王某某家菜地摘菜，将孙女王甲留在王某某家，约半小时后返回王某某家时，发现该房屋前后门都关着，拉开王某某卧室窗户后，看见王某某、王甲站在床尾，王某某正在穿裤子，遂当场指责王某某强奸。王某某当即道歉并请求王乙不要声张此事。王某某的嫂子余某某碰巧路过，听闻此事后亦当面责骂王某某。当晚，王某某本人及其兄王某绍先后找到王乙的弟媳刘某某，求其帮忙私了此事。2

日后，刘某某将此事告诉其子王丙，王丙又告诉王甲的父亲王丁，王丁遂向王乙、刘某某求证，确认王甲被王某某奸淫后报案。随后，王某某被抓获归案，并在侦查阶段多次供认了奸淫事实。因此，该案的发案、破案过程自然，符合常理，指向明确，具有可信性。

二是虽无证人目睹王某某强奸王甲的具体情节和过程，但各证人证言之间环环相扣，均指向王某某强奸王甲，对间接证据的推理符合逻辑和经验判断。(1) 被害人的爷爷王乙证实，其目睹王某某与王甲共处一封闭的场所，并看见王某某在床尾穿裤子，其当即指责王某某强奸，王某某并未辩解，并开门求情。(2) 王某某的嫂子余某某证实，王乙指责王某某强奸王甲时，余某某恰好路过王某某家，也跟着责骂起了王某某，王某某并未表示否认。随后，余某某将此事告知其夫王某绍。(3) 王乙的弟媳刘某某证实，案发11小时之后，王某某找到刘某某，承认酒后与王甲发生了性关系，求其帮忙平息此事。当晚王某绍也到其家赔礼道歉。2日后，刘某某将此事告诉儿子王丙。(4) 王某某之兄王某绍证实，其为平息此事，先后到王乙、刘某某家协商私了。(5) 被害人父亲王丁证实，其从王丙处得知此事后，又向王乙、刘某某求证，确认王甲遭王某某强奸，遂报案。上述证人证言互相衔接，完整反映了王某某被发现作案、赔礼道歉、承认奸淫并企图私了，最终因被害人父亲报案而案发的经过，与被告人的供述相互印证。

三是王某某在侦查阶段的供述具有真实性、合法性和印证性，其在审理阶段翻供不具有合理性。首先，王某某被抓获后，在第一次讯问时即详细供述了其酒后临时起意并实施奸淫的细节，此后也作了多次稳定的供述。其供称案发当日王乙去菜园后，王甲走到其的卧室，当时喝了酒，起了想和王甲发生性关系的心思，便关门进了卧室，将王甲的裤子往下拉，并做手势让王甲脱裤子，王甲遂把裤子脱到膝盖，躺在床上，其即奸淫了王甲，并详细交代了强奸细节，包括生殖器接触、部分插入王甲阴道及射精的过程。而且，王某某供称王甲下穿青色裤子，没有穿内裤的情节与王甲的爷爷王乙关于此节的证言相吻合。王某某在侦查阶段多次稳定供认作案，与在案的其他证据相互印证。王某某虽在庭审时对奸淫的关键情节予以否认，辩称仅用生殖器蹭了被害人腿部，此前的供述系诱骗形成，但未提供相关线索，也不能合理说明原因。同时，经查阅王某某在侦查阶段讯问的同步录像，显示其供认强奸时并未受到刑讯逼供或者诱供，故其供述具有合法性。此外，从情理分析，王某某若未强奸王甲，其在王乙、余某某指责其强奸时，完全有机会辩解，但其当即认错，事后还专门到王甲亲属家承认奸淫事实并赔礼道歉，企图私了，被抓获到案后至一审开庭前，始终承认强奸事实，并供述了他人并不知晓的诸多强奸细节，内容具体、全面，合乎事情发生、发展的演进过程，符合生活常理和经验逻辑，具有可信性。

案例 8

原供和翻供的合理性审查

——胡某某抢劫案[①]

【基本案情】

2003 年 10 月 4 日 22 时 40 分，胡某某携带自制尖刀、铁丝圈骗乘被害人段某（男，时年 21 岁）驾驶的出租车，当车行至某村附近时，胡某某趁段某不备，持铁丝圈套住段的颈部，用力绞紧铁丝圈将段勒昏并丢弃在路边，后驾驶段的汽车逃离现场。段某苏醒后报警，公安人员立即进行追捕，后在某镇发现被劫出租车并鸣枪示警，胡某某见状冲卡驶入高速公路并摆脱追缉，后弃车逃离。

---

① 任能能：《［第 778 号］胡某某抢劫案——在被告人翻供的情况下，如何排除合理怀疑》，载最高人民法院刑事审判第一、二、三、四、五庭主办：《中国刑事审判指导案例 7（刑事诉讼法）》，法律出版社 2017 年版，第 102~107 页。

2003年11月25日23时许，胡某某租乘被害人孙某（男，殁年44岁）驾驶的汽车至某高新科技园时，乘孙某不备，持事先准备的铁丝圈勒住孙某的颈部，并用尖刀绞紧，致孙某因机械性窒息而当场死亡。胡某某劫得孙某的汽车、手机及现金400余元，并驾车至某立交桥，将孙某的尸体抛至桥下。2003年12月9日，胡某某将所劫汽车停放在某小区，因不慎将车门锁上，试图用工具撬开车窗玻璃。保安员见状上前查问，胡某某弃车逃离。

2004年3月26日23时许，胡某某租乘被害人罗某（男，殁年30岁）驾驶的汽车（价值人民币71000元）至某广场附近时，乘罗某不备，持自制的铁丝圈勒住罗某的颈部，并用尖刀绞紧，致罗某因机械性窒息而当场死亡。胡某某劫得罗某的汽车、手机及现金90余元，并驾驶罗某的汽车至某立交桥，将罗的尸体抛至桥下。3月28日，胡某某取车时被公安人员抓获。

深圳市中级人民法院以被告人胡某某犯抢劫罪，判处死刑，剥夺政治权利终身，并处没收个人全部财产。一审宣判后，胡某某以未实施犯罪为由提出上诉，其辩护人提出与一审相同的辩护意见。广东省高级人民法院二审裁定驳回上诉，维持原判，并依法报请最高人民法院核准。最高人民法院经复核认为，裁定核准广东省高级人民法院维持第一审以抢劫罪判处被告人胡某某死刑，剥夺政治权利终身，并处没收个人全部财产的刑事裁定。

【证据分析】

该案的证明难点在于能否采信胡某某的有罪供述。胡某某在第一次讯问中不认罪，此后有两次有罪供述，但在审判阶段又翻供。胡某某否认指控的罪行，辩称作案人是王甲（音），王甲曾向其讲述作案经过，其因受到刑讯逼供而将王甲所说的犯罪事实说成系自己所为，公安机关查获的两辆车都是王甲交给其销赃的。其辩护人提出，认定被告人胡某某抢车杀人的证据主要是胡某某在侦查阶段的供述，没有其他直接证据证实，胡某某妻子陈某某也证实胡某某没有作案时间，且胡某某可能受到刑讯逼供，故本案定罪证据不充分。但是，通过比对胡某某的有罪供述和翻供事由，综合全案的其他证据，可以认定其原供具有较强的证明力。

一是关于被告人的有罪供述是否真实。胡某某在被抓获后不久作了2次有罪供述。第一次供述非常详细，供认其抢劫作案4次。第二次供述相对简单，所供内容与第一次一致。在这2次供述中，胡某某所供作案过程连贯、渐进，细节突出，一些情节系先供后证，证明力强。其中，胡某某主动供述的抢劫段某的事实是公安机关本不掌握的。此外，胡某某还主动供述了2003年8月其第一次实施的抢劫出租车未遂的事实。被害司机挣扎时车撞到路边导致熄火，胡某某因过于紧张、手段不熟练，仅将司机勒昏后即逃离。被害人因没有遭受明显暴力侵害和财产损失，未报案，公安机关也未掌握。该起抢劫事实与本案认定的3起抢劫事实在作案工具、作案手段、作案对象上均有相似之处。从胡某某的供述可以看出，其前两起抢劫的对象系合法运营的出租车司机，后两起系无证运营的出租车司机，表明其在抢劫对象的选择、作案手法的熟练程度上有所渐进，符合作案规律。因此，胡某某的有罪供述自然、可信。

二是被告人的无罪辩解能否成立。胡某某在第一次审讯时供述罗某的汽车系其从初次认识的王甲（音）处购买的赃车，其尚有部分款项未付，未涉及其他事实。审判阶段否认实施抢劫犯罪，在前两次一审、二审期间辩称孙某的汽车和罗某的汽车均系其从王甲处接取并予以代管，其供述的是王甲实施的犯罪事实。在第三次一审补充起诉抢劫段某的事实后，胡某某否认实施该起犯罪，但未提出辩解。在最高人民法院复核提讯中，胡某某又辩称抢劫段某亦系王甲所为。经审查胡某某的无罪辩解不成立。主要理由在于：（1）胡某某翻供主要针对本案侦查工作中的疏漏，如未组织辨认、指认，抛尸现场也未留下痕迹等，并未着力证实自己没有作案时间，其也说不清楚在相关涉案时间段内的行踪，提供不出不在场的证据，反而刻意回避此问题。（2）胡某某关于与王甲的认识、交往过程、两辆汽车的性质、接车地点的供述极不稳定，多次反复且相互矛盾，王甲是否真实存在值得怀疑。同时，胡某某自称与王甲交往不深，王甲不太可能主动对其讲述杀人劫车事实，胡某某更不可能甘愿替王甲承担命案的罪责。退而言之，假设胡某某所述王甲犯罪的情况属实，胡某某不仅没有为王甲承担命案罪责的理由，相反更应积极提供线索协助公安机关抓获王甲以证自身清白。但胡某某提供不出王甲的联系方式、住址等情况，也提供不出认识王甲的证人。这表明胡某某关于王甲实施抢劫作案后将车交与其保管的供述系编造的，其翻供内容不可信。

综上，胡某某的有罪供述不存在刑讯逼供等非法取证情形，与翻供理由相比具有更强的合理性，有被害人车辆上遗留的胡某某指纹、提取的尖刀、从胡某某家提取的铁丝鉴定意见等客观性证据相互印证，且犯罪事实中部分情节属于先供后证，应当予以采信。

案例 9

原供和翻供的合理性审查

——郑某某非国家工作人员受贿案

【基本案情】

2002 年 6 月至 2007 年，郑某某任 A 公司物装中心采购员（非国家工作人员），负责物品采购工作。2003 年初，郑某某向采购部长、供应商管理部主任等人推荐 B 公司（该公司法定代表人张某某系郑某某的远房亲戚），使得该公司顺利成为 A 公司的供应商。2007 年 3 月至 2013 年 1 月，郑某某担任 A 公司物装中心采购部组长，负责包括生产原料的采购管理工作。其间，郑某某利用上述职务便利，在 A 公司向 B 公司采购生产原料的过程中为 B 公司谋取利益，分三次收受 B 公司法定代表人张某某给予的钱款共计人民币 24 万元。

【证据分析】

该案的证明难点在于能否采信郑某某的有罪供述。认定郑某某构成犯罪的主要证据是行受贿双方的供述，随着诉讼活动的进行，受贿人郑某某和行贿人张某某同时翻供。但是，综合全案证据，仍然可以认定郑某某有罪供述的真实性。(1) 郑某某和张某某的供述得到了有效固定。郑某某有六次供述，张某某有四次供述，两人还分别书写了亲笔供词，且有同步录音录像的支持。上述证据相互印证，证实郑某某基于生产原料采购事项收受张某某部分钱款的事实。(2) 郑某某和张某某的翻供理由不能成立。郑某某和张某某均承认侦查机关并不存在刑讯逼供及非法取证的行为，仅以当时身体不适、心情紧张、记忆不清等作为翻供理由，经审查，两人均系具有完全刑事责任能力的成年人，对自己在侦查机关所作供述的法律效力具有明确认识，通过审查同步录音录像发现上述言词证据均系侦查机关依照法定程序取得，两人的翻供理由不具有合理性。(3) 郑某某和张某某翻供的时机具有一致性。郑某某取保候审后，其供述和证人张某华的证言同时发生数次明显变化，否认双方基于采购事宜存在权钱交易事实，且二人言词证据发生变化的时间、细节具有对应性。如二人翻供后对部分受贿款项先是称“暂存在郑某某处用于给张某某的儿子使用”，后又称“是双方的借款”，再后又称“因张某某家庭关系紧张暂存在郑某某处”等，双方对于上述翻供细节描述极其一致，且不能合理说明言词证据不断发生变化的原因。综上，郑某某翻供后的辩解不具备合理性，可信度极低，应当采信其先前所作的有罪供述。

案例 10

原供和翻供的合理性审查

——陈某某抢劫案[①]

【基本案情】

一审法院认为，2001 年 9 月 25 日左右，被告人陈某某意欲抢劫其打工期间所熟识的某商店，事先购买了铁锤作为作案工具并踩点。27 日早上 6 时许，陈某某进入某商店假意购买商品，趁被害人方某花不备，用铁锤猛击方某花后脑数下致其晕倒，随后进入店内卧室，用铁锤猛击正在睡觉的被害人方某崇头部、背部等部位数下，击打方某崇的女儿方某红、方某霞头部各一下，之后取走方某崇裤袋内装有现金 500 元等财物的钱包并逃离现场。方某崇经送医院抢救无效死亡，方某花、方某红、方某霞所受损伤均为重伤。

一审法院认为，被告人陈某某以非法占有为目的，使用暴力手段当场劫取他人财物，致一人死亡，其行为已构成抢劫罪，其作案手段残忍，犯罪情节、后果严重，人身危害性极大，罪行极其严重，依法应处极刑。陈某某的犯罪行为给附带民事诉讼原告人造成经济损失，应承担相应的民事赔偿责任。遂认定被告人陈某某犯抢劫罪，判处死刑，剥夺政治权利终身，并处没收个人全部财产；并赔偿附带民事诉讼原告人方某城等人经济损失 393205. 15 元。一审宣判后，被告人陈某某不服，提出上诉。广东省高级人民法院第一次审理后，以事实不清、证据不足为由，撤销原判，发回重审。原审法院重审后，判决被告人陈某某犯抢劫罪，判处死刑，缓期二年执行，剥夺政治权利终身，并处没收个人全部财产；并赔偿附带民事诉讼原告人经济损失 520206. 19 元。宣判后，陈某某以其没有实施犯罪、不应承担赔偿责任为由，再次提出上诉。其辩护人提出事实不清、证据不足，请求宣告无罪的辩护意见。二审出庭检察员认为，陈

---

① 石春燕：《证据存疑案件的审查判断及处理原则》，载《人民司法》2015 年第 22 期。

某某的有罪供述与其他证据相印证，无罪辩解不合常理；庭后补充认为，本案主要证据存在重大瑕疵，对系陈某某作案不能作出唯一认定，建议依法判决。广东省高级人民法院审理认为，原判认定上诉人陈某某构成犯罪的证据达不到确实、充分的证明标准，不能得出陈某某实施本案犯罪的唯一结论，认定陈某某犯抢劫罪的事实不清、证据不足，原检察机关指控陈某某所犯罪名不能成立。判决：一、撤销一审法院刑事附带民事判决；二、上诉人陈某某无罪；三、上诉人陈某某不承担民事赔偿责任。

【证据分析】

该案的证明难点在于能否采信陈某某的有罪供述。陈某某在侦查阶段作过六次有罪供述，起诉及审判阶段全面推翻有罪供述，翻供理由除了公安机关刑讯逼供之外，还包括其到现场见到凶案已发生、其为救助被害人导致衬衣被染血、因害怕别人认为是其作案而在现场换衣。与此同时，有多个指向陈某某于案发时间出现在案发现场的证据，陈某某的有罪供述与其他证据之间有一定程度的吻合性，包括被害人方某花指认陈某某于案发前一刻来案发现场即食杂店买商品；有证人指认案发后见到陈某某在店门口喊“救命”；中心现场提取到一件带血的衬衣，陈某某归案后供认是其在现场换下等。

综合全案证据来看，陈某某的辩解虽然有违常理，但不能完全排除无罪辩解情形的现实可能性。（1）本案现场提取的铁锤、衬衫因没有进行相关的血迹、毛发等痕迹、物质提取与鉴定工作，且随后原物被侦查机关遗失，认定作案人与案发现场之间具有直接联系的最有力物证灭失。（2）被害人方某花未目击凶手作案，仅指认陈某某在其被袭击前来店买东西，且被害人在陈某某归案前后所作的陈述发生多处改变，证据的可信度降低。（3）第一个进入现场的证人方某盼证明听被害人方某崇生前说凶手是“广西仔”，证人方某华印证了这一说法，而陈某某是福建人，户籍间存在重大矛盾；证人方某华关于案发时在案发现场门口见到陈某某在喊“救命”的证言，仅证实陈某某于案发时段出现在案发现场，不直接指向陈某某实施犯罪；证人方某盼、冯某胜的证言均在陈某某归案后发生了向被告人供述及被告人个体特征靠近的不正常改变，证言的证明力减弱。综上，认定陈某某实施犯罪的证据中客观性证据缺失；言词证据仅指向陈某某出现在案发现场而非实施犯罪；证据之间存在矛盾，疑点难以合理解释；陈某某的有罪供述虽排除刑讯逼供情形，但已被其推翻，且仅有被告人供述不足以定罪；对于无罪辩解有违常理的推断，在该案证据格局不稳固的情况下，不能起到强化证据或替代证据的作用。全案证据尚未达到确实、充分的证明标准，不能得出系被告人陈某某实施本案犯罪的唯一结论。

三、分析原供与其他证据的印证关系

古代刑事诉讼中，司法人员认识到“核词须认本意”“草供未可全信”“罪从供定，犯供最关紧要，然五听之法，辞止一端，且录供之吏，难保一无上下其手之弊，据供定罪，尚恐未真”。[①] 如果仅仅凭借口供，没有真赃实据便定案，一方面容易造成冤案，另一方面极有可能导致被告人翻供，“若不执有确据，只凭犯供数语，安知非畏刑而诬认，难保不翻供而呼冤”。[②] 为了避免因轻信口供而造成冤错案件，现代法治国家在刑事证据法中引入了口供补强规则，要求据以定案的口供得到其他证据补强。2021 年《最高人民法院关于适用〈中华人民共和国刑事诉讼法〉的解释》第 93 条规定，对被告人供述和辩解应当着重审查被告人的供述和辩解与同案被告人的供述和辩解以及其他证据能否相互印证，有无矛盾。翻供案件中，即使原供获得了其他证据的印证，也要从供证先后

---

① （清）汪辉祖：《佐治药言》，载官箴书集成编纂委员会：《官箴书集成》，黄山书社 1997 年版，第 67 页。

② （清）王又槐：《办案要略·论命案》，华东政法学院语文教研室注译，群众出版社 1987 年版，第 3~4 页。

顺序、供证契合度和可靠性等方面，运用逻辑和经验法则判断原供真伪。主要包括两种情形：

（一）“先供后证”案件

“先供后证”是指根据犯罪嫌疑人的口供提取到其他证据，如果随后取得的证据具有独特性或隐蔽性，这意味着有罪供述不仅得到了其他证据的补强，而且补强的契合度和可靠性较高。“先供后证”的表现形式具有多样性，如犯罪嫌疑人到案后带领侦查人员找到其藏匿的赃款赃物、掩埋的被害人尸体、抛弃的作案工具、作案时所穿衣物等，犯罪嫌疑人带领侦查人员找到的证据越隐蔽、越重要，越能够起到增强口供真实性的效果，越有利于事实认定。①

隐蔽性证据是指蕴含隐蔽性信息的证据，其主要功能是对口供进行验证和补强，通常表现为书证、物证、电子数据等实物证据，一旦有该类证据出现，即可有效验证有罪供述的真实性。国际范围内，日本等国的司法人员重视审查口供的隐蔽性信息，通过司法判例确立的自白可信性判断标准包括……是否包含只有犯人可知的秘密的暴露；是否包含只有犯人才可表达出实感（临场感）的体验供述。② 在我国，2010 年最高人民法院、最高人民检察院、公安部、国家安全部、司法部《关于办理死刑案件审查判断证据若干问题的规定》第 34 条规定：“根据被告人的供述、指认提取到了隐蔽性很强的物证、书证，且与其他证明犯罪事实发生的证据互相印证，并排除串供、逼供、诱供等可能性的，可以认定有罪。”2021 年《最高人民法院关于适用〈中华人民共和国刑事诉讼法〉的解释》第 141 条基本沿袭上述规定，“根据被告人的供述、指认提取到了隐蔽性很强的物证、书证，且被告人的供述与其他证明犯罪事实发生的证据相互印证，并排除串供、逼供、诱供等可能性的，可以认定被告人有罪”。隐蔽性证据之所以具有较强的证明力，在于侦查人员一开始并不知道相关物品的存在、特

---

① 方文军：《供证关系与事实认定探微》，载《法律适用》2010 年第 12 期。

② ［日］秋山贤三：《法官因何错判》，曾玉婷译，魏磊杰校，法律出版社 2019 年版，第 116 页。

征及其藏匿位置，相关信息来源于当事人自己的独特认知、经历，相关内容非亲历不能知悉且外人难以编造。如果侦查人员先于当事人了解到该情况，口供的证明力会有所下降，因此要排除以下情况：一是侦查人员有意泄露案件细节，以示犯罪情况已被掌握；二是侦查人员无意中泄露案件细节，从而促成虚假补强；三是犯罪嫌疑人从其他途径了解到案件细节，如替人“顶包”，案发后到过现场，从被害人、第三人处知晓案情等。[①]

在“先供后证”的情况下，应当将原供蕴含的隐蔽性信息与其他证据进行比对，作为判断口供真实性的重要方法。主要包括：（1）关于人身、场所特征的信息。该类信息能够反映涉案场所、被害人的隐蔽性特征，包括封闭作案现场的环境及相关陈设的特征、分布、数量、形态、大小，被害人的隐蔽性身体特征和伤口状态、位置、损伤方式和程度等，只有亲身经历犯罪全过程的当事人才能知晓，有罪供述首先反映上述特征的，可据此在犯罪嫌疑人与犯罪行为之间建立直接关联。[②] 例如，在一起盗窃犯罪案件中，犯罪嫌疑人除了供述入户盗窃之外，还描述了房屋的具体位置、家居陈设等细节，由于犯罪嫌疑人此前并未进入该房间，该供述因包含隐蔽性信息而具有较强的证明力。再如，在一起强奸犯罪案件中，犯罪嫌疑人除了供述犯罪事实之外，还供述了被害人所驾驶车辆的内部结构和被害人的身体特征等，由于犯罪嫌疑人和被害人素不相识，上述隐蔽性信息能够增强原供的证明力。（2）关于物品特征的信息。该类物品与犯罪密切相关但不为外人所知，以其独有的方式遗留在案发现场等场所，如无犯罪嫌疑人的描述，侦查人员往往无从发现。一旦提取到相关物证，需要对现场状况、证据原始出处、特征及收集过程进行描述，进一步强化证据的“隐蔽性”。例如，在一起行受贿犯罪案件中，行贿人与受贿人素无往来，但其曾经供认某个时刻送钱时看到受贿人家中的某件较为特殊的陈列品，从而增强

---

① 秦宗文：《刑事隐蔽性证据规则研究》，载《法学研究》2016 年第 3 期。

② 万毅：《“隐蔽性证据”规则及其风险防范》，载《检察日报》2012 年 6 月 6 日，第 3 版。

了有罪供述的证明力。反之，如果在取证方面存在疏漏或者失误，可能为口供的补强埋下隐患。例如，在一起故意杀人犯罪案件中，犯罪嫌疑人趁被害人醉酒，用砖头击打被害人头部、面部造成颅脑损伤死亡后，从其裤兜里翻走钱包一个。犯罪嫌疑人到案后如实供述了案情，其中包括一个重要的案件细节——作案后将被害人的钱包丢弃于某家过道屋顶。办案人员用提取的方法收集到了被害人的钱包，并且制作了《提取笔录》。但是，由于收集隐蔽性证据的行为和相关笔录制作不规范，只是随意对钱包外表进行了拍摄，没有详细记载钱包的细节特征，以及钱包所处的环境位置、原始状况、原貌等，影响了证据的证明力。[①]（3）关于电子数据特征的信息。随着信息技术的发展，隐蔽性证据的内涵逐渐从“有体物”转向“无体物”，电子邮箱、网络云盘均可以存储大量电子数据，且能够采取加密技术供特定用户浏览、使用，如果通过专属的网络账户和密码提取到电子数据，也可以认定为隐蔽性信息。例如，在一起网络盗窃犯罪案件中，犯罪嫌疑人供述自己通过网上购买他人的网络支付账户和密码信息来盗窃他人网络支付账户内的财物，后侦查人员在犯罪嫌疑人使用的电脑内起获他人网络支付账户和密码的相关信息，并提取到用于盗窃的木马小程序，由于犯罪嫌疑人的电脑设置了独有的开机密码，成为补强口供证明力的有力证据。

（二）“先证后供”案件

“先证后供”是指侦查人员在获得外围性的证据后，会围绕这些证据反映的内容进行讯问，使犯罪嫌疑人放弃抗拒心理，突破犯罪嫌疑人的口供。在“先证后供”的情形下，由于有证据指向犯罪嫌疑人及其犯罪事实，犯罪嫌疑人在证据面前无法辩解，往往会如实供述犯罪事实，从而建立起完整的指控犯罪的证据体系。[②] 但是，犯罪嫌疑人、被告人事后可能以指供、诱供为由翻供，

---

① 陈瑞华：《实物证据的鉴真问题》，载《法学研究》2011 年第 5 期。

② 赵慧：《利用供证关系认定事实关键在于相互印证》，载《检察日报》2017 年 8 月 20 日，第 3 版。

当原供与翻供的证明力貌似“均等”时，认定何者为真的难度较大。为此，可以根据其他证据提炼犯罪人的个性化特征，即所谓的行为证据（Behavioral Evidence），以此判断原供是否具有真实性。

广义的行为证据是指用以证明与案件相关的行为内容、过程及其特征的材料，以及依据已知涉案行为内容、过程、特征或借助于对涉案行为内容、过程、特征的分析研究而形成的用于证明案件事实的材料。[①] 狭义的行为证据是指证明案件标记行为的材料，如犯罪对象的选择、犯罪的具体手段、现场遗留的物品、对于尸体的处理方式等，本质上就是犯罪行为反映的个性化信息，这里所说的是狭义的行为证据。犯罪学上，标记行为是指犯罪人为了满足某种心理上或情感方面的需要而实施的一种特殊行为，由于每个犯罪人都有独特的身心特征和生活、工作经历，会根据主客观情况选择特定的行为方式，该种行为超出犯罪所需要的程度且具有规律性，因而带有明显的“个人色彩”。[②] 主要包括：（1）人际关系。例如，在一起抢劫犯罪案件中，犯罪现场位于被害人家中，从茶几上的剩余饭菜、三双筷子、啤酒瓶等物检出两死者及第三人的 DNA，说明犯罪分子可能就是与两死者共同进餐的人，与死者较为熟识，两具尸体均用被子盖住、死者穿着随意、家中没有刻意收拾等细节也支持这一推断，上述证据具有人身指向性——犯罪分子系与死者熟悉的人员，且存在愧疚心理。[③]（2）性格特征。例如，在一起抢劫犯罪案件中，被害人系成年男子，曾经与犯罪分子发生过激烈搏斗，尸体鉴定意见显示，其尸体上存在多处抵抗伤，且伤痕多集中在身体右侧，上述过度伤害行为能够反映犯罪嫌疑人身体强壮、性格粗暴，且习惯使用左手。（3）生活经历。例如，在一起故意杀人犯罪案件中，被害人被

---

① 郝宏奎：《行为证据浅探》，载《河南警察学院学报》2013 年第 5 期。

② 艾明：《论犯罪标识行为与犯罪手段的区别》，载《中国人民公安大学学报（社会科学版）》2015 年第 5 期。

③ 李雷波、任杰、王峰：《行为分析在命案现场分析中的应用 1 例》，载《中国法医学杂志》2016 年增刊第 2 期。

杀害于租住房屋内，现场门窗无明显破坏，但租住房的阳台与隔壁的防盗网有一个陈旧的孔洞，案犯是从隔壁厨房窗户爬出，经过防盗网孔洞及阳台入室作案，由于这个陈旧的孔洞极为隐蔽，上述证据具有人身指向性——犯罪分子系熟悉现场居住环境的人员。[①] 再如，在一起盗窃犯罪案件中，被害人商铺内保险柜存放的现金被盗，现场勘验后发现，该商铺的卷闸门完好、无撬压痕迹，保险柜的位置非常隐蔽，且被失主用泡沫塑料盒完全挡住，外人很难发现，上述证据具有人身指向性——犯罪分子系熟知商铺经营情况的人员。（4）职业特征。例如，在一起爆炸犯罪案件中，案犯把雷管炸药悬拴在车头下部，与启动开关相连，被害人发动轿车时发生爆炸，四肢炸残。经现场分析，发现案犯的作案手段具有较强的专业性，判断案犯具备熟悉轿车内部结构及使用爆炸物的知识，后证实安装爆炸物的人是汽车修理工，主谋系被害人未婚内弟，其有使用炸药的经验。[②]

行为证据的形成机理之一是“犯罪心理画像”（Criminal Profiling），根据对犯罪人的行为分析，确定犯罪者的心理特点、性格、生活环境、职业、成长背景及其人格特质等。犯罪痕迹包括物质痕迹和心理痕迹，前者是指由于犯罪人的身体动静，在物质性客体上形成的移动、增减、形态结构改变等物质性变化；后者是指与案件有关的人、事、物中所反映出的犯罪人心理特征。犯罪人在实施犯罪行为时，其心理活动的特点必然会在犯罪行为中表现出来，即使其采取各种反侦查手段，尽量不留下可提取的物质痕迹，也必然会留下其心理活动的痕迹。早在20世纪80年代，美国联邦调查局专门设立了行为分析的专门机构，采用行为分析的方法进行案犯刻画，尤其是系列杀人的案犯刻画。在“先证后供”案件中，可以引入行为分析（Behavioral Analysis）的方法，发现犯罪分子

① 刘玖宏、李族辉：《浅谈现场潜在犯罪信息在命案侦破中的应用》，载《广州市公安管理干部学院学报》2008年第4期。

② 魏津桅、毛星：《刑事犯罪现场行为分解分析法》，载《中国刑事警察》1997年第6期。

独特的行为方式并据此刻画案犯，特别是刻画出案犯区别于他人的行为特征和行为惯技等独特的面貌，实现从“行为”到“行为人”的转变。行为分析理论基础可以用“意识→行为→痕迹”的模式来体现，犯罪分子将自己的犯罪动机付诸行为，通常会留下特定的行为痕迹，根据证据反映的客观痕迹还原已发生的行为，进而结合环境等其他信息对犯罪分子的人身特征做出判断。特别是在连续犯罪案件中，犯罪分子在作案对象、时间、地点和手段选择上往往具有规律性，可以将一段时间内多起犯罪的作案对象、地点、时间、手段等信息进行综合比对，提炼出较为明显的作案规律。

行为证据可以表现为物证、书证、鉴定意见、现场勘验笔录等证据种类，其中的个性化信息往往依附、隐藏其中，需要经过科学的分析过程才能获得。在传统的证据审查模式中，行为证据通常被用于确定侦查方向和范围、甄别和锁定犯罪嫌疑人，在指控证明犯罪过程中，对于能够体现犯罪分子个性化特征的信息——行为证据没有给予充分重视。司法人员应当对行为证据进行整合和分析，提炼与犯罪分子个性特征相关的信息，包括生活阅历、文化程度、社会交往状况、与被害人的关系；是否实施超出犯罪所必须的其他行为、犯罪完成后是否实施异常行为等。在疑难复杂案件中，可以探索将行为证据转化为专家证人证言，对犯罪现场和尸体上的特殊迹象及其价值（传统上该内容又无法列入常规检验鉴定范畴）进行解读或解释，既可以针对某一专门性的问题（如衣着血迹的形成、颜面损伤行为心理等），也可以针对案件的整体情况（如现场重建报告、案犯刻画报告等）。[①] 以命案为例，除了关注现场勘验笔录、鉴定意见反映的被害人尸体、现场血迹等物理痕迹之外，还要对特定的翻动行为、愧疚行为和掩盖行为进行分析，该类信息一经挖掘、解读出来，就会成为强化原供证明力的重要依据。

---

① 闵建雄：《行为证据及其实践应用价值初探》，载《刑事技术》2013年第4期。

案例 11

原供得到隐蔽性证据的印证

——苟某故意杀人案[①]

【基本案情】

苟某与被害人何某某同是某街道居民，二人的配偶均在外打工。2006 年初，何某某搬到某租房居住后，二人关系暧昧。苟某多次向何某某提出性要求，均遭到拒绝。后苟某发现何某某还与其他男子关系密切，便产生杀死何某某之念，并准备了砖头、铁棒、刀片等作案工具。同年 8 月 28 日，苟某谎称要给何某某惊喜，与何某某约定 9 月 12 日晚去何某某租房处。9 月 12 日晚 12 时左右，苟某换下当日所穿衣服，携带事先准备好的作案工具，于次日 1 时左右来到何某某租房内，欲与何发生性关系，遭何拒绝。为发泄心中不满，苟某持砖头打击何的头部，何呼救。睡于北卧室的李某（被害人，何某某之女，殁年 16 岁）惊醒后起床开门，被守候在卧室门口的苟某持铁棒打倒在地。随即，苟某将李某拖至何某某卧室，继续持铁棒打击何某某、李某头部。唯恐二人未死，苟某又用刀片割何某某、李某的颈部，致其当场死亡。事后，苟某清理现场，带上作案工具和何某某的手机、其触摸过的装梨瓷盘、擦拭现场血迹的毛巾等物品离开，并在途中将作案工具和手机、瓷盘抛弃。回家后，苟某将作案时所穿的衣服、带血毛巾等物品烧毁。经法医鉴定，何某某、李某均系失血性休克死亡。案发当日下午，苟某在家中被公安人员抓获。

四川省巴中市中级人民法院经审理认为，被告人苟某故意非法剥夺他人生命的行为，已构成故意杀人罪。其情节特别恶劣，后果极其严重，应予严惩。检察机关指控的事实和罪名成立。现有证据足以证明苟某杀害何某某、李某的事实。据此，依法判处被告人苟某死刑，剥夺政治权利终身。

---

① 曾琳：《被告人翻供且缺乏客观性证据案件的审查》，载《人民司法》2009 年第 24 期。

一审宣判后，被告人苟某提出上诉。其辩称：(1) 其没有杀人，是被冤枉的；(2) 公安人员刑讯逼供，违法办案，编造的事实前后矛盾；(3) 所列证据属于间接证据，不具有独立的证明力，只能证明何某某、李某被害的事实，不能证明其有罪；(4) 现场没有其留下的精液、指纹、足迹等痕迹，无目击证人，也未找到作案凶器；(5) 同监室人的证言系传来证据，不能作为证据使用；(6) 请求改判无罪。其辩护人亦提出相同辩护意见。

四川省高级人民法院经审理认为，上诉人苟某故意非法剥夺何某某、李某生命的行为，已构成故意杀人罪。其犯罪情节特别恶劣，后果特别严重，应予严惩。认定苟某有罪的证据，有苟某本人的有罪供述、亲笔书写的忏悔书、认过书及写给李甲（何某某之夫）的信证实，其就杀人的原因、经过、丢弃凶器及被害人手机、瓷盘等情节均作了详细供述，其供述的重要细节如被害人曾接听手机和收到短信、其用铁棒打被害人头部和用刀片割被害人颈部、将李某打倒后拖至何某某卧室、将李某颈部动脉割断、打李某时将铁棒打在地上等细节，与现场勘验及尸体检验报告相吻合，也与案发时被害人邻居证实的情况相印证。侦查机关根据苟某供述的地点，提取到被其丢弃的被害人手机、瓷盘等物品，足以证实其供述的真实性。苟某的有罪供述系主动供述，且有其亲笔书写的忏悔书、认过书及写给李甲的信印证，也有检察机关、公安机关关于苟某在关押期间没有受到虐待、刑讯逼供的说明，故其提出公安人员刑讯逼供的意见不能成立。虽然同监室人的证言系传来证据，但仍属于证人证言，其证明力的大小不是否定将其作为证据的理由，故辩护人提出不能作为证据使用的辩护意见于法无据，不予采纳。据此，依法裁定驳回上诉，维持原判。宣判后，四川省高级人民法院依法将本案报送最高人民法院核准。

最高人民法院经复核认为，被告人苟某因对被害人何某某不满，而持械将何某某、李某母女二人杀死，其行为已构成故意杀人罪。苟某犯罪动机卑劣，手段特别残忍，情节特别恶劣，后果和罪行极其严重，应依法惩处。第一审判决、第二审裁定认定的事实清楚，证据确实、充分，量刑适当，审判程序合法。

据此，依法裁定核准四川省高级人民法院（2007）川刑终字第600号维持第一审对被告人苟某以故意杀人罪判处死刑，剥夺政治权利终身的刑事附带民事裁定。

【证据分析】

该案的证明难点在于能否采信苟某的有罪供述。公安人员在该案现场未提取到任何直接证明被告人苟某到过现场的痕迹、物证；未提取到作案工具；作案过程无目击证人；苟某又先供后翻，在一审、二审开庭时喊冤。因此，从案发现场之外的隐蔽地点提取到的被害人手机、被害人家中瓷盘对定案十分关键，其搜寻、提取过程是否客观、合法至关重要。需要重点审查以下两个问题：一是手机、瓷盘是否系根据苟某的供述提取到的。二是提取到的手机、瓷盘是否系被害人生前使用的物品。如果对以上两个问题的回答都是肯定的，那么，可以得出如下结论：如果没有苟某的供述，公安人员难以发现被丢弃在外的被害人的私人物品，证明苟某到过案发现场。

一是被害人的手机。（1）搜寻、提取手机的过程系先供后证。根据二审法院和最高人民法院两次与侦破该案的公安人员座谈所了解的情况看，案发当日，公安人员虽采取技侦手段查找何某某丢失的手机，但受技术限制，不能准确定位手机的具体位置，组织侦查人员搜寻未果。2006年9月16日，苟某供称将手机甩在公路边的沟里，由于范围过大，公安人员未予搜寻。9月19日，苟某又供称将手机扔在后河桥，公安人员搜寻后没找到。9月20日，公安人员再次讯问苟某，其供称“走到巴中大桥右边人行道，在看不见建筑物的地点把手机甩了”。因担心找不到手机苟某会翻供，公安人员未让苟某带领搜寻。由于桥下杂草茂密，高达1米，当日，公安人员搜寻后没找到。次日，公安人员又雇用证人王某某、梁某某等人一边割草，一边进行地毯式搜索，后梁某某在杂草藤上发现该手机。（2）搜寻手机的过程客观、合法。王某某的证言系检察员在审查起诉阶段取得的，客观地反映了王某某等人受雇搜寻手机的过程。公安人员事先并未告诉其找什么东西，只是让其割草。在割草过程中，梁某某首先发现了手机，并报告公安人员。王某某对手机外形特征的描述与手机照片所示的情况一致。(3) 经对提取的手机进行检查，电子串号一致，短信内容一致，何某某的丈夫李甲、儿子李乙均辨认无误，确认该手机正是何某某生前所用的手机。苟某于2006年9月16日对手机外观特征、作案时看到手机收到短信的内容、拨打电话情况的供述，亦与上述证据相吻合。

二是被害人家中的瓷盘。(1) 公安人员在现场勘查时，发现饭厅木桌桌面上有已削好的两块梨，当时并不知晓还有装梨的瓷盘。直至苟某于2006年9月16日第一次主动供称，其曾脱掉手套端瓷盘吃梨，担心留下指纹，故把吃剩的梨倒在桌面上，将瓷盘带走丢弃在公路边的沟里，这才得知有该瓷盘的存在。9月20日，苟某详细地供述了“在过后河桥往兴文镇方向上坡的地方，沿公路左手边把盘子甩在了水沟里”。次日，公安人员在上述地点搜寻到该瓷盘，且瓷盘呈碎片状，与苟某称听见盘子甩烂了的供述相吻合。瓷盘的提取系先供后证，证明力强。(2) 辨认瓷盘的过程真实、可信。根据卷内询问笔录和辨认笔录记载的时间分析，公安人员系先询问房东冯某某，得知其在出租房屋时，确实将原有的瓷盘都交给何某某使用，而且能辨认出这些瓷盘之后，才让其对提取到的瓷盘进行混合辨认，说明辨认过程客观、真实。最高人民法院复核期间，承办法官亦专门打电话询问冯某某，向其了解辨认瓷盘的过程。冯某某称自己以前一直使用出租房内的瓷盘，直至将它们交给何某某使用，所以对这些瓷盘的特征记得很清楚，并再次肯定当时辨认的瓷盘确系其出租房屋时一并交给何某某使用的瓷盘中的一个。

综上，苟某的供述具有合法性且得到了两大隐蔽性证据的印证，尽管其庭审时推翻先前的供述，结合案件其他证据，仍可以认定其先前供述具有真实性，应当予以采信。

案例 12

原供得到隐蔽性证据的印证

——张某某故意杀人案

【基本案情】

张某某与被害人王某某系朋友关系，二人因赌博发生经济纠纷。2014 年 8 月 9 日 18 时许，张某某约王某某与其见面，因向王某某索要借款发生争吵，张某某遂用自行车刹车线猛勒王某某颈部，致王某某因机械性窒息死亡。张某某将被害人尸体扔至路边，后驾车逃离现场。张某某于 2014 年 8 月 9 日被公安机关查获归案。

【证据分析】

该案的证明难点在于能否采信张某某的有罪供述。该案犯罪现场没有发现张某某遗留的任何痕迹物证，认定张某某实施杀人行为的直接证据只有张某某供述，尽管张某某在侦查后期有所反复，但通过审查全案证据，可以认定有罪供述具有真实性。(1) 张某某到案后共有 10 次有罪供述，全部供述的同步录音录像均在案，通过审查未发现刑讯逼供等违法取证情况。(2) 张某某供认其作案时使用自行车刹车线勒住王某某的颈部，刹车线是从自己的自行车上拆卸下来的，并供述了刹车线的细节（颜色、长度等)。经勘查现场及在现场周边进行查找，未找到张某某作案时使用的自行车刹车线，后侦查人员驾车带领张某某到其暂住地，在其指认下找到了张某某的自行车，且发现自行车恰恰缺少一根刹车线，另一根刹车线的颜色、长度与其供述刹车线的性状相同，且与被害人颈部的伤痕相吻合。(3) 张某某关于犯罪事实的供述细节性强，非亲历不能知悉。如张某某供述“用拳头打了被害人头部一拳，然后，勒着被害人的脖子，过程中还用杯子砸了被害人头上和身上几下”，上述供述与尸体检验鉴定书描述的“被害人颈部可见半环形索沟，周围伴有挫伤……左侧颞顶部可见头皮血肿……胸腹腔脏器呈瘀血貌”相互印证。(4) 张某某到案后，带领侦查人员找到了被扔至路边的被害人尸体，且犯罪现场较为偏僻，为一般过路人员难以发现。综上，张某某原供符合常理，且能够与隐蔽性证据相互印证，应当予以采信。

案例 13

原供得到隐蔽性证据的印证

——杨某某故意杀人案[①]

【基本案情】

杨某某与被害人梁某某（男，殁年52岁）同村居住。梁某某让杨某某帮忙购买一辆农用运输车，杨某某表示同意。2007 年 4 月 3 日早晨，杨某某用一黑色拎包装了四瓶啤酒来到梁家。二人吃过早餐后一起到银行将梁某某的 1.7 万元购车款存入杨某某持有的银行卡（户名杨某艳，系杨某某之姐）内。当日下午，杨某某给梁某某打电话后到梁家，二人看了一会儿电视连续剧，此时杨某某产生杀死梁某某占有购车款的念头，遂趁梁不备，用随身携带的闭路电视线套住梁某某的脖子，转身背起梁某某拖往厨房。此时，杨某某听见梁家房后有摩托车的声音，怕被人发觉，遂背着梁某某挪至厨房西侧暗处，让其头朝下趴在水缸上。梁某某因颈部被勒致机械性窒息死亡。后杨某某拽出闭路电视线，到院内拿起装有四个啤酒瓶的黑色拎包，跳过梁家东侧院墙逃离现场。

通化市中级人民法院认为，被告人杨某某图财害命，故意杀死被害人梁某某，其行为已构成故意杀人罪，应予严惩。杨某某见财起意而引发本案，具有明确、具体的犯罪动机。其在侦查机关的有罪供述能够得到其他证据的印证，

---

① 何泽宏:《［第 599 号］杨某某故意杀人案——在被告人翻供的情况下如何根据供证关系定案》，载最高人民法院刑事审判第一、二、三、四、五庭主办:《中国刑事审判指导案例 7（刑事诉讼法）》，法律出版社 2017 年版，第 53~56 页。

已经形成完整的证据链条，足以认定。杨某某的翻供内容与其他证据相矛盾，翻供理由不成立。依照《刑法》第232条、第57条之规定，判决如下：被告人杨某某犯故意杀人罪，判处死刑，剥夺政治权利终身。一审宣判后，被告人杨某某以其没有作案为由，提出上诉。吉林省高级人民法院经二审审理认为，原判认定的事实清楚，证据确实、充分，定罪准确，量刑适当，审判程序合法，裁定驳回上诉，维持原判，并依法报请最高人民法院核准。最高人民法院经复核认为，被告人杨某某故意非法剥夺他人生命，其行为已构成故意杀人罪。杨某某犯罪动机卑劣，罪行极其严重，应依法惩处。第一审判决、第二审裁定认定的事实清楚，证据确实、充分，定罪准确，量刑适当。审判程序合法。裁定核准吉林省高级人民法院维持第一审以故意杀人罪判处被告人杨某某死刑，剥夺政治权利终身的刑事裁定。

【证据分析】

该案的证明难点在于能否采信被告人杨某某的有罪供述。杨某某在审查起诉阶段翻供，但是其在侦查阶段的供述自然、合理，得到了包括隐蔽性证据在内的其他证据印证。(1) 银行卡客户交易查询单、存款的录像资料、证人证言证实，2006年春天，杨某某借用他人身份证办过一张银行卡，并于发案当日上午与梁某某一起到银行存款，与杨某某的供述一致。手机通话清单印证了杨某某关于发案当天两次去梁某某家之前均先与梁某某通过电话的供述。(2) 现场勘验检查笔录、足迹鉴定结论等证据证实，被害人梁某某家院内留有多枚足迹，其中位于院内东南侧地面上的一枚清晰立体足迹具有鉴定价值。公安机关将该足迹与杨某某所穿鞋子一起送到专业机构进行足迹鉴定，结论为该足迹系杨某某右脚鞋子所留。这证明杨某某发案当天下午到过被害人家的重要客观性证据。现场勘查通过分析足迹和下雪的情况，分析足迹只能是案发当天18时18分之前所留。根据脚尖朝向判断被告人的逃跑路线。上述情况均与杨某某供述的作案后于16时30分许从被害人家东侧院墙翻墙逃跑的时间和路线完全吻合。(3)

尸体检验鉴定意见证实，死者梁某某系被绳索勒颈部致机械性窒息死亡，印证了杨某某关于作案工具为闭路电视线、作案手段为背着被害人勒颈致死的供述。(4) 搜查笔录、扣押物品、文件清单及照片证实，公安人员根据杨某某的供述，从其家中钉在卧室门框上方的一张胶合板夹缝中，搜查出一张银行卡；从其家院内房屋东头黄泥堆附近搜查到一条长约1米、被焚烧过的用闭路电视线做成的绳套；从其卧室地柜内搜查出一个黑色梯形双带皮包。该证据印证了杨某某关于作案后隐藏涉案银行卡和黑色拎包，焚烧并丢弃作案工具闭路电视线的供述。因公安人员一开始并不知道杨某某的作案动机，也不知道有这些物证及其藏匿位置，均系根据杨某某的供述在其家中隐蔽部位找到，属于先供后证，证明力强。(5) 梁某某的邻居证实，2007年4月3日16时30分许，其驾驶摩托车途经梁某某家房后回家，印证了杨某某关于其作案时听到有摩托车经过的供述。该证言系公安人员根据杨某某的供述取得，属于先供后证，可信度高。(6) 梁某某的邻居证实，2007年4月3日下午刚下完第二场雪（约16时30分），其看到一个男的右手拿着一个长方形黑色的兜，从被害人家东侧围墙跳下来，顺着围墙往北走了。该证言印证了杨某某关于作案后从被害人家东面跳出院墙逃离现场的供述。综上，杨某某供述内容与其他证据相互印证的内容多系侦查人员根据杨某某的有罪供述在隐蔽场所获得的证据，其证明力很强。且杨某某的无罪辩解不能成立，故其之前的有罪供述具有真实性，应该予以采信。

案例14

原供得到行为证据的印证

——王某某故意杀人案

【基本案情】

王某某与被害人贾某某系夫妻关系。2014年1月4日，王某某与贾某某发生口角，王某某持家中尖刀多次刺击、砍切贾某某的颈部、上肢等处，伤及左颈总动脉、左颈内经脉、右颈外动脉，致贾某某急性失血性休克死亡。案发后，王某某于2014年1月5日将此事告诉其母亲和哥哥，后王某某哥哥报警，公安机关将王某某查获归案。

【证据分析】

该案的证明难点在于能否采信王某某的有罪供述。王某某在侦查阶段多次承认其杀害被害人，但后期供述有所反复。尽管该案发生于仅有二人在场的“密闭”空间，但现场勘验笔录、鉴定意见等客观性证据具有较强的人身指向性，共同指向王某某作案这一结论。（1）王某某在侦查阶段关于故意杀人的情况共有8次供述，能够稳定供述其故意杀人的事实。通过审查同步录音录像，没有发现诱供、逼供等非法取证的行为，同时，王某某亲笔书写了自书材料，可信度较高。（2）王某某供述与尸体检验报告相互印证，且法医证明死者贾某某死亡时间与王某某供述时间一致，贾某某身上的刀伤可能由现场提取的尖刀所形成。（3）王某某供述与现场勘验笔录、鉴定意见相互印证。王某某供述其扎刺妻子的地点、方式和将尸体搬至浴缸、将衣物盖在尸体身上等细节，与勘验笔录能够相互印证，且这些行为符合其身份特点。案发现场提取的尖刀、王某某的衬衣、裤子、棉拖鞋等个人物品上均检验出贾某某的血迹（沾血的衬衣覆盖于被害人尸体上，裤子为民警现场从王某某身上提取扣押），都能建立起王某某行为与被害人死亡之间的联系。此外，王某某与被害人结婚多年育有一女，存在一定的感情基础，其在实施犯罪后实施了典型的愧疚行为，供称“我就把她抱进浴缸里，因为贾某某平时爱干净，而且人也死了我就想给她洗洗，让她干净一下”“贾某某躺在地上，我把上衣脱了放她身上”等，上述情况与其他证据相互印证，应当采信其有罪供述。

案例 15

原供得到行为证据的印证

——戴某某贩卖、运输毒品案

【基本案情】

2015 年 8 月间，戴某某与张某某通过电话、短信等方式联系，商谈以每克 110 元的价格出卖冰毒。2015 年 8 月 13 日，戴某某乘坐高铁从 A 市至 B 市。同日 14 时 30 分许，民警在火车站出口处将戴某某抓获，从其携带的蓝色手提袋里的两个腐乳泥坛中起获 8 包白色透明晶体（净重 403.04g，检出甲基苯丙胺，含量为 71.87%），在其中 1 包中起获 8 粒红色颗粒（净重 0.8g，检出甲基苯丙胺），在黑色包中起获 1 包白色透明晶体（净重 4.69g，检出甲基苯丙胺），上述毒品共计 408.53 克。民警从戴某某身上起获手机两部、火车票两张，戴某某尿检呈阳性。

【证据分析】

该案的证明难点在于能否采信戴某某的有罪供述。戴某某在侦查阶段多次供述贩卖毒品的犯罪事实，其与张某某商议毒品的数量和价格后，购买毒品后乘坐高铁从 A 市前往 B 市。案件进入审查起诉阶段后，戴某某否认其具备贩卖毒品的故意，辩称其随身携带的一部手机为他人所给，自己从未和“下家”张某某通话，只是受他人指示运输毒品。经审查，在案证据具有极强的人身指向性，共同指向戴某某实施贩卖毒品的行为。(1) 鉴定意见证实，戴某某持有的一部手机与“下家”张某某通话、发送短信息，该手机通讯录中存储有“姐”“戴某 1”等号码，标注为“姐”的手机号码为戴某某姐姐，标注为“戴某 1”的手机号码为戴某某儿子，上述情况与戴某某供述的家庭成员信息相互印证。(2) 银行取款记录证实，戴某某的银行账户原本余额不足，与张某某通话后，其姐姐于 2015 年 8 月 12 日先行转入人民币 6000 元，随后戴某某在 A 市使用

ATM 机分两笔取款人民币 5000 元、1200 元，上述情况与戴某某供述购买毒品的时间、地点、钱款来源和数额相互印证。（3）判决书、刑满释放证明等证实，戴某某于 2001 年被铁路运输法院以贩卖、运输毒品罪判处有期徒刑。戴某某在该起犯罪中，同样采取随身携带、藏匿毒品乘坐火车的作案方式，与本起犯罪手段具有高度类同性。综上，戴某某在侦查阶段的供述与其他证据相互印证，应当采信其有罪供述。

问题五　如何排除证据之间的矛盾

证据矛盾是指证明同一待证事实的不同证据相互冲突。司法人员认识案情总是从个体证据开始的，通过逐一审查证据的形式、内容及其与案件事实的联系，确定该证据是否真实可靠及有多大的证明价值。随着诉讼活动的推进，证据的数量和类型逐渐增多，不可避免地出现证据之间的矛盾。2017 年《人民法院办理刑事案件第一审普通程序法庭调查规程（试行）》第 48 条规定，证据与待证事实以及其他证据存在无法排除的矛盾的，不得作为定案的根据。2021 年《最高人民法院关于适用〈中华人民共和国刑事诉讼法〉的解释》第 139 条规定，对证据的真实性，应当综合全案证据进行审查。对证据的证明力，应当根据具体情况，从证据与案件事实的关联程度、证据之间的联系等方面进行审查判断。在刑事证明过程中，应当采取“跳出个体看个体”的思路，除了对个体证据本身进行审查之外，还要发现、分析和排除证据之间的矛盾，即使个体证据具有证据能力，如果与其他证据存在矛盾且无法排除的，不应予以采信。

一、通过证据比对发现矛盾

证据矛盾包括“显性”矛盾和“隐性”矛盾，前者较为容易发现，关键在于如何对矛盾之处进行归纳、提炼；后者隐藏于大量证据之中，需要通过细致的比对才能发现。在古代刑事诉讼中，司法人员高度重视通过证据比对的方法发现矛盾，进而判断何谓“真供”、何谓“伪供”，“或谓命盗生案，犯多狡黠，非刑讯难取确供，此非笃论也。命有伤，盗有赃，不患无据。且重案断不止一人，隔别细鞫，真供以伪供乱之，伪供以真供正之，盗有攫赃光景，揆之以理，衡之以法，款有不得其实者”。[①] 证据对比主要包括两种方法：一是“部分比对法”。案件事实是由多个事实要素共同组成的，首先要将证明同一事实要素的不同证据进行比对，审查其反映的情况是否一致，能否共同证明该事实。如盗窃犯罪案件中，将被害人陈述与起获赃物的种类、大小、颜色等进行比对，确认被害人反映的犯罪对象这一内容是否真实可信。二是“全案比对法”。犯罪嫌疑人供述等直接证据能够指向案件基本事实，要将其反映的各个事实情节与全案证据进行比对，判断证据之间是否存在矛盾。有的案件中，犯罪嫌疑人供述与部分证据看似相互印证，如同案犯、对合犯订立“攻守同盟”，如果以更为广泛的视角进行审查，仍会发现全案证据之间的矛盾。

（一）“显性”矛盾

“显性”矛盾主要表现为直接证据之间的矛盾。无论是犯罪嫌疑人供述、被害人陈述还是目击证人证言，任何一方的证据都能单独反映案件基本事实，这决定了“显性”矛盾具有较强的直观性，通过查阅卷宗材料或讯问犯罪嫌疑人、询问证人、被害人即可发现。我国刑事诉讼中，当庭对质是一种展示“显

---

① （清）汪辉祖：《学治臆说》，载《续修四库全书（第755册）》，上海古籍出版社2002年版，第317页。

性”矛盾的有效方法。2017 年《人民法院办理刑事案件第一审普通程序法庭调查规程（试行）》第 8 条规定，被告人供述之间存在实质性差异的，法庭可以传唤有关被告人到庭对质。根据案件审理需要，审判长可以安排被告人与证人、被害人依照前款规定的方式进行对质。第 24 条规定，证人证言之间存在实质性差异的，法庭可以传唤有关证人到庭对质。2019 年《人民检察院刑事诉讼规则》第 402 条规定，被告人、证人、被害人对同一事实的陈述存在矛盾的，公诉人可以建议法庭传唤有关被告人、通知有关证人同时到庭对质，必要时可以建议法庭询问被害人。通过不同人员对同一事实的当庭描述，可以展现直接证据之间的矛盾，使审判人员作出其中必有一假或两者同假的判断。实践中，常见的“显性”矛盾包括以下两种：

1. 多人供证不一的矛盾

在群殴致人伤亡等犯罪案件中，犯罪嫌疑人、被害人、在场人员各执一词，同时又都难以提供有力证据予以补强，形成所谓的“罗生门”案件。被害人是案件的亲历者又深受犯罪行为的侵害，决定了其提供的言词证据既具有真实性的一面，也可能因报复心理而夸大事实情节。如果被害人与加害人案发后曾经商谈过民事赔偿事宜或者受到威胁的，被害人陈述亦可能发生前后变化。犯罪嫌疑人为了避免受到刑事追究，通常拒绝承认自己实施犯罪，具有“避重就轻”的心理特征。在场人员中，有的与被害方关系密切，有的与加害方关系密切，提供的言词证据通常具有明显的倾向性。基于上述人员的立场不同，言词证据可能出现相互矛盾、前后不一的情况，为判断何者为真带来较大困难。该类案件的特点是能够认定“被指控的犯罪确已存在”，但难以查明犯罪系何人所实施。为此，应当围绕争议焦点将犯罪嫌疑人、被害人和证人的相关叙述放在一起比较，分别看证据前后是否发生了变化、彼此之间是否一致。如果存在相互矛盾的情况，就需要进一步细化分解关于犯罪嫌疑人作案的事实要素。如一起多人在场的故意伤害犯罪案件，案发现场没有提取到监控录像，被害人指认其伤情系犯罪嫌疑人击打所致；被害人女儿证实其伤势系与犯罪嫌疑人的同行人员造成；其他人员有的指认犯罪嫌疑人，有的指认同行人员，还有人仅证实发生殴打行为，没有看到何人击打被害人。在此情况下，应当将不同人员反映的犯罪行为、所持工具、行动轨迹等进行梳理，如果加害方与被害方素不相识，无法进行辨认的，还应核实犯罪嫌疑人的体态和衣着特征（性别、身高、外貌、衣服和鞋子的颜色、样式等），通过列表汇总的方法，直观地呈现证据之间的“矛盾点”。

2. “一对一”的矛盾

在密闭场所实施的行受贿犯罪、强奸犯罪案件中，知悉事实真相的当事人只有两人，双方对事情经过各执一词，除此之外没有其他直接证据，只有一些不能形成完整证据链条的间接证据。如果直接证据的提供者与案件处理结果存在利害关系，一方为逃避或者减轻自己的罪责可能拒不认罪或避重就轻，另一方也可能出于某种原因而夸大事实甚至无中生有，矛盾双方都存在虚假的可能性。例如，强奸罪的认定存在一种特殊的主观要素的证明，即对自愿性的判断，而“自愿”作为一种心理状态很难被直接证明，基本争议点均是围绕证据展开。[①] 该类案件的证明难点在于发生性行为是双方自愿还是犯罪嫌疑人强迫所致，可能出现犯罪嫌疑人一方不承认自己有罪，被害人则指认违背其意志、强行发生性关系的情况。“一对一”案件的特点是能够锁定犯罪嫌疑人，但难以查明“被指控的犯罪是否存在”，应当先将双方反映的事实经过拆分为若干要素，如时间、地点、犯罪手段、在场人员、前因后果等，然后将双方的表述情况摘录入表，事实表述前后不一致的，还需要对多次表述情况进行梳理，最后将列表进行纵横比较，使全案证据的“矛盾点”一目了然。

---

① 张济坤、刘砺兵，《强奸案件中证据相关性判断与适用——以品格证据在强奸案件中的运用为视角》，载《人民检察》2017 年第 3 期。

（二）“隐性”矛盾

“隐性”矛盾主要表现为口供等直接证据与间接证据之间的矛盾，需要经过全面收集证据、充分挖掘信息、细致审查内容才能发现，甚至将不同种类的间接证据进行反复比对。近年来，互联网、金融领域的“海量”证据案件呈现多发态势，有的从涉案服务器内提取到数百万条电子信息，有的涉案公司控制上百个银行账户、签订数千份合同，给司法人员的证据比对工作提出了前所未有的挑战。特别是物证、书证、电子数据与案件事实的关联具有隐蔽性，其中蕴含的信息不能直观地展现在司法人员面前，需要通过鉴定、勘验等方法展示其内容，才能与其他证据进行比对，进而发现两者的差异之处。常见的“隐性”矛盾包括以下三种：

1. 口供与物证、书证的矛盾

2021 年《最高人民法院关于适用〈中华人民共和国刑事诉讼法〉的解释》第 82 条规定，应当着重审查与案件事实有关联的物证、书证是否全面收集。为了增强言词证据的真实性，司法人员通常会对案件的具体情节进行讯问，以此形成对基本事实的包围和固定。然而，一些犯罪嫌疑人为了逃避法律追究，表面上作出有罪供述，但在犯罪时间、地点、人物、手段等个别细节中埋下“陷阱”，随后以种种理由翻供，意图通过个别情节的虚假性推翻整个供述，包括乘坐第三人（实际无驾驶能力）驾驶的汽车前往犯罪现场、在某酒店（案发时尚未营业）遇到被害人等。例如，在一起受贿犯罪案件中，被告人供述于某年春节前一周收受他人给予的钱款，且供证一致，表面上形成了闭合的证据链条。但被告人随后翻供并提交护照，证实犯罪嫌疑人及家人“案发时”在境外旅游，没有受贿的时间。[①] 再如，在一起受贿犯罪案件中，犯罪嫌疑人供述其于 2002 年之前收受他人给予的 1 万欧元，书证显示，欧元正式发行时间是 2002 年

① 王宏溥、赵宝仓：《缺失物证书证的案件审查路径》，载《人民检察》2017 年第 18 期。

左右，行贿人不可能在此前兑换到纸质版欧元并行贿，导致对其供述真实性产生疑问。司法人员不宜轻信言词证据涉及的内容，应及时调取相关的书证、物证，涉及经济往来的，要审查银行转账记录等书证；涉及购买物品的，要审查购物发票等书证或提取实物；涉及入账报销的，要审查入账报销凭证记载的事由、金额、日期；涉及行动轨迹的，要审查车票、机票、行程记录等；涉及犯罪现场的，要审查有无遗留的痕迹、物品、文件，与言词证据涉及的事实情节进行比对，及时发现“隐性”证据矛盾。

2. 口供与现场勘验笔录、鉴定意见的矛盾

犯罪现场一般具有留痕性、反映性、复杂性、易变性的特点，既可以反映客观环境和人员方位，也可以提取痕迹物证，蕴含着与犯罪相关的丰富信息。对于犯罪现场蕴含的信息应当深入挖掘，并逐一与犯罪嫌疑人供述、证人证言、被害人陈述进行比对，确认是否存在实质性差异。以命案为例，“隐性”矛盾包括以下类型：（1）关于物证痕迹的矛盾。例如，在一起故意杀人犯罪案件中，犯罪嫌疑人除了供认实施杀人行为之外，还供述了作案路线和曾经接触的物品，但从该路线上并未提取到任何足迹，也未在相关物品上检测到犯罪嫌疑人的指纹，该矛盾即属于必须排除的重大矛盾。（2）关于被害人伤情的矛盾。例如，在一起故意伤害犯罪案件中，犯罪嫌疑人多次供述自己抡起手臂从上往下扎刺被害人，但尸体鉴定意见显示，被害人所受刀伤的创口为横向，应对其作出合理解释。又如，在一起故意伤害犯罪案件中，侦查机关依据被害人陈述，认定被害人的肋部骨折系犯罪嫌疑人持棍棒打击造成。经证据比对发现，被害人第9、10肋骨中部骨折，且骨折断端朝向外侧，被害人在站立位时被棍棒直接击打该部位极难形成上述骨折形态，更符合被骑压造成的“挤压伤”。结合案件其他言词证据，证实另有他人将被害人压倒在地并且骑在被害人身上，后经鉴定，被害人肋骨骨折系“遭受他人蹲坐、脚踏等钝性外力作用或倒地后受到钝性物体打击”造成。（3）关于血迹的矛盾。例如，在一起故意杀人犯罪案

件中，犯罪嫌疑人承认持刀砍杀两人，但通过对作案工具砍刀的检验，发现砍刀上只有少量的一人血迹，从而出现了证据之间的矛盾。后来经过补充侦查工作，对该怀疑进行了合理解释，原来是在前期对嫌疑人的讯问中，嫌疑人遗漏了在其作案后，提着刀子顺路返回时路经一小水塘，不慎滑入水中，其在水中顺便对刀子上的血迹进行了清洗这一关键情节。①

3. 口供与电子数据的矛盾

信息时代，电子数据在刑事诉讼中发挥着极强的证明力，能够有效证明传统证据无法证明的事实，揭示与犯罪活动有关的具体情况。2016 年最高人民法院、最高人民检察院、公安部《关于办理刑事案件收集提取和审查判断电子数据若干问题的规定》第 2 条规定，侦查机关应当遵守法定程序，遵循有关技术标准，全面、客观、及时地收集、提取电子数据。如果犯罪嫌疑人利用电脑、手机、网络云盘等工具实施犯罪，应当将口供与提取的电子数据进行全面比对，不应遗漏任何与案件事实相关联的信息，包括电子数据的具体内容、生成日期、存储情况、用户注册信息、身份认证信息、计算机 IP 地址、MAC 地址等，发现证据之间是否存在矛盾。例如，在一起网络犯罪案件中，犯罪嫌疑人供述其在 A 地用手机发布涉案信息，行程记录也证实该人当时在 A 地出差，但比对涉案信息的 IP 地址发现系从 B 地发出，形成了证据之间的矛盾。

案例 1

通过证据比对发现“隐性”矛盾

——刘某某盗窃案

【基本案情】

刘某某于 2016 年 9 月 4 日 20 时许在某商店内，盗窃一名被害人钱包一个，

---

① 李春、包七予：《故意杀人命案侦讯难点问题探析》，载《吉林公安高等专科学校学报》2012 年第 1 期。

盗窃另一名被害人行李箱一个，内有现金、衣物等物品，现金共计人民币2800元。2016年9月4日，刘某某被公安机关查获归案。

【证据分析】

该案的证明难点在于如何发现刘某某户籍材料与其他证据的矛盾。该案中，证明刘某某实施盗窃行为的事实清楚，证据确实、充分，但关于刘某某作案时是否属于未成年人的证据存在矛盾：（1）刘某某常住人口基本信息显示，其出生日期为1989年10月12日。（2）案卷材料中有一份关于刘某某堂哥对刘某某的辨认材料，户籍材料显示其堂哥出生于1992年，那么刘某某出生日期应当晚于1992年。通过对上述证据的比对，可见刘某某户籍材料显示的年龄比其堂哥更大，明显不合常理。为此，需要开展证据完善工作：一是进一步讯问刘某某，刘某某供称其实际出生于1998年10月12日，出生日期系办理户籍时派出所登记错误。二是刘某某的骨龄鉴定意见显示，截至2017年4月20日，刘某某年龄应在19周岁（±8个月），证实公安机关户籍登记的出生日期1989年10月12日并不准确。三是刘某某父亲、近亲属、邻居等证人证实，刘某某真实出生年月为1998年10月12日，由于出生后办理户籍时派出所登记错误，后未更改，导致户籍登记的出生日期错误。综上，通过工作可以排除证据之间的矛盾，认定刘某某的出生日期为1998年10月12日。

案例2

通过证据比对发现“隐性”矛盾

——赵某某等人故意伤害案

【基本案情】

2014年3月6日中午，赵某某在驾车回家途中，因行车问题与被害人厉某某一家发生口角，并由此厮打。赵某某遂指示同车的冯某某打电话叫人，冯某某遂于当日14:56电话联系赵某某之弟赵甲，说“这边打架了，赶紧过来”。厉某某与其岳父孙某某抱孩子上楼，厉某某妻子仍然停留于案发地，并与赵某某相互撕打。赵甲伙同多人持棍棒等凶器赶到现场殴打厉某某妻子和随后下楼的厉某某。后赵甲持尖刀扎刺厉某某左胸部一刀。经鉴定，厉某某系被锐器刺伤左胸部，造成左肺破裂，致失血性休克死亡。2014年3月6日，赵某某等人被公安机关查获归案。

【证据分析】

该案的证明难点在于如何发现孙某某证言与其他证据之间的矛盾。该案中，证明赵某某行为的证据包括：(1) 赵某某在侦查阶段供述，“之后我让冯某某给我弟弟赵甲打电话，冯某某就在电话里说，我们在小区楼底下和人打起来了，让他赶紧过来”。(2) 被害人岳父孙某某证言称“一名女子让另一名女子打电话，在电话中说‘这打起来了，你赶紧过来’，我和女儿就劝厉某某上楼回家。厉某某就抱着孩子先上楼了，随后女儿孙某也让我上楼，我也就上楼了”。(3) 证人冯某某否认赵某某叫其打电话的情况，称“我没有跟其他人打电话联系过，赵甲没有用我的手机跟别人联系过”。(4) 冯某某手机通话记录证实，案发当天14:56，主叫赵甲共计13秒；同日15:13、15:19、15:20赵甲主叫冯某某。(5) 证人证言证实，赵甲伙同他人驾车前往案发现场，四人一下车即跑向赵某某所处位置，不问缘由即首先殴打对方，可见赵甲在到达前，已经通过电话得知了赵某某和他人发生冲突的地点和对象。其中，关键证人——孙某某的证言具有形式合法性和内容合理性，看似可以作为定案根据。然而，为了确认孙某某证言的真实性，还需要综合其他证据进行判断。一方面，对照冯某某手机通话记录，可以确定冯某某与赵甲通话的具体时间，那么孙某某应当在通话过程中停留于中心现场，能够看到赵某某的具体行为。另一方面，从物业公司调取了小区监控录像，该录像虽然不能反映中心现场的情况，但可以显示孙某某上楼的具体过程。孙某某居住的楼道门距离中心现场数十米远，按照手机通话的时间审查监控录像，可以发现孙某某已背对中心现场向楼上走，根据一般社会常识，其不可能看到赵某某指示他人打电话的情况，更无法听到电话的具体内容。当物业公司无法说明监控录像时间是否准确的情况下，孙某某证言与其他证据存在矛盾，且无法得到合理解释，难以作为定案的根据。

案例 3

通过证据比对发现“隐性”矛盾

——喻某某包庇毒品犯罪分子案[①]

【基本案情】

2015 年 3 月 24 日，公安机关根据线报，发现一个 178 开头的手机号码使用者有重大贩毒嫌疑，又通过对该号码使用情况的侦查，在某暂住房的外间衣柜内查获冰毒 10 包，净重 999. 8 克，同时抓获租房者喻某某。喻某某为了包庇其儿子喻甲，当场供认 178 号码的手机和现场查获的近 1 公斤毒品都是其所有。后查明喻甲系实际贩卖毒品犯罪人员。

宁波市中级人民法院以包庇毒品犯罪分子罪判处喻某某有期徒刑三年，以贩卖毒品罪判处喻甲无期徒刑。

【证据分析】

该案的证明难点在于如何发现喻某某供述与其他证据的矛盾。喻某某的有罪供述与房屋租赁合同、毒品等部分证据相互印证，形式上能够认定其贩卖毒品。但是，如果对喻某某的供述进行实质审查，就会发现该供述与其他证据之间存在矛盾，有诸多不合常理之处：(1) 犯罪嫌疑人供述的犯罪原因不具备合理性。喻某某供述：“有一个男子在我家门口的河边叫住我，说有点东西要放在

① 屠春技、范鲁宁：《父与子，到底谁是真正毒贩》，载《检察日报》2016 年 12 月 14 日，第 4 版。

我这里，到时候会有人来取，还承诺会给好处，所以我就答应了”。毒品犯罪分子将价值不菲的毒品交给陌生人，且没有留下联络方式，从社会常理来分析，喻某某供述的作案方式难以成立。(2) 犯罪嫌疑人供述的犯罪工具不具备合理性。侦查机关是通过对一个178开头的电话号码发现犯罪事实并抓获了喻某某，通过对电话录音的审查，发现使用178号码的贩毒者说普通话，从语音、语速、语调推测年龄应该较小，青壮年的可能性较大，可是喻某某年近60岁，不会说普通话，只会说方言，且语音较低、语速较慢，与使用号码者的语音存在明显差异。此外，侦查机关从暂住房外间的桌子上提取到号码为178的手机，从该手机的通话记录和短信内容可以发现，鲁某向该手机发送的短信内容是：“你晚上不在家，我也不回家住了”，指向该手机系喻甲使用。此外，调取喻甲的相关信息发现，其有多次乘坐飞机前往某省的记录，而该省是毒品交易高发地。(3) 犯罪嫌疑人供述的犯罪地点不具备合理性。喻某某经供述，其儿子喻甲与女友鲁某曾偶尔来暂住房过夜。现场搜查录像反映，暂住房外间的衣橱中有大量女性衣物、多个女式皮包，桌子上放有洗漱用品及女性护肤用品等，柜子里还放有鲁某的身份证复印件等，呈现喻甲、鲁某长期居住于此的状态，而不是喻某某供述的偶尔居住。此外，屋里的电脑处于开机状态，而喻某某连普通手机都无法熟练操作。(4) 犯罪嫌疑人供述的家庭关系不具备合理性。喻某某的邻居、老乡证明，喻某某在附近一家工厂里上班，而喻甲则是名无业人员。但喻某某供述，其不知道儿子的职业，也从不与儿子联系。通过对喻某某供述合理性的审查，发现存在其替儿子“顶包”的较大可能性。后根据案件线索找到一个叫姚某的购毒者，姚某因涉嫌贩卖毒品被其他辖区的公安机关羁押，供称曾向一名30岁左右的男子购买大量冰毒，毒资的支付方式是银行转账，也曾前往该男子暂住房购毒，暂住房就是案发地。经姚某辨认，贩毒者就是喻甲，因此确认喻某某的有罪供述系虚假。

案例 4

通过证据比对发现“隐性”矛盾

——鲁某某等人故意伤害案

【基本案情】

2017 年 12 月 23 日 1 时许，鲁某某与其朋友安某某等人在某酒店大量饮酒后准备离开，行至该酒店北门处时，恰遇被害人魏某、王某等人，安某某无端踢被害人一方，引发双方冲突。此时鲁某某的司机周某驾驶鲁某某的轿车赶到，将车停在北门处，跳下车即将王某摔倒在地，挥拳连续猛击王某面部，将王某的鼻梁骨打折。同时，鲁某某从自己的轿车内取出尖刀，追赶魏某。鲁某某与魏某在酒店东侧处发生二次互殴，其间，鲁某某用尖刀猛刺魏某左胸部一刀，经鉴定，魏某符合被刺器刺击胸部，刺破肺动脉致失血性休克死亡。后鲁某某、周某、安某某被公安机关查获归案。

【证据分析】

该案的证明难点在于如何发现鲁某某、周某供述与其他证据的矛盾。鲁某某到案后，供认其伙同周某、安某某等人殴打被害人一方，但声称自己未持刀扎刺被害人魏某，“人是周某扎的”。鲁某某司机周某到案后，供称“刀始终在自己手中”，试图撇清鲁某某的责任。同时，鲁某某等人将扎刺被害人的一把单刃折叠刀提交给公安机关，刀柄上可疑斑迹（检测血迹）检材为混合结果，与鲁某某、周某的 DNA 混合产生的结果相符。上述证据看似能够形成印证，指向周某持刀扎刺被害人致其死亡这一事实。然而，如果将上述证据与其他证据进行比对，就会发现存在重大矛盾：（1）现场监控录像。录像显示周某先是殴打王某，后在鲁某某与魏某互殴后，单独殴打魏某，两次都是将对方摔倒在地，挥拳猛烈从正面殴打对方，图像中没有显示出周某手中持有尖刀。相反，录像显示鲁某某在酒店西侧与魏某互殴，返回轿车取刀后再次与魏某互殴，后魏某显示出明显的受伤迹象。(2) 证人证言。证人王某证实，自己在遭受周某殴打时，周某手中并没有刀，否则自己必然会受到刀伤，上述证言与其所受轻伤的伤情鉴定相互印证。证人顾某某证实，曾于2016年底或者2017年初送给鲁某某一把刀，经辨认作案凶器就是该把刀。(3) 鉴定意见。从鲁某某上衣左袖上，检测到了被害人魏某遗留的血迹，而周某、安某某身上并无魏某遗留的任何痕迹。综上，现有证据已足以证明持刀扎伤魏某系鲁某某一人所为，后查明鲁某某花钱买通周某为其“顶罪”，足以认定鲁某某、周某关于何人扎刺被害人的供述为虚假。

二、分析证据矛盾的性质

根据个体证据对定案的地位和作用，可以将证据矛盾分为根本矛盾与非根本矛盾，前者是指影响基本事实认定的重大矛盾，后者是指不影响基本事实认定的非重大矛盾。[①] 古代刑事诉讼中，司法人员将存在根本矛盾的案件称为“疑狱”，要求集中力量解决根本矛盾，“人命中疑狱最多，有黑夜被杀，见证无人者；有尸无下落，求检不得者；有众口齐证一人，而此人夹死不招者；有共见打死是实，及吊尸检验，并无致命重伤者。凡遇此等人命，只宜案候密访，慎勿自持摘伏之明，炼成附会之狱”[②]。如果发现证据之间存在“显性”或“隐性”矛盾，首先要分析该矛盾是否影响定案，进而有针对性地开展证据完善工作。

（一）根本矛盾

根本矛盾是指主要证据之间的矛盾，足以影响基本事实的认定。1996年修

① 龙宗智：《试论证据矛盾及矛盾分析法》，载《中国法学》2007年第4期。

② （清）李渔：《资治新书》卷首《慎狱刍言·论人命》，载《明清法律史料辑刊（第1编）》，国家图书馆出版社2008年版，第12~13页。

订的《刑事诉讼法》第150条规定，人民法院对提起公诉的案件进行审查后，对于起诉书中有明确的指控犯罪事实并且附有证据目录、证人名单和主要证据复印件或者照片的，应当决定开庭审判。随后，我国刑事诉讼法将“主要证据复印件移送制度”修改为“卷宗移送制度”，但仍然保留了主要证据这一法律概念，如2018年修订的《刑事诉讼法》第253条规定，“当事人及其法定代理人、近亲属的申诉符合下列情形之一的，人民法院应当重新审判……（二）据以定罪量刑的证据不确实、不充分、依法应当予以排除，或者证明案件事实的主要证据之间存在矛盾的……”关于主要证据的范围，可以参考1999年修订的《人民检察院刑事诉讼规则》第283条的规定，将其界定为“对认定犯罪构成要件的事实起主要作用，对案件定罪有重要影响的证据”。办案人员应当根据各个证据在具体案件中的实际证明作用确认是否为主要证据。常见的根本矛盾包括：一是证明客观行为的证据矛盾。如一起行受贿犯罪案件中，行贿人指认受贿人收受钱款，受贿人虽承认与行贿人见面，但否认曾经收受钱款的事实，有罪证据与无罪证据的数量形成“一对一”。二是证明刑事责任能力的证据矛盾。如在一起故意杀人犯罪案件中，犯罪嫌疑人到案后的第一份精神病鉴定意见显示其为限制责任能力人，案件进入审查起诉阶段之后，司法机关根据其家属的申请再次进行鉴定，第二份精神病鉴定意见显示其为无责任能力人，涉及犯罪嫌疑人是否具备刑事责任能力。三是证明作案人员的证据矛盾。如在一起运输毒品犯罪案件中，同案犯指认犯罪嫌疑人与其共同实施包装、运输毒品的行为，但犯罪嫌疑人提供了不在场证明，证明其不具备作案条件。四是证明主观事实的证据矛盾。如在一起诈骗犯罪案件中，犯罪嫌疑人认可其采取欺诈手段获取他人钱款，但辩解其在案发前已经返还给对方，并提供了相应的收条和取款记录，与被害人遭受经济损失的陈述相互矛盾。

实践中，一些案件既有指向犯罪嫌疑人、被告人有罪的证据，也有指向犯罪嫌疑人、被告人无罪的证据，尽管现有证据无法达到定案标准，但犯罪嫌疑人、被告人确有重大作案嫌疑，加之被害人及其家属表现出强烈的追诉意愿，使司法人员面临“定放两难”的困局。对于据以定案的主要证据，即使细微之处存在矛盾，司法人员也要建议前一办案机关进行侦查或自行补充证据，不断扩大证据收集的对象和范围，经比对后作出采信或不予采信的结论，否则将会影响案件的最终走向。在我国刑事诉讼中，侦查人员、检察人员、审判人员均负有忠于事实真相的义务，如果司法人员消极、被动地应对证据矛盾，将难以实现查明事实真相的诉讼目标。例如，2021 年《最高人民法院关于适用〈中华人民共和国刑事诉讼法〉的解释》第 85 条规定，对与案件事实可能有关联的血迹、体液、毛发、人体组织、指纹、足迹、字迹等生物样本、痕迹和物品，应当提取而没有提取，应当鉴定而没有鉴定，应当移送鉴定意见而没有移送，导致案件事实存疑的，人民法院应当通知人民检察院依法补充收集、调取、移送证据。根本矛盾应当区分两种情形：一种情形是，案件已经到了侦查、审查起诉、审判阶段的最终时间节点。如果主要证据之间仍然存在矛盾，缺乏证据补充完善的余地，不得径行采信不利于犯罪嫌疑人、被告人的证据，应按照“罪疑从无”的原则处理。另一种情形是，案件尚处于诉讼进程之中。尽管主要证据之间存在矛盾，但存在调取新证据的时间和空间，这些新证据既可以有独立的证明价值，查明原有证据证明范围之外的事实，也可以是对原有证据的补强。如强奸犯罪案件中，犯罪嫌疑人辩解与被害人指认往往呈“一对一”状态，既不能简单以犯罪嫌疑人“狡猾抵赖”为由否定其辩解，也不能以被害人“不可靠”为由否定其指认，而应进一步收集完善证据，查清双方关系、作案过程、罪后表现、发破案经过等事实，综合判断何者更为可信。

（二）非根本矛盾

非根本矛盾是指次要证据之间的矛盾，对案件最终走向的影响不大或不会产生影响。证据反映的内容往往是复杂的，既包括与定罪相关的基本事实，也包括其他案件事实。理想状态下，对全案证据的所有矛盾应当逐一排除，完全还原事实真相，但是，受到诉讼期限、司法资源和取证能力等因素的影响，司法人员应当集中力量排除根本矛盾，进而作出是否移送审查起诉、批准逮捕、提起公诉、判决有罪等诉讼决定。对于不影响定罪量刑的非根本矛盾，经工作确实无法排除的，可以使个别事实情节处于“待定”状态。2019 年《人民检察院刑事诉讼规则》第 355 条规定，“具有下列情形之一的，可以认为犯罪事实已经查清……（四）证人证言、犯罪嫌疑人供述和辩解、被害人陈述的内容主要情节一致，个别情节不一致，但不影响定罪的”。第 403 条规定，被告人在庭审中的陈述与在侦查、审查起诉中的供述一致或者不一致的内容不影响定罪量刑的，可以不宣读被告人供述笔录。

非根本矛盾的产生原因包括：一是自然人的认识偏差。在案发时间久远的犯罪案件、连续犯罪案件、涉案对象众多的犯罪案件中，犯罪嫌疑人、证人或被害人对案件事实细节的记忆往往是模糊的，甚至存在一定的偏差。例如，在一起贩卖毒品犯罪案件中，卖毒者和买毒者对于毒品交易的事实供认不讳，在交易毒品的时间、地点和金额上能够形成印证，但是，两人对于毒品数量的供述不一致，卖毒者供称贩卖毒品海洛因 200 克，买毒者承认购买 180 余克，上述矛盾既可能是因为毒品运输、包装过程中发生的损耗所致，也可能是交易双方未使用同一设备对毒品进行称量所致，这些都是合理范围内的误差，应按照“就低不就高”的原则采信相互印证的部分。再如，性侵未成年人犯罪等特殊类型案件中，未成年被害人因惊吓、紧张等原因，可能出现认知能力和记忆能力下降的情况，司法实务中逐渐发展出“宽松的印证规则”，如办案人员通常不会要求年幼的未成年人对具体细节的描述达到准确的程度，也容许被害人陈述与被告人的口供在细节上，如案发时间、地点存在较小的出入。[①] 二是同案犯、对合犯的相互推诿。有的犯罪嫌疑人、被告人虽然认可基本事实，但是为

① 向燕：《性侵未成年人案件证明疑难问题研究——兼论我国刑事证明模式从印证到多元“求真”的制度转型》，载《法学家》2019 年第 4 期。

了减轻罪责，极力把罪责推给其他同案犯，在犯意提起、作案工具提供、犯罪手段、赃款分配等方面形成矛盾。例如，在一起受贿犯罪案件中，受贿人和行贿人均认可收受财物的事实，与存取款记录等客观性证据相互印证。但是，两人在谁先提出给予财物这一事实上并不一致，上述矛盾并不影响定案，只是影响认定受贿人是否具备索贿情节这一量刑事实。

强调集中资源排除根本矛盾，并不意味着可以忽略非根本矛盾，根本矛盾与非根本矛盾并没有统一的判断标准，而是要根据具体案件进行分析，在某一案件中的非根本矛盾，在另一个案件中可能就属于根本矛盾，成为影响基本事实认定的重大问题。[①] 如果没有对证据之间的矛盾保持足够重视，仅仅强调口供与其他证据相互印证的部分，回避相互矛盾的部分，很可能错误采信“带病”的犯罪嫌疑人供述。如此，即使案件最后能够实现证据“相互印证”，并得出待证事实的“唯一结论”，但这种“做”出来的、缺乏正当程序支撑的“印证”和“唯一结论”所存在的根本问题是显而易见的。[②] 例如，在一起故意杀人犯罪案件中，鉴定人员在被害人 8 个指甲缝的混合物中检测到了一名男性的 DNA，这个 DNA 不是犯罪嫌疑人的，因此存在第三人作案的可能性，但审查的结论为，“因手指为相对开放部位，不排除被害人因生前与他人接触而在手指甲内留下 DNA 的可能性” “本案中的 DNA 鉴定结论与本案犯罪事实并无关联”。[③] 再如，在另一起故意杀人犯罪案件中，被告人供述的犯罪手段与尸体检验报告存在诸多矛盾之处，如供称从被害人身后用右手捂被害人嘴，左手卡住其脖子的同时向后拖动被害人两三分钟到隔墙，与“死者后纵隔大面积出血”的尸体检验报告所述伤情不符；供称被害人担在隔墙上，头部悬空的情况下，用左手卡住被害人脖子十几秒钟，与“被害人系被扼颈致窒息死亡”的尸体检

① 龙宗智：《试论证据矛盾及矛盾分析法》，载《中国法学》2007 年第 4 期。

② 左卫民：《“印证”证明模式反思与重塑：基于中国刑事错案的反思》，载《中国法学》2016 年第 1 期。

③ 黄士元：《刑事错案形成的心理原因》，载《法学研究》2014 年第 3 期。

验报告结论不符；供称被害人担在隔墙上，对被害人捂嘴时被害人还有呼吸，也与“被害人系被扼颈致窒息死亡”的尸体检验报告意见不符。具体案件的证据情况极为复杂，证据之间可能出现“部分印证、部分矛盾”的情况，应当准确甄别证据矛盾的性质，集中力量排除根本矛盾。

案例5

根本矛盾足以影响定罪

——卢某某盗窃案[①]

【基本案情】

2009年2月24日12时许，卢某某伙同“老四”“洪某”（均在逃），在某加油站附近，以外面为100元真钞、内部为包扎成捆的冥币为诱饵，采取“掉钱”“捡钱”“分钱”的手段设局，并以怀疑被害人帅某（女）捡到钱且已转入银行卡为由，要求帅某将黄金戒指、手机等财物、储蓄卡及密码交出“检查”，后假装将财物及银行卡放回帅某的包内，趁帅某不注意，秘密窃走帅某的现金人民币（以下币种同）70元、手机一部（其中SIM卡价值45元）、一枚黄金戒指及储蓄卡。随后，卢某某持帅某的储蓄卡到银行ATM机上取走卡内存款18000元。

厦门市集美区人民法院认为，被告人卢某某以非法占有为目的，秘密窃取他人财物、信用卡，并持盗窃所得信用卡冒领卡内款项，合计价值共18115元，其行为构成盗窃罪，判处有期徒刑三年九个月，并处罚金人民币一万元。宣判后，被告人卢某某以量刑不当为由提出上诉，但在二审审理过程中申请撤回上诉。厦门市中级人民法院经审查认为，原判认定的事实清楚，适用法律正确，

① 张显春：《[第847号]卢某某盗窃案——在直接证据“一对一”的情况下如何准确认定犯罪事实以及在“抛物诈骗”类案件中如何准确区分盗窃罪和诈骗罪》，载最高人民法院刑事审判第一、二、三、四、五庭主办：《中国刑事审判指导案例4（侵犯财产罪）》，法律出版社2017年版，第324~326页。

量刑适当，审判程序合法。上诉人卢某某撤回上诉的申请符合法律规定，裁定准许上诉人卢某某撤回上诉。

【证据分析】

该案的证明难点在于如何分析卢某某供述与被害人陈述之间的矛盾。被害人帅某强烈要求以抢劫罪追究卢某某的刑事责任，声称卢某某等人使用暴力手段当场劫持其财物，而卢某某到案后一直供述其实施盗窃犯罪，直接影响到案件的定性。这就需要综合全案证据，分别对卢某某供述与被害人陈述的证明力进行审查。

被告人卢某某供述的证明力可做以下分析：(1) 卢某某供述较为稳定。卢某某在侦查、审查起诉阶段一共作了五次供述，稳定供述其与另外两名作案人先用诈骗手段获得帅某的银行卡密码，而后趁帅某不注意，秘密窃走帅某的银行卡、现金、手机、戒指等财物，随后持帅某的银行卡到ATM机上取款，犯罪方法、作案人数、作案工具、犯罪对象、涉案财物及金额等细节基本一致。(2) 卢某某供述与其他证据相互印证。卢某某和帅某在侦查阶段均称帅某的包最后被挂在比较高的地方，没有随其他财物一起被抢走，卢某某解释为主要是因为假装要去验证戒指是谁的，故暂时将包放在帅某不易拿走的位置，但包当时是由帅某看着的，不符合一般抢劫犯罪的特征。(3) 卢某某曾因"抛物行骗"犯罪被判过刑，其采取同样方法再次实施犯罪的可能性较大。

被害人帅某陈述的证明力可做以下分析：(1) 被害人陈述的内容前后矛盾。帅某前后共有六次陈述，侦查阶段三次，审判阶段三次，其对于案发地点、卢某某在共同犯罪中的作用、暴力手段等关键情节均存在较大变化。帅某在审判阶段对其在侦查阶段的陈述作了较大的补充和变更，包括"两名男子从我挎包内翻出存折，并问密码，我拒绝后，两名男子将存折放回包内""一名男子提出我的戒指是他送给老婆的结婚礼物，里面还有两个字，现在要还给她"，上述手段均符合"抛物行骗"案件的惯用手法。(2) 被害人陈述与其他证据相互矛盾。帅某声称“两名男子用力压其腹部，并用砖头砸其前额，额头被砸青一块，其头部、腰部、盆腔均受伤”，但根据其提交的病历记录，其当天去医院看病主诉腰部酸痛1月有余并加剧2天，医生诊断结果是腰部酸痛、劳累加剧，是湿热型的腰痛，亦未显示其额头受伤的情况。证人占某某称其和帅某一起向公安机关报案，其看见帅某额头受伤，帅某本人亦称额头当时有瘀青，但没有证据证实该二人报案时即向公安机关告知额头受伤。(3) 其他所谓“印证”证据均来自被害人。虽然证人占某某、陈某某称帅某被抢劫，且额头、腰部受伤，但这两名证人没有目击案发过程，证言均来源于帅某，且均系在庭审阶段由帅某的诉讼代理人制作证言笔录。帅某的诉讼代理人提交的路线图及照片系根据帅某陈述制作或者拍摄。

综合全案证据，被害人帅某陈述与其他证据相互矛盾，可信度低于被告人卢某某的供述，采信卢某某的供述更符合“存疑有利被告人”的事实认定原则。

案例 6

根本矛盾足以影响定罪

——钟某某合同诈骗案

【基本案情】

2014年7月至2016年10月，钟某某通过伪造某实业投资股份有限公司授权委托书，与其认识的被害人姜某某等人签订投资理财合同，承诺保本付息，并支付高额回报等手段，诱骗姜某某等9名被害人向其支付投资款共计人民币1.2亿余元（含部分重复投资），用于炒股、返还被害人投资本金、支付被害人利息、归还债务及个人消费等用途，其中返还本金及利息共计1亿余元。钟某某实际骗得姜某某等9名被害人钱款共计1600余万元。其中，骗得被害人姜某某507万余元，骗得被害人曹某某71万余元，骗得被害人赵某某65万余元，骗得被害人袁某某212万元，骗得被害人田某某255万余元，骗得被害人宋某某329万余元，骗得被害人杨某某39万余元，骗得被害人顾某70万元，骗得被害人黄某89万余元。2018年9月28日，钟某某被公安机关查获归案。

【证据分析】

该案的证明难点在于如何分析钟某某供述与被害人陈述之间的矛盾。被害人杨某某指认钟某某对其实施诈骗行为，钟某某虽然认可其骗取其他8名被害人钱款，但辩解与杨某某未签订书面理财合同，欠其39万余元属于民事纠纷，不应计入诈骗犯罪数额，属于影响认定该起犯罪事实的根本矛盾。综合全案证据来看，杨某某陈述的可信度更高。（1）被害人杨某某证实，钟某某于2016年4月至5月，跟其说一个理财合同至少是150万元，三个月后返回本金和利息，杨某某的40万元不够一份投资合同，只能以顾某的名义签订书面合同。（2）被害人顾某证实，钟某某于2016年4月至5月，跟其说一份投资理财合同最少是100万元，其最多拿出来70万元，钟某某说可以，但需要跟其他人一起签订这份合同。（3）从钟某某处起获其与顾某签订的100万元投资理财合同，合同签订时间为2016年5月，上有两人签名。（4）银行转账记录证实，被害人杨某某、顾某与钟某某之间存在相关经济往来。综合全案证据，被害人杨某某与钟某某素无仇怨，关于钟某某提供投资理财合同的名义（某实业投资股份有限公司）、期限（三个月）、利息均与其他8名被害人高度一致，而被害人彼此之间并不完全相识，如果不是从钟某某处获悉，自身难以编造出上述投资项目的信息。同时，被害人杨某某陈述与被害人顾某陈述在合同金额、签订时间等方面相互印证，故钟某某的辩解不能成立。

案例 7

根本矛盾足以影响定罪

——晏某某故意杀人、抢劫案①

【基本案情】

检察机关指控：被告人晏某某因分家、建房等问题与其父晏甲（殁年 76 岁）产生矛盾，遂蓄意谋害。2006 年 6 月 13 日晚，晏某某潜入晏甲家中，趁晏甲、陈某某夫妇熟睡之机，持锄把击打晏甲头部数下，还用挖勺、拳头击打晏甲眼部数下。陈某某被惊醒欲起身，晏某某又持锄把猛击其头部一下，将其打倒在床上，还用锄把击打其左边手臂一下。之后，晏某某扼压陈某某颈部逼迫其说出家中藏钱处，并抢走现金人民币 2800 元。晏甲因被钝器打击头部致严重颅脑损伤于案发当晚死亡，陈某某的损伤程度为轻伤。

法院经依法公开审理后认为，检察机关指控被告人晏某某杀害晏甲、打伤陈某某并劫取钱财的事实不清，证据之间存在的疑点和矛盾无法排除，指控的罪名不能成立，不予支持。依照《刑事诉讼法》和《最高人民法院关于执行〈中华人民共和国刑事诉讼法〉若干问题的解释》之规定，判决被告人晏某某无罪。一审宣判后，检察机关提出抗诉，二审法院裁定驳回抗诉，维持原判。

【证据分析】

该案的证明难点在于如何分析晏某某供述与被害人陈述之间的矛盾。晏某某到案后先是供认犯罪事实，随后全面翻供，庭审时辩解其没有杀害其父晏甲。晏某某在侦查阶段的供述和陈某某的陈述表面上相互印证，但实际上存在诸多矛盾之处。(1) 晏某某的有罪供述不合情理。晏某某称将作案用的木棒遗留在

---

① 周进、徐海、徐万祥：《［第 783 号］晏某某故意杀人、抢劫案——关键证据存在疑点，无法排除合理怀疑的案件，应当宣告无罪》，载最高人民法院刑事审判第一、二、三、四、五庭主办：《刑事审判参考（总第 83 集）》，法律出版社 2012 年版，第 22~32 页。

现场，将事先锯下的木棒的另一截和作案时所戴手套留在家中，还把自己屋里箱子上的锁撬开，是为了制造假象避免被怀疑。事实上，将作案工具木棒的另一截放在家中，反而会增加作案嫌疑，晏某某在作案后即将所穿的衣服、鞋子及蒙面的黑布烧掉，却将作案用的木棒及该木棒的一截分别遗留在可建立关联关系的两处现场也不合情理。(2) 被害人陈某某的前后陈述内容不一致，且有不合情理之处。陈某某在2006年案发后的陈述中未指证凶手身份，而在2009年后的第一次陈述中则称看清了凶手面部，认出是晏某某。在此后的陈述中又称看见凶手帽子下脸的轮廓极像晏某某，凶手一说话，就知道是晏某某。陈某某以上陈述变化明显，特别是判断凶手身份的依据前后不一，陈述形成情况不自然。而且，陈某某陈述凶手称晏甲以前当干部整了人，他是来报仇的，如果系晏某某为掩饰身份故意编造此节，那么他为何又面对面掐陈某某颈部，不怕陈某某看见容貌、听出声音，无法解释。(3) 晏某某的认罪供述与陈某某的陈述之间在一些关键细节上也存在根本性的矛盾。晏某某供述其蒙面作案，而陈某某则称凶手没有蒙面。陈某某陈述凶手右手持棒行凶，又反映晏某某习惯用左手；而晏某某供述其左手持棒行凶，供证矛盾明显。陈某某陈述晏甲被打后一直在哼，凶手让她交出钱放他们一条生路，后来凶手从屋里取来两根棕绳捆上她和晏甲的双脚。晏某某供述他用木棒使劲打晏甲头部，怕晏甲没有死，又用挖勺挖晏甲，后来用绳子将陈某某的双脚捆起来，晏甲一直躺在床上没有动。对于是否捆了晏甲的双脚，二人描述存在矛盾。综上，据以定案的核心证据是陈某某的陈述和晏某某的有罪供述，两项证据内容前后不一、不合情理，彼此在关键细节上也存在矛盾，无法验证真实性。

案例8

非根本矛盾不足以影响定罪

——孙某某受贿案

【基本案情】

孙某某系A国有公司总经理。2005年至2008年，孙某某利用职务便利，为A公司与B公司法定代表人李某某合作开展煤炭贸易提供帮助。孙某某于2005年初在某饭店收受李某某给予的2万元人民币及价值10580元人民币的摄像机一台；于2007年在高某办公室收受李某某通过高某（另案处理）给予的1万元人民币，共计人民币40580元。

【证据分析】

该案的证明难点在于如何分析孙某某供述与行贿人证言之间的矛盾。孙某某关于受贿罪的两次供述和自书材料中，承认其于2005年收受李某某人民币5万元和摄像机一台，于2007年收受李某某人民币2万元。同时，行贿人李某某、高某供述证实，孙某某于2005年收受李某某人民币2万元和摄像机一台，于2007年收受李某某人民币1万元，上述证据在受贿数额上存在矛盾。综合全案证据，应就低认定孙某某受贿数额为人民币4万余元。(1) 孙某某事后对收受李某某财物的事实予以否认，但相关供述有同步录音录像的支持，不存在违法取证的情形。同时，孙某某与李某某并无其他密切关系，在李某某拖欠公司货款的情况下，仍然继续与李某某合作开展煤炭贸易，谋利事项与收受财物之间存在因果关系。(2) 孙某某第一次收受李某某财物时，系李某某宴请国有公司相关人员吃饭，当时还有该公司工作人员刘某某、高某两人在场，且同时接受李某某给予的财物，三人关于受贿时间、地点、在场人员、过程、细节（摄像机品牌、白色塑料袋包装钱款）的供述相互印证。(3) 孙某某第二次收受李某某财物时，该笔受贿系李某某通过高某转送，高某与李某某供述在受贿时间、地点、细节（孙某某办公室当时有人）相互印证。综上，当全案证据足以认定犯罪事实，但具体数额存在出入时，应按照有利于被告人的原则就低认定。

案例 9

非根本矛盾不足以影响定罪

——张某某诈骗案

【基本案情】

张某某系某公司法定代表人。2013 年 6 月至 11 月，张某某在明知缺乏偿还能力的情况下，通过虚构承包某医院外墙建设工程项目等事实，以高息借款为名骗取被害人任某人民币 500 余万元，将钱款用于偿还个人债务、消费挥霍等。张某某于 2016 年 6 月 1 日被公安机关查获归案。

【证据分析】

该案的证明难点在于如何分析张某某供述与被害人陈述之间的矛盾。证明张某某实施欺诈手段的证据存在矛盾，主要分为两组：

第一组是证明张某某向被害人出示虚假建设工程承包合同（两页 A4 纸，上有医院负责人刘某某签名）的证据。（1）被害人证实，张某某向其虚构承包工程项目，并出示承包合同，如“2013 年 7 月，张某某到我单位附近找我，在他车里给我拿出两张 A4 纸，说是跟医院签的合同，医院负责人签名刘某某、公司负责人签名张某某，双方都盖了公章。我只见过这一份合同，且合同复印件、拍摄照片均已丢失”。（2）两名证人证言证实，被害人曾说张某某以承包医院项目为名向其借款，两人还曾见过张某某向被害人出示的合同，合同上有医院负责人刘某某签字，合同为两张 A4 纸。

第二组是证明张某某向被害人出示虚假工程承包合同（三页 A4 纸，上有医院负责人高某签名）的证据。（1）张某某到案后，供述向被害人虚构承包项目，并伪造某医院公章和合同，包括“公司与医院的分包合同实际上没有医院负责人高某的事，是我让公司员工李某某找人做的假章，章烧毁了”。2013年7月，张某某到被害人单位，在其车里给被害人看了这份合同，被害人将合同拿走复印，原件自己无法找到。(2) 公司员工李某某证言指出，2013年5月，张某某曾经指示其去取一个塑料袋包装的物品，后将该物品交给张某某，摸着像是公章，张某某也说是公章。(3) 搜查笔录、书证、鉴定意见等证明，民警在张某某办公室办公桌抽屉内起获合同三页，内容为张某某公司与某医院签订的《综合楼外墙施工合同》，并有双方签字、盖章。经鉴定，合同上的医院公章系伪造，医院负责人高某的签名系张某某本人书写。(4) 书证、医院相关人员证言表明，该医院确有外墙建设工程项目，但已由其他公司施工完成，从未与张某某的公司签订工程承包合同。该院前任院长为刘某某，后高某接任医院院长。

该案中，证明张某某向被害人出示虚假工程承包合同的证据存在矛盾，需要对矛盾的性质进行分析，确定是影响定案的根本性矛盾还是非根本性矛盾。(1) 在案证据足以证明张某某实施了向被害人虚构承揽项目的行为。张某某曾经供述其向被害人虚构承揽医院外墙建设工程项目，与被害人陈述、证人证言能够相互印证，包括医院名称、工程内容、工程造价、开工时间等细节。(2) 在案证据足以证明张某某实施了伪造合同的行为。张某某实际上未与医院签订工程承揽合同，且从其私人抽屉起获加盖伪造公章、签名的合同，与张某某供述相互印证。(3) 在案证据不足以证明张某某向被害人出示了起获的合同（三页A4纸，上有医院负责人高某签名）。张某某和被害人关于出示合同的签名、页数存在明显矛盾，故从张某某办公地起获的合同与被害人看到的合同不是同一份。综上，该案的基本犯罪事实是张某某向被害人虚构承揽工程项目，全案证据在此问题上并不存在矛盾，张某某曾经伪造工程承揽合同更加增强了上述事实的可信性。至于张某某是否向被害人出示合同、出示何种合同只是欺诈手段之一，即使证据之间存在矛盾且无法排除，亦不影响基本事实的认定。

三、选择排除证据矛盾的方法

从内容来看，证据矛盾可以分为冲突性矛盾和差异性矛盾，前者是指矛盾双方证明的事实在“质”上存在根本分歧，呈现非此即彼、不可调和的关系；后者是指矛盾双方证明的事实在“质”上没有根本分歧，在部分内容一致的基础上存在“量”的差异。实践中，全案证据很难呈现完全协调一致的状态，而是充满了各种矛盾，这要求司法人员确立“透过现象看清本质”的思路，判断该矛盾属于冲突性矛盾还是差异性矛盾，进而采取不同的排除方法。

（一）否定法

“否定法”的本质就是比较矛盾双方的证明力，通过采信一方、否定另一方来排除矛盾。证明力又称证据力，在自由心证证据评价模式下，是指证据影响法官获得心证的证据价值，也是证据能够证明待证事实存在或不存在的力度。[①] 民事诉讼的证据矛盾一般应当遵循“明显优势”排除规则，如果矛盾一方的证明力明显大于对方，即可采信该证据。2001 年《最高人民法院关于民事诉讼证据的若干规定》第 73 条规定，双方当事人对同一事实分别举出相反的证据，但都没有足够的依据否定对方证据的，人民法院应当结合案件情况，判断一方提供证据的证明力是否明显大于另一方提供证据的证明力，并对证明力较大的证据予以确认。因证据的证明力无法判断导致争议事实难以认定的，人民法院应当依据举证责任分配的规则作出裁判。尽管 2019 年《最高人民法院关于民事诉讼证据的若干规定》删去上述规定，实践中通常遵循“明显优势”的要求。

刑事诉讼适用更加严格的证明标准，如果矛盾双方呈现“非此即彼”的关系，采信指控证据就必然完全否定另一方。排除冲突性矛盾的过程中，要善于

① 罗玉珍:《民事诉讼证明制度与理论》，法律出版社 2003 年版，第 25 页。

运用矛盾律和排中律等逻辑思维方法。矛盾律是指同一思维过程中，两个相互否定的思想不能同真，必有一假；排中律是指同一思维过程中，两个相互矛盾的思想不能同假，必有一真。据此，如果相互矛盾的证据均指向同一事实，在证明行为人是否作案等关键问题上发生冲突，说明两者必有真假之分。虚假证据产生的原因是多样的，既可能是犯罪嫌疑人为了逃避罪责或嫁祸于他人而故意制造，也可能是自然人的记忆偏差或客观因素影响所致。可以通过以下方面进行综合判断：

1. 证据种类

在英美法系证据法理论中，试图通过“最佳证据原理”对证据的证明力进行类型化比较，将证据区分为书面证据和非书面证据两大类，书面证据的证明价值高于非书面证据，因为诸如证言等非书面证据，存在记忆错误和主观的偏向性，而书面文件是“庄重和深思熟虑之头脑的行动结果”。在书面证据中，有封印的官方记录证明力最高，公共文件的证明力次之，私人文件的证明力最低，如果封印没有瑕疵，对证据证明的事实几乎可以直接认定。[①] 我国民事证据法曾经对证据证明力作出类似规定，2001 年《最高人民法院关于民事诉讼证据的若干规定》第 77 条规定，“人民法院就数个证据对同一事实的证明力，可以依照下列原则认定……（二）物证、档案、鉴定结论、勘验笔录或者经过公证、登记的书证，其证明力一般大于其他书证、视听资料和证人证言……”。2019 年《最高人民法院关于民事诉讼证据的若干规定》删去了上述条款，但其蕴含的原理对刑事证明具有一定的参考借鉴意义。

在刑事诉讼中，客观性证据原则上具有更强的证明力，一旦以物品的外形、结构、内容、性能等特征对案件事实形成固定，其证明价值不受人的思维影响而改变，也就是本身不会“说谎”。经查证属实之后，可以验证主观性证据的

---

① 樊传明：《自由证明原理与技术性证据规则——英美证据法的前提性假设和两种功能解释》，载《环球法律评论》2014 年第 2 期。

真实性，进而排除虚假的主观性证据。例如，在一起故意伤害犯罪案件中，犯罪嫌疑人因琐事与被害人发生口角，后手持铁锹击打被害人致伤，该案中，同村的两位村民均看见了打架经过，但在案发当天下午所作的笔录中称犯罪嫌疑人没有动手，动手的是其他人，而案发现场的监控录像清晰显示，这两名证人在犯罪嫌疑人实施殴打行为时就在旁边，并且有劝架行为，可以认定上述证人证言系虚假。值得注意的是，对于客观性证据的优势证明力不能机械理解，有的犯罪嫌疑人为了逃避刑事制裁，可能实施伪造犯罪现场、制作虚假物证、书证甚至电子数据等反侦查行为，对于客观性证据的证明力要根据具体案情进行分析。

2. 证据主体

证人证言之间、证人证言与其他证据发生矛盾是常见的情形，在证据相互矛盾的情况下，需要对证据主体的可靠性进行比较，包括单位的公信力、自然人的认知能力、身心状况以及与案件的利害关系等。[①] 2021 年《最高人民法院关于适用〈中华人民共和国刑事诉讼法〉的解释》第 87 条规定，对证人证言应当着重审查以下内容：（1）证言的内容是否为证人直接感知；（2）证人作证时的年龄，认知、记忆和表达能力，生理和精神状态是否影响作证；（3）证人与案件当事人、案件处理结果有无利害关系……第 88 条规定，处于明显醉酒、中毒或者麻醉等状态，不能正常感知或者正确表达的证人所提供的证言，不得作为证据使用。证据矛盾的排除过程中，应从以下方面进行审查：（1）认知能力。如果证人处于一般醉酒、眩晕等状态，即使尚未达到“明显醉酒、中毒或者麻醉”的程度，不需要对其证言予以排除，但其感知或者表达能力必然受到一定的影响，证明力相对较低。（2）身心状况。证人根据自己的记忆对案件事实进行陈述，其认知、记忆和表达能力对证据的证明力产生重大影响，如果生

---

① 2019 年《最高人民法院关于民事诉讼证据的若干规定》第 96 条规定，人民法院认定证人证言，可以通过对证人的智力状况、品德、知识、经验、法律意识和专业技能等的综合分析作出判断。

理、精神状态存在重大缺陷，其证言的证明力相对较低。（3）利害关系。在古代刑事诉讼中，司法人员认识到如果人证与案件处理结果存在利害关系，证明力必然存在差异，故采取“先疏后亲”的取证顺序，“如犯证俱齐，即先录邻佑口词，再录证人，再录死者之亲，众供划一，始取凶犯口词……”[①] 如果证人与犯罪嫌疑人、被告人素不相识或者关系一般，故意捏造事实、提供虚假证据的可能性较小，有利于犯罪嫌疑人、被告人的证言可信度较高。如果证人与犯罪嫌疑人关系密切甚至是近亲属关系，不利于犯罪嫌疑人、被告人的证言可信度较高。（4）时空方位。考察证人与犯罪行为在时空维度上的紧密性，距离犯罪时间、犯罪地点越近，陈述的内容证明力越强。如案发之后立即对证人进行询问，原则上要比数月之后收集的证人证言证明力更强；位于中心现场的目击证人所作的证言，原则上要比距离现场数十米的证人证言具有更强的证明力。

3. 证据内容

一是证据内容的合理性。当言词证据之间存在矛盾时，可以采取“情理判断”的方法，比较矛盾双方的内容何者更为符合情理。2021 年《最高人民法院关于适用〈中华人民共和国刑事诉讼法〉的解释》多处使用了“合理”“常理”等证据审查要求。第 91 条规定，证人当庭作出的证言与其庭前证言矛盾，证人能够作出合理解释，并有相关证据印证的，应当采信其庭审证言；不能作出合理解释，而其庭前证言有相关证据印证的，可以采信其庭前证言。在审查言词证据时，要通过社会常识、常理、常情进行检验，一方明显违背自然人逻辑思维、认知规律、行为习惯或客观规律，且不能作出合理解释的，难以认为具备足够的证明力。例如，在一起盗窃犯罪案件中，犯罪嫌疑人供述和被害人陈述的盗窃数额存在矛盾，如果被害人陈述的被盗财物少于被告人供述的财物，一般应当根据被害人的陈述，从低认定盗窃数额，理由就是基于常理分析，被害

---

① 转引自《皇朝经世文编（卷九十四）》，载陆永棣：《落日残照——晚清杨乃武冤案昭雪》，北京大学出版社 2018 年版，第 35 页。

人一般不会隐瞒、缩小自己所遭受的财产损失。再如，在一起抢劫犯罪案件中，犯罪嫌疑人翻供否认其有参与抢劫的事实，并辩称被抢劫的手机原本是自己的，与被害人陈述形成了重大矛盾。经审查，发现被害人王某在报案当日的陈述中，对自己被劫手机的号码在几次陈述中都不一致，但对15位的手机电子串号却记得一字不差，这有悖一般人的认知规律。后对案件进行全面调查，最终发现该起抢劫案是王某等人编造的结果，被“抢劫”的手机确实是犯罪嫌疑人本人的。[①]

二是证据内容的明确性。在古代刑事诉讼中，司法人员高度重视诉状的明确性，“告状须如状式，如牵连二事已远远年，及无年月干证，如［见得］、［指得］、［漫去］等语……俱不准”。在国际范围内，英美法系国家证据法确立了意见证据规则（Rule of Opinion Evidence），是指普通证人作证只能陈述自己体验的过去的事实，而不能将自己的判断意见和推测作为证言的内容。根据诉讼规律，从具体事实推论出结论，这是裁判者的职责，而非证人的职责；证人的义务是向裁判者提供自己所感知到的案件具体事实。[②] 据此将证人分为“专家证人”与“普通证人”，允许专家证人基于专门知识提供意见证据，而普通证人则只能陈述他们所知道的第一手资料，除了少数例外情形，只能就事实提供证言。目前，我国刑事证据法对证人证言和鉴定意见作出了分别规定：（1）证人证言。2021年《最高人民法院关于适用〈中华人民共和国刑事诉讼法〉的解释》第88条规定，证人的猜测性、评论性、推断性的证言，不得作为证据使用，但根据一般生活经验判断符合事实的除外。如果证人证言对待证事实采取“也许”“可能”“好像”“仿佛”“大概”等表述，即使其符合日常经验法则，证明力也相对较低。（2）鉴定意见。2021年《最高人民法院关于适用〈中华人民共和国刑事诉讼法〉的解释》第97条第7项规定，对鉴定意见应当着重审查鉴定意见是否明确。我国刑事证据法允许鉴定意见作出非绝对化的表述，但是，

---

① 胡薇薇：《审查起诉：“中立”理念让错案远离》，载《检察日报》2006年8月23日，第3版。

② ［英］理查德·梅：《刑事证据》，王丽、李贵方等译，法律出版社2007年版，第191页。

如果鉴定意见在同一性、因果关系或过错程度认定上模棱两可，证明力相对较低。

三是证据内容的可补强性。古代刑事诉讼中，司法人员注意到口供等言词证据需要其他证据补强，即所谓的“空口无凭”，但并未将其上升为强制性法律规定。近现代以来，大陆法系国家和英美法系国家确立了证据补强规则，是指口供等言词证据存在证据资格或证据形式上的某些瑕疵或弱点，不能单独作为认定案件事实的依据，必须依靠其他证据的佐证，借以证明其真实性或补强其证据价值，才能作为定案的根据。[①] 补强证据规则建立在主证据与补强证据的区分之上，这是以证据能否对案件基本事实起主要的证明作用和一证据对另一证据有担保依赖关系为标准所作的分类。[②] 主证据具有证明案件基本事实的独立价值，为确保言词证据的真实性，需要其他证据予以补强，充分增强其证明力；补强证据既可以是言词证据也可以是实物证据，与主证据具有共同指向同一待证事实，从而强化主证据的证明力。2021 年《最高人民法院关于适用〈中华人民共和国刑事诉讼法〉的解释》并未将证据补强规则限定于口供，而是拓展至证人证言等言词证据。主要包括：（1）犯罪嫌疑人、被告人供述的补强。第 93 条第 1 款第 9 项规定，对被告人供述和辩解应当着重审查被告人的供述和辩解与同案被告人的供述和辩解以及其他证据能否相互印证，有无矛盾。（2）证人证言、被害人陈述的补强。第 87 条第 8 项规定，对证人证言应当着重审查证言之间以及与其他证据之间能否相互印证，有无矛盾；存在矛盾的，能否得到合理解释。第 143 条规定，下列证据应当慎重使用，有其他证据印证的，可以采信：（一）生理上、精神上有缺陷，对案件事实的认知和表达存在一定困难，但尚未丧失正确认知、表达能力的被害人、证人和被告人所作的陈述、

① 在英美法系国家，补强证据规则的对象是言词证据，不仅包括自白也包括证人证言等证据；在大陆法系国家，补强证据规则主要适用于犯罪嫌疑人供述，口供补强规则由此而来。

② 刘金友主编：《证据法学（新编）》，中国政法大学出版社 2003 年版，第 147 页。

证言和供述；（二）与被告人有亲属关系或者其他密切关系的证人所作的有利被告人的证言，或者与被告人有利害冲突的证人所作的不利被告人的证言。（3）鉴定意见。第97条第9项规定，对鉴定意见应当着重审查鉴定意见与勘验、检查笔录及相关照片等其他证据是否矛盾；存在矛盾的，能否得到合理解释。

证据补强规则是对自由心证的有效约束，防止司法人员因为经验、情绪等因素的影响，采信某一个表面上具有合理性的证据，忽视了该证据可能存在的虚假性或片面性。在很多情况下，通过个体证据的审查并不能排除证据矛盾，需要将其放在全案证据中进行比对，如果某一证据得到了其他证据的补强，相反证据没有任何证据支持的，可以对证据的真实性作出判断。值得注意的是，品格证据虽然不能作为据以定案的主证据，但可以作为补强证据使用。在英美法系国家证据法中，特定情况下可以采纳被害人的品格证据，如《美国联邦证据规则》第404条（a）（2）规定，在正当防卫争执的刑事案件中，若被告人为支持其正当防卫辩护主张声称被害人具有暴力倾向时，检察官可对这一主张提出相应的被害人品格证据加以反驳，但有关被害人具体行为的证据是不允许被采纳的。我国司法实践中，同样可以通过相关人员的一贯表现，判断矛盾双方何者更为可信，特别是在连续犯等存在相似事实的案件中，有相似事实比没有相似事实更能证明某种行为可能性的存在或不存在。[①] 例如，在一起正当防卫案件中，丈夫酒后首先辱骂、殴打其妻子，进而拿刀砍击，妻子在反抗过程中致丈夫重伤。夫妻双方各执一词且案发现场无其他目击证人，现有证据能够证明丈夫性情暴躁，长期酒后持刀滋事，甚至曾经将妻子砍成轻伤，上述证据增强了妻子辩解的可信性。

---

① 张理恒、申乐国、刘振：《性侵儿童案件可合理运用相似行为证据规则》，载《检察日报》2015年6月24日，第3版。

（二）解释法

差异性矛盾又称为“合理矛盾”，是指由于人们的感知、记忆、表述的误差或记录不准及客观因素的影响，使提供的证据在某些细枝末节上与事实不符，因此造成的矛盾。差异性矛盾在司法实践中十分普遍，甚至构成证据间关系的一种常态，且由于以基础信息一致性、印证性为前提，对事实认定的构造通常不至于产生大的冲击。[①] 差异性矛盾属于“量”而不是“质”的差异，如果行受贿双方关于受贿事由、受贿时间、地点或财物种类不一致，毒品犯罪“上下家”对于毒品种类的描述不一致，就属于冲突性矛盾。证据之间表面上存在差异，并不意味着证据本身丧失证明力，应当认真分析矛盾形成的原因，只要能够作出合理解释，仍然可以作为定案的根据。主要包括以下三个方面：

1. 通过日常经验法则进行解释

每个自然人的生理特点、生活经历不同，导致各自的记忆能力、习惯和方式并不相同，对于案发时间久远或现场混乱、复杂的案件，犯罪嫌疑人、证人、被害人可能因主客观原因而存在一定的认知偏差，对同一事实的描述存在差异。例如，在一起盗窃犯罪案件中，犯罪嫌疑人多次窃取他人现金，每次窃取钱款的数额数千元至数万元不等，在没有其他证据的支持下，犯罪嫌疑人和被害人对财物数额的记忆一般是不精确的，这些情况均符合记忆规律，可以按照“存疑有利于被告人”原则，就低认定犯罪数额。在共同犯罪中，同案犯认知能力也会受到心理、情绪和客观环境等因素的影响，对同一事实的表述难以完全一致。例如，在一起故意伤害犯罪案件中，两名犯罪嫌疑人酒后共同殴打被害人，一名犯罪嫌疑人捡起路边的一把水果刀扎刺被害人致其死亡，后作案凶器被丢弃未能起获。两人到案后均能供认犯罪事实，但一人供认水果刀系绿色手柄，另一人供认水果刀系蓝色手柄，上述证据差异可以从犯罪嫌疑人醉酒且情绪紧

---

① 刘京文：《证据的矛盾与协调一致——审查判断证据中一个值得注意的问题》，载《法律适用》1997 年第 6 期。

张、案发现场光线不足等方面进行解释，采信二人供述中的重合部分，即“持水果刀扎刺被害人死亡”的内容。

2. 通过查明新的事实情节进行解释

任何犯罪都有其发生、发展及其变化的过程，如果部分事实环节尚未查清，可能会引发证据矛盾，随着案情的逐渐明朗，证据之间的矛盾就会得到合理解释。例如，在一起盗窃犯罪案件中，犯罪嫌疑人供述其于某日通过木马程序盗窃被害人网络账户 2 万元，但对电脑中的电子数据鉴定发现，有 2 万元的转账发生在该日期之后的两天。后查明犯罪嫌疑人“电脑设置日期与比标准时间晚了两天”这一事实，对证据矛盾作出了合理解释。再如，在一起故意杀人犯罪案件中，侦查人员收集了大量的间接证据，从犯罪的时间、动机、手段等方面，都证明行为人是本案的重大嫌疑人。但是，从案发现场提取到的犯罪嫌疑人鞋底花纹与行为人的鞋子并不一致。后查明犯罪嫌疑人“穿着他人的鞋进入现场作案”，属于典型的反侦查行为。又如，在一起受贿犯罪案件中，犯罪嫌疑人供述其收受他人给予的 20 张购物卡共计 4 万元（单张面值为 2000 元），并未用于实际消费。但是，经查验购物卡内的金额，发现有两张购物卡已被消费 2000 元，形成了证据之间的矛盾。经询问购买购物卡的“经办人”，证明其当时共购买 30 张购物卡（单张面值为 2000 元），使用其中的两张购物卡购买 2000 元化妆品，回到住处后将其中 4 万元的购物卡交给行贿人。因为粗心大意，将用过的卡混进了给犯罪嫌疑人的卡里。同时，从商场处调取购物卡销售登记表，查明“经办人”购买、消费购物卡的情况，不影响犯罪嫌疑人供述的真实性。

3. 通过取证瑕疵进行解释

对于侦查取证不规范或记录错误形成的差异性矛盾，如果侦查机关能够作出合理说明，并不影响证据本身的证明力。例如，在一起交通肇事犯罪案件中，犯罪嫌疑人到案后如实供述犯罪事实，但声称并不认识死者，事发时车钥匙一直在车内，事后也未接触过死者，但从现场肇事车辆车钥匙上提取到与死者一致的DNA，从而形成了证据矛盾。后进行调查，侦查机关“不排除检材包装时、检材送检途中、检材检验时受到污染”，在说明上述情况之后，不影响犯罪嫌疑人供述的真实性。[①] 又如，在一起抢劫犯罪案件中，犯罪现场提取到被害人的手提包，并在手提包上检测出犯罪嫌疑人的指纹，现场勘验笔录中显示提取黄色手提包一个并拍摄照片，而鉴定意见的检材表述为“白色手提包”，后查明系记录错误，由于公安机关对勘验、鉴定过程进行录像，能够确认现场提取物品和送检物品的一致性，仍然可以将手提包作为定案的根据。

案例 10

通过“否定法”排除矛盾

——师某某危险驾驶案

【基本案情】

师某某于2015年11月27日晚在得知相某某（女）与男朋友见面后，遂开车前往，后在车上饮酒。当日22时许，相某某的男朋友谢某某开车来送相某某及其表嫂回家。师某某见相某某等人开车离开后，遂驾车尾随谢某某到家，并与谢某某发生口角。谢某某三人上楼回家后，谢某某因担心师某某划自己的车，便从楼上进行观察。师某某在倒车过程中，撞到旁边停放的红色轿车，两车撞击位置为车左后侧，造成两车轻微损坏。谢某某在楼上看到师某某倒车撞到旁边红色轿车之后，拨打110电话报警。警察在到达现场后，将师某某带至医院进行抽血检测，经检测其血液中酒精含量为169.5mg/100ml。

【证据分析】

该案的证明难点在于如何排除师某某辩解和其他证据之间的矛盾。谢某某、

---

① 卢志坚、丁命艳：《被害人DNA怎么出现在肇事车的钥匙上》，载《检察日报》2019年10月21日，第1版。

相某某等三人指认师某某系驾车人，但师某某辩称其在路边找了一个代驾开的车，自己没有酒后驾车。二审阶段，该案出现了新的证据情况，一名新的证人曹某某出面作证，称其在案发当天作为代驾驾驶了师某某的车辆，并叙述了驾驶过程中出现的情况。为核实曹某某证言的真实性，检察人员分别对证人谢某某等三人及曹某某进行了询问。经对照分析曹某某证言与谢某某等人证言及现场情况，可以确定曹某某证言与其他证据存在大量矛盾之处：(1) 曹某某称与师某某发生口角的男子身穿深色衣服，而谢某某证实当晚其上身穿鲜红色羽绒服，其衣服特征明显，但曹某某的证言只是模糊地说是深色衣服。(2) 在谢某某与师某某发生口角后，其同车女友、表嫂均下车劝架，但曹某某却证实谢某某车上只下来一个女的劝架，该证言与谢某某等三人的证言矛盾。(3) 案发当晚，谢某某三人同车回家，另两人均为女性，但曹某某却称车上是两男一女，且另一男子身材瘦小，曹某某的证言与实际情况不符。(4) 曹某某称其跟着谢某某所驾驶的汽车，见谢某某将车头向北停好后下车上楼，但根据现场照片显示，谢某某的车是车头向西停靠，其证言与实际情况不符。(5) 曹某某称其在倒车时撞到了旁边一辆车头向外停放的红色轿车，撞车之后其下车观察情况，发现其车左后保险杠与红车右前保险杠剐蹭，但并不严重。根据现场照片显示，被撞车辆是车尾向外停放，其后保险杠左侧被剐蹭，曹某某的证言与现场情况不符。综上，曹某某证言存在的错误反映出其并未亲历整个案件经过，极有可能系师某某转述，因师某某当时处于醉酒状态，对整个行车过程记忆模糊，才造成曹某某的证言与实际情况出现多处矛盾。此外，二审期间调取的师某某与相某某的聊天记录证明，两人存在暧昧关系，这才是师某某深夜驾车尾随谢某某的真正原因，而师某某在一审期间一直否认这一事实。综合全案证据分析，师某某辩解和曹某某证言均不具备真实性，后师某某、曹某某分别因涉嫌妨害作证罪、包庇罪被刑事拘留，二人对所犯罪行供认不讳，综合其他证据，查明师某某通过他人以 10 万元好处费买通曹某某为其提供虚假证言，企图掩盖其酒驾的事实。

案例 11

通过“否定法”排除矛盾

——王某故意伤害案[①]

【基本案情】

王某因对父母长期干涉其婚姻以及将家中 9 万元房款给其妹妹王甲一人买房等缘故，遂认为父母偏向其妹妹，因此与家人产生严重隔阂。又因自己长期身体不好，乃怀疑父母有意延误自己的治疗，是想害死自己，逐渐产生了报复家人的念头。1999 年 5 月 28 日 13 时许，王某在某医疗器械化学试剂专业商店购得硫酸 1 瓶，回家后即将半瓶硫酸悄悄倒入茶杯中，而后打电话约其母亲倪某某、妹妹王甲、妹夫黄乙、姨侄黄某一起到其居所吃饭。当日 20 时 30 分左右，王某乘被害人王甲和黄某要回家之机，端着盛有硫酸的茶杯，佯装与母亲倪某某送王甲和黄某下楼。当倪某某问及其端茶杯干什么时，王某谎称是开水，口渴要喝。在行至某住宅东侧暗处时，王某说了声“对不起你们了”后，突然将硫酸泼向王甲、黄某、倪某某。王甲、黄某被泼硫酸后因痛苦发出尖叫，王某即将自己的外套脱给其妹妹王甲，并到楼上端水给王甲冲洗。经公安局法医鉴定，被害人王甲、黄某、倪某某的损伤程度均为重伤。其中被害人王甲、黄某的伤残等级达到三级，被害人倪某某的伤残等级为九级。

南通市中级人民法院经审理后认为：被告人王某以泼硫酸的手段故意伤害他人身体，致三人重伤，其行为已构成故意伤害罪。判决被告人王某犯故意伤害罪，判处死刑，剥夺政治权利终身。一审宣判后，被告人王某没有上诉，检察机关也没有抗诉。附带民事判决已发生法律效力。南通市中级人民法院依法报请江苏省高级人民法院核准对被告人王某的死刑判决。江苏省高级人民法院

---

① 郇习顶、洪冰：《［第 177 号］王某故意伤害案——多份鉴定结论互相矛盾的应如何审查采信》，载最高人民法院刑事审判第一、二、三、四、五庭主办：《中国刑事审判指导案例 7（刑事诉讼法）》，法律出版社 2017 年版，第 17~20 页。

复核认为，鉴于被告人王某作案时不能完全辨认、控制自己的行为，故可以从轻处罚。原审人民法院认定被告人王某为完全刑事责任能力人，判处死刑不当，应予改判。判决被告人王某犯故意伤害罪，判处死刑，缓期二年执行，剥夺政治权利终身。

【证据分析】

该案的证明难点在于如何排除不同精神病鉴定意见之间的矛盾。该案存在5份不同的精神病鉴定意见：(1) 案发后，王某的父母反映王某平时精神不正常，公安机关先后于1999年6月7日和30日分别委托某市精神疾病鉴定委员会和某省精神疾病鉴定委员会对王某进行了两次精神疾病司法鉴定，结论均为"王某患有精神分裂症，作案时无责任能力"。据此公安机关将王某释放。(2) 被害人王甲对上述鉴定意见难以接受，通过各种方式提出异议，多次要求公安、检察机关对王某重新进行精神疾病鉴定。公安机关又委托某司法鉴定科学技术研究所对王某作了精神疾病司法鉴定，该所于1999年12月2日作出鉴定书，结论为"王某无精神病，作案系情绪反应所致。王某具有完全责任能力"。(3) 复核期间，因为前3次精神病鉴定结论相互矛盾，江苏省高级人民法院认为有必要进行重新鉴定，于是依法组织医学专家，对王某进行了第4次精神疾病鉴定，并于2000年10月20日作出"被告人王某患有精神分裂症，无刑事责任能力"的鉴定结论。因4份鉴定结论意见分歧很大，江苏省高级人民法院决定委托最高人民法院司法鉴定中心组织精神病学专家对王某进行第5次复核鉴定，结论为王某在犯罪时具有限制刑事责任能力。

该案在涉及王某是否患有精神病以及患病程度问题的鉴定中，前后出现了5份相互冲突矛盾的鉴定结论，这足以表明精神病鉴定的高度复杂性以及鉴定结论本身所具有的出错可能性。综合全案证据，法院最终采信了最后一次的鉴定意见。

一是与前几次鉴定结论相比，最后一次的鉴定所依据的材料是极其全面、丰富和客观的。鉴定过程中，参与鉴定的司法精神病学专家阅读了有关卷宗，向被害人王甲及其家属、被鉴定人父母及其男友、被鉴定人工作单位的同事、被鉴定人羁押场所的管教人员、同室羁押犯罪嫌疑人、被鉴定人曾住院治疗的经治医师、一审审判人员、公诉人等有关人员进行了全面调查；对被鉴定人进行了两次精神检查；阅读、分析了被鉴定人在看守所所写的13封信件；分别对前几次参与鉴定的有关人员进行了调查询问，最后对获取的调查资料进行了充分全面的论证分析，并在此基础上作出了结论。

二是审判人员认真审查了5份鉴定结论与本案其他证据的一致性。通过深入调查走访，审判人员查明：王某因个人婚姻、住房等问题与父母有一定的冲突，自1998年底其患心肌炎后，王某一直偏执地认为父母一点也不关心自己。尤其是1999年5月其得了菌痢后，更是认为母亲有意延误其治疗，导致其心肌缺血、肠子烂了、内脏坏了。她每天都观察自己的大便，看有没有肠子下来，怀疑自己已身患绝症，无药可治，快要死了。看到母亲和其男友说话，并认为是预谋想害死她，自己的内脏是母亲用毒药治坏的，想报复母亲。这些情况都足以反映王某作案时有精神障碍，辨认和控制自己行为的能力受到相当减弱，其实施的伤害行为有特定的病理原因和现实原因。其外，从案件事实上看，王某为实施对自己母亲、妹妹及侄子的报复，有意识地提前购买了硫酸，并预先倒入茶杯。在电话约请上述被害人前往自己住处晚餐后送行时，谎称所携茶杯里是水准备喝，并选择在灯光昏暗之处向被害人泼硫酸。在泼硫酸之前也犹豫过，还说了声“对不起你们了”。这些又都说明了王某作案时对自己行为的性质、后果是有一定认识的，并未完全丧失辨认和控制自己行为的能力。

综上，在认真审查、分析、比较多份相互冲突的鉴定结论的基础上，最后认为最高人民法院司法鉴定中心关于“王某长期存在精神障碍，但在作案时尚未完全丧失辨认和控制自己行为能力”属于限制刑事责任能力行为人的鉴定结论，相对比较合理且与该案的实际情况比较吻合，能与该案的其他证据相印证，可以获得一致性解释，决定予以采信。

案例 12

通过"否定法"排除矛盾

——姚某某故意杀人案

【基本案情】

姚某某母亲患有精神疾病。姚某某于 2009 年左右因父母离异、女友与其分手等原因出现精神分裂症状，病发期间有随意殴打他人及持菜刀上街等暴力表现，2011 年 11 月 4 日至 2012 年 5 月 30 日、2013 年 3 月 21 日至 5 月 21 日曾先后两次在精神卫生保健院住院治疗。2013 年 10 月 6 日 17 时许，姚某某独自来到其弟弟家敲门，声称要来"找衣服"。姚某某弟媳妇张某（女，殁年 21 岁）因惧怕不敢开门，姚某某长时间在门外守候，最终进入姚某某弟弟家中与张某发生争吵并用扼压颈部、闷堵口鼻方式将张某和其儿子姚某 1（男，殁年 8 个月）杀死，又拨打他人电话告知"人没气了"并胡言乱语。当日 21 时 40 分许，姚某某弟弟回家发现姚某某在其家中，询问姚某某相关情况时，姚某某胡言乱语后离开现场。后姚某某独自前往派出所内胡言乱语，民警锁定其为犯罪嫌疑人后，将姚某某查获归案。

【证据分析】

该案的证明难点在于如何排除不同精神病鉴定意见之间的矛盾。因姚某某作案时确实存在异常表现，其本人和母亲均有精神病史，在接受公安机关的多次讯问中均胡言乱语，不能正常交流。公安机关为确定其刑事责任能力专门对其进行精神病司法鉴定。姚某某首先被 A 鉴定机构鉴定为（案发时因患精神分裂症）无刑事责任能力，因被害人近亲属不服该鉴定意见，公安机关又委托 B 鉴定机构对姚某某进行重新鉴定，被评定为限制刑事责任能力，后公安机关委托 C 鉴定机构进行第三次鉴定，姚某某再次被评定为限制刑事责任能力。经审查，虽然三家鉴定机构在机构资质、主体、程序方面均符合法律规定，但经综合分析后，应采信C鉴定机构出具的鉴定意见。(1) C鉴定机构出具的鉴定形成时间最晚，所依据的材料比前两次材料更全面、更详实、更有说服力。例如，在A鉴定机构所作的鉴定中，其尚未掌握三个情况：一是姚某某因为被害人张某骑过其给母亲买的自行车而对张某不满；二是姚某某案发后曾给他人打电话称“人没气了”；三是姚某某案发后曾拨打“120”。在后两次鉴定中，收集到了上述材料并将其作为姚某某尚具有部分辨认能力的依据。再如，前两次鉴定时均未找姚某某的父亲谈话了解情况，而C鉴定机构将姚某某父亲作为了解情况的对象，因为在本案中，姚某某母亲本身也是精神病患者，弟弟是本案被害人的近亲属，能够相对客观中立地反映姚某某案发前社会关系和生活情形的关系人非常少，故姚某某父亲是非常重要的调查对象。(2) 限制责任能力的评定结果与其他证据相互印证。虽然姚某某作案时处于精神分裂症发作期，但其被抓获并经治疗恢复后对于案发当天自己前往弟弟家“拿衣服”，随后和屋里的“女子”发生冲突，情急之下用手掐死了该女子和孩子这一基本事实予以认可。在姚某某供述的内容中，其指出作案前曾在被害人家门外长时间等待（等了四五个小时），其间看到对门邻居出入的情况，以及作案之后给他人和“120”拨打电话，直至看到弟弟回家后离开现场的情况，与相关证人证言、手机通话记录均能相互印证。综上，姚某某虽然仍存在一定的认知缺陷，但作案时仍然能够部分认识到自己行为的性质，应采信C鉴定机构所作的鉴定意见，认定姚某某并未完全丧失辨认和控制能力。

案例 13

通过"否定法"排除矛盾
——陈某强奸案[①]

【基本案情】

陈某与被害人同系某银行某分行工作人员，分属不同部门。在案发之前，两人在本单位组织的几次业务、外出旅游等有关活动中有过几次接触。2004 年 11 月 1 日中午，陈某和被害人以及其他同事在单位组织的"授信"活动结束以后，与客户一起在某酒店就餐。席间，陈某与被害人言行、神情亲密，两人当日均没有喝醉的迹象。至 12：50 左右就餐结束。陈某和被害人及其他几位同事即来到本单位订来用于存放礼品的某酒店××号房间。两人于 12：54~56 手挽手出入电梯。进入房间后，其他同事将多余的礼品搬出房间后先后离开。其间被害人打电话让其男友来接送，电话中并将其所在的房间号码告知其男友（通话时间显示为 13：09）。在其他同事离去之后，房间内仅留下陈某及被害人两人。陈某即将房门关上。之后，同事周某某因忘了拿衣服，又折回××号房间并敲门。周某某证实陈某出来开门，面部表情较为尴尬，被害人坐在床上。周某某说了声"对不起，打搅了"就离去。陈某随即又把房门关上。再之后，陈某与被害人在房间内发生了性关系。其间，被害人男友到达酒店，并打酒店总机电话。因总机服务员告诉其××号房间的电话一直是忙音，无法接人，其就到××号房间门口按门铃并敲门，见里面没有反应，就让酒店服务员开门（开门时间为 13：36）。陈某和被害人听到门铃声后，两人立即将被子盖在身上并保持安静。被害人男友进去后，发现两人裸体躺在床上，即与陈某争执并扭打。陈某逃离现场。后被害人男友责问被害人并欲离开，被害人用手去拉，被害人男友用力

---

① 王培中：《［第 396 号］陈某强奸案——如何把握强奸案件"证据确实、充分"的证明标准》，载最高人民法院刑事审判第一、二、三、四、五庭主办：《刑事审判参考（总第 50 集）》，法律出版社 2006 年版，第 19~27 页。

将被害人推倒在床上后离去。后由被害人男友打“110”报案。该案遂案发。

一审法院认定被告人陈某犯强奸罪，判处有期徒刑三年。宣判后陈某提出上诉。二审法院经审理认为，原判认定陈某采用暴力手段对被害人实施强奸的事实不清，证据不足，裁定撤销原判，发回重审。原审法院经重新审理后，作出了与原判决相同的事实认定，再次判决被告人陈某犯强奸罪，判处有期徒刑三年。被告人陈某及其辩护人再次提出上诉。二审法院判决上诉人陈某无罪。

【证据分析】

该案的证明难点在于如何排除陈某辩解和被害人陈述之间的矛盾。陈某辩称其没有对被害人实施暴力，双方系自愿发生性关系。被害人则指认陈某强行与其发生性关系，能够证明陈某是否使用暴力手段强行与被害人发生性行为的直接证据只有被害人的陈述和陈某的供述，从而呈现“一对一”的局面。综合全案证据，不能排除证据之间的矛盾。(1) 可以排除被害人酒醉导致不知反抗或不能反抗的情形，以及陈某采用胁迫手段迫使被害人不敢反抗而强行与之发生性行为的情形。无论是犯罪嫌疑人还是被害人均无这方面的供述与陈述。(2) 本案现有的直接证据无法证明强奸行为。经查，被害人陈述矛盾之处很多，对一些细节无法说清，甚至对性行为到底有无完成都前后反复。而且事发前后表现反常，可信度令人怀疑；陈某始终没有供认过在违背被害人意志的情况下与其发生性行为，坚称被害人自愿与其发生性关系。(3) 现有的间接证据不能排除合理怀疑。其一，被害人无反抗迹象。勘验、检查笔录证实被害人的衣物除裙子拉链损坏外，外衣、衬衫、胸罩、连裤袜、内裤均无损坏迹象，被害人佩戴的领结很整齐地放在枕头旁边。如果陈某确系强行剥去被害人衣裤，只要其稍事反抗就应该会留下损坏的痕迹，特别是连裤袜；床单上也未留下痕迹。裙子拉链（背拉式）脱开不能必然推断出系被害人反抗所致。其二，被害人身上留下的轻微伤痕也不能必然推断出系陈某暴力所致。被害人在 11 月 1 日的第一次陈述中称：“陈某没有暴力动作，身上的伤怎么来的我不清楚。”这与陪同被害人进行身体检查的证人高某证言能相印证；即使在11月2日的第三次陈述中被害人还称："我肩膀处的伤，可能是陈某扒我衣服时弄出来的。"也没有明确系陈某所为。在被害人当时上身所穿的西服、衬衫、领结、胸罩等完好无损的情况下，是否陈某强行剥脱其衣服所造成令人怀疑；而且由于在事发后被害人与其男友有过推拉动作，伤痕是否因此形成的可能性也不能排除。(4) 众多合理怀疑得不到排除。如，被害人的衣物除裙子拉链脱开外，其他暴力行为过程中极易损坏的物件却完好无损，这些迹象与被告人采用暴力手段行为很不相称；在案发过程中被害人对可以求救、逃离的机会不予利用等。综合全案证据来看，间接证据虽然客观真实，但在证明方向上却不是唯一的，而是存在多维性的特点，既不能证明被害人裙子系被被告人强行拉坏；也不能必然证明被害人身上的轻微伤痕，系被告人暴力行为所致，无法否定相互矛盾的任何一方。

案例14

通过"否定法"排除矛盾

——王某某盗窃案

【基本案情】

2017年10月23日12时30分许，王某某趁被害人康某某在某火车站售票厅便利店门口休息时，将其放在身边的挎包（内有人民币19100元和戒指一枚）盗走。后康某某向公安机关报案。公安机关根据监控录像锁定犯罪嫌疑人为王某某，经到车站周围社区走访发现王某某行踪，其体貌特征与监控录像中男子面貌特征相符，于2017年10月23日将王某某查获归案。

【证据分析】

该案的证明难点在于如何排除王某某辩解与被害人陈述的矛盾。该案中，王某某仅承认自己盗窃人民币1300元或1400元，辩称：“我自己喝了两斤白酒后来到车站南广场，在南一检票厅门旁边的小卖部门口，看到一名女旅客侧后有一个黑色挎包放在地上，我就过去慢慢地靠近，站在她身后，发现她没有察觉，我就用右手把这名女旅客身后的挎包拿走了，然后沿着南广场的路走到路边坐了会，在那翻了翻刚偷的包，发现包内一个格子里有1000多块钱，我把钱拿出来装在我裤兜里，把包就丢在了地上。”但是，被害人康某某称自己被盗窃的钱款数额是人民币19100元，并描述了钱款的来源、面额、存放位置等细节特征：“现金是百元面值的191张，共计19100元整。其中13500元在挎包内一个格子内，5300元现金在一个格子内，另外300元现金在一个眼镜盒内。其中13500元现金是今天从老板那里结的工资，另外5300元是从另外一个工头结的工资，具体是哪一天我记不清楚了。”两者存在较大数额差距，不属于因记忆偏差造成的细节矛盾，需要排除上述证据的矛盾。经过取证工作，收集到以下证据：（1）康某某公司领导、财务人员证言证明，公司给被害人康某某的工资为人民币18800余元，扣除吃住等费用，实际给予被害人的钱款是人民币13500元现金，都是百元面值的。公安机关从被害人公司提取的支条复印件也能够证明该事实。（2）监控录像清楚地显示王某某盗窃被害人康某某财物的全过程，可见王某某盗窃后右侧裤兜鼓起，按照一般生活常识，如果盗窃仅有1300元、1400元，右侧裤兜不会鼓起。（3）一名证人目睹了王某某盗窃后的情况，“我往那边一看，看见有个男子晃晃悠悠醉醺醺地往南走着，在那男子右侧裤兜里鼓鼓的有对折的钱开口向外，那男子一边走，我看见从钱里掉出了一张100元的。那男子也没理会，我看见后面走路的人捡走了”。（4）被害人康某某称包内有一枚金戒指。该戒指被一名证人拾得并移交给公安机关。经价格认定该戒指价值人民币1426元。综上，应当采信被害人陈述，认定王某某盗窃他人财物金额为人民币20526元。

案例 15

通过“否定法”排除矛盾

——孙某某等人故意伤害案

【基本案情】

2013 年 10 月 26 日下午，被害人居某某伙同十余人驾车前往孙某某经营的棋牌室索要欠款，孙某某当时与其亲属孙某 1、孙某 2 均在棋牌室内。居某某向孙某某索要欠款时被拒绝，两人遂发生口角，居某某首先用拳脚在屋内床上殴打孙某某，致孙某某头部、双手掌挫伤并出血（经鉴定为轻微伤）。当日 17 时 30 分许，孙某某持刀，孙某 1、孙某 2 持椅子追赶居某某至房间外，居某某跑出棋牌室后绕着轿车躲避，躲避过程中自行摔倒在地，孙某某不顾在场人员的拦阻，上前持刀扎刺居某某大腿两刀，居某某爬起后又跌倒，孙某某再次持刀扎刺居某某左胸部一刀，过程中孙某 1、孙某 2 持椅子猛击被害人背部、头部等处。案发后，居某某立即被送往医院抢救。经鉴定，居某某系被刺破左肺致急性失血性休克死亡。2013 年 10 月 26 日，孙某某等人被公安机关查获归案。

【证据分析】

该案的证明难点在于如何排除孙某某辩解与其他证据的矛盾。关于孙某某的行为是否具有防卫性质，在案存在两组证据：第一组是证明孙某某从被害人手中夺刀的证据。孙某某辩称被害人首先持刀向其扎刺，自己夺刀后反击导致被害人死亡，将主要责任推到了死者身上，如“居某某从身上掏出刀，挥着刀把我按到床上，准备用刀砍我，然后我用左手抓住了捅来的刀，现在左手手心有伤。这时，他带来的人都进来了，打我。我已经把居某某手里的刀抢了过来，当场扎了居的腰腹部附近一刀，当时他没有任何反应，还继续用拳脚打我，周围的人都上来一起打我，从屋里打到屋外”。孙某 1 证言亦反映，其看到居某某手中拿着一把刀。法医学人体损伤程度鉴定和伤情照片证实，孙某某左手掌中心可见明显的划伤痕2处，长均为0.5厘米。上述言词证据和客观性证据在表面上形成了印证，看似能够证明居某某首先持刀扎刺孙某某的事实。第二组是证明孙某某没有从被害人手中夺刀的证据。通过查阅孙某某实施犯罪后的医院就诊记录、入所体检记录等证据，可以发现孙某某案发后双手为软组织挫伤，并无任何划伤或裂伤，与犯罪嫌疑人辩解、鉴定意见、照片等形成了实质性矛盾。

为此，需要综合全案证据，确定矛盾双方何者具有真实性。(1) 侦查人员于案发后次日即带领孙某某到医院看伤。经调取病历记录、医生证言和入看守所体检记录，孙某某双手为软组织挫伤，并无任何划伤或裂伤。与之相对，孙某某法医学人体损伤程度鉴定和伤情照片形成于案发后一月左右，应当采信距案发时间最短的客观性证据，即孙某某仅存在“双手软组织挫伤”。(2) 孙某某扎刺居某某的尖刀较为锋利，且两人搏斗力度较大，如果孙某某用手夺刀，必然会被刀刃割破而形成裂伤等伤情，从手掌照片来看，相关划伤痕较浅且长度较短，明显不符合常理。(3) 现场勘验笔录、鉴定意见证实，被害人系被刺破左肺致急性失血性休克死亡，且有左肘外侧划伤1处，左大腿中断前外侧条形创口1处，长3.5厘米；左膝上方可见条形创口1处，长1厘米，深达皮下，上述伤口必然会在现场形成血迹。但是，案发后棋牌室并未被他人清扫，室内只有门把内侧、床上枕头处有两处0.02米×0.05米的擦蹭血迹，均系孙某某所留，没有一滴被害人的喷溅或滴落血迹。相反，棋牌室外马路上可见被害人留下的三处大面积片状血迹，足以认定棋牌室外才是本案的中心现场。(4) 现场监控录像显示，居某某快速从棋牌室跑出，并围着轿车躲避孙某某追赶，当时被害人体态正常而且能够高速行进，躲避孙某某的侵害，但是，在居某某倒地且被孙某某扎刺后，呈现身体无力、行动迟缓等明显异常反应。(5) 案发当时棋牌室内有多人，仅有孙某某一人声称被害人首先持刀扎刺，其他多名证人均未看到被害人持刀，而是“用拳头打”或“拳打脚踢”。距离案发现场最近的一名目击证人指出，孙某某在屋外先扎刺被害人腿部，又扎刺被害人胸部。综上，可以认定孙某某在棋牌室外持刀连续扎刺被害人致其死亡，其具有防卫性质的辩解不能成立。

案例 16

通过“否定法”排除矛盾

——张某某抢劫案[①]

【基本案情】

张某某，1996 年 5 月因犯盗窃罪被判处有期徒刑二年；1999 年 5 月因犯抢劫罪被判处有期徒刑六年，2003 年 2 月 23 日刑满释放。因涉嫌犯抢劫罪于 2006 年 9 月 27 日被逮捕。

河南省郑州市人民检察院以被告人张某某犯抢劫罪，向郑州市中级人民法院提起公诉。被告人张某某对检察机关指控的基本犯罪事实没有异议，但辩称因其左手小时候砍柴受了伤，留有残疾，故无法掐被害人朱某某的脖子，这一行为是由张甲实施的。其辩护人提出了相同的辩护意见。

郑州市中级人民法院经公开审理查明：2003 年 11 月 20 日晚，张某某与同乡张甲、方乙、耿丙、耿丁（均已判刑）共同预谋抢劫作案。次日凌晨2 时许，张某某等人携带手电筒、领带等物，从耿丁的租房处来到本村被害人朱某某所开的商店外，由张某某进行分工实施抢劫行为。耿丙将门喊开后，张某某上前卡住朱某某的脖子，将朱某某按倒在地，方乙用随身携带的领带将朱某某的双手捆绑，致朱某某机械性窒息死亡。张甲冲到屋内用手卡住被害人朱某某之妻赵某某的脖子，耿丙、耿丁用白色呢绒绳将赵某某的双手捆绑，致赵某某机械

① 朱晶晶：《［第 590 号］张某某抢劫案——非同案共犯供述的证明力认定》，载最高人民法院刑事审判第一、二、三、四、五庭主办：《中国刑事审判指导案例 7（刑事诉讼法）》，法律出版社 2017 年版，第 50~52 页。

性窒息死亡。后5人抢走店内现金600余元及价值人民币100元的香烟3条。

郑州市中级人民法院认为，被告人张某某伙同他人采取暴力手段，入户抢劫被害人财物，并致2人死亡，其行为已构成抢劫罪。关于被告人张某某及其辩护人所提的辩解、辩护意见，经查，张甲、方乙等人均证明张某某进屋后即掐住被害人朱某某的脖子，并在抢劫中一直掐着被害人，故足以认定张某某将朱某某扼颈致死的事实。本案中，被告人张某某所参与的入室抢劫犯罪，致2人死亡，后果特别严重，在致死其中一名被害人的过程中起到了直接作用，犯罪作用突出，且系累犯，依法应当严惩。依照《刑法》第263条第1项、第5项，第57条第1款之规定，判决如下：被告人张某某犯抢劫罪，判处死刑，剥夺政治权利终身，并处没收个人全部财产。

一审宣判后，被告人张某某上诉提出，其没有实施分工和掐老头脖子的行为；其辩护人提出了相同的意见，并认为张某某认罪态度较好，请求从轻处罚。

河南省高级人民法院经审理认为，上诉人张某某伙同他人采取暴力手段，入户抢劫他人财物，并致2人死亡，其行为已构成抢劫罪，且其所犯罪行极其严重，社会危害性极大，又系累犯，应依法惩处。关于上诉人张某某的上诉理由及其辩护人的辩护意见，经查，其他4名共犯的供述均证实在抢劫过程中由上诉人张某某进行分工，且其进屋后先掐住被害人朱某某的脖子，致朱某某死亡，虽上诉人张某某对此情节不予供述，但足以认定。依照《刑事诉讼法》之规定，裁定驳回上诉，维持原判，并依法报请最高人民法院核准。

最高人民法院复核认为，被告人张某某伙同他人采取暴力手段，入户抢劫财物，并致2人死亡，其行为已构成抢劫罪。被告人张某某在共同犯罪中，是直接致死被害人的行为人，其主观恶性深，人身危险性大，犯罪情节特别恶劣，犯罪后果特别严重，且系累犯，应依法惩处。第一审判决、第二审裁定认定的事实清楚，证据确实、充分，定罪准确，量刑适当。审判程序合法。依照《刑事诉讼法》和《最高人民法院关于复核死刑案件若干问题的规定》之规定，裁定以抢劫罪核准被告人张某某死刑。

【证据分析】

该案的证明难点在于如何排除张某某辩解与同案犯供述之间的矛盾。该案中，认定张某某参与抢劫犯罪没有问题，但是，由于张某某辩称其未在共同犯罪中发挥主要作用，从而与其他4名被告人的供述形成了明显矛盾。从全案证据来看，其他4名被告人的供述具有较强的证明力：(1) 公安机关对其他4名被告人的讯问是分别进行的，他们当时不可能知道其他被告人的供述或者被告人张某某是否尚在逃的情况，能够排除串供的可能性。(2) 4名被告人的口供是在没有任何违法的情形下取得的，口供来源正当，取证程序合法，能够排除刑讯逼供或引诱、欺骗的情形。(3) 各被告人对犯罪事实和具体分工的供述及相关细节印证一致，被告人耿丁、耿丙、方乙一致指认由张甲致死赵某某，张某某致死朱某某，而没有将全部责任推卸给张某某，可以确认他们供述的可信性、证明力较强，因而根据这些供述认定张某某是直接致死朱某某的责任者出现错误的风险大大降低。(4) 张某某在2006年被抓获时很可能已经知道其他被告人被判刑特别是张甲被判处死刑的情况，因此辩解上述行为是由张甲实施的，具有明显推卸责任的嫌疑。(5) 张某某还辩解其小时候左手受伤留有残疾，无法实施犯罪行为。但其1999年曾因采用持刀威胁、拳打脚踢等暴力手段抢劫他人财物被判处有期徒刑六年，其正常的行为能力显然并未受到影响，且看守所管教证实未发现张某某有明显的受伤或残疾情况，故被告人张某某的辩解不能成立。

案例 17

通过“否定法”排除矛盾

——徐某某等人故意杀人案

【基本案情】

李某某因怀疑被害人揭发其盗窃的犯罪事实，遂纠集徐某某、胡某某、董某某预谋报复。2009 年 10 月 7 日 19 时许，四人将被害人挟持至郊外进行殴打。后徐某某提议杀害被害人，李某某等三人遂持臂力器轮番对被害人的头部、背部、四肢进行殴打，为隐匿作案痕迹又将被害人衣裤脱下。四人离开犯罪现场后，在徐某某的指使下，李某某、董某某又返回犯罪现场，董某某持胡某某提供的尖刀，刺扎被害人颈部数刀。经鉴定，被害人因被条形钝器多次反复打击头部，致重度颅脑损伤死亡。四人作案后分别被公安机关查获归案。

法院经审理认为，徐某某、李某某、董某某、胡某某非法剥夺他人生命，并致人死亡，四人的行为均已构成故意杀人罪。在共同致被害人死亡过程中，徐某某、李某某、董某某起主要作用，系主犯；胡某某起次要、辅助作用，系从犯。法院判决徐某某犯故意杀人罪，判处死刑，缓期二年执行，剥夺政治权利终身。后检察机关提起抗诉，二审法院改判徐某某犯故意杀人罪，判处死刑，剥夺政治权利终身。

【证据分析】

该案的证明难点在于如何排除徐某某辩解与同案犯供述之间的矛盾。徐某某到案后认可自己实施犯罪，但拒不承认自己在共同犯罪中起主要作用，而三名同案犯均指认徐某某为主犯，上述证据之间存在重大矛盾。（1）关于何人提议前往犯罪地点。徐某某称董某某提出挟持被害人前往郊外，其他同案犯则声称是徐某某指示出租车司机将被害人带到杀人地点，其中，李某某证实当时原本是要去另一地点，是徐某某提出该地点不够偏僻，因此更改作案地点。（2）关于何人提议杀害被害人。徐某某称在被害人提出“给钱了事”时，董某某首先提出要对被害人灭口，其他三人称徐某某首先提议杀害被害人。（3）关于何人主导杀人行为。徐某某称是董某某主导，其他三人称是徐某某主导，且能反映部分事实细节，如当臂力器的把套被打掉后，徐某某怕留下犯罪证据，让其他人寻找；指使同案犯把被害人的衣服从身上扒下来抛弃，并在附近捡拾树枝掩盖在被害人身体上；离开现场后，怕被害人醒来，指示李某某和董某某拿胡某某的刀再去给被害人两下。

该案中，证明徐某某构成故意杀人罪的事实清楚，证据确实、充分，控辩双方争议的焦点是徐某某在共同犯罪中的地位和作用，直接影响到是否对徐某某适用死刑。经综合分析，认为徐某某的辩解不可信，其他三名被告人的供述具有真实性，应当予以采信。（1）徐某某的辩解前后不一致。2009 年 10 月 11 日第一次供述中，徐某某将杀人的主要责任推卸到董某某和李某某身上，称董某某提出前往作案地点、杀害被害人，且李某某胁迫自己实施犯罪。2009 年 10 月 28 日供述中又对何人提出作案地点的问题进行回避。其他被告人供述一直较为稳定。（2）徐某某供述回避关键事实情节，且相关情节属于亲历者所应该了解，如“我们中有一个人说，咱们换个地方，别留下证据，这话谁说的我想不起来了”。其他被告人供述的事实细节较为清楚，且能够相互印证。（3）徐某某事后有逃避法律追究的行为，如在一审庭审前的押解过程中还教唆同案犯胡某某当庭翻供。

案例 18

通过“解释法”排除矛盾

——刘某某、霍某某抢劫案

【基本案情】

刘某某、霍某某预谋抢劫，事先准备作案工具并进行分工。2005 年 8 月 5

日21时许，二被告人携带尖刀骗乘被害人赵某某（男，殁年36岁）驾驶的出租车。当行至某工业区污水处理场东侧500米时，刘某某让赵某某停车，并趁赵不备从后面用左手将其搂住，右手持刀划伤其颈部，随后刘某某、霍某某分别持尖刀猛刺赵某某颈部、腹部数刀，致使赵某某被刺伤左季肋部，伤及脾脏，贯通腹主动脉，造成赵某某急性失血性休克死亡。刘某某、霍某某抢走赵某某人民币100余元等物后逃离现场。2008年1月18日、2月17日，刘某某、霍某某分别被公安机关查获归案。

【证据分析】

该案的证明难点在于如何排除刘某某、霍某某供述与其他证据之间的矛盾。刘某某、霍某某到案后，多次供述其抢劫杀人的犯罪事实，且有证人证言、鉴定意见、现场勘验笔录、物证等证据相互印证，特别是犯罪现场车门上提取的血渍指纹与送检的刘某某左手中指指纹鉴定同一；刘某某作案时带在手上的两枚戒指遗留在作案现场被起获；出租车及附近地面的多处血迹系霍某某所留。但是，该案证据存在两处矛盾：一是被害人的受伤部位。尸体检验鉴定书证明，被害人颈喉结下、右下腹脐处、右髂前上棘上方、右腋后线腋下、左腋后线腋下、左肘后上方、左肘前侧、右前臂等处均存在刺伤或者划伤，其中左季肋部为致命伤。但是，刘某某、霍某某均供述用刀扎了被害人的脖子和身体右侧，并没有扎刺被害人的身体左侧，与尸检报告显示的致命伤位置不一致。经与法医联系，无法就死者左季肋部刀伤与其他部位刀伤的同一性作出认定。二是犯罪现场的情况。犯罪嫌疑人刘某某供称其离开时副驾驶门是开着的，如“我最后一个离开的出租车。印象中这辆车除副驾驶的门外，其他的三个门都是关着的。我从副驾驶的门进车把司机的手机拿出来离开”。霍某某供述其听刘某某说将车门锁上了。现场勘查笔录和第一个发现被害人的证人证言显示，出租车的四个车门均系关闭状态。此外，霍某某供述，刘某某跟其说把司机座位放平了，让司机歪躺着，而且把收音机打开了，汽车的灯也是开着的。但是，现场勘验笔录显示，出租车驾驶座位并未放平。

综合全案证据，可以对上述矛盾做出合理解释：(1) 关于被害人的受伤部位。犯罪嫌疑人刘某某称，其在扎被害人的过程中，对方身体向右侧旋转，自己的其中一刀可能扎在对方腹部中间；霍某某称刘某某扎了被害人3刀至4刀。由于本案存在被害人挣扎反抗的情形，在被害人向右侧旋转倒下的过程中，二人可能扎到了被害人左季肋部。(2) 关于犯罪现场的情况。由于案发时系晚上，犯罪现场光线不佳，刘某某、霍某某作案后两年多才被查获归案，两人均曾供述“当时心里很慌，真的记不清了”“当时特别害怕”，很可能系作案时慌乱而无法记清车门、驾驶座位置的情形。(3) 两名犯罪嫌疑人均供述，作案时间系2005年8月5日21时左右，第一名发现被害人的证人指出“2005年8月5日21时30分许，我从单位出来，看见一辆出租车停在单位南侧，并闪着灯。车头朝北，尾朝南停在路边，闪着大灯”。从两人作案到他人发现被害人的时间仅有半小时，且犯罪现场系偏僻地点，被害人身上财物已被抢走，可以排除第三人为图财或为报复而继续侵害的可能性。

案例19

通过“解释法”排除矛盾

——黄某某贪污案[①]

【基本案情】

2005年3月至2010年9月，黄某某担任某镇人民政府副镇长兼农业委员会主任，主管牧场改扩建项目工程。2009年3月，建筑承包商杨某某承揽了某镇两个牧场的工程。牧场工程完工结算时，黄某某利用职务之便，在明知工程量

① 薄其红、张宁：《［第871号］黄某某贪污案——在不同证据所证内容存在矛盾的情况下，如何判断案件全案证据是否确实、充分》，载最高人民法院刑事审判第一、二、三、四、五庭主办：《中国刑事审判指导案例7（刑事诉讼法）》，法律出版社2017年版，第130~134页。

多少的情况下要求杨某某虚加工程量，套取公款人民币138000元占为己有。

法院一审认为，被告人黄某某作为国家工作人员，利用职务便利侵吞公款138000元，其行为构成贪污罪。一审宣判后，被告人黄某某提出上诉。二审法院经审理认为，该案证人证言、书证能够形成一个完整的证据体系，足以证实上诉人黄某某通过虚报工程量套取工程款的事实，裁定驳回上诉，维持原判。

【证据分析】

该案的证明难点在于如何排除证人证言之间的矛盾。黄某某对指控的贪污罪始终未作有罪供述，其供称：杨某某所做的牧场工程结过两次账，第一次给了10万余元，第二次给了23万余元，一共33万余元。第二次23万余元是会计黄乙交给杨某某的，对138000元经其手转到妹夫岳丙名下予以否认。同时，杨某某、黄乙两位关键证人关于第二次交付工程款结算细节不一致。(1) 证人黄乙的证言提到，第二次结算的工程款是232850元，她办了5张存单共23万元，另外还有2850元的现金在黄某某的办公室直接给了杨某某。(2) 证人杨某某却说黄乙把工程款给了黄某某，在黄乙离开办公室后黄某某给了其两张共92000元的存单，并告知了密码。综合全案证据，两位关键证人虽然在工程款的给付方式、数额上描述不一致，但这种不一致可以得到合理解释，并不影响基本事实已达到的证明标准。

一是黄某某主观明知工程款的实际数额为21万余元。首先，杨某某、黄乙证实牧场工程款的支付均是通过黄某某，故黄某某对牧场的实际工程款应当是知情的。其次，杨某某的证言证实，其在第一次领取工程款时就开具了应税货物为水泥的10万余元的发票，但购货单位开错，所以在工程完工时；其按照黄某某的要求开具了应税货物为砖的214173元的全部工程款发票。之后，黄某某要求杨某某补开第一次10万余元的水泥发票，杨某某“认为全部工程款都开进砖发票了，没有必要再开发票”，但黄某某坚持补开水泥发票。此后，杨某某又补开了水泥发票（该发票虽以“付杨某某水泥款 107000 元”的形式入账，但实际与牧场工程无关，是某镇农委变通处理办公经费）。该证言与黄乙的证言能够相互印证，且该发票数额 214173 元与杨某某实际领取的工程款数额大致相符，足以证实杨某某实际只做了约 21 万元的工程，对此黄某某也应当是明知的，但却要求杨某某将工程量明细虚增到 33 万余元。

二是黄某某实现了对虚增工程款 138000 元的非法占有。银行凭证证实，138000 元存单确系黄某某妹夫岳丙支取，对此岳丙予以认可，并证实是黄某某交给他一并借给荣丁买房子的，该证言与荣丁证言及电汇凭证能够相互印证。黄某某对借给岳丙 138000 元的事实予以否认，但该否认不符合正常生活情理且未给出任何解释。该 3 张存单均设定了密码，不像有价票证一样容易支取，在杨某某否认与岳丙有借贷等经济来往的情况下，现有证据足以证实 138000 元是黄某某借给岳丙的。

三是证人证言之间的矛盾可以得到合理解释。黄乙与案件处理无利害关系并且证言非常稳定，可信度很高；证人杨某某的证言比较复杂，由于其担心可能成为贪污罪的共犯，所以在作证时部分证言可能隐瞒甚至是歪曲事实，其所作证言必须结合其他证据进行分析后予以甄别采信。依据常理推断，黄乙证言是真实的，但其将 5 张存单交给杨某某后就离开了，对之后发生的事情就不可能知道了。黄某某为掩人耳目，将 3 张存单从杨某某手里又要了回来，杨某某只是因害怕承担帮助黄某某套取公款的责任而不敢如实作证，但其只收到 9.2 万元是如实陈述的，且与存单的流向相互印证。

综上，全案证据足以证实黄某某客观上通过套取实现了对公款的占有，主观上具有非法占有目的，故不影响贪污罪的认定。

问题六 如何亲历复核证据

亲历复核是指检察人员在书面阅卷的基础上，通过亲身感知证据形成的过程，对证据能力和证明力进行审查确认的方法。2016年《“十三五”时期检察工作发展规划纲要》规定，要建立书面审查与调查复核相结合的亲历性办案模式。2018年修订的《刑事诉讼法》第55条规定，对一切案件的判处都要重证据，重调查研究，不轻信口供，这里的“调查研究”就包括亲历复核方法。证据审查包括书面审查和亲历复核两种基本方法，绝对地依赖单一方法都是不可取的。我国刑事证据法赋予书面笔录与当庭陈词同等的证据能力，加之受到“案多人少”等因素的影响，实践中存在过于依赖卷宗材料办案的“书面审查主义”倾向。通常情况下，检察人员查阅卷宗即可做出判断。但是，卷宗与证据的原始状态总会出现一定的偏差或遗漏，必要情况下，应通过实地查看现场、接触相关人员、体验同一场景等方法，对证据的证据能力和证明力做出准确判断。

一、重视亲历复核的功能

古代刑事诉讼中，案件完结可有三种方式，即批断、审断、勘断，如证据明白、案情清楚，不需开庭便可直接批断；如需进一步查明证据以便确定案情，则需开庭审断；如开庭仍不足以判明实情，则需实地勘查，再行裁断，是为勘断，此三种完结方式之选择取决于证据状态，其中勘断适用于证据存疑的案件，体现了司法亲历性原理。[①] 然而，封建社会晚期的逐级审转制度中，中央刑部官员在核复地方咨报的案件时，一般负责书面审查，并不提审人犯，也不调取案件的物证、犯人口供、证人证言等原始档案，其审查案件所依据的材料只有地方督抚的“题”“疏”或“咨”。[②] 在司法亲历性缺失的情况下，上级无从获得案件的“第一手”信息，由于地方报送的题奏本章往往删改招供、剪裁事实、概括叙写、移情就案，“所叙供内只寥寥数语，驳之无隙”，难以充分发挥防范纠正冤错案件的作用。[③] 现代刑事诉讼中，司法亲历性的基本要求包括直接言词审理、以庭审为中心、裁判者不更换、事实认定出自法庭、审理者裁判、裁判者负责等，这是司法工作的重要原理，也是司法规律中行为规律的重要内容，在司法制度和诉讼制度中居于重要地位。[④] 在我国国家权力结构内部，人民检察院与法院同属于司法机关，故检察人员和审判人员均应遵循司法亲历原则，这是确保对案件事实形成内心确信的基础，也是防范纠正冤错案件的重要保证。亲历复核具有以下功能：

（一）甄别功能

亲历复核与证据的形成机理密切相关。证据可以分为原始证据和传来证据，原始证据是直接来源于案件事实且未经复制或转述的证据，也就是通常所说的“第一手资料”，其证明力高于传来证据；传来证据是间接来源于案件事实即从原始出处以外的来源获得的证据。[⑤] 在刑事诉讼中，侦查人员第一时间亲临犯

---

① 杨晓秋：《明清刑事证据制度研究》，中国政法大学出版社 2017 年版，第 174~175 页。

② 罗洪启：《清代刑事裁判司法论证研究——以刑部命案为中心的考察》，中国政法大学出版社 2017 年版，第 73 页。

③ 郑小悠：《清代的案与刑》，山西人民出版社 2019 年版，第 149 页。

④ 朱孝清：《司法的亲历性》，载《中外法学》2015 年第 4 期。

⑤ 陈光中主编：《证据法学》，法律出版社 2015 年版，第 220 页。

罪现场收集、固定证据，对证据形式和内容的认识具有先天优势，获取的信息类似于“原始证据”。随着诉讼向前推进，证据承载的信息会因为各种原因在现实世界中传播，传播事实的发生，又会发出一定的信息，形成包含原信息内容和传播信息内容共同构成的新的证据。[①] 自案件进入审查起诉阶段之后，公安机关随案移送的往往是加工过的书面材料，特别是讯问、询问笔录是制作人经主观判断取舍之后形成的信息集合体，存在夸张、限缩或变异的可能性，在某种意义上类似于“传来证据”。

我国刑事诉讼实行公、检、法三机关“分工负责、互相配合、互相制约”的原则，后一办案机关的人员不能直接参与前一办案机关的证据收集工作，更不能代替前一办案机关开展证据收集工作。检察人员对案件事实的最初认识是从侦查人员收集的证据材料开始的，如果案件没有移送审查起诉，即使是在介入侦查的情况下，也只能对公安机关的侦查活动提出引导意见，不能直接成为侦查取证的主体。2019 年《人民检察院刑事诉讼规则》第 35 条规定，参加过同一案件侦查的人员，不得承办该案的审查逮捕、审查起诉、出庭支持公诉和诉讼监督工作，但在审查起诉阶段参加自行补充侦查的人员除外。上述规定是为了防止检察人员产生“先入为主”的偏见，使后一诉讼阶段的证据审查流于形式，从而错误认定案件事实。刑事证明是一种回溯性的认识活动，检察人员并未直接接触证据的形成过程，而证据蕴含的信息经过人为的裁剪和加工，既可能因客观因素发生“证据污染”，也可能因主观因素出现“证据改变”，应当对侦查机关移送的证据严格审查，经历由粗浅到深入、由片面到全面、由怀疑到确信的判断过程。

（二）固定功能

为了体现司法亲历性要求，英美法系国家设置了传闻证据规则，这是对抗

① 张志彦：《证据分类确定路径分析——以原始证据和传来证据为例》，载《山东审判》2017 年第 3 期。

式庭审模式下的最重要证据规则之一，其作用在于保证庭审的顺利进行和最终判决结果的真实。传闻证据的定义是证人在法庭之外做出的用以证明有关案件事实存在与否的陈述，而这种陈述既可以是口头的，也可以是书面的或者行动上的。[①] 证人证言须在法庭上接受检验，只有在符合法定的例外情形时才允许采纳庭外陈述，原则上在审判中排除传闻证据。大陆法系国家则确立了直接言词原则，所谓直接原则是指只能以在法庭上直接审查过的证据作为裁判的基础；言词原则是指基于口头提供的诉讼材料进行裁判的原则。直接言词原则下的审判方式可以通过集中、连续、面对面的对质、诘问和论证促进法官对案件事实的认知，进而做出正确的实体判断。[②] 如德国《刑事诉讼法》第 250 条规定，除了少数例外情况之外，法官应当以亲自在场并以直接询问证人的方式获取证据，不得以宣读庭前的询问笔录或书面证言作为代替。[③] 我国刑事证据法并未确立"以证人出庭为原则、以书面证言为例外"的规则，而是对证人出庭设置了"控辩双方对证人证言有异议""对案件定罪量刑有重大影响"和"人民法院认为有必要"三项实质审查条件。证人没有正当理由拒绝出庭或者出庭后拒绝作证的，法庭可以对其进行训诫甚至处以十日以下的拘留。庭前的证人证言、被害人陈述经查证属实的，仍然可以作为定案的根据。同时，对于鉴定人出庭设置了"控辩双方对鉴定意见有异议""人民法院认为有必要"两项实质条件，如果鉴定人拒不出庭的，鉴定意见不得作为定案的根据。

在以审判为中心的刑事诉讼制度改革的背景下，证人、鉴定人出庭将更为常见，法庭通过当庭陈述与庭前笔录的比对，判断何者才能作为定案根据。检

---

① ［美］乔恩·R·华尔兹：《刑事证据法大全》，何家弘译，中国人民公安大学出版社 1993 年版，第 81 页。

② 刘建华、任运通：《直接言辞原则与案卷中心主义——对现行刑事审判模式的理性思考》，载《山东审判》2010 年第 6 期。

③ 德国《刑事诉讼法》第 250 条规定："如果事实的证明基于人的感知，应当在法庭审理中询问此人。询问不得以宣读先前询问笔录或者书面陈述代替。"卞建林主编：《刑事证据制度——外国刑事诉讼法有关规定（上）》，中国检察出版社 2017 年版，第 177 页。

察人员不能在审查起诉阶段依赖书面审查，等到案件进入审判阶段再去当庭发问，而是要将证据审查的“关口”前置，在审前阶段进行亲历复核，使证人证言、鉴定意见经得起交叉询问的检验。2015年最高人民检察院《关于完善人民检察院司法责任制的若干意见》规定了检察官承办案件的亲历事项，包括“依法应当讯问犯罪嫌疑人、被告人的，至少亲自讯问一次；询问关键证人和对诉讼活动具有重要影响的其他诉讼参与人；对重大案件组织现场勘验、检查，组织实施搜查，组织实施查封、扣押物证、书证，决定进行鉴定等”。必要情况下，检察人员在审前阶段就应当接触关键证人或鉴定人，充分获取案卷材料未能反映的信息，确认证言笔录和鉴定意见的合法性、真实性。

（三）发现功能

检察人员书面审查的对象主要是侦查卷宗，这是一种能够反映案件事实的信息载体，它是由公安机关依职权搜集、制作而遗留下来，并按严格的形式要求汇集成册，在刑事诉讼中能够发挥基础性的作用。[①] 在我国刑事诉讼中，侦查终结、提起公诉、有罪判决奉行同一证明标准，即“犯罪（案件）事实清楚，证据确实、充分”，但是，不同侦查人员对同一证明标准的理解不尽相同，会根据自己对于案件事实的判断选择不同的取证方向，采取不同的取证方法。在讯问、询问笔录的制作方面，有的侦查人员习惯于对证据反映的信息进行“合并概括式”的记载；有的侦查人员习惯于从同一证人的多份询问笔录中，选取其中最稳定、最有说服力的一份或若干份入卷并随案移送。在书证、物证的提取方面，有的侦查人员即使从犯罪现场发现了大量文件、物品，如果认为该材料与案件事实缺乏关联性，通常不会进行提取或是不予随案移送。

刑事案件的办理需要经过一定的诉讼期限，进入审判阶段之后，很多证据已经灭失而无法再行收集，从而丧失了补充完善证据的客观条件。检察人员通

① 蒋鹏飞、刘少军：《“相对合理”的卷宗中心主义改革》，载《湖南公安高等专科学校学报》2002年第6期。

过亲历复核，可以及时发现有价值的取证线索，为查明事实真相提供帮助。例如，在一起强制猥亵犯罪案件中，犯罪嫌疑人承认在公共厕所猥亵了一名女性，但供述的地点时间与被害人陈述不符合，被害人又无法指认犯罪嫌疑人，进出厕所的道路监控录像也不够清晰。后检察官到案发现场，多次勘查犯罪嫌疑人、被害人的行走路线，最终在厕所旁边找到了一家商铺安装的比较隐蔽的摄像头，遂调取大量视频资料进行分析。经过不同位置的录像对比，发现了犯罪嫌疑人和被害人一前一后几乎同时出现在通往公共厕所的画面，且没有其他人进入该厕所，最终认定犯罪嫌疑人实施强制猥亵行为。[①]

案例 1

通过亲历复核认定同一性事实

——马某某交通肇事案[②]

【基本案情】

2016 年 10 月 1 日，陈某推行人力三轮车在某村路段行走时，与他人驾驶的汽车相撞，陈某因重度颅脑损伤、多发骨折并发肺部感染引起多器官功能衰竭死亡。公安机关根据案发附近村口监控发现，马某某驶经案发道路的时间最为吻合，而且马某某的轿车右后轮毂上还有刮碰痕迹等证据，将马某某查获归案。

【证据分析】

该案的证明难点在于如何亲历复核现场勘验笔录。马某某到案后始终做无罪辩解，声称自己在案发当日沿着快车道自西向东行驶，确实曾看到在慢车道推三轮车逆向走来的陈某，但称在与对方交会后便继续向前行驶，到前方岔路口左转继续行驶，其间并未发生刮擦碰撞。同时，案件证据存在诸多疑问，包

---

① 卢志坚、葛东升、雍赵慧：《复勘现场时，检察官发现一个隐蔽的摄像头》，载《检察日报》2018 年 8 月 4 日，第 4 版。

② 范跃红、朱小励：《129 米需要走多久?》，载《检察日报》2017 年 7 月 9 日，第 2 版。

括：(1) 马某某的轿车和陈某的人力三轮车的刮碰痕迹无法进行对比和一致性鉴定。马某某车上刮痕系在案发后第八天进行拍摄固定的，无法确定是案发当时形成，此时被害人的三轮车已返还给其家属并作为遗物烧毁，无法进行对比和鉴定。(2) 监控视频仅能显示在案发前后马某某驶离道路，其间还有三轮车、电动车、货车和轿车经过，难以通过马某某驶经的时间上吻合来进行同一认定。为夯实证据细节、还原事实真相，检察人员来到案发现场开展亲历性复核，经走访现场发现，在道路案发现场东西方向均设有监控设备，一处位于西侧的村治安卡口，可抓拍来往车辆情况，往东100米处有一十字路口；另一处位于东侧，可拍摄到它的南侧通往道路的情况（公安机关便是根据此处监控视频认定马某某肇事），在案发现场东侧距斑马线50米处有一条小道。两处监控附近的路况均表明车辆不经过两处监控设备便可进入和驶离道路。案发现场的监控录像显示：被害人陈某经过某村监控点斑马线的时间为4时19分5秒，斑马线距离事故地点有129米，而马某某的轿车由西向东经过某村斑马线为4时19分52秒，与陈某离开斑马线仅有47秒之差。考虑到被害人已年近90岁，手推三轮车，推行路段又为上坡，被害人和马某某交会地点与事故地点应仍有一段距离。后经过有关单位对被害人推三轮自行车从斑马线到事故地点所需时间进行鉴定，表明假设被害人匀速推行，上述距离所需时间为152秒至162秒，即被害人到事故地点时间为4时21分30秒至40秒，当时马某某早已驶离案发道路，根本无法作案。

案例2

通过亲历复核认定刑事责任能力

——张某某故意杀人案

【基本案情】

张某某与被害人系亲属关系。张某某于2008年11月15日零时许，在其住所内持菜刀猛砍被害人头部等处数十下，并用手指扼压被害人的颈部等处，致被害人重度颅脑损伤合并机械性窒息死亡。2008 年 11 月 16 日，张某某被公安机关查获归案。

【证据分析】

该案的证明难点在于如何亲历复核犯罪嫌疑人的供述。张某某到案后作出多次有罪供述，与尸体检验报告、现场勘验笔录、鉴定意见等证据能够相互印证，看似能够认定故意杀人的犯罪事实。但是，通过阅卷审查发现存在以下疑问：(1) 犯罪动机存疑。据张某某在公安机关的供述，其杀人的起因仅仅是被害人埋怨自己平时生活不节俭，即持刀猛砍被害人头部等部位数十刀。但是，多名证人证言证实，张某某是一名 30 余岁的农村妇女，平常老实、温顺，未与家人发生矛盾、争执，被害人系张某某丈夫的祖母，张某某因住房拆迁搬到被害人家中居住仅数日，双方关系较好，并无积怨。但尸检报告和其他证据显示，张某某持刀猛砍近 80 岁的被害人头部等部位 80 余刀，后又用手掐、用收音机猛砸被害人，致其因重度颅脑损伤合并机械性窒息而死亡，犯罪手段与犯罪动机明显不对等。(2) 案发后行为异常。张某某并未逃离现场，而是倒头睡在被害人旁边直至丈夫下班回家。该案移送审查起诉后，检察人员并未直接采信犯罪嫌疑人自供的犯罪动机，而是通过提讯张某某的机会，对其认知能力进行仔细观察。经谈话发现，张某某对于检察人员的发问反应迟钝，对于被害人死亡的事实态度漠然。后向看守所工作人员询问，了解张某某在押期间的表现，据管教民警反映，张某某头面部经常抽搐，经常自言自语。为此，检察机关决定对张某某进行精神病司法鉴定，经鉴定，张某某被诊断为精神发育迟滞，精神分裂症，在实施违法行为时受疾病影响，丧失实质性辨认和控制能力，被评定为无刑事责任能力。

案例3

通过亲历复核认定犯罪数额

——钟某某诈骗案

【基本案情】

钟某某系某房地产经纪有限公司员工。2017年2月至7月，钟某某因赌博拖欠多人钱款，遂冒用他人名义申领POS机，又从网上伪造资金支付委托书、资金托管协议书、资金划转协议，后约被害人、房主到店内。在为他人办理二手房买卖经纪业务时，虚构办理购房资金监管等事实，通过POS刷卡等方式，骗取一名被害人王某某人民币297.7万元，骗取另一名被害人刘某人民币175.06万元。案发后，钟某某逃匿至外地。2017年12月8日，钟某某被公安机关查获归案。

【证据分析】

该案的证明难点在于如何亲历复核被害人陈述。公安机关最初移送审查起诉的犯罪数额为466.06万元，其中被害人王某某陈述的被骗数额为292.7万元，被害人刘某陈述的被骗数额为173.36万元，两名被害人陈述与钟某某供述、银行转账记录相互印证。但是，检察人员审查钟某某与两名被害人的银行转账记录发现，双方除了上述466.06万元之外，在2017年7月之后仍有资金往来。为此，检察人员对两名被害人进行询问，查明上述钱款的性质，两名被害人证实，被害人报警后，钟某某说想返还上述钱款，但需要找朋友公司借出，为了尽快还钱，需要对公司的出纳和财务进行打点加快出账速度，借款5万元用于打点，后两名被害人分别于2017年7月25日和27日向钟某某转款5万元和1.7万元。同时，两名被害人分别提供了能够证明上述钱款往来情况网络聊天记录截屏、网络转账信息、银行转账凭证。在此基础上，检察人员再次讯问钟某某，其供称，“赌博平台的人说让我再向平台里充10万元，我赌博平台里赢的700多万元就能解冻。后分别联系了两名被害人，说有一个在企业里当领导的朋友，能借钱给我，把他们买房款还上，但需要给公司出纳10万元好处费，才能尽快把钱转出来，我手里没有钱，需要两人各出5万元。一名被害人说手里没有5万元，通过网络支付给我1.7万元。另一名被害人通过银行转账给我5万元。这两笔钱我没有提现，直接充到赌博平台里了”。综合全案证据，能够认定钟某某在被害人报警后，再次虚构事实从被害人处骗取钱款的事实，应当一并计入诈骗犯罪数额。

二、突出亲历复核的重点

亲历复核的证据种类并无限制，凡是通过书面审查无法确认其证据能力和证明力的，均可以进行亲历复核。但是，亲历复核并非一概否认侦查机关收集的证据效力，亦无需对随案移送的证据逐一复核，否则将极大地降低司法效率，既不必要，也不现实。实践中，应对足以影响定案的主要证据进行亲历复核，主要包括以下类型：

（一）同案犯供述和关键证人证言、被害人陈述

同案犯、关键证人和被害人亲身经历了犯罪过程，能够较为完整地描述案件基本事实，甚至犯罪嫌疑人的衣着、言语、举止等细节。但是，言词证据形成需要经过“感知—记忆—表达”的过程，自然人即使自愿向司法机关反映真实情况，也会受到认知能力、记忆水平、年龄、智力等主客观因素的影响，使言词证据在一定程度上背离客观真实情况。更何况，有的同案犯基于与犯罪嫌疑人存在利害关系，会故意夸大某项事实情节；有的证人对案情的了解经过多次信息传递，可能存在记忆错误或认识偏差；有的被害人为了避免遭到打击报复，不得不隐瞒案件的真实情况。必要情况下，即使同案犯、证人、被害人不

需要出庭，检察人员也应当直接面对相关人员，对书面笔录记载的情况进行核实。通过当面询问，言词证据的可信之处和可疑之处会逐步明朗，需要进一步查证的事实情节也会逐步显现。

刑事案件的言词证据数量庞大、内容繁杂，亲历复核仅适用于证据存疑的情形：（1）言词证据存在矛盾。刑事证明充满了各种矛盾，根据矛盾体各方的不同性质与形态，可以将证据矛盾可以分为三种类型，即证据的矛盾（证据的自相矛盾和相互矛盾）、证据与事实的矛盾，以及证据与情理间的矛盾。[①] 如果据以定案的言词证据存在矛盾，通过书面审查无法做出合理解释时，应当进行亲历复核。（2）言词证据尚未得到充分固定。在依靠口供和其他言词定案的情况下，如果对书面笔录的固定不够，会导致整个证据体系缺乏稳定性，需要进行亲历复核。例如，在一起“雇凶型”故意伤害犯罪案件中，除了犯罪嫌疑人供述“雇凶”之外，直接实施故意伤害行为的同案犯仅有一次笔录指认，且询问内容较为概括，未进行同步录音录像，需要对该份关键证据进行复核。（3）言词证据反映的原理或场景不明。在涉及互联网、金融等专业性知识的案件中，检察人员由于知识结构的局限，对证据反映的技术原理或案发场景难以进行准确把握，需要将证据审查的视野从书面材料拓宽至现实社会，做出最为符合事实真相的判断。

（二）精神病鉴定意见

鉴定意见本质上是鉴定人就某专门性问题所作出的一种主观判断，是鉴定人以自己的知识经验以及相关技术运用而得出的分析结果。2012 年修订的《刑事诉讼法》将作为证据种类之一的“鉴定结论”修改为“鉴定意见”，说明鉴定意见只是认定案件事实的一项证据，经过查证属实才能作为定案根据。鉴定意见是由鉴定人依据较高的专业知识和技能或者借助科技设备等作出的结果，

---

① 龙宗智：《试论证据矛盾及矛盾分析法》，载《中国法学》2007 年第 4 期。

原则上具有较强的证明力。多数情况下，检察人员对鉴定意见进行书面审查即可，包括鉴定人和鉴定机构是否具备资质、鉴定意见文书的签名是否规范、引用的法律条文是否准确等。但是，如果鉴定依据、标准或对象存在疑问，通过书面审查无法排除的，应当对鉴定意见进行亲历复核。

对于故意杀人、故意伤害等犯罪案件，要特别注意对精神病鉴定意见的亲历复核。精神病鉴定意见是鉴定人采用精神病学原理和方法，按照法定程序，对犯罪嫌疑人案发当时的精神状态进行评定，其目的是提供专家意见为司法裁判服务。精神病鉴定与物证痕迹鉴定、DNA 鉴定等不同，其没有客观的生物学参考指标，具有较强的主观色彩。对精神障碍者的刑事责任能力的判断分两个层次：首先，判断行为人是否患有精神疾病，患有何种精神疾病；其次，判断行为人是否因精神疾病而使辨认或者控制行为的能力丧失或减弱。实践中，精神病鉴定意见可能存在以下疑问：第一，鉴定意见认定犯罪嫌疑人系完全刑事责任能力人，但结合对其他证据的审查，发现犯罪嫌疑人案发时的表现与常人有异，或是犯罪嫌疑人家属提出其曾患有精神病，并提供了相关材料，而这些材料在已做出的精神病鉴定意见中没有反映出来。第二，鉴定意见认定犯罪嫌疑人系无刑事责任能力人或限制刑事责任能力人，通过讯问犯罪嫌疑人并比对其他证据，反映出犯罪嫌疑人存在“装疯卖傻”的可能性。第三，多份鉴定意见相互矛盾，有的评定为限制刑事责任能力，有的评定为无刑事责任能力，需要对不同鉴定意见的真实性进行甄别，决定采信何种鉴定意见。在上述情况下，检察人员应亲身感知犯罪嫌疑人的精神状态，关注行为举止、表情、表述和语言的逻辑性等，发现是否存在有异于常人之处。同时，可以对鉴定人进行询问，了解鉴定意见的分析、归纳和总结的过程，包括鉴定材料的收集是否全面、鉴定方法是否科学合理、分析过程的逻辑性是否严密、鉴定意见与其他证据是否存在矛盾等。由于鉴定方法涉及科学技术原理，过程较为复杂和抽象，还可以邀请具备专门知识的人对专门性问题提供意见，综合评定犯罪嫌疑人的刑事责任能力。

（三）现场勘验笔录

现场勘验笔录是对与犯罪有关的场所、物品、人身、尸体、痕迹、物证等进行勘验时所作的文字记载，与现场照片、现场绘图共同组成完整的“现场记录”，三者共同构成了证明犯罪现场状况的证据体系。包括现场勘验、检查笔录在内的各种书面笔录具有较强的证明力，通常只要将这些笔录移送审查起诉并经检察机关在庭审过程中予以宣读，便可直接作为定案依据。[①] 案发现场作为犯罪发生的客观物质载体，往往包含极为丰富的案件信息，如果仅仅通过审查勘验笔录、现场绘图和照片等“二维”方式来获取信息，对犯罪现场的“三维”空间无法形成直观认识。从心理学的角度来看，直观感受对心证的形成往往具有重要作用，而直观感受只有对犯罪现场进行近距离观察才能获得。

亲历复核现场的任务包括：（1）确认现场提取物品的位置。检察人员身临现场的工作重点，不是发现可供定案的血迹、痕迹或物证，而是核实勘验笔录记载的内容是否全面、准确。经过对比，可能发现有的勘验笔录记载较为简单，对于房屋构造、地形等描述不够精确；有的勘验笔录中提取物品的位置与现场情况不能对应，造成证据的证明价值受影响；有的勘验笔录对于重要痕迹的表象特征缺乏记录，对于血迹分布、血迹特征、反映信息等包含现场分析的内容未反映，遗漏重要现场信息。[②] 如果现场尚未发生改变、破坏，可以要求对现场进行再次勘验，详细、准确记载与案件有关的信息，减少证据运用中的失误，充分发挥其作为定案依据的作用。（2）模拟犯罪嫌疑人的行为轨迹。犯罪现场重建（Crime Scene Reconstruction）是一项重要的证明方法，是指办案人员在现场勘验和访问的基础上，运用各种科学原理，对案件现场有关问题进行认识和模拟的过程。司法人员身处犯罪现场之中，可以对犯罪嫌疑人所处的方位、活

① 汪佳佳：《审判中心主义下刑事犯罪现场勘查制度完善》，载《辽宁警察学院学报》2017年第1期。
② 王翠杰：《如何引导侦查机关做好命案现场勘查工作》，载《检察日报》2011年6月12日，第3版。

动情况进行“现场复原”，推演出犯罪嫌疑人进出现场的路线、渐次展开的活动、使用的工具、接触或破坏的物品、遗留的物品等。例如，在一起故意伤害犯罪案件中，被害人欲阻止犯罪嫌疑人驾车逃离现场，犯罪嫌疑人加速行驶并左右急打方向盘将被害人甩开，致被害人死亡。犯罪嫌疑人到案后，提出“当时路不直，我左右挪方向盘是为了保证正常行驶”的辩解。通过对犯罪现场的亲历复核，发现案发路面是一个标准的十字路口，视线开阔，路面宽 3.5 米，犯罪嫌疑人驾驶的车辆轴距 1.6 米。进行模拟实验时，车辆可以很轻松地拐弯行驶，并不需要通过不断调整方向、来回变更车道，证明犯罪嫌疑人辩解不能成立。(3) 验证证人证言、被害人陈述的真实性。通过身临现场，判断相关证人、被害人是否因距离较远、空间障碍、光线强弱等原因而影响感知能力，作出与真实情况不相符合的证言或陈述。例如，在一起过失致人重伤犯罪案件中，犯罪嫌疑人与被害人酒后发生争执，被害人倒地后头部受重伤，犯罪嫌疑人到案后，坚称自己没有动手。本案中的一份关键证据为目击证人证言，证人称二人饭后打牌时发生口角，然后在乡间水泥路上争执起来，犯罪嫌疑人推了被害人一把，随后发现被害人仰面倒地，不省人事。通过审查发现，案发当时正值冬天 22 点多钟，那么“证人在黑夜里何以看清整个事情经过”成为一个重要疑点，需要进行亲历复核。通过现场实地勘验，了解到现场是一条东西向的水泥路，路面宽阔平整，事发地点正好在早年安装的路灯下方，当天夜间照明情况良好。证人在路灯下近距离目击事发经过，其证言具有较高的可信度。[①] (4) 查验犯罪现场是否发生变动。根据有无受到破坏，犯罪现场可以分为原始现场和变动现场，前者指侦查人员到达时没有遭到改变和破坏的现场；后者指侦查人员到达时已发生部分或全部改变的现场。案件发生后，无论是刮风、下雨、暴晒等自然现象，还是第三人进入等因素，均会引起犯罪现场的变化，甚至会

---

① 卢志坚、王慰、汤琼：《抽丝剥茧突破“双零”案件》，载《检察日报》2018 年 8 月 20 日，第 4 版。

改变物证、痕迹的形态或位置，使现场勘验笔录与犯罪嫌疑人供述出现矛盾。检察人员进入现场后，可以审查是原始现场还是变动现场，现场变动情况是否准确地记入了勘验笔录，有效排除证据之间的矛盾。

（四）技术侦查证据

技术侦查是指有关机关为了查办特定违法犯罪行为的需要，在经过严格的法定批准程序后，采用技术性设备或方法进行证据收集等特殊措施的总和，主要体现为对行踪、通信、场所的监视或监听，秘密录音、录像或拍照，电子跟踪定位，截取电子邮件，以及特情特工计划、卧底侦查、乔装侦查、诱惑侦查、控制下交付等具体形式。[①] 主要适用于以下情形：（1）危害国家安全犯罪、恐怖活动犯罪、黑社会性质的组织犯罪、重大毒品犯罪或者其他严重危害社会的犯罪案件。2018 年修订的《刑事诉讼法》第 150 条规定，公安机关在立案后，对于危害国家安全犯罪、恐怖活动犯罪、黑社会性质的组织犯罪、重大毒品犯罪或者其他严重危害社会的犯罪案件，根据侦查犯罪的需要，经过严格的批准手续，可以采取技术侦查措施。（2）间谍犯罪案件。2014 年《反间谍法》第 12 条规定，国家安全机关因侦察间谍行为的需要，根据国家有关规定，经过严格的批准手续，可以采取技术侦察措施。（3）利用职权实施的严重侵犯公民人身权利的重大犯罪案件。2019 年《人民检察院刑事诉讼规则》第 227 条规定，人民检察院在立案后，对于利用职权实施的严重侵犯公民人身权利的重大犯罪案件，经过严格的批准手续，可以采取技术侦查措施，交有关机关执行。

在刑事诉讼中，一些通过技术侦查手段获取的证据材料涉及国家秘密，即关系国家安全和利益，依照法定程序确定，在一定时间内只限一定范围的人员

---

① 陈光中主编：《刑事诉讼法》，北京大学出版社、高等教育出版社 2012 年版，第 281~284 页。

知悉的事项。[①] 如果适用普通程序进行质证，可能会造成国家安全和利益的损害，如“特情”身份的泄露不仅为自身以及亲属朋友招致人身安全的威胁，而且意味着侦查机关苦心构建的犯罪综合侦控体系遭受损害，同时也可能对其他“线人”的参与合作造成消极影响。[②] 为此，我国刑事证据法对涉密证据的开示作出了特殊规定，主要包括：一是不公开审理或不公开法庭调查。2021 年《最高人民法院关于适用〈中华人民共和国刑事诉讼法〉的解释》第 81 条规定，公开审理案件时，公诉人、诉讼参与人提出涉及国家秘密、商业秘密或者个人隐私的证据的，法庭应当制止；确与本案有关的，可以根据具体情况，决定将案件转为不公开审理，或者对相关证据的法庭调查不公开进行。二是庭外核实。2018 年修订的《刑事诉讼法》第 154 条规定，依照本节规定采取侦查措施收集的材料在刑事诉讼中可以作为证据使用。如果使用该证据可能危及有关人员的人身安全，或者可能产生其他严重后果的，应当采取不暴露有关人员身份、技术方法等保护措施，必要的时候，可以由审判人员在庭外对证据进行核实。

技术侦查证据的开示要遵循“安全优先，兼顾自由”的价值取向，实现维护国家安全和保障公民权利之间的平衡。[③] 经过价值衡量，如果披露涉密内容对公共利益的损害较大，应当在保障被告人质证权的同时，对涉密内容的开示作出一定的限制。实践中，主要包括两种模式：第一种是“无害性转化”模式。有替代性证据能够证明案件事实，且不涉及国家安全和利益的，可以最大限度地考虑对技术侦查证据进行“无害性转化”，通过向辩方开示非涉密内容

---

① 2010 年修订的《保守国家秘密法》第 9 条规定，下列涉及国家安全和利益的事项，泄露后可能损害国家在政治、经济、国防、外交等领域的安全和利益的，应当确定为国家秘密：（1）国家事务重大决策中的秘密事项；（2）国防建设和武装力量活动中的秘密事项；（3）外交和外事活动中的秘密事项以及对外承担保密义务的秘密事项；（4）国民经济和社会发展中的秘密事项；（5）科学技术中的秘密事项；（6）维护国家安全活动和追查刑事犯罪中的秘密事项；（7）经国家保密行政管理部门确定的其他秘密事项。政党的秘密事项中符合前款规定的，属于国家秘密。

② 黄伯青、张杰：《技侦证据庭外核实之程序》，载《人民司法》2014 年第 9 期。

③ 杜邈：《从安全与自由的平衡看刑事涉密证据规则》，载《人民检察》2017 年第 15 期。

的方式，以对公民权利造成最小损害的方式实现保密目的。第二种是“部分开示”模式。一份证据既包括涉密内容又包括非涉密内容，可以向辩方开示不会损害公共利益的部分，以此弥补“全部开示”或“全部不予开示”的缺陷，确保法庭准确查明案件事实。对技术侦查证据采取保密措施，必然会在一定程度上限制辩方的质证权，增强亲历复核的必要性。对于技术侦查证据存在疑问的，应通过查阅原始材料等方式，增强对证据真实性的内心确信。例如，毒品犯罪案件的监听录音通常选取涉及犯罪过程重要环节、核心事实、关键内容的部分，转换成书面材料，并标记重要内容的起止时间，由经办人签名并加盖印章，与同步录音光盘一并移送。如果据以定案的关键证据系通过技术侦查获取，必要时除了审阅书面摘录材料和光盘之外，还要对原始录音的相关内容进行审查。

案例 4

证人证言的亲历复核

——许某某故意伤害案

【基本案情】

许某某与被害人齐某某系亲属关系。2011 年 11 月 7 日，齐某某带患有眼疾的女儿看病，由其姐姐齐甲及其姐夫许某某负责接待。11 月 14 日 18 时许，许某某与齐某某发生口角，双方发生身体接触后，齐某某倒地。后许某某连续踢踩齐某某头部，致齐某某头部受伤，许某某随即离开现场。齐甲打车送齐某某前往医院进行伤口缝合，齐某某拒绝医治，后齐甲将齐某某送到宾馆住宿。11 月 15 日 7 时，齐甲在得知齐某某昏迷不醒后，再次将其送至医院救治，后齐某某于 11 月 18 日凌晨死亡。经鉴定，齐某某符合被钝性外力多次作用于头面部致重度颅脑损伤死亡，踩踏可以形成该伤情。许某某于 2011 年 11 月 20 日被公安机关查获归案。

【证据分析】

该案的证明难点在于如何亲历复核证人证言。该案在场目击证人只有齐某某姐姐齐甲（37岁）和齐某某女儿（未成年），许某某到案后否认对齐某某实施伤害行为，称齐某某系自己摔伤致死，且齐甲亦证实被害人自己摔倒受伤。由于案件证据存在重大矛盾，且关键证人与犯罪嫌疑人、被害人均存在近亲属关系，应当对相关言词证据进行亲历复核。(1) 讯问被告人许某某。检察人员首先固定许某某案发后与齐甲多次电话联系的事实，许某某虽然否认案发后与妻子齐甲进行“串供串证”，但认可多次向齐甲打探被害人伤情，能够详细说出被害人的救治过程，以及非亲历不能知悉的事实细节。(2) 询问证人齐某某女儿。齐某某女儿证实，其看到许某某用脚猛踩被害人头部，与尸体鉴定意见显示的伤情部位等相互印证，具有较强的可信性。(3) 询问证人齐甲。齐甲最初坚持声称，被害人齐某某酒后与许某某发生揪扯，后因未站稳倒地受伤。检察人员绕开了被害人如何受伤的问题，而是对案发后许某某与齐甲是否“串供串证”的问题着重询问。齐甲为了证实许某某的清白，除了否认许某某实施犯罪之外，坚称案发后从未和许某某进行任何联系，从而与许某某供述产生了明显矛盾。检察人员据此对齐甲进行追问时，齐甲出现了表情异常、语无伦次等表现，无法对证言不合逻辑之处进行解释。综合全案证据，由于许某某在将被害人送往医院的路上已经离开，之后没有参与救治齐某某，不可能了解齐某某就医、住宿等情况，而许某某在讯问过程中能够详细说出齐某某救治过程中的细节，上述信息来源只能来自在场目击证人——齐甲，有力说明齐甲证言内容为虚假。后法院综合全案证据，采信了被害人女儿的证言，认定许某某用脚猛踩被害人头部的事实。

案例 5

鉴定意见的亲历复核

——陈某故意杀人案

【基本案情】

陈某长期与其父亲关系不和。2013 年 5 月 9 日，陈某因索要房屋和钱款遭到其父亲拒绝后，与其父亲再次发生矛盾，当日 18 时许，陈某在其家中，酒后持黑色猎刀将其父亲砍死，将其母亲砍成重伤。经鉴定，陈某的父亲系被他人用锐器多次砍击面部，刺击颈、胸、腹部，伤及左颈内静脉、右颈总动脉、心脏、腹主动脉、脾脏、胰腺、左肾、肠管、肠系膜等致创伤失血性休克死亡；陈某的母亲身体所受损伤程度为重伤二级。陈某作案后于 2013 年 5 月 9 日被公安机关查获归案。案发后，对陈某的法医精神病鉴定意见显示，陈某被诊断为精神分裂症，被评定为无刑事责任能力。为此，公安机关于 2013 年 11 月 6 日撤销案件，对陈某采取临时性保护措施，并于 2013 年 11 月 13 日向检察机关移送强制医疗意见书。后经补充鉴定和重新鉴定，陈某被诊断为人格障碍，评定为完全刑事责任能力，按照普通刑事案件处理。

【证据分析】

该案的证明难点在于如何亲历复核精神病鉴定意见。对于该案的精神病鉴定意见存在两种观点：第一种观点认为，应当采信案发后的精神病鉴定意见。第二种观点认为，鉴定意见依据不足、结论不合理，应当进行重新鉴定。经审查，发现鉴定意见与其他证据存在矛盾：（1）犯罪嫌疑人供述、证人证言显示，陈某案发前要求其父亲给钱买机器做生意，并要求一个月之内将房子过户，均遭到拒绝，说明其具有正常思维。（2）犯罪嫌疑人供述、现场勘验笔录、物证照片等显示，陈某在案发前精心预谋犯罪，除了作案工具之外还准备长尖刀、军用刺刀、锤子等，并从网上购买头盔、尼龙扎带、透明塑料袋意图用于捆绑和运送尸体等。(3) 被害人陈述、尸体检验报告显示，陈某在行凶过程中对其父亲和母亲明显区别对待。父亲身上具有皮肤裂伤42处，多集中在头面部、颈胸腹部等致命部位；母亲身上的刀砍伤仅有6处，陈某砍伤其母亲之后，未实施进一步的加害行为，说明陈某主要针对其父实施侵害。(4) 救治医生和其他证人证言显示，陈某在案发后意识清醒，没有外伤，只是不愿回答他人的提问。陈某被警方控制后，亲属曾对陈某进行探望并送去衣物，但陈某称不愿见面，原因是愧对亲属，印证其具有较为清醒的认知能力。为此，检察人员通过会见陈某、询问鉴定人员等方法，对该份精神病鉴定意见进行亲历复核，在会见陈某时，经对其进行教育，陈某承认自己在进行精神病检查时，利用自己看过的一些影视作品和掌握了解的精神病学知识，刻意对电影中精神病人的症状进行模仿，对鉴定人员的提问回答得模棱两可，有意模仿精神异常人员的一些举动或者说法。此外，在启动重新鉴定程序后，强制治疗管理处临时保护性约束中心对陈某停药，并继续追踪后续情况，发现停药之后陈某并未产生精神病性症状，再次印证了前述怀疑。后经重新鉴定及补充鉴定，陈某均被评定为完全刑事责任能力。

案例 6

现场勘验笔录的亲历复核

——韩某某过失致人死亡案

【基本案情】

韩某某与卢某系邻居，卢某认为韩某某经常约朋友到家中聚会干扰其正常生活，二人时而因此发生争执。2015年5月6日23时许，韩某某的两个朋友在其家中聊天，卢某在自家平房露台上反复咳嗽，韩某某认为卢某对其不满，遂从厨房拿了刀来到露台，将刀放在露台桌子上。后二人发生争吵，卢某跨到韩某某所住平房的露台上，双方发生肢体冲突。过程中，卢某从露台处高坠至地面，后救治无效于2015年5月7日死亡。2015年5月6日，韩某某被公安机关查获归案。经鉴定，卢某因颅脑损伤合并创伤失血性休克死亡，且其鼻部骨折，鼻部损伤符合钝性外力作用所致，与高坠无因果关系。同时，在卢某心血中检出乙醇，其含量为165.6mg/100ml。

【证据分析】

该案的证明难点在于如何亲历复核现场勘验笔录。韩某某到案后供述其与被害人发生肢体接触，但辩解其无法认识到被害人会坠楼死亡，属于意外事件。在案证据包括：(1) 多名证人证言相互印证，证明案发前韩某某与被害人因噪声问题发生过矛盾。被害人亲属证言证明，被害人在救治过程中曾声称受到韩某某殴打。(2) 韩某某的供述、证人证言及刀具照片等证据证明，案发当天韩某某在听到被害人咳嗽后携带刀具到二层露台。(3) 多名证人证言相互印证，证明案发时在二层露台仅有韩某某和被害人，从两人冲突到被害人坠地的间隔时间仅有几秒钟，在被害人坠落前听到非正常的声音。(4) 证人证言、医保卡就诊记录证明，被害人的鼻部事发前未受伤。法医学尸体检验鉴定意见、CT诊断报告单、诊断证明书等证据相互印证，证明事发后被害人的鼻骨骨折，且与高坠无因果关系。(5) 现场勘查笔录显示“韩某某居住的第一间房屋顶被改造成露台，屋顶地面贴有瓷砖……该露台呈方形（256cm×312cm）四周均安装黑色铁栅栏（65cm），该露台东北角缺失117cm×93cm，缺失处生长一棵枣树，露台中间摆放一躺椅，露台东北侧摆放一方桌，方桌四周摆放五把座椅，在露台西侧发现加层灰尘足迹一枚，足尖朝南……东西两露台中间为黑色油毡房顶（140cm×275cm），该房顶不平整，与西侧露台贯通，屋顶北侧无围挡，该房顶东南侧摆放盆栽”“在院内护栏东侧砖墙上由上至下有两处擦蹭痕迹，东侧擦痕最高点距地面335cm，最低点距地面108cm，西侧擦痕最高点距地面375cm，最低点距地面30cm”。该案中，卢某死因系高坠死亡，韩某某从未供述过对被害人实施殴打，现场仅有韩某某与被害人两人，无目击证人和监控录像，仅仅通过书面审查很难对案发现场的情况形成全方位认识，需要亲自查看案发现场，准确判断韩某某的行为性质。检察人员通过前往案发现场，对韩某某及被害人两家的露台大小、高低和墙上的擦痕情况形成了立体化认识，由于案发地二楼露台的空间狭小，围挡较低，韩某某系认知能力正常的成年人，应当预见到在露台发生肢体冲突可能会造成卢某坠落的危险，对于死亡结果的发生存在过失。

三、掌握亲历复核的方法

随着刑事诉讼的向前推进，证据的数量和种类将会经历“从无到有、由少到多”的过程，无论是讯问犯罪嫌疑人、询问证人，还是提取物证、书证、勘验现场，都需要侦查人员亲力亲为，形成相应的侦查卷宗。案件进入审查起诉阶段之后，证据审查的方法变为“以书面审查为主，亲历复核为辅”，只有在书面审查不足以排除矛盾或解释疑问的情况下，才有必要对证据进行亲历复核。主要掌握以下方法：

（一）观察法

观察法可以追溯至古代刑事诉讼中的“五听”之法，“五听”不仅适用于被告，而且适用于原告及其代理人、证人等，是认定案件事实，判断言词证据真伪及证明力的重要方式。[①]《尚书·吕刑》记载“两造具备，师听五辞，五辞简孚，正于五刑”，是指司法人员“断狱息讼”时，在要求原告和被告双方当事人都到齐后，认真听取诉讼双方的陈述，通过察看“五辞”的方法，审查判断其陈述是否确实，并据以对案件事实作出判断。《唐律疏议》“讯囚”条疏议：“察狱之官，先备五听”，所谓“五听”即“以五声听狱讼，求民情：一曰辞听（观其出言，不直则烦）；二曰色听（观其颜色，不直则赧然）；三曰气听

① 李文玲：《中国古代刑事诉讼法史》，法律出版社2011年版，第206页。

（观其气息，不直则喘）；四曰耳听（观其听聆，不直则惑）；五曰目听（观其眸子视，不直则既然）”。[①] 进入现代社会以来，微表情等心理学研究成果被广泛应用到刑事诉讼中，微表情是指人类本能和心理的一种司法运用，是基于压力而导致人的情绪发生变化时，由植物神经系统作用而引起的动作或生理变化。[②]

检察人员通过近距离接触同案犯、证人、被害人，观察其回答问题时的情态，对书面笔录的证据能力和证明力进行判断。相关规定包括：（1）讯问犯罪嫌疑人。2019 年《人民检察院刑事诉讼规则》第 280 条规定，人民检察院办理审查逮捕案件，可以讯问犯罪嫌疑人；具有下列情形之一的，应当讯问犯罪嫌疑人：（一）对是否符合逮捕条件有疑问的；（二）犯罪嫌疑人要求向检察人员当面陈述的；（三）侦查活动可能有重大违法行为的；（四）案情重大、疑难、复杂的；（五）犯罪嫌疑人认罪认罚的；（六）犯罪嫌疑人系未成年人的；（七）犯罪嫌疑人是盲、聋、哑人或者是尚未完全丧失辨认或者控制自己行为能力的精神病人的。第 331 条规定，人民检察院办理审查起诉案件应当讯问犯罪嫌疑人。（2）询问证人、被害人、鉴定人等诉讼参与人。2019 年《人民检察院刑事诉讼规则》第 135 条规定，人民检察院审查认定犯罪嫌疑人是否具有社会危险性，应当以公安机关移送的社会危险性相关证据为依据，并结合案件具体情况综合认定。必要时，可以通过讯问犯罪嫌疑人、询问证人等诉讼参与人、听取辩护律师意见等方式，核实相关证据。第 259 条规定，办理审查逮捕、审查起诉案件，可以询问证人、被害人、鉴定人等诉讼参与人，并制作笔录附卷。人的言谈举止往往会泄露内心想法，大多数人在说谎时与平时表现有所不同，通过密切观察相关人员的身体动作、表情、眼神、语气、语调、语速，特别是在

---

① 《周礼·秋官·小司寇》，括号中所言为郑玄注。转引自姜登峰：《中国古代证据制度的思想基础及特点分析》，载《证据科学》2013 年第 4 期。

② 蔡艺生：《论情态证据的产生与认知原理》，载《河南师范大学学报（哲学社会科学版）》2015 年第 2 期。

连续追问下的瞬时反应，能够判断其提供的信息是否为真实意思表示。如果相关人员吞吞吐吐、答非所问、表情尴尬、行为异常（这些都是书面笔录无法体现的），有理由对言词证据的真实性产生怀疑。例如，在一起合同诈骗犯罪案件中，犯罪嫌疑人拒不承认具备非法占有目的，一名证人声称犯罪嫌疑人将被害人钱款用于民间借贷，有偿还被害人借款的意愿，因投资失败无法归还。当检察人员对借款的时间、对象、利息、借条等细节进行连续追问时，该名证人无法自圆其说，不敢与检察人员的目光对视，并出现下意识吞咽口水等举动，结合调取的其他证据，认定该份证人证言系虚假陈述。

（二）对照法

检察人员在亲历复核证据时，如果同案犯、证人、被害人表示记忆模糊，或者与先前作出的陈述相互矛盾，可以让其对照书证、物证等客观性证据进行说明，核实两者之间存在差异的原因。2017 年《人民法院办理刑事案件第一审普通程序法庭调查规程（试行）》第 25 条规定，为核实证据来源、证据真实性等问题，或者帮助证人回忆，经审判长准许，控辩双方可以在询问证人时向其出示物证、书证等证据。2019 年《人民检察院刑事诉讼规则》第 406 条规定，证人进行虚假陈述的，应当通过发问澄清事实，必要时可以宣读在侦查、审查起诉阶段制作的该证人的证言笔录或者出示、宣读其他证据。在我国刑事诉讼中，言词证据通常以书面笔录的形式呈现，笔录制作过程中受到主客观因素的影响，会导致语言落于纸面时的含义发生扩大、缩小或改变，“对照法”的本质是通过客观性证据对言词证据进行检验，犯罪嫌疑人、证人、被害人既可以对客观性证据表示认可，也可以对客观性证据质疑或完全否认。例如，在一起故意伤害犯罪案件中，一名关键证人在首次询问笔录中仅能概括描述犯罪嫌疑人的衣着，但在随后数天的询问笔录中详细描述了该人衣物特征，需要进一步核实证人证言的真实性。经检察人员当面询问，该名证人指出在首次作证后，侦查人员曾安排其对现场监控录像进行指认，在多名在场斗殴人员中指认出犯罪嫌疑人。检察人员再次向其出示现场监控录像，该名证人立即指出其指认的就是该份录像，据此对犯罪嫌疑人的衣着进行回忆，强化了询问笔录的证明力。

（三）走访法

检察人员对于犯罪现场和不便搬运的书证、物证等，可以采取实地走访的方式进行复核，对事物外部特征进行直观、全面的感知。2019 年《人民检察院刑事诉讼规则》第 335 条规定，人民检察院审查案件时，对监察机关或者公安机关的勘验、检查，认为需要复验、复查的，应当要求其复验、复查，人民检察院可以派员参加；也可以自行复验、复查，商请监察机关或者公安机关派员参加，必要时也可以指派检察技术人员或者聘请其他有专门知识的人参加。第 336 条规定，人民检察院对物证、书证、视听资料、电子数据及勘验、检查、辨认、侦查实验等笔录存在疑问的，可以要求调查人员或者侦查人员提供获取、制作的有关情况，必要时也可以询问提供相关证据材料的人员和见证人并制作笔录附卷，对物证、书证、视听资料、电子数据进行鉴定。在一些重大犯罪案件中，由于犯罪现场具有复杂性和多变性，导致案件定性的争议较大，仅仅依靠随案移送的记录或照片，不足以反映犯罪现场的全貌，难以对所认定案件事实形成内心确信。例如，在一起抢劫犯罪案件中，对于被害人居住的宿舍是属于集体宿舍还是刑法意义上的“户”，案卷材料仅有反映室内情况的照片，从现场勘验笔录、证人证言中也难以获得直观的认识，通过实地查看，发现被害人居住地虽系某厂宿舍，但该宿舍系两室一厅，且该厂早已停止经营，其也非该厂员工，而是一个人租住在此。据此，认定被害人租住的宿舍系“他人生活的与外界相对隔离的住所”，属于刑法意义上的“户”。在一些轻微犯罪案件中，同样需要对犯罪现场走访才能形成内心确信。例如，在一起危险驾驶犯罪案件中，检察官在详细阅卷过程中，发现公安机关在讯问笔录中反映案发时犯罪嫌疑人醉酒驾车的地点是在其居住的小区内，而小区是否属于封闭式管理影响罪与非罪的认定，后通过实地查看、取证，确认该小区确属封闭式管理，不属于道路交通安全法中所称的道路。[①] 再如，对于“高空抛物”犯罪案件，鉴于书面审查在危险判断、距离感知等方面的局限性，检察人员在有条件的情况下，应当亲临现场获得最真实、最准确的感受，判断并确定抛物行为可能造成危害的区域位置和面积，以及抛物行为在上述区域内是否达到危害公共安全的程度，进而对法益侵害作出精准的判断。[②]

（四）操作法

如果待证事实涉及某种设备、工具的操作，检察人员对设备、工具的运行原理存在一定疑问，无必要进行司法鉴定或侦查实验的，可以按照犯罪发生的时空、场景进行体验性重演，确定某一事实或现象是否存在、如何存在，或者在某种条件下能否发生、怎样发生，将该事实或现象重新加以再现，最终形成内心确信。该种方法在网络犯罪案件中较为常见，特别是涉及网络通信、网络存储、网络支付工具等。与鉴定意见、侦查实验笔录相比，“操作法”并不必然遵循严格的取证程序，制作相应的工作记录或视听资料即可。例如，在一起网络犯罪案件中，犯罪嫌疑人最初供述自己罪行，但之后供述出现反复，强调自己通过网络通信软件转发涉事音视频系无意识，或是想删除，因操作不熟练误转发给他人。后检察人员自行使用该网络通信软件，发现在网络群组中转发音视频不仅需要点击相关链接、视频，还需要查找收件人并再次进行点击确认，与删除视频的操作截然不同，足以认定该辩解不能成立。再如，在一起侵犯著作权犯罪案件中，犯罪嫌疑人创建的盗版网站服务器上并不存储侵权作品，而是通过软件采集影视资源，在其网站上放置链接，供用户点播收看。点播作品时，用户必须下载一种使用对等计算技术（P2P）的软件。案件办理过程中，

---

① 沈静芳、格根托亚：《小案为何没有“快办”》，载《检察日报》2021年5月7日，第1版。

② 吴春妹、程涛、蒋希茜：《亲临现场亲眼看个案还需个案评》，载《检察日报》2020年8月25日，第7版。

检察人员可以通过操作相关软件，了解技术侵权的工作原理，准确认定信息网络传播行为。

案例 7

通过“观察法”亲历复核证据

——刘某某故意杀人案[①]

【基本案情】

2007 年 5 月 9 日 9 时许，刘某某携带一把尖刀来到某供销社后院，进入被害人郑某某租住的平房内，持刀对被害人行凶，致使被害人胸部等多处受伤，刘某某行凶后逃离现场，被害人郑某某被送往医院抢救途中死亡。

【证据分析】

该案的证明难点在于如何亲历复核证人李某某证言和辨认笔录。该案的关键证据——现场目击证人李某某的证言前后严重矛盾，对犯罪嫌疑人进行的辨认存在暗示的可能。李某某第一次在公安机关作证时称：自己只看到了嫌疑人的侧影，没有看到嫌疑人面相。但是，李某某随后仍然对犯罪嫌疑人刘某某进行了辨认，导致案件证据之间存在重大矛盾。在对辨认录音录像的资料审查中，发现在该资料中，有“7 号 7 号”的画外音（辨认时，犯罪嫌疑人刘某某的编号就是 7 号），这个声音是辨认人的声音还是侦查人员的声音无法进行辨别，由于该画外音不清晰，无法通过鉴定来识别。为了确认该份关键证据的证明力，应当对李某某证言和辨认笔录进行亲历复核。(1) 联系寻找现场目击证人李某某。李某某是从事个体运输的司机，行踪很难确定，并且由于多次被公安机关找去询问，耽误很多运输业务，思想上产生了厌烦抵触情绪。为了不影响其生

---

① 黄志贵：《证据亲历性审查——让我们拨开层层迷雾》，载《正义网》2017 年 11 月 13 日，最后访问时间：2022 年 3 月 1 日。

意，检察人员根据李某某告知的方位，驱车50多公里，在其运输途中等候。询问过程中，检察人员宣读了我国刑事诉讼法的有关规定，告知了证人作证的义务以及作伪证的法律后果，李某某不仅详细陈述了所看到的现场情况，并且还告知了第一次在公安机关作证的情形。李某某十分肯定地说自己在案发的当天，正在房间里休息，突然听到隔壁房间被害人的呼喊声后，立即跳下床跑出房间，看见犯罪嫌疑人手里拿着刀，他立即大喊一声“搞么事”。犯罪嫌疑人本能地回头后与其有过对视的细节。为了让检察人员相信其证言的真实性，李某某还说“人命关天，我不敢也没有必要乱说”。询问结束前李某某又主动谈到了第一次在公安机关作证时的情形，询问笔录上的名字虽然是他本人签的字，但他是在没有认真阅读、核对的情况下所为。同时，还谈到辨认时的情形，当李某某看到嫌疑人出现在他的面前时，他第一眼就认出了犯罪嫌疑人，并不由自主地说出7号。(2) 在案发现场，检察人员进行了目击证人李某某能否听得到被害人的呼喊实验，为保证实验的效果，选派一名女检察官模仿被害人被害的呼救声，选派多名检察官在目击证人所在的另一个房间进行模拟实验，结果表明，由于两个房间相距不远，呼救的声音清晰可辨；接着检察人员又对嫌疑人和目击证人是否有可能对视进行了实验，实验表明，目击证人声称的对视时间以及地点与现场情况几乎完全吻合。然后，检察人员又根据犯罪嫌疑人供述的逃跑线路，沿途进行了原地查看，其交代“在逃跑过程中由于慌不择路，跑到一个死胡同又折返，选择另外一条小路继续逃跑，当快跑到大马路时将刀具随手往身后一扔继续逃跑”。经查看表明，犯罪嫌疑人供述的线路与现场的道路情况完全一致。接着，检察人员又进行了作案刀具丢弃的实验，证明作案刀具丢弃的地点与发现并提取刀具的地点一致。通过以上还原实验，证明犯罪嫌疑人对现场情况的描述与证人的陈述一致，与案发现场情况吻合。综上，尽管证人证言、辨认笔录存在前后矛盾的情形，但检察人员通过对证人直接面对面的沟通、谈话、询问，以及对案发现场的实地勘查、走访和实验，确认了证人证言和辨认笔录的可信性。

案例 8

通过“对照法”亲历复核证据

——胡某某故意杀人案

【基本案情】

胡某某于2007年12月某日，来到被害人李某某经营的无名理发店，在该理发店内与李某某发生争执，胡某某掐住李某某的颈部将其按倒在地，用拳猛击李某某的头面部，又用皮带、布条、电线等物猛勒李某某的颈部，致其机械性窒息死亡。后胡某某将李某某的手机一部掠走（经鉴定价值人民币576元）。胡某某后被公安机关查获归案。

【证据分析】

该案的证明难点在于如何亲历复核关键证人证言。胡某某到案后供认其故意杀人的犯罪事实，但在庭审过程中翻供，声称案发当天去过案发现场两次，第一次与被害人发生性关系被敲门声中断，发生性关系时摸了被害人胸部，约好晚上再见面，第二次去现场时发现被害人躺在地上等情节。但是，胡某某有罪供述符合情理且与其他证据相互印证。（1）胡某某对案件主要情节的供述，与现场勘验检查笔录、尸体检验鉴定意见、生物物证鉴定意见、证人证言等证据相互印证。如胡某某从被害人裤子上拽出腰带勒被害人颈部，腰带有扣；从屋内将布帘由上至下撕成布条勒被害人颈部，布条打一个结；用腰带、布条等勒被害人颈部之前先打被害人头面部，并用手掐被害人颈部；被害人不动后用塑料瓶插入被害人下体等。（2）案发后，公安机关从被害人胸部拭子中提取到了被害人与胡某某的DNA混合结果，经专家做出说明，胡某某是最后与被害人有身体接触的人，如果在胡某某之后还有其他可能接触被害人的人，则由于被害人的着装活动而不会再检测到胡某某的DNA，说明其辩解为虚假。（3）破案过程符合侦查规律。公安机关接群众报案，发现李某某在理发店内被人杀害。

公安人员随即出现场并进行勘查，从尸体胸部提取到男性DNA。2008年11月16日，胡某某酒后扒另一理发店窗户时被群众当场抓获，民警接报后于2008年11月17日将胡某某口头传唤到公安机关接受调查，胡某某于同日逃跑。2008年11月19日，民警再次将胡某某查获归案，后对其抽取血样送法医鉴定，经与提取拭子进行DNA比对，与李某某身上所留男性DNA认定同一。（4）公安机关不存在刑讯逼供等非法取证行为，胡某某亦未声称公安机关存在刑讯逼供等违法取证行为。

该案证据存在的最大问题，是存在一份证明方向相反的证人证言。证人石某某证言指出，“案发当天16时20分许路过被害人发廊门前，通过门玻璃望见被害人在门内坐着”。该份证言与胡某某有罪供述中“下午三四点钟来到发廊”的作案时间存在矛盾，出现了被害人“死而复生”的情况。为此，需要通过亲历复核确认证人证言的真实性，检察人员首先对现场附近的监控录像进行细致审查，发现胡某某于当日15时45分进入现场，至16时36分离开现场，其间共计51分钟，中途无人进出，即使按照证人石某某证言指出的路过时间，胡某某仍然有作案时间。同时，检察人员再次询问证人石某某并向其播放监控录像，要求对监控录像进行自我辨认，录像画面显示，该名证人于当日16时20分路过现场，途经案发地因风大用手捂着脸，并没有向发廊的方向张望。石某某从录像中辨认出自己的行踪，改称先前证言系主观猜测，自己无法确认被害人坐在门内。结合监控录像中证人行走路线及用手捂脸等情况，石某某新作出的证言更加符合客观事实，最终被法庭采信。

案例 9

通过“走访法”亲历复核证据

——贾甲、贾乙故意杀人案[①]

【基本案情】

贾甲、贾乙系父子关系。2016年8月9日，贾甲、贾乙二人因琐事与同村邻居郝某、李某发生争执。争执中，贾甲用浓酸泼到了郝某、李某头面部，郝某、李某挣扎逃脱。郝某逃至一胡同内，贾乙又追上用尖刀捅刺郝某左上臂、左腹部。最终郝某、李某经抢救无效死亡，经鉴定，被害人郝某系酸中毒死亡，其左上腹部锐器损伤达重伤二级，导致加速死亡；被害人李某系酸中毒死亡。

【证据分析】

该案的证明难点在于如何亲历复核现场勘验笔录。贾甲、贾乙二人投案自首，供述了杀害郝某、李某的犯罪事实。案件进入审查起诉阶段后，父子二人却双双翻供，均称捅人者系父亲贾甲，儿子贾乙并未行凶。贾乙还辩称，自己的有罪供述系侦查机关刑讯逼供所致。其他证据包括：（1）证人孟某声称：案发时看到犯罪嫌疑人贾甲追赶被害人李某，而犯罪嫌疑人贾乙追赶被害人郝某，父子二人去了不同的胡同。孟某当时跟着向前追了几十米，就见到儿子贾乙拿着刀从胡同里出来，他就与贾乙一起回到了贾乙的家中，此时父亲贾甲已经在家中院内。(2) 现场勘验笔录和照片等证据显示，被害人郝某遇害的地点是儿子贾乙所去的胡同，但上述证据并没有记载两名犯罪嫌疑人和证人的行动轨迹、与被害地点的距离等详细信息，无法判断从贾甲所去的胡同到被害人郝某遇害的位置，贾甲是否有足够的时间从自己所在的胡同绕到郝某遇害的位置，行凶

---

① 高忠祥、于腾龙：《替儿顶罪难逃法眼，抽丝剥茧还原真相》，载《山东法制报》2018年3月7日。

后再提前返回家中。该案中，被害人郝某被捅刺时案发现场并无目击证人，父子二人相继翻供，在案证据难以锁定谁是真正的捅刺者，如果翻供辩解成立，贾乙就很可能被无罪释放。如果仅仅通过书面审查，显然无法解释上述疑问，需要对案发现场进行实地走访，形成对案件事实的内心确信。检察人员对案发现场进行了实地测量和案情重演，发现从父亲贾甲所去的胡同绕到郝某遇害的位置有1100米左右，如果贾甲绕道捅人后再返回家中，至少需要7分钟，而孟某从追出到与贾乙返回，仅需要4分钟，如果是贾甲捅刺了郝某，不可能提前返回家中。综上，贾甲、贾乙在侦查阶段的供述与现场勘验笔录、证人证言等证据相互印证，足以认定贾甲没有持刀行凶的时间，持刀捅人者就是贾乙。

案例10

通过"走访法"亲历复核证据

——钟某东故意伤害案[①]

【基本案情】

2013年10月21日早晨6时许，早起晨练的村民在某村的半山腰路段发现，同村村民钟某（女，精神病人）赤裸全身、浑身是血躺坐在地上。此后，钟某被村民送往医院，经抢救无效死亡。经公安机关司法鉴定中心鉴定，被害人不仅身上有多处烫伤、挫裂创口，还被人用敲碎的啤酒瓶瓶身、芦苇多次捅刺下体，而其死亡原因就是阴部被芦苇茎秆刺戳至胸腹腔造成创伤性、失血性休克死亡。案发后，公安机关经过调查取证发现，一段视频资料显示，此村村民钟某东在案发日的凌晨，曾持啤酒瓶殴打驱赶过被害人，有重大作案嫌疑。而当公安机关上门查找钟某东时，却发现其已经离开。根据线索，民警于案发次日

---

① 章宁旦、韦磊：《检察官详解如何以司法亲历性办理抗诉案》，载《法制日报》2018年8月23日，第5版。

在汽车站将钟某东抓获。归案后，钟某东在公安机关的7次讯问笔录中，仅有1次作了有罪供述。但是，公安机关通过案发现场的证物与钟某东进行比对，确定其就是行凶者：抓获钟某东时，从其脚部提取到一双拖鞋，经蓝星试剂检验这双拖鞋呈阳性（反映血迹残留），包含钟某东和被害人钟某的基因分型；在案发现场最大块血迹旁提取到的烟头，鉴定出钟某东的基因分型；现场提取到玻璃瓶碎片，经还原鉴定，与现场遗留的其他玻璃瓶碎片和玻璃瓶身组成一个完整的啤酒瓶，并检见了“不排除包含钟某东和钟某的混合基因分型”。

2015年8月24日，法院一审以案件事实不清、证据不足为由，宣告被告人钟某东无罪，不承担民事赔偿责任。一审宣判后，检察机关提出抗诉。此后，此案经法院重审并作出有罪判决，二审法院终审裁定维持并核准被告人钟某东的死缓判决。

【证据分析】

该案的证明难点在于如何亲历复核现场勘验笔录。钟某东针对很多物证情况提出了貌似合理的辩解。为了更好地查明案件事实，检察人员亲历现场对证据进行调查复核。

第一，从证明钟某东曾用啤酒瓶敲打、驱赶被害人的视频录制地点电器商店的老板处得到证实，这家店摄像机画面显示的时间早于真实时间10~15分钟，事件发生的准确时间应该是凌晨1时41分至46分之间。同时，通过梳理报案村民的证言，证实被害人被发现的时间节点为案发日早上6时10分，而非早上7时。此外，检察官通过实地步行发现，从电器商店到案发现场的距离为1.25公里至1.5公里（按照不同的行走路线，距离稍有差别），来回行走耗时约31分钟。考虑到钟某东还要驱赶被害人行走，推断从电器商店门口到案发现场至少耗费20分钟。根据前述三点，留给嫌疑人作案的时间约为4个小时。

第二，通过实地体验两地的距离和行走路线，初步形成本地人作案的内心确信。通过亲历中心现场的特殊地理位置发现：村里通往案发地的路在发案现场前分成了两条岔路，一条是主路，另一条是小路，这条小路迂回50多米后又回到主路，案发现场正是在这段小路的中间位置，呈35度角左右的斜坡，周围是一片芦苇丛，在3个坟头之间的位置，较为偏僻。可以判断，若不是本地人很难在凌晨找到并前往如此地方，同时，也确信钟某东辩解的“路过扔下烟头”的可能性较小。

第三，啤酒瓶身是第二天上午提取，已经经过露水“洗礼”，从而合理解释了作案工具啤酒瓶嘴检见钟某东基因分型而啤酒瓶身未检见钟某东痕迹的质疑。

第四，通过亲历现场核实提取烟头的位置、新鲜程度和非主干道的特性，否定被告人钟某东为“登山群众”遗留烟头的可能性。

第五，通过综合分析在案证据以及亲历现场的情况，可以确定钟某东作案的情况，排除第三人作案。根据亲历现场分析，若存在其他案外人，需要在短短的4个小时内，将被害人赶到荒山上，又实施烧、打、用啤酒瓶插、芦苇秆刺等行为，难度非常大的情况。同时结合该案件中众多客观证据情况，可以确定钟某东作案的事实。

第六，通过询问鉴定人排除正常接触遗留痕迹的可能性。通过询问鉴定人发现：根据一般的常识，正常的身体接触，甚至用脚用力踢，要想留下足够检验浓度的DNA样本非常难。更何况，该案件中此拖鞋是案发第二天从钟某东穿着的脚上提取，钟某东此时已经穿该鞋从兴宁到惠州，且其出发前还洗过澡，若是一般的分子黏附，早就脱落，不会有五个点位（占提取点位的45.46%）。因此，可以排除正常身体接触留下基因分型的合理怀疑。

综上，检察人员通过亲历现场，发现现场位于一条从主路岔开又通向主路的一条小路中间位置，周围是一片芦苇丛，在3个坟头之间的位置，较为偏僻，可以排除钟某东一些貌似合理的辩解。

第三章
证据运用

问题七　如何建立直接证据体系

直接证据是指能够单独反映案件基本事实的证据，所谓“直接”就是“不经过中间事物”，任何一个直接证据均可反映案件基本事实，不需要依赖于其他证据的辅助。[①] 从认识论的角度来看，人类的思维特点是感性认识优先于抽象推理，由于直接证据的内容具体、逻辑清晰，司法人员会本能地优先运用这一证据类型，以其为核心证据建立整个证据体系。直接证据体系需要遵循证据印证的要求，这里的“印证”不是指个体证据对案件事实的单向揭示，而是描述了两个以上证据的相互验证关系。2018 年修订的《刑事诉讼法》第 55 条规定，只有被告人供述，没有其他证据的，不能认定被告人有罪和处以刑罚。2021 年《最高人民法院关于适用〈中华人民共和国刑事诉讼法〉的解释》第 141 条规定了隐蔽性证据定案规则，强调“被告人的供述与其他证明犯罪事实发生的证据相互印证”。如果案件存在单独反映案件基本事实的核心证据，在确保核心证据合法、真实、稳定的基础上，可以围绕核心证据组织验证证据，形成共同指向案件事实的印证结构，这是一种难度相对较低的证明方法。

---

① 樊崇义主编：《证据法学》，法律出版社 2007 年版，第 227 页。

一、区分不同类型的核心证据

按照证据证明力的不同，可以将在案证据分为核心证据与非核心证据，有些证据包含的事实信息与案件基本事实很接近，对案件基本事实的证明力较强，可以称为核心证据。[①] 核心证据并不必然以犯罪嫌疑人供述这一证据种类出现，如果被害人陈述、证人证言甚至客观性证据能够单独反映案件基本事实，均可以成为核心证据。古代刑事诉讼将口供奉为证据之王，即所谓的“无供不定案”，早在西周时期，就有审判要“两造具备，师听五辞”的规定，秦汉以后仍旧保留对口供重视的传统，甚至连封建法典的楷模——《唐律》，也要求结案必须有被告服罪的口供，如果不肯服罪，主管官员要针对其不服之处重新审理，否则就将受到严厉的处罚，清律甚至规定“断罪必取输服供词”。[②] 同时，古代刑事诉讼也存在“据证定案”的例外规定，《大明律·名例律》“犯罪事发在逃”条规定：“若犯罪事发而在逃者，众证明白，即同狱成，不须对问。”[③] 这里的“供”或“证”均属于据以定案的核心证据。由于核心证据证明的内容与案件基本事实呈现完全对应关系，只要核心证据经查证属实，就能以此为基础建立证据体系。

（一）自认型

认罪（Confession）案件是指犯罪嫌疑人、被告人对被指控的基本犯罪事实无异议，并自愿认罪的案件，包括“全程认罪”和“先不认罪后认罪”两种类型。[④]

---

① 马贵翔、徐加祥：《证据链规则的构成探析》，载陈国庆主编：《刑事司法指南》2017 年第 2 集，法律出版社 2018 年版，第 36 页。

② 姜登峰：《中国古代证据制度的思想基础及特点分析》，载《证据科学》2013 年第 4 期。

③ （清）薛允升：《唐明律合编》，怀效锋、李鸣点校，法律出版社 1999 年版，第 73 页。

④ 2003 年《最高人民法院、最高人民检察院、司法部关于适用普通程序审理“被告人认罪案件”的若干意见（试行）》（本文件已于 2013 年 4 月失效）规定，被告人认罪案件是指被告人对被指控的基本犯罪事实无异议，并自愿认罪的第一审公诉案件。

犯罪嫌疑人、被告人供认了犯罪事实，办案机关收集到能够验证供述内容的其他证据，由此实现证明目标，这是司法实践中最常使用的“验证”证明模式，无论是稳定供述还是翻供，只要存在就可以成为被验证的基础。[①] 犯罪嫌疑人、被告人供述能够详尽地反映犯罪动机、目的、作案手段、过程以及具体情节，一经查证属实，对于案件事实有着极强的证明作用。此外，犯罪嫌疑人、被告人作为自身利益的最佳判断者，自愿认罪意味着放弃了无罪辩护的权利，使整个司法过程得以简化控辩对抗的程序，能够较大程度地节约司法资源、提高诉讼效率。实践中，应当理性看待口供在整个证据体系中的地位和作用，反对两种绝对化的倾向：一种是过分夸大口供的定案功能。即所谓的“口供中心主义”。如果案件事实可以通过其他证据进行证明时，仍然以突破口供为工作重心，审讯室中方法的多样性、手段的灵活性甚至某种程度的违法性就难以避免。[②] 事实上，刑侦技术的发展进步，即使缺少犯罪嫌疑人、被告人供述，其他证据确实、充分的，同样可以认定案件事实。另一种是完全否定口供的定案功能。随着近年来理论界和实务部门掀起了一股“去口供化”的潮流，有的要求在审查案件材料时，将犯罪嫌疑人有罪和无罪的供述记录在案，但有罪供述不作为摘卷内容，在认定犯罪事实时要彻底把有罪供述从证明体系中去除，如果所余证据仍然可以形成完整的证据体系，则可以认定被告人有罪，否则一律视为“事实不清，证据不足”。刑事证明不能过分依赖口供，但是，口供作为法定证据种类之一，不能人为地将其从证据体系中一概排除。

（二）指认型

除了口供之外，核心证据还可以被害人陈述、目击证人证言、同案犯、对合犯供述等形式出现，即使犯罪嫌疑人、被告人拒不认罪，仍然可以查证属实的上述证据为核心建立证据体系，只是对证据数量和质量的要求更高。（1）被

---

① 褚福民：《刑事证明的两种模式》，载《政法论坛》2015 年第 2 期。

② 龙宗智：《印证与自由心证——我国刑事诉讼证明模式》，载《法学研究》2004 年第 2 期。

害人陈述、目击证人证言。在传统的“接触式”犯罪中，被害人、目击证人同犯罪人有过身体接触或近距离接触，能够证明犯罪地点、犯罪经过、体貌特征等关键情节，对于认定案件事实有重要作用。有的命案中，被害人从送医救治到死亡存在一定的时间，如果能够对犯罪嫌疑人进行指认，将会成为证明犯罪的关键证据。在强奸、强制猥亵犯罪案件中，由于犯罪地点、过程较为隐蔽，证据形式较为单一，不能对直接证据的收集提出过高要求，在被告人拒不供认的情况下，只能重点审查被害人陈述，并以被害人陈述为核心建立证据体系。特别是性侵未成年人案件应采取“被害人陈述可信性”的证据审查标准。[①] 通过考察案发经过是否及时、自然，被害人陈述是否真实、合理，与其他证据是否能相互印证，被告人辩解是否合理，最终达到证据确实充分、排除合理怀疑的证明标准。[②] 值得注意的是，并不是所有被害人陈述、证人证言都可以成为核心证据，只有单独直接反映案件基本事实的证据才是核心证据。例如，在“刑民交叉型”诈骗犯罪案件中，被害人只能证明其将资金交付给犯罪嫌疑人，对犯罪嫌疑人的资产状况、经营模式、资金用途并不知悉，即使其声称对方系诈骗犯罪分子，也不能将单一的被害人陈述作为核心证据。（2）同案犯、对合犯供述。同案犯或对合犯检举、揭发的犯罪行为称为“攀供”，这种检举揭发的内容与检举揭发者自己的犯罪行为有密切联系，均属于犯罪嫌疑人、被告人供述的组成部分。由于犯罪嫌疑人自行供述与他人“攀供”分别属于不同信息来源，在对证据合法性、合理性进行审查的基础上，可以作为据以定案的核心证据。在一些公司化形式实施的犯罪案件中，即使犯罪嫌疑人拒不认罪，但其上级、同级或下级与其亲疏远近不同，一致指认其实施特定行为，可以将同案犯供述作为核心证据使用。但是，同案犯、对合犯之间存在“你轻我重”的利

① 向燕：《性侵未成年人案件证明疑难问题研究——兼论我国刑事证明模式从印证到多元“求真”的制度转型》，载《法学家》2019 年第 4 期。

② 刘艳燕：《以被害人陈述为核心构建性侵未成年人案件的证据标准》，载《人民司法》2015 年第 14 期。

益冲突，很可能存在避重就轻、推卸罪责的心态，对于“攀供”不能以一般的证人证言看待，其证明力应当弱于中立的第三方指认，在实物证据缺失的毒品犯罪、行受贿犯罪等案件中更是如此。如2008年《全国部分法院审理毒品犯罪案件工作座谈会纪要》规定，有些毒品犯罪案件，往往由于毒品、毒资等证据已不存在，导致审查证据和认定事实困难。在处理这类案件时，只有被告人的口供与同案其他被告人供述吻合，并且完全排除诱供、逼供、串供等情形，被告人的口供与同案被告人的供述才可以作为定案的证据。

（三）展示型

核心证据通常表现为言词证据，但也不排除以视听资料等客观性证据的形式出现。2002年《最高人民法院、最高人民检察院、海关总署关于办理走私刑事案件适用法律若干问题的意见》第4条规定，对走私犯罪嫌疑人提请逮捕和审查批准逮捕……一般按照下列标准掌握……有下列情形之一，可认为走私犯罪事实系犯罪嫌疑人实施的……（2）视听资料显示犯罪嫌疑人实施走私犯罪的……现代社会，视频监控技术广泛地应用于社会生活的各个领域，如公安机关在道路、治安卡口安装了安防监控探头，很多公司、企业也在其经营场所设置了视频监控系统，通过应用光纤、同轴电缆或微波在其闭合的环路内传输视频信号，实时、形象、动态地反映客观情况，并通过储存介质记录下来。作为一种证明案件事实的“科技证据”，案发现场的监控录像将犯罪的原始状况客观、准确、充分地记录下来，特别是通过高清摄像头或人脸识别技术拍摄的监控录像，能够展现与案件有关的人像、声音甚至犯罪发生的全部过程。然而，单一监控录像难以直接指向犯罪人，需要与鉴定意见、辨认笔录紧密联结，共同指向案件基本事实。关于如何建立录像人物与犯罪嫌疑人的同一性，可以通过两种方法：一种是“辨认法”。如果监控录像能够直观反映事物的独有特征，可以通过辨认等方式进行同一认定，不必将司法鉴定作为唯一、绝对的方法。例如，在聚众斗殴或多人共同实施的故意伤害犯罪案件中，现场监控录像的画面足够清晰，现有证据能够证实犯罪嫌疑人具备独特体型、衣着或行为方式的，可以安排知情人员对录像显示的人物逐一辨认，实现同一认定的目的。另一种是“鉴定法”。当监控录像的清晰程度难以达到辨认的要求，或是在场人员指认不一的情况下，仍然需要以视频、图像所载影像（人像、物像）为检材，其他影像或待检验客体（人、物）照片或者影像截图为样本，通过检材与检材，以及检材与样本的比对来判断两者之间是否为同一客体所反映的影像。①

案例 1

以犯罪嫌疑人供述作为核心证据

——孙某某故意伤害案

【基本案情】

孙某某与被害人寇某某相识，双方平日素无矛盾。2016 年 3 月 19 日晚，寇某某与李某某等人在一饭馆喝酒。2016 年 3 月 20 日凌晨 5 时许，孙某某与顾某某等人酒后找李某某谈事，遇到与李某某一起喝酒的寇某某。双方见面后，孙某某因言语不和与寇某某发生争执。寇某某随手拿起路边早餐店的圆凳，欲砸孙某某。孙某某用随身携带的折叠刀扎刺寇某某左胸部。后寇某某经抢救无效死亡，经鉴定，寇某某符合被他人用锐器（片刀类）刺击胸部左侧，造成心脏破裂、肺破裂，致急性失血性休克死亡。案发后，孙某某先是乘另一辆车跟随寇某某前往医院，但中途改变路线逃匿。2016 年 3 月 21 日，孙某某被公安机关查获归案。

【证据分析】

该案的证明难点在于能否认定孙某某持刀扎刺被害人的事实。现场多人能够证实案发经过，但无人目击孙某某持刀扎刺被害人，主要依靠孙某某供述建立证据体系。(1) 孙某某到案后供认犯罪事实，称“我看见他打我，就从自己的口袋

① 王永全主编：《声像资料司法鉴定实务》，法律出版社 2012 年版，第 429 页。

中拿出一把随身带的折叠刀，将折叠刀打开后冲着寇某某胸部扎了一刀，寇某某被扎了一刀后从地上拿起一把凳子又冲着顾某某过去了”。同时，孙某某供述案发后实施丢弃作案凶器、拆卸手机卡、逃匿等行为。（2）现场勘验笔录、尸体鉴定意见、DNA鉴定意见证实，寇某某死因和犯罪现场的痕迹、物证提取情况，其中现场血迹为寇某某所留，与孙某某供述的作案凶器、扎刺部位基本一致。（3）证人证言证实，现场只有孙某某、顾某某与被害人寇某某发生冲突，无其他人作案可能。其中一名证人看到孙某某手中拿刀，与寇某某有身体接触的只有孙某某一人。（4）报警人证言、孙某某朋友证言均为传来证据，报警人证实其听人说寇某某被孙某某扎伤，孙某某朋友证实其听孙某某自己说把人扎伤。（5）孙某某亲属证言证明，孙某某事后将手机卡交给亲属并逃匿。综上，其他证据能够从各个环节验证孙某某供述的真实性，足以认定孙某某持刀扎刺被害人的行为。

案例2

以被害人陈述作为核心证据

——姜某某盗窃案[①]

【基本案情】

2007年9月至2010年6月，姜某某在某市不同地区，采取撬锁或者溜门入室的手段实施盗窃14次，盗取他人财物价值共计31649元。

法院经审理后认为，姜某某以非法占有为目的，窃取他人财物价值共计31649元，其行为构成盗窃罪，判处有期徒刑七年，并处罚金2万元。宣判后，姜某某以一审判决认定的第2起、第8起事实中其所盗财物少于被害人陈述的被盗财物为由，提起上诉。法院经依法审理，裁定驳回上诉，维持原判。

---

① 唐俊杰、张显春：《[第848号] 姜某某盗窃案——被害人陈述的被盗财物与被告人供述不一致的，如何认定》，载最高人民法院刑事审判第一、二、三、四、五庭主办：《中国刑事审判指导案例4（侵犯财产罪）》，法律出版社2017年版，第327~330页。

【证据分析】

该案的证明难点在于如何认定姜某某盗窃财物的数额。姜某某一审当庭供认了指控的全部14起盗窃事实，但在起诉书指控的第2起、第8起事实中，其所盗财物少于被害人陈述的被盗财物，对起诉书指控的其他盗窃事实不持异议。其中，第2起只盗窃电脑1台和现金3000元，而非指控的电脑1台和现金13000元；第8起在606室只盗取电脑1台，而非指控的电脑1台和现金2000元。综合全案证据来看，可以将被害人陈述作为定案的核心证据。(1)从被害人身份及其与姜某某的关系来看，被害人陈某系酒类生意经营者，肖某某系财务公司工作人员，二被害人陈述的被盗财物符合各自的职业背景，没有超出一般人的经验和常识范围。在被害人品格上，二被害人无不良记录，与被告人姜某某素不相识，不存在诬告陷害的可能。(2)从被害人陈述时间和内容来看，这两起盗窃的被害人均系被盗当日即报警，各自陈述的被盗情况均有其他证据予以印证，真实可信。第2起盗窃被害人陈某陈述：“我是做酒生意的。今天10点左右，我从某公寓417室暂住处离开，15点左右返回，发现门锁还是好好的，但房间里的物品被翻乱，放在铁皮柜子里的13000元现金和放在柜子上的1台笔记本电脑被盗。现金13000元都是100元的面额，放在1个包里，包锁在铁皮柜子里，铁皮柜的锁被撬了。被盗的电脑是海尔牌W18型的，银白色外观，是2007年10月以4600余元的价格购买的。”第2起盗窃的现场勘验、检查笔录及照片证实：某公寓417室南边房间里的物品被翻乱，柜子被打开。柜边有1个黑色皮包。从地面的纸盒上用502胶熏显出指纹1枚，经鉴定为姜某某所留。第8起盗窃被害人之一王某某陈述（2010年3月30日17时）：“今天上午8时至16时许，我位于某小区601室的暂住处被盗组装电脑1台，配置不详，显示器是三星牌的。”第8起盗窃的现场勘验、检查笔录及照片，证实某小区606室、601室被盗后的情况。公安机关从601室提取到指纹1枚，经鉴定为姜某某所留。(3)从姜某某辩解的过程和内容来看，因无其他证据予以印证，且与被害人陈述存在较大矛盾，再加上姜某某的前后供述反复变化，综合判断，存在虚假的可能性，故不予采信。被告人姜某某在侦查和审查起诉阶段，一开始对全部盗窃事实均予以否认。当公安机关向姜某某说明在13起盗窃案的现场提取到的指纹与其指纹鉴定为同一的情况下，姜某某才对部分盗窃事实予以认罪，但仍拒不供认其中6起盗窃事实。一审期间，当法院向姜某某讲明适用普通程序审理“被告人认罪案件”可以酌情从轻处罚的法律后果后，姜某某才当庭供认实施了指控的14起盗窃，但又辩解第2起、第8起盗窃的财物少于被害人陈述的被盗财物。综上，如果被害人陈述的被盗财物多于被告人的供述，司法实践中比较普遍的做法是，当本证、反证的证明力相当，被盗财物难以查清的，依照“有利于被告人”原则，从低认定盗窃数额。但是，如果通过仔细审查被害人陈述和被告人供述，并综合全案相关证据进行分析，应当采信被害人陈述并排除被告人供述的，则应当依照被害人的陈述认定盗窃数额。

案例3

以证人证言作为核心证据

——王某某危险驾驶案[①]

【基本案情】

2011年5月1日4时43分，王某某酒后驾驶出租汽车，从某区出发，至一洗车店，并将车停在附近的马路上。王某某停车后辱骂并殴打洗车店人员，引发纠纷。接群众报警后，公安人员赶至现场将王某某抓获。经鉴定，王某某血液酒精含量为140.5毫克/100毫升。

法院认为，被告人王某某醉酒后驾驶机动车在道路上行驶，其行为构成危险驾驶罪。检察机关指控王某某犯危险驾驶罪的事实清楚，证据确实、充分，

① 王燕：《［第901号］王某某危险驾驶案——对未当场查获被告人醉酒驾驶机动车且系“零口供”的案件，如何通过证据审查定案》，载最高人民法院刑事审判第一、二、三、四、五庭主办：《中国刑事审判指导案例2（危害国家安全罪　危害公共安全罪　侵犯公民人身权利、民主权利罪）》，法律出版社2017年版，第218~219页。

指控的罪名和适用法律正确；关于王某某提出的其驾驶车辆前未喝酒的无罪辩解，与审理查明的事实不符，无事实根据，不予采纳。据此，依照《刑法》第133条之一、第52条、第53条之规定，以王某某犯危险驾驶罪，判处拘役二个月，并处罚金2000元。一审宣判后，在法定期限内王某某未提出上诉，检察机关系亦未抗诉，该判决已发生法律效力。

【证据分析】

该案的证明难点在于能否认定王某某醉酒驾车的事实。王某某虽然拒不供认醉酒驾车，但存在目击证人证言及对王某某的辨认笔录等直接证据，证实其属于醉酒状态驾车行驶。（1）在案发现场洗车店排队洗车的证人顾某、陈某、张某的证言和洗车店老板曹某的证言均证实，王某某驾驶出租车由北向南行驶，掉头停到洗车店对面马路，随后王某某下车辱骂并殴打曹某。当时王满嘴酒气；口齿不清，还打拉架的人。顾某、陈某立即打电话报警，随后赶到洗车店的民警将王某某当场抓获。（2）证人陈某、张某和被害人曹某均混合辨认出王某某系驾驶出租车的司机。虽然这些都是言词证据，难免受人的主观因素影响，但上述证人所述细节均能相互印证，一致证实王某某驾驶出租车在道路上行驶，以及停车、下车、发生纠纷直至被抓获的全过程，证明力较强。（3）上述证人均还证实，王某某开车、停车、下车的行为具有连续性，其间并未穿插王某某辩称的停车之后饮酒的行为，且王某某下车时已是满嘴酒气、口齿不清，呈现醉酒状态。综合上述直接证据，足以认定王某某醉酒驾驶的犯罪事实。

即使本案没有目击证人等直接证据，GPS记录、报警平台记录、抓获经过、血液酒精含量鉴定意见、王某某的供述及其妻子的证言等证据也能形成完整的证据体系，足以证实王某某在道路上醉酒驾车的事实。（1）调取的出租车运行GPS记录和报警平台记录证实，该车于案发当日4时43分从某区出发，4时47分行驶至洗车店的对面停车，此后该车停靠在路边再未行驶，4时52分群众拨打报警电话。GPS记录和报警平台记录属于书证，证明力较强，如实反映了出租车在道路上行驶的路线、时间以及发生纠纷、群众报警的时间等基本事实。该间接证据证实，王某某在洗车店对面停车与其在洗车店发生纠纷后群众报警的时间仅相距5分钟，在如此短的时间内基本上不可能完成大量饮酒、呈现醉酒状态、与他人发生纠纷并殴斗等一系列行为。因此，该组证据从时间上排除了王某某停车后饮酒并达到醉酒状态的可能，也印证了上述证人关于王某某停车后即下车并呈现醉酒状态的证言。(2) 抓获经过和血液酒精含量鉴定意见证实，民警将王某某抓获后，将其带至医院进行血液抽样检验。经鉴定，其血样酒精含量为140.5毫克/100毫升，属醉酒状态。(3) 虽然王某某及其妻否认王某某系酒后驾驶，但均承认系王某某本人驾驶出租车，排除了他人将车开至现场停放的可能性。故现有证据足以认定驾驶出租车到现场的人就是王某某。

王某某归案后虽然始终否认醉酒驾车，但其所作的无罪辩解存在自相矛盾、不合常理之处，反证了其辩解的虚假性。王某某在侦查阶段初次讯问时辩称，案发当日其与洗车店老板发生纠葛，为此产生不满，遂打电话联系其妻子，让妻子携带半瓶白酒与其一同前往洗车店找老板算账。二人驾车至洗车店对面停放以后，其与妻子到附近的小吃摊点了两个菜，其喝了半斤左右白酒，其妻子喝了一瓶啤酒。吃了约一小时后二人返回车上。其与妻子闲聊约15分钟，而后下车与他人发生纠纷。在侦查人员明示GPS记录显示的时间与其供述不符后，王某某以记不清为由辩解。在第二次讯问中，王某某改称，其与妻子前往现场之前在他处吃饭一小时左右，没有喝酒，到现场后停车喝酒，时间记不清了，与其第一次供述所称停车之后吃夜宵时喝酒的情节相矛盾。在一审庭审中，王某某又辩称，其开车到达现场停车后，与妻子一同到三五百米远的烧烤摊买了羊肉串，其在摊旁用大约4分钟时间喝下约半斤白酒，随后与妻子回到车上闲聊了两句，大约10秒钟后与他人发生了纠纷。王某某在短短的5分钟内完成上述行为明显不合常理，亦与证人证言证实的其停车后直接下车发生纠纷的情节相矛盾。对于其供述前后不一致的原因，王某某解释称酒后记不清楚。讯问笔录显示，王某某第一次接受讯问是从案发当日16时11分开始，此时距其归案已有11个小时，应处于比较清醒的状态，从其归案时血液酒精含量为140.5毫克/100毫升，并非深度醉酒的情况分析，其记忆力也未受到酒精的严重影响，故王某某对喝酒的时间和场合应有大致清晰的记忆。退一步而言，假设其第一次接受讯问时已记不清饮酒情节，其为何在案发30日之后开庭时（5月31日）反而能清楚记得案发前吃夜宵饮酒之事，这些都难以自圆其说，亦不符合常人的记忆规律。可见，王某某的无罪辩解前后不一，不合常理，且与在案的其他证据相矛盾，不足采信。

案例4

以同案犯供述作为核心证据

——周某某制造毒品案①

【基本案情】

2012年春节前，周某某请刘某某帮忙研制甲基苯丙胺（冰毒）的配方工艺，刘某某应允。后由周某某提供资金，刘某某单独或者伙同周某某购买了烧杯、加热套、乙醚、乙腈、甲胺水溶液、氯化苄等仪器设备与化学品，用于制造冰毒。同年6月，刘某某试制毒品成功。二人为购买制毒原料和运送毒品方便，由周某某出资11500元购买了一辆微型面包车。后经刘某某妻子于某某联系，周某某出资1万元，租用马某某位于某果园的住房，用作制毒地点。后二人又雇用于某帮助制造毒品。刘某某制造出的毒品均交由周某某保管。同年9月21日晚，周某某报警称其与他人有经济纠纷，公安机关介入后，周某某又提出刘某某吸毒并制造毒品。在周某某的带领下，公安机关于9月22日0时许在周某某母亲赵某某家中搜出周某某藏匿的白色粉末9袋共计102.24克（甲基苯

---

① 吴言军、赵丹：《［第1052号］刘某某制造毒品，周某某制造毒品、非法持有枪支案——“零口供”案件中如何把握证据裁判原则，准确认定犯罪事实》，载最高人民法院刑事审判第一、二、三、四、五庭主办：《刑事审判参考（总第101集）》，法律出版社2015年版，第121~126页。

丙胺含量为67%)；同日2时许，在果园租住房搜出烧杯装白色粉末202.45克(含量为35.7%)及制毒过程中产生的废液若干。同日，公安机关将刘某某抓获，刘某某供述了伙同周某某制造毒品的事实，周某某亦被抓获。

法院认为，被告人刘某某、周某某合谋制造毒品，周某某负责出资，刘某某负责制造，所制毒品数量大，其行为均构成制造毒品罪，且系共同犯罪。一审宣判后，被告人刘某某、周某某均不服，提起上诉。高级人民法院经公开审理认为，一审认定上诉人刘某某、周某某制造毒品的犯罪事实清楚，证据确实、充分，裁定驳回上诉，维持原判。

【证据分析】

该案的证明难点在于能否认定周某某制造毒品的事实。周某某到案后否认其实施犯罪，将提供房屋租金、购买车辆等行为推卸到同案犯刘某某身上，而刘某某则指认周某某实施犯罪，且与其他证据相互印证：(1) 关于周某某出资租房的事实。刘某某供述周某某通过妻子于某某联系租用马某某的房子，并由周某某出资1万元作为房租；周某某供认租房时在场，但辩解租金系刘某某所出；证人于某某证实帮助联系租住马某某的房屋；证人马某某证实，经于某某介绍，刘某某和周某某共同租住其房屋称合伙生产药物，且由周某某支付1万元房租，案发后马某某对周某某进行了辨认。可以认定刘某某的供述与两份证言所证吻合；周某某也承认租房时在场，与其他证据所证一致，但辩解租金系刘某某所出明显与房主证言相悖。(2) 关于周某某出资购买车辆用于制毒的事实。刘某某供述买车是其与周某某一起商量在制毒过程中使用，由周某某联系购买事宜，包括给车主打电话、与车主签订协议并出资；周某某亦供认以其名义买车的事实，但辩解因刘某某说没带身份证，才用其名字，且出资系借款；车主方某某证实，其将一辆微型面包车以11500元的价格卖给周某某，并对周某某进行了辨认；车辆转让协议书所载与方某某证言吻合。(3) 关于周某某出资购买制毒原材料的事实。刘某某供述由周某某出资，且陪同其一起购买过；

周某某供述与刘某某一同去购买化工原料三四次，其中一次以矿山老板儿子名义支付1万元货款；售货人宋某某证实，多次将乙醚等易制毒化学品卖给刘某某，周某某曾支付1万元，且刘某某曾用周姓银行卡付账并提成5000元；购货明细清单及宋某某开具的1万元收条可证实上述情况。(4) 关于周某某、刘某某二人共同雇用工人制毒的事实。刘某某供述与受雇人于某证言一致，均证实刘某某和周某某称合伙生产药物，周某某让于某来干活并许诺给予工资；周某某供述知道于某受雇干活的事实，但否认系其雇用。故能够认定周某某、刘某某二人共同雇用工人制毒的事实。(5) 关于周某某保管制成毒品的事实。刘某某供述生产出的毒品均交给周某某；公安机关从刘某某包中扣押的香烟包装纸片上，刘某某记载了给周某某送毒品的次数、数量及周某某给刘某某提供费用的部分花销情况，所载毒品数量与公安机关在周某某处所扣押毒品数量基本一致；提取笔录及扣押物品、文件清单证实公安机关在周某某母亲赵某某家提取、扣押毒品情况；证人赵某某证实，2012年八九月间，刘某某多次到家里，称与周某某一起研究买卖，后公安机关在其家搜缴9袋冰毒的事实；周某某对持有毒品一节事实予以供认。综合全案证据来看，可以将同案犯刘某某供述作为认定周某某实施犯罪的核心证据。

案例5

以监控录像作为核心证据

——闫某某故意杀人案

【基本案情】

闫某某与被害人石某某（女，殁年27岁）均暂住于某地下停车场房屋内。2016年12月10日凌晨2时许，闫某某因与石某某发生言语冲突，遂在地下停车场北侧通道，持砖块追打石某某。过程中，闫某某持砖块猛击石某某头面部6次，致石某某倒地，闫某某将砖块扔在现场附近后逃离。由于石某某尚未死亡，闫某某多次返回地下停车场查看石某某情况，但始终未拨打求救电话。2016年12月10日5时许，石某某被他人发现，送医救治无效身亡。经鉴定，石某某符合被他人用钝性物体多次打击头面部、双上肢，致颅脑损伤合并创伤失血性休克死亡。2016年12月10日，闫某某被公安机关查获归案。

【证据分析】

该案的证明难点在于能否认定闫某某故意杀人的事实。闫某某到案后供述有所反复，且该案发生于凌晨的地下停车场，除了闫某某和石某某之外并无目击证人。但是，公安机关从物业公司调取现场监控录像显示，案发地点有6组摄像头，涉及该案中心现场，能够反映作案人、被害人衣着、侵害手段、次数、侵害部位等，可以将监控录像作为核心证据，以此为基础确认闫某某的行为。(1) 监控录像显示，2016年12月10日2时34分，一男一女出现。男子在女子背身躲避的情况下，右手仍抓住女子衣襟，左手持物体，在追赶过程中持物体猛击女子头部6次以上。录像画面反映，在女子用手捂头躲避的情况下，男子仍然准确、持续击打女子头部。该男子案发后三次返回现场。女子在男子重返现场离去后尚未死亡，上肢尚有微弱活动。上述情况与闫某某供述相互印证。(2) 侦查人员抓获闫某某时，从其身上提取羽绒服1件、毛衣1件、外裤1条等物品，从石某某身上提取外衣1件、连衣裙1件等物品。从发现石某某被害到抓获闫某某时间不到3小时，结合闫某某并未更换衣裤的供述，可以确认闫某某作案时身穿衣物的特征（紫毛衣、蓝色裤子、头戴帽子）和被害人衣物特征（全身黑色），通过与监控录像中人物衣着的比对，可以作出同一认定。(3) 监控录像显示作案人曾在现场附近抽烟，而现场勘验笔录显示，该案中心现场位于某地下停车场，除了大量血迹和砖头碎片之外，还提取到烟蒂7枚，经鉴定，中心现场的烟蒂为闫某某所留。同时，监控录像显示作案人与被害人距离较近，且案发后从闫某某的外裤上提取到被害人血迹，足以认定闫某某曾经身处中心现场且与被害人发生过近距离接触。综上，闫某某故意杀害石某某的犯罪事实，可以监控录像为基础，通过物证、现场勘查笔录、证人证言等证据的相互印证，形成完整证据链条。

二、对核心证据进行有效固定

在建立直接证据体系的过程中，应当确保核心证据的稳定性，使其能够持续、充分发挥证明力。如果证明某一事实的各个证据都同样依赖于某一证据，那么，事件的或然性并不因为证据的多少而增加或减少，因为所有证据的价值都取决于它们所唯一依赖的那个证据的价值。[①] 2018 年修订的《刑事诉讼法》规定了认罪认罚从宽制度，以此缓解有限的司法资源与不断增长的案件数量之间的紧张关系，提升案件办理的质量和效果。犯罪嫌疑人自愿认罪认罚的，将会引发简化举证质证等法律后果，更突显了固定核心证据——犯罪嫌疑人供述的必要性。在认罪认罚案件中，即使犯罪嫌疑人曾经做出多次有罪供述，甚至在律师见证下签署认罪认罚具结书，庭审过程中仍存在提出无罪辩解的可能性，如果对核心证据的固定不够，一旦随后发生实质性变化，可能导致整个证据体系的坍塌，可采取以下固定方法：

（一）形式固定法

“供证一致”的案件中，任何一方改变原有的说法，都会对整个证据体系造成重大影响。即使犯罪嫌疑人、被告人稳定认罪，也不能降低证据固定的要求，使核心证据带着高度不确定性进入下一诉讼阶段。实践中，对言词证据通常采取“多位一体”的固定方法，主要包括：一是制作多份书面笔录。除了涉未成年人之外，对犯罪嫌疑人、证人、被害人进行多次讯问、询问，可以增加书面笔录的份数，增加言词证据的“厚度”。认罪案件中，如果犯罪嫌疑人在

① ［意］贝卡利亚：《论犯罪与刑罚》，黄风译，中国大百科全书出版社 1993 年版，第 19 页。

不同时间、地点接受不同司法人员讯问，供述内容基本一致的，将会极大地提升核心证据的证明力。二是制作自书材料。犯罪嫌疑人、目击证人、被害人可以亲笔书写犯罪过程、绘制作案工具、现场方位草图等，以及不为外人所感知的内心感悟等，形成与书面笔录的有效“互补”。三是制作同步录音录像。同步录音录像集“声、形、画”于一体，具有客观性、同步性、完整性、动态连续性等特点，可以重现侦查取证的时间、地点、人员和场景，有效弥补书面材料的不足，已经成为言词证据的主要固定方式。四是特定人员在场见证。2018年修订的《刑事诉讼法》第174条规定，犯罪嫌疑人自愿认罪，同意量刑建议和程序适用的，应当在辩护人或者值班律师在场的情况下签署认罪认罚具结书。律师对犯罪嫌疑人签订认罪认罚具结书的过程进行见证，实际上是对有罪供述的进一步固定。此外，2018年修订的《刑事诉讼法》第281条规定，对于未成年人刑事案件，在讯问和审判的时候，应当通知未成年犯罪嫌疑人、被告人的法定代理人到场。无法通知、法定代理人不能到场或者法定代理人是共犯的，也可以通知未成年犯罪嫌疑人、被告人的其他成年亲属，所在学校、单位、居住地基层组织或者未成年人保护组织的代表到场，并将有关情况记录在案。合适成年人到场制度，既是对未成年人诉讼权利的保障，也起到了固定核心证据的作用。

证据法理论中，情态证据（Demeanor Evidence）是指被告人或证人的面部、声音或身体等各部分及其整体上表现出来的能够证明案件事实的材料。[①] 讯问笔录中，一些富有经验的讯问人员会记录犯罪嫌疑人供述前后的表情和心理变化，如“哭泣”“沉默”“沉思若干分钟”等，这些信息就是情态证据的体现。传统观点认为，用以认定事实的证据应是静态的、可以在复审程序中反复检验的证据，神态举止这类需要人的主观意识进行捕捉和评价的动态证据，不应纳

① 蔡艺生：《论情态证据的产生与认知原理》，载《河南师范大学学报（哲学社会科学版）》2015年第2期。

入证据的范畴。[①] 1999年《最高人民检察院关于CPS多道心理测试鉴定结论能否作为诉讼证据使用问题的批复》规定，CPS多道心理测试（俗称测谎）鉴定结论与刑事诉讼法规定的鉴定结论不同，不属于刑事诉讼法规定的证据种类。测谎仪是对自然人各种生物参量的测试，不是对案件事实本身的认定，由于自然人的生理状况和认知能力存在差异，不能确保测谎结论的精确无误。人民检察院办理案件，可以使用CPS多道心理测试鉴定结论帮助审查证据，但测谎仪的测试结果只能成为侦查工作的向导，不宜将测谎仪的测试结果作为定案根据。[②] 随着同步录音录像制度的确立，情态证据已经进入刑事诉讼。实践中，翻供、翻证的常见理由包括“刑讯逼供”“暴力、威胁”“笔录内容与表述不一致”“笔录未经本人阅签”“对发问理解错误”等。为了形成对核心证据的有效固定，可以运用同步录音录像这一特殊证据类型。主要包括两种情形：

第一种情形是，核心证据存疑时，可以运用同步录音录像进行证明。2013年《最高人民法院刑事审判第二庭关于辩护律师能否复制侦查机关讯问录像问题的批复》规定，侦查机关对被告人的讯问录音录像已经作为证据材料向人民法院移送并已在庭审中播放，不属于依法不能公开的材料，在辩护律师提出要求复制有关录音录像的情况下，应当准许。2019年《人民检察院刑事诉讼规则》第76条规定，对于提起公诉的案件，被告人及其辩护人提出审前供述系非法取得，并提供相关线索或者材料的，人民检察院可以将讯问录音、录像连同案卷材料一并移送人民法院。2021年《最高人民法院关于适用〈中华人民共和国刑事诉讼法〉的解释》第54条规定，对作为证据材料向人民法院移送的讯问录音录像，辩护律师申请查阅的，人民法院应当准许。（1）如果被告人提出侦查人员对其进行非法取证，法庭决定启动非法证据排除程序的，公诉人可以通过当庭播放同步录音录像，证明取证过程的合法性。例如，在一起抢劫犯罪案

① 周洪波：《比较法视野中的刑事证明方法与程序》，载《法学家》2010年第5期。

② 李忠诚：《论犯罪嫌疑人、被告人的供述和辩解》，载《国家检察官学院学报》2001年第3期。

件中，同步录音录像显示，犯罪嫌疑人对于实施犯罪的时间、地点、数额等细节均有自然的回忆过程和清晰的供述，尤其是在交代作案的过程时，犯罪嫌疑人在没有受到任何提示或者发问的前提下，主动对自己当时的心理状态进行了细致的描述，承认第一次犯罪时较为紧张，之后自己的心态从害怕、犹豫到心安理得，直至发展到无所顾忌，增强了对有罪供述的内心确信。（2）如果犯罪嫌疑人、被告人提出供述非本人真实意思表示，即使法庭没有启动非法证据排除程序，公诉人也可以当庭播放同步录音录像，证明犯罪嫌疑人供述的自愿性。例如，在一起运输毒品犯罪案件中，犯罪嫌疑人在刚被抓获后做了有罪供述，后当庭翻供，辩解其系在刚吸食完毒品的迷幻状态下做出了虚假供述。公诉人在庭审中播放同步录音录像，显示犯罪嫌疑人作出有罪供述时意识清楚、逻辑清晰、语言流畅，对于运输毒品的时间、地点、犯罪手段等细节均有自然的回忆过程，从神态、身体动作来看并未呈现迷幻状态，建议采信其有罪供述。

第二种情形是，核心证据足以采信时，可以不予出示同步录音录像。2021年《人民检察院办理认罪认罚案件听取意见同步录音录像规定》第12条规定，同步录音录像是人民检察院办理认罪认罚案件的工作资料，实行有条件调取使用。通常认为，案卷材料包括案件的诉讼文书和证据材料。讯问犯罪嫌疑人录音、录像不是诉讼文书和证据材料，属于案卷材料之外的其他与案件有关的材料，辩护人未经许可，无权查阅、复制。在人民检察院审查起诉阶段，辩护人对讯问活动合法性提出异议，申请排除以非法方法收集的证据，并提供相关线索或者材料的，可以在人民检察院查看（听）相关的录音、录像。在人民法院审判阶段，人民法院调取讯问犯罪嫌疑人录音、录像的，人民检察院应当将讯问录音、录像移送人民法院。2021年《最高人民法院关于适用〈中华人民共和国刑事诉讼法〉的解释》第74条规定，依法应当对讯问过程录音录像的案件，相关录音录像未随案移送的，必要时，人民法院可以通知人民检察院在指定时间内移送。人民检察院未移送，导致不能排除属于刑事诉讼法第五十六条规定的以非法方法收集证据情形的，对有关证据应当依法排除；导致有关证据的真实性无法确认的，不得作为定案的根据。审判过程中，犯罪嫌疑人供述主要以讯问笔录的形式出现，是否移送同步录音录像应根据案件的具体情况确定。控方有三种情形可不予出示同步录音录像：其一，被告人及其辩护人对于讯问笔录的合法性、真实性不持异议的；其二，被告人及其辩护人对于讯问笔录的合法性、真实性提出疑问，但法庭经审查决定不予启动非法证据排除程序，不影响证据合法性、真实性的判断；其三，法庭决定启动非法证据排除程序，但控方根据现场执法音视频记录、被告人进出看守所的健康检查记录等，足以说明取证合法性的。

（二）内容固定法

核心证据不仅要反映案件基本事实，还要符合事物发展的客观规律，涵盖亲历性感知的各种细节，与其他证据环环相扣，从多个角度形成对其真实性的内心确信。古代刑事诉讼中，司法人员对案情叙述总结出七项基本要求：一是口供要确，所谓“确”，并不完全指事实，而是口供需符合情理，没有破绽。二是情形要合，即“情者，彼此之情事也；形者，当日之形象也”。三是情节要明，所谓“情者，两造起衅之由也；节者，此事先后之层次也”。四是阵线要清，即“一人如此供，他人亦如此供，如针线之缝衣，任其横直，路数碧清，无不贯串”。五是来路要明，指以上的情节来龙去脉要交代清楚。六是过桥要清，过桥是指“凡事先是如此，后则如彼”，彼此之间要有自然过渡，使读者不至迷失方向。七是叙次要明，即层次分明，结构完整。[①] 对盗抢、命案等重大犯罪案件，要求重点审查器杖、货财等物证，建立物证与涉案人员的关联性，“欲知其实情显迹必须穷其党与，索其赃杖焉”“验其赃杖，必详究其制造物色，形状之殊，大小、新陈、利钝之实，某物因某而得，某人因某而来，某执

① 陆永棣：《落日残照——晚清杨乃武冤案昭雪》，北京大学出版社2018年版，第123~124页。

某器械，某得某货财，所经由也何处，所证见也何人”。[①]

有的案件中，尽管犯罪嫌疑人自愿认罪或证人自愿作证，但存在固定不到位的问题，给证据体系的稳定性留下隐患。如言词证据涉及某笔经济往来，但没有讯问经济往来的原因、时间、地点、经手人、钱款转移方式、钱款去向等细节，给事后翻供、翻证留下了较大空间。为了对基本事实形成“稳定证明”，核心证据应涵盖以下内容：（1）罪中事实的细节。除了反映犯罪构成事实之外，还包括不影响定罪量刑的事实细节，通过作案时间、地点、动机、目的、经过、罪后表现等要素，甚至是涉案物品的特征、案发前后的天气、案发前后的重大社会事件等，形成对基本事实的固定。例如，在一起受贿犯罪案件中，行贿人证实某天下午到犯罪嫌疑人的办公室里，送给其 5 万元现金，所送的现金有一个特征，就是这些钱被分成 5 捆，每捆 1 万元，分别装在两个档案袋内，受贿人和行贿人都证实了这一细节，后期尽管受贿人翻供，但 5 万元分成 5 捆分别装在两个档案袋内这个独特细节具有较强的亲历性。（2）罪前、罪后事实。核心证据应当包括犯罪起因、案发经过和罪后表现的完整过程，包括犯罪嫌疑人与被害人的关系、犯罪的预谋、准备情况、犯罪嫌疑人案发前的活动情况、案发后的表现等，形成对犯罪事实的包裹和检验。例如，在一起盗窃犯罪案件中，犯罪嫌疑人除了供述盗窃经过之外，还供述了获取钱款后购买车辆的过程，包括购买车辆的时间、地点、转账方式、数额等，与银行转账记录等证据相互印证。（3）实物证据的关联事实。不能将言词证据与实物证据割裂开来，一旦提取到作案凶器、赃款赃物、银行转账记录、合同文件等关键证据，应围绕实物证据对犯罪嫌疑人开展关联性、情景性的讯问，及时安排犯罪嫌疑人进行辨认、指认。即使没有提取到实物证据，也要追问只有作案人才能体会到的亲历性感知，包括物品特征（颜色、形状、内容等），物品来源（如何获

① （明）丘濬：《大学衍义补·谨详谳之议》。转引自祖伟：《中国古代证据法文化透视——以语词“供”“证”为中心》，载《辽宁大学学报（哲学社会科学版）》2012 年第 4 期。

得、如何带入现场等），物品去向（丢弃的路线、地点等）等，证明该物品曾经真实存在。例如，在一起故意杀人犯罪案件中，犯罪嫌疑人前期承认实施犯罪，指出作案的工具是一根铁棍，作案后扔到一个水塘中。但是，公安机关没有对铁棍的来源、特征进行查明，后按照犯罪嫌疑人所指的水塘进行抽水打捞，由于种种原因没有打捞出所说的铁棍，该案的作案工具始终没有找到，成为影响案件处理的最重要因素。[①]

案例 6

核心证据未得到有效固定

——胡某故意杀人、强奸案[②]

【基本案情】

胡某于2009年4月20日因涉嫌犯故意杀人罪、强奸罪被逮捕。湖北省襄阳市人民检察院以被告人胡某犯故意杀人罪、强奸罪，向襄阳市中级人民法院提起公诉。襄阳市人民检察院指控：被告人胡某和被害人苏某（女）系同村村民。2009年4月12日上午，胡某在其房子后的公路上遇见苏某，遂产生强奸之念。胡某将苏某拽至公路下方的一平地，强行与苏某发生了性关系。苏某扬言要告发胡某，胡某持随身携带的镰刀朝苏某的颈部猛割一刀，并用镰刀背部砸击苏某的阴部数下，致苏某颈部甲状腺上动脉破裂，失血性休克死亡。胡某从苏某身上搜出现金人民币50余元后逃离现场。

襄阳市中级人民法院经审理认为，检察机关指控被告人胡某强奸杀害苏某的事实不清、证据不足，指控的犯罪不能成立，遂建议检察机关撤回起诉。

---

① 许昆、王峥：《公安机关侦办命案收集证据工作存在问题的检讨》，载《公安研究》2009年第1期。

② 闫宏波、关键、靳谢兵：《［第927号］胡某故意杀人、强奸罪案——除供述外没有指向明确的证据，且供述不稳定、与其他证据相矛盾的案件，不能作出有罪判决》，载最高人民法院刑事审判第一、二、三、四、五庭主办：《中国刑事审判指导案例7（刑事诉讼法）》，法律出版社2017年版，第148～152页。

2010年1月检察机关提出撤回起诉申请，同年2月，襄阳市中级人民法院裁定准予撤诉。后侦查机关在现场勘查时从被害人苏某阴道内检出了精斑，通过全国DNA数据库弹出比中通报：从苏某阴道内提取的精斑DNA分型与因犯强奸罪被判刑的赵某某的DNA分型一致。经讯问，赵某某供认了抢劫、强奸及杀害苏某的事实。同年12月，侦查机关将赵某某和苏某丈夫的血样送检，经DNA鉴定，苏某体内的精液系赵某某所留。同年12月，赵某某因被发现漏罪被提起诉讼。2011年11月，襄阳市中级人民法院以故意杀人罪、抢劫罪、强奸罪并罚，判处赵某某死刑，剥夺政治权利终身，并处罚金人民币2000元，与原犯强奸罪判处的刑罚（有期徒刑十二年）并罚；决定执行死刑，剥夺政治权利终身，并处罚金人民币2000元。宣判后，赵某某提出上诉。2012年5月，湖北省高级人民法院裁定驳回上诉，维持原判，并依法报请最高人民法院核准。同年10月，最高人民法院裁定核准赵某某死刑。

【证据分析】

该案的证明难点在于能否认定胡某故意杀害、强奸被害人的事实。尽管胡某做出有罪供述，但不能排除非法取证嫌疑，除此之外没有指向性明确的实物证据和言词证据。（1）胡某的有罪供述不排除通过非法手段获取。胡某翻供称其没有强奸杀害被害人，之前的有罪供述系因侦查人员不让其睡觉，其被迫编造的。根据卷宗中记载的讯问时间和地点看，侦查人员对胡某的前5次审讯是在看守所以外的场所进行的，其中有2次审讯是在凌晨。尽管没有直接证据证实侦查人员采取殴打、体罚等暴力方式对胡某刑讯逼供，但从审讯时间上分析，胡某称侦查人员不让其睡觉、对其变相刑讯逼供的可能性较大，故其所作有罪供述的证明力较低。（2）根据胡某的有罪供述，未能在现场提取到相应痕迹。根据胡某所作的有罪供述，现场或者被害人体内应当留有胡某的精斑；胡某割被害人颈部所用的镰刀及其所穿的衣服上应有被害人的血迹。但现场及被害人体内没有提取到胡某的精斑，也未从胡某的镰刀及其所穿的衣服上检出被害人的血迹。胡某始终未供述侦查机关掌握之外的隐蔽性情节，且有些细节的供述前后不一。(3) 胡某的有罪供述与现场勘查笔录、尸体鉴定意见存在诸多矛盾之处。胡某称作案时见被害人未穿内裤，但现场勘查情况是被害人穿有内裤；胡某称其强奸时射精了，但卷内没有反映从苏某阴道内检出精斑的材料；胡某称其持镰刀割了被害人颈部1刀，但被害人颈部有一大一小2处创口；胡某称其持镰刀砸击过被害人阴部，但被害人阴部没有挫伤，且在胡某的镰刀上未检出DNA成分；胡某称用1条细绳勒过被害人颈部，并将细绳扔在现场，但现场并未发现任何细绳；现场树枝上有触摸血迹、现场地上有莲藕，但胡某对这些情节并未作任何供述。上述矛盾，有些可以用记忆误差或者以侦查人员讯问遗漏来解释，而有些则难以用记忆误差来解释。如对被害人是否穿有内裤、是否持镰刀砸击过被害人阴部等重要细节。若胡某确系凶手，不可能对此记忆不清。综上，胡某的有罪供述缺乏同步录音录像的固定，其内容存在诸多不合常理之处，不能以此为核心建立证据体系。

案例7

核心证据未得到有效固定

——王某某、孙某某销售假冒注册商标的商品案

【基本案情】

犯罪嫌疑人王某某、孙某某系夫妻关系。2019年2月至2020年8月，王某某、孙某某在废弃的种植大棚内，通过私自开凿的机井抽取地下水，经过简单沉淀和过滤，进行灌装、塑封、贴标后，假冒多个知名品牌的桶装水销售，同时销售自创品牌（未注册）的桶装水。王某某、孙某某通过现金及网络转账的方式，以每桶1.8元至2元不等的价格分销给潘某某、杨某某、秦某某、姚某某、王某1、武某、王某2、王某3等人。后民警从犯罪嫌疑人王某某、孙某某处起获防伪码、烫封机、商标等物品，从潘某某、杨某某等人处起获涉案品牌桶装水及

空桶等。2020年8月14日，犯罪嫌疑人王某某、孙某某被公安机关查获归案。

【证据分析】

该案的证明难点在于如何认定王某某、孙某某的犯罪数额。根据我国刑法规定，销售假冒注册商标的商品罪属于数额犯，除了查明行为人是否销售假冒注册商标的商品之外，还要查明犯罪数额是否达到刑事追诉的标准。现有证据中犯罪嫌疑人供述、证人证言、网络支付记录、司法鉴定意见等能够证实犯罪嫌疑人王某某、孙某某在未经权利人许可的情况下，通过私自灌装、包装及贴标等方式制作假冒注册商标的桶装水出售给他人的事实。此外，关于犯罪数额的证据包括：(1) 犯罪嫌疑人王某某、孙某某到案后均做有罪供述，对销售假冒品牌桶装水的行为供认不讳。犯罪嫌疑人王某某供称通过网络和现金收款，营业额大概人民币8万元，已售桶装水中包含一部分没有商标注册证的杂牌桶装水。犯罪嫌疑人孙某某供称假冒的商标既包括知名品牌，另有一些贴的杂牌标识，其间通过网络和现金收款，营业额大概6万元。(2) 两名犯罪嫌疑人供述主要通过两个网络账户收款，据调取的网络转账及交易记录，王某某、孙某某向下家销售的品牌桶装水数额不足3万元。此外，王某某、孙某某与涉案多名下家通过现金方式交易的并没有账本记载。(3) 证人潘某某、杨某某等人的证言亦能证实从王某某、孙某某处购进假冒品牌桶装水的犯罪事实，总体数额高于5万元，但由于二人的销售金额中包含了杂牌水的部分，且无法区分，在没有账本等客观性证据佐证的情况下，言词证据的证明力显然较低。此外，部分证人证言前后发生变化，如姚某某到案后称同时购进品牌水和杂牌水，后期称仅仅购入品牌水。综上，本案的特点是品牌水与杂牌水混同销售，尽管犯罪嫌疑人王某某、孙某某到案后能够稳定供述，但未调取到完整的网络转账记录、桶装水销售记录等客观性证据进行验证。虽有同案犯供述相互印证，但向下家销售的桶装水中包含杂牌水，无法厘清其中涉及品牌水的数量，对于品牌水的购买金额纯粹依靠主观估算，加之部分证人证言前后发生变化，导致核心证据的稳定性不足，真实性存疑。

三、围绕核心证据组织验证证据

在核心证据得到有效固定之后，应当围绕核心证据反映的内容，寻找能够说明其真实性的验证证据，使两者包含的事实信息发生完全重合或部分交叉，共同指向案件事实。对此可以从两个角度进行理解：一是案件只有一项有罪证据，由于该证据形成了“孤证”，得不到任何其他证据的印证，处于真伪难辨、虚实不明的状态，裁判者当然无法仅凭孤证来认定案件事实；二是案件存在若干项有罪证据，都能够证明犯罪事实的某一环节或者片段，但它们相互之间不存在任何事实信息的重合与交叉，而只是孤立地存在，彼此无法得到任何形式的印证或者佐证，也不能据此认定案件事实。[①] 从证据之间的逻辑关系来看，证据印证可以分为单向和双向印证。单向印证适用于言词证据补强，通过辅助证据来增强主证据的证明力，既可以通过同一来源的证据进行补强，也可以通过不同来源的证据进行补强。双向印证适用于包含实物证据在内的各类证据，印证各方的地位平等，并不存在主次地位的差别，由于该类印证以认定案件事实为目的，对印证各方的要求更高，进而形成较为稳定的印证结构。验证证据应符合以下条件：

（一）验证证据的来源

口供等言词证据具有反复、易变等特点，如果只有单一的言词证据，缺乏其他证据印证的，难以确定其真实性，不足以认定案件事实。据此，验证证据的信息来源应当具有独立性，不能是同一核心证据的其他形式或衍生的传来证据。在古代刑事诉讼中，司法人员注意到“供”“证”不能相互混淆，宜采取

---

① 陈瑞华：《论证据相互印证规则》，载《法商研究》2012年第1期。

"隔别问供法"，"凡审大案，必须将犯证分开数处，毋令聚在一处。官所问之话，所录之供，不得令案内一人知之，一人问之。盖犯证见官审案，雾颜温语，并无喝令掌责、刑吓等情，以为前所取之供乃官所喜闻者，未有不随声雷同者，如此则真情何由得？莫若将犯证分开先后，带案细讯。情真者，则供必吻合，所谓事真难假是也；若非真情，则必言人人殊，往往彼此参差不合，所谓事假难真是也"。[①] 在现代刑事诉讼中，分别收集言词证据已上升为强制性法律规定，防止事实信息的来源受到污染或不当干扰。2018 年修订的《刑事诉讼法》第 124 条规定，询问证人应当个别进行。2019 年《人民检察院刑事诉讼规则》第 182 条、第 193 条规定，人民检察院办理直接受理侦查的案件，讯问同案的犯罪嫌疑人，应当个别进行。询问证人应当个别进行。第 260 条规定，审查逮捕和审查起诉过程中，讯问犯罪嫌疑人，询问证人、鉴定人、被害人，应当个别进行。第 402 条规定，法庭审判过程中，讯问共同犯罪案件的被告人、询问证人应当个别进行。2020 年《公安机关办理刑事案件程序规定》第 202 条规定，讯问同案的犯罪嫌疑人，应当个别进行。第 210 条规定，询问证人、被害人应当个别进行。第 259 条规定，几名辨认人对同一辨认对象进行辨认时，应当由辨认人个别进行。

实践中，应注意以下证据类型：其一，同步录音录像。2016 年最高人民法院、最高人民检察院、公安部《关于办理刑事案件收集提取和审查判断电子数据若干问题的规定》第 1 条规定，以数字化形式记载的证人证言、被害人陈述以及犯罪嫌疑人、被告人供述和辩解等证据，不属于电子数据。我国《刑事诉讼法》规定的 8 种证据种类相互交叉，如同步录音录像具有视听资料、电子数据的形式特征，本质上又属于犯罪嫌疑人供述。同步录音录像与讯问笔录内容一致的，可以增强讯问笔录的证明力。但是，两者的信息均来源于犯罪嫌疑人，

---

① 郭成伟主编：《官箴书点评与官箴文化研究》，中国法制出版社 2000 年版，第 274 页。

在缺乏其他证据的情况下，仍然属于“孤证”的范畴。其二，技术侦查证据。技术侦查证据的收集、固定一般与犯罪实施过程同步，犯罪嫌疑人通常难以察觉，在证明犯罪事实上具有客观、真实、准确的优势。如果技术侦查证据仅仅是犯罪嫌疑人单方的意思表示，本质上仍属于口供的补强证据；如果技术侦查证据包含了犯罪嫌疑人与他人的对话，介入独立信息来源的，可以据此建立证据体系。其三，犯罪嫌疑人自行书写的日记、信件或传来证据。有的案件中，犯罪嫌疑人供认实施了犯罪，又提取到记载其实施犯罪的日记、信件等客观性证据。有的案件中，犯罪嫌疑人出于鼓吹、炫耀等动机，案发后向他人转述犯罪行为。上述证据可以对口供进行补强，但由于证据信息来源同一，不能仅仅据此建立证据体系。其四，物证、书证。如果犯罪嫌疑人供认其丢弃作案工具、埋藏赃款赃物的地点，侦查人员据此从上述地点提取到相应物证、书证的，物证、书证蕴含的信息具有独立性，可以据此建立证据体系。

（二）验证证据的内容

为了达到定案的标准，对于口供需要证据印证的范围，理论界存在两种不同的观点：第一种观点是“罪体说”，认为“罪体”需要证据印证，但对于何谓“罪体”又存在不同认识。（1）“罪体”是犯罪行为造成的客观损害事实（例如有尸体损害）；（2）除犯罪行为造成的结果事实以外，“罪体”还包括该结果由犯罪行为所产生的因果关系（如尸体是他杀的尸体），该种观点为通说；（3）除了犯罪行为、结果外，“罪体”还应包括被告人与犯罪人具有同一性，即能够表明是被告人实施了犯罪的行为（如尸体是被告人所杀害的尸体）。第二种观点是“实质说”，主张其他证据不必证明犯罪嫌疑人供述所涉及的全部犯罪构成要件事实，只要能够补强、担保供述之事实的真实性即可。[①] 笔者认为，“实质说”的内容较为概括，难以为司法人员提供具体的操作标准。与之

① ［日］田口守一：《刑事诉讼法》，张凌、于秀峰译，中国政法大学出版社2010年版，第268页。

相对，“罪体说”比“实质说”的可操作性更强，能够对司法裁量权进行必要的限制，有利于确保案件质量。由于主观明知、犯罪目的属于自然人的内心活动，验证证据的范围应限定于犯罪客观事实，包括犯罪手段、工具、对象、结果、因果关系等事实要素。例如，在一起故意杀人犯罪案件中，犯罪嫌疑人供述其与被害人产生经济纠纷，然后实施杀人行为，现有证据能够证明其与被害人确有债权债务，但在其他方面没有任何证据支持，无法说明口供的真实性，不能据此形成证据体系。

在犯罪嫌疑人、被告人作出有罪供述的情况下，对于“被指控的犯罪是否为被告人所实施”是否需要证据印证存在一定争议。有的案件中，犯罪嫌疑人、被告人自认实施犯罪，在案还提取到具有人身指向性的证据，如目击证人指认、现场监控录像识别或被害人身上留有犯罪嫌疑人的DNA等，这是较为理想的印证状态。然而，考虑到案件情况的复杂性和侦查取证的局限性，对所有的验证证据都要求具有人身指向性并不现实。对于案发时间久远、“一对一”作案等案件，如果无法提取到具有人身指向性的证据，但是犯罪嫌疑人、被告人供述了非亲历不能知悉的事实情节，与其他证据形成了高度契合，同样可以建立直接证据体系。即便是判处死刑案件，在无现场目击证人、监控录像、同案犯供述等证据的前提下，证据数量的多少，以及是否有与被告人作同一认定的DNA鉴定意见、指纹等证据，并不是所有判处死刑案件的必要条件。①

（三）验证证据的数量

古代刑事诉讼中，对于涉案当事人身份不适合拷讯的案件，曾经对据以定案的证据数量作出规定，必须依靠证人证言且必须是三人以上明证其事，由此形成“据众证定罪”的独立规则，并衍生出“一人供听，二人供信，三人供定”的司法理念。② 现代刑事诉讼遵循“孤证不能定案”的要求，尽管犯罪嫌

---

① 杨锐、吴含中：《无客观证据与被告人作同一认定的证据分析》，载《人民司法》2014年第8期。

② 《唐律疏议·断狱》，刘俊文点校，法律出版社1999年版，第590页。

疑人、被告人稳定认罪，但是验证证据的最低数量是一个，否则不能建立证据体系。应当注意两种情形：一是关于客观行为的验证。有的“仙人跳”型敲诈勒索犯罪案件，虽然犯罪嫌疑人、被告人供认利用网络招嫖等手段敲诈多人，但部分被害人担心受行政处罚和顾虑社会影响，在公安机关取证时拒绝配合，不承认曾经遭受敲诈勒索，无法形成证据体系。有的行受贿犯罪案件，即使受贿方认罪甚至退缴财物，使司法人员形成其实施犯罪的极大内心确信，但是行贿方拒绝承认犯罪事实，且无其他证据相互印证的，难以验证犯罪嫌疑人供述的真实性。二是关于主观方面的验证。在有的非法集资犯罪案件中，犯罪嫌疑人系涉案公司的财务人员，供称明知集资模式不可持续，表面上看似具备非法占有目的，但综合全案证据来看，该财务人员与控制资金流向的主犯无密切关系，按月领取较低固定薪酬，不掌握涉案公司的全部收付款账户，亦无其他人员指认主观明知，该供述仍然属于“孤证”的范畴。

鉴于司法实践的复杂性，法律无法规定验证证据的数量上限，由司法人员根据具体案情进行裁量。一方面，要评估核心证据的证明力。2018 年《人民检察院公诉人出庭举证质证工作指引》第 22 条规定，被告人认罪的案件，对控辩双方无异议的定罪证据，可以简化出示，主要围绕量刑和其他有争议的问题出示证据。犯罪嫌疑人到案后即作出稳定供述，甚至适用认罪认罚从宽程序的，由于口供得到了认罪认罚具结书的固定且有律师在场见证，对验证证据数量的要求相对较低；犯罪嫌疑人虽然作出有罪供述，但供述细节前后不一甚至存在疑问的，需要运用更多的验证证据，对口供的真实性细致分析。另一方面，要评估验证证据的证明力。验证证据可以通过 DNA 鉴定等进行同一认定的，对核心证据真实性的判断更加容易，所需证据数量相对较少；只能证明案件事实的某个环节片段的，需要更多数量的证据进行验证。总体而言，客观性证据的证明力强于言词证据，原始证据的证明力强于传来证据，隐蔽性证据的证明力强于非隐蔽性证据。

（四）验证证据的种类

古代刑事诉讼中，对于人犯稳定认罪、情节较轻的命案，可以适度降低验证证据的标准，如《皇明条法事类纂》规定了尸体免检的例外情形，“其情轻不该偿命者，并诬告、图赖等项人命，及被情输服者，止许明白相视，悉免检验。照例发落。毋得一概检验，庶使民不繁扰”。在人命案中，如果情节轻，不需要偿命并且被告人服罪的，免检。免检制度的设立是为了节约司法成本，在不影响案件定性的前提下，省去了司法人员一些繁复的工作，同时满足了尸亲保全尸身的愿望。[①] 现代刑事诉讼中，定罪对证据形式和内容的要求极为严格，对于命案等重大案件的实行犯，即使犯罪嫌疑人、被告人自愿认罪，也应当通过客观性证据对口供进行检验。但是，刑事证明不能机械地“纠结”某一证据种类，过多关注和追求外在形式，必然会陷入刑事证明的困境。

刑事证明过程中，同一事实可能存在多个证明方向大致相同的证据，如果某一类型的证据能够直接、稳定地指向待证事实，具有较强的证明力，可以称为“最佳证据”，应当优选该种证据建立证据体系。司法实践的情况极为复杂，当“最佳证据”无法收集、已经灭失或被依法排除的情况下，可以退而求其次，运用其他类型的“替代证据”建立证据体系。应综合考虑取证“成本”和“收益”，灵活运用不同类型的验证证据。所谓“收益”，可以将其描述为对正当目的的实现程度，如通过搜查犯罪嫌疑人住所采集到的证据对证明案件事实的作用究竟有多大。所谓“成本”包含两个层面：一是法益成本，对宪法保护的权利所造成的干预，本身就构成一种司法执行的成本；二是资源成本，该成本包含对时间资源、财政资源、人力资源等的消耗。[②] 常见情形包括以下五种：

一是犯罪行为的认定。危险驾驶犯罪案件中，血液酒精含量鉴定意见是认

---

① 《皇明条法事类纂（卷四十六）》《刑部类》，载刘海年、杨一凡主编：《中国珍稀法律典籍集成（乙编）》（第 5 册），科学出版社 1994 年版，第 833 页。

② 裴炜：《比例原则视域下电子侦查取证程序性规则构建》，载《环球法律评论》2017 年第 1 期。

定醉驾行为的“最佳证据”，因特殊情况无法提取的，可以运用其他替代证据进行验证。2013年最高人民法院、最高人民检察院、公安部《关于办理醉酒驾驶机动车刑事案件适用法律若干问题的意见》第6条规定，犯罪嫌疑人经呼气酒精含量检验达到本意见第一条规定的醉酒标准，在抽取血样之前脱逃的，可以以呼气酒精含量检验结果作为认定其醉酒的依据。又如，对于黑社会性质组织犯罪案件侦查取证难度大，“四个特征”往往难以通过实物证据来加以证明。对此，2015年《最高人民法院关于全国部分法院审理黑社会性质组织犯罪案件工作座谈会纪要》第4条规定，在确保被告人供述、证人证言、被害人陈述等言词证据取证合法、内容真实，且综合全案证据，已排除合理怀疑的情况下，同样可以认定案件事实。

二是犯罪工具的认定。有的犯罪分子通过投放危险物质的方式实施犯罪，由于毒物等危险物质具有易挥发、溶解的特性，作案后，危险物质大多被人服用、溶解，遗留在现场的危险物质如果提取不及时就会灭失。有的犯罪分子为了逃避刑事追究，将伪造的公章、尖刀等作案工具丢弃而无法提取。在缺乏实物证据的情况下，仍然可以综合证人证言、被害人陈述等言词证据认定犯罪工具，甚至确定相关物品的长度、宽度、特征等细节。

三是赃款赃物的认定。赃款赃物属于证明力较强的“最佳证据”，如果无法直接起获的，仍然可以通过言词证据、购物发票、销售记录等“替代证据”进行证明。例如，1989年《公安部、最高人民法院、最高人民检察院、司法部关于办理流窜犯罪案件中一些问题的意见的通知》第3条规定，流窜犯因盗窃或扒窃被抓获后，赃款赃物虽未查获，但其供述的事实、情节与被害人的陈述（包括报案登记）、同案人的供述相一致的，或者其供述与被害人的陈述（包括报案登记）和其他间接证据相一致的，应予认定。被查获的流窜犯供述的盗窃或扒窃事实、情节与缴获的赃款赃物、同案人的供述相一致，或者被告人的供述与缴获的赃款赃物和其他间接证据相一致，如果找不到被害人和报案登记的，也应予以认定。流窜犯在盗窃或扒窃时被当场抓获，除缴获当次作案的赃款赃物外，还从其身上或其临时落脚点搜获的其他数额较大的款物，被告人否认系作案所得，但不能说明其合法来源的，只要这些款物在名称、品种、特征、数量等方面均与被害人的陈述或报案登记、同案人的供述相吻合，亦应认定为赃款赃物。流窜犯作案虽未被当场抓获，但同案人的供述，被害人的陈述、其他间接证据能相互吻合，确能证实其作案的时间、地点、情节、手段、次数和作案所得的赃款赃物数额的，也应予以认定。此外，涉及毒品等违禁品的犯罪案件中，因犯罪分子警觉性强、交易环节隐蔽，一般极难起获实物，如果相关物品已经灭失（被吸食、销毁或丢弃），仍然可以通过言词证据锁定违禁品的类型、数量，只是由于言词证据的证明力相对较弱，认定犯罪事实应特别慎重。

四是危害结果的认定。在命案办理过程中，被害人尸体是指控证明犯罪的“最佳证据”，或是侦查人员先发现尸体，确认被害人已经死亡；或者抓获犯罪嫌疑人之后由其供出尸体的藏匿地点，也就是“生要见人，死要见尸”。但是，实践中会出现无尸体命案的情况，即有充分依据判断被害人已经死亡，又找不到被害人尸体或被害人尸体已经被处理。在尸体因丢弃、销毁无法找到的情况下，仍然可以通过收集人体组织、血迹等证据进行验证，说明当人体缺失这些部位或血液后，被害人就已经没有生还的可能。

五是物品性质的认定。对于涉案物品是否具备某种特征，通常由专业人员出具鉴定意见的方式进行证明，但是，法定的鉴定类别仍然有限，而经济社会的发展极为迅速，如果遇到没有相应鉴定机构、鉴定人员的专业性问题，仍然可以通过检验报告、专家证人证言等方式进行证明。2021 年《最高人民法院关于适用〈中华人民共和国刑事诉讼法〉的解释》第 100 条规定，因无鉴定机构，或者根据法律、司法解释的规定，指派、聘请有专门知识的人就案件的专门性问题出具的报告，可以作为证据使用。

案例8

核心证据能够得到其他证据验证

——王某、孙某某运输毒品案

【基本案情】

王某与孙某某于2016年在赌场结识。2016年5月，王某在B市提出购买冰毒运输至A市，孙某某表示同意。王某购买二袋冰毒溶解在红酒瓶内，二人轮流开车将上述毒品运输至A市。2016年5月14日至15日，二人在某酒店将毒品从液态转化为固态，后在某大厦房间内进行分装。2016年5月19日12时许，公安机关在某大厦11层电梯口将王某、孙某某查获归案，在王某手中的一个灰色手提袋内起获大量可疑晶体，后在二人驾驶的黑色汽车内起获可疑液体。经鉴定，154包塑料袋内黄色晶体净重576.62克，检出甲基苯丙胺（50.6%）；一瓶塑料瓶内液体净重425克，检出甲基苯丙胺。

【证据分析】

该案的证明难点在于能否认定王某运输毒品的事实。孙某某供称，毒品系王某在B市购买并溶解到红酒瓶中，后二人驾车运输至A市，在A市将毒品转化分装。王某承认其与孙某某从B市前往A市，但辩称毒品系在A市他人处取得，否认运输毒品的犯罪事实。综合全案证据，可以认定同案犯孙某某供述具有真实性。(1) 犯罪嫌疑人孙某某供述得到了有效固定。经审查，侦查人员对孙某某的取证过程符合法律规定，无刑讯逼供等非法取证情形。审查起诉阶段，孙某某还在其辩护人见证下，自愿签署《认罪认罚具结书》，承认运输毒品的犯罪事实。(2) 破案报告、抓获录像、抓捕民警的证言、毒品鉴定报告能够证实民警抓获王某、孙某某时，从王某身上、二人驾驶的车辆上查获毒品的相关事实，与孙某某的供述相互印证。(3) 查获王某时其手中的搪瓷盆、打印纸等物品上均检出甲基苯丙胺，与孙某某供述中称的“拿盆和纸把毒品晾干，之后再放在袋子里”的供述相互印证。(4) 手机鉴定意见显示，2016 年 5 月 18 日王某向孙某某手机发送五张图片，内有丙酮、麻黄素等化学药品图片。此外，王某与他人通信记录显示，“去 C 市是要运点东西”“我跟 D 市又订 20 万元的货，不是钱的问题，是原则”等内容，与孙某某供述相互印证。(5) 监控录像显示，王某手提大袋子，孙某某手提电磁炉纸箱一起进入酒店，与孙某某供述的毒品提纯地点相吻合。(6) 王某通话记录、行车记录，可以证实王某、孙某某驾车行驶路线，与孙某某供述的运输毒品路线相互印证。综上，虽然王某拒不承认运输毒品行为，但其他证据从不同环节能够说明孙某某供述的真实性。

案例 9

核心证据无法得到其他证据验证

——余某某交通肇事案[①]

【基本案情】

2014 年 8 月 17 日零时，一辆小轿车从某省 A 市往 B 市方向行驶，在途经 B 市某大转盘路段时，与往 B 市方向由被害人朱某某驾驶的二轮摩托车发生碰撞，造成两车损坏、朱某某当场死亡的重大交通事故。事故发生后，小轿车司机弃车逃离现场。当天 14 时许，被告人余某某到交警部门投案自首，主动认罪。余某某供述称，2014 年 8 月 16 日 23 时许，其到 B 市大酒店一楼大厅找朋友余甲玩，在一楼大厅喝咖啡时，余甲刚好去卫生间，他从桌上拿走余甲的车钥匙，到停车场开走余甲的小车，开车返回酒店时，在大转盘处撞上摩托车，他弃车逃离现场。当天上午，家人劝其自首，他在家人及朋友的陪同下到交警部门投案自首。交警部门认定，余某某应负事故的全部责任。

---

① 王淼：《［第 1334 号］余某某交通肇事案——“自首认罪”案件如何理解和把握“证据确实、充分”的证明标准》，载最高人民法院刑事审判第一、二、三、四、五庭主办：《刑事审判参考（总第 122 集）》，法律出版社 2014 年版，第 1~10 页。

小轿车的所有人为某汽车租赁有限公司。2014 年 8 月 11 日 21 时，公司将该车租给客户陈乙使用。

高州市人民法院认为，除余某某的供述和指认笔录外，没有其他证据证实是余某某驾驶肇事车辆发生交通事故，余某某的供述与其他证据不能形成证据链和相互印证，本案证据证明的结论不具有唯一性，不能排除合理怀疑，判决被告人余某某无罪。宣判后，检察机关提出抗诉。余某某提出对抗诉书没有异议，承认自己犯交通肇事罪。广东省茂名市中级人民法院经审理认为，对原审被告人余某某的有罪供述无法查证属实，对其有罪供述的真实性存疑，全案证据尚未达到确实、充分的法定证明标准，裁定驳回抗诉，维持原判。

【证据分析】

该案的证明难点在于能否认定余某某驾车造成交通事故的事实。余某某的“自首认罪”无疑是据以定案的核心证据，但其真实性难以得到其他证据的验证，不足以建立证据体系。

一是余某某供述与证人证言的关系。根据被告人余某某的供述，可以将整个案件的发展过程分为案发前“取车”环节、案发时“肇事”环节、案发后“自首”环节。(1) 关于“取车”环节。在案证据不但相互矛盾，而且不合常理。余某某关于去酒店的缘由、当时几人在场、谁将车钥匙放在桌面、谁去了卫生间、开车的动机等细节供述前后矛盾、说法不一，且与余甲的证言不能吻合。此外，由于陈乙、余甲与交通肇事的车辆存在关联，案发后两人又同时去向不明，直至二审阶段才现身，故陈乙、余甲证言的可信度较低。(2) 关于“肇事”环节。根据法医学尸体检验鉴定报告、现场勘查笔录和现场图、证人梁某有的证言等证据，虽然可以证实发生重大交通事故的事实，但却无法建立上述证据与余某某之间的实质性联系。此外，现场目击证人与余某某供述相互矛盾，余某某指认的花坛撞击点与现场勘查照片中显示的花坛撞击点亦明显不符。(3) 余某某所述“自首”环节，有多名证人证言证明，但上述证据仅能证明余某某对上述证人讲过自己“开车肇事”的事实。

二是余某某供述与指认笔录、道路交通事故认定书的关系。(1) 关于指认笔录。除被告人供述外，指认笔录是本案能将余某某与肇事现场、肇事现场车辆联系起来的唯一证据。然而，本案中指认前指认人已经了解或见到指认对象。现场指认笔录是在法院第一审的第一次开庭之后才做出的。车辆指认笔录除了存在“开庭在前，指认在后”的问题外，还存在“见实物在前，讯问在后”的情况。此外，对肇事车钥匙的指认存在瑕疵，车钥匙没有物证提取笔录，来源不清。指认对象没有混杂在具有类似特征的其他对象中。现场指认笔录所述部分内容不真实。花坛撞击点的指认结果与现场勘查照片明显不符，不具同一性。公安机关、检察机关组织的指认均无见证人。检察机关组织的指认无指认笔录。(2) 关于道路交通事故认定书。本案仅仅根据余某某的有罪供述及无法确定是否与其具有关联性的现场勘验笔录，就认定余某某为交通肇事者，依据不充分。

三是余某某供述自身的合理性。本案还有诸多不合常理之处，如余某某始终说不清开车的动机、汽车档位的功能、当晚一起喝咖啡的朋友“阿庆”的具体身份信息；案发后，余某某半夜三更舍近求远地跑到别人家借手机，再回到自家打电话；案发后，本案肇事车辆关联人陈乙、余甲又同时失踪；余某某始终否认案发后与当晚肇事车辆的实际控制人余甲有过联系等，这些证据矛盾和疑点既无法排除，也不能做出合理解释。

案例 10

核心证据无法得到其他证据验证

——张某某销售伪劣产品案

【基本案情】

2011 年 11 月，张某某与赵某某（已因犯销售伪劣产品罪被判刑）签订购销合同，约定由张某某向赵某某提供含氮量低的复合肥和含钾量低的钾肥，通过银行转账方式支付货款。后赵某某分数次电话通知张某某备货，每次由张某某将货备好，在赵某某依约将货款打入自己账户后，按赵某某要求将生产的含氮量低的复合肥和含钾量低的钾肥在自己厂内装入赵某某提供的标示为含氮量48%、51%的A、B等品牌的复合肥及含钾量60%的C品牌钾肥包装袋内，然后发货给赵某某，销售金额为人民币31万余元。张某某与赵某某先后被公安机关查获归案。

【证据分析】

该案的证明难点在于如何认定张某某销售伪劣产品的金额。该案中证明张某某销售伪劣产品的事实清楚，证据确实、充分，问题在于销售金额的认定。(1) 张某某多次供述，其在2011年11月至2012年5月向赵某某销售伪劣复合肥822吨、钾肥207吨，销售金额为人民币113万余元。(2) 张某某与赵某某供述一致，双方仅通过银行转账，并未采取其他方式进行钱款往来。(3) 银行转账记录等书证显示，赵某某向张某某银行账号转账共计人民币31万余元。综上，尽管张某某自认销售伪劣产品的数额达到了人民币113万余元，仅有部分数额能够得到其他证据的印证，应就低认定得到其他证据印证的部分，即销售数额为人民币31万余元。

案例11

核心证据能够得到其他证据验证

——叶某某故意伤害案

【基本案情】

叶某某与被害人袁某（男，殁年34岁）系亲属关系。2000年3月28日晚，叶某某与袁某因玩牌发生口角。同月31日19时许，叶某某与袁某在暂住地再次发生言语纠纷，两人在院内相互殴打。过程中，叶某某持家中的水果刀刺击袁某的头部、胸部等处，袁某被送医院救治无效后死亡。经鉴定，袁某系右肺破裂，右肺静脉破裂，引起大出血休克死亡。叶某某于2015年6月8日被公安机关查获归案。

【证据分析】

该案的证明难点在于能否认定叶某某持水果刀扎刺被害人袁某。叶某某到案后供称持水果刀扎刺袁某，作案后将水果刀丢弃，由于案发时间久远，已经丧失了起获作案工具的可能性。但是，综合全案证据，仍然可以认定叶某某持水果刀扎刺被害人的事实。(1）叶某某多次供述，其使用家中的黑柄水果刀扎刺袁某，如“当时被害人掐着我脖子摁着我靠在矮墙上，我的右手就在案板上摸索，后来右手就把案板上的水果刀抓住了，开始抓刀刃上了，把我大拇指划破了，后来右手把刀拿起来朝他身体前面连划带扎了几刀，具体部位我说不清，扎了几刀也说不清”。叶某某还描述了作案工具的具体形态，“水果刀是黑色塑料把，全长约10公分，刃有四五厘米”。(2）叶某某的妻子能够证实作案工具的来源和形态，且与叶某某供述相互印证，如“我没有看到打架过程中有人使用工具，但我看到袁某头部流血了，叶某某的脸和脖子都受伤了。两人的伤都是对方造成的。袁某和叶某某在我们家厨房门口靠近院子的地方打架，我看到的时候就是袁某掐着叶某某的脖子，叶某某靠在我家厨房门口的墙上。我家厨房的案板在厨房门口旁边的位置，案板上有一把菜刀还有一把水果刀，水果刀大概10公分长，黑色的刀柄。这把水果刀自从袁某和叶某某打完架后就没再见过”。(3）尸体鉴定意见显示，袁某右胸锁关节外下方5厘米横行皮肤裂创一处，创口长1.8厘米，创道经第1肋骨下方进入右胸腔，右侧胸腔积血3000ml，右肺上叶贯通刺创，入口创口长1.5厘米，出口创口长1.3厘米，纵膈右侧刺创一处，创口长1.1厘米，右肺静脉破裂。左心内膜下可见出血斑。与叶某某供述的作案工具能够相互印证。(4）案件证据之间的矛盾能够得到合理解释。

尽管一名证人指出“打架时我没有看见叶某某拿东西”，一名证人指出“看见叶某某拿棍子打姓袁的头”，但案发当时仅有叶某某和袁某两人打斗，因天色已黑，案发地照明不足，打斗过程短暂、混乱，证人未准确观察到犯罪嫌疑人持有水果刀符合常理。综上，虽然没有起获水果刀这一实物证据，但是通过证人证言、鉴定意见等证据，仍然能够验证犯罪嫌疑人供述为真。

四、核心证据与验证证据形成印证结构

直接证据体系要求紧密围绕核心证据组织验证证据，使其有序地排列在核心证据周边，最大限度地发挥核心证据的证明力。如果仅仅按照书证、物证、证人证言、犯罪嫌疑人供述等证据种类进行排列，只能称为证据摘录或证据列举，不能称为严格意义上的证据体系。2019 年《人民检察院刑事诉讼规则》第 399 条第 2 款第 3 项规定，按照审判长要求，或者经审判长同意，公诉人对于证明方向一致、证明内容相近或者证据种类相同，存在内在逻辑关系的证据，可以归纳、分组示证、质证。在案件存在核心证据的情况下，印证结构主要包括两种组建方法：一种是“时空叙述法”。对于故意杀人罪、盗窃罪等自然犯，犯罪构成较为简单，可以按照核心证据反映的犯罪预备、发生、完成这一顺序进行排列，使案情脉络直观地展现于外部。另一种是“要素分解法”。对于合同诈骗罪、非法吸收公众存款罪等法定犯，可以将犯罪构成分解为若干项主客观事实要素，将证明同一事实要素的验证证据归为一组，共同指向核心证据反映的内容。主要把握以下方面：

（一）印证结构的多样性

当前，理论界对“印证”模式存在两种观点：第一种观点认为应当坚持“印证”模式，印证方法在构建基本案件事实体系方面具有有效性的特点，特

别是在依靠犯罪嫌疑人、被告人供述之外的外部证据建立证据体系时，尤为有效。[①] 第二种观点认为应摒弃“印证”模式，印证方法有机械化、形式化的弊端，既不利于顺利追诉犯罪，也不能有效遏制冤错案的发生，因此应当对印证模式进行谨慎的突破，发挥自由心证在事实认定中的作用。[②] 笔者赞同第一种观点，“印证”模式既可以判断证据证明力的有无，即证据本身是否真实可靠；又可以判断证据证明力的大小，即从证据本身推导出案件事实的强度和频度。从办案效果来看，印证方法能够提高司法效率，在一定程度上反映了事物的存在规律，符合在相互联系中认识事物的认识规律，是司法实践中的经验理性。[③] 近年来，理论界对于“印证”模式存在较大争议，原因就是在一系列冤错案件中，均存在口供和其他证据的形式印证。事实上，印证只是运用证据认定案件事实的一种方法，并不能直接得出“排除合理怀疑”的结论，不应将证明方法和证明标准相互混淆。即使犯罪嫌疑人、被告人稳定认罪，与验证证据在形式外观上实现了印证，也要对全案证据进行综合判断，最终得出案件事实能否成立的结论。

根据核心证据与验证证据的证明力强弱不同，可以将印证结构分为三种形态：一是“平行印证”。证明力较强的两个以上核心证据相互印证，相互发挥全面的验证作用，如犯罪嫌疑人供述得到了被害人陈述、同案犯供述或目击证人证言的印证。该种情形下，建立证据体系的重点在于固定言词证据，防止支撑证据体系的任何一方出现实质性改变。二是“镜像印证”。证明力较强的核心证据（犯罪嫌疑人供述）与证明力较弱的验证证据（通常为反映某个事实环节的间接证据）相互印证，间接证据证明的内容均“投射”于犯罪嫌疑人供述

① 左卫民：《“印证”证明模式反思与重塑：基于中国刑事错案的反思》，载《中国法学》2016年第1期；李勇：《坚守印证证明模式》，载《检察日报》2015年7月9日，第3版。

② 龙宗智：《印证与自由心证——我国刑事诉讼证明模式》，载《法学研究》2004年第2期；谢小剑：《我国刑事诉讼相互印证的证明模式》，载《现代法学》2004年第6期；陈瑞华：《论证据相互印证规则》，载《法商研究》2012年第1期。

③ 李建明：《刑事证据相互印证的合理性与合理限度》，载《法学研究》2005年第6期。

的范围之内，如从犯罪现场提取的尖刀可以证明犯罪嫌疑人供述中所提到的犯罪工具。由于间接证据只能验证核心证据的某些方面，通常需要多个间接证据，才能形成较为稳定的印证结构。三是“放射印证”。证明力较弱的核心证据（被害人陈述、目击证人证言）和验证证据（通常为反映某个事实环节的间接证据）相互印证，尽管核心证据能够直接指向案件基本事实，但犯罪嫌疑人拒不认罪而形成“反证”，需要通过罪前、罪中、罪后形成的大量间接证据，分别检验核心证据反映的不同事实环节，才能排除证据之间的矛盾。

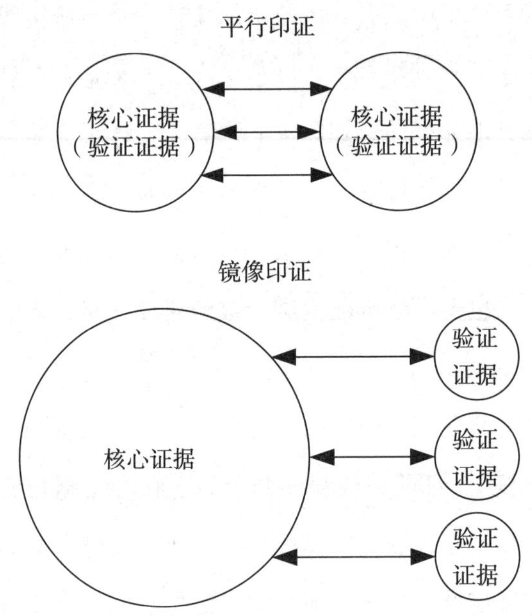

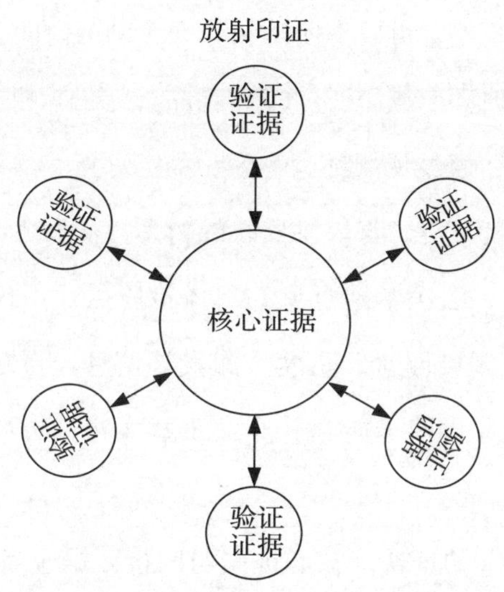

图6　直接证据体系的印证结构

（二）印证结构的片段性

有的案件中，行为人作案时间跨度较长，涉及多个地点或多个对象，受到证据灭失、取证困难等诸多因素影响，只能收集到“残缺”的间接证据，与核心证据的某个环节片段形成印证，即所谓的“联结点”。核心证据与间接证据有一个地方相互印证，就有一个“联结点”；有多个地方相互印证，就有多个“联结点”，同一个犯罪事实中，证据“联结点”越多，有罪供述的真实性就越强。在以口供等言词证据为核心的情况下，“联结点”应当具备较高的契合度，否则无法应对犯罪嫌疑人、被告人翻供。对此，可以通过客观性证据与核心证据在关键环节上形成“联结点”，增强印证结构的稳定性。主要包括：（1）地点。犯罪地点可以细分为犯罪行为地和犯罪结果发生地，上述地点与犯罪的发展过程相互对应。通过调取手机轨迹、车票、机票、住宿记录等，能够查明与犯罪相关的若干地点，如准备工具地、矛盾发生地、打斗地、追逐地、销赃地等，与口供反映的地点形成印证。（2）时间。犯罪通常存在发生、发展和变化的过程，在每个时间节点留下相应的证据，在时空顺序上具有唯一性。通过合同文件、银行转账凭证等，可以查明购买作案工具的时间、处置赃款赃物的时间等，与口供反映的时间形成印证。（3）物品。与犯罪相关的常见物品包括作案工具、赃款赃物等，通过现场勘验笔录、鉴定意见、物证照片等，能够查明物品的外形、数量、特征等，与口供反映的物品特征形成印证。例如，在一起故意杀人犯罪案件中，法医鉴定意见和尸体检验照片不仅确定了被害人的伤害程度，而且反映了创口形状、宽度、深浅等信息，与犯罪嫌疑人供述的作案工具特征完全一致，即使未能起获作案工具实物，也可以建立稳定的印证结构。

对于关键事实环节的证明，核心证据与间接证据应当形成具体印证关系。物证鉴定中存在同一认定和种属认定，后者的结论可以为前者提供线索和方向，前者的结论又是对后者的确认和归属。同一认定是在种属判断的基础上，得出送检物与比对物系同一的确定结论，如通过DNA鉴定确认现场血迹与犯罪嫌疑人的血液样本一致；种属认定侧重于把握送检物和比对物的共同特征，如现场采集的血型和犯罪嫌疑人的血型都是B型。与之相似，间接证据与案件事实的关联性存在强弱之分，有的间接证据具有明确的人身指向性，有的间接证据只能指向概括事实。在此基础上，核心证据与间接证据的印证可以分为具体印证和概括印证，前者是指核心证据与间接证据的主要特征相符合，具有独特性和唯一性。例如，在一起盗窃犯罪案件中，从犯罪嫌疑人家中起获的赃物与其供述相互印证，包括物品的大小、颜色、包装物等细节，明确指向犯罪嫌疑人实施犯罪。后者是指核心证据与间接证据在一定范围形成重合，无法得出两者完全同一的结论。例如，在一起故意杀人犯罪案件中，从案发现场调取的监控录像过于模糊，只能反映一名男子的行踪，不能与犯罪嫌疑人的体貌做出同一认定，仅靠上述证据不足以与口供组成证据体系。当然，不宜强行要求核心证据与间接证据的每个细节完全一致，有的证据结构呈现“精确印证”的状态，但是违反了自然人的认知规律，反而存在“虚假印证”的可能性。

（三）印证结构的互验性

作案手段高度一致的连续犯，其证据体系实际上由若干“子体系”构成，每个“子体系”分别对应一起犯罪事实。连续犯的作案持续时间较长，通常涉及多个地点、多名被害人，即使在犯罪嫌疑人稳定认罪的情况下，也难以为每起犯罪事实收集到证明力均等的验证证据，如某一起犯罪事实收集到被害人陈述等直接证据，另一起犯罪事实只能收集到物证等间接证据，甚至难以与口供形成具体印证。如果行为人基于数个同一的犯罪故意，连续实施数个高度一致、性质相同的犯罪行为，作案手段呈现出明显的规律性，各个“子体系”的印证结构可以存在一定差别。英美法系国家的刑事证据法创设了相似事实证据（Similar Fact Evidence）的概念，是指当事人在刑事诉讼中提出的旨在表明对方（主要是被告人）实施过的，与被指控罪行相类似行为的证据。如英国《2003年刑事审判法》将相似事实证据归于不良品格证据项下，并废除了普通法上的相似事实证据规则，改而以类型化的一般相关性为可采性标准，并辅以详尽的采纳程序。由于相似事实实施的时间不同于被控行为，通常不会被接受作为被告人的入罪证据，但如该证据同时符合以下两个条件时，法庭可予以采纳：（1）此类行为与案件争议点有关联并呈现出相当的一致性；（2）此类行为足以证明当事人具有从事目前被控罪行的动机、手法和目的。[①] 我国刑事证据法虽未引入这一证据规则，但其蕴含的理念对司法实践具有较强的借鉴意义。连续犯的多数犯罪事实中，如果核心证据得到了证明力较强的证据检验，剩余犯罪事实可以由核心证据与证明力较弱的间接证据组成印证结构。例如，对于多次贩卖毒品犯罪案件，犯罪嫌疑人供认贩卖同种毒品，往往只查获了其中部分交易的毒品，可以根据已查获毒品的事实，包括毒品种类、纯度、形态，结合其他证据认定其余次所贩卖的对象亦是同种毒品，从而认定多次贩毒。该种证明

① 陶南颖：《英国刑事相似事实证据规则的新发展——以〈2003年刑事审判法〉为基点》，载《浙江社会科学》2012年第5期。

方式实际上是通过部分证据“子体系”体现的作案规律，强化其他证据“子体系”中核心证据的证明力，并不违背证据裁判原则。

案例 12

“平行印证”结构的形成

——姚某某故意杀人、绑架案[①]

【基本案情】

姚某某与被害人黄某某（时年 19 岁）系同居关系，同居期间二人关系不睦。2008 年 1 月 19 日，姚某某来到黄某某的娘家，要求黄某某跟其回家遭拒绝。同月 21 日晚，姚某某与黄某某之兄被害人黄甲（殁年 32 岁）睡同一卧房。次日凌晨 6 时许，姚某某来到黄某某与其母被害人陈某某（时年 55 岁）睡的卧房，再次要求黄某某跟其回家被拒绝后，与陈某某发生争吵。随后，姚某某回到黄甲的卧房，要求黄甲帮忙劝说黄某某被回绝，遂持随身携带的杀猪刀砍刺黄甲。陈某某听见动静后赶来阻拦，姚某某又用杀猪刀架住陈某某的脖子。陈某某拿起铁铲准备自卫，姚某某即顺手拿起门杠打击陈某某头部致其昏迷，随后又持门杠、薅锄打击黄甲的头部，致黄甲因严重开放性颅脑损伤而当场死亡。接着，姚某某又持杀猪刀找到黄某某，用杀猪刀及挖锄击打黄某某头面部致其轻微伤倒地后，又用杀猪刀捅刺陈某某后逃跑。陈某某因受姚某某打击和捅刺头面部等部位而受重伤。同日，姚某某乘车逃至某路段时，因被公安人员拦车检查而跳车逃跑。逃跑过程中，为抗拒公安人员抓捕，姚某某将被害人姚乙绑架作为人质继续逃跑。姚某某挟持人质逃至某村被公安人员包围后，以“杀害人质”威胁公安人员为其提供车辆，公安人员为保证人质安全，开枪击伤姚某某后将其抓获，并将人质解救。

---

① 牛克乾：《证据相互印证规则与死刑案件事实的细节认定》，载《人民司法（案例）》2010 年第 14 期。

2008年7月16日，一审法院对被告人姚某某以故意杀人罪，判处死刑，剥夺政治权利终身；以绑架罪判处有期徒刑十五年，剥夺政治权利五年，并处罚金1万元；决定执行死刑，剥夺政治权利终身，并处罚金1万元。被告人姚某某提出上诉。2009年3月9日，二审法院裁定驳回上诉，维持原判，并依法报请最高人民法院核准。2009年6月24日，最高人民法院裁定核准二审法院维持第一审对被告人姚某某决定执行死刑，剥夺政治权利终身，并处罚金人民币1万元的刑事裁定。

【证据分析】

该案的证明难点在于如何认定姚某某作案的过程。该案的犯罪嫌疑人供述、被害人陈述、证人证言均属于直接证据，与刑事科学技术鉴定书、现场勘验笔录等客观性证据相互印证，足以认定被告人姚某某故意杀人致黄甲死亡、致陈某某重伤及黄某某轻微伤，并绑架姚乙的事实。但是，案件事实细节的认定不准确，证据印证规则贯彻不到位，因而被最高人民法院更正。(1) 关于案件起因。一审法院认定的事实为“姚某某去陈某某家中接黄某某回家时，被黄某某拒绝”；二审法院认定的事实为“姚某某多次去接黄某某母女，均被黄某某拒绝”。二审的死刑综合报告中详细摘录了被害人黄某某的陈述，所摘录的被害人陈某某的陈述中亦有相关内容，但对姚某某的供述和肖某某的证言未做摘录，笼统地表述为与黄某某的陈述一致和印证。但通过分析黄某某和陈某某的陈述，并不能得出姚某某到被害人家是要接黄某某母女的结论。最高人民法院通过审查案卷确认，黄某某女儿方面的事情只有黄某某的陈述，姚某某并无相印证的供述，且双方的女儿案发时并不能确定就在被害人家中。所以，一审法院认定姚某某是要接黄某某回家，有黄某某和陈某某的陈述相印证，证据确凿；二审法院改变一审法院认定的案件起因，认定姚某某是要接黄某某母女回家的事实，无确凿的证据支持。(2) 关于作案过程。一审法院认定的事实为“争执中，被告人持刀将黄甲砍伤，又持木棒、锄头等打击其头部致其当场死亡”；二审法院认定的事实为“姚某某持杀猪刀砍刺黄甲，致黄甲倒地后，又持木棒、锄头打击黄甲的头部，致黄甲当场死亡”。死刑综合报告详细摘录了姚某某的供述和陈某某的陈述，对黄某某的陈述笼统表述为与陈某某的陈述印证。但通过审查姚某某的供述和陈某某的陈述，二者相印证，所证实的作案过程均是姚某某先刺伤黄甲，打昏前来看黄甲的陈某某，然后再打死黄甲，打伤黄某某、陈某某后逃跑。尸体鉴定结论证实黄甲系因严重开放性颅脑损伤死亡而非死于刀伤，陈某某则证称在姚某某将她打昏之前，黄甲还意识清醒，告诉她是姚某某刺了其两刀，而且她未看到姚某某伤害黄某某，这两项证据与所提取的物证杀猪刀、挖锄、薅锄头和薅锄把相印证，足以断定黄甲在陈某某、黄某某受到伤害前并未死亡。这个结论，同时亦与姚某某的供述印证。综上，如果案件同时存在犯罪嫌疑人供述、被害人陈述等核心证据的，应当归纳两者相互重合的部分，不能根据“孤证”或者无证据支持的推测认定案件事实。

案例 13

“镜像印证”结构的形成

——佟某某故意杀人案

【基本案情】

佟某某与被害人吴某某均系某保洁公司员工，佟某某系吴某某所在班组班长。2012 年间，佟某某在其公司附近院内，因经济纠纷与吴某某发生冲突，其持铁棍击打吴某某头部，致吴某某死亡。后将尸体用布制的袋子装好后，藏于院内机井内。经鉴定，吴某某头部损伤符合被他人持钝器多次击打所致颅脑损伤死亡。后佟某某被公安机关查获归案。

【证据分析】

该案的证明难点在于能否认定佟某某故意杀害被害人的事实。现场勘查过程中并没有提取到佟某某的物证痕迹，且案发时间久远，无法通过客观证据建立佟某某与犯罪事实的联系，只能将佟某某供述作为定案的核心证据。综合全案证据来看，佟某某供述得到了有效固定：（1）佟某某到案经过符合侦查规律。被害人尸骨被他人发现，在公安机关对该公司员工进行排查过程中，早已离职的佟某某听家人说让自己到派出所，随即逃往外地，离家前对家人说“以前把人打了，现在出去躲几天”，后被公安机关查获归案。（2）佟某某供述具有合法性。民警在押解佟某某途中使用执法记录仪进行拍摄，证明其在未受暴力、威胁、引诱的情况下主动供述犯罪事实，且知道被害人姓氏，击打被害人头部后将尸体用布袋装载弃于井内。佟某某被羁押后多次作出有罪供述，供述内容保持稳定，且有同步录音录像的佐证。佟某某还准确辨认出机井的位置。（3）佟某某供述符合情理，并得到其他证据的印证。佟某某供述被害人“没气”之后才将其扔入机井，该机井位置偏僻，距离地面较深，被害人发现时的状态与佟某某供述的抛尸状态一致，可以排除其他人再次侵害的可能性。现场勘查笔录、现场照片能够证实现场的情况，与犯罪嫌疑人佟某某的供述、辨认录像相互印证，尤其是在隐蔽细节上基本一致。薪资表及手机通话记录、现场勘查中提取的物证能够证实被害人死亡的大致时间，与佟某某供述的作案时间一致。证人证言、书证证实佟某某与被害人关系、作案工具存放情况、被害人失踪情况、佟某某案发后异常表现等，与佟某某供述一致。（4）案件证据的矛盾可以得到合理解释。佟某某供述的部分事实细节与其他证据存在矛盾，如佟某某供述装尸体的袋子颜色与生产厂家证言、现场勘验笔录存在差异。该袋子被佟某某用于抛尸时已被当成垃圾袋使用，难以保持出厂时的原有颜色，且现场环境脏乱，犯罪现场被他人发现时相隔近五年，现场勘验笔录显示的颜色可以是环境及时间所致。综上，佟某某有罪供述得到其他证据的验证，可以将其作为核心证据建立证据体系。

案例 14

“放射印证”结构的形成

——齐某强奸、猥亵儿童案[①]

【基本案情】

齐某，男，原系某县某小学班主任。2011 年夏天至 2012 年 10 月，齐某在担任班主任期间，利用午休、晚自习及宿舍查寝等机会，在学校办公室、教室、洗澡堂、男生宿舍等处多次对被害女童 A（10 岁）、B（10 岁）实施奸淫、猥亵，并以带女童 A 外出看病为由，将其带回家中强奸。齐某还在女生集体宿舍等地多次猥亵被害女童 C（11 岁）、D（11 岁）、E（10 岁），猥亵被害女童 F（11 岁）、G（11 岁）各一次。

2013 年 4 月 14 日，某市人民检察院以齐某犯强奸罪、猥亵儿童罪对其提起公诉。5 月 9 日，某市中级人民法院依法不公开开庭审理本案。9 月 23 日，该市中级人民法院作出判决，认定齐某犯强奸罪，判处死刑缓期二年执行，剥夺政治权利终身；犯猥亵儿童罪，判处有期徒刑四年六个月；决定执行死刑，缓期二年执行，剥夺政治权利终身。齐某未上诉，判决生效后，报某省高级人民法院复核。2013 年 12 月 24 日，某省高级人民法院以原判认定部分事实不清为由，裁定撤销原判，发回重审。2014 年 11 月 13 日，某市中级人民法院经重新审理，作出判决，认定齐某犯强奸罪，判处无期徒刑，剥夺政治权利终身；犯猥亵儿童罪，判处有期徒刑四年六个月；决定执行无期徒刑，剥夺政治权利终身。齐某不服提出上诉。2016 年 1 月 20 日，某省高级人民法院经审理，作出终审判决，认定齐某犯强奸罪，判处有期徒刑六年，剥夺政治权利一年；犯猥亵儿童罪，判处有期徒刑四年六个月；决定执行有期徒刑十年，剥夺政治权利一年。某省人民检察院认为该案终审判决确有错误，提请最高人民检察院抗诉。

---

① 最高人民检察院第十一批指导性案例，齐某强奸、猥亵儿童案（检例第 42 号）。

最高人民检察院经审查，认为该案适用法律错误，量刑不当，应予纠正。2017年3月3日，最高人民检察院依照审判监督程序向最高人民法院提出抗诉。2017年12月4日，最高人民法院依法不公开开庭审理本案，最高人民检察院指派检察员出席法庭，辩护人出庭为原审被告人进行辩护。2018年7月27日，最高人民法院作出终审判决，认定原审被告人齐某犯强奸罪，判处无期徒刑，剥夺政治权利终身；犯猥亵儿童罪，判处有期徒刑十年；决定执行无期徒刑，剥夺政治权利终身。

【证据分析】

该案的证明难点在于能否认定齐某强奸、猥亵儿童的事实。该案齐某及其辩护人坚持事实不清、证据不足的辩护意见，理由是：一是认定犯罪的直接证据只有被害人陈述，齐某始终不认罪，其他证人证言均是传来证据，没有物证，证据链条不完整。二是被害人陈述前后有矛盾，不一致。且其中一个被害人在第一次陈述中只讲到被猥亵，第二次又讲到被强奸，前后有重大矛盾。但是，综合全案证据，仍然可以将被害人陈述作为核心证据，通过核心证据与其他证据的相互印证，认定齐某实施犯罪行为：（1）齐某和各被害人及其家长在案发前没有矛盾。报案及时，无其他介入因素，可以排除被害人诬告的可能。（2）被害人陈述的内容自然、合理且得到其他证据印证，一些细节如强奸的地点、姿势等，结合被害人年龄及认知能力，不亲身经历，难以编造。各被害人陈述的基本事实得到本案其他证据印证，如齐某卧室勘验笔录、被害人辨认现场的笔录、现场照片、被害人生理状况诊断证明等。被害人同学证言虽然是传来证据，但其是在犯罪发生之后即得知有关情况，因此证明力较强。（3）被害人陈述存在的矛盾可以得到合理解释。齐某性侵次数多、时间跨度长，被害人年龄小，前后陈述有些细节上的差异和模糊是正常的，恰恰符合被害人的记忆特征。被害人对于细节的描述符合正常记忆认知、表达能力，如齐某实施性侵害的大致时间、地点、方式、次数等内容基本一致。因被害人年幼、报案及作证距案发时间较长等客观情况，具体表达存在不尽一致之处，完全正常。有的被害人虽然在第一次询问时没有陈述被强奸，但在此后对没有陈述的原因做了解释，即当时学校老师在场，不敢讲。这一理由符合孩子的心理。(4) 齐某当庭供述与被害人及其家长没有矛盾，承认曾到女生宿舍查寝，为女生揉肚子，单独将女生叫出教室问话，带女生外出看病以及回家过夜。齐某及其辩护人对其辩解没有提供任何证据或者线索的支持。综上，对性侵未成年人犯罪案件证据的审查，要根据未成年人的身心特点，按照有别于成年人的标准予以判断。根据经验和常识，未成年人的陈述合乎情理、逻辑，对细节的描述符合其认知和表达能力，且有其他证据予以印证，被告人的辩解没有证据支持，结合双方关系不存在诬告可能的，应当采纳未成年人的陈述。

案例 15

印证结构指向关键事实环节

——王某、刘某走私武器、弹药案

【基本案情】

王某与刘某系朋友关系。经王某提议，二人于 2014 年 12 月至 2015 年 1 月，从境内乘坐飞机前往某国购买枪支、子弹，并将购买的枪支、子弹埋藏于当地，将少量枪支散件乘坐飞机先行运输进境。二人经商议后，于 2015 年 1 月至 2 月，从境内驾驶汽车再次前往某国购买大量子弹和部分枪支，并将前后两次购买的枪支、子弹再次埋藏于当地，驾车将少量枪支散件先行运输进境。为将埋藏于某国的枪支、子弹带回境内，二人经商议，由王某于 2015 年 6 月驾驶汽车再次前往某国，其间，王某又购买部分枪支、子弹。为逃避海关监管，王某将前后三次购买的枪支、子弹藏匿于汽车座椅、头枕、备胎等处，与他人驾车于 7 月 8 日进境，7 月 10 日被公安机关查获归案，当场起获上述枪支、子弹等物品。经鉴定，上述物品包括以火药为动力发射枪弹的国外制式枪支 4 支、枪支散件 19 件、国外制式手枪弹和运动枪弹共计 1446 发。

【证据分析】

该案的证明难点在于能否认定王某、刘某走私武器、弹药的事实。该案中，据以定案的核心证据是犯罪嫌疑人王某、刘某的供述，二人在境外购买枪支、弹药的时间、地点、人员、价格等均缺乏客观性证据加以证实，但是，综合全案证据特别是大量客观性证据，仍然可以认定王某、刘某走私武器弹药的事实。王某、刘某到案后均有多次供述，且供述稳定，详细叙述了二人两次前往某国购买枪支、弹药并携带部分零部件回国，后由王某将大量枪支、弹药携带回国的事实。其中，二人供述在购买枪支、弹药的时间、地点、型号、数量等细节上相互印证。此外，本案有以下客观性证据能够印证犯罪嫌疑人供述：（1）王某涉枪前科、个人电脑提取的通信记录、证人证言等证据证实，二人长期喜爱收藏枪支和射击，与供述的犯罪动机一致。（2）出入境记录、手机通话信息、收费站出具的车辆照片等证据证实，王某、刘某共 3 次往返某国的出行方式、行程路线、出入境地点，上述证据与二人供述一致。（3）从王某处起获的枪支、枪支散件、弹药、记载售枪号码的卡片和纸张、王某和刘某通信记录等证据证实，王某、刘某在某国购买枪支及运输回国的事实，特别是两人于 2014 年 12 月、2015 年 2 月与境外手机号码发送关于枪型的信息，以及王某在某国期间与刘某频繁联系等情况，与二人供述完全一致。综上，王某境外活动的关键环节均有客观性证据印证，共同指向枪支、弹药这一关键事实，且供述的整个犯罪过程符合常理，可以依据犯罪嫌疑人供述建立直接证据体系。

案例 16

印证结构无法指向关键事实环节

——朱某故意杀人、盗窃案[①]

【基本案情】

一审法院经审理查明：2004 年，朱某与被害人丛某（女，殁年 32 岁）相识。2005 年 9 月 6 日上午，朱某与丛某按照电话约定在一玉米地内见面后，二人因琐事发生争吵、厮打，后朱某掐住丛某的颈部，并用丛某掉在地上的高跟鞋击打丛某的头、面部，致丛某死亡。朱某将丛某尸体移至玉米地附近一河沟内，并盗走丛某随身携带的 1 部康佳牌手机（价值人民币 610 元，以下币种均为人民币）、2 枚铂金戒指（共价值 1572 元）及现金 500 元。朱某逃离现场时将丛某的手机卡取出，砸坏手机屏幕，将手机扔到现场附近的一公路桥下。朱某将所盗的 2 枚戒指，一枚送给情妇倪某，另一枚卖掉，所获赃款及所盗的现金 500 元被其挥霍。法院认为，朱某因琐事与被害人发生矛盾并厮打，持被害人的高跟鞋连续击打被害人致命部位，致人死亡，其行为构成故意杀人罪。朱某将被害人的康佳牌手机、2 枚铂金戒指及现金 500 元拿走，其行为又构成盗窃罪。判决朱某犯故意杀人罪，判处死刑，剥夺政治权利终身；犯盗窃罪，判处有期徒刑三年，并处罚金人民币 2000 元；决定执行死刑，剥夺政治权利终身，并处罚金人民币 2000 元。

一审宣判后，朱某不服，提出其没有掐被害人颈部，一审庭审出示的女式高跟鞋不是其用来击打被害人的鞋，没有用土掩埋尸体，一审量刑过重，并以此为由，向某省高级人民法院提出上诉。二审法院经审理认为，对于朱某所提一审庭审中出示的公安机关提取的女式皮鞋并非其作案工具的上诉理由，经查，

---

① 李彤、闫宏波：《［第 655 号］朱某故意杀人、盗窃案——如何把握死刑案件的证明标准》，载最高人民法院刑事审判第一、二、三、四、五庭主办：《中国刑事审判指导案例 7（刑事诉讼法）》，法律出版社 2017 年版，第 60~64 页。

此物证同本案的关联性无法确认，故不作为证据使用，对朱某的这一上诉理由予以采纳。朱某对其杀人、盗窃犯罪的过程和细节供述稳定，与其他证据相互印证，形成了完整的证据链条，足以支持一审认定的案件事实，对朱某所提其他上诉理由不予采纳。朱某所犯罪行极其严重，且无法定从轻处罚情节，应依法惩处。对于辩护人所提朱某系初犯，请求对朱某从轻处罚的辩护意见，不予采纳。辩护人所提被害人有过错，朱某系间接故意杀人的辩护意见，无事实根据，不能成立。一审判决认定朱某犯罪的事实清楚，证据确实、充分，定罪准确，量刑适当，审判程序合法。裁定驳回上诉，维持原判，并依法报送最高人民法院核准。最高人民法院经复核认为，第一审判决、第二审裁定认定的部分事实不清、证据不足，裁定发回重审。

【证据分析】

该案的证明难点在于能否认定朱某故意杀人、盗窃的事实。朱某在前6次讯问中一直否认犯罪，虽然后来供认了杀死被害人并窃取财物的主要事实，且不再翻供，但对于是否掐过被害人颈部的细节，供述的内容并不稳定。同时，现有证据能够认定本案与朱某密切相关，其具有重大作案嫌疑，理由包括：(1) 根据朱某的供述和指认，从现场附近的公路桥下河中打捞出一部康佳牌手机，该手机经被害人亲友混合辨认，确认系被害人生前所用手机。(2) 被害人手机的通话清单证实被害人失踪前曾与朱某通话4次，朱某极有可能系被害人失踪前最后接触的人。(3) 朱某送给情妇倪某一枚铂金戒指，根据倪某的证言，该戒指与被害人生前所戴的戒指从质地、外观、花纹等方面看均相似。

但是，该案虽有一定的客观性证据印证朱某的有罪供述，但存在以下疑点不能得到排除：(1) 朱某的工友周某、陈某、谢某曾多次证实被害人失踪那天上午，朱某与谢某在一起，三人证实的情况能够吻合，故朱某是否有作案时间存在疑问。虽然周某、陈某后来改变证言，称以前受朱某的指使作了伪证，但周某、陈某与朱某关系一般，他们为何多次坚持为朱某出具伪证难以理解，且改变后的证言也不完全一致，所作的解释不能令人信服。另外，谢某是证实朱某没有作案时间的最关键证人，但因其下落不明，其证言的真实性待查。仅根据周某、陈某作伪证的情况，就推定谢某也作了伪证，这种推断既不符合逻辑，也缺少证据支持。(2) 根据朱某指认提取的康佳牌手机未进行串号比对，不能准确无误地认定该手机就是被害人的。虽然被害人亲属对手机进行了混合辨认，确认手机是被害人生前使用的，但该辨认只能证实该手机在品牌、型号、颜色等外部特征方面与被害人使用的手机一致，不足以证实手机就是被害人的。根据朱某供述的内容和手机照片显示，该手机显示屏已经被朱某砸坏，外观上存在明显破损，说明手机的外观与被害人使用时相比有了一定的变化。在这种情况下，被害人亲属为何能辨认出该手机，依据什么特征确定该手机是被害人的，在辨认笔录中均没有体现。(3) 从现场被害人右大腿旁提取了一只旅游鞋，公安机关出具说明称该鞋与本案无关，但没有说明理由。公安机关根据什么推断该鞋与本案无关，为何出现在被害人尸块旁边，没有提供相应的证据，该疑点没有得到合理排除。(4) 现场提取的女式高跟鞋经被害人亲属辨认，无法确定是被害人的鞋。朱某既然承认了用被害人的高跟鞋砸被害人头部的事实，却为何坚持否认提取的高跟鞋是作案工具这一次要事实，难以理解。如果朱某的供述属实，则该鞋不是作案工具，而现场又没有发现其他的高跟鞋，那么真正的作案工具是什么，无法确定。(5) 朱某送给情妇倪某的铂金戒指已被化为金锭，无法确定该戒指是否为被害人生前所戴的戒指。朱某亦曾供述送给倪某的戒指是他购买的，并较为详细地供述了买戒指的地点和售货员的相貌特征，对此公安机关未予核实。综上，本案存在诸多疑点未能得到合理解释和排除，现有证据尚未达到确实、充分的证明标准。在上述若干疑点中，被害人手机的同一性认定是最为关键的问题，如果通过手机串号或手机内信息查询等方式明确认定手机系被害人所有，再进一步做工作解决其他疑点，亦可推断认定被告人是凶手。

案例 17

连续犯的“强弱”差别印证结构

——李某某放火案

【基本案情】

2014 年 5 月 13 日 20 时许，李某某在 A 小区 51 号楼 3 单元 1 层楼道内，使用打火机点燃堆放的三轮车、废旧家具等物引发火灾，致使黄某（男，殁年 36 岁）、杨某（女，殁年 29 岁）被烧死。致使常某某家中的防盗门被烧毁，价值人民币 690 元。致使王某某房屋受损且屋中物品被烧毁，价值人民币 5 万余元。

2014 年 5 月 15 日零时许，李某某在 B 小区二区 5 号楼北侧自行车棚内，使用打火机点燃车棚内停放的自行车引发火灾，致使安某某的小三轮车 1 辆被烧毁，价值人民币 80 元。致使师某某的自行车 1 辆、三轮车 1 辆被烧毁，价值人民币 50 元。

2014 年 5 月 15 日 1 时许，李某某在 A 小区 26 号楼 5 单元 1 层楼道内，使用打火机点燃停放的电动自行车等物品引发火灾，致使薛某某电动自行车 1 辆被烧毁，价值人民币 730 元。致使吴某某自行车 1 辆、电动自行车 1 辆被烧毁，价值人民币 340 元。

2014 年 5 月 15 日 3 时许，李某某在 B 小区八区 6 号楼 2 单元 1 层楼道内，使用打火机点燃停放的自行车等物品引发火灾，致使曹某某的电动自行车 1 辆被烧毁，价值人民币 930 元。韩某某的电动自行车 1 辆、自行车 2 辆被烧毁，价值人民币 730 元。

2014 年 5 月 15 日 21 时许，李某某在 B 小区三区 16 号楼 5 单元门口东侧，使用打火机点燃电动自行车引起火灾，致使相邻住户的厨房窗户及抽油烟机被烧损，该起火情无法进行价格认定。该起火情发生后，民警因发现李某某形迹可疑对其盘问，李某某主动交代了放火的犯罪事实，于当日被查获归案。

【证据分析】

该案的证明难点在于能否认定李某某多次放火的事实。相关证据包括：(1) 李某某到案后，供述多次持打火机在居民小区楼道、车棚内点燃自行车或电动自行车的事实，与现场勘验笔录、物证、被害人陈述相互印证。讯问同步录音录像显示公安机关未采取刑讯逼供或指供、诱供等方式，李某某虽未进行系统供述，但基本自主回答了侦查人员的发问。(2) 抓获李某某的现场录像显示，李某某在最后一次纵火被抓后，主动承认持打火机放火的行为，并承认多次放火。辨认录像显示，李某某先后对5起放火的犯罪地点进行了辨认，侦查人员从第5起放火地点开车出发，在李某某的指路下对其余4次放火的地点进行指认，指认地点的依次顺序是：A小区51号楼3单元、A小区26号楼5单元、B小区二区5号楼北侧自行车棚、B小区八区6号楼2单元，后又带领侦查人员回到B小区三区16号楼下着火现场，指认其放火地点。(3) 抓获李某某时从其身上起获三个打火机，李某某供认均为放火所用。(4) 小区监控录像及录像截图证明，李某某在案发时间2014年5月13日20时及次日23时许，出现在第1起和第2起火灾发生地的小区内。(5) 法医学鉴定意见书显示，李某某为中度精神发育迟滞，实施违法行为时评定为限制刑事责任能力。李某某父亲能够证实李某某自幼智力低下，多次纵火，因智力低下未处理，被锁于家中后脱逃的情况，与李某某前科材料等相互印证。该案中，李某某系精神病人，无法像正常人一样表达事情的经过，无法说明放火的具体时间。在全部5起犯罪事实中，第1起、第2起事实有犯罪嫌疑人供述、地点指认录像和监控录像相互印证，第5起事实有犯罪嫌疑人供述、地点指认录像和侦查人员证言相互印证，证据体系相对完整，第3起、第4起事实仅有犯罪嫌疑人供述和地点指认录像相互印证。但是，由于前后5次火灾的作案地点均发生在相邻或者附近小区，作案手段和引燃物（自行车、电动自行车）具有高度相似性，且全部犯罪事实发生于两天之内，具有明显的连续性。综上，在案证据能够形成李某某实施5次放火行为的印证结构。

案例 18

连续犯的“强弱”差别印证结构
——肖某某诈骗案

【基本案情】

肖某某系无业人员。2013 年 1 月至 2016 年 12 月间，肖某某编造虚假身份，提供虚假证明，并以能为被害人左某某承兑支票、合作经营 A 大学风味餐厅项目、支付办事费等事由，骗取左某某人民币 700 余万元。

2015 年 12 月至 2016 年 1 月期间，肖某某以经营 A 大学食堂送菜并支付菜款为由，向被害人郝某某索要钱款，诈骗郝某某人民币 50.5 万元。

2016 年 9 月至 2017 年 2 月期间，犯罪嫌疑人肖某某以承包 A 大学食堂送菜，以及合作经营食堂为由，向被害人曹某某索要钱款，诈骗曹某某人民币 13.1 万元。

【证据分析】

该案的证明难点在于能否认定肖某某诈骗被害人的事实。肖某某诈骗左某某、郝某某钱款的事实清楚，证据确实、充分，但在诈骗曹某某钱款这一事实中，肖某某拒不供认犯罪事实，曹某某陈述其分六次交给肖某某人民币 13.1 万元，并提供了金额分别为 2.5 万元、5 万元、1.5 万元、0.6 万元、0.5 万元的五张收据，另有 3 万元未出具收据，其中 2.5 万元的借条上有肖某某和曹某某签字，其他收据均为曹某某本人书写，肖某某并未签字。如果按照严格的定案标准，只能采信被害人陈述与其中一张借条（肖某某签名）相印证的部分，认定该起诈骗数额为 2.5 万元。

综合全案证据来看，应采信被害人曹某某陈述的全部内容，认定该起诈骗数额为 13.1 万元。(1) 肖某某的作案手段与其他两起犯罪高度一致。肖某某以承包某大学食堂、能跟其合作供应蔬菜为由，先后 6 次向曹某某索要钱款。曹某某与左某某、郝某某均不相识，但其陈述的作案手法与其他两起犯罪高度一致，报案数额亦未明显夸大，符合其经济状况和收入水平，具有较强的可信性。(2) 曹某某部分被诈骗钱款的来源有证人证言相互印证。曹某某证实，其被骗的钱中有4万元系从其亲属代某某处所借。代某某证言和银行卡交易明细，证明曹某某分两次向其借款4万元，2017年春节前借了1万元，2017年2月20日其从银行卡取了2.5万元加上5000元现金交给曹某某。(3) 肖某某向曹某某发送虚假消息和曹某某6次借款的时间跨度一致。经比对，通信截图、手机鉴定意见能够证明曹某某与肖某某联系的情况，包括肖某某手机多次发给曹某某手机的内容“在学校等拿货单”“还在食堂科长家里说事”“下午拿完菜合同就完事了”等内容，时间跨度为2016年10月至2017年1月。(4) 曹某某提供的五张收据在形式上具有类同性。笔迹鉴定意见证明，肖某某在其中一张2.5万元收据上签名，内容为“2016年9月6日，今收到曹某某借给肖某某2.5万元”，该张收据上还有交款人曹某某签名。其他四张收据与该张收据的样式一致，均有交款人曹某某签名。(5) 肖某某的辩解与其他证据相互矛盾。肖某某声称不认识曹某某，与其并无经济往来。但曹某某自行打印了肖某某通过手机向其发送的虚假承包合同书、学校文件等，与从肖某某处扣押的文件内容一致，且上有肖某某本人签字。此外，从曹某某手机上可以查询到肖某某的手机号码，另有两人的聊天记录；从肖某某手机上可以查询到曹某某的手机号码，并标注了具体的姓名。综上，在作案手段高度一致的连续犯罪中，可以通过大部分犯罪事实反映的作案规律，强化某一起事实的证据印证结构。

问题八 如何建立间接证据体系

刑事证明包括直接证明和间接证明两种方式，前者的对象是直接得出法律事实要件之存在的事实主张，后者指向了其他的非要件事实（也即辅助事实），其通过与其他事实的共同作用得出要件事实存在的结论。[①] 长期以来，受到“无供不定案”司法传统的影响，实践中存在依赖口供等直接证据定案的思维定式，而运用间接证据认定案件事实是一件既费力又费心的复杂劳动，加之推定的不成文性和可反驳性，让人们心里总有一种不踏实的感觉。[②] 但是，如果过于依赖口供等直接证据定案，不仅容易引发刑讯逼供、暴力取证等非法取证行为，还会使一些反侦查意识较强甚至制造“反证”的犯罪分子逃避法律制裁。从证据可靠性角度衡量，间接证据的个体证明力可能低于直接证据，但其整体证明力并不必然低于直接证据，两者的区分标准是证据与案件事实之间的关联程度，与实质真实性并无必然联系。在无法获取直接证据的情况下，运用间接证据认定有争议的案件事实，甚至仅仅根据间接证据给被告人定罪，是经常发生的情况。[③]

---

① 周翠：《从事实推定走向表见证明》，载《现代法学》2014 年第 6 期。

② 孙远：《论事实推定》，载《证据科学》2013 年第 6 期。

③ 高忠智：《美国证据法新解》，法律出版社 2004 年版，第 38 页。

一、准确适用刑事推定规则

刑事推定规则是指司法人员根据逻辑和日常经验法则，从已知的基础事实推断出未知的待证事实，并允许犯罪嫌疑人、被告人提出反驳推翻的证明规则。古代刑事诉讼并未将“供”（口供）或“证”（证言）作为定案的绝对条件，而是确立了“据状断之”的例外性规定，在没有获取口供等直接证据的情况下，依靠“赃”（物证）、“状”（伤情）等间接证据也可以定案。唐律规定：“若赃状露验，理不可疑，虽不承引，即据状断之。”疏议曰：“若赃状露验，谓计赃者见获真赃，杀人者检得实状，赃状明白，理不可疑，问虽不承，听据状科断。”[①] 但是，由于古代刑侦技术的局限性，“据状断之”仅仅适用于极少数案件，无论是法律条文还是司法实践仍然以重口供为特征，即“断罪必取输服供词”。至明清时期，定罪必有被告口供，几近无供不定罪之状态，唐宋时期“据状断之”的规定被取消。[②]

在刑事诉讼中，犯罪嫌疑人供述、证人证言等直接证据能够单独反映犯罪发生、发展和完成的整个过程，在证明案件事实方面具有天然优势。但是，我国当前已处于“法定犯时代”，经济犯罪、妨害社会管理秩序犯罪种类大量增多且类型多样，打破了自然犯占据统治地位的传统局面。此类犯罪分子的羞耻感和愧疚感较弱，拒不认罪的比例更高，作案手段日益隐蔽复杂，反侦查能力也越来越强，再加上“非接触犯罪”导致被害人陈述、目击证人证言的灭失，很难通过直接证据认定案件事实。随着社会管理能力的提高和科学技术的发展，客观性证据的种类、内容日趋丰富，言词证据在刑事证明中的地位相对下降，为

① 祖伟、蒋景坤：《中国古代“据状断之”证据规则论析》，载《法制与社会发展》2011年第4期。

② 杨晓秋：《明清刑事证据制度研究》，中国政法大学出版社2017年版，第45页。

刑事推定规则的创设提供了现实基础。从国际范围来看，一些国家和地区相继确立了刑事推定规则，如英国《防止贿赂法》第2条规定了受贿行为的推定规则，[①] 日本《公害罪法》第5条规定了因果关系的推定规则，[②] 我国香港地区“赌博条例”第19条第2款规定了赌博行为的推定规则。[③] 可见，现代刑事诉讼的特点之一，就是将口供等直接证据拉下了“证据之王”的神坛，强调独立发挥间接证据的定案功能，为案件事实的认定开辟了一条新的路径。

刑事诉讼中，如果根据推定事实认定被告人构成犯罪，将会导致公民人身、财产权利的剥夺或限制，特别是人的生命一旦被剥夺就无法挽回，涉及“对公民政治权利的剥夺、限制人身自由的强制措施和处罚”的事项只能制定法律。1979年《刑事诉讼法》第35条规定：“对一切案件的判处都要重证据，重调查研究，不轻信口供。只有被告人供述，没有其他证据的，不能认定被告人有罪和处以刑罚；没有被告人供述，证据充分确实的，可以认定被告人有罪和处以刑罚。”上述规定被1996年修订的《刑事诉讼法》第46条、2012年修订的《刑事诉讼法》第53条、2018年修订的《刑事诉讼法》第55条所承继，可以视为刑事推定规则的上位法根据。[④] 在此基础上，最高人民法院、最高人民检察院综合考虑刑事政策、价值取向以及日常经验法则的盖然性程度，针对国家

---

① 英国1916年《防止贿赂法》第2条规定，被起诉的人被证明在王室或者任何政府部门或者公共机构供职中的任何现金、礼品或者其他报酬是由或来自于或者寻求与王室或者任何政府部门或者公共机构签订合同的人员或者其代理人所支付或者给予或者接受时，该现金、礼品或者其他报酬应当被认为是上述法律所说的作为诱导或者回报而贿赂地支付、给予或者接受，但反证被证实的除外。宋军、徐鹤喃、王洪宇：《反贪污贿赂的特殊证据规则》，载《外国法译评》1995年第3期，第29页。

② 日本1970年《公害罪法》第5条规定：“某人由于工厂或企业的业务活动排放了有害于人体健康的物质，致使公众的生命和健康受到严重危害，并且认为在发生严重危害的地域内正在发生由该种物质的排放所造成的对公众的生命和健康的严重危害，此时便可推定此种危害纯系该排放者所排放的那种有害物质所致。”［日］藤木英雄：《公害犯罪》，丛选功等译，中国政法大学出版社1992年版，第159页。

③ 我国香港地区“赌博条例”第19条第2款规定，凡有证据显示警务人员根据规定进入赌场时，发现有人在该赌场内或逃离该赌场，则除非有相反证据，否则须推定该人曾在该赌场内赌博。张曙、宓明君：《刑事推定规则建构研究》，载《浙江工业大学学报（社会科学版）》2009年第1期，第83页。

④ 2012年修订的《刑事诉讼法》第53条将上述规定中的“证据充分确实”修改为“证据确实、充分”。

刑事政策重点针对的犯罪类型中难以证明的事实要素，将其中一部分最重要、最可靠的推定情形用司法解释的方式固定下来，在司法实践中发挥着重要的示范和指引作用。除此之外，“座谈会纪要”等规范性文件也设置了一系列推定规则，这些文件虽不具有司法解释的性质，但在实践中仍然具备相应效力，理论上被称为“准法律推定”。[①]

在大陆法系国家证据法理论中，推定通常被分为“法律推定”和“事实推定”，为法律所确立的推定称为“法律推定”；尽管没有法律规定，由法官根据经验法则和逻辑法则所运用的推定属于“事实推定”，该种分类方式在我国产生了较大影响。[②] 笔者认为，事实推定和法律推定的“形式分类法”来自法国《民法典》，难以反映我国刑事推定规则的现状，容易引发司法人员的认识混乱。[③] 在我国，广义的法律包括法律、有法律效力的解释及行政机关为执行法律而制定的规范性文件，狭义的法律专指有立法权的国家机关依照立法程序制定的规范性文件，无论使用广义还是狭义的法律概念，所有的刑事推定均属于“法律允许的事实推定”，不能超越法律授权而单独存在。对此，有必要以刑事推定规则的内容作为分类标准，使司法人员准确把握推定的本质。

（一）“从个别到一般”的推定规则

我国刑事推定规则大部分属于“从个别到一般”的推定，可分为“择一型”和“综合型”两种模式，前者可以根据“极其显然”的单一基础事实推出待证事实；后者需要综合多个“合理联系”的基础事实推出待证事实。[④]

第一，“择一型”推定规则。该类规则在不改变犯罪构成的前提下，以较为容易证明的客观事实“替换”难以证明的主观事实，类似于以实体法语言表

① 褚福民：《准法律推定——事实推定与法律推定的中间领域》，载《当代法学》2011 年第 5 期。

② 陈瑞华：《论刑事法中的推定》，载《法学》2015 年第 5 期。

③ 郑文革：《推定制度研究》，中国人民大学出版社 2019 年版，第 28 页。

④ 关于如何运用经验法则判定基础事实和推定事实的常态联系，可以将经验法则界定为“合理联系”标准和“极其显然”标准。[美] 乔恩·华尔兹：《刑事论据大全》，何家弘等译，中国人民公安大学出版社 2004 年版，第 318 页。

达出来的证据法规则。主要包括：（1）推定主观明知或犯罪故意。主观明知包括“实际知道”和“应当知道”，其中的“应当知道”是一种证据法上的推定表述，即要求控方的举证达到认定行为人主观上“实际知道”的程度。对于走私犯罪、毒品犯罪、非法收购盗伐、滥伐林木罪、传播性病罪、掩饰、隐瞒犯罪所得、犯罪所得收益罪、洗钱罪、制作、复制、出版、贩卖、传播淫秽物品牟利罪、拒不支付劳动报酬罪、环境污染罪、帮助信息网络犯罪活动罪等犯罪，当犯罪嫌疑人、被告人辩称缺乏主观明知时，可以根据某一客观行为，结合本人的年龄、阅历、智力及相关知识的掌握程度，推定其“应当知道”。[①] 例如，2012 年《最高人民检察院、公安部关于公安机关管辖的刑事案件立案追诉标准的规定（三）》第 1 条规定，对于走私、贩卖、运输毒品主观故意中的“明知”，当行为人具有“执法人员检查时，有逃跑、丢弃携带物品或者逃避、抗拒检查等行为，在其携带、藏匿或者丢弃的物品中查获毒品”“体内或者贴身隐秘处藏匿毒品”等十种情形之一，结合行为人的供述和其他证据综合审查判

① 相关规定主要包括：（1）2002 年《最高人民法院、最高人民检察院、海关总署关于办理走私刑事案件适用法律若干问题的意见》第 5 条规定，走私犯罪“明知”的认定。（2）2007 年《最高人民法院、最高人民检察院关于办理与盗窃、抢劫、诈骗、抢夺机动车相关刑事案件具体应用法律若干问题的解释》第 6 条规定，掩饰、隐瞒犯罪所得、犯罪所得收益罪、滥用职权罪“明知”的认定。（3）2008 年《最高人民检察院、公安部关于公安机关管辖的刑事案件立案追诉标准的规定（一）》第 74 条规定，非法收购、运输盗伐、滥伐的林木罪“明知”的认定。（4）2008 年《最高人民检察院、公安部关于公安机关管辖的刑事案件立案追诉标准的规定（一）》第 80 条规定，传播性病罪“明知”的认定。（5）2009 年《最高人民法院关于审理洗钱等刑事案件具体应用法律若干问题的解释》第 1 条规定，洗钱罪、掩饰、隐瞒犯罪所得、犯罪所得收益罪“明知”的认定。（6）2010 年《最高人民法院、最高人民检察院关于办理利用互联网、移动通讯终端、声讯台制作、复制、出版、贩卖、传播淫秽电子信息刑事案件具体应用法律若干问题的解释（二）》第 8 条规定，制作、复制、出版、贩卖、传播淫秽物品牟利罪“明知”的认定。（7）2012 年《最高人民检察院、公安部关于公安机关管辖的刑事案件立案追诉标准的规定（三）》第 1 条规定，走私、贩卖、运输、制造毒品罪“明知”的认定。（8）2013 年《最高人民法院关于审理拒不支付劳动报酬刑事案件适用法律若干问题的解释》第 4 条规定，拒不支付劳动报酬罪“经政府有关部门责令支付仍不支付”的认定。（9）2019 年《最高人民法院、最高人民检察院、公安部、司法部、生态环境部关于办理环境污染刑事案件有关问题座谈会纪要》第 3 条规定，环境污染罪“明知”的认定。（10）2019 年《最高人民法院、最高人民检察院关于办理非法利用信息网络、帮助信息网络犯罪活动等刑事案件适用法律若干问题的解释》第 11 条规定，帮助信息网络犯罪活动罪“明知”的认定。（11）2021 年《最高人民法院、最高人民检察院、公安部关于办理电信网络诈骗等刑事案件适用法律若干问题的意见（二）》第 11 条规定，掩饰、隐瞒犯罪所得、犯罪所得收益罪“明知”的认定。

断，可以认定其“应当知道”。再如，2019年《最高人民法院、最高人民检察院、公安部、司法部、生态环境部关于办理环境污染刑事案件有关问题座谈会纪要》第3条规定，判断犯罪嫌疑人、被告人是否具有环境污染犯罪的故意，如果存在“通过暗管、渗井、渗坑、裂隙、溶洞、灌注等逃避监管的方式排放污染物”“通过篡改、伪造监测数据的方式排放污染物”等八种情形之一，犯罪嫌疑人、被告人不能作出合理解释的，可以认定其具有犯罪故意。（2）推定犯罪目的。在信用卡诈骗罪、集资诈骗罪、侵犯著作权犯罪、拐卖妇女儿童罪、贪污罪等犯罪案件中，如果犯罪嫌疑人、被告人拒不承认“非法占有目的”“非法获利目的”“以营利为目的”，可以根据某一客观行为推出主观目的之存在。① 例如，2010年《最高人民法院关于审理非法集资刑事案件具体应用法律若干问题的解释》第4条规定，使用诈骗方法非法集资，具有“集资后不用于生产经营活动或者用于生产经营活动与筹集资金规模明显不成比例，致使集资款不能返还的”“肆意挥霍集资款，致使集资款不能返还的”“携带集资款逃匿的”等八种情形之一的，可以认定为“以非法占有为目的”。“择一型”推定规则对基础事实进行较为具体的描述，司法人员不需要自行寻找基础事实，亦不需要对基础事实与待证事实的常态化联系进行阐释，只要能够查明任一基础事实的存在，原则上可以得出待证事实成立的结论，属于难度较低的推定类型。

第二，“综合型”推定规则。我国刑法分则规定有400多种犯罪，犯罪构成各不相同，逐一列举基础事实既不现实也无必要。“择一型”推定规则只能适

---

① 相关规定主要包括：（1）2001年《全国法院审理金融犯罪案件工作座谈会纪要》规定，金融诈骗犯罪“非法占有目的”的认定。（2）2003年《全国法院审理经济犯罪案件工作座谈会纪要》规定，以借为名受贿罪“非法占有目的”的认定。（3）2003年《全国法院审理经济犯罪案件工作座谈会纪要》规定，贪污罪“非法占有目的”的认定。（4）2010年《最高人民法院、最高人民检察院、公安部、司法部关于依法惩治拐卖妇女儿童犯罪的意见》第17条规定，拐卖儿童罪“非法获利目的”的认定。（5）2010年《最高人民法院关于审理非法集资刑事案件具体应用法律若干问题的解释》第4条规定，集资诈骗罪“非法占有目的”的认定。（6）2011年《最高人民法院、最高人民检察院、公安部关于办理侵犯知识产权刑事案件适用法律若干问题的意见》第10条规定，侵犯著作权罪“以营利为目的”的认定。（7）2009年通过、2018年修订的《最高人民法院、最高人民检察院关于办理妨害信用卡管理刑事案件具体应用法律若干问题的解释》第6条规定，信用卡诈骗罪“非法占有目的”的认定。

用于部分犯罪类型，无法穷尽所有的推定情形，当司法解释或规范性文件没有逐一列举基础事实的情况下，司法人员仍然可以自行选择多个基础事实，在符合特定条件时推出待证事实。2021 年《最高人民法院关于适用〈中华人民共和国刑事诉讼法〉的解释》第 140 条从证据能力和证明力、证据关系、证据链、证明标准、证明过程这五个方面明确了刑事推定的要求，当案件缺少直接证据的情况下，仍然可以认定被告人有罪。根据上述规定，司法人员对于无法直接证明的主观事实（犯罪故意、犯罪目的等）和难以确切证明的客观事实（犯罪行为、危害结果、因果关系等）均可以启动推定，并无犯罪类型的限制。具体包括：（1）推定同一性事实。在隐蔽性较强的命案、网络犯罪中，如果犯罪嫌疑人、被告人拒不认罪且无目击证人证言、被害人陈述等直接证据的，需要从多个方面对“被指控的犯罪是否为被告人所实施”“犯罪嫌疑人、被告人的网络身份与现实身份的同一性”“犯罪嫌疑人、被告人与存储介质的关联性”等事实进行认定。[①] 例如，2021 年《人民检察院办理网络犯罪案件规定》第 17 条规定，认定犯罪嫌疑人网络身份与现实身份的同一性，可以从“扣押、封存的原始存储介质是否为犯罪嫌疑人所有、持有或者使用”“社交、支付结算、网络游戏、电子商务、物流等平台的账户信息、身份认证信息、数字签名、生物识别信息等是否与犯罪嫌疑人身份关联”等五个方面进行审查认定。（2）推定客观行为。出售假币罪、内幕交易、泄露内幕信息罪、利用未公开信息交易罪、贩卖毒品罪、网络犯罪的犯罪手段具有较强的隐蔽性，当犯罪嫌疑人、被告人否认实施犯罪，利益关联人员又基于种种原因拒绝提供证言时，可以通过多个明显异常行为进行综合判断。例如，2019 年《最高人民法院、最高人民检察院

---

① 相关规定主要包括：（1）2010 年最高人民法院、最高人民检察院、公安部、国家安全部、司法部《关于办理死刑案件审查判断证据若干问题的规定》第 33 条，关于“被指控的犯罪是否为被告人所实施”的认定。（2）2016 年最高人民法院、最高人民检察院、公安部《关于办理刑事案件收集提取和审查判断电子数据若干问题的规定》第 25 条，关于“犯罪嫌疑人、被告人的网络身份与现实身份的同一性”的认定。（3）2021 年《人民检察院办理网络犯罪案件规定》第 17 条，关于“犯罪嫌疑人与原始存储介质、电子数据的关联性、犯罪嫌疑人网络身份与现实身份的同一性”的认定。

关于办理利用未公开信息交易刑事案件适用法律若干问题的解释》第4条规定，行为人明示、暗示他人从事相关交易活动，应当综合“行为人具有获取未公开信息的职务便利”“行为人获取未公开信息的初始时间与他人从事相关交易活动的初始时间具有关联性”等多个方面进行认定。[①]（3）推定主观明知或犯罪故意。非法集资犯罪、“套路贷”犯罪、网络犯罪案件中，一些犯罪嫌疑人、被告人从事行政事务、技术业务、金融服务，到案后辩称不清楚涉案公司或人员的行为性质，需要根据客观行为对主观明知或犯罪故意进行推定。例如，2019年最高人民法院、最高人民检察院、公安部、司法部《关于办理“套路贷”刑事案件若干问题的意见》第5条规定，对于明知他人实施“套路贷”犯罪，应当结合行为人的认知能力、既往经历、行为次数和手段、与同案人、被害人的关系、获利情况、是否曾因“套路贷”受过处罚、是否故意规避查处等主客观因素综合分析认定。2019年最高人民法院、最高人民检察院、公安部《关于办理非法集资刑事案件若干问题的意见》第4条规定，认定犯罪嫌疑人、被告人是否具有非法吸收公众存款的犯罪故意，不仅要结合其供述，而且要考虑“犯罪嫌疑人、被告人的任职情况、职业经历、专业背景、培训经历、本人因同类行为受到行政处罚或者刑事追究情况以及吸收资金方式、宣传推广、合同资料、业务流程等证据”，进行综合分析判断。[②]受贿犯罪案件中，对国家工

---

① 相关规定主要包括：（1）2001年《全国法院审理金融犯罪案件工作座谈会纪要》，关于行为人“出售假币的犯罪数额”的认定。（2）2012年《最高人民法院、最高人民检察院关于办理内幕交易、泄露内幕信息刑事案件具体应用法律若干问题的解释》第2条、第3条，关于“非法获取证券、期货交易内幕信息的人员”的认定。（3）2000年《全国法院审理毒品犯罪案件工作座谈会纪要》（已失效）规定，关于行为人“贩卖毒品的数量”的认定。（4）2019年《最高人民法院、最高人民检察院关于办理利用未公开信息交易刑事案件适用法律若干问题的解释》第4条，关于行为人“明示、暗示他人从事相关交易活动”的认定。（5）2021年《人民检察院办理网络犯罪案件规定》第18条，关于“犯罪嫌疑人的客观行为”的认定。

② 相关规定主要包括：（1）2019年最高人民法院、最高人民检察院、公安部《关于办理非法集资刑事案件若干问题的意见》第4条，关于“犯罪嫌疑人、被告人是否具有非法吸收公众存款的犯罪故意”的认定。（2）2019年最高人民法院、最高人民检察院、公安部、司法部《关于办理“套路贷”刑事案件若干问题的意见》第5条，关于“明知他人实施‘套路贷’犯罪”的认定。（3）2021年《人民检察院办理网络犯罪案件规定》第19条，关于“犯罪嫌疑人的主观方面”的认定。

作人员以借款为名索取或者非法收受财物行为进行认定时，不能仅仅看是否有书面借款手续，应当根据“有无正当、合理的借款事由”“款项的去向”“双方平时关系如何、有无经济往来”等多个因素综合判定。“综合型”推定规则主要提出概括的证据收集审查要求，由于基础事实的“大致轮廓”不够明晰，日常经验法则的稳定性和成熟度不足，司法人员需要从多个角度查明基础事实，阐明基础事实与待证事实的常态化联系，同时接受辩方的质疑和反诘，属于难度较高的推定类型。

（二）“从局部到整体”的推定规则

我国刑事推定规则少部分属于“从局部到整体”的推定，又称抽样取证，是指从批量对象中提取部分对象作为样本，通过样本对象证明的内容认定全部对象。抽样取证最初适用于行政处罚案件，1996 年通过、2021 年修订的《行政处罚法》第 56 条规定，行政机关在收集证据时，可以采取抽样取证的方法。随着经济社会的迅速发展，知识产权、互联网、金融犯罪案件的涉案对象日趋繁多，抽样取证从行政执法领域逐渐拓展至刑事司法领域，成为认定批量对象的重要方式。我国刑法采取“定性加定量”的立法模式，对于以被害人数、被侵害的计算机信息系统数量、涉案资金数额等作为入罪标准的案件，有时难以逐一对被害人、被侵害的计算机信息系统数量、涉案资金进行取证。[①] 特别是网络犯罪案件中，从涉案服务器、网络云盘起获的涉案电子信息数量动辄数十万、上百万条，无法通过传统方法对被害人、被侵害的计算机信息系统数量、涉案资金逐一查证，现有技术亦无法做到重复信息、交叉信息的绝对排除，只能借助于抽样取证的方法。2021 年《人民检察院办理网络犯罪案件规定》第 22 条规定，对于数量众多的同类证据材料，在证明是否具有同样的性质、特征或者功能时，因客观条件限制不能全部验证的，可以进行抽样验证。主要包括以下三点：

---

① 喻海松：《〈关于办理网络犯罪案件适用刑事诉讼程序若干问题的意见〉的理解与适用》，载《人民司法》2014 年第 17 期。

第一，真实性推定规则。在涉众型证券期货犯罪、网络犯罪、非法集资犯罪、电信诈骗犯罪、侵犯公民个人信息犯罪案件中，可以通过抽样取证的方法，确认批量个人信息与现实自然人的同一性。[①] 例如，传统的诈骗犯罪案件中，被害人陈述是据以定案的关键证据，如果被害人不予指认，很难认定其受到欺骗而错误处分财物，但在电信网络诈骗犯罪案件中，由于被害人的不特定性和广泛分散性，公安机关基本无法逐一核实所有被害人，即使有些被害人报案，因被害人与犯罪嫌疑人不进行面对面的直接接触，被害人对犯罪嫌疑人的了解仅限于电话号码、银行账号，不掌握犯罪嫌疑人体貌特征，难以通过辨认的方法确定作案者。虽然被害人关于遭受损失的陈述等确实属于证据锁链中的重要一环，但从法理上讲，其作用和地位与其他能够证明相关事实的证据并无二致，只要其他证据能够证明相关事实，被害人的作用是可以被替代的。[②] 再如，2017 年《最高人民法院、最高人民检察院关于办理侵犯公民个人信息刑事案件适用法律若干问题的解释》第 11 条规定“对批量公民个人信息的条数，根据查获的数量直接认定”，同时限定了“有证据证明信息不真实或者重复的除外”。上述条款“隐含”着抽样取证的要求，尽管司法解释对批量公民个人信息推定为真实，但检察机关必须尽到与之相应的证明义务，不仅对查获的批量公民个人信息的数量作出证明，还要就该批量公民个人信息是真实的高度盖然性作出

---

① 相关规定主要包括：(1) 2010 年《最高人民法院、最高人民检察院、公安部关于办理网络赌博犯罪案件适用法律若干问题的意见》第 3 条规定，网络赌博犯罪的参赌人数、赌资数额的认定。(2) 2011 年《最高人民法院、最高人民检察院、公安部、中国证监会关于办理证券期货违法犯罪案件工作若干问题的意见》第 7 条规定，被调查对象的认定。(3) 2014 年《最高人民法院、最高人民检察院、公安部关于办理网络犯罪案件适用刑事诉讼程序若干问题的意见》第 20 条规定，不特定多数人的认定。(4) 2014 年《最高人民法院、最高人民检察院、公安部关于办理非法集资刑事案件适用法律若干问题的意见》第 6 条规定，集资参与人的认定。(5) 2016 年《最高人民法院、最高人民检察院、公安部关于办理电信网络诈骗等刑事案件适用法律若干问题的意见》第 6 条规定，被害人的认定。(6) 2017 年《最高人民法院、最高人民检察院关于办理侵犯公民个人信息刑事案件适用法律若干问题的解释》第 11 条规定，批量公民个人信息的认定。(7) 2021 年《人民检察院办理网络犯罪案件规定》第 22 条规定，数量众多同类证据材料性质、特征或者功能的认定。

② 郝廷婷、杨中良、魏军：《被害方证据不是认定电信诈骗犯罪数额的必要证据》，载《人民司法》2017 年第 14 期。

相应的证明，所以抽样取证是必要的步骤之一。[①]

第二，自然属性推定规则。毒品犯罪案件中，侦查机关可能从犯罪嫌疑人、被告人住所地、交通工具或身上起获批量“疑似毒品物”，逐一进行鉴定的成本极高，需要对批量对象的性质进行推定。例如，2016 年最高人民法院、最高人民检察院、公安部《办理毒品犯罪案件毒品提取、扣押、称量、取样和送检程序若干问题的规定》第 25 条详细规定了抽样取证的标准和流程，对同一组内两个以上包装的毒品，按照“少于十个包装的，应当选取所有的包装”“十个以上包装且少于一百个包装的，应当随机抽取其中的十个包装”“一百个以上包装的，应当随机抽取与包装总数的平方根数值最接近的整数个包装”等标准，确定选取或者随机抽取独立最小包装的数量，再根据特定取样方法从单个包装中选取或者随机抽取检材，如果抽取检材确系毒品，可以据此推定批量对象系毒品。

第三，社会属性推定规则。对于涉案作品、录音制品种类众多且权利人分散的侵犯著作权犯罪案件，可以根据样本的属性推出批量对象的属性。例如，2020 年《最高人民法院、最高人民检察院关于办理侵犯知识产权刑事案件具体应用法律若干问题的解释（三）》第 2 条规定，在涉案作品、录音制品种类众多且权利人分散的案件中，有证据证明涉案复制品系非法出版、复制发行，且出版者、复制发行者不能提供获得著作权人、录音制作者许可的相关证据材料的，可以认定为刑法第二百一十七条规定的“未经著作权人许可”“未经录音制作者许可”。

“从局部到整体”的推定规则将难以证明的批量对象，替换为较为容易证明的部分对象，极大地降低了证明负担和证明难度。在涉及批量对象的犯罪案

① 付玉明：《侵犯公民个人信息案件之“批量公民个人信息”的数量认定规则——〈关于办理侵犯公民个人信息刑事案件适用法律若干问题的解释〉第 11 条第 3 款评析》，载《浙江社会科学》2017 年第 10 期。

件中，不能因信息或物品的类型复杂、数量繁多，难以查清案件事实，就直接认定所有对象均具备某种属性，这无疑违反了证据裁判原则。抽样取证要求以物证、书证、电子数据等客观性证据为基础，如果根据稳定性较差的言词证据进行抽样取证，一旦证据内容发生改变，就会出现“孤证不立”的情况，无法认定案件事实。同时，批量对象应当具有一致性，这种一致性或是体现于包装物、外型和体积，或是体现于来源、形成时间和保存状态等。抽取样本的过程应当具有随机性和代表性，而不是带有主观倾向地选择，使样本能够最为全面地反映批量对象的共性特征。

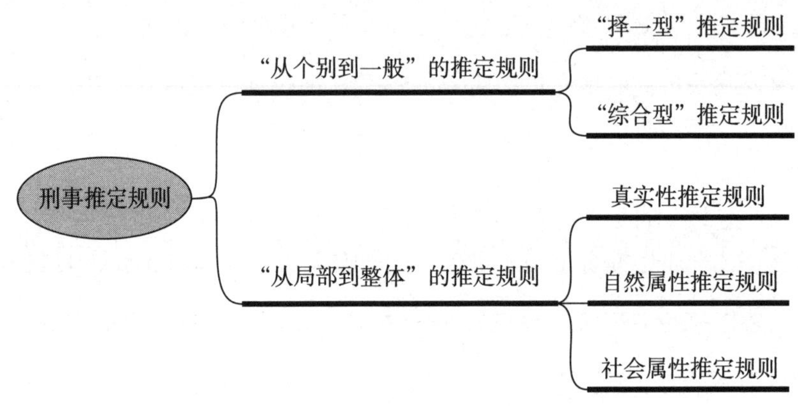

图 7　刑事推定规则的类型

案例 1

“从个别到一般”的推定

——金某某运输毒品案

【基本案情】

金某某系吸毒人员。2015 年 8 月 19 日 11 时许，金某某冒用“廖某某”的身份证购买车票，随身携带黑色行李箱一个和粉色手机一部，乘坐高铁一等座从 B 市到 A 市。2015 年 8 月 19 日 21 时许，金某某到达 A 市后，使用粉色手机与他人发送短信并通话多次。2015 年 8 月 19 日 21 时 32 分，金某某按照他人的电话指引乘坐出租车离开火车站前往郊区。下车后，金某某又主动拨打陌生号码多次，并按照他人指引继续前行时，被公安机关查获归案。民警在金某某随身携带的黑色行李箱夹层内查获毒品，经鉴定为海洛因 352.64 克，含量 35.4%，行李箱内还有女性衣物 13 件、书包 1 个、水杯 1 个。从金某某内衣中查获毒品，经鉴定为海洛因 2.22 克。从金某某随身背带挎包内起获手机 3 部、出租车发票 1 张、收费站票据 1 张、火车票 1 张、身份证 2 张、注射器（针管及针头）1 套、眼镜 1 副、梳子 1 把、镜子 1 个、钥匙 1 串。

【证据分析】

该案的证明难点在于能否认定金某某明知毒品而运输的事实。金某某到案后，一直否认其主观明知行李箱内为毒品，其前往 A 市是为了看病，同时帮他人捎送衣物。该案认定其主观明知的证据包括：（1）书证材料、犯罪嫌疑人供述证实，金某某作为长期吸食毒品的人员，曾多次向他人购买毒品，对于毒品有高出正常人的认知能力。（2）抓获录像、证人证言等证实，民警从其随身携带的行李箱夹层、内衣中分别起获毒品海洛因，均属于高度隐蔽的方式。（3）现场起获粉色手机、乘车记录、通信记录、犯罪嫌疑人供述等证实，金某某冒用他人身份购买火车票，接受他人给予的专用手机一部，到达后仅使用该手机与接头人联系，不知道对方联系人身份、具体住址和见面地点，直到安全到站才被告知联系人号码，明显违背合法物品惯常交接方式，体现出极强的隐蔽性。（4）现场起获衣物、银行卡转账记录、犯罪嫌疑人供述显示，金某某帮人携带物品前往 A 市即获取上千元的报酬，与其携带的衣服等物品价值并不对等，明显属于不等值报酬。同时，尽管金某某提出无罪辩解，但辩解理由与社会常理明显不符：（1）金某某辩称其因经济状况较差而赚取托运费用，但其冒用“廖某某”的身份证购买一等座车票，到站后花费近百元乘坐出租车而不是公共交通工具。（2）金某某辩称前往 A 市看病，但随身并未携带病历等必备材料。

(3) 金某某辩称为他人捎带衣服，但其到站后已晚上九十点钟，未登记住宿即前往郊区，表现出急迫与对方联系人见面的心理。(4) 金某某辩称与手机提供者并不熟悉，却帮助其运送物品，一天之内与对方通话六次。综上，金某某的行为同时符合“体内或者贴身隐秘处藏匿毒品”“采用高度隐蔽的方式携带、运输物品，从中查获毒品”“采用高度隐蔽的方式交接物品，明显违背合法物品惯常交接方式，从中查获毒品”等情形，且本人不能做出合理解释，可以认定其明知携带的物品系毒品。

案例 2

“从个别到一般”的推定

——付某某交通肇事案[①]

【基本案情】

2014 年某月某日 19 时许，某乡村道路上发生一起交通事故，造成一人当场死亡，一人受伤，昏迷不醒。事故发生后，民警接到路人报警后及时赶到现场并起获肇事车辆及部分车辆碎片，经检验碎片系起亚牌轿车遗留。民警通过查看事发路段监控录像，证实案发时段仅有一辆灰色起亚轿车经过，经调查该车系犯罪嫌疑人付某某所有，后付某某被公安机关查获归案。

【证据分析】

该案的证明难点在于能否认定付某某交通肇事的事实。付某某到案后，最初辩解称事发当日其将车辆借给朋友刘某某使用，后承认其本人在酒后驾驶起亚车经过事发地点，在听到车右侧有响声时未予停车查看仍驾车回家，但否认曾发生事故。综合全案证据来看，足以认定付某某系唯一作案人员：(1) 机动

① 岳启杰：《如何运用间接证据审查判定交通肇事案》，载《中国检察官（经典案例）》2016 年第 2 期。

车驾驶证、机动车信息查询结果单、驾驶人信息查询结果单等证实，灰色起亚牌小型普通轿车系付某某所有。(2) 车辆现场图、DNA鉴定意见书、整体分离痕迹鉴定意见书、监控录像等证实，付某某的起亚车有多处大面积的撞击痕迹和刮蹭痕迹，车前挡风玻璃右下角附着的毛发经鉴定不排除系两名被害人所留，现场提取的散落物碎块与起亚车右前大灯灯罩为同一整体所分离。同时，案发期间仅有一辆起亚牌轿车途经案发路段，即付某某的轿车。(3) 多名证人包括付某某家人证言证实，案发当日16时至18时许，该二人与付某某一起在饭馆喝酒。约18时10分，付某某驾驶其灰色起亚牌小型普通轿车离开。案发当日19时许付某某驾驶起亚车回到家中。(4) 根据付某某三个朋友的证言，可以证实付某某在案发当晚即告知他们开车出了事故，让他们帮忙打听情况。(5) 证人刘某某及其朋友均证实，案发当日刘某某没有驾驶过付某某的起亚车，从而否定了付某某关于其在当晚将肇事车辆借给刘某某的辩解。综上，尽管司法解释和规范性文件并未作出具体规定，通过对间接证据的分析，足以认定付某某即案发时肇事车辆的驾驶人且肇事逃逸的犯罪事实。

案例3

"从个别到一般"的推定

——王某等人利用未公开信息交易案①

【基本案情】

2008年11月至2014年5月，被告人王某担任A基金公司交易管理部债券交易员。在工作期间，王某作为债券交易员的个人账号为6610。因工作需要，A基金公司为王某等债券交易员开通了恒生系统6609账号的站点权限。自2008年7月7日起，该6609账号开通了股票交易指令查询权限，王某有权查询证券

---

① 最高人民检察院第十七批指导性案例，王某等人利用未公开信息交易案（检例第65号）。

买卖方向、投资类别、证券代码、交易价格、成交金额、下达人等股票交易相关未公开信息；自2009年7月6日起又陆续增加了包含委托流水、证券成交回报、证券资金流水、组合证券持仓、基金资产情况等未公开信息查询权限。2011年8月9日，因新系统启用，A基金公司交易管理部申请关闭了所有债券交易员登录6609账号的权限。

2009年3月2日至2011年8月8日期间，被告人王某多次登录6609账号获取A基金公司股票交易指令等未公开信息，王某1、宋某某操作牛某、宋某1、宋某2的证券账户，同期或稍晚于A基金公司进行证券交易，与A基金公司交易指令高度趋同，证券交易金额共计8.78亿余元，非法获利共计1773万余元。其中，王某1交易金额9661万余元，非法获利201万余元；宋某某交易金额1.8亿余元，非法获利1572万余元。

【证据分析】

该案的证明难点在于能否认定王某等人利用未公开信息交易的事实。王某、王某1、宋某某到案后拒不认罪，且其信息传递方式隐蔽，犯罪时距案发时间较长而难以查证，但综合全案证据，足以认定三人共同实施利用未公开信息交易行为：（1）犯罪嫌疑人供述、证人证言等证实，王某、王某1、宋某某之间系近亲属关系，且王某1、宋某某不认识除王某外的其他A基金公司从业人员。（2）证人田某等人的证言证实，A基金公司交易员的电脑是固定的，交易员具有登录使用权限的账号是和其使用的设备对应且唯一对应的，公司的交易员所使用的恒生系统账号都只能在本人电脑上才能登录。因交易员的个人账户是工作必须登录的，而6609账号只是因查询资料才需登录，所以在正常情况下登录6609公共账户的次数应该是等于或少于登录其个人账户的。（3）A基金公司出具的情况说明、提取笔录及电子数据证实，王某于2009年1月15日至2011年8月9日期间先后通过三台电脑登录6609账户710次，功能模块、菜单名称97次显示组合管理、指令查询、综合信息查询等内容，其余1264次未显示内容。

其间王某登录6610账户551次。登录6609账户次数明显多于6610账户。(4) 6609账号登录页面、王某恒生系统权限申请表及王某办公电脑登录过6609账号页面记录、公共账号6609登录后所具权限的页面证实，王某使用的电脑登录过6609账号，登录6609账号能够看到投资决策，可以查询公司层、基金层推荐、限制、禁止股票池权限；综合信息查询，能够查询组合证券、基金证券、汇总证券、基金资产、委托流水、成交回报、证券资金流水等。(5) A基金公司出具的关于恒生系统6609操作员账号有关情况的说明、登录站点启用通知、恒生系统人员权限管理办法证明：交易管理部于2008年6月24日申请开立了6609账号。(6) 深交所和上交所作出的《“宋某2”等3个账户于2009年3月1日至2011年8月9日与A基金股票交易指令趋同交易总体情况》《“宋某2”等3个账户于2009年3月1日至2011年8月9日与A基金股票交易指令趋同交易明细》《“宋某2”等3个账户于2009年3月1日至2011年8月9日与A基金股票交易指令趋同买入盈利情况》，该证据系深交所和上交所根据A基金交易指令数据和王某登录6609账户数据筛选出在王某登录6609账户后退出登录之前能够获取的买入股票交易指令，与3个账户进行对比筛选出2个交易日内买入相同的股票；趋同交易是指个人账户在A基金股票交易指令下达到交易系统后至后2个交易日内发生同股票同方向的交易。(7) 书证材料、证人证言证实，王某在接受证监会调查时无故离去并擅自离职。该案办理时，2019年《最高人民法院、最高人民检察院关于办理利用未公开信息交易刑事案件适用法律若干问题的解释》尚未通过，但上述证据足以认定“王某具有获取未公开信息的职务便利”“王某在特定期间明显不合理多次查询基金公司的证券交易信息”“王某1、宋某某利用其实际控制的他人证券账户从事证券交易，交易习惯明显异常，且与该基金证券交易高度趋同”“王某在接受证监会调查时无故离去并擅自离职”等基础事实，可以推出王某、王某1、宋某某利用未公开信息交易的唯一结论。

案例 4

“从个别到一般”的推定

——张某某过失致人死亡案

【基本案情】

张某某与被害人李某某（女，殁年36岁）原系男女朋友关系。2015年6月5日上午，李某某连续给张某某发短信，张某某认为李某某又来纠缠，遂想躲开，让同事帮助先把自己的车掉头，8时55分左右张某某从同事处接过车，驾驶其黑色轿车由北向南驶向一胡同，李某某见到张某某车开走，从其后方追过去，当追到胡同附近时，车辆因躲避前方行人放慢，李某某从车右侧追上并拽住右前车门把手拉拽两下，车辆仍然向前行驶，李某某一直左手拽住门、身体在右后车门处小跑跟行，其中经过一处井盖正在施工，道路狭窄，车再次缓慢通行后，又向前行驶，李某某倒地，张某某车辆右后车轮从其背部左侧碾轧经过，李某某面部朝下呈俯卧状，当场死亡。经鉴定，李某某系被机动车碾轧背部左侧致创伤性失血性休克死亡。张某某碾轧后未减速继续向前方行驶，自称有人示意其停车，遂停于距离现场150余米路边返回案发地，发现李某某倒地。张某某在他人打电话报警的情况下，等待民警到场将其传唤至公安机关。

【证据分析】

该案的证明难点在于能否认定张某某明知被害人拉拽其车门跟跑的事实。张某某到案后，一直辩称其不知道有人抓其车门，开车过程中没注意到车辆有起伏，事后发现被害人倒地。该案存在以下认定张某某主观明知的证据：(1)犯罪起因。张某某供述证实，案发早上李某某给张某某打电话并发短信让其出来一下，其对李某某出现在案发现场具有合理预知，相关供述有手机短信记录、证人证言相互印证。(2)犯罪过程。现场监控录像证实，案发当时天气状况良好、案发地点行人较多，自嫌疑人的车辆进入胡同之时起被害人就开始追赶车辆，案发地胡同狭窄，且部分路段正处于施工状态。李某某当时抓住车的右侧前门把手处，张某某作为具有丰富驾驶经验的司机，在当时路段拥挤的情况下，应该时常观察车辆左右反光镜，能够看到李某某拉拽车门的情况。(3) 罪后表现。现场勘验笔录及照片、报警记录以及证人证言证实，案发后被害人面部一直朝地、趴在地上，根本看不清被害人的脸，且当时被害人衣着普通。一名目击证人称："张某某朝出事地点走回来时挺镇静的，步子也不快，我就把我的手机给他，让他和110报警台说情况。说完后，我看见他走到女子身边，用手拍了一下女子的肩膀，嘴里还骂'你装什么装'。"根据案发当时的报警记录显示，张某某报警时称该女子为自己的女友，在没有观察被害人正脸的情况之下即认定此人身份，由此可推知张某某已经知道李某某拉拽其车门的事实。尽管司法解释和规范性文件未对过失致人死亡罪的主观明知设立推定条款，但综合全案证据，可以认定张某某应当知道被害人拉拽其车门跟跑这一事实。

案例5

"从个别到一般"的推定

——张某故意伤害案

【基本案情】

1999年10月8日凌晨，张某在某饭店饮酒后，因拒付餐费，与店主周某某发生争执，持刀猛刺店主周某某右胸，致周某某因被刺破肺脏造成大失血和窒息死亡；又刺伤饭店服务员蒋某某的左上臂、左胸部和服务员应某某的左肩部，造成该2人轻伤；张某在逃跑中又刺伤追捕群众张某某的头部和民警徐某的左手臂，造成该2人轻微伤，后张某被公安机关查获归案。

【证据分析】

该案的证明难点在于能否认定张某携带尖刀的事实。张某在法庭上辩称，店主周某某在争执时取出店中1把尖刀，刺其未中，其夺过尖刀为自卫而杀人和伤害他人。虽然没有证人目睹被告人张某携刀至某饭店，但综合全案证据来看，可以认定现场查获的沾有人血痕的单刃尖刀系张某所有，并由张某携带至饭店：（1）某饭店服务员蒋某某、应某某和被害人周某某之妻分别辨认该尖刀后，均证实该尖刀以前从未见过，不属该饭店所有。（2）张某住处的房东陆某某证实，张某住处有一件用报纸包装、长约1尺的东西，估计是刀，张某在“杀人”的前晚曾持该物威胁他人。（3）另一饭店店主麻某某证实，张某在到某饭店以前曾到其饭店饮酒，并拒付餐费，张某的一个朋友途经其饭店门口时曾告诫麻某某，张某近期因妻子吵架后不知去向而郁闷，且张某身上有刀，不要与张某争吵，因此未收张某饭钱，张某离开麻某某饭店后即进入对面的某饭店。综上，尽管司法解释和规范性文件并未作出具体规定，通过上述证据仍然可以认定张某携带尖刀前往某饭店，进而实施故意伤害犯罪行为。

案例6

“从局部到整体”的推定
——全某某等人集资诈骗案

【基本案情】

2016年间，全某某伙同他人预谋骗取他人钱款，首先使用第三人的身份证件注册A资本担保公司，冒充公司法人与B互联网金融公司负责人多次商谈，以A公司名义签订《担保合作框架协议》。随后，全某某利用B公司运营的互联网金融平台，采取向社会公众发布虚假借款项目，提供虚假房屋担保等手段，骗取200余名被害人钱款共计人民币800余万元，并将上述钱款用于消费挥霍。全某某于2016年12月被公安机关查获归案。

【证据分析】

该案的证明难点在于如何认定全某某集资诈骗的犯罪数额。全某某到案后承认其实施诈骗犯罪，但该案系借助互联网金融平台实施的“非接触式”犯罪，无法逐一向散布于全国各地的每名被害人取证。综合全案证据来看，可以认定本案的被害人为200余名、犯罪数额为人民币800余万元。(1) 全某某代表资本担保公司与互联网金融公司签订的担保合作框架协议，证明两家单位的合作模式。(2) 投资担保公司出具的担保函、担保合同、借款人和借款公司资料、购销合同、购房合同等，证明全某某等人通过互联网金融平台发布虚假借款信息，并以投资担保公司的名义提供虚假房产担保。(3) 审计报告、电子数据证实，互联网金融公司后台留存有全某某与被害人签订的借款合同，与相应银行转账记录能够相互印证，共涉及200余名被害人，实际欠款人民币890万余元。(4) 随机挑选的10余名被害人陈述证实，其在互联网金融平台看到借款人发布的借款信息和投资担保信息，以及提供借款的时间、事由、金额等。随机挑选的被害人陈述能够验证电子数据等客观性证据的真实性，且全某某对此未提出反驳，足以认定相关案件事实。

案例7

“从局部到整体”的推定

——王某、谷某某销售假药案

【基本案情】

王某和谷某某系夫妻关系。2016年3月至10月间，王某、谷某某伙同他人，由王某等人通过网络直播平台等宣传“纯中药减肥胶囊”具有良好的减肥效果；王某还负责对“纯中药减肥胶囊”进行分装、制作说明书，在未经批准和检验的情况下对外销售，利用网络支付账户收取货款，并委托速运公司对外发货。谷某某将其网络账户提供给王某用于收款，帮助王某分装、印制说明书以及将“纯中药减肥胶囊”交付寄送。王某、谷某某销售金额共计人民币110余万元，非法获利人民币15万元。2016年10月19日、2017年5月1日，王某、谷某某先后被公安机关查获归案，从二人住处查获尚未售出的“纯中药减肥胶囊”、说明书等物品。经食品药品监督管理部门认定，涉案“纯中药减肥胶囊”依法应按假药论处。

【证据分析】

该案的证明难点在于如何认定王某、谷某某销售假药的犯罪数额。该案系涉众型危害药品安全犯罪案件，司法机关无法向购买假药的人员逐一取证，但综合全案证据，仍然可以认定销售假药的犯罪数额。（1）王某、谷某某的供述证实，“纯中药减肥胶囊”的销售方式和销售金额，如“将装在纸袋中的胶囊分装成瓶，制作说明书，连同减肥咖啡一并通过快递向购买者发货。每瓶减肥药对外的销售价格为1900元，其可以从中提成400元”。（2）审计报告、书证、视听资料、搜查笔录等证据证明，鉴定人员从在案扣押的手机、电脑主机硬盘中提取到王某对外销售“纯中药减肥胶囊”的照片、短信、音频、网络聊天记录、收款记录。（3）网络交易记录、银行转账记录等证实，2016年3月至10月间，王某、谷某某通过网络账户收取了“纯中药减肥胶囊”的货款，以及网络支付账户绑定银行卡内的资金变动情况。（4）快递公司出具的《邮寄记录统计表》、证人证言及其提供的快递单复印件证实，2016年春节后，王某、谷某某找其发快递，由于快递数量较多，2016年7月，快递公司给二人配了一台打印机，可以直接打印快递单。（5）证人马某等人的证言和提交的书面材料证实，其在网络直播中看到宣传纯中药减肥药后，通过网络与王某取得联系，用网络支付方式购买减肥药，最后通过快递收到减肥药，价格基本为每瓶1900元。部分证人辨认出王某，部分证人提供了购买减肥药时的网络转账记录。该案中，手机聊天记录、网络收款记录以及快递发货记录显示，向王某、谷某某购买“纯中药减肥胶囊”的人数为200余人，远超出接受司法机关询问或提交书面材料的人员范畴。对于假药的销售金额，通过抽样询问证人等方式，确认了手机聊天记录等客观性证据的真实性，在此基础上，对有收付款记录、快递发货记录等证据相互印证的金额予以认定，核算出销售假药金额为人民币 110 余万元。

案例 8

“从局部到整体”的推定

——赵某某等人诈骗案[①]

【基本案情】

2014 年 10 月，赵某某在互联网上购得假信用卡、手机卡、银行卡，利用网站散布能为他人办理高额度信用卡的虚假信息，获取被害人手机号，后邀约他人通过打电话、发短信的方式与被害人联系，诱骗被害人将办卡费通过银行转入赵某某从网上购买的户名为“冯某靖”“白某辉”“陈某营”“平某鑫”等人的银行卡账户。付某某及被告人杨某受赵某某安排负责将诈骗款取现、套现。付某某受杨某安排，经伪装使用银行卡直接从银行 ATM 机上取现。杨某使用赵某某提供的或他人的 POS 机转移银行卡内的诈骗资金，经 ATM 机套现。杨某亲自或指使付某某套现，使用赵某某提供的户名为某家电经营部的 POS 机（绑定户名为江某的银行账户），或经他人的 POS 机转账，具体包括何某某经营的某商贸公司的两台 POS 机（户名为某包装有限公司、何某某）、何某某经营的某特产超市的 POS 机（户名为冯某某）、某家具卖场谭某某的 POS 机。黄某某和杨某根据赵某某的安排将取现或套现资金直接存入或通过网上银行转入赵某某指定的户名为“李某某”“孟某某”的银行账户。

经审计确认：(1) 户名为“白某辉”“陈某营”“平某鑫”“冯某靖”等 4

---

① 郝廷婷、杨中良、魏军：《被害方证据不是认定电信诈骗犯罪数额的必要证据》，载《人民司法》2017 年第 14 期。

人的银行卡于2014年6月至2014年12月共存入资金1241077.87元；(2) 户名为“李某某”“孟某某”的银行账户于2014年11月28日至12月23日共存入资金963839元；(3) 某家电经营部POS机于2014年11月11日至同年12月17日的交易总额为3024236元，POS机对应的户名为江某的银行卡账户共收入3514453.52元，支出3369900元；(4) 马某某等31名被害人汇转资金总额为510496元，资金转入户名为“白某辉”“陈某营”“平某鑫”“冯某靖”等16人的银行卡账户；(5) 赵某某、杨某使用赵某某提供的某家电经营部POS机帮赵甲套现两笔诈骗款，分别是办卡人林某某、蔡某汇转入“闫某刚”银行账户各1500元，共计3000元。

四川省崇州市人民法院审理认为，被告人赵某某伙同被告人杨某等人，被告人赵甲伙同他人，以非法占有为目的，利用互联网发布虚假信息，虚构可以代为办理高额度信用卡的方式，对不特定多数人实施诈骗，数额巨大，三人的行为均已构成诈骗罪。被告人赵某某、杨某共同诈骗数额为321100元。二审法院认为，审计报告证实，仅“冯某靖”等4人的银行卡账户于2014年6月至2014年12月期间转入资金总额就达1241077.87元。从诈骗资金转入银行卡账户这一环节分析，赵某某、杨某直接诈骗犯罪的金额为124.1万余元。综上，赵某某、杨某直接诈骗数额为124.5万余元，总诈骗数额为124.8万余元。因检察机关在起诉时仅将骗取的124.5万余元中的510496元和帮赵甲套现的3000元纳入了起诉指控范围，基于审判不越起诉指控范围的原则，未纳入指控范围的部分不予评判，故赵某某、杨某的诈骗犯罪数额应为513496元。原判认定犯罪数额为32万余元有误，应予纠正。

【证据分析】

该案的证明难点在于如何认定赵某某等人电信诈骗的犯罪数额。在案证据能够证明赵某某等人实施电信诈骗犯罪的完整流程：首先，通过打电话、发短信或在互联网上发信息等方式，散布能为他人办理高额度信用卡的虚假信息，与受害人取得联系后，将从网上购买的假信用卡邮寄给被害人；其次，被害人反馈信用卡无法使用的信息后，诱骗其通过银行汇转方式支付代办费、验资费、保证金等；再次，赵某某安排杨某等人在ATM机直接取现，或通过自己及他人的POS机套现；最后，将所获现金存入赵某某指定的银行卡账户。在上述过程中，被告人对作案工具，即转入资金所用的银行卡多次变更、丢弃。检察机关起诉时，根据审计报告的结果，有33人为赵某某、杨某两被告人的被害人，并认为诈骗金额为51万余元。赵某某、杨某被抓获后，查获4张银行卡。赵某某安排杨某负责将诈骗所得套现，杨某将“冯某靖”等4人的银行卡交给付某某去套现，付某某使用的除户名为“冯某靖”的银行卡外，使用的户名为“白某辉”“陈某营”“平某鑫”的银行卡均被查获；审计报告证实，仅“冯某靖”等4人的银行卡账户于2014年6月至2014年12月期间转入资金总额就达1241077.87元。二被告人对该笔资金没有提出合法来源的理由和相关证据。

本案系针对不特定多数人实施的电信诈骗，侦查机关收集的被骗办卡人中因转款时使用无卡存款以及电信诈骗人在诈骗时不断更换手机电话号码和银行卡账户，且使用户名非诈骗分子本人的手机卡、银行卡，致使报案被骗的50人中的17人无法认定系本案的被害人。但“冯某靖”等4人的银行卡均系赵某某从网上购买，并专门用于电信诈骗套现，对于卡内收入款项系诈骗所得赃款的事实，有被告人供述、查获的银行卡和审计报告等经过庭审举证质证的证据予以证实，且赵某某等人既不能提供证据证明卡内款项非诈骗所得，也不能就款项的来源作出其他合理解释。因此，虽然被害人无法逐一核实，但现有证据足以达到证据确实、充分的法定标准，且不违反刑事推定的法理基础。

案例 9

“从局部到整体”的推定

——陈某等人侵犯著作权案[①]

【基本案情】

2017年7月至2019年3月，陈某受境外人员委托，先后招募林某、赖某、严某、杨某某、黄某某、吴某某、伍某某，组建网络聊天群，更新维护多个盗版影视资源网站。其中，陈某负责发布任务并给群内其他成员发放报酬；林某负责招募部分人员、培训督促其他成员完成工作任务、统计工作量等；赖某、严某、杨某某等人通过从正版网站下载、云盘分享等方式获取片源，通过云转码服务器进行切片、转码、增加赌博网站广告及水印、生成链接，最后将该链接复制粘贴至上述盗版影视资源网站。其间，陈某收到境外人员汇入的盗版影视资源网站运营费用共计1250万余元，各被告人从中获利1.8万元至50万余元不等。案发后，公安机关从上述盗版影视资源网站内固定、保全了被告人陈某等人复制、上传的大量侵权影视作品，包括多部2019年春节档电影。

2019年9月27日，上海市人民检察院第三分院以被告人陈某等8人构成侵犯著作权罪向上海市第三中级人民法院提起公诉。2019年11月20日，上海市第三中级人民法院作出一审判决，以侵犯著作权罪分别判处被告人陈某等8人有期徒刑十个月至四年六个月不等，各处罚金2万元至50万元不等。判决宣告后，被告人均未提出上诉，判决已生效。

【证据分析】

该案的证明难点在于如何认定陈某等8人侵犯著作权的作品数量。对于涉案作品种类众多且权利人分散的案件，在认定“未经著作权人许可”时，应围

---

① 最高人民检察院第二十六批指导性案例，陈某等八人侵犯著作权案（检例第100号）。

绕涉案复制品是否系非法出版、复制发行，被告人能否提供获得著作权人许可的相关证明材料予以综合判断。为证明涉案网站系非法提供网络视听服务的网站，可以收集“信息网络传播视听节目许可证”持证机构名单等证据，补强对涉案复制品系非法出版、复制发行的证明。涉案侵权作品数量众多时，可进行抽样取证，但应注意审查所抽取的样本是否具有代表性、抽样范围与其他在案证据是否相符、抽样是否具备随机性等影响抽样客观性的因素。在达到追诉标准的侵权数量基础上，对抽样作品提交著作权人进行权属认证，以确认涉案作品是否均系侵权作品。

该案涉及的大量影视作品涵盖电影、电视剧、综艺、动漫等多种类型，相关著作权人分布国内外，收集、审查是否获得权利人许可的证据存在难度。为进一步夯实证据基础，检察机关要求公安机关及时向国家广播电视总局调取“信息网络传播视听节目许可证”持证机构名单，以证实被告人陈某操纵的涉案网站均系非法提供网络视听服务的网站。同时，要求公安机关对陈某设置的多个网站中相对固定的美日韩剧各个版块，按照从每个网站下载300部的均衡原则抽取了2425部作品，委托相关著作权认证机构出具权属证明，证实抽样作品均系未经著作权人许可的侵权作品，且陈某等网站经营者无任何著作权人许可的相关证明材料。在事实清楚、证据确实、充分的基础上，8名被告人在辩护人或值班律师的见证下均自愿认罪认罚，接受检察机关提出的有期徒刑十个月至四年六个月不等、罚金2万元至50万元不等的确定刑量刑建议，并签署了认罪认罚具结书。

二、确保基础事实得到充分证明

间接证据体系的本质是“根据已知的判断推出新判断”，这里“已知的判断”就是基础事实，“新判断”就是待证的犯罪构成事实。[①] 完整的证明过程中，首先要根据间接证据认定基础事实，随后才能运用基础事实进行推理、判断，该种证明方法类似于“烘云托月”的绘画技法，立足于所描绘的对象与其周围事物的联系，通过多个基础事实的点染、描绘来烘托所描绘的对象。

（一）基础事实的数量

基础事实一般是复数而非单数。尽管“择一型”推定规则允许根据单一基础事实推出结论，但查明多个“极其显然”的基础事实，能够起到增加内心确信的效果。由于间接证据的证明价值具有随机性和不确定性，究竟需要查明多少基础事实，要根据案件的具体情况确定，但基础事实的数量越多，案件事实脉络就会越清晰，越有助于推导出确定的结论；基础事实数量越少，被告人的辩解空间就越大，往往越推导出开放性的结论，“对于准确的事实认定来说，证据还是越多越好，而不是越少越好，如果为了不浪费时间或者司法经济的原因而把证据一个个都排除掉……就会妨碍事实真相的发现”。[②] 1990 年《最高人民法院研究室关于偷开汽车长期作为盗窃犯罪工具使用应如何处理问题的电话答复》（现已废止）曾指出：对于偷开汽车作为盗窃犯罪工具使用的，要结合案情进行全面分析，不宜仅仅根据“使用偷开汽车的天数”这一事实，来推定行为人对偷开的汽车是否以非法占有为目的。上述答复已经废止，但其中蕴含了对基础事实的数量要求。据此，即使案件无法收集到直接证据，仍然可以将证明重心转向多个基础事实，将之拼凑成一幅完整的“待证事实”图景。

间接证据是指不能单独证明案件基本事实，必须和其他证据联系在一起才

---

① 中国社会科学院语言研究所词典编辑室编：《现代汉语词典》，商务印书馆 2005 年版，第 1385 页。

② 张保生、满运龙、龙卫球：《美国证据法的价值基础——以〈联邦证据规则〉为例的分析》，载《中国政法大学学报》2009 年第 6 期。

能发挥证明作用的证据，在英美法系国家的证据法理论通常被称为“情况证据”。[①] 间接证据具有以下特点：一是补充性。案件如果存在犯罪嫌疑人供述等直接证据，一经查证属实，“七何”要素便可以得到确认，无法收集到直接证据的，可以转而根据间接证据定案，在刑事证明中发挥着替代和补充作用。二是整体性。间接证据只能从侧面证明案件的局部情况或个别情节，必须按照一定的逻辑与其他证据相互配合，才能指向案件基本事实，“间接证明就像由几股线拧成的粗绳，任何一股都不足以独自承受重量，但是把它们拧在一起，就足够结实了”。[②] 三是多样性。间接证据可以表现为除了犯罪嫌疑人供述之外的任何证据种类，既可以表现为物证、书证、鉴定意见等客观性证据，也可以表现为证人证言等主观性证据。应注意运用以下间接证据：

1. 品格证据

品格证据（Character Evidence 或 Propensity Evidence）包括品质和性格两个部分，该类证据能够用于量刑并无争议，但能否用于定罪、如何用于定罪是一个值得研讨的问题。在英美法系国家，品格证据规则或称品格证据排除规则，是指诉讼中当事人提出的关于被告人、被害人、证人品格优劣的证据不可采的证据规则。如 1978 年美国国会通过了所谓“强奸盾牌条款”，即《联邦证据规则》第 412 条，根据该规定，在某人被指控有强奸或者为强奸而侵害之行为的刑事案件中，关于所谓被害人过去性行为方面的证据，尽管不是涉及名声或评价的证据，除特殊情况外，同样也不能采用。例外情况之一是，有关过去性行为的证据是“宪法规定应采用的”。[③] 品格证据规则的一项重要例外是英国、美

① 间接证据又称“情况证据”。假设 X 是需要证明的事实。对此可以通过两种方式证明。你可以通过以其自己的感官感知到 X 的证人证明这一点，这样的证据有时叫作关于 X 的“直接”证据。如果你做不到这一点，你可以通过证人来证明 X，该证人尽管没有感知到 X，但是他确实直接感知到了事实 Y 和 Z，据此可以推论出 X。这样的证据叫作关于 X 的“情况”证据。［英］克里斯托弗·艾伦：《英国证据法实务指南》，王进喜译，中国法制出版社 2012 年版，第 22 页。

② ［英］理查德·梅：《刑事证据》，王丽、李贵方等译，法律出版社 2007 年版，第 5 页。

③ 宋英辉、吴宏耀：《证据相关性规则》，载《人民检察》2001 年第 4 期。

国、加拿大、澳大利亚等国确立的相似事实证据规则，是指被告人在本指控犯罪之外的不当行为的证据或用以显示其性情的证据在一些例外情况下是可采的，如果“在证明本案中某一问题的意义上是相关的；它的证明效力大于其偏见的影响”。[①]

在我国刑事诉讼中，品格证据能否用于定罪不能一概而论，需要遵循“以禁止使用为原则，以允许使用为例外”的原则。通常而言，品格证据反映行为人的人身危险性，犯罪嫌疑人曾有不良经历并不必然证明其实施了犯罪，两者缺乏实质意义上的关联性，不能直接用于认定基本事实。但是，品格证据包括犯罪嫌疑人的前科劣迹材料，在根据间接证据定案的情况下，品格证据对于认定犯罪嫌疑人的主观方面发挥着重要作用。例如，推定“主观明知”的犯罪案件中，有证据证明行为人曾到医疗机构就医，被诊断为患有严重性病的，可以认定其明知自己患有梅毒、淋病等严重性病等。

2. 再生证据

再生证据（Regenerative Evidence）是指刑事案件中行为人基于逃避法律制裁的目的而进行的各种反侦查、反追诉活动中形成的，能够证明案件真实情况的事实的总称。[②] 有观点认为，侦查人员由于种种原因难以收集到原生证据，在此种情形下，只要能够收集到一定数量的再生证据并经过查证属实，也可以作为定案的根据。[③] 从自然人“趋利避害”的本能来看，如果犯罪嫌疑人与犯罪行为没有关联，就不会实施逃避侦查、藏匿罪证等异常行为，从而增强对于案件事实的内心确信。但是，再生证据并不能直接指向案件基本事实，不能单独作为认定案件事实的根据，只能与原生证据组成证据体系，共同指向案件事实。

---

① ［英］理查德·梅：《刑事证据》，王丽、李贵方等译，法律出版社2007年版，第113页。
② 潘建安：《收集再生证据有利于夯实证据链》，载《检察日报》2014年4月2日，第3版。
③ 戴中祥：《试论刑事再生证据》，载《人民检察》2014年第8期。

犯罪分子为了逃避法律追究，在案发后通常会进行反侦查活动，虽然会加大案件侦破的难度，但也会留下各种客观痕迹。该类再生证据具有一定的可促成性，侦查人员可根据办案的需要，通过运用一定的侦查谋略和手段来促成再生证据的形成。根据行为人在反侦查、反追诉活动实施方式的不同，再生证据可以分为伪造型再生证据、隐藏型再生证据、毁灭型再生证据和刺探型再生证据。[①]（1）伪造型再生证据，即行为人在串供、翻供、订立攻守同盟或胁迫利诱他人作伪证而产生的再生证据。例如，在一起受贿犯罪案件中，犯罪嫌疑人听说行贿人接受调查，于是补签了虚假借款协议，将其中一张借条送到行贿人妻子住处，这张所谓的“借条”就成为认定犯罪事实的再生证据。[②]（2）隐藏型再生证据，即行为人在隐蔽、转移罪证或转移赃款、赃物过程中产生的再生证据。例如，在一起故意杀人犯罪案件中，犯罪嫌疑人在案发后洗澡、理发，大量清洗家中衣服，且案发后第二天便远行，变换身份前往外地打工。（3）毁灭型再生证据，即行为人在销毁罪证过程中产生的刑事再生证据。例如，在一起两人共同作案的故意杀人犯罪案件中，第二被告人被抓获后指认第一被告人动手杀人，而且在凶器上提取到第 被告人留下的指纹。第一被告人在逃跑过程中听说第二被告人被抓的时候被捺取指纹，就用农村做饭的炉火把烙铁烧红，然后把十个指头的指纹全部烫掉。第一被告人被抓获后虽然作无罪辩解，并声称是不小心端烧热的铁锅烫伤的，但司法鉴定结果证明，这十个指纹是被一个一个烫掉的，该案的再生证据同样可以印证同案犯供述的真实性。[③]（4）刺探型再生证据，即行为人在接触举报人、知情人，刺探侦查秘密、情报过程中产生的再生证据。例如，在一起强奸、故意杀人犯罪案件中，犯罪嫌疑人原系某工厂工人，案发后没拿行李、未结工资即不辞而别，事后通过电话向其同事询

---

① 潘建安：《收集再生证据有利于夯实证据链》，载《检察日报》2014年4月2日，第3版。

② 杨慧亮、顾惠忠、林竹静：《重视再生证据对证实犯罪的作用》，载《检察日报》2013年8月16日，第3版。

③ 张军、姜伟、田文昌：《控辩审三人谈》，北京大学出版社2014年版，第136~137页。

问案发现场“发生什么事儿没有”，上述再生证据即可纳入证据体系之中。

（二）基础事实的质量

任何形式的推理都必须具备前提真实的条件，即作为推理前提的判断必须符合客观实际，否则就难免出现推论的错误。在运用间接证据定案的情况下，待证事实的可靠性不仅仅取决于推理的逻辑形式，更取决于基础事实的质量，这要求据以定案的每一间接证据都依照法定程序查证属实，对基础事实的认定达到“确实、充分”，不存在无法排除的矛盾或无法解释的疑问。（1）基础事实应当与待证事实相互关联，不能使推定启动于无关事实之上。例如，在一起侵犯公民个人信息犯罪案件中，对于批量信息“属于真实自然人”这一事实，应根据与抽样相关的事实进行推定，不能将“涉案信息数量巨大”本身作为推定前提。再如，在一起诈骗犯罪案件中，对于“非法占有目的”这一事实，应当根据“行为人的经济实力和经营模式”“资金用途”等事实进行推定，不能将“钱款不能返还”“欺诈手段”等事实作为前提。为此，2001 年《全国法院审理金融犯罪案件工作座谈会纪要》规定，不能仅凭较大数额的非法集资款不能返还的结果，推定行为人具有非法占有目的。（2）基础事实应当真实可靠，确实可靠。推定结论的说服力不仅仅取决于逻辑和日常经验法则，更取决于基础事实的真实性，这意味着作为推定前提的每一个基础事实都必须是真实的，不能有虚假前提，否则必然出现将无辜者错误定罪的案件。对于据以定案的间接证据，要依照法定程序查证属实，不能存在无法排除的矛盾或无法解释的疑问。（3）基础事实应当与待证事实存在紧密联系，避免出现“双重推定”或“多重推定”的情形。间接证据对于待证事实具有间接性，但相对于基础事实应当是一个直接证据，从间接证据到案件主要事实的证明只要进行一次严密的“推理”即可，即针对某一犯罪事实的认定只能一次适用而不得连续两次（包括两次以上）适用推定技术，在推定三段论中，构成推定小前提的基础事实本身不能经由推定获得。[①] 例如，在集资诈骗罪“非法占有目的”的推定中，银行账目显示集资款分笔进入多个个人账户，看似存在消费挥霍的较大可能性，如果资金去向尚未查明，不能先行推定行为人“用于消费挥霍”，将推定所得事实作为进一步推定“非法占有目的”的基础，由此得出的结论往往存在明显的不周延性，导致推论与事实真相之间的距离不断扩大，出现事实认定的偏差。

（4）基础事实应保持足够的稳定性。2017 年《最高人民检察院关于办理涉互联网金融犯罪案件有关问题座谈会纪要》第 16 条规定，证明主观上是否具有非法占有目的，可以重点收集、运用以下客观证据：①与实施集资诈骗整体行为模式相关的证据：投资合同、宣传资料、培训内容等；②与资金使用相关的证据：资金往来记录、会计账簿和会计凭证、资金使用成本（包括利息和佣金等）、资金决策使用过程、资金主要用途、财产转移情况等；③与归还能力相关的证据：吸收资金所投资项目内容、投资实际经营情况、盈利能力、归还本息资金的主要来源、负债情况、是否存在虚构业绩等虚假宣传行为等；④其他涉及欺诈等方面的证据：虚构融资项目进行宣传、隐瞒资金实际用途、隐匿销毁账簿；等等。根据客观性证据认定基础事实，可以使推定过程不受自然人主观因素的影响，强化间接证据的整体证明力，特别是抽样取证要以物证、书证或电子数据等为基础，如果根据言词证据反映的批量对象进行抽样取证，一旦证据内容发生改变，就会出现“孤证不立”的情况，无法认定案件事实。一些物证、书证等实物证据表面的关联性并不明显，实际上能够从不同方向指向待证事实，应当充分运用证据来源去向、原始状态、外部特征、内容等信息，提升对待证事实的证明价值，如果“就证据论证据”，没有通过关联情景和情节对证据本身进行“包裹”，容易导致证明力的丧失或减弱。例如，在一起故意杀人犯罪案件中，对于犯罪现场发现的作案凶器，不仅需要保持物证的完整性，而且要

① 徐剑锋：《非法占有目的推定应把握两项禁止性规则》，载《人民检察》2015 年第 24 期。

对凶器的摆放位置、形态、与周围环境的关系进行详细描述，以此反映独有的作案特征，获取的证据细节信息越多，对待证事实的证明作用就越大。在无法提取到客观性证据的情况下，可以根据证人证言等言词证据认定基础事实，但需要对其合法性、合理性进行严格审查，并采取录音录像等固定措施，否则一旦发生实质性变动，就会破坏推定的事实基础。

案例10

通过言词证据认定基础事实

——胡某某运输毒品案①

【基本案情】

2005年9月9日零时许，被告人胡某某持当日至A市的列车票欲进入B市火车站二楼候车室，执勤人员对他进行检查，先查看了他的身份证。当执勤人员肖某某拿起胡某某黑色挎包里掉出的一个蓝白色塑料盒欲打开时，胡某某谎称他自己打开并拿过该塑料盒，又谎称他要到一楼拿东西，即只拿着该塑料盒逃离。民警马某某喊“站住”并随即追去，胡某某却加速逃跑。当胡某某逃至B市火车站办公室外面时，边跑边丢弃带走的塑料盒，其他执勤人员也相继追赶了60余米但未能追上。民警马某某和执勤人员田某顺着胡某某逃跑的路线往回寻找到胡某某丢弃塑料盒处，在地上找到了胡某某丢弃的一个蓝白色塑料盒和旁边散落的红色甲基苯丙胺片剂12小袋，共计净重222克；接着，又沿着胡某某逃跑的路线往前走到约100米处的路边，找到胡某某逃跑时身穿的棕色皮衣、白衬衣各一件。当日凌晨4时许，民警马某某等人在B市火车站附近加油站旁的公路绿化带中将光着上身的胡某某抓获归案。

① 刘晋云、翁彤彦：《［第552号］胡某某运输毒品案——人“货”分离且被告人拒不认罪的，如何运用间接证据定案》，载最高人民法院刑事审判第一、二、三、四、五庭主办：《中国刑事审判指导案例5（妨害社会管理秩序罪）》，法律出版社2017年版，第440~442页。

昆明铁路运输中级人民法院认为，被告人胡某某明知是毒品仍藏带甲基苯丙胺222克进入B市火车站，欲将毒品从B市运往A市，其行为已构成运输毒品罪。检察机关指控被告人胡某某犯运输毒品罪的基本事实清楚，基本证据确实、充分，予以支持。对被告人及其辩护人所提辩解和辩护意见，不予采纳。据此，判决被告人胡某某犯运输毒品罪，判处有期徒刑十五年，并处没收个人财产人民币二万元。一审宣判后，被告人胡某某提出上诉。A省高级人民法院经审理认为，上诉人胡某某非法携带甲基苯丙胺欲进入B市火车站乘火车前往A市，其行为已构成运输毒品罪，应依法惩处。据此，裁定驳回上诉，维持原判。

【证据分析】

该案的证明难点在于能否认定胡某某运输毒品的事实。胡某某的无罪辩解理由包括：(1) 胡某某在被检查时因害怕在家乡参与斗殴致人死亡的事件被公安机关网上追逃，不愿出示身份证而逃离，并非因带有毒品而逃离。(2) 公安机关起获的毒品不是其丢弃的，不能因为在其逃跑路线上找到毒品就认定是其丢弃的。(3) 公安机关第一次出具的提取笔录所记载的胡某某拿走的绿色塑料袋包装物，与联防队员肖某某证实胡某某拿走的长方形有点红的磨砂天蓝色塑料盒，及一审法院第一次开庭出示的从现场提取的有明显英文字母的蓝白色塑料盒，三者不一致，不能认定公安人员提取的塑料盒就是胡某某拿走的盒子。

综合全案证据，仍然可以认定胡某某实施了运输毒品行为：(1) 民警马某某证言证实，2005年9月9日0时5分，其在候车室中间巡逻时听到有人喊“站住”，并发现一被检查的男子（即被告人胡某某）向候车室门外快速走去。其觉得此人举动可疑，遂第一个追过去并叫“站住”，此人反而加速逃跑。当他追到车站办公室西侧门外的公路上距胡某某约6米时，看到胡某某边跑边扔东西，并听到“唰唰”和“啪”的响声。其继续追出约20米时，肖某某和民警王某某追上来，并让他俩继续追，其与联防队员田某往回走到刚才胡某某丢东西处，发现路上有蓝白色的塑料盒与彩红色纸盒各一个，两个盒子的盖都开着，在距1.2米的路上发现6小袋塑料袋装着的药片，在约2米处的路上有一红色塑料袋，内装有同样的6小袋药片，且纸盒和药片香味一致。其提取了现场的所有物品后接着追去约100米处，在路边捡到一件棕色皮衣和一件白衬衣。马某某与联防队员田某返回后发现毒品、塑料盒等物品，此内容得到田某证言的印证。马某某在发现路边物品后，闻了气味，证实纸盒和药片的香味相同，这与公安机关出具的“实验笔录”证明能将彩红色纸盒完全放进蓝白色塑料盒里的情节相互印证。马某某证实有人在他后面追上来，便让他继续追，自己返回，此内容得到民警徐某、王某某、肖某某等人证言的印证。(2) 证人肖某某证言证实，2005年9月9日零时许，其与民警徐某在B市火车站候车室内执勤，一穿棕色皮衣、挎着黑包、手提塑料袋的男子，持一张B市至A市的车票欲进候车室。对该男子检查时，先查看了他的身份证，姓名为胡某某。当民警徐某对胡某某手提的塑料袋内的物品进行检查时，肖某某看见胡某某放在地上的黑包内掉出一个长方形磨砂天蓝色塑料盒，盒子上有点红，胡某某正欲用脚将该盒子扒进桌子下边，其即捡起欲打开检查，胡某某马上从其手中拿过此盒说他自己打开，但胡某某并未打开，而是称要到一楼拿东西，便只拿着这个塑料盒快速离开候车室。民警徐某喊“站住”，胡某某仍向外走去，民警马某某见状追出去，他们也跟着追去。肖某某对盒子的形状、颜色等特征作了描述，并作了辨认，其从8个不同形状的包装盒中，辨认出从胡某某逃跑路线上提取的3号盒即是胡某某在候车室从其手中拿走并携带逃跑的盒子。与其证言能够相互印证的，有小卖部店主何某某的证言，证实其在小卖部听到有人喊“站住”，随即看到一个穿棕色皮衣的男人从候车室的楼梯上跑下来，手里拿着一样东西。(3) 公安机关出具的第一次原始提取笔录中记载，胡某某是拿着一个绿色塑料袋逃走的，而现场没有提取到这个塑料袋的情况，公安机关在一审庭审期间补充了一份情况说明，称提取笔录属于笔误。肖某某证实胡某某拿走的是一个长方形磨砂天蓝色塑料盒，盒子上有点红，而从本案现场提取的却是蓝白色塑料盒，该盒上有很明显的英文字母，没有红色，与肖某某所证的盒子上有点红的证言相矛盾。二审法院在审理期间要求铁路公安处禁毒大队做了“实验笔录”，证实从现场提取的两个盒子经实际检验，彩红色纸盒完全能放进蓝白色塑料盒里，且放进去后塑料盒确实映出红色。（4）证人证言等证实，胡某某在家乡所参与的斗殴事件并未被公安机关网上通缉。综上，虽然本案没有直接证据据以定案，但根据对这两份主要证人证言的审查、判断，并结合其他相关证据进行比较分析，各证据在细节上能够形成一致，且自然、合理，可以排除其他人作案的合理怀疑，足以认定本案现场起获的毒品甲基苯丙胺222克就是胡某某逃跑时丢弃的事实。

案例11

通过客观性证据认定基础事实

——陈某东故意杀人案[①]

【基本案情】

陈某东因琐事与被害人李某产生矛盾，遂有报复之念。2006年4月26日23时许，陈某东潜入某市某小区402室李某、罗某某夫妇家中，使用类圆形金属工具、砍切工具将李某、罗某某杀死。经法医鉴定，李某、罗某某均为严重颅脑损伤、伴急性大失血休克死亡。

绵阳市中级人民法院认为，被告人陈某东因琐事而持械故意非法剥夺他人生命，其行为构成故意杀人罪。虽然陈某东对犯罪事实始终不予供认，但本案有大量客观性证据充分证明陈某东实施了故意杀人行为，对陈某东及其辩护人

---

① 李睿懿、张建英：《［第654号］陈某东故意杀人案——对“零口供”案件如何运用间接证据定案》，载最高人民法院刑事审判第一、二、三、四、五庭主办：《中国刑事审判指导案例7（刑事诉讼法）》，法律出版社2017年版，第56~60页。

所提没有杀人的辩解及辩护意见不予采纳。陈某东故意杀死毫无过错的被害人，且犯罪手段特别残忍，犯罪情节特别恶劣，应当判处死刑。一审宣判后，被告人陈某东提出上诉。四川省高级人民法院裁定驳回上诉，维持原判，并依法报送最高人民法院核准。最高人民法院裁定核准四川省高级人民法院（2007）川刑终字第405号维持第一审以故意杀人罪判处被告人陈某东死刑，剥夺政治权利终身的刑事附带民事裁定。

【证据分析】

该案的证明难点在于能否认定陈某东故意杀人的事实。陈某东到案后始终否认系其作案。但是，在案客观性证据、相关证人证言等形成了完整的证据体系，足以认定被害人李某、罗某某系陈某东故意杀害。相关证据包括。

第一组，是证明陈某东作案的正向证据体系。

首先，四个鉴定意见充分证实，陈某东去过案发现场，手上沾附过李某的血迹，还在案发现场受伤。本案有四个重要的鉴定意见：一是证明从案发现场提取的血指纹系陈某东所留的指纹鉴定意见；二是证明该血指纹系沾附被害人李某的血迹形成的DNA鉴定意见；三是证明从案发现场提取的2处血迹系陈某东所留的DNA鉴定意见；四是证明从陈某东家提取到的棉布条上检出李某的基因分型且不排除含有罗某某基因分型的DNA鉴定意见。

其次，破案报告证实，公安人员通过警犬追踪发现，从被害人所住36号楼离开的血脚印在36号楼前消失后，又在35号楼前出现，并从35号楼的1单元延伸至4单元，最终又折回3单元。公安人员遂对35号楼的住户逐户进行走访，并重点走访调查3单元的住户。而陈某东正居住在3单元。公安人员走访时发现住在3单元202室的陈某东神情紧张，右手有可疑新鲜外伤，其所住房间十分脏乱，但卫生间清洗得异常干净，其余住户未见异常。

最后，在案证据能够排除第三人作案的可能性。在案发中心现场和外围现场发现了皮鞋和胶鞋留下的血足迹，且两种足迹均有套纺织物和未套纺织物的两种印迹。由于没有提取到陈某东作案所穿的皮鞋或者胶鞋，需要排除第三人作案的可能性。一方面，关于皮鞋血足迹，可以确定系陈某东一人所留。主要理由包括：一是在现场客厅电脑桌边缘发现的一处血迹，经 DNA 鉴定，系陈某东所留，而该血迹的特征表明应系“接触”形成，而非“抛甩”形成，且血迹的颜色和干燥程度与现场其他血迹的颜色和干燥程度一致。鉴于在血痕相对应的地面上只发现套纺织物的皮鞋血足迹，没有其他足迹，故该血足迹应该是留下“接触”血迹的陈某东留下的。二是经鉴定，从中心现场离开的两趟套纺织物的皮鞋血足迹，是同一人穿同一鞋所留，且与中心现场未套纺织物的皮鞋血足迹系同一人穿同一鞋所留。而中心现场未套纺织物的皮鞋血足迹，与留有陈某东血迹的电脑桌边缘的皮鞋血足迹一致。三是从现场离开的三趟血足迹中，有一趟套纺织物的皮鞋血足迹在李某家所在的 36 号楼 2 单元门洞外消失，后又出现在陈某东所住的 35 号楼前的水泥地面上（血足迹在中间消失一段，应与案发当晚下雨有关），最后进入陈某东所住单元。并且，该血足迹与李某家地面、楼梯间的套纺织物的皮鞋血足迹一致。此趟血足迹在这么长距离的地面上一直出现，表明其鞋底和外套的纺织物沾附了大量的血迹，只有在案发现场进行了长时间的活动才能形成。四是陈某东可以留下现场发现的血足迹。从现场卧室东侧地面提取的一枚较完整的皮鞋血足迹长约 27.6cm，压痕长 23.8cm，推断留下足迹者身高为 165~168cm，与陈某东的身高相符。同时，陈某东所穿皮鞋底长 26cm 或者 26.5cm，经对陈某东穿其鞋底长 26cm 的皮鞋形成的足迹长度进行测量，陈某东的皮鞋足迹介于 26.1~27.5cm 之间，与现场血足迹长度相符。综合这些分析，可以确定现场的皮鞋血足迹均系陈某东所留。另一方面，关于胶鞋血足迹，可认定系陈某东一人所留。主要理由：一是从现场提取的胶鞋血足迹长 25.6cm 左右（前后两侧未反映出鞋底边缘），推断留下足迹者的身高为 168cm 左右，与陈某东的身高相符。同时，陈某东穿其鞋底长 26cm 的胶鞋形成的足迹长度介于 24.2~26.4cm 之间，故陈某东可以留下现场长度的胶鞋足迹。

二是胶鞋血足迹的出现，可解释为陈某东曾穿该鞋再次进入现场。根据现场勘查情况，胶鞋血足迹仅在门厅、客厅进门处、卧室门口、厨房等地少量出现，从现场离开的套纺织物的胶鞋血足迹也较淡，在二楼至一楼的楼梯间即消失，且现场楼梯间的胶鞋血足迹系在皮鞋血足迹之后形成。同时，陈某东所写日记及其他相关证人证实，陈某东患有强迫症，并曾到医院就诊。根据在现场楼梯间发现两趟先后形成的下行皮鞋血足迹分析，陈某东作案后曾穿皮鞋返回现场，这符合“强迫症”的特征。故陈某东也完全可能在强迫症的驱使下，换穿胶鞋后再次进入作案现场。当然，其目的也可能是混淆侦查视线。三是现场情况符合一人作案特征。从二被害人的尸检情况分析，二被害人受伤情况基本相同，反映出（锤类）钝器和（菜刀类）锐器两种工具。李某双手的抵抗伤均系钝器造成。罗某某双手既有钝器抵抗伤，也有锐器抵抗伤，而且钝器抵抗伤先于锐器抵抗伤。分析是作案人使用钝器先后打击李某、罗某某头部，致二人失去抵抗能力后，在濒死期又使用锐器切割颈部以确保二人死亡。结合现场勘查情况分析，二被害人从受伤到死亡过程较长，挣扎活动的范围较大。反映出作案人在加害过程中不能有效控制二被害人，符合一人作案的特点。同时，勘查发现，现场客厅沙发上的小挎包内有显而易见的数千元现金，卧室衣柜抽屉内的首饰、存折亦没有被取走，表明作案目的并非劫取财物。此外，也没有证据显示被害人罗某某生前曾遭受性侵犯，这与相关证据证明陈某东系因琐事杀人的犯罪动机相符。综合这些情况，也可以确认现场胶鞋的足迹系陈某东所留。

第二组，是否定陈某东辩解的反向证据体系。

被告人陈某东归案后始终作无罪辩解，具体理由包括：(1) 其前两年去过被害人家，2006 年没有到过被害人家。其案发当晚和之后亦均未到过被害人家，案发当天 15 点多回家后，一直未外出，在家看电视，一晚上没有睡觉（后供述边看边睡），第二天早上用旅行包装了一包霉变大米去某城，把包和米都卖给一个中年男子，其没有作案时间。(2) 其与李某关系挺好，没有仇恨。(3)

在现场发现他的血迹和指纹均是莫名其妙的。(4) 其手上的伤是5月1日前几天擦撞形成的，忘了在哪撞的。

经分析，这些辩解均不成立：(1) 关于其没有作案时间的辩解。该案发生时间是2006年4月26日23时许，而证人刘甲证实，案发当日21时许，陈某东与其打完乒乓球后各自回家。之后直至次日上午，陈某东的去向无人能够证实，陈某东有充分的时间作案。陈某东辩称次日早上至傍晚，其背一包霉变大米外出去卖，但却无法说明其全天的具体去向，该行为非常可疑。(2) 关于其与被害人夫妇无矛盾的辩解。陈某东有常年写日记的习惯，其中记载：陈某东平时与李某经常一起打球，关系较好。2005年7月底，因李某数次大声喊其全名，陈某东认为李某没大没小，不懂规矩，晚上还到李某家找李某，说以后不叫陈大哥就当作不认识。之后未再发现其与李某夫妇交往的记录。这表明，陈某东与李某实际存在矛盾，其所称没有矛盾的辩解不实。(3) 关于现场发现其血迹和指纹系“莫名其妙”的辩解。公安机关从案发现场提取的2处血迹，经鉴定系陈某东所留。从被害人家冰箱上的相框边缘提取到的沾附被害人李某血迹形成的血指纹，经鉴定亦系陈某东所留。经审查，这三项证据取证规范，鉴定结论客观、准确。陈某东辩称“莫名其妙”，显然不能成立。(4) 关于手伤的辩解。陈某东在侦查阶段辩称：其手伤是5月1日前几天擦撞形成的；从一审开始，又辩称其手伤系在家粘乒乓球拍时弄伤的；复核提讯时又辩称其大拇指的伤系擦撞形成，手上其余5处伤口系粘球拍时被强力胶粘住，后将强力胶撕下时形成。但其无法解释食指上的横行裂口如何形成，后只能称记不住了。可见，陈某东关于手伤形成原因的辩解前后不一，且不合常理，不能成立。综上，虽然没有犯罪嫌疑人的供述，但是通过分析客观证据等可以形成证据链条，排除合理怀疑，得出陈某东实施杀人行为的唯一结论。

案例12

基础事实未得到充分证明

——骆某某运输毒品案[①]

【基本案情】

2008年5月16日，骆某某驾驶藏有毒品的黑色长安轿车从A县前往B市。当日23时50分，途经C市时，被公开查缉的公安民警抓获，当场从其驾驶的车辆后排两扇门夹层中查获毒品甲基苯丙胺11块，净重5589克。

普洱市中级人民法院认为，被告人骆某某为牟取非法利益，违反国家毒品管制法规，非法运输毒品，其行为构成运输毒品罪，依法应当惩处。骆某某利用交通工具以隐蔽方式运输大量毒品，在运输途中被公安民警查获，其提出不知车上有毒品的辩解及辩护人提出骆某某无罪的辩护意见，与事实不符，不予采纳。普洱市中级人民法院以运输毒品罪判处骆某某死刑，剥夺政治权利终身，并处没收个人全部财产。一审宣判后，骆某某不服，以不明知所驾驶的轿车车门夹层内藏有毒品，认定其犯运输毒品罪的事实不清、证据不足为由提出上诉。云南省人民检察院以书面意见形式向云南省高级人民法院提出，一审判决认定被告人骆某某犯运输毒品罪的事实不清，证据不足，建议将此案发回重审。云南省高级人民法院经审理认为，上诉人骆某某始终辩解不知道所驾驶的轿车车门夹层内藏有毒品，本案又无证据能够印证骆某某明知毒品而进行运输，一审判决认定被告人骆某某运输毒品甲基苯丙胺5589克的犯罪事实不清、证据不足，遂裁定撤销一审判决，发回重审。普洱市中级人民法院重审期间，检察机关建议延期审理，并以事实不清、证据不足两次退回公安机关补充侦查未果。2010年5月24日，普洱市人民检察院作出不起诉决定（存疑不诉），并于当天将骆某某释放。

---

① 秦鹏：《[第1013号] 骆某某运输毒品案——对当场查获毒品的案件，被告人拒不认罪的，如何把握有关被告人主观明知的证据要求》，载最高人民法院刑事审判第一、二、三、四、五庭主办：《刑事审判参考（总第99集）》，法律出版社2015年版，第98~102页。

【证据分析】

该案的证明难点在于能否认定骆某某运输毒品的事实。虽然公安机关在被告人骆某某的轿车内发现了毒品，但骆某某始终否认自己明知车上装有毒品。而从骆某某行为的过程、方式以及毒品被查获时的情形分析，毒品是在其车门夹层内查获的，其又是车辆的驾驶者，车内没有其他人，其是一个人从A县前往B市，这些情况是最有可能推定其具有主观明知的证据。但是，骆某某提出了以下辩解：(1) 骆某某始终供述是由“二哥”等三人在B市租其车来A县，并单独借用自己的车出去接过人，因此存在“二哥”驾驶期间，其他人往车上藏匿毒品的可能性，骆某某要求公安机关调取其通话记录。同时，骆某某的辩护律师提供了其因超速行驶被交警大队处罚的照片，证实当时车上确有四人，与骆某某供述的情形一致。(2) 骆某某提供了“二哥”的住址及其家人信息，还供述了其与“二哥”等人在云南期间所住的旅馆房间，并提到住宿期间有一个叫“阿信”的服务员帮他买过水果，但公安机关并未找“阿信”和相应旅馆调查核实上述细节，因此，不能排除骆某某的辩解属实。(3) 涉案毒品外包装上没有骆某某的指纹，而这就无法证实其直接接触过涉案毒品。而且，骆某某亦否认自己曾直接接触过涉案毒品，其供述一直较为稳定。

从定案的角度来看，证明骆某某主观明知毒品的证据体系尚未建立。一方面，基础事实的数量不足。对于骆某某为什么会运输毒品、毒品来自何处、要运往何处以及其他相关情节等基础事实，均没有证据证实，在基础事实的数量上尚未达到定案要求，难以确定骆某某与毒品的关系。另一方面，基础事实的质量不高。现有证据能够证明骆某某被查获时单独驾车，但骆某某辩称自己将车租与他人，其间车还被人单独使用过，其在途中还接触过其他人等，特别是骆某某因超速行驶被交警大队处罚的照片上显示车上有四人，这也与骆某某供述的当时车上有四人的情况一致，这些辩解公安机关都没有核实其真伪，均无相反证据能够否定骆某某的辩解，对骆某某单独驾车从A县前往B市这一基础事实，尚未达到“确实、充分”的程度。综上，根据本案现有证据，存在骆某某独立作案、与其他人共同参与作案、其他人独立作案三种可能，而第三种可能直接影响到骆某某是否构成犯罪的问题，不足以认定骆某某具备主观明知。

三、发挥证据体系的整体证明力

间接证据体系不是大量证据的无序堆砌，而是按照特定的逻辑关系进行排列组合，使证据之间紧密关联，形成环环相扣、连贯一致、合乎常理的“证据链条”，最大限度地发挥整体证明力。“证据链条”是指由两个或两个以上不同的证据链节（或证据）所组成的、通过链头的相互联结形成的联结点以及链头与链体的客观联系，用以证明案件事实的证据集合体。最高人民检察院指导性案例朱某某操纵证券市场案（第十批指导性案例，检例第39号）明确指出，“办案中，犯罪嫌疑人或被告人及其辩护人经常会提出涉案账户实际控制人及操作人非其本人的辩解。对此，检察机关可以通过行为人资金往来记录，MAC地址（硬件设备地址）、IP地址与互联网访问轨迹的重合度与连贯性，身份关系和资金关系的紧密度，涉案股票买卖与公开荐股在时间及资金比例上的高度关联性，相关证人证言在细节上是否吻合等入手，构建严密证据体系，确定被告人与涉案账户的实际控制关系”。实践中，如果仅对刑事诉讼法规定的证据种类进行罗列，没有对证据体系进行综合分析、评价，特别是对一些仅仅靠间接证据定案的疑难复杂案件，使司法裁判的说服力降低。[①] 由于间接证据呈现杂乱无序、彼此分离的样态，即使数量再多也因无法联结成一个整体，无法验证各自的真实性而难以充分发挥证明作用。实践中，应把握以下方面：

① 冯霓冰、谢萍：《证据链：认证案件事实的另一视角》，载《法律适用》2011年第5期。

（一）基础事实的延伸

刑法规定的犯罪构成是抽象的，为证据运用指明了一般性的方向；司法证明的案件事实是个别的，需要根据具体情况确定。考虑到司法实践的复杂性，刑事推定规则未对基础事实进行绝对化处理，而是预留出一定的裁量空间，如“有其他证据足以证明行为人应当知道的”“其他可以认定非法占有目的的情形”等。在“择一型”推定规则的适用过程中，即使司法解释或规范性文件没有具体列举基础事实，司法人员仍然可以自行选择基础事实，但相关事实与列举的事实应具有相当性。例如，2010 年通过、2021 年修订的《最高人民法院关于审理非法集资刑事案件具体应用法律若干问题的解释》第 7 条列举了集资诈骗的七种基础事实，即行为人使用诈骗方法非法集资，具有“集资后不用于生产经营活动或者用于生产经营活动与筹集资金规模明显不成比例，致使集资款不能返还的”“肆意挥霍集资款，致使集资款不能返还的”“携带集资款逃匿的”等七种情形之一的，可以认定为“以非法占有为目的”。该解释并未排除其他可以认定非法占有目的的情形，而是设置了兜底条款。实践中，有的犯罪嫌疑人将所吸收集资款的 40%以上返利给业务员，或是将集资款投资于明显不可能产生盈利的“山寨”项目，上述资金使用方式显然不具备盈利的可能性。为此，2017 年《最高人民检察院关于办理涉互联网金融犯罪案件有关问题座谈会纪要》第 14 条增加了“资金使用成本过高，生产经营活动的盈利能力不具有支付全部本息的现实可能性”“对资金使用的决策极度不负责任或肆意挥霍造成资金缺口较大”“归还本息主要通过借新还旧来实现”等，对推定非法占有目的的基础事实进行延伸。再如，2003 年《全国法院审理经济犯罪案件工作座谈会纪要》第 4 条规定了挪用公款转化为贪污的四种基础事实，包括“携带挪用的公款潜逃的”“行为人挪用公款后采取虚假发票平帐、销毁有关帐目等手段，使所挪用的公款已难以在单位财务帐目上反映出来，且没有归还行为的”“行为人截取单位收入不入帐，非法占有，使所占有的公款难以在单位财务帐目上反映出来，且没有归还行为的”“有证据证明行为人有能力归还所挪用的公款而拒不归还，并隐瞒挪用的公款去向的”。有的犯罪嫌疑人尽管没有使用虚假发票平账、销毁有关账目，但其缺乏足够的个人财产，挪用巨额公款用于赌博等违法犯罪活动，自始缺乏偿还能力和盈利可能性的，可以成为推定“非法占有目的”的基础事实。

（二）证据体系的组合

逻辑顺序是指按照间接证据的内部联系和人们认识事物的过程来排列组合，使各个基础事实紧密结合起来，从一个事实联结到第二个、第三个事实甚至更多的事实。在通过直接证据定案的情况下，由于案件存在犯罪嫌疑人供述、目击证人等直接证据，对于逻辑顺序的要求相对较低；在通过间接证据定案的情况下，要根据特定的逻辑顺序，将证明同一基础事实的间接证据归为一组，以此将相关间接证据组合在一起。2018 年《人民检察院公诉人出庭举证质证工作指引》第 24 条规定，依靠间接证据定案的不认罪案件的举证，可以采用层层递进法。公诉人应当充分运用逻辑推理，合理安排举证顺序，出示的后一份（组）证据与前一份（组）证据要紧密关联，环环相扣，层层递进，通过逻辑分析揭示各个证据之间的内在联系，综合证明案件已经排除合理怀疑。逻辑关系主要包括以下类型：（1）递进关系。按照犯罪时空顺序的一维性和不可逆性，可以使多个间接证据呈现层层递进的样态，共同指向待证事实成立这一结论，如果某一关键时空环节发生断裂，就会影响到证据体系的完整性。例如，命案同一性事实的推定过程中，可以按照“案发前→案发时→案发后”的逻辑关系进行排列组合。案发前，犯罪嫌疑人与被害人的矛盾纠纷、财产状况等，可以证明其作案动机；犯罪嫌疑人的购物记录、通信记录等，可以证明其预备行为。案发时，犯罪嫌疑人的行程轨迹、犯罪现场情况等，可以证明其具备作案条件。案发后，犯罪嫌疑人实施逃匿、变更个人身份信息、打听案情、巨额消费、补偿被害人或与他人订立“攻守同盟”等异常行为的，可以印证其实施犯罪。(2) 主次关系。如果同时查明多个基础事实，无需按照时空顺序进行排列的，要把说服力较强的基础事实优先展示，使多组间接证据呈现“从主要到次要”的逻辑关系。例如，在集资诈骗犯罪案件中，犯罪嫌疑人将集资款用于多个用途的，可以优先出示犯罪嫌疑人将极低比例集资款用于生产经营的证据，然后出示部分集资款用于消费挥霍的证据，最后出示向业务员发放高额提成的证据，使上述证据共同指向犯罪嫌疑人具备非法占有目的这一待证事实。(3) 总分关系。在批量对象的推定过程中，可以按照“先总后分”的逻辑关系进行排列组合，如在毒品犯罪案件中，从犯罪嫌疑人住处起获批量毒品的，首先出示证明批量毒品具备共性特征的证据，如批量毒品的来源、获取时间、保存地点、保存方式、外包装、颜色等保持一致，然后出示从中抽取样本和送检鉴定的证据，确认抽样过程中样本和剩余对象均未发生改变。在疑难复杂案件中，需要综合运用多种逻辑顺序，才能将零乱的间接证据组合起来，形成对待证事实的证明合力。

(三) 其他可能性的排除

为了建立完整的证据体系，要将导致待证事实不成立的原因逐一列举，如果能够排除其他可能性，那么剩下的唯一原因就是结果发生的原因。如果在基础事实之外，还掺杂着行为人没有作案时间、未知第三人进入作案现场、被害人自杀自伤、自然因素介入等可能性的，就意味着证据体系仍然存在“缺口”。英美法系证据法理论中存在最佳解释推理（Inference to the Best Explanation, IBE)，是指“当有很多假说都能解释某一证据时，推论者在得到一个合理假说时，必须拒绝其他假说。因此，如果一个已知的假说相比于其他假说能为某个证据提供‘更好的’解释，那么该已知假说就是真的”。[①] 日本公害犯罪中亦存在类似的“密室犯罪原理”，是指“在密室里可能进行犯罪活动的某些人当中，

① Gilbert H. Harman, the Inference to the Best Explanation, the Philosophical Review, Vol. 74, No. 6 (1965), pp. 88~89.

肯定有一个是犯罪人，在这种情况下，只要把跟被害人有可能接触的人都列举出来，然后再从这些人当中把不可能成为人犯的人一个一个地排除，最后就可以断定剩下的那个人是人犯”。[①] 在疑难复杂案件中，不仅要证明犯罪嫌疑人、被告人具备充分的作案动机和条件，而且要将案件存在的其他可能性分别提出并“否定”，同时通过正反双向的固定方式，使剩余的可能性事实转化为确定结论，才意味着补足了证据体系的最后一个环节，进而得出一个符合逻辑和经验判断、最大限度符合事实真相的结论。主要注意以下情形：（1）在命案办理过程中，要注意排除作案人的其他可能性。高度重视案发现场出现的第三人痕迹，防止出现因“机缘巧合”错误推定的情形，即使犯罪嫌疑人具备作案动机和作案条件、在被害人尸体上发现犯罪嫌疑人的生物痕迹、犯罪嫌疑人案发后表现异常，只能证明犯罪嫌疑人到过现场且与被害人发生接触，存在实施犯罪的重大嫌疑，不能据此认定“犯罪嫌疑人实施杀人行为”，只有排除“第三人进入犯罪现场”“被害人自杀”等可能性，才能得出明确的指向性结论。（2）在电信网络诈骗、集资诈骗犯罪案件中，要注意排除钱款来源的其他可能性。在行为人与同一对象发生的多笔资金往来中，不排除前期缺乏非法占有目的，后期产生非法占有目的的情形；在行为人与多个对象发生的资金往来中，不排除对部分对象具有非法占有目的，对部分对象没有非法占有目的的情形。就此，不能将行为人与相对方的所有资金往来简单“打包”处理，将诈骗犯罪数额简单等同于双方的收付款差额。[②] 2018 年《检察机关办理电信网络诈骗案件指引》第 2 条规定，对于确因客观原因无法查实全部被害人，尽管有证据证明该账户系用于电信网络诈骗犯罪，且犯罪嫌疑人无法说明款项合法来源的，也不能简单将账户内的款项全部推定为“犯罪数额”。要根据在案其他证据，认定犯罪集团是否有其他收入来源，“违法所得”有无其他可能性。如果证据足以证实

---

① ［日］藤木英雄：《公害犯罪》，丛选功等译，中国政法大学出版社 1992 年版，第 49 页。

② 杜邈：《刑民交叉型诈骗犯罪的司法认定》，载《中国刑事法杂志》2020 年第 3 期。

“违法所得”的排他性，则可以将“违法所得”均认定为犯罪数额。(3) 在贪污犯罪案件中，要注意排除钱款用途的其他可能性。国家工作人员利用其职务便利，私自将单位“小金库”内的钱款转入个人账户，表面上看似具备非法占有目的。从定案的角度来看，还要查明该账户与单位关联性等事实，排除该笔钱款确实用于单位支出的可能性，才能形成完整的证据体系。

案例 13

按照逻辑顺序建立证据体系

——李某某运送他人偷越国（边）境案

【基本案情】

李某某系某航空公司司机。李某某于 2007 年 12 月 28 日，伙同他人利用工作之便，采用驾驶机场内部车辆将 4 名偷渡人员运送至国际航班飞机下，与雇用的 4 名外籍人员交换登机手续冒名登机的手段，欲将 4 名偷渡人员偷渡至境外，偷渡人员在登机过程中被查获。李某某案发后潜逃，后于 2009 年 3 月 5 日被公安机关查获归案。

【证据分析】

该案的证明难点在于能否认定李某某运送他人偷越国（边）境的事实。李某某到案后认可其驾驶车辆运送他人进入机场内部，但辩称其接受朋友所托运送四名人员，不明知上述人员意图偷越国（边）境。但是，综合全案证据，足以认定李某某具有运送他人偷越国（边）境之犯罪故意：(1) 李某某受过机场安全制度的相关培训。安全教育记录卡、合同、证人证言证实，李某某于 2005 年 6 月 26 日同某公司签订劳务派遣合同，派遣到航空实业公司工作，接受了相关安全教育，并保证遵守以上规定和输入单位的各项规定制度及相关操作规程。(2) 李某某案发前从他人处领取空白登机牌。同案犯供述、起获的空白登机牌等证实，李某某在案发前联系过同案犯，从同案犯处取过空白登机牌，商议过偷渡的事情。(3) 李某某案发时运送他人的表现明显异常。工作考勤表、证人证言证实，李某某 2007 年 12 月 27 日为夜班，12 月 28 日为公休。案发当天，犯罪嫌疑人李某某并未值班，反而驾驶他人工作车辆将四人运进机场。李某某在运送四名男子进入机场后，尾随机场摆渡车行驶，并且向四名男子示意混入摆渡车下来的大批旅客。(4) 李某某案发后即行逃匿。到案经过等证实，李某某案发后在同案犯资助和指使下潜逃一年以上。综上，从李某某罪前、罪中、罪后的表现来看，足以形成完整的证据链条，证明李某某具备运送他人偷越国(边) 境案的犯罪故意。

案例 14

按照逻辑顺序建立证据体系

——班某贪污案

【基本案情】

班某系 A 置业有限责任公司（下称 A 公司）股东、法定代表人。2008 年至 2014 年间，班某伙同 B 国有房地产开发公司（下称 B 公司）总经理赵某某(另案处理)，在 B 公司房地产项目的销售过程中，利用赵某某的职务便利，通过将赵某某个人银行卡所收售房款转入 A 公司账户、要求购房人将购房款直接转入 A 公司账户或班某个人账户等方式，侵吞 B 公司的售房溢价款共计人民币 6000 余万元。2017 年 4 月 25 日，班某被有关机关查获归案。

【证据分析】

该案的证明难点在于能否认定班某具有非法占有目的的事实。班某认可其配合赵某某将售房款转入 A 公司账户或个人账户的事实，但否认其具备非法占有目的，并提供了 B 公司与 A 公司签订的一份认购协议。班某提出的辩解理由为：赵某某于2008年9月代表B公司与A公司签订协议，将房地产项目以每平方米2.5万元的价格出售给A公司，A公司则根据项目工程进度支付相关款项。班某辩称，其个人和A公司获得B公司的售房款存在合同依据，该协议对于A公司也存在风险，合同最终实际未履行系赵某某单方违约造成。该案中，可以从班某等人设立A公司的情况、钱款转移事由、钱款用途等方面建立证据体系，认定班某的辩解不能成立：(1) A公司系班某、赵某某为了侵吞公款而临时设立。犯罪嫌疑人供述、证人证言和A公司工商登记信息、公司章程、验资报告审计等证据证实，A公司成立与B公司销售房产的时间节点基本同步，班某和赵某某首先挪用了B公司的500万元用于注册A公司，并由班某和赵某某以其亲属名义持股。A公司成立后无任何实际经营业务，主要资金往来就是接受B公司的售房款，售房款到账后基本当日提现或转走，现金立即交给班某。(2) 班某获取B公司售房款缺乏正当事由。同案犯供述和证人证言、公司会议记录、银行转账记录等证据证实，班某与赵某某签订的认购协议并未报上级主管单位知晓，且该协议内容违背了上级主管单位的办公会决议，属于赵某某私自行为；A公司六年来从未按合同向B公司支付房屋购买款，也未实际参与房地产项目的开发、销售工作，不具有获取售房款的合法理由，可见该协议系为掩盖非法目的而签订，不具有法律效力。(3) A公司获得钱款后实际用于利益关联人员。同案犯供述、证人证言证实，A公司获得售房款后将大量钱款交给赵某某、班某及其亲属个人使用。全案证据形成完整的证据链条，足以认定班某具有非法占有公款之目的。

案例15

建立证据体系要排除其他可能性

——王某某故意伤害案

【基本案情】

王某某与死者杨某某（男，殁年25岁）、伤者葛某某（男，41岁）素不相识。2014年12月26日晚，王某某等四人，杨某某、葛某某等七人，均在某餐厅聚会就餐，其间大量饮酒。23时许，王某某等人就餐完毕在餐厅门前等候打车，与同时等候打车的杨某某、葛某某等人发生口角，进而双方互殴。其间，王某某用随身携带的多功能折叠刀，扎刺杨某某左胸部一刀，并将葛某某左手划伤。杨某某后经抢救无效死亡，经鉴定，符合被他人用单刃刺器刺击胸部左侧造成心脏破裂，致失血性休克死亡。2014年12月27日，王某某被公安机关查获归案，在其上衣兜内起获作案凶器折叠刀。

【证据分析】

该案的证明难点在于能否认定王某某持刀扎刺被害人的事实。王某某到案后承认其酒后与他人打架的情况，但是拒不承认其持刀扎刺他人，辩称伤情系被害人向其扑过来时造成。综合全案证据，足以指向王某某系作案人员：(1) 王某某是现场持刀的唯一人员。多名证人证言证实，与被害人一方殴打的男子共有两名，其中王某某的身体特征较为明显（高个子），高个子先和对方打起来了，曾拿出刀向被害人方向走去，并持刀追击过被害方的多名人员，后被害人倒地。鉴定意见、搜查笔录、物证、到案经过等证据证实，公安机关案发后迅速抓获王某某，对其人身进行搜查，在衣兜内搜出多功能折叠刀一把，且在刀柄、刀刃上均检测出了王某某和被害人杨某某的生物痕迹。同时，扣押的折叠刀可以形成被害人身上的伤。值得注意的是，鉴定人对王某某身上起获的刀上未检验出葛某某血迹进行解释，实践中一刀伤多人，而只能检验出其中一人或部分人血迹的情况大量存在，导致该现象的原因多种多样，本案中，涉案刀先伤害葛某某留下血迹，后伤害杨某某留下杨某某血迹，但葛某某的血迹无法检出的可能性完全存在。（2）排除被害人伤情系自行造成。尸体检验鉴定书证实，被害人被他人用单刃刺器刺击胸部左侧造成心脏破裂，致失血性休克死亡。其一，从被害人的伤口位置来看，被害人伤口位置较高，位于左胸部，王某某身高190厘米，被害人身高180厘米，二人之间虽有一定的身高差，如果按照王某某所称自己持刀站立，杨某某扑到刀上导致受伤的情况下，刀伤的位置应较低，为腹部位置较为合理。其二，从被害人的伤口形态来看，伤口斜向内下而非垂直刺入，显然系主动发力扎刺，如果王某某辩解成立，伤口应为垂直刺入。如果尖刀与被害人身体存在一定倾斜角度，被害人扑过来难以直接刺入身体，而是会被撞开。其三，从被害人的伤口深度来看，案发时为冬季，被害人衣物较厚。如果按照王某某辩解无意扎刺被害人，持刀的手也不应面对被害人有发力的行为，刀不至于深入被害人身体刺破心脏。综合全案证据，能够认定王某某并未实施防卫行为，也没有其他在场人员持刀扎刺被害人，故被害人受伤死亡的结果只能系王某某造成。

案例16

建立证据体系要排除其他可能性

——韩某破坏计算机信息系统案

【基本案情】

韩某系某科技公司数据库管理员。2018年6月4日14时许，韩某利用其掌握公司财务系统root权限的便利，登录公司财务系统服务器删除了财务数据及相关应用程序，致使公司财务系统无法登录。该科技公司为恢复数据及重新构建财务系统共计花费人民币18万元。2018年7月31日，韩某被公安机关查获归案。

【证据分析】

该案的证明难点在于能否认定韩某删除公司数据的事实。韩某到案后辩称其没有实施相关行为，辩护人亦提出本案涉及其他有root权限的人，不排除其他可能性。综合全案证据，能够认定韩某系破坏计算机信息系统的行为人：(1) 韩某具备作案时间、地点和条件。根据国家信息中心电子数据司法鉴定中心司法鉴定意见书，2018年6月4日14时至15时期间远程以root身份登录公司服务器并通过执行rm、shred命令删除数据文件、擦除操作日志的终端用户的IP地址为10.××.35.160，该IP地址于6月4日14时17分被分配给MAC地址为EA-××-××-××-××-××、主机名为Yggdrasil的设备使用，该IP地址为科技公司3楼交换机所覆盖网络区域。根据犯罪嫌疑人供述和证人证言、监控录像等证据，韩某具有root权限且6月4日在IP地址的网络覆盖区域内上班。(2) 韩某电脑与登录公司财务系统服务器的电脑具有同一性。根据对韩某电脑所做的司法鉴定意见，韩某电脑主机名为Yggdrasil，与登录服务器执行删除、擦除命令的电脑主机名一致；韩某电脑的MAC地址虽不是EA-××-××-××-××-××，但其电脑中安装有用于更改MAC地址的软件，且在其电脑的相关文件中检索到与上述MAC地址相关记录4条。特别是监控录像显示，韩某案发前后曾经携带电脑从公司无线网络区域走向有线网络区域，印证了其电脑无线网络IP地址向有线网络IP地址的切换。(3) 可以排除其他公司员工作案的可能性。经对公司具有root权限的另四名员工的电脑进行鉴定，该四人电脑主机名均不是Yggdrasil，MAC地址均不是EA-××-××-××-××-××，四人电脑在2018年6月4日的行为日志中均未发现有登录财务系统执行shred、rm命令的操作。(4) 韩某案发后表现异常。韩某到案后未配合公安机关查明案件事实，在侦查初期拒绝提供电脑密码，后虽提供了电脑密码，但因密码错误其电脑仍无法开机，公安机关系通过技术手段破解电脑而进行鉴定。从该案证据体系来看，既能够认定韩某具备删除公司财务系统服务程序、数据的条件，又可以排除其他员工作案的可能性。

四、重视犯罪嫌疑人、被告人的无罪辩解

间接证据定案属于一种司法证明方法，仅允许司法人员在基础事实被证明的情况下推出待证事实，至于是否能够达到“排除合理怀疑”标准，还需要综合全案证据进行判断。民事、行政诉讼或行政执法领域同样存在大量推定规则[①]，对案件事实的推定结论达到“高度盖然性”或“明显优势”程度即可，如表见证明（Prima Facie Beweis）即“大致的推定”，就是以高度盖然性的经验法则为基础，从侵权行为等客观事实的过程中，直接推定具有符合法规所规定的如过失或因果关系等构成要件，无须主张具体事实和证明。[②] 刑事推定作为国家司法机关的职权行为，会引发对犯罪人生命权、自由权、财产权或政治权利的限制甚至剥夺，对证据体系的要求更为严格。1992 年《最高人民法院研究室关于遇害者不明的水上交通肇事案件应如何适用法律问题的电话答复》规定，在水上交通肇事案件中，如有遇害者下落不明的，不能推定其已经死亡，而应根据被告人的行为造成被害人下落不明的案件事实，依照刑法定罪处刑，民事诉讼应另行提起，并经过宣告失踪人死亡程序后，根据法律和事实处理赔偿等民事纠纷。从上述答复可以看出，刑事诉讼中对于“被害人死亡”这一事实的证明标准更高，不能按照自由证明标准得出结论，必须排除“亡者归来”的合理怀疑。即使在间接证据体系建立之后，仍然需要将审查无罪辩解作为一个独立证明环节，才能得出唯一、确定的结论。主要把握以下方面：

---

① 2020 年《最高人民法院关于审理食品安全民事纠纷案件适用法律若干问题的解释（一）》第 6 条规定，食品经营者具有下列情形之一，消费者主张构成食品安全法第一百四十八条规定的“明知”的，人民法院应予支持：（1）已过食品标明的保质期但仍然销售的；（2）未能提供所售食品的合法进货来源的；（3）以明显不合理的低价进货且无合理原因的；（4）未依法履行进货查验义务的；（5）虚假标注、更改食品生产日期、批号的；（6）转移、隐匿、非法销毁食品进销货记录或者故意提供虚假信息的；（7）其他能够认定为明知的情形。

② 胡学军：《表见证明理论批判》，载《法律科学》2014 年第 4 期。

（一）查明事实真相的司法责任

在隐蔽性、复杂性较强的批量犯罪案件中，控方通常会陷入证明困难的境地，如无法查明每笔涉案资金的去向、每条电子信息的真实性等。近年来，理论界注意到被告人完全不负证明责任对司法实务所造成的困境，从而引发刑事推定能否转移证明责任的争议。第一种观点是“肯定说”，认为推定是对被告人不利，被告人如果反驳有利于说明问题，不仅不会损害对被告人权利保护的力度，而且有利于查清案件事实、提高诉讼效率。① 第二种观点是“否定说”，认为被告人不承担证明自己无罪的举证责任，更不承担证明自己有罪的举证责任。否则，就难以把控方的举证责任与辩方的举证权利区别开来，容易导致在基础事实与推定事实之间任意创造逻辑关系，错误认定事实。② 笔者赞同第二种观点，即犯罪嫌疑人、被告人不应承担查明事实真相的责任，也不应承担主张自己无罪的责任，即使被告人面对推定始终保持沉默或反驳不力，司法人员也有义务发现案情存在的“疑点”并予以逐一查证。2017 年《人民法院办理刑事案件第一审普通程序法庭调查规程（试行）》第 2 条规定，人民检察院承担被告人有罪的举证责任，被告人不承担证明自己无罪的责任。2018 年修订的《刑事诉讼法》第 51 条规定，公诉案件中被告人有罪的举证责任由人民检察院承担，自诉案件中被告人有罪的举证责任由自诉人承担。我国刑事诉讼虽然融入了一定的当事人主义因素，但本质上仍然属于职权主义模式。在我国刑事诉讼法的语境下，证明责任是指公安司法机关负有查明案件事实真相的责任，无论结果有利于被告人还是不利于被告人，都应当秉持客观公正的立场。有罪举证责任是指人民检察院在查明事实真相的基础上，对自己提出的指控犯罪主张有提供证据加以证明的责任，否则就要承担不利法律后果，该种责任具有倾向

① 陈永生：《论刑事诉讼中控方举证责任之例外》，载《政法论坛》2001 年第 5 期；陈瑞华：《事实推定的原则与方法》，载《人民检察》2007 年第 21 期。

② 纵博：《刑事被告人的证明责任》，载《国家检察官学院学报》2014 年第 2 期；顾永忠：《论我国刑事公诉案件举证责任的突破、误区及理论根基》，载《甘肃社会科学》2015 年第 2 期。

性、唯一性和不可转移性。实践中，犯罪嫌疑人、被告人的反驳既可以表现为无罪辩解，也可以表现为申请调取新的证据甚至提出新的证据，这不属于被告人承担法定责任，而是其行使辩护权利的表现。间接证据体系只能使司法人员暂时形成待证事实成立的内心确信，这种局面会随着犯罪嫌疑人、被告人提出反驳而随时消失，当无罪辩解使推定结论出现其他可能性时，司法人员仍然要承担排除疑点的证明责任。

（二）犯罪嫌疑人、被告人的反驳权利

犯罪嫌疑人、被告人作为案件亲历者具备天然的信息优势，能够提供司法人员难以知悉、盖然性较低的独知性信息，由其本人进行一定的解释、说明，有助于查明事实真相。刑事推定建立在高概率联系——日常经验法则的基础上，通常情况下，日常经验法则被以往的大量社会实践证明为真，但高度盖然性不能直接等同于“排除合理怀疑”，具有一定的不周延性，所以必须重视犯罪嫌疑人、被告人提出的无罪辩解，确认是否在特殊情况下发生低概率事件，否则有可能导致错误定罪。刑事推定的有效性取决于日常经验法则的可靠程度，在司法人员自行选择基础事实的情况下，由于个体获取和提炼经验的方法有所不同，在面对相同或者相似的基础事实时，可能因为司法人员的学识、阅历、素养等差异而得出不同的结论。特别是对于“异常”行为的认定，属于日常经验法则中的人文经验，很难制定统一、明确的判断标准，如果运用可靠程度较低的经验法则进行推定，推论的唯一性就容易受到质疑，这也是刑事推定的难点所在。据此，我国刑事推定规则并未将基础事实与待证事实之间的联系绝对化处理，而是使用“可以认定”“一般应当认定”“原则上认定”等用语，同时设置了例外条款，保障被告人对推定结论提出反驳，如“有证据证明确属被蒙骗的除外”“有证据证明确实不知道的除外”“有证据证明持卡人确实不具有非法占有目的的除外”“有证据证实后者是行为人有实施其他假币犯罪的除外”“有证据证明信息不真实或者重复的除外”等。

在强奸罪、盗窃罪、危险驾驶罪、拒不支付劳动报酬罪、污染环境罪、受贿罪的相关司法解释和规范性文件中，一些条款在形式上“貌似”推定，实则属于法律拟制，两者极易产生混淆，通过是否可以允许反驳为标准，可以将两者准确区分开来。[①] 法律拟制是指基于法益保护的目的，将原本不符合某种规定的行为按照该规定处理，使两者产生相同的法律效果，类似于英美刑法中的“绝对责任”。[②] 司法人员只要能够证明行为人实施特定行为，即可直接认定“主观明知”“非法占有目的”“严重污染环境”“醉酒”“经政府有关部门责令支付”“受贿故意”等犯罪构成事实要素，且不可对该结论提出反驳。[③] 法律拟制的目的不是根据已知事实推出待证事实，而是出于严厉打击某类犯罪的刑事政策考虑，直接将已知事实等同于待证事实，故不可接受反驳；作为证明方法

---

① 从我国法律拟制的现状来看，司法机关设置法律拟制条款的情况屡见不鲜。这主要是因为司法解释能够及时依据社会生活的发展变化作出反应，制定出详细且可操作性强的规定，从而可以在一定程度上起到填补“法律空白”、促进法律实施的作用。刘宪权、李振林：《论刑法中法律拟制的设置规则》，载《中国刑事法杂志》2013 年第 9 期。

② 绝对责任（Absolute Liability）是指对某些特殊的案件，犯意的存在与否，不仅检察官无须证明，而且被告人也不能据此作为辩护的理由；即使被告人不存在值得谴责的过错，即使被告人的行为是基于合理的错误认识，即使被告人认为自己具有犯罪定义所规定的某个特殊的辩护理由，只要检察官证明被告人实施了某种犯罪行为，被告人就能被定罪。骆美芬：《英美法系刑事法律中严格责任与绝对责任之辨析》，载《中山大学学报（社会科学版）》1999 年第 5 期，第 116 页。

③ 相关规定主要包括：(1) 2013 年最高人民法院、最高人民检察院、公安部、司法部《关于依法惩治性侵害未成年人犯罪的意见》第 19 条规定，对于不满十二周岁的被害人实施奸淫等性侵害行为的，应当认定行为人“明知”对方是幼女。由于该条款涉及主客观相统一原则，属于法律拟制还是刑事推定存在较大争议。(2) 2013 年《最高人民法院、最高人民检察院关于办理盗窃刑事案件适用法律若干问题的解释》第 10 条规定，偷开机动车，导致车辆丢失的，以盗窃罪定罪处罚。(3) 2013 年《最高人民法院、最高人民检察院、公安部关于办理醉酒驾驶机动车刑事案件适用法律若干问题的意见》第 6 条规定，犯罪嫌疑人在公安机关依法检查时，为逃避法律追究，在呼气酒精含量检验或者抽取血样前又饮酒，经检验其血液酒精含量达到本意见第一条规定的醉酒标准的，应当认定为醉酒。(4) 2013 年《最高人民法院关于审理拒不支付劳动报酬刑事案件适用法律若干问题的解释》第 4 条第 2 款规定，行为人逃匿，无法将责令支付文书送交其本人、同住成年家属或者所在单位负责收件的人的，如果有关部门已通过在行为人的住所地、生产经营场所等地张贴责令支付文书等方式责令支付，并采用拍照、录像等方式记录的，应当视为“经政府有关部门责令支付”。(5) 2016 年《最高人民法院、最高人民检察院关于办理环境污染刑事案件适用法律若干问题的解释》第 1 条规定，重点排污单位篡改、伪造自动监测数据或者干扰自动监测设施，排放化学需氧量、氨氮、二氧化硫、氮氧化物等污染物的，应当认定为“严重污染环境”。(6) 2016 年《最高人民法院、最高人民检察院关于办理贪污贿赂刑事案件适用法律若干问题的解释》第 16 条规定，特定关系人索取、收受他人财物，国家工作人员知道后未退还或者上交的，应当认定国家工作人员具有受贿故意。

的刑事推定均是可反驳的推定，而不是必然、绝对地得出待证事实成立的结论，最大限度地避免冤错案件的发生。

（三）反驳事由的实质审查

“零口供”案件中，犯罪嫌疑人、被告人提出的反驳事由主要包括：（1）关于自身行为的辩解，如“缺乏作案时间”“不在案发现场”“受他人欺骗携带物品”“将单位钱款用于公务支出”“将大部分集资款用于营利活动”等。（2）关于被害人行为的辩解，如“被害人首先实施不法侵害”“被害人自杀、自伤”“被害人承诺”等。（3）关于第三人行为的辩解，如“第三人实施犯罪”“自己事后知情”等。如毒品犯罪案件中，控方以被告人的异常行为推定其“主观明知”，但被告人辩称受人欺骗而运输毒品，并提供相关人员的身份信息、通信记录等，形成了证明力较强的一组“反证”。（4）关于客观事物的辩解，如批量信息“内容不真实”“内容重复”等。实践中，有的被告人面对控方的证据体系，会提出似“幽灵”一般难以查证的辩解事由，通过将责任推卸到难以查证的第三人或已经死亡的被害人身上，试图增大控方举证的难度、造成控方举证不能而脱罪。① 当犯罪嫌疑人、被告人提出无罪辩解时，应当综合全案证据进行查证核实，只有在排除各种疑点的情况下，才能最终认定案件事实。

第一种情况是，犯罪嫌疑人、被告人的反驳足以形成合理怀疑。长期以来，受到“重打击、轻保护”的办案理念，以及受被告人被羁押后，对其无罪辩解缺乏举证能力等种种因素的影响，使无罪辩解在办案过程中没有受到应有的重视，甚至一概被认为是畏罪狡辩，这种观念是危险而错误的。② 无罪辩解不需要对证明体系逐一“证伪”，只需对任一事实环节提出合理质疑就可以形成“攻城”的效果，包括基础事实尚未查清、证据体系不够完整、日常经验法则不可靠等。即使其提出的辩解系真伪不明的“孤证”，只要说明推定结论尚存

① 万毅：《“幽灵抗辩”之对策研究》，载《法商研究》2008年第4期。

② 参见贺恒扬：《故意杀人罪案件中的证据收集与审查》，载《人民检察》2007年第20期。

合理疑点，使裁判者形成这样的印象便可达到目的。①

第二种情况是，犯罪嫌疑人、被告人无法提出实质性反驳，或者“虽然不愿承认，但也无法解释”，不足以影响推定结论。有的案件中，无罪辩解使推定结论出现不周延性，仍需继续对反驳事由加以查证，呈现“查明若干基础事实→犯罪嫌疑人、被告人提出反驳→查明新的基础事实→证明反驳为虚假……”的状态，才能得出一个符合逻辑和日常经验法则的结论。2018 年《人民检察院公诉人出庭举证质证工作指引》第 23 条规定，对于被告人不认罪案件，应当立足于证明公诉主张，通过合理举证构建证据体系，反驳被告人的辩解，从正反两个方面予以证明。重点一般放在能够有力证明指控犯罪事实系被告人所为的证据和能够证明被告人无罪辩解不成立的证据上，可以将指控证据和反驳证据同时出示。如在一起“融资担保型”合同诈骗犯罪案件中，犯罪嫌疑人针对 33 家民营企业实施诈骗，但也有 1 例民营企业融资成功的情形。后发现该民营企业的融资金额少于其支付的融资服务费，而且是在多次催讨的情况下融资成功的，明显不能成为涉案公司合法融资的证据，更加形成了本案系融资担保诈骗的内心确信。② 有的案件中，犯罪嫌疑人、被告人提出的反驳事由与其他证据相矛盾或明显不合常理，说明全案证据已经形成闭合证据链条，坚持原有的证据体系即可，不需要收集新的证据进行“证伪”。例如，在一起集资诈骗犯罪案件中，在案证据足以证明行为人同时具备“肆意挥霍集资款”“抽逃、转移资金、隐匿财产”“隐匿、销毁账目”等多个情形，无论其提出何种“幽灵抗辩”，均可以认定具备非法占有目的。再如，在一起故意杀人犯罪案件中，犯罪嫌疑人与被害人妻子存在不正当关系，案发

---

① 如 2017 年《最高人民检察院关于办理涉互联网金融犯罪案件有关问题座谈会纪要》第 10 条规定，对于无相关职业经历、专业背景，且从业时间短暂，在单位犯罪中层级较低，纯属执行单位领导指令的犯罪嫌疑人提出辩解的，如确实无其他证据证明其具有主观故意的，可以不作为犯罪处理。

② 贺刚飞、王利苹：《新型担保融资类合同诈骗罪的诉讼证明》，载《中国检察官（经典案例）》2021 年第 10 期。

前多次流露杀死被害人的犯意。被害人死后次日，犯罪嫌疑人就吩咐妻子将自己的衣物、棍棒等物品焚烧后逃亡。侦查人员缴获的作案血衣中检出了犯罪嫌疑人血型。犯罪嫌疑人到案后否认杀人，提出被一名黑衣人逼迫其扛尸的“幽灵抗辩”，但尸检报告显示，被害人尸体被三次拖拽转移，且躯干、脖颈部位的刀口经检验系死后形成，系有人试图分尸。按照社会常理进行分析，“如果犯罪嫌疑人系被强迫搬运尸体，在黑衣人离开后应当及时报警”，而犯罪嫌疑人不仅未及时报警，还数次移动尸体位置欲藏匿，甚至试图分尸灭迹，难以认定其辩解具有合理性。[①]

案例 17

无罪辩解不能成立

——郭甲、郭乙、孙丙假冒注册商标案[②]

【基本案情】

“SΛMSUNG”是三星电子株式会社在中国注册的商标，该商标有效期至2021年7月27日；三星（中国）投资有限公司是三星电子株式会社在中国投资设立，并经三星电子株式会社特别授权负责三星电子株式会社名下商标、专利、著作权等知识产权管理和法律事务的公司。2013年11月，被告人郭甲通过网络中介购买他人的网络店铺，并改名为“三星数码专柜”，在未经三星（中国）投资有限公司授权许可的情况下，从某数码城、某手机市场批发假冒的三星I8552手机裸机及配件进行组装，并通过“三星数码专柜”在网上以“正品行货”进行宣传、销售。被告人郭乙负责该网店的客服工作及客服人员的管理，被告人孙丙负责假冒的三星I8552手机裸机及配件的进货、包装及联系快递公司发货。至2014年6月，该网店共计组装、销售假冒三星I8552手机

① 姚舟、沈威：《幽灵抗辩及其排解机制构建》，载《东南法学》2014年第6期。

② 最高人民法院第十六批指导性案例，郭甲、郭乙、孙丙假冒注册商标案（检例第87号）。

20000余部，非法经营额2000余万元，非法获利200余万元。

江苏省宿迁市中级人民法院于2015年9月8日作出（2015）宿中知刑初字第0004号刑事判决，以被告人郭甲犯假冒注册商标罪，判处有期徒刑五年，并处罚金人民币160万元；被告人孙丙犯假冒注册商标罪，判处有期徒刑三年，缓刑五年，并处罚金人民币20万元。被告人郭乙犯假冒注册商标罪，判处有期徒刑三年，缓刑四年，并处罚金人民币20万元。宣判后，三被告人均没有提出上诉，该判决已经生效。

【证据分析】

该案的证明难点在于能否认定郭甲、郭乙、孙丙网店销售记录存在“刷单”的事实。郭甲、郭乙、孙丙辩解称其网店销售记录存在刷信誉的情况，对检察机关指控的非法经营数额、非法获利提出异议。但是，三被告人在公安机关的多次供述，以及公安机关查获的送货单、网络支付账户向被告人郭乙银行账户付款记录、郭乙银行账户对外付款记录、“三星数码专柜”网络销售记录、快递公司电脑系统记录、公安机关现场扣押的笔记等证据之间能够互相印证，综合检察机关提供的证据，可以认定检察机关关于三被告人共计销售假冒的三星I8552手机20000余部，销售金额2000余万元，非法获利200余万元的指控能够成立，三被告人关于销售记录存在刷信誉行为的辩解无证据予以证实，不予采信。

案例18

无罪辩解不能成立

——冀某某信用卡诈骗案

【基本案情】

冀某某系A商务管理咨询公司和B网络科技公司的法定代表人。冀某某于

2008年至2012年间，先后申领十余家银行的信用卡，并透支上述信用卡资金使用，甚至多次违反国家规定，通过第三方支付公司或者自有公司刷POS机套现的方式支取大额信用卡资金，用于个人生活消费、公司经营以及用于归还其他银行信用卡欠款。各银行对冀某某先后多次采取多种方式的有效催收，冀某某未获各银行许可，每月仅归还几元至几百元不等的远低于最低还款额的小额欠款。2015年2月9日冀某某被公安机关查获归案。截至案发，冀某某使用各银行信用卡超过规定期限透支本金共计人民币68万余元，上述欠款均未归还。

【证据分析】

该案的证明难点在于能否认定冀某某具有非法占有目的的事实。冀某某到案后，辩称其主观上不具有非法占有银行资金的目的，因公安机关羁押导致其经营失败，最终失去归还能力；客观上未逃避银行催收，一直在归还透支款项。但是，综合全案证据来看，冀某某的辩解与其他证据存在矛盾，辩解理由明显不合常理，不足以采信。(1) 冀某某缺乏归还透支金额的经济能力。信用卡账单、审计报告证明，2008年至2012年间，冀某某先后申领十余张信用卡，长期持卡用于个人消费，通过名下公司申领POS机自收自支进行套现等各项支出，仅本案涉及的10张信用卡透支本金累计高达68万余元。资产负债表、利润表、证人证言等证据证实，冀某某名下无房产、存款和其他债权，缺乏稳定的经济收入，其经营的两家公司亏损且纳税处于非正常状态，该种经济状况决定了其并不具备大额信用卡透支的归还能力。(2) 冀某某将部分款项用于公司经营不影响其恶意透支行为的认定。2013年7月至8月间，冀某某将信用卡资金20万元用于举办某论坛活动，收入依靠赞助商提供赞助款，但未与任何赞助商签订具有执行效力的协议，在举办活动前后均无实际赞助款入账；2013年12月至2014年5月间，冀某某以其公司名义先后与某高校签订三份合作招生协议，双方约定冀某某需在签订协议后分别支付合作保证金20余万元，冀某某未按约支付导致协议未实际履行，且该高校在2014年9月已停止举办高收费项目，上述经营活动均不能为其巨额透支信用卡提供有效的还款保障。(3) 冀某某小额还款亦不能否定其实施了恶意透支行为。冀某某试图采用小额还款方式逃避刑罚处罚，但该行为进一步印证其在不具备归还能力的情形下，实施了恶意透支行为。(4) 冀某某辩解称其将信用卡资金用于公司租赁办公场所、购置办公设备、发放员工工资等用途，但是无法提供任何公司财务人员、员工姓名和联系方式等有效信息，亦无法说出租赁办公场所、购置办公设备的相对方信息，其辩解不能成立。

案例 19

无罪辩解不能成立

——王某某故意伤害案

【基本案情】

2016 年 2 月 6 日 20 时许，王某某因受精神疾病影响，怀疑某平房内有人辱骂自己，遂持刀进入该房，受到在此居住的被害人侯某甲（男，殁年65 岁）阻拦，二人发生争执，其间王某某持刀扎刺侯某甲的胸部一刀，造成侯某甲心脏及左肺上叶破裂，致失血性休克死亡。随后，王某某对在该房间内的被害人侯某乙（侯某甲之女，时年 38 岁）进行扎刺，将侯某乙右手扎伤。刀被侯某乙夺下后，王某某与侯某乙厮打，并将侯某乙摁倒在地后对其面部、手部实施掐、抠、咬等伤害行为，致侯某乙轻伤二级。后王某某被现场群众拉开并控制，群众拨打“110”报警，民警赶到现场将其当场查获。经鉴定，王某某被诊断为精神分裂症，实施违法行为时处于疾病期，受病理症状影响，辨认、控制能力严重受损，评定为限制刑事责任能力。

【证据分析】

该案的证明难点在于能否认定王某某持刀扎刺被害人的事实。王某某到案后辩称其没有扎刺他人，是其他人陷害自己，称“自己被屋里出来的一个男的掐晕”“现场遗留的是假血，因为血的颜色不对，好像是颜料，我一看就是假的，是他们在陷害我”“我对屋里躺地上的老头没有任何行为，是他们事先准备好的老头尸体，这是一个圈套，想要设计陷害我”。综合全案证据，可以认定王某某实施犯罪行为：(1) 多名证人证言证实，被害人侯某甲案发前身体正常，王某某持刀进入平房与其发生接触后死亡，后王某某持刀扎刺侯某乙。(2) 现场勘验笔录、DNA 鉴定意见证实，王某某蓝色牛仔裤左裤腿处血迹为侯某乙所留，木把单刃刀刀刃前端血迹、木把单刃刀刀刃后端血迹系侯某甲所留。(3) 王某某患有抑郁症，经司法精神病鉴定王某某为精神分裂症，实施违法行为时处于疾病期，受病理症状影响，辨认、控制能力严重受损，评定为限制刑事责任能力。综上，王某某辩称的内容不符合社会常理，现有证据足以证明王某某实施持刀扎刺侯某甲的事实。

案例 20

无罪辩解不能成立
——张某某故意杀人案[①]

【基本案情】

2009 年 5 月 29 日 11 时 40 分许，张某某驾驶小型客车在某公路路段行驶，当其欲从右侧超越被害人黄某某驾驶的电动三轮车时，撞到该三轮车后部，致黄某某摔伤。后张某某将黄某某驾驶的三轮车推至距事故现场东 60 米的一废品收购站内，同路人一起将受伤后不能讲话和行走的黄某某抬到其驾驶的小型客车上。因该车无法启动，张某某遂将黄某某从车内搬至路边。当日 13 时许，张某某将黄某某带离事故现场并遗弃，后雇车将肇事客车牵引至一修理站进行维

---

① 刘静坤、王宏昭：《［第 912 号］张某某故意杀人案——如何运用间接证据认定交通肇事者将被害人带离事故现场后遗弃并致使被害人死亡的事实以及如何结合在案证据审查被告人提出的新辩解是否成立》，载最高人民法院刑事审判第一、二、三、四、五庭主办：《中国刑事审判指导案例 2（危害国家安全罪 危害公共安全罪 侵犯公民人身权利、民主权利罪）》，法律出版社 2017 年版，第 184～188 页。

修。次日10时许，黄某某的尸体在事故现场路边以东2米、以南22.1米的墙根下被发现。经鉴定，黄某某系被钝性物体（如机动车）作用致创伤失血性休克死亡。经交管部门认定，张某某负事故全部责任。同年6月4日，张某某向公安机关投案。

法院认为，张某某驾驶未按规定定期检验的机动车，从右侧超车发生交通事故致被害人黄某某受伤后，将被害人遗弃，致使被害人未得到及时救助而死亡，其行为构成故意杀人罪。法院判决张某某犯故意杀人罪，判处有期徒刑十四年，剥夺政治权利三年；与前罪所判处的罚金人民币2000元并罚，决定执行有期徒刑十四年，剥夺政治权利三年，并处罚金人民币2000元。一审宣判后，张某某提出上诉。二审法院经审理认为，张某某驾驶未按规定定期检验的机动车，从右侧超车发生交通事故致被害人黄某某受伤，后张某某将被害人遗弃，致使被害人因未得到及时救助而死亡，其行为构成故意杀人罪。张某某所提“一审认定事实有误”的上诉理由缺乏证据支持，且与在案证据存在矛盾。裁定驳回上诉，维持原判。

【证据分析】

该案的证明难点在于能否认定张某某将被害人带离事故现场后遗弃的事实。张某某到案后认可驾车发生交通事故，但对其交通肇事后为逃避法律追究而将被害人带离事故现场后遗弃，致被害人因无法得到救助而死亡的犯罪事实始终拒不供认，辩解理由为被害人仍然能够讲话，二人进行了协商，其给被害人留下联系方式后去修车，其没有杀人的故意和行为。综合全案证据，足以认定张某某实施了遗弃被害人的行为，证明张某某行为的正向证据体系包括以下三个方面。

第一，本案侦破经过自然、顺利，结合相关证人证言和交通事故认定结论，可以证实张某某实施了交通肇事犯罪行为。（1）被害人亲属黄甲证实，被害人于2009年5月29日去卖小鸡一直未归，其家人驾车沿途寻找，后在路边一墙根下发现已死亡的被害人。(2) 公安人员于5月30日接到报案后赶到现场，经勘查，案发现场有刹车印和碎玻璃片，结合被害人在现场附近已经死亡的情况以及被害人的身体损伤，可以认定本案系一起交通肇事刑事案件。(3) 公安人员沿途调查走访，一汽车修理店老板向警方提供了涉案车辆的车型和车号。经电话询问该车车主为张某甲，张某甲称张某某于5月29日驾驶该车发生交通事故，该车已经修好。公安人员通知张某某将肇事车辆开到交通队进行勘验，张某某的妻子于6月1日将该车开到交通队。6月4日，张某某迫于压力来到交通队投案。(4) 证人张某乙（交通支队民警）证实，张某某带来的车前保险杠能够形成被害人三轮车上的撞击痕迹，张某某驾驶的车辆是肇事车辆。(5) 交通事故认定书证实，张某某驾驶未按规定定期检验的机动车从电动三轮车右侧超车发生交通事故后逃逸，负事故全部责任。上述证据证实，公安人员根据线索锁定张某某，基于痕迹比对结论认定张某某所驾驶的车辆系肇事车辆，并基于现场勘查情况认定张某某对事故负全部责任，进而证实张某某实施了交通肇事犯罪行为，张某某对交通肇事行为本身亦供认不讳。

第二，诸多证人证言证实，张某某案发当日驾车撞倒被害人后，肇事车辆发生故障无法启动，张某某未将被害人送去医院救治，而是离开现场去修理肇事车辆。(1) 目击证人石某证实，案发当日11时许，张某某驾驶面包车将骑电动三轮车的被害人撞倒在地，时隔一个半小时，张某某的车辆还打不着火，张某某不听劝告拒绝送被害人去医院。石某在案发后能够分别辨认出被告人和被害人。证人白某甲的证言与证人石某的证言相印证。(2) 证人刘某证实，案发当日13时许，刘某应张某某的请求将肇事车辆拖到一汽车修理部。刘某在帮助张某某将肇事车辆拖到修理部时仅看见张某某及肇事车辆，并未看见其他人和车辆。刘某辨认出了张某某及拖车地点。(3) 证人张某甲证实，案发当日13时许，张某某将肇事车辆送到张某甲经营的汽车修理部，该车保险杠、雾灯、电脑盘等被撞坏，打不着火，张某甲无法修理。张某某随后电话联系一名叫“霞子”的女子驾车将肇事的面包车拖向修理部方向。证人田某的证言与张某甲的证言相印证。(4) 证人郭某证实，案发当日14时30分许，一女子驾车拉着张某某的肇事面包车到郭某的汽车修理部修车，该车于当日下午三四时开走。郭某辨认出了张某某。上述证人证言能够证实张某某在交通肇事后，置被害人的安危于不顾，径自离开现场修理肇事车辆，且上述证言所证实的时间链条亦能相互吻合。

第三，现场勘查情况、尸体检验结论及法医意见和证人证言证实，被害人被撞倒后伤情严重不能行动、言语，结合案件具体情况，可以认定张某某在交通肇事后将被害人带离事故现场后遗弃，致使被害人因未能得到及时救治而死亡。(1) 目击证人石某证实，当时被害人脸部受伤流血，闭着眼一句话都没有讲，只是疼得哼哼。(2) 证人白某乙（交通支队民警）证实，现场勘查过程中发现被害人脸朝里躺在一个墙根底下，头枕着一块砖头。被害人被发现的地方距离交通事故中心现场的斜线距离有十几米。在中心现场和被害人被发现的地方之间是一块绿地，种了很多灌木，中间有种树时垒起的土埂，还有一段破损的墙基，墙基有十公分高。(3) 尸体检验意见证实，被害人黄某某系被钝性物体（如机动车）作用于胸、腹部及左下肢致左侧肋骨多发骨折，胸骨柄骨折，胸、腹腔积血，腹膜后血肿，左侧股骨骨折致创伤失血性休克死亡。(4) 证人王某某（法医鉴定中心法医师）证实，被害人符合创伤失血性休克死亡，当时不会立刻死亡。尸检时未发现被害人患有疾病。(5) 证人张某丙（法医鉴定中心主任法医师）证实，被害人腹膜后血肿属于渐进性出血，出血量会增大，但出血速度变慢；被害人腹腔积血500毫升，腹腔血肿体积为20cm×10cm×30cm，并非急性大出血，及时送医有极大的救治可能性。被害人不会立刻死亡，存活时间应当不少于2个小时。被害人左侧股骨骨折，应当很疼，没有走动的可能，不能站立。

对于张某某是否在交通肇事后将被害人拖至尸体所处的地点，即移动、遗弃被害人这一关键环节，尽管没有目击证人，且张某某亦始终否认其实施了该行为，但结合上述证据证实被害人当时重伤不能站立和移动的身体情况，事故现场与发现被害人尸体现场之间距离较远和地面不平坦的情况，能够排除被害人自己行走至尸体所处地点的可能性，进而可以认定是其他人将被害人移至尸体所处地点。同时，前述证人刘某证实，其帮助张某某拖走肇事车辆时，并未看见其他车和人，当时正值13时，在张某某及肇事车辆一直停留在交通事故现场的情况下，可以排除其他人移动被害人的可能性。

证明张某某辩解不能成立的证据体系包括：第一，证人石某、白某甲的证言，尸体检验意见及法医证言证实，被害人被撞倒后伤势严重，不能行动、言语。被害人当时随身携带手机，其家属证实曾多次拨打该手机，手机可以打通但始终处于无人接听状态。因此，上述证据证实被害人被撞后根本没有行为能力与张某某协商赔偿事宜。同时，张某某对是否与被害人协商赔偿事宜以及具体的赔偿金额等情节的辩解前后不一。因此，张某某所称其与被害人协商赔偿的辩解不能成立。第二，公安人员在现场勘查过程中对被害人尸体所穿衣服进行了查找，并未发现张某某所称其交给被害人的带有其电话号码的纸条。因此，张某某所称其将自己的联系方式写在纸上交给被害人的辩解无证据印证。第三，证人郭某证实，张某某的肇事车辆在案发当日下午三四时就已修好，但此时张某某并未返回现场救治被害人，否则不会未能发现被害人。同时，被害人被撞倒后伤势严重，张某某如欲救治被害人，理应先行拦车将被害人送往医院救治，而不是送修肇事车辆。该情节反映张某某在案发后并无救治被害人的意图。

综上，尽管张某某归案后拒不供认其在交通肇事后将被害人带离事故现场遗弃的关键事实，但第一审、第二审法院根据在案的间接证据可以认定该犯罪事实，并且能够基于在案证据否定张某某提出的新辩解；进而认定张某某犯故意杀人罪，并结合案件具体情况进行相应的定罪处罚。

第四章
证据判断

问题九　如何把握"排除合理怀疑"

证明标准是指司法人员根据证据认定案件事实所要求达到的程度。在我国刑事诉讼法中，证明标准经历了从侧重客观到主客观相统一的演进过程，1979年通过、1996年修订的《刑事诉讼法》规定，认定被告人有罪和处以刑罚的证明标准为"证据充分确实"或"证据确实、充分"，但未对具体含义作出解读。[①] 2010年最高人民法院、最高人民检察院、公安部、国家安全部、司法部《关于办理死刑案件审查判断证据若干问题的规定》首次对"证据确实、充分"的含义作出了细化规定。[②] 2012年修订的《刑事诉讼法》第53条规定，证据确实、充分，应当符合以下条件：（1）定罪量刑的事实都有证据证明；（2）据以定案的证据均经法定程序查证属实；（3）综合全案证据，对所认定事实已排除

① 1996年修订的《刑事诉讼法》第46条规定，对一切案件的判处都要重证据，重调查研究，不轻信口供。只有被告人供述，没有其他证据的，不能认定被告人有罪和处以刑罚；没有被告人供述，证据充分确实的，可以认定被告人有罪和处以刑罚。第162条规定，"在被告人最后陈述后，审判长宣布休庭，合议庭进行评议，根据已经查明的事实、证据和有关的法律规定，分别作出以下判决：（一）案件事实清楚，证据确实、充分，依据法律认定被告人有罪的，应当作出有罪判决……"。

② 2010年最高人民法院、最高人民检察院、公安部、国家安全部、司法部《关于办理死刑案件审查判断证据若干问题的规定》第5条第1款、第2款规定，办理死刑案件，对被告人犯罪事实的认定，必须达到证据确实、充分。证据确实、充分是指：（一）定罪量刑的事实都有证据证明；（二）每一个定案的证据均已经法定程序查证属实；（三）证据与证据之间、证据与案件事实之间不存在矛盾或者矛盾得以合理排除；（四）共同犯罪案件中，被告人的地位、作用均已查清；（五）根据证据认定案件事实的过程符合逻辑和经验规则，由证据得出的结论为唯一结论。

合理怀疑。上述规定被2018年修订的《刑事诉讼法》第55条所承继。2021年《最高人民法院关于适用〈中华人民共和国刑事诉讼法〉的解释》第72条第2款进一步规定，认定被告人有罪和对被告人从重处罚，适用证据确实、充分的证明标准。据此，证据确实的“质量”、证据充分的“数量”和“排除合理怀疑”相互衔接，组合成了一个不可分割的证明标准体系，其中“排除合理怀疑”处于证明标准体系的终端，为司法人员的心证判断确立了指引。

一、“排除合理怀疑”属于严格判断

在证据法理论中，案件事实的证明方式可以分为严格证明和自由证明。作为大陆法系国家证据法上的基本概念，严格证明与自由证明最早由德国学者迪恩茨于1926年提出，之后由德国传至日本以及我国台湾地区，并在学说和判例中得以发展。严格证明是指在证明的根据及程序上都受到法律的严格限制，且应达到排除合理怀疑的程度；自由证明是指证明的根据、程序或标准不受上述严格限制的证明，可以采用更为宽泛的证据材料或采取灵活机动的方法来完成证明，也不必都达到排除合理怀疑的程度。[①] 两者除了证据种类、提出和收集方式存在差别之外，最大的区别在于证明标准不同，证明标准越高，承担的证明负担越重，案件事实认定的难度越大；证明标准越低，承担的证明负担越轻，案件事实认定的难度越小。

（一）定罪证明标准

“排除合理怀疑”又被称为“唯一性”或“排他性”标准，这是一种最为严格的证明标准。[②] 定罪所依据的证据必须符合法定证据形式，依照法定调查

---

① 闵春雷：《严格证明与自由证明新探》，载《中外法学》2010年第5期。

② “排除合理怀疑”标准并非刑事诉讼所独有。2019年《最高人民法院关于民事诉讼证据的若干规定》第86条规定，当事人对于欺诈、胁迫、恶意串通事实的证明，以及对于口头遗嘱或赠与事实的证明，人民法院确信该待证事实存在的可能性能够排除合理怀疑的，应当认定该事实存在。

程序查证属实，适用最严格的证明标准，这是保障犯罪嫌疑人、被告人合法权益的必然要求。无论是英美法系还是大陆法系国家，刑事诉讼中认定被告人构成犯罪都要求达到确定无疑的程度。大陆法系国家的法官在作出有罪判决时，必须形成被告人有罪的“内心确信（Intime Conviction）”；在英美法系国家，只有当控方履行证明责任达到“排除合理怀疑（Beyond Reasonable Doubt）”的程度，才能判决被告人有罪。大陆法系国家主要采“证实论”达到内心确信，以“确信”为中心概念；而英美法系国家主要采“证伪论”达到排除合理怀疑，即以“排疑”为中心概念，两者均属自由心证的范畴，需要排除被告人不构成犯罪的可能性，成为现代刑事司法与证据制度的重要特征。[①] 随着我国社会发展和刑事法治的进步，司法实践迫切需要对证明标准进行明确、具体的表述，2012 年修正《刑事诉讼法》引入了英美法系国家“排除合理怀疑”的表述，也就是将案件事实的其他可能性分别提出，并逐一加以否定，最终确定“何人”出于“何种主观故意或过失”做了“何事”，造成了“何种结果”。司法人员需要确信犯罪嫌疑人、被告人实施了相应的犯罪行为，而不是“高度可能”“模糊”或“待定”的结论，不能有任何有证据支持或者符合常理的疑问，才能将刑事诉讼推向下一个诉讼阶段，这是对长期司法实践的经验总结，也是人类认识能力现阶段所能达到的最高状态。

2018 年修订的《刑事诉讼法》确立认罪认罚从宽制度后，理论界围绕应否降低认罪认罚案件的定罪证明标准产生了一定争议。对此，2019 年《最高人民法院、最高人民检察院、公安部、国家安全部、司法部关于适用认罪认罚从宽制度的指导意见》第 3 条规定，坚持法定证明标准，侦查终结、提起公诉、作出有罪裁判应当做到犯罪事实清楚，证据确实、充分，防止因犯罪嫌疑人、被告人认罪而降低证据要求和证明标准。认罪认罚从宽制度可以有效降低证明难

---

① 项谷、朱能立：《刑事证据印证模式下如何适用排除合理怀疑的证明标准——以胡某职务侵占抗诉案为视角》，载《上海公安高等专科学校学报》2017 年第 3 期。

度，但绝不能降低证明标准。认罪认罚从宽案件之所以可以“放松”对证据数量和内容的要求，对法庭调查程序进行一定的简化，是因为被告人稳定作出有罪供述，且通过律师在场见证签订具结书的方式，极大提升了有罪供述的证明力，这并不意味着“排除合理怀疑”标准的降低。为此，认罪认罚从宽案件专门设置了犯罪嫌疑人、被告人的反悔程序，即使犯罪嫌疑人、被告人签署了认罪认罚具结书，在人民检察院作出不起诉决定后、提起公诉前甚至审判阶段，都可以进行反悔不再认罪认罚。如果在认罪认罚案件中降低定罪证明标准，一旦犯罪嫌疑人、被告人事后反悔，否认指控的犯罪事实，将会影响整个案件的走向。

（二）量刑证明标准

定罪与量刑是一个前后相继的诉讼阶段，被告人的罪行只有先经过定罪证明标准的检验，构成犯罪之后才可以进入量刑阶段，接受量刑证明标准的检验。[①] 按照现行刑事诉讼制度设计，司法人员既要证明犯罪嫌疑人、被告人是否构成犯罪，也要证明是否对被告人从重、从轻、减轻或者免予刑罚。实践中，不能偏重于证明定罪事实，将影响量刑的事实和情节当作细枝末节对待。2021年《最高人民法院关于适用〈中华人民共和国刑事诉讼法〉的解释》第72条专门规定了从重量刑事实的证明标准，就是要提示司法人员及时收集量刑证据，全面查清量刑事实。

量刑事实的类型极为复杂，特别是证明人身危险性的证据可能属于品格证据，涉及犯罪人的日常工作、生活等方面，并不必然适用严格证明标准。对此，理论界存在不同的观点：第一种观点认为，在量刑程序中采用何种证明方式与被证明的对象有关，即量刑事实对被告人或犯罪人是否有利。对量刑事实可采用自由证明，但是对于罪重事实的证明应达到“排除合理怀疑”的证明标准，

① 陈虎：《制度角色与制度能力：论刑事证明标准的降格适用》，载《中国法学》2018年第4期。

罪轻事实的证明达到优势证据标准。[①] 第二种观点认为，以量刑事实是否由法律明文规定，作为确定量刑证明方式的标准，即法定量刑事实的证明采用严格证明，酌定量刑事实采用自由证明。[②] 目前，我国刑事证据法采取了第一种观点，对从重量刑事实和从宽量刑事实的证明标准进行区别对待。量刑情节只通过自由证明即可，但是倾向于加重被告人刑罚的情节事实需要进行严格证明。[③] 考虑到控辩双方在举证能力上的差异，无论是法定还是酌定从重量刑事实，均应达到“排除合理怀疑”的程度，如受贿犯罪的索贿、故意杀人犯罪的预谋等情节，即使不利于被告人的证据占据了明显优势，只要尚存合理怀疑，就不能认定相关事实成立。

对于从宽量刑事实的证明具有灵活性，达到的证明程度只限使司法人员相信“基本如此”为满足。对于减免刑罚的事实，理所当然地要依据证据去认定，只是对于这种证据没有必要严格限制其证明力，它的证明没有必要必须达到与犯罪事实相同的最高的确认程度即“合理的疑点”不可。[④] 我国证据法体系中，与“排除合理怀疑”并行的是“明显优势证据”或“高度盖然性”标准，如一般民事案件的证明标准要求达到高度可能性即可。[⑤] 2020 年《最高人民法院关于适用〈中华人民共和国民事诉讼法〉的解释》第 108 条规定：“对负有举证证明责任的当事人提供的证据，人民法院经审查并结合相关事实，确信待证事实的存在具有高度可能性的，应当认定该事实存在。对一方当事人为

---

① 李玉萍：《量刑事实证明初论》，载《证据科学》2009 年第 1 期；周颖佳：《浅论量刑事实的证明标准》，载《人民法院报》2014 年 4 月 2 日，第 6 版。

② 简乐伟：《论量刑程序证明模式的选择》，载《证据科学》2010 年第 4 期。

③ ［日］田口守一：《刑事诉讼法（第 5 版）》，张凌、于秀峰译，中国政法大学出版社 2010 年版，第 267 页。

④ ［日］小野清一郎：《犯罪构成要件理论》，王泰译，中国人民公安大学出版社 2004 年版，第 25 页。

⑤ 民事诉讼法中还存在“可能性较大”标准。2019 年修订的《最高人民法院关于民事诉讼证据的若干规定》第 86 条规定，与诉讼保全、回避等程序事项有关的事实，人民法院结合当事人的说明及相关证据，认为有关事实存在的可能性较大的，可以认定该事实存在。

反驳负有举证证明责任的当事人所主张事实而提供的证据，人民法院经审查并结合相关事实，认为待证事实真伪不明的，应当认定该事实不存在。法律对于待证事实所应达到的证明标准另有规定的，从其规定。”无论是对于自首、立功等法定从宽事实，还是被害人过错、激情犯罪等酌定从宽事实，均可以引入“明显优势证据”标准，即司法人员能够从证据中获得待证事实极有可能如此的心证，虽然还不能完全排除其他一切可能性，但已经得出高度接近待证事实的结论，与“排除合理怀疑”存在明显差别。

案例 1

定罪事实的证明

——王某某故意伤害案①

【基本案情】

王某某与被害人许某某（男，殁年29岁）系同乡。案发前，王某某、许某某二人与唐某某、沃某某均从事旅游车生意，并暂住于某旅社。1997年5月29日晚上，王某某与许某某在晚饭时发生口角被人劝开，后两人在旅社门前再次发生口角并互相殴打。据王某某称，许某某掏出随身携带的尖刀首先扎刺王某某，后其在夺刀过程中刺中许某某。但根据在案证据分析，王某某持单刃尖刀划许某某胸部一刀；扎刺腹部一刀。经鉴定，许某某系被他人用锐器刺伤腹部，刺破主动脉致急性失血性休克死亡。2015年7月15日，王某某被公安机关查获归案。

【证据分析】

该案的证明难点在于能否认定王某某持刀扎刺被害人的事实。王某某到案

① 杜邈：《［第1213号］王某某故意伤害致死案——如何运用间接证据认定被告人否认犯罪的案件》，载最高人民法院刑事审判第一、二、三、四、五庭主办：《刑事审判参考（总第111集）》，法律出版社2018年版，第62-69页。

后先后有多次供述，虽然能够供述其因琐事与许某某互殴，但王某某辩称自己没有直接扎刺被害人，而是许某某首先持刀向其扎刺，二人在夺刀过程中许某某自行受伤，表面上具有一定的合理性。但是，综合全案证据来看，足以认定王某某控制尖刀发力扎刺许某某腹部的事实。(1) 案件起因。本案起因于王某某与许某某发生矛盾，进而返回旅店寻找许某某并与其互殴，并非王某某处于被动躲避状态，许某某主动持刀对其进行扎刺。由于本案的案发过程极短，其间未介入其他因素，可见王某某与许某某发生矛盾、返回旅店寻找许某某、两人互殴与扎刺行为是连续、流畅的，应当整体评价而不是割裂评价。(2) 案件经过。尸体检验报告显示，许某某右胸部、右腹部分别有两处刀伤，均为刀尖造成，如果按照王某某供述，许某某、王某某二人相向站立，由于上述伤口均位于被害人持刀手的同侧，形成上述伤情需要被害人右手持刀将胳膊反转，使刀尖对准自己，可见王某某当时已经控制尖刀，使刀尖对准被害人。被害人被刺破腹动脉系致命伤，腹部主动脉位于脊柱附近，可见尖刀从肚皮贯入腹腔较深，需要持刀人以极大力量刺入。更重要的是，从伤口形状来看，可以认定王某某单方向许某某发力。王某某、许某某二人均系青壮年，身高相仿、力量相当，如果像王某某所说"许某某的手未离开尖刀，其双手攥住许某某握刀的右手夺刀"，在两人同时发力的情况下，势必在搏斗过程中会形成不规则的伤口或在上半身形成多处划伤，但从尸体检验报告来看，被害人上半身仅有一处刀尖划伤、一处扎伤（尽管已经被医院救治扩创），且伤口均较为规则、稳定，可以排除为两人势均力敌夺刀时形成。(3) 案发后表现。王某某案发后一直积极逃避侦查。王某某案发后即逃离现场，通过购买假户口更名来逃避侦查，于2006年被抓获时，还向司法机关隐瞒该事实，足见其对行为的性质具有明确认知。综上，在案证据足以建立完整的证明体系，推翻王某某的无罪辩解，得出确定、唯一的结论。

案例 2

从重量刑事实的证明

——忻某某绑架案[①]

【基本案情】

被告人忻某某因经济拮据而产生绑架儿童并勒索家长财物的意图，并多次到A市进行踩点和物色被绑架人。2005年8月18日上午，忻某某驾驶自己的面包车从B市至A市某老年大学附近伺机作案。当日13时许，忻某某见杨某某（女，1996年6月1日出生。A市某小学三年级学生，因本案遇害，殁年9岁）背着书包独自经过，即以“陈老师找你”为由将杨某某骗上车，将其扣在一个塑料洗澡盆下，开车驶至B市某后山。当天22时许，忻某某从杨某某处骗得其父亲的手机号码和家中的电话号码后，又开车将杨某某带至B市某防空洞附近，采用捂口、鼻的方式将杨某某杀害后掩埋。8月19日，忻某某乘火车到C县购买了一部手机，于20日0时许拨打杨某某家电话，称自己已经绑架杨某某并要求杨某某的父亲于当月25日18时前带60万元赎金到D县交换其女儿。而后，忻某某又乘火车到E市打勒索电话，因其将记录电话的纸条丢失，将被害人家的电话号码后四位2353误记为7353，电话接通后听到接电话的人操外地口音，而杨某某的父亲讲普通话，由此忻某某怀疑是公安人员已介入，遂停止了勒索。2005年9月15日忻某某被公安机关抓获，忻某某供述了绑架杀人经过，并带领公安人员指认了埋尸现场，公安机关起获了一具尸骨，从其面包车上提取了杨某某头发两根（经法医学DNA检验鉴定，是被害人杨某某的尸骨和头发）。公安机关从被告人忻某某处扣押手机一部。

2006年2月7日，宁波市中级人民法院一审判决被告人忻某某犯绑架罪，判处死刑，剥夺政治权利终身，并处没收个人全部财产。忻某某对一审刑事部

① 最高人民检察院第一批指导性案例，忻某某绑架案（检例第2号）。

分的判决不服，向浙江省高级人民法院提出上诉。2007 年 4 月 28 日，浙江省高级人民法院作出二审判决，被告人忻某某犯绑架罪，判处死刑，缓期二年执行，剥夺政治权利终身。被害人杨某某的父亲不服，于 2007 年 6 月 25 日向浙江省人民检察院申诉，请求提出抗诉。浙江省人民检察院于 2007 年 8 月 10 日提请最高人民检察院按照审判监督程序提出抗诉。2008 年 10 月 22 日，最高人民检察院向最高人民法院提出抗诉。2009 年 3 月 18 日，最高人民法院指令浙江省高级人民法院另行组成合议庭，对忻某某案件进行再审。2009 年 5 月 14 日，浙江省高级人民法院另行组成合议庭公开开庭审理本案。法庭审理认为：被告人忻某某以勒索财物为目的，绑架并杀害他人，其行为已构成绑架罪，且犯罪手段残忍、情节恶劣，社会危害极大，无任何悔罪表现，依法应予严惩。检察机关要求纠正二审判决的意见能够成立。忻某某及其辩护人要求维持二审判决的意见，理由不足，不予采纳。2009 年 6 月 26 日，浙江省高级人民法院判决原审被告人忻某某犯绑架罪，判处死刑，剥夺政治权利终身，并处没收个人全部财产，并依法报请最高人民法院核准。2009 年 11 月 13 日，最高人民法院裁定核准浙江省高级人民法院（2009）浙刑再字第 3 号以原审被告人忻某某犯绑架罪，判处死刑，剥夺政治权利终身，并处没收个人全部财产的刑事判决。

【证据分析】

该案的证明难点在于能否认定忻某某单独绑架杀害被害人的事实。忻某某归案后认罪态度差。开始不供述犯罪，并隐瞒作案所用手机的来源，后来虽供述犯罪，但编造他人参与共同作案。二审改判是认为本案证据存在两个疑点。一是卖给忻某某手机的证人傅某某在证言中讲该手机的串号与公安人员扣押在案手机的串号不一致，手机的同一性存有疑问；二是证人宋某某和艾某某证实，在案发当天看见一中年妇女将一个与被害人特征相近的小女孩带走，不能排除有他人作案的可能。经审查，这两个疑点均能够排除。（1）关于手机同一性问题。经审查，公安人员在询问傅某某时，误将手机原机主洪某某的身份证号码记为手机的串号。宁波市人民检察院移送给宁波市中级人民法院的《随案移送物品文件清单》中写明手机的串号是3××××××××，且洪某某将手机卖给傅某某的《旧货交易凭证》等证据，清楚地证明了从忻某某身上扣押的手机即是索要赎金时使用的手机，且手机就在宁波市中级人民法院，手机同一性的疑点能够排除。（2）关于是否存在中年妇女作案问题。案卷原有证据能够证实宋某某、艾某某证言证明的“中年妇女带走小女孩”与本案无关。宋某某、艾某某证言证明的中年妇女带走小女孩的地点在绑架现场东侧200米左右，与忻某某绑架杨某某并非同一地点。艾某某证言证明的是某咖啡厅南边的电脑培训学校门口，不是忻某某实施绑架的地点；宋某某证言证明的中年妇女带走小女孩的地点是某咖啡厅南边的十字路口，而不是老年大学北围墙外的绑架现场，因为宋某某所在位置被建筑物阻挡，看不到老年大学北围墙外的绑架现场，此疑问也已经排除。此外，二人提到的小女孩的外貌特征等细节也与杨某某不符。综上，忻某某绑架犯罪事实清楚，证据确实、充分。本案定案的物证、书证、证人证言、被告人供述、鉴定结论、现场勘查笔录等证据能够形成完整的证据体系。公安机关根据忻某某的供述找到被害人杨某某尸骨，忻某某供述的诸多隐蔽细节，如埋尸地点、尸体在土中的姿势、尸体未穿鞋袜、埋尸坑中没有书包、打错勒索电话的原因、打勒索电话的通话次数、通话内容，接电话人的口音等，得到了其他证据的印证，达到了“排除合理怀疑”的标准。

案例 3

从宽量刑事实的证明

——李某某、刘某贩卖毒品案①

【基本案情】

2013 年 2 月 20 日晚，李某某经与杜某事先电话联系交易毒品后，指使刘某至某银行门口，向杜某贩卖毒品甲基苯丙胺 9 余克。同月 25 日，民警在某小区 602 室抓获了李某某。当晚，在民警的控制下，李某某与刘某通话，得知刘某在某网吧上网，即将该线索告知民警。民警查询到该网吧地址后即前往将刘某抓获。

无锡市南长区法院认为，李某某、刘某结伙贩卖毒品甲基苯丙胺，情节严重，二被告人的行为均构成贩卖毒品罪。以贩卖毒品罪，分别判处被告人李某某有期徒刑六年六个月，并处罚金 6000 元；判处被告人刘某有期徒刑二年六个月，并处罚金 3000 元。一审宣判后，李某某提出上诉。无锡市中级人民法院判决如下：一、维持无锡市南长区法院（2013）南刑初字第 104 号刑事判决对原审被告人李某某的定罪部分以及对原审被告人刘某的定罪量刑部分，撤销对原审被告人李某某的量刑部分。二、上诉人（原审被告人）李某某犯贩卖毒品罪，判处有期徒刑六年，并处罚金 5000 元。

【证据分析】

该案的证明难点在于能否认定李某某协助抓获同案犯的事实。李某某上诉理由为其到案后协助公安机关抓获同案犯，应当构成立功。相关证据包括：(1) 公安机关出具《案件的侦破、揭发经过》和《情况说明》，虽然均否认李

---

① 韩锋、王星光：《[第 1035 号] 李某某、刘某贩卖毒品案——立功等从轻处罚事实的认定是适用严格证明标准还是优势证明标准》，载最高人民法院刑事审判第一、二、三、四、五庭主办：《刑事审判参考（总第 100 集）》，法律出版社 2015 年版，第 97~102 页。

某某有提供同案犯具体藏匿地址的行为，始终坚持同案犯的落网是公安机关运用技术侦查手段所致，但公安机关既未提供网络通信账号，又未提供相关审批手续，且具体细节描述前后不一，特别是关于通过同案犯网络通信账号锁定其藏匿地址的证明无法得到相关证据的证实。(2) 上诉人李某某二审庭审时供称其归案当晚在与刘某的通话中，刘某告知其在网吧上班，其将该线索告知了民警。(3) 同案犯刘某的供述证实，其在与李某某通话过程中曾将自己所处详细位置告知李某某，后被公安机关抓获。综合全案证据，李某某的供述能够得到同案犯供述的印证，相对于公安机关出具的《案件的侦破、揭发经过》和《情况说明》可信度更大，应当认定其协助抓获同案犯的事实。

案例 4

从宽量刑事实的证明

——刘某非法吸收公众存款案

【基本案情】

刘某自 2015 年 8 月至 2015 年 12 月 8 日间，任 A 控股有限责任公司的分公司（以下简称 A 公司）总裁，在其任职期间，管理并领导线下销售分公司，违反国家法律规定，将虚假投资项目包装成“月赢通”“单季赢”等年化收益 7%~14%的理财产品进行销售，以承诺还本付息为诱饵，通过媒体宣传、培训讲座、业务员推介等途径，向社会公开宣传，以此方式非法吸收公众存款共计人民币 3000 万余元，后因资金链断裂，致使众多集资参与人钱款无法返还。刘某于 2016 年 2 月 13 日被公安机关查获归案。

法院一审判决刘某犯非法吸收公众存款罪，判处有期徒刑三年六个月，并处罚金人民币九万元。刘某以自动投案等理由提出上诉。法院二审改判刘某犯非法吸收公众存款罪，判处有期徒刑三年三个月，并处罚金人民币八万元。

【证据分析】

该案的证明难点在于能否认定刘某自动投案的事实。关于这一事实情节存在以下证据：（1）证人证言、书证等证实，刘某吸资团队的成员苑某、王某、饶某于2016年1月8日被带到派出所协助调查时，交代了A公司的经营方式、刘某在A公司的地位及作用等情况，后刘某于2016年1月9日凌晨经电话传唤到派出所配合调查，当时未对刘某采取强制措施，后刘某被上网追逃并于2016年2月13日被抓获。（2）公安机关出具有关刘某到案情况的工作记录，称"2016年1月8日，集资参与人在某大厦22层发现A公司管理人员苑某、王某等人，后报警，警方将苑某、王某等人带至派出所询问，苑某、王某等人均称其上级主管系刘某，后电话联系刘某，让其到派出所协助调查。1月9日1时许，刘某到达派出所，让其准备A公司相关材料，于1月11日继续接受调查，但刘某未来，后失去联系。2016年2月7日被上网追逃"。（3）刘某辩称，其曾到公安机关投案自首、说明情况，并留下身份证复印件和手机号码，还按照公安机关的要求保留公司电脑等财物，离开公安机关时也表态，随时配合公安机关的传唤和调查，之后，办案民警并没有和其取得联系，而是直接列为追逃人员，致其在过年前往某地路上被抓获。综上，对于2016年1月9日刘某到案后，公安机关是否讯问了刘某，刘某是否如实交代了其所参与的犯罪行为，公安机关是否要求刘某准备材料后于2016年1月11日到派出所继续配合调查，本案立案后是否曾电话联系刘某要求到案接受调查等情况不详。尽管公安机关出具了关于刘某到案情况的工作记录，但没有其他证据佐证，刘某对此坚决否认，在目前材料不够充分的情况下，宜对上述过程做有利于刘某的解释，认定刘某经电话传唤到案后如实供述这一量刑事实。

案例5

从宽量刑事实的证明

——包某某故意杀人案

【基本案情】

包某某与被害人王某某（女，殁年35岁）系男女朋友关系。包某某因王某某提出与其分手产生不满，遂于2015年6月16日5时许，至某旅馆王某某的租住处，持刀刺扎王某某头面部、颈项部、胸部等处十余刀，后逃离作案现场。当日10时30分许，王某某被他人发现异常，后通知旅馆工作人员报警。民警赶至现场发现王某某已死亡，经鉴定，王某某符合被他人用锐器刺击颈部、胸部，伤及右侧颈总动脉、右肺上叶，致失血性休克死亡。2015年6月17日3时许，包某某被公安机关查获归案。

法院认为，被告人包某某不能正确处理情感纠纷，故意非法剥夺他人生命，致人死亡，其行为已构成故意杀人罪，且所犯罪行特别严重，依法应予惩处。鉴于被告人包某某在作案后确已准备去公安机关投案时被抓获，且到案后能如实供述所犯罪行，可以自首论等情节，判决被告人包某某犯故意杀人罪，判处死刑，缓期二年执行，剥夺政治权利终身。对被告人包某某限制减刑。

【证据分析】

该案的证明难点在于能否认定包某某自动投案的事实。相关证据包括：（1）包某某到案后供述，其作案后先是丢弃手机卡、血衣、鞋子等物，后欲投案，因想见到朋友而未及时前往公安机关，在吃饭过程中被公安机关抓获，该供述符合社会常理。如“我离开她的出租屋后，发现我的上衣正面上部分有血，我把上衣扔在了厕所内的垃圾桶里，买了一件半袖上衣和一双灰色系带的运动鞋，将作案穿的鞋扔在路边上，后我用借的电话给两名朋友打电话，说我把被害人扎死了，他俩说自首吧，他们等我一块儿去。跟他们会合后，我把我没有卡的手机、身份证、2张银行卡交给了朋友，并跟他说投案后，把这些物品交给我的家人，后我和朋友在吃饭时睡着了，一会儿警察来了把我带到公安局”。（2）包某某的两名朋友证言、手机通话记录证明，包某某案发后给朋友打电话，声称想与朋友见面吃饭，然后去公安机关自首，后包某某在吃饭睡觉过程中被民警抓获。包某某已将手机、身份证、银行卡等物品交给朋友保管，难以认为包某某具备乘坐交通工具逃匿的客观条件。（3）破案报告、到案经过证明，公安机关经调查确定包某某有重大作案嫌疑，2015年6月17日3时许，包某某在某地铁站附近的一家大排档与朋友吃饭时被抓获。包某某被抓获时，已将其个人物品委托朋友保管。从包某某的行程轨迹来看，包某某作案后先是前往与机场较近的郊区，与朋友联系后又返回城区，吃饭的地点距离车站、机场均较远。尽管包某某作案后实施了丢弃手机卡、作案衣物等反侦查行为，亦不能预判其睡醒后是否改变投案意图，但从全案证据来看，可以认定包某某确已准备去投案。

二、“排除合理怀疑”属于全面判断

全面判断源于司法人员不偏不倚的客观义务。古代刑事诉讼存在类似的司法理念，“惟当率至公之心，去阿枉之志，务求曲直，念尽平当，听察之理，必穷所见……”。[①] 进入现代社会以来，客观公正义务逐渐上升为司法人员的法定义务，这是由公诉案件只能由国家追诉的特点决定的。对于认定有罪便会判处极刑的重大案件，假如被告恰好有前科，又或者是某个“社会危险性”很强的“不良团体”成员，司法人员便很可能在维持秩序的感受下怀有“使命感”，轻易地将事实认定往有罪方向考虑。[②] 辩方因缺乏国家强制力的保障，在提出诉

① 杨鸿烈：《中国法律发达史》，中国政法大学出版社2009年版，第185页。

② 参见［日］秋山贤三：《法官因何错判》，曾玉婷译，魏磊杰校，法律出版社2019年版，第133页。

讼主张时处于天然的劣势，因此必须充分保障其合法权利，不得将维持社会秩序的感受带入事实认定过程中。我国刑事证据法的相关规定包括：一是客观依职权收集证据的义务。2018 年修订的《刑事诉讼法》第 52 条规定，“审判人员、检察人员、侦查人员必须依照法定程序，收集能够证实犯罪嫌疑人、被告人有罪或者无罪、犯罪情节轻重的各种证据”。二是客观依申请调取证据的义务。2018 年修订的《刑事诉讼法》第 41 条规定，辩护人认为在侦查、审查起诉期间公安机关、人民检察院收集的证明犯罪嫌疑人、被告人无罪或者罪轻的证据材料未提交的，有权申请人民检察院、人民法院调取。三是客观审查证据的义务。2019 年《人民检察院刑事诉讼规则》第 51 条规定，在人民检察院侦查、审查逮捕、审查起诉过程中，辩护人收集的有关犯罪嫌疑人不在犯罪现场、未达到刑事责任年龄、属于依法不负刑事责任的精神病人的证据，告知人民检察院的，人民检察院应当及时审查。第 255 条规定，人民检察院办理审查逮捕、审查起诉案件，应当全面审查证明犯罪嫌疑人有罪或者无罪、罪轻或者罪重的证据。四是客观出示证据的义务。2019 年《人民检察院刑事诉讼规则》第 61 条规定，人民检察院提起公诉，应当秉持客观公正立场，对被告人有罪、罪重、罪轻的证据都应当向人民法院提出。第 399 条规定，在法庭审理中，公诉人应当客观、全面、公正地向法庭出示与定罪、量刑有关的证明被告人有罪、罪重或者罪轻的证据。为了实现司法公正的目标，司法人员在事实认定过程中不应站在当事人立场，而应站在客观中立的立场上进行活动，努力发现并尊重案件事实真相，无论结论是否有利于犯罪嫌疑人、被告人。① 在庭审对抗激烈程度日趋增加的情况下，即使是担负着代表国家指控犯罪职能的公诉人，也应持有客观公正的立场，不能把谋求胜诉作为唯一追求。② 应当区分以下两种情形：

---

① 朱孝清：《检察官负有客观义务的缘由》，载《国家检察官学院学报》2015 年第 3 期。

② 朱孝清：《检察官客观公正义务及其在中国的发展完善》，载《中国法学》2009 年第 2 期。

（一）局部证据引发的怀疑

局部证据是指用于证明案件事实中某一孤立事实的证据。司法人员办理案件通常要经过从局部证据到全案证据的认识过程，局部证据引发的怀疑既可能属于法律意义上的“合理怀疑”，也可能只是一种猜测或者假设，随着证据数量的逐渐增多，这种猜测或假设会随之得到消除。我国刑事诉讼法规定了证据移送制度，无论是公安机关侦查终结还是检察机关提起公诉，均应将诉讼文书和案卷材料、证据一并移送下一办案机关，这里的案卷材料只能称为“在卷证据”而非“全案证据”，可能只是全案证据的部分内容。除此之外，还包括前一办案机关尚未发现的证据、已发现但并未收集的证据、已收集但尚未随案移送的证据等，如果将证据判断的范围仅限于“在卷证据”，很可能导致事实认定出现偏差。正因为此，2021 年《最高人民法院关于适用〈中华人民共和国刑事诉讼法〉的解释》第 96 条规定，审查被告人供述和辩解，应当结合控辩双方提供的所有证据以及被告人的全部供述和辩解进行。有的案件中，单一证据、部分证据可以引发怀疑，但是综合全案证据就可以得出确定结论。要注意犯罪嫌疑人、被告人提出无罪辩解，且有证据支持该辩解的情况下，不能因上述证据相互印证就直接予以采信，而是应当综合全案证据对其进行检验。例如，在一起交通肇事犯罪案件中，犯罪嫌疑人拒不认罪，其朋友亦证实犯罪嫌疑人缺少作案时间，上述证据相互印证，从而引发“第三人作案”的合理怀疑。但是，新调取现场勘验笔录、鉴定意见、手机通话记录等证据后，查明犯罪嫌疑人事后与其朋友订立“攻守同盟”，仍然可以认定犯罪嫌疑人实施犯罪行为。

（二）全案证据引发的怀疑

全案证据是指证明犯罪嫌疑人、被告人有罪或者无罪、犯罪情节轻重的各种证据。刑事诉讼中存在控诉、辩护这两种相互对抗的诉讼职能，据此可将证据分为控诉证据和辩护证据，凡是能够证明被告人有罪以及应当从重、加重处罚的证据，是控诉证据；凡是能够证明被告人无罪、罪轻或者应当减轻、免除被告人刑事责任的证据，是辩护证据。辩护证据主要包括：（1）证明被告人没有实施犯罪行为的证据。（2）证明被告人没有作案的时间和条件的证据。（3）证明被告人没有罪过，既不是出于故意，也不是过失。（4）证明无刑事责任能力的证据。（5）证明被告人具有从轻、减轻或者免除刑罚情节的证据。（6）证明被告人的行为不具有违法性与可罚性的证据。[①] 刑事证明标准体系中，“定罪量刑的事实都有证据证明”“据以定案的证据均经法定程序查证属实”可能是对单一证据、局部证据的判断要求，“对所认定事实已排除合理怀疑”则是对全案证据的判断要求。在近年来纠正的个别案件中，尽管部分口供和物证、现场勘验笔录能够相互印证，表面上能够得出被告人实施犯罪的唯一结论。但是，如果将证据判断的目光扩展至“全案证据”，就会发现口供存在前后不一、时供时翻的情况，并且与其他证据存在无法排除的矛盾，足以形成对案件事实的合理怀疑。

“合理怀疑”中的“怀疑”不能凭空产生，而是具有一定的证据基础。即使据以定案的个体证据具备证据能力和证明力，组成了相互印证的证据体系，仍会出现存疑的情形：一是证据体系的关键部分发生变化，导致原有的控诉证据转变为辩护证据，导致证据矛盾且没有得到合理解释，足以引发矛盾双方“必有一假”或“两者同假”的怀疑。如被告人当庭翻供、证人当庭翻证，或者重新鉴定、勘验的结果与先前结论相反等。案件基本事实包括客观行为、主观罪过、犯罪主体在内的各项要素，证明任一事实要素的证据发生实质性变化，不能做出合理解释的，意味着基本事实尚未查清。二是在证据体系之外出现新的辩护证据，这些证据既可能由被告人及其辩护人提出，也可能由控方提出但最终发挥了相反的证明作用，导致案件事实出现其他可能性，包括犯罪嫌疑人、被告人提出物证、书证、证人证言等新证据，或是犯罪现场提取到第三人足迹、

---

① 侯忠泽：《论刑事辩护证据》，载《河北法学》1996 年第 3 期。

指纹、血迹等，上述情况均需要引起司法人员的高度重视。例如，在一起受贿犯罪案件中，受贿人收受行贿人给予的名表一块，该手表已经扣押在案。在该案开庭审理过程中，辩方出示一块同一品牌的手表（价格较低），并宣读其儿子的新证言，称其子有收藏名表的爱好，被扣押的是其子收藏的表，而收受行贿人的手表实为新出示的手表，该手表和证人证言属于典型的新证据，影响到基本事实的认定。①

案例 6

综合全案证据能够排除合理怀疑

——郭某某强奸、故意杀人案

【基本案情】

2013 年 12 月 6 日凌晨，郭某某饮酒后进入被害人刘某某（女，殁年 22 岁）居住的房间内，以暴力手段强行与刘某某发生性关系。后因担心罪行败露，郭某某采取闷堵口鼻、扼压颈部等方式杀害刘某某，致刘某某机械性窒息死亡。2013 年 12 月 6 日，郭某某被公安机关查获归案。

【证据分析】

该案的证明难点在于能否认定郭某某强奸、杀人的事实。如果仅仅审查部分证据，会引发郭某某是否系作案人员的合理怀疑：（1）作案手段。郭某某多次供述其杀害被害人的手段是使用金属链勒颈和用被子闷捂，尸体检验报告显示，被害人颈部有条状皮下出血和细条状擦伤，死因系闷捂口鼻和扼压颈部，并不是勒颈致死。法医意见进一步明确，被害人颈部伤情可由挎包带形成，但不能由金属链形成。（2）作案工具。现场勘验笔录显示案发现场有两个女士挎

① 张申杰：《客观性证据审查模式在贿赂犯罪案件中的理解与运用》，载《上海法学研究》2019 年第 7 卷。

包，在室内北墙上距西墙100厘米、距地200厘米处挂有橙色女士挎包，挎包背带为金属链，金属链长125厘米；在北墙上距西墙120厘米、距地130厘米处挂有黑色女士挎包，为普通背带。郭某某供述其不记得现场有几个挎包，且无法辨认出实物，在案发后紧张仓促的情况下，郭某某是否将挎包再次挂回原处，存在一定疑问。(3) 被害人手机。郭某某供认其强奸前看到被害人试图拨打手机，将手机抢走扔到地上，后实施强奸、杀人犯罪行为，但现场勘验笔录显示，被害人手机在床上被人发现，且被害人于凌晨1时许发出求救短信“我被人强奸了”，与郭某某供述扔掉被害人手机的时间顺序存在一定矛盾。但是，通过对全案证据的综合判断，仍然可以得出郭某某实施强奸、故意杀人行为的确定结论。郭某某在侦查阶段关于犯罪事实共有9次供述（5次同步录音录像），稳定供述其入室强奸被害人，后因害怕被害人叫喊，采取勒其颈部、闷堵口鼻的方式致死的事实。

一是关于强奸罪的犯罪事实，有郭某某供述与其他证据的印证：(1) 郭某某供述其与被害人素不相识，被害人手机通话记录、多名证人亦能证明被害人的个人交往情况，其与郭某某素不相识。(2) 郭某某多次供述其使用暴力制服被害人，强奸过程中用牙咬被害人手背，与尸体检验报告中被害人右肘、右前臂有咬伤，头面部、四肢部均有挫伤相互印证。(3) 郭某某供述其夺取被害人手机，与被害人手机上提取到郭某某DNA相互印证，特别是被害人于凌晨发送给其朋友求救短信的内容，与郭某某供述的时间、作案手段相互印证。(4) 郭某某供述其与被害人发生性关系，与被害人衣物、双手指甲、隐私部位等处提取到郭某某DNA相互印证。(5) 郭某某供述被害人房间的物品、摆设和白色手机，与现场勘验笔录的内容相互印证。(6) 郭某某供述其穿着拖鞋实施犯罪，并在其房间起获一双男士拖鞋，拖鞋痕迹与被害人房间的痕迹相互印证。

二是关于故意杀人罪的犯罪事实，有郭某某供述与其他证据的印证：(1) 郭某某供述用被子闷捂等方式杀害被害人，与尸体检验报告中被害人系扼压颈部、闷捂口鼻死亡，以及被害人颈部右侧擦拭物提取到郭某某DNA的鉴定意见相互印证。(2) 郭某某供述离开房间时被害人已死亡，以及现场多处亲历性细节，如房门未锁、灯未关、将被害人裤子穿上、被害人光脚、身上覆盖被子和羽绒服等，与发现被害人死亡的多名证人证言、现场勘查笔录相互印证，证明郭某某作案后现场并未发生变化。(3) 部分证据的疑点可以得到合理解释。郭某某表哥和朋友能够证明其案发前大量饮酒，郭某某亦供述因醉酒第二天起床失去部分记忆，关于郭某某供述的作案工具、作案手段和手机位置等证据矛盾，可能因醉酒后记忆产生偏差所致。综上，全案证据能够证明郭某某强奸后为灭口杀害被害人的事实，排除郭某某离开后第三人进入现场作案的可能性，达到了确实、充分的证明标准。

案例7

综合全案证据能够排除合理怀疑
——周某某绑架案

【基本案情】

2006年4月7日7时许，周某某伙同陈某等人（另案处理）经预谋，驾驶面包车强行挟持胡某某之子（男，8岁），并将其置于面包车内看管。后周某某通过电话向胡某某索取赎金人民币80万元，待胡某某交付50万元赎金后将其子释放。2006年4月8日，陈某等人被公安机关查获归案，起获人民币182000元及周某某使用赃款购买的汽车1辆。后周某某被公安机关查获归案。

【证据分析】

该案的证明难点在于能否认定周某某意图勒索他人财物的事实。周某某到案后，辩称其与胡某某系朋友关系，两人因合作经营企业产生债务纠纷，其伙同陈某等人劫持胡某某之子的目的是索要债务，被害人胡某某对此均予以否认。

从局部证据来看，周某某辩解与胡某某证言呈现“一对一”形式，且部分辩解获得了间接证据的印证。(1) 关于二人合作经营企业的证据。经查询工商登记系统，未查询到二人合作办公司的任何记录，但周某某名下有一家A货运公司(2004年4月注册、2005年7月被吊销营业执照)，工商登记资料显示，该公司法人为周某某，注册资本50万元，周某某出资35万元，另有陈某某出资15万元，均为实缴。从陈某某社保缴纳情况来看，该人登记单位名称为B货运公司，联系人姓名为胡某某。A货运公司变更登记显示企业电话为胡某某电话。B货运公司（2004年3月注册、2005年11月被吊销营业执照）工商登记资料显示，公司联系电话亦为胡某某电话，注册地址与周某某名下A货运有限公司注册地一致。（2）关于二人系朋友关系的证据。周某某提供了其和胡某某的合影若干，与胡某某陈述相互矛盾。根据上述证据，不能排除周某某与胡某某之间存在朋友关系以及两人共同开办公司的可能性。

从全案证据来看，足以认定周某某具备勒索他人财物的目的。(1) 周某某雇用他人作案。周某某本人始终并未出面接触胡某某之子，而是指示陈某等人从外地赶来实施绑架行为，作案后给予两人各3万元钱。(2) 周某某临时购买电话卡索要财物。周某某供称先在商场附近买了张IC卡，使用公用电话与胡某某联系，未使用本人手机联系，这一事实情节与被害人胡某某陈述、通话记录相互印证。(3) 周某某未向被害人披露真实身份。周某某辩称在向胡某某索债过程中虽未明确表明身份，但也未故意掩饰声音，认为胡某某应该知道是他，上述辩解与本案其他证据相互矛盾，不足以采信。因周某某与胡某某交往密切，胡某某势必能够通过声音辨识出周某某身份。但破案报告显示，胡某某在接到绑架者电话后立即报警，在儿子被他人控制的紧迫情况下，仍不能确定犯罪嫌疑人的身份。后公安机关从犯罪嫌疑人陈某等人驾驶的车辆上提取到生物痕迹进行鉴定，锁定犯罪嫌疑人陈某进行抓捕。(4) 周某某案发后即行逃匿，其辩解前后变化较大且不能做出合理解释。周某某到案后关于债务数额的辩解并不稳定，债务数额从30多万元到38万元、50万元、100万元再到80万元，且其供述的债务数额随诉讼阶段的不同而发生改变，存在周某某根据其所了解案情的变化而做出貌似合理的供述的可能性。同时，周某某关于债务发生原因的供述也不断变化，但无论是卖地、合作注册公司卖执照，还是合作做生意许诺的分红，其所辩解的债务均系自己所认为的利润，并非明确的欠款，其关于债务内容的供述并不明确，均无法得到相应证据的支持，而且与其在2006年让陈某等人以索要工程款为由挟持他人也大相径庭。综上，足以认定周某某隐匿身份向被害人胡某某勒索财物，排除周某某索要债务的合理怀疑。

案例8

综合全案证据不能排除合理怀疑

——卢某某诈骗、票据诈骗案

【基本案情】

卢某某系某商贸公司实际控制人，公司经营范围为销售家用电器。2012年5月至2013年12月，卢某某先后以公司资金周转为名，从十余人处借款累计人民币900万元。2014年5月，卢某某因资金链断裂，在向某制冷空调设备公司购买空调设备过程中，开具空头支票，骗取对方公司货物价值人民币41万余元。2014年下半年，卢某某未能到期归还钱款，多名借款人发现公司倒闭且无法联系上卢某某，纷纷前往公安机关报案。2015年8月，卢某某被公安机关查获归案。

【证据分析】

该案的证明难点在于能否认定卢某某意图非法占有他人借款的事实。多名证人证言和书证证实，卢某某向多人借款后，存在“两次逃跑、两次被抓”的情形。被害人因卢某某失联而报案后，公安机关于2014年12月以卢某某涉嫌诈骗罪发布网上追逃通缉令，并于2015年8月将在外地的卢某某抓获归案，后采取取保候审强制措施。取保候审期间，卢某某再次逃匿，公安机关于2016年9月再次发布网上追逃通缉令，并于2017年2月再次将卢某某抓获。《全国法院审理金融犯罪案件工作座谈会纪要》规定，“根据司法实践，对于行为人通过诈骗的方法非法获取资金，造成数额较大资金不能归还，并具有下列情形之一的，可以认定为具有非法占有的目的……非法获取资金后逃跑的”。故部分证据指向卢某某具备非法占有目的，但是，通过审查全案证据，难以得出卢某某意图非法占有他人借款的确定、唯一结论。(1) 卢某某到案后，不承认自己具有非法占有他人借款的目的，而是辩称将部分钱款用于公司经营，部分钱款用于偿还公司负债，后因经营不善亏损。(2) 书证、商贸公司员工、会计证言等证据证实，在卢某某向他人高息借款期间，名下有房产一套，实际控制的商贸公司一直处于盈利状态，连续两年有上百万元的盈利。(3) 商贸公司会计证言、银行转账记录等证据证实，卢某某将其个人银行卡交由公司会计保管，用于公司日常营业；卢某某名下的个人账户和多家公司存在大量的业务往来。(4) 卢某某在资金链断裂后另涉嫌其他犯罪被他人举报，后被依法追究刑事责任，不能排除其由于该原因而逃匿的可能性。综上，虽然被害人的借款大部分打入卢某某个人名下的银行账户或者直接给予其现金，但由于卢某某公司账户与个人账户严重混同，且公司同期存在正常经营活动，不能排除将相关钱款用于公司日常经营的合理怀疑。

案例9

综合全案证据不能排除合理怀疑

——鲁某某非国家工作人员受贿案

【基本案情】

鲁某某系某公司负责人，柴某系某会计师事务所负责人。鲁某某犯罪事实的其中一笔为：2006年至2007年，鲁某某和其妻子以买房为由向柴某借款10

万元，一年后鲁某某和其妻子将借款还给了柴某。2011年下半年起，柴某为承接该公司的审计业务请鲁某某帮忙，鲁某某答应并向有关人员打招呼，后该会计师事务所顺利承接了公司的部分审计业务。2013年7月，鲁某某拟为儿子购买住房，要其妻子找柴某借款20万元。2014年1月21日，鲁某某被采取强制措施后，其妻子通过转账的形式将20万元还给柴某。

【证据分析】

该案的证明难点在于能否认定鲁某某意图收受贿赂的事实。该案证据显示，鲁某某利用职务便利为他人谋取利益在前，向他人借款20万元在后，且在被采取强制措施后才补签借条、归还借款，在一定程度上反映出“权钱交易”的特点。但该案也存在有利于鲁某某的证据：（1）鲁某某、柴某的供述和其妻子证言证实，鲁某某此次向柴某借款20万元之前，曾向柴某借过10万元，并在一年后已归还。（2）鲁某某妻子和其他证人证实，鲁某某向柴某借款是为其子购房需要，所借款项也确实用于购房。（3）柴某供述和鲁某某妻子证言、银行凭证等证据证明，鲁某某向柴某借款20万元的时间节点为2013年7月，鲁某某被采取强制措施的时间节点为2014年1月，两者仅相隔半年左右。从全案证据来看，鲁某某和柴某前期存在经济往来，该笔借款的事由真实，借款数额亦未超出其偿还能力，难以得出确定、唯一的结论。

三、“排除合理怀疑”属于主观判断

合理怀疑的“怀疑”是指司法人员对案件事实的一种心理状态。古代刑事诉讼存在类似表述，如“赃状露验，理不可疑”是一个主客观相结合的证明标准，“赃状露验”是其客观上的表现，“理不可疑”终究是要靠审判官员通过内心感受的程度来判断。[①]《宋刑统》也规定了定罪要达到“事实无疑”的程度，“今后凡有刑狱，宜据所犯罪名，须具引律、令、格、式……事实无疑，方得定罪”。[②] 在中国古代一些命案的“题本”中，可以反复读到“毫无疑义”“洵无疑义”“实无疑窦”“供情确凿”这样的措辞，以及“再三究诘，并无别情”“供情确凿”等反向的表述，已经构成了刑事诉讼实践的证明标准，虽然尚未形成一套有效的理论解说。[③] 进入现代社会后，刑事诉讼法虽然设置了证据“确实、充分”的证明标准，但在实践中偏重客观因素的考虑，强调证据的完备、形成证据链条，证据与证据之间的“形式印证”，往往忽视了办案主体对证据、事实等问题形成的诉讼认识在证明标准中的重要作用。[④] 2012 年修订的《刑事诉讼法》对“确实、充分”的含义进行细化，增加了“排除合理怀疑”的规定，作为对“事实清楚，证据确实、充分”这一客观标准进行的主观性解释。[⑤] 法律事实并不是自然生成的，而是人为造成的，一如人类学家所言，它们是根据证据法规则、法庭规则、判例汇编传统、辩护技巧、法官雄辩能力以及法律教育成规等诸如此类的事物而构设出来的，总之是社会的产物。[⑥] 案件事实认定是司法人员依据其自身的认知水平和能力，在获悉相关信息材料的基础上，经过主观分析判断所得出的结论，难免出现认识差异的情况。

（一）纵向的认识差异

西方国家普遍推行司法审查和令状主义，警察的侦查活动受到司法机关的

---

① 陈光中：《古代诉讼证明标准：从原则到具体》，载《检察日报》2018 年 5 月 29 日，第 3 版。

② 《宋刑统》，薛梅卿点校，法律出版社 1999 年版，第 551 页。

③ 徐忠明、杜金：《谁是真凶清代命案的政治法律分析》，广西师范大学出版社 2014 年版，第 5 页。

④ 杨宇冠、郭旭：《“排除合理怀疑”证明标准在中国适用问题探讨》，载《法律科学》2015 年第 1 期。

⑤ 杨宇冠：《论中国刑事诉讼定罪证明标准——以排除合理怀疑为视角》，载《浙江工商大学学报》2017 年第 5 期。

⑥ ［美］克利福德·吉尔兹：《地方性知识：事实与法律的比较透视》，载梁治平编：《法律的文化解释》，生活·读书·新知三联书店 1994 年版，第 80 页。

控制，严格限制羁押的适用，对证明标准进行了较为细致的多元区分。英美法系国家证据法理论中，证明标准从低到高可以分为九个层次（Nine Levels of Proof），分别是：（1）绝对确信（Absolute Certainty），任何法律目的都不要求绝对确信；（2）排除合理怀疑（Beyond Reasonable Doubt），刑事案件中的定罪标准；（3）清楚可信（Clear and Convincing Evidence），用于某些民事判决和在死刑案中驳回保释；（4）优势证据（Preponderance of Evidence），做出民事判决和肯定刑事辩护；（5）合理根据（Probable Cause），用于逮捕、搜查、扣押、起诉、取消假释等；（6）合理相信（Reasonable Belief），用于盘查；（7）合理怀疑（Reasonable Doubt），足以宣布无罪；（8）怀疑（Suspicion），用于启动侦查；（9）无信息（No Information），不可能启动任何法律程序。其中，“排除合理怀疑”是陪审团或法官对被告人做出有罪判决时需要控方达到的证明标准。[①] 在我国刑事诉讼中，公诉案件通常要经过立案侦查、逮捕、移送审查起诉、提起公诉和判决等诉讼环节，法律为每一环节都规定了一定的证明标准，只有达到相应的标准，才可以推动诉讼过程的继续进行。在公、检、法“分工负责、互相配合、互相制约”的诉讼原则下，三机关在各自负责的诉讼阶段都必须最大限度地查明事实真相，后一机关在其负责的诉讼阶段依法审查前一机关移送的证据，确保对案件事实作出正确的认定结论。

我国刑事诉讼主要包括侦查、审查起诉和审判阶段，随着诉讼阶段的向前推进，证明标准呈现“由低到高”的递进关系。在立案环节，侦查人员只需依据经验或材料“认为有犯罪事实”即可，并不要求确实有犯罪事实发生。行刑衔接案件甚至存在“合理嫌疑”的表述，如 2020 年《行政执法机关移送涉嫌犯罪案件的规定》第 3 条规定，知识产权领域的违法案件，行政执法机关根据调查收集的证据和查明的案件事实，认为存在犯罪的合理嫌疑，需要公安机关

---

① Rolando del Carmen：Criminal Procedure and Evidence，HARCOURT BRACEJVANOVICH，INC，p. 22.

采取措施进一步获取证据以判断是否达到刑事案件立案追诉标准的，应当向公安机关移送。案件进入审查批准逮捕环节之后，证明标准提高至“有证据证明有犯罪事实”，但不要求犯罪事实基本查清。随着刑事诉讼的推进，侦查人员、检察人员和审判人员对案件事实的认识不断深化，指控证据数量和内容不断增多之后，案件存在的“疑点”将会逐渐减少，最终由法院确认被告人有罪或无罪。[①] 然而，侦查、检察和审判人员在司法理念、办案习惯、证据占有量等方面并不相同，特别是在证据发生变化的情况下，对案件事实的内心判断难免存在差异。案件侦查终结时，“排除合理怀疑”主要是侦查人员对案件的单方认识，由于辩护人尚未查阅、复制、摘抄卷宗，只能通过会见当事人了解案情，很难收集到有力的辩护证据，提出全面、深入的辩护意见。案件提起公诉时，“排除合理怀疑”已经达到了较高的程度，但指控证据尚未经过庭审的检验，无论是被告人的当庭供述，还是证人、鉴定人的当庭陈述，理论上仍存在发生变化的可能性。庭审过程中，当事人和辩护人、诉讼代理人还有权申请通知新的证人到庭，调取新的物证，申请重新鉴定或者勘验。为此，尽管法律规定侦查终结、提起公诉和有罪判决的证明标准具有一致性，均应达到“排除合理怀疑”，但在实际运行层面，审判人员对于“排除合理怀疑”的把握更为严格，成为防范冤错案件的最后一道防线。

（二）横向的认识差异

刑事证明标准作为衡量被告人是否构成犯罪的标尺，应当采取明确的表述

---

① 2018年修订的《刑事诉讼法》的相关规定包括：（1）立案。《刑事诉讼法》第112条规定，认为有犯罪事实需要追究刑事责任的时候，应当立案。（2）逮捕。《刑事诉讼法》第81条规定，逮捕的证明标准是“有证据证明有犯罪事实”，且犯罪嫌疑人、被告人可能被判处徒刑以上刑罚，采取取保候审尚不足以防止发生社会危险性，而有逮捕的必要的。（3）侦查终结。《刑事诉讼法》第162条规定，公安机关侦查终结的案件，应当做到犯罪事实清楚，证据确实、充分，并且写出起诉意见书，连同案卷材料、证据一并移送同级人民检察院审查决定。（4）提起公诉。根据《刑事诉讼法》第176条规定，人民检察院认为犯罪嫌疑人的犯罪事实已经查清，证据确实、充分，依法应当追究刑事责任的，应当作出起诉决定。（5）有罪判决。《刑事诉讼法》第200条规定，案件事实清楚，证据确实、充分，依据法律认定被告人有罪的，应当作出有罪判决。

方式，增强刑事证明的可操作性和司法裁判的可预测性。在侦查终结、提起公诉和作出有罪判决的诉讼节点，“排除合理怀疑”标准具有明确的导向性，为心证判断提供了可供遵循的依据。司法人员通过办理大量案件，对于现实发生的案件类型、犯罪动机、罪犯的行动逻辑与行为模式、罪犯逃避罪责的方式都积累了非常丰富的经验，在总结实践经验的基础上，能够对类案的证明标准形成一定共识。[①] 但是，由于法律语言的局限性，对“排除合理怀疑”标准很难进行具体化、类型化的表述，无论是使用“绝对”“清楚”“合理”等用语，还是采取90%、80%以上的量化表述，都不能确立绝对统一的标准。司法人员都是基于其对案件事实的主观认识来从事证明活动的，都必然受到其自身主观能力如感受能力、记忆能力、理解能力、表述能力的限制，这些都必然对证明活动的履行和效果产生一定的影响。[②]

“排除合理怀疑”属于自然人对案件事实能否成立的内心判断，是一个极具个体性的认知过程，特别是对于证据证明力的评判，常常会受到个体阅历、办案经验甚至价值取向的影响。在一些依靠间接证据进行推定的案件中，对于日常经验法则的认识会产生较大分歧，不仅是侦查人员、检察人员和审判人员可能存在“意见分歧”，即使案件进入审判阶段，同一合议庭的不同审判人员、不同审级的审判人员也可能得出不同的结论。2021 年《最高人民法院关于适用〈中华人民共和国刑事诉讼法〉的解释》第 214 条规定，合议庭成员在评议案件时，应当独立发表意见并说明理由。意见分歧的，应当按多数意见作出决定，但少数意见应当记入笔录。据此，对于法院判决的无罪案件或检察机关的撤回起诉案件，并不必然引发司法人员的司法责任，而是要进行逐案分析，评查是否存在应予追究司法责任的情形。2015 年《最高人民法院关于完善人民法院司

① 罗洪启：《清代刑事裁判司法论证研究——以刑部命案为中心的考察》，中国政法大学出版社 2017 年版，第 107 页。

② 卞建林：《论刑事证明的相对性》，载陈光中、江伟主编：《诉讼法论丛（第 7 卷）》，法律出版社 2002 年版，第 28 页。

法责任制的若干意见》第 28 条规定，即使案件按照审判监督程序提起再审后被改判，如果系对案件基本事实的判断存在争议或者疑问，审判人员根据证据规则能够予以合理说明的，不得作为错案进行责任追究。对于司法人员在事实认定过程中故意违反法律法规或存在重大过失的，应当承担相应的司法责任。司法办案工作中虽有错案发生，但司法人员在履行职责中尽到必要注意义务，没有故意或重大过失的，不应承担司法责任。

案例 10

关于客观事实存在不同认识

——张某故意伤害案[①]

【基本案情】

张某（女）与任某系同居男女朋友关系。2012 年 3 月 13 日 21 时许，张某报警称自己持刀将男友扎伤。民警赶到现场时，发现任某赤裸身体裹一棉被躺在床上。任某称自己没有受伤，并拒绝民警检查其胸部和前往派出所接受调查。民警将张某带到派出所进行调查，张某供述了持刀扎伤任某胸部的经过。民警带张某再次来到其暂住处，任某仍然拒绝民警对其进行检查。双方表示自行解决此事，并由张某写一份互不追究责任的协议。后民警发现床单上有血迹，强行掀开棉被发现任某满身血迹，后将任某送往医院急救。任某的就诊材料记载患者自述入院前被他人扎伤胸部。经鉴定任某所受损伤程度属重伤。民警从现场提取带血的水果刀一把，胸前有破洞带血迹的毛衣两件。

【证据分析】

该案的证明难点在于能否认定张某持刀扎刺被害人的事实。张某与被害人

---

① 王宏平、周宇：《嫌疑人翻供和被害人不指认的情况下能否认定构成伤害罪》，载《中国检察官（经典案例）》2013 年第 10 期。

任某系男女朋友关系，案发现场系仅有两人在场的密闭空间，使得对案发过程的还原变得异常困难。案件办理过程中存在两种意见。

第一种意见认为，现有证据可以认定张某持刀扎刺任某。(1) 张某多次供认其实施了持刀扎伤任某的行为，并有其他证据与之印证。张某在案发后打电话报警称自己用刀将男友扎伤，并在第一次笔录中详细供述了案件的起因和经过，承认是自己持刀扎伤了任某胸部，其在整个侦查阶段的供述与之吻合。从现场提取的水果刀及胸前有破洞带血迹的两件衣服可以证实任某胸部刀伤是在其穿着这两件衣服的情况下形成，该事实与张某的供述一致。接受刑事案件登记表、接出警记录亦可以与之相互印证。医院就诊记录亦证实任某自述入院前被他人用刀刺伤的事实。张某的第一次供述是案发后的第一手证据，并具有一定程度的稳定性，且与其他物证、间接证据相互印证，较为真实可信。(2) 本案可以排除任某的伤情系自伤的可能。任某的陈述前后有多处矛盾，应不予采信。一是任某对自己伤情成因的陈述前后矛盾。在民警第一次出警时任某称自己没有受伤，在民警发现其受伤后其又称自己的伤情系自伤，就诊记录证实任某对医生称入院前被他人用刀刺伤。可见，任某对自己伤情成因前后共有二种说辞，且前后矛盾。二是任某对伤情形成时间的陈述与其他证据相矛盾。任某称在民警将张某带走后自己扎伤自己胸部，后将两件毛衣脱掉。事实上，张某在侦查阶段的供述可以证实其将任某胸部扎伤后，就帮助任某把所有衣服都脱了，该事实可以与民警出具的接出警经过相互印证，接出警经过证实民警第一次到张某家时，任某已经赤裸身体、未穿任何衣服，如果任某的伤情系自伤，在其赤裸身体的情况下，任某的两件毛衣不可能形成刀孔。(3) 任某的整个行为过程异常。如果任某的伤情系自伤，就不应当拒绝民警的检查，就没有必要签署一份免除张某责任的协议。可见，任某的自伤陈述不符合常人的思维逻辑，也前后矛盾，不具有可信性，任某谎称自伤实际上是为了保护张某，意图使张某逃避刑事追责，本案可以排除任某的伤情系自伤的可能。

第二种意见认为，现有证据不足以认定张某持刀扎刺任某。(1) 张某的供述前后发生实质性变化。张某在审查起诉阶段翻供，辩称自己没有扎伤任某，尽管张某没有提供翻供的任何理由，本案亦没有任何证据显示存在刑讯逼供等非法取证情况，但张某、任某两人案发时发生情感纠纷，情绪较为冲动，存在虚假供述的可能性。(2) 任某的陈述前后发生实质性变化。任某在张某翻供之前，即声称其前胸的伤是民警第一次出警带走张某后，系自己不想活了自己扎的，受伤后感觉不适，将衣服全部脱掉后躺在床上。(3) 不能排除任某在张某被民警带走后自伤的可能性。民警在第一次前往现场时，由于任某拒绝民警检查其胸部，故民警并未对任某身上是否受伤进行查验，缺乏验证任某陈述真实性的有力证据，由于任某当时能够与民警进行正常交流，民警亦未强行查验其是否受伤，能够从侧面反映出任某当时的身体状况并无异常。同时，民警带走张某时未一并带走任某及其衣物，尽管任某的自伤理由不合情理，但从现场环境来看仍然存在一定的时空条件。

综上，该案主要依靠言词证据定案，因犯罪嫌疑人供述和被害人陈述同时发生较大改变，司法人员对能否认定案件事实存在不同认识。

案例 11

关于客观事实存在不同认识

——陈某危险驾驶案

【基本案情】

2016 年 9 月 16 日 17 时许，陈某驾驶小型轿车与妻子行至某小区内某饭店喝酒，并将车停在某小区门口。酒宴结束，陈某与其妻子回其母亲家之后各自离开。2016 年 9 月 16 日 23 时至次日零时许，公安机关发现陈某在某省道 99 公里处机动车道路边停靠的小型轿车内驾驶位睡觉，于是对其进行酒精呼气测试，酒精含量检测结果为 146mg/100ml。经鉴定，陈某血液中酒精含量为 125.27mg/100ml。

【证据分析】

该案的证明难点在于能否认定陈某醉酒驾车的事实。第一种意见认为，该案间接证据足以得出确定结论。(1) 陈某的辩解前后不一，先是辩解“车是别人开到现场，具体是谁想不起来”，后谎称车子是朱某2开的，再辩称“带车去喝丧酒要送人浪费汽油，将车停在案发现场，和其妻子走到车子旁边，坐在车上看车”。(2) 书证查获经过、现场照片、司法鉴定检验报告书等证明陈某醉酒后在其轿车驾驶室内睡觉。(3) 证人张某2的证言证明喝丧酒之前陈某将车停在某小区其母亲家门口；证人朱某1的证言证明陈某离开时听到车子发动的声音；证人查某、方某、汪某1等人证言证明陈某喝了白酒，但离开酒席时比较清醒；证人朱某2、洪某1证言证明陈某在案发后找二人“顶包”。该案间接证据均指向陈某作案，陈某的小型轿车在案发当晚从停靠在某小区其母亲楼下，到停在某省道99公里机动车道，其间必然有人驾驶该车行驶，因陈某醉酒趴在驾驶位方向盘上睡觉被查获。案发后，陈某为逃避刑事追究，先后两次指使他人作假证明当晚系他人开车，其辩解明显不合常理。第二种意见认为，没有充分证据证明陈某醉酒后驾车行驶的事实。(1) 陈某没有酒后驾车，不知道是谁开车载其至案发地，因公安机关要求其提供驾驶员是谁，其害怕按酒驾处理，才有了找朱某2、洪某1“顶包”一事。(2) 朱某2、洪某1案发当晚未参与其中，没有看到案发经过，二人所述带有主观臆断，他们听其说酒后在车上睡觉被查要求他们“顶包”，自然就想到其酒驾被查，且二人证言有多处矛盾，也无其他证据印证。(3) 证人张某2、朱某1的证言仅能证明陈某案发当晚从某小区离开，不能证明其酒后自行驾车离开。陈某酒后在机动车上睡觉并不必然推导出其醉酒驾车，在案证据不能排除他人将车行驶至案发地点的可能性。综上，对于间接证据组成的证据体系是否完整，以及陈某所作辩解前后不一致是否影响定案，不同司法人员可能产生不同认识。

案例 12

关于同一性事实存在不同认识

——曹某故意杀人案[1]

【基本案情】

曹某和被害人系夫妻关系，两人共同租住在某小区。2012 年 2 月 21 日 8 时许，路人在某小区路边发现一个大的旅行包、一个蓝色手提袋和两个黑色塑料袋，内有部分人体组织后报案。DNA 鉴定显示，该人体组织为被害人，遂对该出租房进行勘验，在曹某承租的房屋卫生间、客厅冰箱内、厨房内发现多处被害人的血迹和人体组织。通过调取监控录像，发现曹某于 2012 年 2 月 16 日至 17 日间，多次出入该房间，并于 2 月 20 日 22 时许拉一个拉杆车离开房间，确认其有重大作案嫌疑，于 2 月 24 日将其查获归案。

检察机关指控：曹某经预谋于 2012 年 2 月 16 日至 17 日间，在租住处将其丈夫杀害并分尸，后于 2012 年 2 月 20 日将尸块抛至某小区东侧柏油路西侧便道绿化带内等处。检察机关在案件审理期间，以本案证据发生变化为由，决定撤回对被告人曹某的起诉。法院认为，检察机关撤回起诉的理由成立，作出裁定，准许检察机关撤回对曹某的起诉。

【证据分析】

该案的证明难点在于能否认定曹某故意杀人的事实。曹某到案后始终辩称系第三人作案，其没有实施杀人、分尸、抛尸等行为。同时，由于出租房系曹某与被害人共同居住，导致本案缺乏具有人身指向性的直接证据，抛尸现场、案发房间提取的脱落细胞等生物学痕迹均为被害人所留，不能指向曹某。抛尸现场提取的黑包、黑塑料袋、蓝色手提袋、胶带上，以及案发房间内冰箱、卫

---

① 崔杨、金昌伟：《死刑案件运用间接证据定案的标准》，载《人民司法》2016 年第 14 期。

生间房门，卫生间内墙面、洗手池、灯开关，厨房门、厨房洗手池、橱柜、厨房内刀具、胶带卷以及卧室房门上，均未发现指纹痕迹。现场提取的足迹与曹某所穿鞋底花纹种类、大小大致相同，但因花纹的细节特征不清晰，不能做出同一性认定。案件办理过程中存在两种意见。

第一种意见认为，本案缺乏直接证据，间接证据之间不能有效衔接，证据链条不够完整，证据的指向性并不唯一，不能排除他人作案的可能性。主要表现在：(1) 犯罪动机不明。被告人同被害人系夫妻关系，二人育有一女，虽然二人感情不睦，但案发前二人共同租住一处，共同抚养养女，没有证据证明二人有深仇大恨，足以引发杀人行为。(2) 被害人遇害地点不明。案发现场勘验检查笔录能够证明被告人租住地是分尸地点，但该房间是否是第一现场或杀害现场，现有证据不能完全排除被害人系被杀害后移动到该房间分尸的可能性。(3) 被害人死亡的具体时间不明。法医学尸块检验报告显示，死者系死后一两个小时被分尸，但根据尸块无法确定具体死亡时间。(4) 被害人死因不明。法医学尸块检验报告证明，由于尸块不全，不能确定死因。同时，毒物检验报告证明被害人生前曾大量饮酒、服用安眠药，但被害人如何服用的安眠药，是何种手段导致被害人死亡的等具体作案细节无法查明，直接影响案件事实的认定。(5) 案发房间不能排除他人进入作案的可能性。案发房间虽然具有一定的封闭性和隐秘性，但仅凭电梯及小区门口监控录像不能排除他人进入该房间作案的可能性，由于被害人已经死亡，房屋钥匙的配制情况无法查明。因为案发楼房系高层电梯楼房，除电梯外，行为人还可通过楼梯上下楼，案发小区有多个门，行为人除步行通过小区门外，还可乘车进出小区。此外，被害人案发前大量饮酒，熟人作案的可能性较大，即使房屋门锁无异常，行为人亦可凭借熟人关系进入该房间。

第二种意见认为，本案虽缺乏直接证据，但间接证据能够形成完整的证据体系，共同指向曹某系作案人的唯一结论。(1) 曹某具有犯罪动机。2011 年 6

月，曹某认识新男友并答应了其求婚，且其供称已经同被害人离婚，但经调查未取得相应证据。(2) 本案系封闭空间作案。根据现场勘验笔录，现场门及门锁未见异常现象，曹某也曾经供述未发现门锁有异常现象，可以推定犯罪人系通过和平方式进入该房间作案。根据现场勘验笔录和照片，出租屋厨房的炒锅内有一个茶碗和燃烧残留物，茶碗内和锅内有香灰，当时正值冬天，房间内无人，但是两个卧室和客厅的窗户均呈开启状，且卫生间的排风扇也呈开启状；两个卧室一张床上比较干净，并无被褥，另外一张床上放有曹某收拾好的杂物，从房间的布局结构看，明显不属于正常的生活状态。(3) 曹某具有作案时间和分尸时间。根据法医分析，被害人应该是最后一餐后三小时左右遇害，根据口供、监控录像和证人证言，曹某在2月16日、2月17日多次进入该房间，最长停留六七个小时。(4) 曹某具有使用作案工具和抛尸工具的机会。曹某曾经供称案发前购买旅行包等物用以处理旧物，包装被害人尸块的为一旅行包；曹某曾经供称在附近药店购买胃疼药，而案发地附近的药房交易流水明细证明，案发时间段曾卖出安眠药。(5) 曹某对异常行为不能作出合理解释。例如，电梯、小区门口监控录像和鉴定意见证明，案发时间段曹某多次乘坐电梯上下楼，两次携带大量不明物品外出，两次之间变换衣着装束。再如，电子物证检验报告证明案发房屋内提取的笔记本电脑检出包含“深度睡眠”“憋死”“大容量旅行包”“抛尸”等内容的网页浏览痕迹，曹某否认曾经浏览上述网页。又如，被害人的体内检验出安眠药成分，而曹某在案发前后曾经向他人咨询安眠药、化学试剂等事宜。

综上，通过间接证据定案的情况下，对于“被指控的行为是否为被告人所实施”这一事实，不同司法人员可能存在不同认识。

案例 13

关于主观事实存在不同认识

——杨某某故意伤害案

【基本案情】

杨某某与被害人房某某系亲属关系，两家居住于同一房屋。房某某脾气暴躁，经常在家中无故生事，但未造成他人伤害后果。2014 年 10 月 31 日 21 时许，房某某酒后在家中客厅再次无故骂人、砸东西，并叫喊让已经分别在卧室休息的杨某某夫妇出来，杨某某听到叫喊后知道是房某某酒后闹事而没有出去。杨某某妻子来到客厅后，房某某即持刀朝其扔去，由于杨某某妻子躲避及时而未被砍伤。之后房某某又持菜刀踢开杨某某的卧室门，进屋后脚踢杨某某并持菜刀朝其砍去，但菜刀留在卧室床上。杨某某挣脱开房某某后，来到厨房拿起一把尖刀，在跑出厨房后与赤手空拳的房某某相遇并扭打在一起，过程中杨某某持尖刀扎刺房某某的胸腹部、背臀部等处。经鉴定，被害人的右手掌、指条形创 3 处、左大腿上段条形创 1 处，其中左腰背部的创口为致命伤，刺破腹主动脉，致失血性休克死亡。2014 年 10 月 31 日，杨某某被公安机关查获归案。

【证据分析】

该案的证明难点在于能否认定杨某某故意伤害的事实。在案证据能够认定杨某某持刀多次扎刺被害人房某某这一事实，但对于杨某某的主观方面存在不同意见：第一种意见认为，杨某某具有伤害故意。（1）从杨某某扎刺的紧迫性来看，根据现场勘验笔录显示，本案的中心现场位于客厅，客厅茶几北侧地面上留有踩踏血迹，茶几南侧地面上留有血泊、血迹和踩踏血迹，被害人倒地位置附近没有菜刀。在房屋的东南侧卧室内，在双人床与长沙发之间地面上放有一把菜刀，经鉴定，菜刀手柄上的脱落细胞含有房某某 DNA。多名证人证言显示，被害人进卧室时手持菜刀砍击杨某某，但没有看清楚被害人追出卧室时手里是否拿东西。可见被害人被扎刺时手中并未拿刀，其只是在徒手追击杨某某，客观上不存在刑法规定的“行凶”等严重危及人身安全的行为。(2) 从杨某某扎刺刀数来看，被害人全身躯干部位被扎六刀，创道较深，另四肢部有四刀且有抵抗伤，而杨某某的身上没有任何伤情。尸体检验鉴定证实，被害人主要损伤为躯干部可见多发条形创，均具有创缘整齐，创壁光滑，创腔内无组织间桥，创角表现为一钝一锐、创道深的特点，符合单刃刺器刺击形成。杨某某在拿刀返回客厅与被害人近身相遇并持刀扎刺被害人身体六刀的过程中，应当能够注意到被害人手中没有凶器。(3) 从杨某某扎刺部位来看，被害人致命伤的部位为左腰背部。尸体检验鉴定书证明，其中刺入左腰背部的创口将腹主动脉刺破，致后腹膜大量血肿，死者大量失血。根据社会常理，两人正面搏斗时难以发力扎刺对方的左腰背部，因此杨某某是在被害人背对其逃避时继续实施扎刺行为。

第二种意见认为，杨某某在案发现场有理由认为“行凶”仍然继续，具有防卫意图。(1) 从杨某某个体情况来看，杨某某辩称其躲开被害人后，因为被害人在后面追赶，其为了找防卫的工具就从厨房拿了尖刀，其跑出厨房与房某某在客厅再次相遇后，看到被害人还拿着菜刀要砍自己，就持尖刀朝被害人刺去。如“在客厅遇见被害人，我顺势扎了被害人一刀，扎在他腹部了。他挥拳把我眼镜打掉了，我近视眼看不见东西，心里特别害怕，就用手里的刀乱挥乱刺”。杨某某于2014年12月19日的验光单显示，右眼近视450度，50度散光，左眼近视475度。如果按照杨某某的辩解，在其眼镜被打落的情况下，势必会视线模糊，看不清楚对方是否拿刀是有可能的。(2) 从被害人一贯表现来看，多名证人证实，被害人房某某在家中经常无故生事、持刀随意砍砸物品且曾经持刀自残，案发当晚先后持刀侵害杨某某夫妇，鉴于被害人的一贯表现以及当晚行为所造成的心理威慑及暴力威胁，在当时的紧急情况下，难以要求杨某某清楚地注意到被害人未拿刀并约束自己的行为。(3) 从案发过程来看，多名证人证实整个案发过程较为短暂，杨某某与被害人没有持续相持的过程，难以做出理性判断。

综上，该案多名证人均未清晰地看到杨某某与被害人打斗的具体行为，而杨某某又提出了主观认识错误的辩解，对其辩解的合理性可能存在不同认识。

四、“排除合理怀疑”属于经验判断

“排除合理怀疑”是司法人员依据经验法则进行心证判断的过程。现代刑事诉讼要求司法人员独立于诉讼当事人之外，以超然的地位作出符合良知的判断，即所谓的自由心证。然而，自由心证并不是随心所欲、毫无限制的，而是要受到包括经验法则在内的诸多制约。经验法则是指依据经验归纳出的，关于事物属性及事物间常态联系的知识，是人们在长期生活实践中形成的不成文法则。[①] 经验法则具有以下特点：其一，广泛性。经验法则是人们根据个体经验归纳出来的一般知识或常识，以客观事物作为认识对象，而客观事物具有无限多样性，这就决定了经验法则所涉及的领域极其广泛，包括人文、地理、自然、医疗、科学技术等。其二，不成文性。经验法则是人们经过长期生产、生活积累的经验，不属于立法机关制定的成文法，没有国家强制力保障实施，因而不具有明确性和直观性。其三，公认性。经验法则应当得到社会公众的长期、普遍认可，而非根据个体认知所独创。就司法人员个体而言，用以认定犯罪事实的经验只能基于既成社会经验的选择，不能个人创制。[②] 刑事证明过程中，经验法则在实质上起到了免除或降低控方举证责任或“修补”证据与事实的效果。主要包括两种类型：

（一）日常经验判断

排除合理怀疑的“合理怀疑”，首先是指凭借日常经验法则对案件事实产

---

① 郑永流：《法律方法阶梯》，北京大学出版社 2012 年版，第 93 页。

② 范思力：《犯罪事实认定中经验法则的理解与适用》，载《检察日报》2021 年 4 月 6 日，第 3 版。

生的疑虑或者疑惑，并由此导致其对案件事实难以得出确定结论的心理状态。“合理怀疑”应是以下各种怀疑：“非任性妄想的怀疑（Fanciful Doubt）；非过于敏感悬想的怀疑（Ingenious Doubt）；非仅凭臆测（Conjecture）的怀疑；非吹毛求疵、强词夺理的怀疑（Captious Doubt）；非证言所指（Unwarranted by the Testimony）而只系出于辩护人或法庭的机智之怀疑；非徒以哀矜为怀故为被告解脱（to Escape Conviction）所生之怀疑；非对于被告或与其有关系之人，因本于同情心的激励（Prompted Sympathy）所生之怀疑；如果属于以上各种的怀疑，自非通常有理性的人，所为合理，公正诚实的怀疑。”[①] 在英美法系国家，陪审团通常采用故事讲述法（Narrative and Story Telling）认定案件事实，就是陪审团通过当事人、证人对案件事实的描述或叙述（案件故事）进行经验判断，看其是否符合日常生活经验和常识来做出决定。[②]

日常经验法则是指一般人在日常生活中所得知的事实形成的法则，包括自然人的本能、事物的客观规律等，既不易定量，也无规范可遵循。2019 年《人民检察院刑事诉讼规则》第 401 条规定，“为一般人共同知晓的常识性事实”“自然规律或者定律”属于免证事实，不必提出证据进行证明。例如，根据被告人曾经前往案发现场且在某处留下带有汗液的指纹的证据事实，可以推知被告人曾经一定到过案发现场且触摸过某项物品，其原理就在于指纹形成的自然的客观必然性规律。[③] 再如，在一起抢劫犯罪案件中，犯罪嫌疑人持极为锋利的刀具，连续用力扎刺被害人的颈部数刀。犯罪嫌疑人到案后辩解其不具有致人死亡的故意，在此情况下，“多次用力扎刺他人要害部位足以致命”就是一项盖然性极高的经验法则，即使被告人不承认其意图杀人，也可以认定犯罪故

---

① 毕玉谦：《证明标准研究》，载陈光中、江伟主编：《诉讼法论丛（第 3 卷）》，法律出版社 1999 年版，第 872 页。

② 左卫民：《在权利话语与权力技术之间：中国司法的新思考》，法律出版社 2002 年版，第 98~99 页。

③ 周洪波：《比较法视野中的刑事证明方法与程序》，载《法学家》2010 年第 5 期。

意。当日常经验法则存在争议时，还可以通过侦查实验的方式进行验证，即为了确定对查明案情有意义的某一事实或现象是否存在，或者在某种条件下能否发生或怎样发生，而参照原有条件依法将该事实或现象加以重新演示再现，将日常经验法则直观地呈现在人们面前。①

案件证据存在疑点是极为正常的，需要具体问题具体分析。对于缺乏事实根据、不符合日常经验法则的质疑，如“支离荒诞”“无情无理”“语涉离奇”，显然不属于“合理”怀疑的范畴，控方不需要提出证据进行反驳，这是区别“所有人的怀疑”“幻想的怀疑”或者“推测的怀疑”的根本所在。例如，贪污犯罪案件中，被告人往往通过虚开发票、在公司财务报销的手段以将公款占为己有，而辩解理由则通常是：在任职期间因为公事支付了大量公关费用，很多费用支出后没有票据无法正常下账，只能以变通发票的方法来充抵支出的费用，这些公款并未据为己有。但被告并未向法庭提供其所主张的公关对象，也未提供公款用于公关的任何证据，显然难以形成“合理怀疑”。② 对于一些存在事实根据、符合日常经验法则的怀疑，则应进行细致审查、认真分析，所谓事实根据，是指有“客观存在的、经过调查属实、有证据证明的事实为根据，而不是靠主观想象、推测、怀疑的所谓‘事实’”。③ 司法人员应当以谨慎的态度运用日常经验法则，并通过法律文书、释法说理等方式，将心证过程加以说明，有效地杜绝主观臆断的情况，确保司法裁量权的规范行使。

（二）专业经验判断

专业经验法则是指具有特别知识或经验的人所得知的事实形成的法则，只要按科学的程序操作，所得结果几乎具有完全的共识而普遍被接受，最为典型

---

① 李晓杰、陈静：《论言词证据补强规则的建立——以客观性证据为补强基础》，载《人民司法（应用）》2016 年第 13 期。

② 施鹏鹏：《刑事裁判中的自由心证——论中国刑事证明体系的变革》，载《政法论坛》2018 年第 4 期。

③ 胡康生、李福成主编：《中华人民共和国刑事诉讼法释义》，法律出版社 1996 年版，第 8 页。

的就是鉴定意见。在医疗、科技等领域，专业经验法则只有那些具有专门知识的人才能知晓，如对于犯罪留下的痕迹、弹道轨迹、毒品的分析检验等，可以通过鉴定意见、专家证言等方式，将“不成文”的专业经验法则转化为“成文”的证据。例如，在一起涉案画作的真伪鉴定中，真伪鉴定可以转化为对画作上名章真伪、题款或题跋真伪和裱面与印章印文形成的先后顺序这三个鉴定要求。其中，对画作上印章印文盖印与裱画工艺的先后顺序进行检验后发现，作品的印文笔画均不同程度地存在印泥纤维翘起的特征。同时，由于画作均为卷轴，在每一幅作品背面与印文对应的部位均存在印泥转移的特征，而作为一幅完整的作品，在经过刷、拓、贴等裱画工艺过程后，附着于作品表面的多余油墨、色料或印泥等均已被最大限度地清除，绝不可能存在因相互接触而导致印泥等被转移的现象。上述特点充分说明送检的书画作品均系先裱画后盖章形成，成为认定涉案画作是伪作的重要依据。①

随着网络、生物科技的迅速发展，技术性证据作为一类新的证据已然出现，原来仅针对法医鉴定书、医疗事故鉴定书、病历等有限类型的文证材料，逐渐拓展为指向鉴定意见、视听资料、电子数据及部分书证等更广泛视阈的证据材料。② 该类证据具有极强的专业性，在确认某些案件事实方面具有无可替代的重要价值，但司法人员缺乏对其进行实质审查的能力，往往是姑且信其为真，心证判断不可避免地受到一定程度的影响。为此，2018 年修订的《刑事诉讼法》第 197 条规定，公诉人、当事人和辩护人、诉讼代理人可以申请法庭通知有专门知识的人出庭，就鉴定人作出的鉴定意见提出意见。2018 年《最高人民检察院关于指派、聘请有专门知识的人参与办案若干问题的规定（试行）》第 3 条规定，人民检察院可以指派、聘请有鉴定资格的人员，或者经本院审查具

---

① 熊道泉、刘进：《一例书画作品真伪鉴定的检验报告》，载《中国刑警学院学报》1998 年第 3 期。

② 朱梦妮、刘品新：《转型中的技术性证据审查》，载《人民检察》2017 年第 13 期。

备专业能力的其他人员，作为有专门知识的人参与办案。2019 年《人民检察院刑事诉讼规则》第 334 条规定，人民检察院对鉴定意见等技术性证据材料需要进行专门审查的，按照有关规定交检察技术人员或者其他有专门知识的人进行审查并出具审查意见。在刑事诉讼中引入专家辅助人，能够为司法人员审查技术性证据提供必要的参考借鉴。

实践中，要严格把握日常经验法则和专业经验法则的界限，不能从一般人的角度出发，对专业性极强的经验法则进行判断，否则就会错误认定案件事实。例如，在一起故意杀人犯罪案件中，死者丈夫甲报案称妻子被害于家中。经调查发现死者没有情杀或仇杀的可能，倒是甲在几日前曾与死者吵过架，遂确定甲的作案嫌疑。进一步侦查发现甲所穿上衣前胸处有喷溅血若干，经物证鉴定检出死者 DNA 分型。但甲对此解释为回家看见妻子遇害后曾抱过妻子，血迹应是当时沾上的。根据日常经验，沾到身上的只能是擦蹭血迹，遂对甲的辩解不予采信。但是，根据专业判断可知，在特定条件下，死者体内出血会由于身体被搬动而喷溅出来，并不能据此认定甲的辩解系虚假。① 当然，日常经验法则与专业经验法则没有绝对的划分界线，两者会因人、因事、因地、因时而变化，因此，对常识与专业的区分乃是相对的概念。②

案例 14

运用日常经验法则进行判断

——李某某故意伤害案

【基本案情】

李某某与被害人李某 1（女，殁年 53 岁）系邻居关系。2015 年 7 月 26 日

---

① 西娜、张钦：《刑事侦查中证据间矛盾的鉴别和排除》，载《河北公安警察职业学院学报》2014 年第 1 期。

② 王新环：《常识、经验法则与专业判断》，载《人民检察》2011 年第 11 期。

18时许，李某某欲在门前道路施工遭到李某1阻止，两人遂发生争执，李某某驾驶施工人员停在大路边的装载水泥的一辆农用三轮车（无倒车镜，驾驶座后无遮挡），以较快的速度倒车进入胡同内。李某1见状伸手阻拦李某某倒车，但未叫喊，李某某倒车期间始终左右回头向后查看后方情况，在李某1站在胡同中间阻止倒车的情况下，未停车将李某1撞倒，约半小时后急救人员到场时发现被害人已死亡。经鉴定，李某1符合内脏破裂致失血性休克死亡。李某某于2015年7月26日被公安机关查获归案。

【证据分析】

该案的证明难点在于能否认定李某某倒车时明知被害人在车后的事实。李某某到案后拒不认罪，始终辩解其在倒车时没有看到李某1，如“我从停车的位置向家门口倒了十二三米，感觉碰到东西了……当时倒车时从右侧向后看不见人……向后看只能看见后斗的三分之一……因为这辆车的声音大，车上有水泥，向后倒车还是个上坡，所以我觉得撞不到人，就算有人，也能听见这个车的声音，况且车的速度还没有人走得快”。但是，证明李某某能够看到李某1的证据包括：(1) 现场勘验笔录、现场照片证明，李某某从距离案发位置20米处就开始倒车，其间李某1始终站在胡同的中间位置，而非一侧，被撞击时站在车后偏左位置。(2) 尸体检验报告、物证证明，被害人身高1.6米，农用车车厢上端距地1.2米，驾驶位后方无遮挡，被害人在车后方站立不会被车体遮挡。(3) 李某某供述和多名证人证言证明，李某某倒车时曾多次向身体右侧扭头向后看。一名目击证人指出李某某明知被害人在场，如“当时是夏天下午，是个晴天。那女的是慢慢倒的，被车慢慢推倒的。倒车时候人倒地的一刹那李某某始终都在回头看，并且撞倒人的刹那没有减速”。(4) 侦查实验笔录证明，2015年9月15日10时许，侦查人员在与案发当日光线、气候相似的情况下，驾驶着案发时的农用三轮车，从胡同口开始反复倒车两次，驾驶人称其倒车时均可以看到后面的人。综上，尽管李某某辩称其在倒车时没有看到被害人，根据一般社会经验可知，倒车时确实会存在一定的视力盲区，该辩解属于合理怀疑范畴。但是，从该案的时空环境、车辆特征、倒车距离、被害人体态等特殊情况来看，足以排除上述合理怀疑，认定李某某在驾驶三轮车倒车过程中，明知被害人站在胡同中间阻止其倒车，仍强行倒车并撞倒被害人的事实。

案例 15

运用专业经验法则进行判断
——张某某故意杀人案

【基本案情】

张某某与被害人庄某某（女，殁年 24 岁）系男女朋友关系。2010 年 11 月 11 日 15 时许，张某某驾驶小客车接上庄某某后，当车行至某漫水桥西侧水泥线杆附近时，二人因琐事发生口角，张某某遂下车，持砖头等钝器多次击打庄某某的头部，后将庄某某拉上车继续驾车行驶。其间，庄某某从车里摔落倒地，张某某恐罪行败露，又驾车将庄某某的尸体运至某工业园区其暂住地院内掩埋灭迹。经鉴定，庄某某符合被他人用钝性物体打击头部致颅脑损伤死亡。张某某作案后于 2010 年 11 月 12 日被公安机关查获归案。

【证据分析】

该案的证明难点在于能否认定张某某击打被害人头部致其死亡的事实。控辩双方对于张某某持钝物击打庄某某头部的事实并无异议，对庄某某死亡之前的跳车行为是否系致死原因产生分歧。辩护人提出，被害人在头部受到致命打击之后，并未立即死亡，其间与张某某发生言语和肢体的冲突，还从张某某驾驶的车辆上跳下，最后才因颅脑损伤死亡，庄某某的死亡不能排除其跳车头部撞击地面的原因导致。该案中，关于庄某某死亡原因的证据主要包括：（1）张某某供述了殴打庄某某的作案时间、地点、情节、手段。一名证人事后听张某某向其转述了与庄某某发生矛盾和作案的过程，与张某某供述相互印证。辨认笔录及照片证实：侦查员在张某某的带领下，张某某辨认了其作案地点、被害人跳车的地点、被告人掩埋被害人尸体的地点、焚烧衣物的地点。(2) 证人周某证言证实：2010 年 11 月 11 日 16 时 10 分许，其驾车行驶到某国道老路（由南向北）过红绿灯往北约 200 米时，发现一辆面包车的司机下车后将一个女的从地上抱起扔到面包车上后开车向北走，当时地上有血，其开车追上并记下了车牌号。(3) 勘验、检查笔录、照片及工作说明证实，公安机关对被害人跳车地点、掩埋被害人尸体的地点等现场进行勘查，并在上述地点发现了被害人的尸体、提取了大量血迹及相关物证。现场勘验检查笔录中所提的水泥块上的血，符合现场血泊中血迹溅射形成。(4) 法医学尸体检验鉴定书证实：庄某某符合被他人用钝性物体打击头部致颅脑损伤死亡。

鉴于控辩双方对被害人死亡原因产生重大的分歧，为查明事实真相，公诉人向法庭提请鉴定人出庭，就鉴定意见和相关医学问题接受公诉人、辩护人和合议庭的询问。根据鉴定人当庭出具的证言证实，从庄某某头部所受创伤的形状、部位、力度等判断，系他人用钝性物体多次猛力打击所致，尤其是被害人枕部、左颞部的创口最为严重，且枕部的伤形成在前，左颞部的伤在后，是造成被害人死亡的主要因素。被害人跳车的行为从整个尸表特征来看，只是造成了被害人左面部擦伤，且进一步加大了先前被告人对被害人头部进行打击所形成的脑组织损伤，加快了被害人的死亡，但被害人跳车的行为不足以致死，主要的致死原因还是他人殴打。综合全案证据，特别是尸体鉴定意见和现场的喷溅状血迹等客观性证据，可以排除庄某某因跳车致头部重伤而死的合理怀疑。

案例 16

运用专业经验法则进行判断
——张某抢劫案[①]

【基本案情】

2007 年 7 月 26 日 21 时许，张某携带尖刀到某路口附近，伺机抢劫。张某看见被害人赵某某背挎包独自行走，即尾随赵某某至某小区 311 号楼下，趁赵某某翻找钥匙开门之机，持刀上前抢赵的挎包。因赵某某呼救、反抗，张某持刀连刺赵的前胸、腹部、背部等处十余刀，抢得赵某某的挎包一个后逃离现场。挎包内装现金人民币（以下币种均为人民币）1400 余元、手机 1 部及商场购物卡 3 张、银行卡、身份证等物品。赵某某被闻讯赶来的家人及邻居送往吉林省人民医院抢救。次日 12 时许，赵某某因左髂总静脉破裂致失血性休克，经抢救无效而死亡。尸体检验鉴定，死者系生前被他人扎伤左髂总静脉破裂致失血性休克导致死亡。

长春市中级人民法院认为，被告人张某以非法占有为目的，以暴力方法强行劫取他人财物，其行为已构成抢劫罪。检察机关指控的罪名成立。张某在抢劫犯罪中连刺赵某某十余刀，致赵某某死亡，犯罪性质恶劣，手段极其残忍，后果极其严重，主观恶性极深，人身危险性和社会危害极大，应依法严惩。判决被告人张某犯抢劫罪，判处死刑，剥夺政治权利终身，并处没收个人全部财产。一审宣判后，被告人张某上诉，其辩护人提出不能排除救治措施与赵某某死亡之间有因果关系。吉林省高级人民法院经审理认为，原判认定事实清楚，证据确实、充分，定罪准确，量刑适当，审判程序合法。最高人民法院经复核后裁定核准吉林省高级人民法院（2009）吉刑三终字第 99 号维持第一审以抢劫

---

① 赵善芹：《［第 685 号］张某抢劫案——医院抢救中的失误能否中断抢劫行为与被害人死亡结果之间的因果关系》，载最高人民法院刑事审判第一、二、三、四、五庭主办：《中国刑事审判指导案例 4（侵犯财产罪）》，法律出版社 2017 年版，第 166~170 页。

罪判处被告人张某死刑，剥夺政治权利终身，并处没收个人全部财产的刑事裁定。

【证据分析】

该案的证明难点在于能否认定张某持刀扎刺被害人致其死亡的事实。一审宣判后，被告人张某上诉提出，被害人赵某某死因不明，一审判决量刑过重，请求从轻处罚。其辩护人提出，赵某某死因不明，救治医院未发现赵某某左髂总静脉破裂，造成赵某某左髂总静脉未缝合致失血性休克，虽不构成医疗事故，但不排除存在医疗过错或医疗过失，不能排除救治措施与赵某某死亡之间有因果关系。

该案中，关于赵某某死亡原因的证据主要包括：（1）公安局物证鉴定所于2007年7月27日接受委托，同年9月5日出具的尸体鉴定书记载：尸体检验，赵某某颈部1处创口，胸部2处创口，腹部2处创口，背部2处创口，四肢8处创口，共计15处创口；另在左腋下及后背部、左胸壁及背部、腹部正中有3处手术缝合创口。分析说明：尸表检见身体多处创口，各创口创缘整齐，创壁光滑，创腔内无组织间桥，符合锐器致伤特征。（2）根据病历记载，赵某某腹主动脉损伤，左上肺下极贯穿伤，术中给予腹主动脉修补和左肺贯穿伤修补以及左胸背部、左上、下肢创口清创缝合。（3）2009年3月18日，医学会作出医疗事故技术鉴定的鉴定内容为：赵某某为重度开放性腹外伤、胸外伤、失血性休克，急诊行腹、胸部手术符合治疗原则。在腹部探查中发现左髂总动脉破裂，缝合后查无活动性出血，此时病人血压仍不能升至正常：因病人合并开放性血气胸，急请胸外科参与抢救，故腹腔下引流管一枚后关腹，经腹、胸联合抢救后，病情好转，血压稳定。术后12小时，腹腔引流管突然大量出血，病人短时间内死亡，无再次剖腹探查机会。经尸检证实，左髂总静脉破裂未缝合，考虑由于静脉内血栓形成、后腹膜血肿压迫、失血性休克等，导致术中未能及时发现左髂总静脉破裂。术后12小时内未见引流管有活动性出血，后由于血管压力变化，致血栓脱落，引起再次大出血死亡。本例不构成医疗事故。综上，被害人赵某某虽是在抢救后死亡，但经鉴定不属于医疗事故，本案医疗机构的失误没有中断被告人的抢劫行为与被害人死亡结果之间的因果关系，不足以影响对被告人的定罪量刑。

五、“排除合理怀疑”属于穷尽判断

“排除合理怀疑”以穷尽取证手段为前提。由于侦查、检察、审判人员的知识结构、司法阅历和诉讼角色不同，或受客观条件的限制，许多案件在进入下一诉讼阶段时仍存有疑点，这是司法实践中的正常现象。其中，不少疑点是可以通过收集完善证据加以解决的，这也正是法律设定补充侦查制度的目的所在，所以不能一遇到疑点就按照“存疑有利于被告人”处理。① 但是，刑事证明需要受到法定诉讼期限的限制，为了防止刑事诉讼的久拖不决，使查清案件事实的活动无休止地进行下去。即使出现部分证人难以查找、部分同案犯在逃等情况，也要在诉讼终结的时间节点对现有证据进行“对比”“筛选”“排除”，按照法定证明标准进行判断。

刑事证明究竟以法律真实还是以客观真实为标准，理论界存在不同观点：第一种观点是“客观真实说”，法律真实仅仅只是诉讼证明逻辑中的一部分，客观真实仍然是判定法律真实的标准。第二种观点是“法律真实说”，案件事实是通过法定程序、标准形成的，客观真实标准不符合诉讼的规律与本质。第三种观点是“法律真实与客观真实统一说”，刑事诉讼证明标准作为一种法律工具，法律真实与客观真实在本质上同一，只是在证明方式与逻辑思维上略有

---

① 吴冀原：《“存疑有利于被告人”原则的正确理解适用》，载《西南政法大学学报》2014年第6期。

区别，两者非但不是你死我活的取代关系，反而可以融合生长，实现优势互补。[①] 笔者认为，法律真实不应违背客观真实，如“被指控的犯罪存在”“被指控的犯罪为被告人所实施”必须确凿无疑，但也无法完全还原客观真实，对于内心确信但证据不足的作案人应予“出罪”处理。[②] 一方面，刑事证明以客观真实为应然追求。我国司法人员负有查明事实真相的职责和义务，在互联网、大数据等信息技术高速发展的背景下，自然人对案件事实的认识水平不断提高，可以达到高度接近甚至完全一致的程度。另一方面，刑事证明以法律真实为实然标准。刑事诉讼是案发后以证据为桥梁复原和重建犯罪的历史回溯，在案发时间久远的案件、“一对一”案件中，受自然人认识偏差、时过境迁等因素的影响，证据可能呈现残缺不全的样态，即使穷尽一切方法和手段，仍会出现“经认定”的事实情节与客观真相不完全一致的情况。修改后刑事诉讼法关于证明标准的规定，已经从积极的实体真实转向了消极的实体真实，或曰相对的实体真实。[③]

在我国刑事诉讼中，侦查终结、审查起诉终结和审判终结是三个最重要的时间节点，即使案件进入审判阶段，只要尚未做出最终裁判，仍然可以通过补充侦查、调查核实等手段查明事实真相。一是通知人民检察院补充侦查。2021 年《最高人民法院关于适用〈中华人民共和国刑事诉讼法〉的解释》第 297 条规定，审判期间，人民法院发现新的事实，可能影响定罪量刑的，或者需要补查补证的，应当通知人民检察院，由其决定是否补充、变更、追加

---

① 段书臣、刘澍：《“法律真实”与“客观真实”论争之检讨——兼论刑事诉讼证明标准体系》，载《海南大学学报（人文社会科学版）》2003 年第 1 期，第 3 页。

② 2005 年最高人民法院《关于增强司法能力、提高司法水平的若干意见》第 20 条规定，各级人民法院都要……坚持实体公正与程序公正的统一，坚持法律真实与客观真实的统一，坚决抵制和克服人情、关系、金钱、地方和部门保护等各种干扰，进一步完善并强化内部监督，切实提高公正司法、廉洁司法的能力。

③ 樊崇义：《从“排除合理怀疑”看实体真实相对性》，载《检察日报》2013 年 5 月 3 日，第 3 版。

起诉或者补充侦查。二是人民法院庭外调查核实。2018年修订的《刑事诉讼法》第196条规定，法庭审理过程中，合议庭对证据有疑问的，可以宣布休庭，对证据进行调查核实。人民法院调查核实证据，可以进行勘验、检查、查封、扣押、鉴定和查询、冻结。在穷尽取证手段之后，待证事实仍然呈现“虚实之证等，是非之理均”的状态，指控证据相对于辩护证据仅仅占据优势，或是两者相当而又不能相互否定的，应按照“存疑有利于被告人”的原则处理。“存疑有利于被告人”是现代刑事诉讼“无罪假定”的源泉，其基本含义是指案件事实在证据上存在合理疑问时，应当作出有利于被告人的结论。值得注意的是，“存疑有利于被告人”属于事实认定而非刑法解释原则，任何刑法解释均应以实现法益保护和人权保障的平衡与协调为出发点，其最直接的要求就是遵循罪刑法定原则和罪刑相适应原则，而非有利于被告人。①当对法律的适用存在疑问时，应当依照一般的法律解释的相关原则适用法律，而非一概作出有利于被告人的解释。主要包括以下两点：

（一）罪疑从无

古代刑事诉讼对于“罪疑”采取“从赦”或“从赎”的处理原则，穷尽取证手段后尚存疑点的，也不能完全否认定罪事实的成立，这是一种不彻底的“有利于被告人”。《尚书·大禹谟》记载“罪疑惟轻，功疑惟重”，又说“与其杀无辜，宁失不经”。《尚书·吕刑》曾规定：“五刑之疑有赦，五罚之疑有赦，其审克之。”唐律作为中国古代法典的高峰，《唐律疏议·断狱律》曾规定：“诸疑罪，各依所犯，以赎论，即疑狱，法官执见不同者，得为异议，议不得过三。”② 现代刑事诉讼对于“存疑有利于被告人”的落实更为彻底，其标志就是“罪疑从无”原则的确立。相关规定包括：（1）2013年最高人民法院

---

① 孙谦：《援引法定刑的刑法解释——以马某利用未公开信息交易案为例》，载《法学研究》2016年第1期。

② 姜登峰：《中国古代证据制度的思想基础及特点分析》，载《证据科学》2013年第4期。

《关于建立健全防范刑事冤假错案工作机制的意见》第6条规定，定罪证据不足的案件，应当坚持疑罪从无原则，依法宣告被告人无罪，不得降格作出“留有余地”的判决。(2) 2016年最高人民法院、最高人民检察院、公安部、国家安全部、司法部《关于推进以审判为中心的刑事诉讼制度改革的意见》第2条规定，人民法院作出有罪判决，对于证明犯罪构成要件的事实，应当综合全案证据排除合理怀疑。(3) 2018年修订的《刑事诉讼法》第200条规定，证据不足，不能认定被告人有罪的，应当作出证据不足、指控的犯罪不能成立的无罪判决。(4) 2019年《人民检察院刑事诉讼规则》第368条规定，具有下列情形之一，不能确定犯罪嫌疑人构成犯罪和需要追究刑事责任的，属于证据不足，不符合起诉条件：(一) 犯罪构成要件事实缺乏必要的证据予以证明的；(二) 据以定罪的证据存在疑问，无法查证属实的；(三) 据以定罪的证据之间、证据与案件事实之间的矛盾不能合理排除的；(四) 根据证据得出的结论具有其他可能性，不能排除合理怀疑的；(五) 根据证据认定案件事实不符合逻辑和经验法则，得出的结论明显不符合常理的。(5) 2021年《最高人民法院关于适用〈中华人民共和国刑事诉讼法〉的解释》第295条规定，案件部分事实清楚，证据确实、充分的，应当作出有罪或者无罪的判决；对事实不清、证据不足部分，不予认定。当案件事实在有罪与无罪之间存在疑问时，应该按照无罪来处理；当案件事实在重罪与轻罪之间存在疑问时，应该认定为轻罪；当案件事实在一罪与数罪之间存在疑问的，应认定为一罪。

“罪疑从无”有着严格的适用条件，在侦查、审查起诉、审判阶段的最终时间节点，“证据”并不是指前一办案机关随案移送的证据，而是指穷尽退回补充侦查、自行补充侦查、通知补充侦查、庭外调查核实等手段之后的全案证据。穷尽取证手段之后，“排除合理怀疑”将会以一种“全有或全无”的方式应用在具体案件当中。据此，2012年修订的《国家赔偿法》第17条规定，行使侦查、检察、审判职权的机关以及看守所、监狱管理机关及其工作人员在行使职权时有下列侵犯人身权情形之一的，受害人有取得赔偿的权利……（二）对公民采取逮捕措施后，决定撤销案件、不起诉或者判决宣告无罪终止追究刑事责任的。这里的撤销案件、不起诉或判决无罪均包括证据存疑的情形。

（二）刑疑从轻

被告人构成犯罪并无疑问，但在从重量刑事实的判定上存疑，应当得出有利于被告人的结论。这里的事实应当是根据证据裁判原则认定的事实，如果行为人涉嫌实施多起犯罪，仅依法认定其中的一起犯罪，其他几起犯罪因事实不清、证据不足未予认定，不应将未予证成的“疑罪”作为从重量刑事实，使其承受更为严厉的处罚。

近年来，中央政法机关通过了一系列体现“刑疑从轻”精神的规范性文件：第一类是原则性规定。（1）2007 年最高人民法院、最高人民检察院、公安部、司法部《关于进一步严格依法办案确保办理死刑案件质量的意见》第 35 条规定，“定罪的证据确实，但影响量刑的证据存有疑点，处刑时应当留有余地”。（2）2013 年最高人民法院《关于建立健全防范刑事冤假错案工作机制的意见》第 6 条规定，定罪证据确实、充分，但影响量刑的证据存疑的，应当在量刑时作出有利于被告人的处理。死刑案件，认定对被告人适用死刑的事实证据不足的，不得判处死刑。（3）2016 年最高人民法院、最高人民检察院、公安部、国家安全部、司法部《关于推进以审判为中心的刑事诉讼制度改革的意见》第 2 条规定，对于量刑证据存疑的，应当作出有利于被告人的认定。第二类是死刑案件的具体性规定。（1）2008 年《全国部分法院审理毒品犯罪案件工作座谈会纪要》规定，有些毒品犯罪案件，往往由于毒品、毒资等证据已不存在，导致审查证据和认定事实困难。仅有被告人口供与同案被告人供述作为定案证据的，对被告人判处死刑立即执行要特别慎重。（2）2009 年《最高人民法院关于审理故意杀人、故意伤害案件正确适用死刑的指导意见》第 4 条规定，对于被告人地位、作用相当，罪责相对分散，或者罪责确实难以分清的，一般不判处被告人死刑立即执行。(3) 2015年《全国法院毒品犯罪审判工作座谈会纪要》第2条规定，在案被告人与未到案共同犯罪人的罪责大小难以准确认定，进而影响准确适用死刑的，不应对在案被告人判处死刑。(4) 2016年最高人民法院《关于审理抢劫刑事案件适用法律若干问题的指导意见》第5条规定，在抢劫共同犯罪案件中，有同案犯在逃的，应当根据现有证据尽量分清在押犯与在逃犯的罪责，对在押犯应按其罪责处刑。罪责确实难以分清，或者不排除在押犯的罪责可能轻于在逃犯的，对在押犯适用刑罚应当留有余地，判处死刑立即执行要格外慎重。(5) 2021年《最高人民法院关于适用〈中华人民共和国刑事诉讼法〉的解释》第146条规定，证明被告人已满十二周岁、十四周岁、十六周岁、十八周岁或者不满七十五周岁的证据不足的，应当作出有利于被告人的认定。

死刑案件中，应当注意查清“是否共同犯罪及被告人在犯罪中的地位、作用”“犯罪动机”等事实。刑事诉讼法之所以设置了专门的死刑复核程序，在中级人民法院或高级人民法院作出死刑裁判后，仍然报请最高人民法院统一核准死刑案件，就是要最大限度查明足以影响死刑适用的各种事实情节，为此可以延长死刑案件的诉讼期限。法院经过调查核实后，现有证据足以定罪，但认定被告人作案动机、犯罪手段的证据尚存个别疑点，不排除事后发现同案犯的可能性，或是部分同案犯在逃尚未抓获，难以确切判断被告人在共同犯罪中所起的作用等，说明从重量刑的事实要素尚未查清。死刑作为最为严厉的刑罚种类，一旦被执行就无法补救，为了贯彻“少杀、慎杀”的死刑政策，如果影响“罪行极其严重”判断的事实尚未查清，要做出留有余地的判决。

案例 17

疑罪从无的贯彻
——韩某过失致人死亡案[①]

【基本案情】

2003 年 5 月 24 日 22 时许，被害人余某在外饮酒后，由朋友送至其住处楼下，下车后，余某因酒后行为失常，无故殴打其妻，随即又与路过的数人拉扯、追赶并寻找刀具。之后，余某闯进路边的发廊内拿走一把理发剪，又与多人发生拉扯、抓打。韩某见状上前看热闹时，余某用理发剪朝韩某挥去，将韩某的手指刺伤。韩某躲开后跑到一水果摊旁拿起一个方木凳，余某见状即跑开，韩某随后追赶，并用木凳向余某的肩、背部砸了两三下，余某被砸后继续往前跑，随后倒在公路中心线附近，韩某上前从余某手中夺过理发剪。后余某经医院抢救无效死亡。

宜昌市西陵区人民法院认为，被害人余某酒后行为失常，连续与多人发生纠纷。韩某在与余某发生纠纷的过程中，持木凳砸余某的背部、肩部属实。余某死亡后的法医病理检查报告有 2 份，第一份分析认为可以排除暴力作用直接导致死亡的可能，第二份病理补充鉴定书认为，余某死亡的主要原因是急性心功能衰竭，头部损伤在死亡过程中的参与度为 25%~30%，而宜昌市公安局西陵区分局法医鉴定，死者余某头面部所受之伤为轻微伤。本案中，两名证人均证实看到韩某用木凳砸了余某的背部，韩某在公安机关亦供述其砸了余某的背部、肩部两三下，所有的证据均不能证明韩某用钝器击打了余某的头部。故韩某的行为与余某的死亡之间无刑法上的因果关系，检察机关指控韩某犯过失致人死亡罪证据不足。韩某持木凳追打余某，并砸了余背部两三下的行为系故意伤害行为，但其给余某身体造成的伤害后果未达到犯罪标准，故对被害人的诉

---

① 吴如玉、张晓红、张婵：《［第 440 号］韩某过失致人死亡案——无充分证据证实伤害行为与伤害后果有因果关系的，不能认定成立故意伤害罪》，载最高人民法院刑事审判第一、二、三、四、五庭主办：《刑事审判参考（总第 56 集）》，法律出版社 2007 年版，第 6~14 页。

讼代理人认为韩某的行为构成故意伤害罪的代理意见不予采纳，判决宣告被告人韩某无罪。

一审宣判后，检察机关提出抗诉。其抗诉理由是：(1) 原审认定事实错误。原判决认定“被告人韩某的行为与被害人余某的死亡之间缺乏刑法意义上因果关系”是对因果关系的片面理解，韩某的伤害行为是致被害人死亡的原因之一，符合刑法中危害行为和危害后果之间的因果关系。(2) 原审采信鉴定结论不准确。鉴定结论显示余某死亡的主要原因是急性心功能衰竭，头部损伤在其死亡过程中的参与度为25%~30%，不能由此推定其他人为因素就占其死亡原因的5%。死者余某在与韩某打斗中精神高度紧张、情绪激动也是致其急性心功能衰竭而死亡的诱因。

湖北省宜昌市人民检察院出庭支持抗诉，认为从法医鉴定和死者头部照片看，余某的头部伤是韩某用凳子打击所致。有3名证人证实余某与韩某打斗前没有发现余某身上有伤，其他证人也没有提到余某头部有伤。余某心脏肥大、醉酒不足以致死，韩某追打致伤余某是导致余某死亡的原因之一，应该判处韩某犯过失致人死亡罪。为支持其抗诉理由，检察机关提交了一份新证据：证人孙某证实，余某两次倒地爬起来后，他都没有看见余某头部受伤流血的情况。

被害人的诉讼代理人对补充鉴定意见提出疑问，认为头部损伤在死亡过程中的参与度应该为30%~40%。并提交了一份法医补充鉴定书的草稿底稿材料，用于证明补充鉴定意见有篡改现象。请求二审判决韩某对被害人的死亡承担刑事责任。

原审被告人韩某及其辩护人辩称，所有的证据都不能证明被害人头部伤是韩某拿的木凳所致。请求二审维持一审判决。

湖北省宜昌市中级人民法院经公开审理查明，检察院提交的证人证言，只能证明被害人在与韩某发生纠纷前曾经两次倒地，但不能证实被害人头部的伤系韩某所致。被害人的诉讼代理人提交的证据材料是复印件，不能证明其来源的真实性，形式上不符合法律规定的形式要件；其证实的内容也只能证明鉴定组成人员中该教授个人观点形成意见的过程，不能证明其他鉴定成员的意见以及鉴定组最后形成的决定性意见，因此，在内容上不具有客观性。一审采信的证据和认定的事实，二审予以确认。

湖北省宜昌市中级人民法院认为，余某酒后行为失常，连续与多人发生纠纷，韩某在与之纠纷的过程中，持木凳砸了余某的背部和肩部属实，但该行为与被害人余某死亡结果的发生缺乏因果关系，且情节显著轻微，依法不认为是犯罪。证人陈某平、望某福均证实看到被告人韩某用木凳砸了余某的背部，韩某在公安机关和庭审中亦供述用木凳砸了余某的背部、肩部，无证据表明韩某击打过余某的头部或面部。余某在和韩某发生纠纷之前，先后与多人发生过纠纷，并且几次倒地，不能排除其前额创伤是倒地所致或者被其他人殴伤的可能。被害人的诉讼代理人认为，余某头部损伤在其死亡过程中的参与度应该为30%～40%，但因没有证据证实该头部伤系韩某所致，故不能认定韩某的伤害行为与被害人的死亡间有因果关系，抗诉机关的抗诉理由和被害人的代理意见均不能成立，要求追究韩某的刑事责任的意见不予采纳，裁定驳回抗诉，维持原判。

【证据分析】

该案的证明难点在于能否认定韩某殴打被害人致其死亡的事实。从案件发生的时空顺序来看，在案证据包括：（1）证明余某系特异体质的证据。2003年5月28日，某法医学司法鉴定中心对送检的余某脏器进行了法医病理学检查，该报告分析认为死者余某的病理变化主要为心脏肥大、灶性肺出血及陈旧性肺结核，尸检未见颅骨骨折、硬膜外和硬膜下血肿及其他明显损伤，病理学检查亦未见脏器损伤病理学改变，可以排除暴力作用直接导致死亡的可能。上述司法鉴定意见表明，被害人自身患有心脏肥大、灶性肺出血及陈旧性肺结核等疾病，加之案发前被害人饮酒、奔跑、拉扯、追赶、情绪激动等多种情形，构成了本案发生时的特殊条件。（2）证明余某和他人发生追打并数次倒地的证据。

目击证人均证实，被害人在同韩某发生纠纷之前，已经连续跟数人发生追打，且在追打过程中被害人几次倒地。本案缺乏现场勘查笔录。因没有现场勘查笔录，被害人倒地现场是什么状况，地上有没有其他异物不清楚。(3) 证明韩某持木凳殴打余某背部和肩部的证据。目击证人证实韩某用木凳只砸了被害人的背部和肩部，没有打被害人的头部，该证言与韩某的供述相吻合。同时，该案未提取作案凶器——木凳的原物或照片，也没有对凳子上的血迹等物证进行提取和鉴定，缺乏认定被害人的前额（即头部）是韩某用凳子砸打形成的物证，不能认定韩某实施了伤害被害人头部的行为。(4) 证明韩某死亡原因的证据。2005 年 7 月 12 日，某法医学司法鉴定中心作出了法医病理补充鉴定书，该补充鉴定书分析说明：根据本次尸检结果，未发现颅盖和颅底骨折，综合分析认为，死者余某符合在左心脏肥大的基础上，因身体多处遭受钝性损伤，特别是头部皮肤挫裂创，加上饮酒及纠纷中剧烈奔跑等多种因素作用下致急性心功能衰竭而死亡，综合分析其头部损伤在其死亡过程中的参与度为 25%~30%。2005 年 4 月 1 日，某法医鉴定所鉴定书鉴定：死者余某损伤集中在头面部，身体其他部位未见损伤痕，根据《人体轻微伤的鉴定》之第 3.2 条、第 3.6 条之规定，余某头面部所受之伤为轻微伤。上述鉴定意见可以确定对其死亡起直接作用的伤害是头部伤害。综上，由于导致余某死亡的重要原因是头部损伤，而韩某并未击打被害人头部，无法建立两者之间的因果关系，不能排除余某的心功能衰竭系他人殴打所致，或是先前倒地所致这两种合理怀疑。

案例 18

疑罪从无的贯彻

——李某某故意伤害案

【基本案情】

李某某与段某某、张某某系朋友关系，被害人李某 1 系“黑车”司机。

2014年10月30日20时许，李某某与段某某、张某某等人在饭店喝酒后，欲打车返回暂住地，段某某因为打车问题与李某1发生争吵，二人发生肢体冲突。过程中，段某某、张某某均用拳脚殴打李某1头部等处，李某某亦在现场拉扯李某1。段某某和张某某打人后即离开现场。2014年10月30日21时50分左右，医院救护人员到达案发现场，发现李某1已经没有呼吸、心跳，经抢救无效，宣布李某1临床死亡。经鉴定，李某1系因钝性外力作用致脑干等部位出血造成中枢性呼吸、循环功能衰竭死亡。2014年10月30日，李某某被公安机关查获归案。

【证据分析】

该案的证明难点在于能否认定李某某故意伤害他人的事实。段某某和张某某到案后能够稳定供述，段某某与被害人发生口角后有肢体冲突，后伙同张某某殴打被害人的事实，且有同步录音录像予以支持。虽然张某某因酒后记忆模糊，不能供述实施犯罪的细节，但现场有多名“黑车”司机目睹案发过程，证明段某某上身穿灰色西服，张某某上身穿黑色西装，李某某上身穿深色棉服，三人各有明确的衣着和行为特征，与犯罪嫌疑人供述能够相互印证。同时，鉴定意见等客观性证据与言词证据亦形成印证关系，足以认定段某某、张某某的行为。

李某某到案后，辩称自己不具备伤害李某1的犯罪故意，始终称其拉扯李某1的意图是劝架，“我赶紧上去拉架，先把段某某、张某某推后两米左右，又把男子用手向后推”。相关证据包括：（1）有利于李某某的证据。段某某供称，其和张某某对被害人进行殴打后，“李某某看到这情况后怕我们吃亏马上面对着我，背对着被打的司机开始劝架。我一看这样也停手了。李某某就转身抱着被打的黑车司机到了旁边的报亭附近”。一名目击证人证实，李某某拉扯李某1属于劝阻行为，如“我看见李某某在被害人身前拽着其胳膊往后推，听见他对被害人说‘你比他大，你就让着点他吧’，李某某把被害人拽到报亭前，还拽着段某某不让他打了，但是没有抓住，段某某一直对被害人进行殴打”。（2）不利于李某某的证据。三名证人证言显示，李某某在案发现场拉扯被害人胳膊、手部，属于帮助段某某、张某某殴打被害人的行为，即所谓的“拉偏架”，如“两名男子对被害人拳打脚踢，李某某始终拽着被害人的手，不让他还手”。同时，上述证人亦能指出李某某拉着被害人去了旁边的报刊亭。通过对上述证据的分析，可以认定李某某在段某某、张某某与李某1发生冲突的过程中，实施了拉扯李某1的行为，对于加害方的行为未进行限制，在客观上形成了约束被害人反抗的效果，为段某某、张某某殴打李某1提供了便利条件。但是，段某某、李某某的供述和与被害方关系密切的一名证人均能证明，李某某在言语上表露出劝阻意图，并最终将被害人拉到报刊亭，从而远离段某某和张某某等人的冲突地点。此外，李某某案发后仍然停留于现场等待警察到来，与段某某、张某某二人逃离现场存在明显差别。综上，现有证据难以证实李某某主观上具有伤害故意，无法排除存在劝阻意图的合理怀疑。

案例19

刑疑从轻的贯彻

——崔某某故意杀人案①

【基本案情】

2012年7月24日19时许，崔某某携带菜刀，租乘被害人马某某（男，殁年22岁）驾驶的汽车外出购买毒品，二人于途中因租车费用发生争执。坐在车后排座的崔某某从车内拿起一根细绳勒住马某某脖颈，被马某某挣脱，崔某某又持菜刀朝马某某颈部、臂部等处连砍数刀。马某某趁机打开车门逃至路旁田

① 白继明：《[第1257号]崔某某故意杀人案——被告人始终供述伙同他人作案，且在案证据不排除他人参与共同犯罪的，能否对其适用死刑》，载最高人民法院刑事审判第一、二、三、四、五庭主办：《刑事审判参考（总第114集）》，法律出版社2019年版，第45~51页。

地时摔倒，崔某某追上持菜刀等工具连续砍切马某某，致马某某因急性创伤性失血休克死亡。崔某某从马某某身上搜得现金约 200 元后驾车逃离现场，途中因车陷入淤泥而弃车逃走。

一审法院认为，被告人崔某某因租车费用与被害人发生争执，便持随身携带的菜刀砍切被害人马某某脖颈、臂部等处数刀，致被害人当场死亡，其行为构成故意杀人罪，且犯罪情节特别恶劣，手段特别残忍，依法应予以严惩。崔某某虽供称伙同张某某共同作案，但经公安机关侦查后，现有证据只有崔某某的供述，没有其他证据证明张某某伙同崔某某作案，被告人的辩解不能成立。现有证据可以证明崔某某故意杀人的犯罪事实。关于被告人的辩护人所辩崔某某主动供述犯罪事实，有投案自首情节的辩护意见，经查，在公安机关确认崔某某有重大作案嫌疑，并对其采取了强制措施后，崔某某才供述其犯罪事实，其行为不符合投案自首的构成要件，对其辩护意见不予采纳。据此，依法以故意杀人罪，判处被告人崔某某死刑，剥夺政治权利终身。

宣判后，被告人崔某某提出上诉称：其主观上没有故意杀人的意图；被害人索要车钱与实际不符，被害人有过错；其是吸毒人员，神志不清；具有自首情节：本案的主犯是张某某。其辩护人提出：崔某某的行为是故意伤害致死，而非故意杀人；崔某某主动交代犯罪事实，有悔罪表现；且因多年吸毒存在一定精神障碍；崔某某系与张某某共同作案，请求二审法院改判。

二审法院经审理认为，上诉人崔某某故意非法剥夺他人生命的行为，确已构成故意杀人罪。崔某某犯罪手段极其残忍，犯罪情节极其恶劣，犯罪后果严重，也表明其主观恶性深。崔某某有吸毒恶习，社会可造性差，也表明其人身危险性大。此外，本案的发生严重影响到当地的社会治安和当地群众的安全感，社会危害性大。因此崔某某属罪行极其严重的犯罪分子，依法应予严惩。崔某某的上诉理由及其辩护人的辩护意见均不能成立，不予采纳。原判定罪准确，量刑适当，审判程序合法，裁定驳回上诉，维持原判，并依法报请最高人民法院核准。

最高人民法院经复核认为，第一审判决、第二审裁定认定被告人崔某某犯故意杀人罪的部分事实不清，证据不足，裁定不核准二审法院维持第一审以故意杀人罪判处被告人崔某某死刑，剥夺政治权利终身的刑事裁定，并撤销第一审判决和第二审裁定，发回一审法院重新审判。

【证据分析】

该案的证明难点在于能否认定崔某某单独杀害被害人的事实。该案认定崔某某实施故意杀人犯罪的证据，主要有从被害人马某某的汽车右后门玻璃上检出的被告人的血迹、根据被告人指认提取的其丢弃的汽车车牌一副及车坐垫套两个等物证，手机通话记录等书证，证人马某某、危某某、史某某、王某某等证言，尸检鉴定意见、DNA 鉴定意见，勘验、检查笔录，辨认笔录等，崔某某亦予供认。崔某某归案后，在始终供认其持菜刀杀害马某某的同时，也始终供述张某某参与共同作案，并称张某某先后用匕首和菜刀捅刺、砍击了被害人。但张某某却始终不承认自己参与作案，认定其参与犯罪的证据不足。

从在案证据来看，崔某某有关其与张某某共同作案的供述，并有部分证据印证，以致崔某某伙同张某某作案的可能性不能排除，全案证据尚未达到死刑案件的证明标准。

一是被告人崔某某从侦查阶段至复核提讯中始终供述其与张某某共同作案，并有部分证据印证其供述，因此不能否定其供述的真实性。公安机关根据崔某某供述其案发当晚与张某某的行走路线，调取了当时的路面监控视频资料。经查看，确有两名可疑男子经过该专卖店前。该监控视频经张某某的朋友吕某某辨认，确认其中个头较高的男子是张某某，另一名男子认不出来。此情况不仅有辨认笔录为证，吕某某同时出具了自己书写的证明予以佐证。该监控视频经张某某的女友郭某某观看，认为其中大个子的很像张某某，但因录像效果不好，不能确定。根据公安机关提供的地图显示，该地点离崔某某所述其与张某某坐上被害人车的地点仅150米。综合这些证据，基本可以确定崔某某与张某某当晚作案前在一起，具有作案时间。

二是尸体检验报告载明，死者马某某主要损伤在头面部、颈部、双上肢及后上背部，有砍切创和捕刺创两类创口，而砍切创创口长而深，捕刺创短而浅，分析作案凶器一个系刃口较长，并有一定重量的砍切类器具，如菜刀；另一个系尖刀类，宽度在2厘米左右，刃口较短。而崔某某始终供认其作案只拿菜刀，未拿匕首，那么匕首捅刺伤何来，值得怀疑。尸检鉴定意见还显示，根据死者损伤部位比较集中，损伤系两种形状不同的工具形成的情况，分析作案人数为2人或2人以上，且死者死前有过抵抗搏斗，死者右前臂形成的大量砍伤即抵抗伤。据卷内材料反映，案发后，侦查机关从张某某处提取了匕首。复核期间，根据最高人民法院补查要求，当地公安机关委托省公安厅司法鉴定中心三名法医、痕迹检验专家和市公安局司法鉴定中心两名专家对本案进行了会诊分析。经复查车辆、查阅相关案卷、检验照片，形成结论性意见是，根据车辆勘验及尸体损伤情况，不排除两人作案的可能性。此节与崔某某所供其与张某某坐上被害人的车后，张某某坐副驾驶位，其坐后排座，且其看见在张某某和那个司机争吵起来时，张某某侧过身来拿刀朝那名司机腹部捅了好几下的作案情节相互印证。据此不能排除崔某某所供张某某作案可能。

三是案发后，侦查机关在对张某某询问时，其对自己在案发时段的行踪撒谎，且其行为有异常表现。根据崔某某有关其与张某某共同作案的供述，公安机关将张某某抓获归案，并对张某某进行了两次问话，张某某均称案发当晚其在岳父家，不承认与崔某某在一起。经调查，张某某岳父母和妻子均证明张某某案发当晚并未到过岳父家。张某某显然是撒谎，但公安机关对其撒谎行为没有进一步深究而将张某某释放。结合张某某的妻子和同居女友证明，张某某案发后在家中烧衣服，且在第二天把衣服鞋子全换了的表现，可见张某某案发前后举动反常，作案嫌疑进一步加大。

四是公安机关出具说明称，张某某的通话信号反映手机基站信号不能覆盖到被害人被杀现场和弃车现场，但有证据反映张某某在当晚有一段时间关机并没有与外人通话，加之因当时案发地没有安装手机在关机状态下的运行轨迹监测设备，故无法提供犯罪嫌疑人张某某的手机在案发时段处于关机状态下的运行轨迹。因此，不能据此得出张某某不在案发现场的结论。

综上，该案证据不排除被告人崔某某伙同他人共同犯罪的可能性，需要对崔某某在共同犯罪当中的地位、作用加以证明。在不能得出崔某某是唯一作案人结论的情况下，认定崔某某单独作案，继而以故意杀人罪判处崔某某死刑显然不妥。

案例索引

续表

续表

续表

续表

续表

续表

图表索引

参考文献

一、著作

（一）中文著作

1. 卞建林主编：《刑事证据制度外国刑事诉讼法有关规定（上）》，中国检察出版社 2017 年版。

2. 陈光中主编：《证据法学》，法律出版社 2015 年版。

3. 陈健民：《刑事诉讼法要论》，中国人民公安大学出版社 2009 年版。

4. 陈瑞华：《刑事审判原理论》，北京大学出版社 1997 年版。

5. 戴长林、罗国良、刘静坤：《中国非法证据排除制度》，法律出版社 2016 年版。

6. 樊崇义主编：《证据法学》，法律出版社 2007 年版。

7. 樊崇义主编：《刑事证据规则研究》，中国人民公安大学出版社 2014 年版。

8. 郭成伟主编：《官箴书点评与官箴文化研究》，中国法制出版社 2000 年版。

9. 郭志媛：《刑事证据可采性研究》，中国人民公安大学出版社 2004 年版。

10. 何家弘主编：《新编证据法学》，法律出版社 2000 年版。

11. 何家弘主编：《外国证据法》，法律出版社 2003 年版。

12. 胡平仁：《中国传统诉讼艺术》，北京大学出版社 2017 年版。

13. 康建胜：《新旧之间——〈樊山政书〉中的清末变法与省级司法》，中华书局 2020 年版。

14. 李文玲：《中国古代刑事诉讼法史》，法律出版社 2011 年版。

15. 刘金友主编：《证据法学（新编）》，中国政法大学出版社 2003 年版。

16. 刘俊文点校：《唐律疏议·断狱》，法律出版社 1999 年版。

17. 陆永棣：《落日残照——晚清杨乃武冤案昭雪》，北京大学出版社 2018 年版。

18. 栾时春：《宋代证据制度研究》，法律出版社 2017 年版。

19. 罗洪启：《清代刑事裁判司法论证研究——以刑部命案为中心的考察》，中国政法大学出版社 2017 年版。

20. 罗玉珍：《民事诉讼证明制度与理论》，法律出版社 2003 年版。

21. 钱大群：《唐律研究》，法律出版社 2000 年版。

22. 单子洪：《论量刑事实的证明》，中国社会科学出版社 2020 年版。

23. 《大清律例·刑律·断狱》，田涛、郑秦点校，法律出版社 1999 年版。

24. 王进喜：《美国〈联邦证据规则〉（2011 年重塑版）条解》，中国法制出版社 2012 年版。

25. 王云海：《宋代司法制度》，河南大学出版社 1992 年版。

26. （清）王又槐：《办案要略》，华东政法学院语文教研室注译，群众出版社 1987 年版。

27. 吴宏耀：《诉讼认识论纲——以司法裁判中的事实认定为中心》，北京大学出版社 2008 年版。

28. 徐忠明、杜金：《谁是真凶：清代命案的政治法律分析》，广西师范大学出版社 2014 年版。

29. 《宋刑统》，薛梅卿点校，法律出版社 1999 年版。

30. （清）薛允升：《唐明律合编》，怀效锋、李鸣点校，法律出版社 1999 年版。

31. 杨鸿烈：《中国法律发达史》，中国政法大学出版社 2009 年版。

32. 杨晓秋：《明清刑事证据制度研究》，中国政法大学出版社 2017 年版。

33. 于同志：《刑事实务十堂课》，法律出版社 2020 年版。

34. 张军主编：《刑事证据规则的理解与适用》，法律出版社 2010 年版。

35. 张军、姜伟、田文昌：《控辩审三人谈》，北京大学出版社 2014 年版。

36. 张明楷：《犯罪构成体系与构成要件要素》，北京大学出版社 2010 年版。

37. 郑文革：《推定制度研究》，中国人民大学出版社 2019 年版。

38. 郑小悠：《清代的案与刑》，山西人民出版社 2019 年版。

39. 祖伟：《中国古代证据制度及其理据研究》，法律出版社 2013 年版。

40. 左卫民：《在权利话语与权力技术之间：中国司法的新思考》，法律出版社2002年版。

（二）译著

1. ［德］安塞尔姆·里特尔·冯·费尔巴哈：《德国刑法教科书》，徐久生译，中国方正出版社2010年版。

2. ［德］伯恩·魏德士：《法理学》，丁晓春、吴越译，法律出版社2013年版。

3. ［德］托马斯·达恩史戴特：《失灵的司法德国冤错案启示录》，郑惠芬译，法律出版社2017年版。

4. ［德］托马斯·魏根特：《德国刑事程序法原理》，江溯等译，中国法制出版社2021年版。

5. ［荷］菲特丽丝：《法律论证原理——司法裁决之证立理论概览》，张其山等译，商务印书馆2005年版。

6. ［美］理查德·波斯纳：《波斯纳法官司法反思录》，苏力译，北京大学出版社2014年版。

7. ［美］罗斯科·庞德：《通过法律的社会控制》，沈宗灵译，商务印书馆1984年版。

8. ［美］米尔吉安·R. 达马斯卡：《比较法视野中的证据制度》，吴宏耀、魏晓娜译，中国人民公安大学出版社2006年版。

9. ［日］秋山贤三：《法官因何错判》，曾玉婷译，魏磊杰校，法律出版社2019年版。

10. ［日］田口守一：《刑事诉讼法（第5版）》，张凌、于秀峰译，中国政法大学出版社2010年版。

11. ［日］小野清一郎：《犯罪构成要件理论》，王泰译，中国人民公安大学出版社2004年版。

12. ［英］理查德·梅：《刑事证据》，王丽、李贵方等译，法律出版社2007年版。

二、论文

（一）期刊

1. 艾明：《论犯罪标记行为与犯罪手段的区别》，载《中国人民公安大学学报

（社会科学版）》2015 年第 5 期。

2. 蔡艺生：《论情态证据的产生与认知原理》，载《河南师范大学学报（哲学社会科学版）》2015 年第 2 期。

3. 陈虎：《制度角色与制度能力：论刑事证明标准的降格适用》，载《中国法学》2018 年第 4 期。

4. 陈瑞华：《事实推定的原则与方法》，载《人民检察》2007 年第 21 期。

5. 陈瑞华：《中国刑事司法制度的三个传统》，载《东方法学》2008 年第 1 期。

6. 陈瑞华：《实物证据的鉴真问题》，载《法学研究》2011 年第 5 期。

7. 陈瑞华：《论证据相互印证规则》，载《法商研究》2012 年第 1 期。

8. 陈瑞华：《以限制证据证明力为核心的新法定证据主义》，载《法学研究》2012 年第 6 期。

9. 陈瑞华：《论刑事法中的推定》，载《法学》2015 年第 5 期。

10. 陈瑞华：《行政不法事实与犯罪事实的层次性理论——兼论行政不法行为向犯罪转化的事实认定问题》，载《中外法学》2019 年第 1 期。

11. 陈银珠：《法定犯时代传统罪过理论的突破》，载《中外法学》2017 年第 4 期。

12. 褚福民：《准法律推定——事实推定与法律推定的中间领域》，载《当代法学》2011 年第 5 期。

13. 褚福民：《刑事证明的两种模式》，载《政法论坛》2015 年第 2 期。

14. 褚福民：《电子证据真实性的三个层面——以刑事诉讼为例的分析》，载《法学研究》2018 年第 4 期。

15. 董坤：《构成要件与诉讼证明关系论纲》，载《法律科学》2020 年第 1 期。

16. 杜邈：《从安全与自由的平衡看刑事涉密证据规则》，载《人民检察》2017 年第 15 期。

17. 樊崇义、赵培显：《论客观性证据审查模式》，载《中国刑事法杂志》2014 年第 1 期。

18. 樊传明：《自由证明原理与技术性证据规则——英美证据法的前提性假设和两种功能解释》，载《环球法律评论》2014 年第 2 期。

19. 方文军：《供证关系与事实认定探微》，载《法律适用》2010 年第 12 期。

20. 封利强：《我国刑事证据推理模式的转型：从日常思维到精密论证》，载《中国法学》2016 年第 6 期。

21. 葛磊：《论犯罪构成要件事实认定的基本方法——以法律思维方式为视角》，载《北京航空航天大学学报（社会科学版）》2012 年第 3 期。

22. 顾永忠：《论我国刑事公诉案件举证责任的突破、误区及理论根基》，载《甘肃社会科学》2015 年第 2 期。

23. 郝宏奎：《行为证据浅探》，载《河南警察学院学报》2013 年第 5 期。

24. 何家弘：《刑事证据的采纳标准和采信标准》，载《人民检察》2001 年第 10 期。

25. 何家弘：《论司法证明的基本范畴》，载《北方法学》2007 年第 1 期。

26. 贺恒扬：《故意杀人罪案件中的证据收集与审查》，载《人民检察》2007 年第 20 期。

27. 黄伯青、张杰：《技侦证据庭外核实之程序》，载《人民司法》2014 年第 9 期。

28. 黄士元：《刑事错案形成的心理原因》，载《法学研究》2014 年第 3 期。

29. 简乐伟：《论量刑程序证明模式的选择》，载《证据科学》2010 年第 4 期。

30. 姜登峰：《中国古代证据制度的思想基础及特点分析》，载《证据科学》2013 年第 4 期。

31. 康怀宇、康玉：《刑事程序法事实的证明方法——自由证明及其具体运用的比较法研究》，载《社会科学研究》2009 年第 3 期。

32. 李富成：《刑事证据分类新探——兼论静态证据与动态证据》，载《中国刑事法杂志》2013 年第 3 期。

33. 李建明：《刑事证据相互印证的合理性与合理限度》，载《法学研究》2005 年第 6 期。

34. 李龙、闫宾：《解读“规范出发型”诉讼理念——以具体个案为基点》，载《西南政法大学学报》2005 年第 4 期。

35. 李山河：《犯罪构成的性质：事实认识方法抑或规范解释模型》，载《政法论坛》2020 年第 2 期。

36. 李勇：《〈监察法〉与〈刑事诉讼法〉衔接问题研究——“程序二元、证据一体”理论模型之提出》，载《证据科学》2018 年第 5 期。

37. 李玉萍：《量刑事实证明初论》，载《证据科学》2009 年第 1 期。

38. 刘金友：《证据的矛盾与协调一致——审查判断证据中一个值得注意的问题》，载《法律适用》1997 年第 6 期。

39. 刘品新：《论大数据证据》，载《环球法律评论》2019 年第 1 期。

40. 龙宗智：《印证与自由心证——我国刑事诉讼的证明模式》，载《法学研究》2004 年第 2 期。

41. 龙宗智：《试论证据矛盾及矛盾分析法》，载《中国法学》2007 年第 4 期。

42. 龙宗智：《论贿赂犯罪证据的客观化审查机制》，载《政法论坛》2017 年第 3 期。

43. 苗生明、张翠松：《职务犯罪案件监检衔接问题研究》，载《国家检察官学院学报》2019 年第 3 期。

44. 闵春雷：《论量刑证明》，载《吉林大学社会科学学报》2011 年第 1 期。

45. 闵春雷：《严格证明与自由证明新探》，载《中外法学》2010 年第 5 期。

46. 闵建雄：《命案中的行为分类及其价值初探》，载《刑事技术》2010 年第 1 期。

47. 闵建雄：《行为证据及其实践应用价值初探》，载《刑事技术》2013 年第 4 期。

48. 聂昭伟：《缺乏直接客观性证据案件的死刑适用》，载《人民司法》2014 年第 10 期。

49. 裴炜：《比例原则视域下电子侦查取证程序性规则构建》，载《环球法律评论》2017 年第 1 期。

50. 秦宗文：《死刑案件证明标准的困局与破解》，载《中国刑事法杂志》2009 年第 2 期。

51. 秦宗文：《刑事隐蔽性证据规则研究》，载《法学研究》2016 年第 3 期。

52. 任克勤：《试论刑事侦察学的物质交换原理》，载《中国人民公安大学学报》1990 年第 5 期。

53. 施鹏鹏：《刑事裁判中的自由心证——论中国刑事证明体系的变革》，载《政法论坛》2018 年第 4 期。

54. 孙谦：《援引法定刑的刑法解释——以马乐利用未公开信息交易案为例》，载《法学研究》2016 年第 1 期。

55. 孙远：《论事实推定》，载《证据科学》2013 年第 6 期。

56. 陶南颖：《英国刑事相似事实证据规则的新发展——以〈2003 年刑事审判法〉为基点》，载《浙江社会科学》2012 年第 5 期。

57. 万春、高翼飞：《刑事案件非法证据排除规则的发展——〈关于办理刑事案件严格排除非法证据若干问题的规定〉新亮点》，载《中国刑事法杂志》2017 年第 4 期。

58. 万毅：《“幽灵抗辩”之对策研究》，载《法商研究》2008 年第 4 期。

59. 王新环：《常识、经验法则与专业判断》，载《人民检察》2011 年第 11 期。

60. 王迎龙：《协商性刑事司法错误：问题、经验与应对》，载《政法论坛》2020 年第 5 期。

61. 王志祥：《从既遂标准的层次性理论看加重犯的既遂问题》，载《法律科学》2011 年第 5 期。

62. 魏晓娜：《冲突与融合：认罪认罚从宽制度的本土化》，载《中外法学》2020 年第 5 期。

63. 吴洪淇：《刑事证据审查的基本制度结构》，载《中国法学》2017 年第 6 期。

64. 吴洪淇：《印证的功能扩张与理论解析》，载《当代法学》2018 年第 3 期。

65. 吴洪淇：《证据法体系化的法理阐释》，载《法学研究》2019 年第 5 期。

66. 武飞：《论司法过程中的案件事实论证》，载《法学家》2019 年第 6 期。

67. 向燕：《性侵未成年人案件证明疑难问题研究——兼论我国刑事证明模式从印证到多元“求真”的制度转型》，载《法学家》2019 年第 4 期。

68. 肖中华：《犯罪构成中的要件要素及犯罪形态》，载《法学》2005 年第 2 期。

69. 谢小剑：《我国刑事诉讼相互印证的证明模式》，载《现代法学》2004 年第 6 期。

70. 熊晓彪：《刑事证据标准与证明标准之异同》，载《法学研究》2019 年第 4 期。

71. 徐剑锋：《非法占有目的推定应把握两项禁止性规则》，载《人民检察》2015 年第 24 期。

72. 闫召华：《口供何以中心——“罪从供定”传统及其文化解读》，载《法制与社会发展》2011 年第 5 期。

73. 杨宇冠、郭旭：《“排除合理怀疑”证明标准在中国适用问题探讨》，载《法律科学》2015 年第 1 期。

74. 姚舟、沈威：《幽灵抗辩及其排解机制构建》，载《东南法学》2014 年第 6 期。

75. 喻海松:《〈关于办理网络犯罪案件适用刑事诉讼程序若干问题的意见〉的理解与适用》, 载《人民司法》2014 年第 17 期。

76. 张保生、满运龙、龙卫球:《美国证据法的价值基础——以〈联邦证据规则〉为例的分析》, 载《中国政法大学学报》2009 年第 6 期。

77. 张建伟:《自白任意性规则的法律价值》, 载《法学研究》2012 年第 6 期。

78. 张明楷:《加重构成与量刑规则的区分》, 载《清华法学》2011 年第 1 期。

79. 张心向:《刑事裁判思维中的犯罪构成论——一种方法论意义上的思考》, 载《东方法学》2014 年第 6 期。

80. 赵廷光:《论定罪剩余的犯罪构成事实转化为量刑情节》, 载《湖北警官学院学报》2005 年第 1 期。

81. 郑飞:《证据属性层次论——基于证据规则结构体系的理论反思》, 载《法学研究》2021 年第 2 期。

82. 郑玉:《户籍证明异议: 少年司法中的“幽灵抗辩”》, 载《青少年犯罪问题》2016 年第 1 期。

83. 周洪波:《比较法视野中的刑事证明方法与程序》, 载《法学家》2010 年第 5 期。

84. 朱孝清:《检察官客观公正义务及其在中国的发展完善》, 载《中国法学》2009 年第 2 期。

85. 朱孝清:《检察官负有客观义务的缘由》, 载《国家检察官学院学报》2015 年第 3 期。

86. 朱孝清:《司法的亲历性》, 载《中外法学》2015 年第 4 期。

87. 纵博:《论认罪案件的证明模式》, 载《四川师范大学学报(社会科学版)》2013 年第 5 期。

88. 纵博:《刑事被告人的证明责任》, 载《国家检察官学院学报》2014 年第 2 期。

89. 祖伟、蒋景坤:《中国古代“据状断之”证据规则论析》, 载《法制与社会发展》2011 年第 4 期。

90. 祖伟:《中国古代证据法文化透视——以语词“供”“证”为中心》, 载《辽宁大学学报(哲学社会科学版)》2012 年第 4 期。

91. 左卫民:《“印证”证明模式反思与重塑: 基于中国刑事错案的反思》, 载《中国法学》2016 年第 1 期。

（二）报纸

1. 白利平、熊正：《不应忽视对到案经过的审查监督》，载《检察日报》2010年11月10日，第3版。

2. 陈光中：《古代诉讼证明标准：从原则到具体》，载《检察日报》2018年5月29日，第3版。

3. 陈国庆、王佳：《“两个基本”与我国刑事诉讼的证明标准》，载《法制日报》2014年4月9日，第9版。

4. 陈厚楠：《通信记录证据审查要点及运用方法》，载《检察日报》2018年11月25日，第3版。

5. 樊崇义：《从“排除合理怀疑”看实体真实相对性》，载《检察日报》2013年5月3日，第3版。

6. 范思力：《犯罪事实认定中经验法则的理解与适用》，载《检察日报》2021年4月6日，第3版。

7. 顾永忠：《“排除合理怀疑”仅是定罪证明标准内容之一》，载《检察日报》2013年11月8日，第3版。

8. 胡薇薇：《审查起诉：“中立”理念让错案远离》，载《检察日报》2006年8月23日，第3版。

9. 黄宁：《行政执法之言词证据须经转化成为刑事证据》，载《检察日报》2017年6月14日，第3版。

10. 李引泉：《价格认定结论书属于书证》，载《检察日报》2017年3月27日，第3版。

11. 李勇：《坚守印证证明模式》，载《检察日报》2015年7月9日，第3版。

12. 李勇：《证据能力三要件》，载《检察日报》2017年5月26日，第3版。

13. 潘建安：《收集再生证据有利于夯实证据链》，载《检察日报》2014年4月2日，第3版。

14. 唐姗姗：《20年来刑事犯罪变化背后的法治考量》，载《检察日报》2020年5月27日，第4版。

15. 万毅：《“隐蔽性证据”规则及其风险防范》，载《检察日报》2012年6月6日，第3版。

16. 万毅：《证据“三性”质证宜采分层递进调查模式》，载《检察日报》2017年11月19日，第3版。

17. 王翠杰：《如何引导侦查机关做好命案现场勘查工作》，载《检察日报》2011 年 6 月 12 日，第 3 版。

18. 许祥刚、柯卫东：《审查〈交通事故责任认定书〉重在“四看”》，载《检察日报》2011 年 1 月 4 日，第 3 版。

19. 杨慧亮、顾惠忠、林竹静：《重视再生证据对证实犯罪的作用》，载《检察日报》2013 年 8 月 16 日，第 3 版。

20. 张理恒、申乐国、刘振：《性侵儿童案件可合理运用相似行为证据规则》，载《检察日报》2015 年 6 月 24 日，第 3 版。

21. 赵慧：《利用供证关系认定事实关键在于相互印证》，载《检察日报》2017 年 8 月 20 日，第 3 版。

22. 朱孝清：《“两个基本”要坚持，但要防止误读和滥用》，载《检察日报》2014 年 5 月 14 日，第 3 版。

后　记

本书的写作起源于刑事司法实践中“心证封闭化”的现象。司法人员如何根据证据认定案件事实，刑事诉讼史上有法定证据模式与自由心证模式，前者以法律规则的方式预设了证据与事实认定之间的内在联系，后者则强调裁判者对证据的自由评价和运用。[①] 从实际情况来看，上述两种模式并不是“非此即彼”的关系，区别在于以何者为主为重。现代法治国家均确立或认可了自由心证模式，同时，受历史传统、现实国情、司法体制等影响，各国分别在自由心证模式中嵌入了不同比重的法定证据因素，目的在于准确认定案件事实，既要依法惩治犯罪分子，也要保障无辜的人不受刑事追究。我国刑事证据法除了对证据能力加以严密规定之外，还针对特殊情况设置若干证明力条款，呈现出“新证据法定主义”的特点。[②] 但是，面对复杂多变的案件情况，法律无法预先设定具体的规则进行指示或约束，主要由司法人员针对具体案情，根据经验法则、逻辑和自己的理性良心来判断证据和认定事实，在某种程度上仍属于“法律不入之地”。[③]

长期以来，刑事证明方法论的研究和传承在很大程度上停留在办案个体各自为战、新老人员口口相传、同事之间耳濡目染的“自给自足”状态，未能进

① 吴宏耀：《诉讼认识论纲——以司法裁判中的事实认定为中心》，北京大学出版社2008年版，第107页。

② 陈瑞华：《以限制证据证明力为核心的新法定证据主义》，载《法学研究》2012年第6期。

③ 汪建成、孙远：《自由心证新论》，载何家弘主编：《证据学论坛（第1卷）》，中国检察出版社2000年版，第358页。

行全面系统的科学归纳和梳理。[①] 特别是对于走出校门不久的青年司法人员而言，以往接受的专业训练多是对给定事实的法律评价，他们在办案中的最大困惑，就是如何制作侦查（补充侦查）提纲、如何查阅摘录卷宗、如何举证质证、如何叙述认定案件事实，这些往往被视为“只可意会不可言传”的内心活动，难以得到有效的传承。由此导致的后果，就是法律文书对证据采信、事实认定的阐述较为简略，大都是将刑事诉讼法规定的书证、物证、证人证言、犯罪嫌疑人供述和辩解等进行分类列举，甚至“大量文书90%以上的内容是罗列证据，不到10%的部分在分析定案理由”，“既没有将案件的演绎过程以及法官的心证过程清晰地呈现在当事人以及社会公众面前，也没有消除被告人对定性可能错误的疑虑”。[②] 近年来，一些敏感热点案件之所以引发社会广泛关注与炒作，与其未能查明和完整表述案件全部事实有直接关系。[③]

基于上述考虑，本书提出“阶层式”刑事证明思维这一概念，为司法人员查明、认定案件事实提供参考借鉴。主要内容包括：一是构建理论框架。按照“证据收集→证据审查→证据运用→证据判断”的逻辑顺序，将证明对象、证据能力、证明力、证明责任、证明标准等证据法理论要素加以分类和结构化，统一纳入阶层判断体系之中。二是研讨疑难问题。紧密结合自然犯比重下降、法定犯大幅上升的犯罪态势变化，从实践中提炼出“如何证明定罪事实”“如何证明量刑事实”“如何优先审查客观性证据”“如何应对犯罪嫌疑人、被告人翻供”“如何排除证据之间的矛盾”“如何亲历复核证据”“如何建立直接证据体系”“如何建立间接证据体系”“如何把握‘排除合理怀疑’”九个问题进行研讨。三是分析典型案例。选取“两高”发布的指导性案例、典型案例、

---

① 钟晋：《刑事案件证据审查方法论研究——兼论逻辑和经验规则在证据审查中的实践运用》，载《人民检察》2018年第8期。

② 周光权：《刑事案例指导制度的发展方向》，载《中国法律评论》2014年第3期。

③ 于同志：《刑事实务十堂课》，法律出版社2020年版，第208页。

《刑事审判参考》所载案例和其他案例共计154件，涵盖普通刑事犯罪、重大犯罪、经济犯罪、职务犯罪等不同案件类型，通过“基本案情”和“证据分析”展现证明过程。部分案例经作者改编，仅为说明具体问题，供读者研究和参考，不特指某个真实案例。

本书的构思和写作历时四年。感谢各位领导和同事的指导和帮助；感谢最高人民检察院检察理论研究所互联网刑事法律研究中心课题［GJ2019HX11］的支持；感谢曾经发表本书部分章节的《法学杂志》《证据科学》《法律适用》《人民检察》《检察日报》等刊物；感谢中国法制出版社陈兴、黄会丽老师的耐心等待和精心编辑。由于作者水平所限，书中难免存在纰漏，希望各位读者批评指正。

从心证封闭到心证公开，司法人员有能力提出并践行这一时代命题。

图书在版编目（CIP）数据

证据为王："阶层式"刑事证明思维的应用 / 杜邈著.—北京：中国法制出版社，2022.5（2024.4 重印）
ISBN 978-7-5216-2675-9

Ⅰ.①证… Ⅱ.①杜… Ⅲ.①刑事诉讼-证据-研究-中国 Ⅳ.①D925.213.4

中国版本图书馆 CIP 数据核字（2022）第 076233 号

策划编辑：陈兴（cx_legal@163.com）
责任编辑：黄会丽　　封面设计：杨泽江

证据为王："阶层式"刑事证明思维的应用

ZHENGJU WEI WANG："JIECENGSHI" XINGSHI ZHENGMING SIWEI DE YINGYONG

著者/杜邈
经销/新华书店
印刷/三河市紫恒印装有限公司
开本/710 毫米×1000 毫米　16 开　　印张/36.75　字数/448 千
版次/2022 年 5 月第 1 版　　2024 年 4 月第 3 次印刷

中国法制出版社出版
书号 ISBN 978-7-5216-2675-9　　定价：128.00 元

北京市西城区西便门西里甲 16 号西便门办公区
邮政编码：100053　　传真：010-63141600
网址：http：//www.zgfzs.com　　**编辑部电话：010-63141785**
市场营销部电话：010-63141612　　**印务部电话：010-63141606**

（如有印装质量问题，请与本社印务部联系。）

本书按照“证据收集→证据审查→证据运用→证据判断”的逻辑顺序，将证明对象、证据能力、证明力、证明责任、证明标准等证据法理论要素加以结构化，统一纳入“阶层式”判断体系之中。结合刑事犯罪结构与犯罪态势的变化，提炼出“如何证明定罪事实”“如何优先审查客观性证据”“如何建立间接证据体系”“如何把握‘排除合理怀疑’”等九大疑难问题进行研讨。选取最高人民法院或最高人民检察院发布的指导性案例、典型案例、《刑事审判参考》所载案例等，通过“基本案情”和“证据分析”展现心证形成过程，为司法人员查明、认定案件事实提供参考借鉴。

上架建议 法律实务

中国法制出版社
官方微信

ISBN 978-7-5216-2675-9

定价：128.00元